JN093169

法然伝

無観称名の系譜

目次

第六章　選択集以降

第七章　既成教団からの粛清

第十章　法然の門流

終　章　無観称名義のあれこれ

はじめに

筆者は、企業を退職して久しい一介の技術屋である。現役時代は、開発・設計に携わる一方で、哲学・宗教書を読み漁(あさ)った。というのも、仕事上、新製品開発の業務を担っていることから、人には相談できず、孤独と期待と不安に苛まれる日々を強いられ、もの作りの現場と自己の精神面との両立に悩んでいた時があった。その頃、ある書店で仏教書が目に止まり、新しい世界観に陶酔して読書三昧の生活を送るようになってから、仏教の説く人生観や生き方、考え方が思いのほか参考になって、公私を含めて困難を乗り切る智恵を身につけることができた。仏教は釈尊の教義から派生したもので、その系統を継ぐ我が国の親鸞や道元の言葉が、現状の分析と先を見通す指針を与えてくれた。退職後は、技術屋の眼で見た、親鸞の『歎異抄』や道元の『正法眼蔵』の思想などをまとめて上梓してきた。

　ところで、親鸞や道元を学ぶ内に、避けて通ることのできない存在として、常に法然が浮かび上がってくる。法然は、彼以後に現れた宗教家に大きな影響を与え、日本宗教の黎明期を創出したといわれている。中でも『選択本願念仏集(せんちゃくほんがんねんぶつしゅう)』は、それまでインド・中国仏教一辺倒であった我が国の宗教を一変して、日本独自の仏教思想として一世を風靡し、今日なお多くの研究者に注目されている。法然の革命的な業績は、「八百万(やおよろず)の神」あるいは「悉有仏性(しつうぶっしょう)」という従来の多神教的な考え方を刷新して、「選択取捨」という手法によって阿弥陀一仏という一神教的な思想を日本に打ち立てたことにある。この思想は、法然が特権階級で扱われていた仏教を、被差別階級の庶民にもわかりやすく説くための礎にもなった。

　このような法然の為人(ひととなり)を追求するべく、浄土宗関連の史料を紐解いてみたが、法然の信念と行動が見えてこない。その原因として、当時の法然に関わる、持戒と破戒、対機説法、門人たちの放埒(ほうらつ)などの掴みどころのない行動に、法然その人が煙に巻かれたかのように見え辛くなっている。また、法語や消息文を通して法然像を探求するにしても、法然自筆の文書類がほとんど存在していないが、このことも法然を知る上での致命的な障礙となっている。さらに、法然が中国から我が国に紹介したといわれている善導の「専修念仏(せんじゅねんぶつ)」にしても、平安時代後期から鎌倉時代にかけて、年代ごとにその解釈の仕方が異なっている。

その一方で、法然の行状を記録した伝記類は、法然を知る上での一級の史料といえるが、そこに見られる法然は、浄土宗の宗祖としての威信を堅固にするためか、奇瑞や霊的な記述あるいは当時の権力者との交流などが頻繁に現われ、構成上不都合な出来事については削除されてきたようである。室町時代以前に作成された法然の伝記類は十五種に上るといわれているが、多くはそれぞれの立場ごとに異なった内容にまとめられ、法然の為人に近づこうとする場合、真偽を判断する材料とはなり得ない。

そんな中で、法然が亡くなって約百年を経過した十四世紀半ばに、当時の伝記類を集めて編纂したといわれている『法然上人行状絵図（行状絵図）』は白眉である。この書は、四十八巻、二百三十五段、二百三十二の絵図、総延長五百四十八メートルにも及ぶ膨大な絵巻物である。江戸時代中期の忍澂（一六四五〜一七一一）撰述の『勅修吉水圓光大師御伝縁起』によると、後伏見上皇が比叡山功徳院の舜昌に勅して「吉水門人の記する所の数部の旧伝を集めて大成」させたことが記されている。その目的は、法然滅後に制作された伝記類には、法然の偉大さを讃仰する上での誤りなどが見られるからそれらを正したいという。

『行状絵図』は、法然が生まれてから亡くなるまでの出来事を年代に従って記すのではなく、巻毎に出来事や教えあるいは法然の帰依者等が随所に配されていることから、年代が前後したり不明確であったりすることが多く見受けられる。これも法然に帰依した伝記作者が、法然を宗祖として追慕し、救済者として讃仰するために、読者には余分な情報を与えることなく、偉大な宗教者を描こうとするのは当然のことであるといえるが、その内容は断片的にならざるを得ない。このことを踏まえつつ、断片的な出来事を事実として捉え直し、それらをつなぎ合わせてみても無味乾燥な事象の羅列で終わってしまうのは目に見えている。最早、伝記類からは、求道者としての人間的な情念をもった法然像を抽出することは困難な作業といわざるを得ない。

実は、断片的な出来事と出来事の隙間に、法然その人の様々な悩みや葛藤あるいは決断などが隠されているのである。例えば、『行状絵図』の編纂者は、断片的な出来事の隙間にある煩雑な事柄については、余分な情報として削除したものの、文章と文章のつながりとして、常に「鬱陶おさまり」や「次第にとどまり」あるいは「なにごとなくてやみし」などの言葉を接続詞にして茶を濁している。この言葉の奥には、法然を救済者として描くのが目的の『行状絵図』で触れたくない、法然の苦悩や新興教団の進退に関わる出来事が存在すると考えられる。

法然の問答集に目を向けても、一貫性のない対機説法が多く、これらの言行記録によって、現代に法然像をよみがえらせようとする場合、雑多な史料が情報としてではなく雑音となって研究者を混乱に陥れる。この実情にも関わらず強引に法然像を描こうとすると、そこには様々な憶測が絡み合った虚像が映し出されるだけで、真の法然像を得ることは、不可能と言わざるを得ない。

しかしながら、当時編纂された伝記類は、都合の悪い事は削除こそすれ、事実無根を掲載したり捏造することがなかったとするならば、記載されている記事が事実であるという前提のもとに、これらを総合して集結させていけば、史料としての価値は十分に残っている。また、雲霧に覆われたかの法然が、多くの人々の信望を集めていたことを鑑みると、法然その人ではなく、法然を取り巻く人々の日記や記録類が多くあることから、これらを法然の人柄を炙り出す史料とすることも可能であろう。

現今、法然に関係する史料を集めた研究が多くあるが、これらは大きく分けて、論文、思想、行状の三つに分類することができる。中でも法然の為人を知ろうとする場合、平安時代の史料に基づいて行状と思想を解明した研究が参考になる。特に行状を中心に据えて思想に迫ろうとする論考は、田村圓澄や大橋俊雄の『法然』をはじめ多くの先達によって成し遂げられ、今後の研究には欠かすことのできない文献になっている。

本書では、先達の研究や論考を参考に資するも、現代の感覚でもって当時を批判するのではなく、現存する当時の史料のみを採用して、法然と周辺の人々の心の機微を追うことにする。その際、当時の日記が、年代や場所を特定するための重要な参考資料となり、『行状絵図』に不足している時系列的な事象の解析に効果を発揮するものと考えられる。次いで、新たに時間と空間の二次元座標軸を想定して、その平面に様々な事象を割り当て、事象の内容を第三の座標軸とすることで、三次元空間に法然に関係する行状すべてが収まるように設定した。

この場合、『行状絵図』の出来事と出来事の隙間を埋め合わせるために、そのようであらねばならないという独自の仮説を立て、仮説を事実として受け入れるために史料で検証するという作業を繰り返した。史料の収集に際しては、筆者が卒業した佛教大学の図書館を利用したのであるが、この場合、自宅で原稿を作成しつつ仮説を立て、検証できる資料を探し求めて図書館に通った。この作業は、推理小説の主人公である探偵が、様々な捜査を繰り返して犯人を追い詰めていくようなもので、常に仮説の正しいことを念頭に置きながらワクワクした気持ちで、資料の宝庫である図書館に向った。

しかし、『行状絵図』に加えて、ある程度の史料は集まったものの、雑然とした混沌状態を呈するだけで、これらを整理統合して法然の行状としてまとめ上げる筋書きを組むことは容易でなかった。悶々とした日々が続いたある時、法然が門人に語った「念仏者は盗人のようであれ」という文章が目に留まった。盗人は隠れて行動するから、周りからは彼の存在に気付くことがない。もしかして、法然に関連する記録が少ない原因は、時代を経るに連れて史料が紛失したり、宗派ごとに伝記内容が選別されて様々な法然像が作り上げられるなどの外的要因だけではなく、内的要因として、自己主張することを嫌った法然が故意に記録類を残さなかったのではないかと考えることもできる。すると、法然が自筆の人でなかったことも、周りに自身の生い立ちや行状を伝えることもなく、必要最小限の考え方だけを示していたことも納得できる。

法然が自身の存在を故意に隠すように画策していたとするならば、例えば、姿の見えない法然を着物のほころびた空白部分に置き換えた場合、空白部分をいくら凝視しても無駄である。ないものは見えない。しかし、ほころびの周りにある模様に注目していると、着物とほころびとの境界が穴としての輪郭を現すようになる。このような手法を使うと、模様という周辺の人々の行状のみならず、空白という法然も明らかにすることができるのではないかと考えるようになった。特に、法然を慕って付かず離れずの距離を保ちながら参集していた念仏者は、現在では使われていない「無観称名（むかんしょうみょう）」を提唱して、観想念仏とは異なる立場で念仏を行じていたことも、探究の手掛かりになりそうである。

無観称名は敢えて盗人のような生活に甘んじる念仏者が称える念仏であると解釈すると、無観称名の教えを守って自分の存在を自ら隠すように行動していた人および無観称名の教えとは裏腹に自身の考えを積極的に主張する行為に徹していた人とを峻別することで、法然および法然を取り巻く人々の行動がより明らかになった。これによって法然に向けられた怪奇な行動は整理されて、法然の為人がより鮮明に浮き上がるものと考えられる。また、法然と同時代の史料として、『玉葉（ぎょくよう）』、『三長記』、『明月記』などの日記類あるいは『愚管抄（ぐかんしょう）』などがあるが、ここに現れる法然に関連する記事は、時系列的に法然像を解明するための史料的価値が十分にあると考えられる。むしろ、これらの記録類は、宗祖としての法然を描くことに注力している多くの法然伝に比べて、伝記類を客観的に補足する立場にあることは否めない。

本書では、法然の伝記とその教えを継承する人々の行状を紐解いて、真の法然伝を構築していくことになるが、

「法然上人行状絵図」巻六段三　法然上人、吉水の草庵で念仏の教えを説く
（写真提供：京都国立博物館　©京都知恩院）

これには比較的情報量の多い『行状絵図』四八巻を所依の文献とする。底本には岩波文庫『法然上人絵伝』を参考にして、現存する史料を参照しつつ、これらを時系列的に整理し直して、法然と法然を取り巻く人々の行状を明らかにする。ここから神格化された法然ではなく、生身の法然を描写している文章を抜きだし、人間として生きた求道者法然が描き出せれば、本書の目的は達成できたといえる。

序章　平安京のあれこれ

法然は、長承二（一一三三）年に誕生し、建暦二（一二一二）年一月二五日に八〇歳で入滅している。この八〇年の生涯を日本史の年表で辿ってみると、歴代天皇は崇徳、近衛、後白河、二条、六条、高倉、安徳、後鳥羽、土御門、順徳と順次数えて十代に及んでいる。年号はといえば、三〇回も替っているが、名称は保延や長承あるいは天養や久寿という、吉祥や瑞祥を表わすめでたい文字が選ばれている。年号だけを見ていると、平安な時代であったといえるが、このように八〇年間に十人の天皇が代わり、年号が一年、若しくは三年足らずの間に頻繁に改められたのには、この時代が決して安閑たる平和な時代ではなく、むしろ社会が乱れていて手の打ちようがないという時代であった証でもある。つまり、度重なる災害や戦禍から正常な時代・社会を取り戻そうとする祈りあるいは願いともいえる思いが、しばしば年号を改める大きな理由になったといえる。

ちなみに、平安時代の八〇〇年代から一二〇〇年代の間に発生した、平安京での主な災害や戦乱を史料から拾い出してみると、疫病が四三件、火災が二六件、水害が四七件、地震が十八件、戦乱が十一件、飢饉が二件となる。その間の災害の傾向として、水害は減少の一途を辿る一方で、火災は大小を問わず頻繁に発生している。水害は治水の技術でもって減少したものの、火災は下層階級庶民の人口密度増加によるものであろう。疫病は年代ごとに平均していて、五〇年単位で見てみると、四乃至六件の割合で発生している。地震は貞観の大地震以来、頻繁に生じているが、減少の傾向にある。戦乱は平安時代の中期から後期にかけて五〇年単位で平均二件勃発している。飢饉は長承三（一一三四）年から保延二（一一三六）年にかけて発生し、治承四（一一八〇）年六月頃から養和二（一一八二）年にかけての「養和の飢饉」が有名である。これらの史料は何れも上層階級の記録からの引用であって、実質的には、数倍の災害件数になると思われる。

ここでは、法然が生きた平安時代後期における平安京の社会情勢を、藤原一門、平安仏教、都市災害、庶民生活、身分制度、末法思想、悪の自覚、僧侶の思惑などに焦点を絞って、検討してみることにする。

一・藤原一門の盛衰

藤原一門が、平安時代に上皇と寺院に加わって権勢をほしいままにできた原因の一つに、古代日本の婚姻制度がある。これは「妻問婚」といわれるもので、夫婦は同居せず、妻の居宅に夫が訪ねる形態をとり、生まれた子供は妻の家で養育されていた。藤原氏はこの制度に目をつけて子女を皇族に嫁がせて、生まれた皇子を藤原氏の家で養育し、育った天皇を藤原氏の意向に従うように仕向けたのである。ところが、平安時代中期より院政に変わり、生まれた子供は夫の家で養育するようになると、育った天皇は藤原氏の意向に従うことはなくなった。藤原氏の台頭を機にして、政権は皇族から貴族に移ったものの、藤原一門の中では北家と南家の政権争いが平安時代後期まで続くことになる。

律令では、天皇に権力が集中するよう規定されていたのであるが、摂政・関白の登場は、摂関家が天皇の統治権を請け負い始めたことを意味する。すなわち、摂関政治が確立し始めた九世紀後期から十世紀初頭にかけては、唐が衰え、奥羽でも蝦夷征討がほぼ完了するなど、国防・外交の懸案がなくなり、国政も安定期に入っていった。国政の安定化に伴い、天皇の大権を臣下へ委譲することが可能になったことから、藤原一門はその特権を独占するとともに独自の軍事力を保有するまでに至った。

藤原一門の政権争いは北家が勝利して終結し、安定期に入ったかに見えたが、武士や僧兵などの武装集団が暴徒化して、都を混乱に巻き込むことになる。

平安時代の中期以降は、皇族や貴族などの権門側に雇われていた武士団が、戦乱を経て関東に拠点をもつ源氏一門へと、国の権力構造が移り変わっていく途上にあったといえる。この間の主導権争いに巻き込まれた人々の小競り合いは、全国各地に広がり、平安時代後期になると、武士団は大別して清和源氏と桓武平氏の二大勢力に収斂されていった。武力をもたない朝廷は、地方の戦乱の鎮圧を有力な武士団に委ねざるを得なくなる一方で、朝廷の皇族や貴族たちは、自分たちの権力争いに源氏と平氏の武力を利用するようになった。

朝廷内の権力争いは、源頼朝によってようやく平定され、武士に国の実権を奪われる形で終結して平安時代は終わり、災害の減少も含めて平穏な鎌倉時代に移行していったといえる。

二．平安仏教

平城京の行き詰まった律令政治の刷新をめざして延暦（えんりゃく）十三（七九四）年に桓武天皇は平安京を遷都した。その背後には、奈良仏教の官大寺経営に費やされる膨大な国費、増大する寺領荘園、加えて教団の腐敗堕落、僧綱（そうごう）制度の欠点などを改革しようとする意図が秘められていた。ここに、従来遷都とともに行われていた大寺移建の慣例は放棄され、新しい平安仏教が出現することになった。

奈良仏教は平城京という都城内に位置し、僧侶はつねに中央政界に進出するいわば都市の仏教であったが、平安仏教は、天台宗の比叡山、真言宗の高雄神護寺（じんごじ）や高野山など、主要寺院が山岳で営まれるようになった。この都市仏教から山岳仏教への変化は、政治に従属するために都市に同居していた南都仏教から、政治に一定の距離を置いて国家を護持しようとする平安仏教への転換でもあった。そこには政治から独立した不可侵な「聖域」を築き、そこから国家を護持しようとする平安仏教の政治に対する新しい姿勢を垣間見ることができる。こうして、「王法と仏法は車の両輪のごとし」という、王法・仏法の対等相依の関係が平安仏教の段階で初めて唱えられ、新時代の国家仏教の理念となった。

しかし、寺院造営や法会あるいは加持祈祷が宮廷貴族社会に盛行するようになると、藤原一門の台頭と相まって貴族出身の僧侶が大寺の住持を独占するようになり、平安仏教もしだいに貴族仏教となっていった。諸大寺は貴族から寄進された荘園をもつ大領主となり、僧兵という武力をもち、俗世間化した権門と呼ばれる社会構造のもとで栄えた。

二．一．僧兵

中世の史料を見ると、僧兵が、悪僧・法師武者・荒法師などと呼ばれていたことがわかる。僧兵の発生は定かではないが、比叡山の天台教団が、修学を中心とする学僧と宗団の運営に当たる堂衆とに分かれていて、堂衆は学僧の下に置かれながらも、その経済を守り運営に奔走する中で屈強な面々が現われだした。堂衆は次第に力を増し、やがて僧兵と呼ばれる武装化集団に変貌していったと考えられる。

また、権門の子弟たちが登嶺した折に警護者として付き添ってきた家臣たちが山上に住み着き、武装化して僧兵の集団を構成することもあった。この僧兵たちは下界の政治にも介入し、不満があれば事あるごとに「神輿」を担いで政庁に押し寄せて強訴した。

　暴徒化した僧兵の行動を記録から拾ってみると、法然が生まれる以前から、鎌倉時代に至るまで、毎年のように東大寺、興福寺、園城寺、延暦寺、金峯山、清水寺などの衆徒（南都での僧兵の呼び名）が、争い事や放火を繰り返すなど、その暴徒ぶりは枚挙に暇がない。全てを武力で解決しようとする僧兵たちが跋扈する一方で、他の衆徒は修行などそっちのけで俗界に降りては俗人以上に酒色に耽り、聖職にあるまじき行為を日夜繰り返していた。そこまでし得ない僧たちも名利栄達を求めてやまなかった。

　そのように世俗と同じ権力闘争を繰り返す南都北嶺の既成教団から遁れて、僧侶が本来の仏道修行を求めて、再出家の遁世僧として別所を設けたというのも平安仏教の特徴といえる。

二・二・聖

　中世の比叡山は、今日の総合大学のようなもので、単に仏教に関する学問の宝庫として存在していただけではなく、荘園領主化にともなって、寺院内には日本天台の教義や作法、算術、工芸、医学、歌道あるいは天文暦学、農業、土木などの世俗的な知識と技術が発達し、それぞれの道に詳しい専門僧が出現してくる。十四世紀前半に光宗が編集した『渓嵐拾葉集』には、中世の比叡山に伝えられていた故事や伝承・諸説などの様々な知識や技術の実態が整理し記録されている。この書籍から、当時の比叡山には、どれほど多様な分野の知識が伝承・維持されていたかをうかがい知ることができる。

　当時の比叡山は、在家のものが出家して僧として学問に励み、ある程度の時期を経て再出家すると、遁世僧として横川や西塔のある黒谷に住まいしていた。しかし、年を経るに連れて黒谷が満杯になってくると、山麓の大原や白川あるいは西山辺りの都に近い地域に徐々に住まいを移すようになる。すると比叡山で知識を得た僧が、僧尼令に束縛されることのない聖となり、彼らが中心になって災害で甚大な被害を受けた被災者の救済に当たっていたのである。いわば、僧尼令で禁止されている、下人や非人を指揮する監督としての役割を担っていたといえる。

平安時代中期における聖の発生は、比叡山で溢れた僧が、次第に山中から山麓に移り住んだことに始まる。これは仏教を学ぶことに真摯に取り組んでいる僧たちが、南都北嶺の世俗化と武装化に失望し、積極的に寺院を離れて再出家したことに起因しているともいえる。さらに、比叡山中での仏道生活に失望して山麓の別所に住まいするようになった聖が、再々出家のようなかたちで世俗に戻って庶民と生活を共にするようになると、比叡山で学んだ知識を生かして、災害や戦乱に苦しめられている庶民の生活を援助するという役割を担うことになった。

再出家・再々出家した聖の行動様式は、最澄（さいちょう）が南都の寺院教団から遁世して比叡山に籠もったときと同じ構図である。最澄が遁世してから約四百年の時代を経て、彼の思い通りに比叡山は興隆したものの、最澄と同じ思いをする僧が増えただけではないだろうか。

二・三・念仏聖

念仏聖とは、空也（くうや）をその祖とし、中世民衆の間に念仏の功徳を説き、浄土信仰を広めていった一群の遊行者の総称である。平安時代中期以降、末法思想の広がりと呼応して厭離穢土（えんりえど）・欣求浄土（ごんぐじょうど）の思想が庶民にも広まったが、念仏聖は浄土に到達する手段として、それまで軽視されがちであった念仏を、誰にでも直ぐに実践できる方法として説いて回った。それまで余り説法の対象とされることのなかった庶民、とりわけ下層民に対して信仰を説いたり、空也のように各地で道路を開いたり、井戸を穿（うが）つなど一種の社会奉仕を行う者もあり、庶民から尊崇を受けることが多かった。

聖の称える念仏は、死後の往生を願って生前に善行を施すことを前提としている。念仏を因として、果である死後の極楽を願うもので、念仏に関わる全ての人を極楽に往生させるという意味合いがあった。当時は念仏だけではなく、像造起塔も生前の善根とみなされ、古くから上層階級の慈善活動ともいわれていた。念仏は、死者を前にして聖が称えることもあれば、慈善活動の最中に称えることもあり、前者は他人の往生を願い、後者は自身の往生を願うという、いずれにしても生前よりも死後を問題としての念仏であった。まさに念仏は、災いを転じるというキヨメと死を扱うというケガレとの両面をもち合わせていて、上層階級からはケガレの目で見られていた。当然、念仏を称える聖にしても、非人と同じくキヨメとケガレをもち合わせた存在であったが、平安時代後期には、非人はケガレを、聖はキヨメをそれぞれ担うようになっていた。

結局、念仏は死後に極楽往生するための生前の手段として考えられていたといえる。したがって、念仏を伴う何らかの行為は、日常生活や作業などを通じて、貴賤貧富を問わず誰にでもできるため、念仏聖や勧進(かんじん)聖の称える念仏が全国的に広まったといえる。

三．災害都市・平安京

平安時代における平安京の姿は、まさに天変地異の連続で、遷都以来の記録を見ると、地震、洪水、火災、疫病などが、西暦八〇〇年代で三〇回、九〇〇年代で三二回、一〇〇〇年代で二八回、一一〇〇年代で四一回、一二〇〇年代で二八回（鎌倉の災を含む）というように、ほぼ二・三年に一回の割合で災害に見舞われていることになる。記録に残らない規模の小さな災害を含めれば、毎年災害に見舞われていた。特に火災は平安京の南東部に行くに連れて頻繁に発生していたと思われる。

都市に集中した住民には、多数の下層民が含まれるのが一般的であるが、その住環境は概して劣悪なものであったことから、いったん疫病や洪水・火災などの災害が発生すると、人口密度が高い分だけ、被害は甚大なものになった。

三．一．水害

平安京の東北部では、水源の北山(きたやま)で大量の雨が降ると、氾濫してしばしば市中を水没させた。特に、大雨や長雨が続くと山からの水は盆地全体に広がって、辺り一面を水浸しにしてしまう。土木技術の発達していない当時としては、治水工事で小規模な堤を作ったとしても、多くが洪水によって崩壊し、埋められて元の平坦な地盤に落ち着くのが関の山である。

平安京が造営された当初は、南北に走る朱雀大路(すざくおおじ)を中心にして右京と左京とに均等にわけられていたが、度重なる洪水で水の引きにくい右京は次第に衰退して左京のみが栄えた。左京においても、上流地域には上層階級が住居を占め、下流域には下層民が住まいしている。

三・二・火災

平安京では十世紀末以降に火災記事が激増しているが、それは都における社会不安や政治的対立の激しさを物語るもので、主に失火ではなく放火による火災が増加していたことを示唆している。一方、火災の性格について見ると、貴族や受領の邸宅が焼亡する記事が目立つが、この場合、その家だけが焼けて近隣に延焼することは少ない。数町に及ぶ大火でも、広く整備された条坊道路の存在が類焼を防ぐ役割を果たしたことから、火事の範囲は大路や小路によって明示されるのが普通である。

しかし、平安京の南部のような庶民が生活を営む住居の密集地では、遷都の初期に区画整理されていた条坊道路が、災害の度に行われる復旧と人口の増加との相乗効果で次第にその姿を変え、小さく狭くなっていった。火災の発生も、平安時代中期までは北部に多かったが、後期から鎌倉時代にかけて、火元の管理がおぼつかない軽量な素材を使って住居としていた南部に集中し、折から東の風にあおられて、都一円に類焼した大火災が頻繁に起こっている。すなわち、燃えやすい材料で作られた粗末な家屋と、その密集地内で家族毎に火をあつかうこと、記録の術を知らない庶民の貧困などを考え合わせると、平安京南部の火災は大小合わせて記録されている数十倍にも達しているものと思われる。

三・三・地震

『方丈記』が五大災難の最後に挙げた元暦二(一一八五)年七月の大地震は、平家が壇ノ浦で滅亡、内乱が終わって三カ月半後の七月九日昼ごろを本震とする地震である。大地震の常として、余震が絶え間なく続き、年末まで人々は恐怖におののいた。世間では平家滅亡を恨んだ平清盛が、竜になって地震を引き起こしたと噂しあったという。都は全国から上がってくるはずの租税・年貢・人夫が途絶えたため苦しみ抜いた。役所・寺院をはじめ、主だった建物の補修も後回しにされ、傷みの後遺症は想像以上だったと思われる。

三．四．飢饉

長承三（一一三四）年五月から長雨が続き、洪水と大風に見舞われるとともに、それ以後は飢饉の発生と疫病の流行をもたらした。このときの災害は、「天下飢饉」に起因するもので、人々が一気に京に集中した。この飢饉と疫病の状況は、『中右記』保延二（一一三六）年三月一日条に「世間多く道路に小児を棄つ、天下大いに飢渇す、道路に餓死する者多し、或いは小児を棄て、或いは乞食の者多し」などと記されている。

「養和の飢饉」でも、治承四（一一八〇）年六月ごろから雨が降らず、西日本を中心に旱魃に見舞われ、翌年には旱魃に加えて飢饉が本格化していく。同時進行していた反乱は全国に及び、年貢・租税などの運上物が途絶するという結果をもたらし、都の生活が成り立たなくなった。その中で、街頭の死屍累々として、その数は左京だけで四万二千余、右京や近郊のそれを加えれば際限もなく、まして日本全国では膨大な数にのぼったことを記録している。都の人々は飢餓地獄に陥り、餓死者が続出した。

三．五．疫病

平安京は、飲料水をもっぱら井戸に頼っていたため、そこに汚水・汚物が流入すると、井戸水を介して感染する水系伝染病や寄生虫の脅威は免れない。河水や溝水が溢れるのは、梅雨から夏の台風の時期にかけて一番多く、この時期に都中に拡散している汚物は、おりからの暑気とあいまって、疫病の流行を招かずにはおかない。

平安時代における赤痢の流行は、貞観三（八六一）年、延喜十五（九一五）年、天暦元（九四七）年、長和五（一〇一六）年、万寿二（一〇二五）年、万寿四（一〇二七）年、承暦元（一〇七七）年、天養元（一一四四）年の計八回にのぼっている。これらの疫病は、勢いが盛んで被害も大きかったことから記録に残っただけで、潜在的・散在的な罹患を考慮すれば、さらに多くの被害が出ていたものと思われる。

四．平安京の生活

宮廷内で行われている権力闘争は、一部都市域での話であったが、公地公民制の崩壊によって、庶民を掌握するのが荘園領主や武士団の時代になったとしても、日本全体には大きな問題にならなかった。また、荘園や武士は、支配階級の中での差別化であって、被支配階級である庶民にしてみれば、超えることのできない身分制度の中での権門側の出来事として、十把一からげに考えられていた。

四．一．庶民の生活

庶民はといえばどん底の生活の中で生きることに四苦八苦していた。当時の平安京は道路が公衆便所であったし、庶民は死んでも埋葬は許されず、郊外に死体の捨て場所があるものの、路上に死体が放置されていることも珍しくなく、ひとたび疫病の流行や飢饉があると鴨川の流れが死体の山で堰き止められることも頻繁に生じていた。それでなくても町中は砂ぼこり、糞尿の臭い、死体の山とそれに群がる烏や犬で満たされていた。当時の京都はじつに野犬が多く、餌としての糞便や死体の処理に一役買っていた。

平安時代は、身分制度の中での隠れた闘争はあったものの、大きな戦争が少なかった。その代わりに実に多くの災害が、貴賤貧富に関係なく、不意に襲い掛かってくる。さらに、目に見えない疫病の原因と考えられたのが、怨霊（おんりょう）の仕業という非科学的な盲信の類であって、いずれも貴族や庶民に共通した恐怖として存在していた。当時の人々は、何時何処で起こるかわからない災害と四六時中頭から離れない怨霊に怯えて生活していたのである。

四．二．庶民の住居

平安京の庶民住居は、長屋のように連なった家屋の屋根が、それぞれ独立して葺かれており、建物自体も一応独立していたことから、一般に町屋（町家）と呼ばれている。町屋の住居構造は土居を据え付けることなく、地面に直接柱を建てる掘立柱建築で、規模そのものはごく小さく、建てることも解体して移動することも、比較的容易な構造であった。

このような単純な構造の住居は、地震の揺れや大風によって、簡単に倒壊したと考えられる。このような住居を建てざるを得なかったのは、一面では貧困のなせる業であるといえるが、一方で、自然災害や人的災害の多い時代背景を考えると、平安京という都では、あらゆる事象を固定的に考えることができなかったのである。諸行無常といえばそれまでであるが、確固とした住居を建てても、さまざまな災害によって数年で壊されてしまう。それならば、簡単に壊れて簡単に組み立てられる簡素な住居のほうが、生活する上での理に適っている。

人的に創造された建造物とその破壊の繰り返しは、被災者である一般庶民にとって、対処しきれない難題であったが、ここに救済の手を差し延べたのが「聖」と呼ばれる遁世者や隠者、沙弥であった。庶民を含む彼らには互いに面倒な物を持たない貧者同士の阿吽の呼吸のようなものがあったと思われる。聖や下人・非人は、災害のたびに召集され、復興事業に供された。下人は貴族などの権門側に召しだされ、非人は下人のために使役され、聖は非人の指揮・監督に当たった。

五．身分制度

平安時代には、かつての国家権力のような身分制度はなかったが、庶民の中には耕地などの土地をもたず、主人に隷属し、人身譲渡の対象にもされた「下人」「所従」が存在し、とくに公家社会や寺社組織の上層階級から卑賤視された人々が生みだされた。後者のうちで最も多数を占めたのが「非人」と称される人々であった。その内実は種々雑多であって、大寺社に人身的に隷属して「キヨメ」（清めの意で、寺社域・道路の汚穢を清めたり、葬送行事にかかわる下役を勤めたりする）の雑役に駆使されたり、雑芸で口を糊したりする者から、物乞いでかろうじて生きた「乞食」の集団をなしたものまでを指している。これには「癩者」（ハンセン病患者）をはじめとする貧窮孤独の病人や身体障害者も含まれ、仏教思想による「慈善事業」のような「施行」（施し）の対象となっていた。非人の多くは、平安京の清水坂や奈良（南都）の奈良坂など都市の周縁部に位置する交通の要衝や、荘園内に設定された「散所」という地域を根拠地として、非人長吏や散所長者による統率・管理のもとで集落生活を営んでいた。

五．一．非人の役割と差別

非人は、朝廷に直結した特殊な役所である検非違使の管轄下で、囚人の世話・死刑囚の処刑・罪人宅の破却・

死者の埋葬・死牛馬の解体処理・街路の清掃・井戸掘り・造園・街の警備などに排他的特権的に従事していた。彼らが悲田院や非人宿に収容されたことから、病者や障害者の世話といった仕事も引き受けていた地域や集団もあった。また雑芸能に携わった声聞師・散所非人などに従事する者もおり、芸能史の一翼を担ってきた。

当時の被差別民は、病気や共同体からの排除ゆえにケガレの身として差別されたが、同時にケガレを身に引き受けるというキヨメの能力をもつと見なされ、畏れの忌避を願うものにとって神秘と畏怖の念に包まれた存在であった。

しかし、平安時代後期になって、戦争や洪水などの災害が一段落し、政治も院政期に入って貴族社会が崩壊すると、村や町のまとまりが強まり、社会的分業が進んできた。その結果、公家社会特有の怨霊思想が弱体化の傾向を帯びるようになり、ケガレに伴っていた呪術性への畏怖の念は低下し、キヨメの効果は忘れ去られて、ケガレを身に引き受けているという卑賤の概念のみが際立って、その内実は身分制度を強化する後ろ盾へと変容していく。

五．二．ケガレ

平安貴族は、様々なケガレのなかでも人の死を最も深刻な不浄（汚れ・穢れ）と考え、その呪的で強力な伝染力を深く恐れた。死のケガレへの忌避観が肥大化していくと、市中やその近辺から死者を閉め出す動きが露わになり、そのことが葬送場所の地域的限定に繋がることになる。十世紀の中ごろ以降、鴨の河原や東山南部の鳥部（辺）野が葬地になり、次第に西山北部の蓮台野・化野が、平安京の人々の一般的な墳墓の地になっていった。

貴族社会のケガレに対する過敏なほどの恐怖心は、不浄以外にも犯罪や失火もケガレと認識され、死やそれに伴う血をもケガレとして忌み嫌う考え方が浸透した。それを裏づけたのが陰陽道と祈祷仏教であるといえる。当時のケガレは、秩序から逸脱したり、それを乱したりするものと考えられ、秩序の維持された日常性が正常であるとすれば、それを否定する異常がケガレであった。

ケガレの概念は、貴族社会だけにとどまることなく、社会規範としての広がりを見せ、現象の理解というにとどまらず、人間の価値判断にも結びついて、差別と不可分の概念となっていった。例えば、女性に対する見方の一つに、平安時代半ばには、出産などが出血をともなうためにケガレとされたが、当時は一時的な現象と考えられていた。ところが、仏教の影響力が増してきた頃から、女人禁制や男子の心を乱して修行の妨げになるなどの差別意識から女性の存在そのものがケガレとして定着するようになった。

五．三．疫病と怨霊

疫病の原因を人間を超越した何者かに求める考え方は、古くから存在していた。例えば、ある人のもとで発生した疫病が伝染するという、目に見えない恐怖心もケガレの対象とされだした。すると、ケガレは人々の妄想の中で一人歩きし、自然災害や人災までもが人間の手の届かない黄泉の国からの祟りとして扱われるようになった。このような現象としてのケガレは、一定の儀礼（キヨメ）を経れば、除去と原秩序への回復が可能と考えられた。また、個人の「霊」についても、権門側の特別な人間に限らず、古墳の被葬者は死んだ後もなお「幽魂」として存在するという。この特定の霊が祟りを成し、それが人々に災いをもたらすとする考えは、八世紀末には明確に意識されていた。

このように祟りをもたらす霊の存在は、疫病や天災のようなケガレあるいは人間の力ではどうすることもできないものに対し、その理由を説明するための「知恵」としての側面も持ち合わせていたともいえる。しかし、それに過剰な反応を示すことは、逆に精神の安定を乱し、却って社会的な不安を煽ることもあった。

六．末法

藤原一門を中心とする平安貴族たちは、黄泉の国からケガレを持ち込むのは怨霊であるとの思いから、歌や言霊に不思議な霊威が宿り、言葉通りの事象がもたらされることで怨霊を鎮める効用があると信じていた。そこには、政争によって行ってきた行為を、仏教に照らし合わせたとき、後ろめたい気持ちから懺悔の思いに浸る貴族が多く、この思いを鎮魂という方法で安心させていた。ちなみに、神社や寺院というものも鎮魂の道具であって、比叡山延暦寺や南都興福寺といった仏教寺院は、学府としての機能を果たす一方で、当時の政権に最も期待された役割は「怨霊鎮魂」であったといえる。

怨霊の概念以外にも衆生を絶望のどん底に叩き込んだのが末法思想である。末法とは、釈迦入滅後、その教法を実行して悟るものが、時の経過とともに少なくなり、仏法が衰滅するというインドから発生した考えである。日本では、最澄の作といわれる『末法燈明記（まっぽうとうみょうき）』に末法思想の高揚があり、平安時代中後期より鎌倉期の仏教界に、多大の影響を与えた。

六．一．自業自得

言霊と怨霊は、平安文化を語る上で欠かすことのできない言葉であるが、その背景には源信（げんしん）著『往生要集（おうじょうようしゅう）』が大きく影響していることは否めない。この書物で説かれた厭離穢土、欣求浄土の精神は貴族・庶民らにも普及し、その後の彼らの生活や文学思想にも大きな影響を与えたといえる。中でも『往生要集』の「地獄」の描写はまことに迫真的で凄まじいものがあり、どのような「罪」を犯すと、どういう「罰」を受けるのかということも、詳細に説明されている。

ここで罰を与えるものは、人間でも神でもなく、死後の閻魔の審判が語られることがあるにしても、自己の対極にある存在ではない。罰を与えるのは、仏教ではあくまで自己にかかわる「自業自得」の摂理が生きている。つまり、仏教でいうところの因縁とは、自分で作って自分で報いを受ける「因果応報」の道理といえるが、そこにはおのずから「この罪に対しては、こういう罰がふさわしいはずだ」という、宗教者や為政者側の人間の考え方が反映している。必然的に仏教で禁じている、殺生や虚言などの職業に携わることを余儀なくされる被差別民は、罪の意識に駆られて内罰的な自責の念を定着させることになった。

我が国で権力者に対する庶民の暴動が起こらなかったのは、もって生まれた宿業と仏教の輪廻思想ともいえる自責の念が、代を重ねるに連れて固定化していったところにあると考えられる。

六．二．末法思想

十一世紀前半の打ち続く災害は、世の終末を思わせるもので、十一世紀中頃には、末法の世になるという末法思想が広がり、武士の台頭や戦乱の続発から、人々は現世否定の末法思想を信ずるようになった。その原因を作ったのが当時の寺院側であって、仏教・寺社勢力が朝廷に提出した訴状の中には、末法思想が頻出している。

その内容を見ると、仏教寺院は、仏の智慧を悪知恵に転換して、末法の世になった以上は、この実情を克服しなければならない。そのためには仏教を興隆する必要があり、寺院に荘園を寄進するという功徳を積み上げる必要があると言いだした。結果的に、鎮魂に寺院の力を借りていた貴族層は、社会の荒廃の原因が寺院を大切にしない朝廷側にあると主張しだしたのである。こうした仏教側の主張は、しばしば朝廷側に認められたかのように、その後の寺社の荘園は増加し、荘園公領制とも称される体制へと転化していく。そして、院政期には仏教が寺院の経済的保護により最盛期を迎えることになる。

六．三．僧侶たちの本音

平安時代後期に勢力維持をはかった南都北嶺の権門寺院は、古代律令制から中世荘園制への転換の中で、神仏の救済にあずかるための条件として、農民に寺院の門徒となることを求め、その拘束的関係の中で農民たちを荘園経営に使役した。僧侶たちは、朝廷や貴族との荘園争いを有利に運ぶためにも、また農民層を労働力として確保するためにも、度重なる天災や戦乱を利用して、死に伴う怨霊や地獄の妄想を人々に投影し続けた。その上で彼らを極楽と地獄のいずれにも送り込むことができる呪力を盾にとって、宗教的権威を確立していった。その背景には、権門寺院が天皇家の勅願寺院であり、荘園領主としての地位を国家権力によって庇護されているという特権があった。人々は上下貴賎を問わず、寺院による呪縛から解放されたいと念じつつも、その背後にある神仏の威光を汚すことはできないという、深い葛藤を味わっていたのである。

末法思想についても同じことがいえる。社会状況の悪化とともに悲観的な感情が人心に自然発生したとしても、それを末法という明確な輪郭をもつ一つの時代思潮に仕立て上げていったのは、まちがいなく既成教団側なのである。人々が悲観的な終末論を抱くことによって、一層、神仏の加護を求めることになり、寺社との関係は断ち切りがたいものとなっていった。いわば、怨霊と地獄が演出される死の舞台作りの総仕上げとして、末法思想という最後の演出効果が取り入れられたのである。

既成教団側にとって、政治的経済的影響力を温存していく上でも、末法という考えは好都合であった。

七．悪の自覚

日本の古代・中世における悪は、道に外れ、法に背く行為を悪としていたが、律令制では儒教的な徳目に基づき、官人の功過の評価について善悪が問題にされた。十世紀から十一世紀にかけて広く見られる「不善の輩」は下級官人を含んでおり、その実態は放火・殺害・強窃二盗、博奕などを事とする人々であった。

十二世紀に入る頃には「不善」という言葉は激減し、殺害などに鳥獣、魚の殺生や分水の押妨（おうぼう）等の行為を含めて、端的に悪行・悪事として糾弾されるようになる。そこには殺生、盗み、浮気、うそつき、物惜しみなどを悪とする仏教思想が浸透していて、尚且つ、党を結び群れを成すといわれた悪徒・悪党は、当時台頭しつつあった武士団、あるいは漁猟民を含む商工業者、金融業者などを指し、武装した僧兵も大寺院が組織した悪徒であった。

仏教に反する悪は、職業として直接的に携わることを余儀なくされる人々に宿業として自覚され、生死を超えた輪廻の中で抜け出すことのできない精神的絶望として受け入れざるを得なかった。一方、僧侶側は直接的な悪に手を染めることがないにしても、間接的には悪に便乗した生活を送りつつも、仏教の戒律を維持しているという自負を抱き、悪に対して無関心事を装っていた。

七．一．地獄

『往生要集』は、死後に極楽か地獄かのいずれかに行くのであるが、その原因は生前の善悪の行為に左右されるという。この思想が基になって平安時代中期以降の地獄の概念が思わぬ展開を見せることになる。

『往生要集』により、人々に恐ろしい地獄の概念が植えつけられると、貴族たちは地獄に落ちることを恐れて、権力と財力を使ってこの世に極楽浄土を作り出そうとしていた。しかも、この頃の仏教では、寺へ金銭や仏像などの宝物を寄贈しなければ極楽へ行けない、という教えが定着していた。しかし、平安時代後期には、戦乱、疫病、天災が続き、造像起塔の教えが無駄であることを悟るに至った貴族たちは、あの世での極楽往生を願って、戒師による受戒を望むようになる。一方、その混乱の中で生きている一般庶民たちは、仏の教えに触れる機会がもてないまま、因果応報の思想によって、この世でも苦しみ、あの世でも極楽に行くことができないという、まさに絶望の生活を送らざるを得ない存在であった。

七・二・宿業

宿業は、仏教を信ずると信じないとに関わらず、業が客観的に実在し、これが人々の生存を決定するというように、業を実体視する方向へと向かわせることになり、仏教の宿業観が、一般社会においても、宿命論と寸分違わない機能を果す弊を生むに至った。

日本での宿業観は、現世での出来事や環境が、過去世に積んだ業によって決定づけられていることを強調し、無力感に満ちたあきらめを助長する傾向が強く現れたが、これは、未来が現在の自己の行為に影響されるとする、本来の姿から遠くかけ離れた考え方である。誤解された宿業観は、インドの宿作外道（しゅくさげどう）の説と同じである。宿作外道とは、現世の我々は、前世の業によって決定されているもので、手の施しようがないため、忍従の生活を送る以外に方法はないというものである。一方で、現世で善を行ない、善を積み重ねて次の世で幸せになることができるという思想もあるが、これは外道という自己を中心にした幸福追求の考え方で、現世を犠牲にして未来を希求する餓鬼の欲望以外の何ものでもない。平安時代の法然とは異なった教えを唱える念仏もこの範疇に納まるものであって、貴賤貧富を問わず誤った宿業観が巷に蔓延していた。

八・僧侶の思惑

法然が生きた十二世紀半ばから十三世紀初頭は、有史以来、災害の多い不安な状況が続発した時代であった。法然生誕の四年前には、半世紀近くにわたって実権を握った白河法皇が崩御したが、それ以来、古代律令制が大きく揺らぎ、政争と戦乱に明け暮れる世の中になった。そこへ飢饉や疫病をともなった地震、台風、洪水、冷害、旱魃、大火などの自然災害が頻発し、人々を不安と絶望の極限状態に押しやっていった。

建久三（一一九二）年に源頼朝が鎌倉幕府を開いて、武家政治が名実ともに確立することになったのは、法然入滅の二〇年前のことである。このように天災人災を問わず、人々が日常的に死と直面せざるを得なかった時代の只中に生きていたのが法然なのである。

日常的に死にさらされていた人々は、死に馴れるのではなく、ますます死の恐怖に落ち込んでいった。

その恐怖の第一が、怨霊思想であった。政争に明け暮れる権門にとって、亡霊が生前の怨恨を晴らすために生きている人間に祟るという恐怖が都の人々の心に覆いかぶさり、これが御霊信仰となって定着し、朝廷も貴族も護身のために、鎮魂慰霊をしてくれる密教僧を常に必要とするようになった。

恐怖の第二は、堕地獄の恐怖である。『日本霊異記』や『今昔物語集』をはじめとして、平安文学には不善の者が地獄に堕ちていく話は多くあるが、さらに、寺院の復興などの目的で喜捨を募って旅する勧進聖が、恐ろしい構図の地獄絵を全国津々浦々までに普及させた。それまで漠然と捕らえられていた死後の様相が、地獄絵の普及によって、地獄の恐怖が具体的なかたちで人々の心に容赦なく侵入してくることになる。すると、僧侶を手厚く供養したり寺院に堂塔などを寄進したりして、善根功徳を積もうとしていた貴族ですら堕地獄の恐怖に苛まれ、あまつさえ衣食住に困窮して道徳など省みるゆとりのない庶民の心情は、生きていても地獄、死んでも地獄という不安と絶望の生活を余儀なくされていた。

恐怖の第三は、この世はもはや終末であり、救いの道が閉ざされているという末法思想である。弱体化する律令制の中で、社会的特権を失いつつあった貴族にとって、末法思想は抽象論でなく深刻な現実論であった。『玉葉』には、とりつかれたように末世・末代・五濁の世・乱世といった悲観的な言葉が頻発しているが、仏教渡来時から政教一致の原則が成立していた日本では、王法の失墜は仏法の荒廃を意味し、そのため末法思想が殊更に説得力をもったのである。そうすると、仏法がすたれた世では、地獄に堕ちる悪の死にざまから逃がれる道はないという絶望感が、急速に広がることになった。

これらの恐怖心を煽ったのは、旱魃、大雨、飢饉、大火、疫病などによって大量の死者が発生するたびに、権力基盤の弱体化を恐れる朝廷側と、その防止を図って鎮魂呪術をほどこす寺院側との需給関係であるといえる。中でも朝廷と貴族社会の中で自己の存在価値を組織的に拡大しようとした権門寺院の官僧たちにとって、迷信深い貴族相手の加持祈祷は大きな収入源でもあった。

このように、社会不安がつのると僧侶たちは活動的になり、個人の死に怨霊や末法などの様々な宗教的意味づけをして死の虚像を作りあげ、精神的に弱い立場の世間を利用して、世俗的に有利な状況を生み出すことに奔走するようになった。世間の不安と恐怖を利用した死の演出は、表立った利己的行為としてではなく、慈悲に基づく行為という名目があっただけに、説教を聞く世俗側とすれば容易に拒否できるものではなかった。僧侶たちの思惑は、僧俗を輪廻転生する仏教思想の円環に組み込んで、当時の人々の心を悪の自覚に向けて強く締めつけていくことになる。

平安京地図

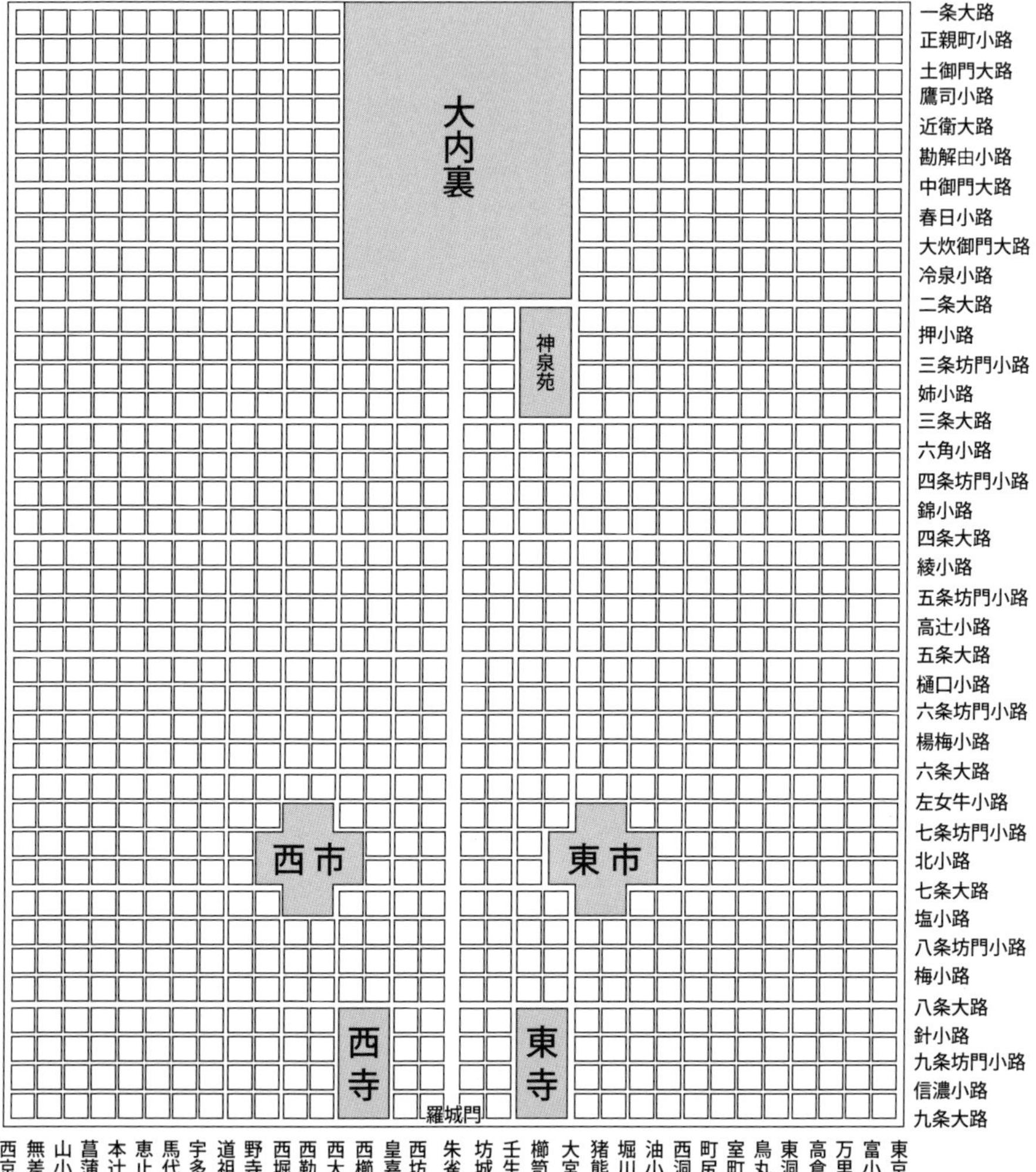

大内裏
神泉苑
西市
東市
西寺
東寺
羅城門
一条大路
正親町小路
土御門大路
鷹司小路
近衛大路
勘解由小路
中御門大路
春日小路
大炊御門大路
冷泉小路
二条大路
押小路
三条坊門小路
姉小路
三条大路
六角小路
四条坊門小路
錦小路
四条大路
綾小路
五条坊門小路
高辻小路
五条大路
樋口小路
六条坊門小路
楊梅小路
六条大路
左女牛小路
七条坊門小路
北小路
七条大路
塩小路
八条坊門小路
梅小路
八条大路
針小路
九条坊門小路
信濃小路
九条大路
西京極大路
無差小路
山小路
菖蒲小路
本辻大路
恵止利小路
馬代小路
宇多小路
道祖大路
野寺小路
西堀川小路
西勒負小路
西大宮大路
西櫛笥小路
皇嘉門大路
西坊城小路
朱雀大路
坊城小路
壬生大路
櫛笥小路
大宮小路
猪熊小路
堀川小路
油小路
西洞院小路
町尻小路
室町小路
烏丸小路
東洞院大路
高倉小路
万里小路
富小路
東京極大路

平安京近郊図

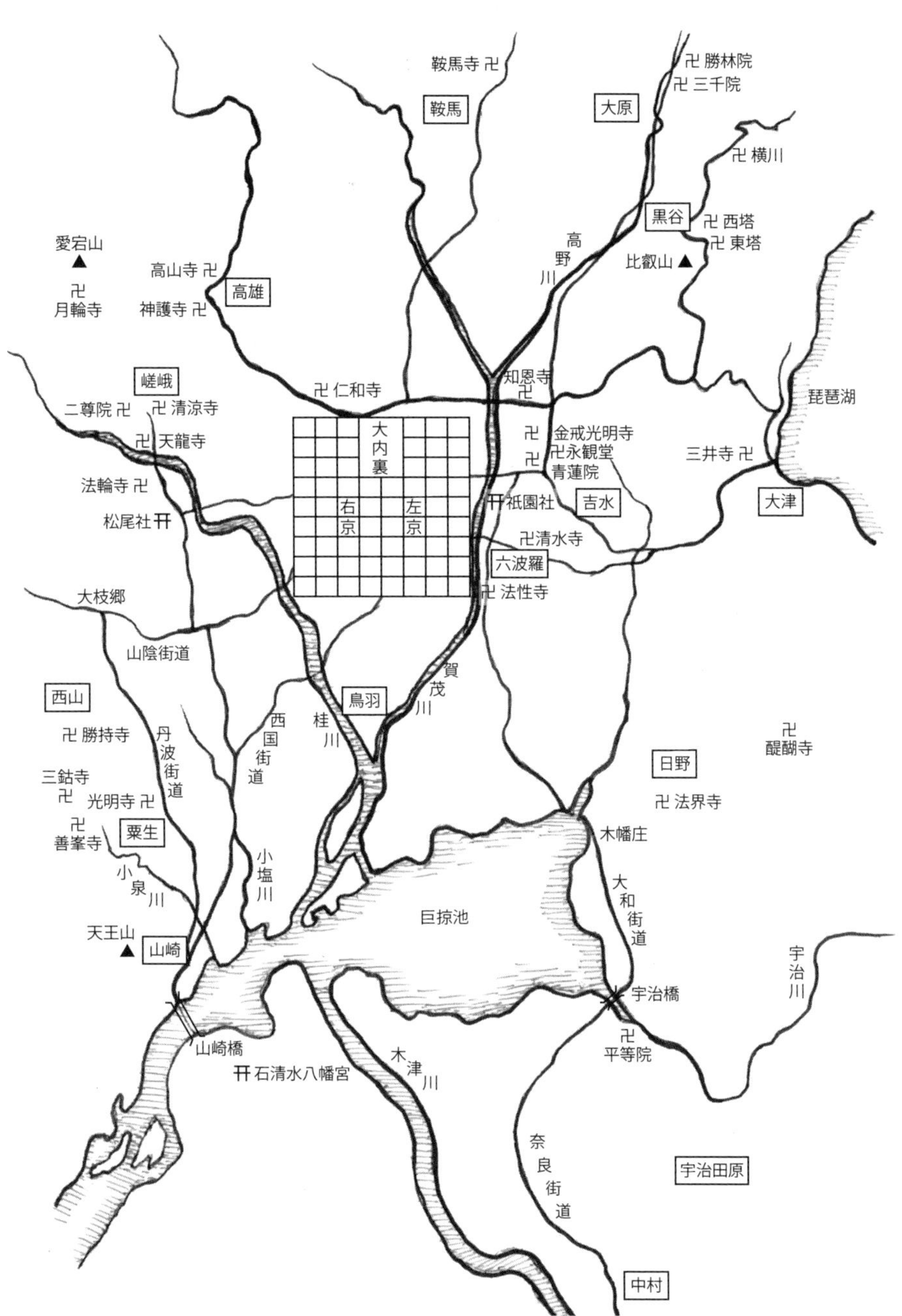
鞍馬寺
鞍馬
勝林院
三千院
大原
横川
黒谷
西塔
東塔
比叡山
高野川
愛宕山
高山寺
高雄
月輪寺
神護寺
嵯峨
仁和寺
知恩寺
二尊院
清涼寺
琵琶湖
天龍寺
大内裏
金戒光明寺
永観堂
青蓮院
三井寺
法輪寺
祇園社
吉水
大津
松尾社
右京
左京
清水寺
六波羅
法性寺
大枝郷
山陰街道
賀茂川
西山
鳥羽
西国街道
桂川
醍醐寺
勝持寺
丹波街道
日野
三鈷寺
光明寺
法界寺
善峯寺
粟生
木幡庄
小泉川
小塩川
大和街道
巨椋池
天王山
山崎
宇治橋
宇治川
平等院
山崎橋
石清水八幡宮
木津川
奈良街道
宇治田原
中村

藤原一門の系図（尊卑文脉から）

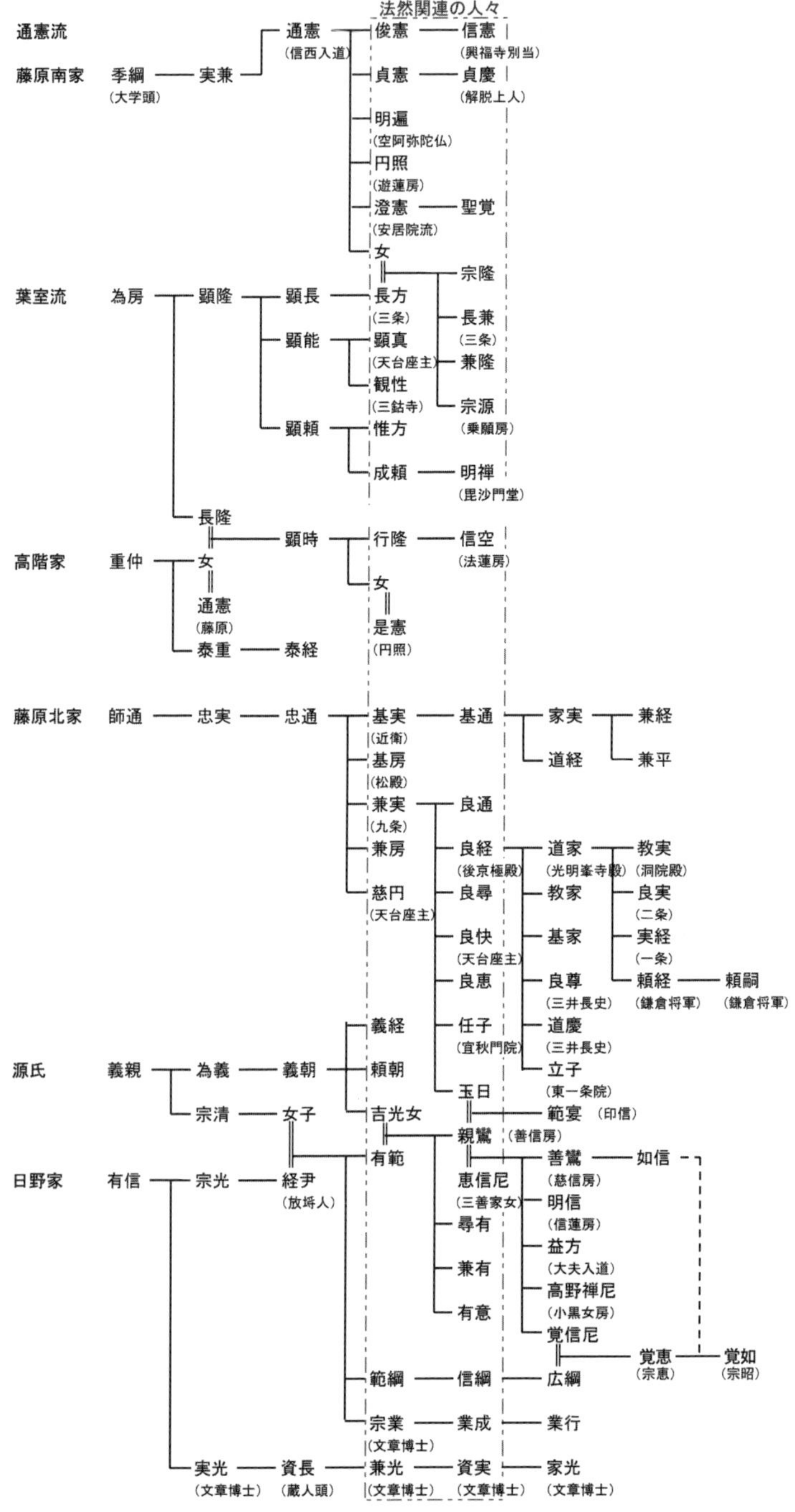

第一章　求道者法然

この章では、法然房源空（法然）が誕生してから下山して広谷に住まいするまでの三〇年間の行状を明らかにする。比叡山での法然は、将来の出世を期待されるほどの秀才ぶりを発揮していたが、学問では自己が救われないという、否定的な感情に見舞われて、自身の救われる道を求めて苦闘することになる。失望の法然は、下山して南都に赴くが、ここで法然の将来を決定づける中国浄土教の祖といわれる善導の教えに出会うことになる。善導の教えを学び実践するべく、再度黒谷の叡空の門を叩くことになるが、今度は自己の理解した仏道を証明してくれる人に出会うことができずに、悶々とした悩み事に苛まれる日々を送らざるを得なくなる。しかし、思わぬ援助の手が差し伸べられ、悩み事が解決する糸口を見つけることができた。

一．比叡山に入山

『行状絵図』第一は、最初に編纂の経緯を述べた後で、法然の誕生を以下のように述べている。

抑上人は、美作国久米の南条稲岡庄の人なり。父は久米の押領使漆の時国、母は秦氏なり。（中略）つゐに崇徳院の御宇、長承二年四月七日午の正中に、秦氏なやむ事なくして男子をうむ。

〈訳〉

そもそも法然上人は美作（現、岡山県北部）久米南条郡稲岡荘の人である。父は久米郡の押領使の漆時国、母は秦氏である。（中略）崇徳院ご在住中の長承二（一一三三）年四月七日の正午、ついに秦氏は苦しむことなく男子を出産した。

法然は、幼名を勢至丸といい、岡山県美作に生を受けて九歳までは順調に成長していくが、父の時国には少しばかり家柄を鼻にかける癖があり、同じ稲岡荘預所の明石源内武者定明を見下して執務に従わず、面会の礼も尽くさなかったので、定明は恨みを抱いていた。法然が九歳の保延七（一一四一）年春に、定明は夜討ちをかけて、時国を殺害してしまった。

『行状絵図』第一には、法然が息も絶え絶えの父時国から、汝さらに会稽（かいけい）の恥をおもひ、敵人をうらむる事なかれ、これ偏に先世の宿業也。もし遺恨をむすばゝ、そのあだ世々につきがたかるべし。しかじはやく俗をのがれ、いゑを出で、我菩提をとぶらひ、みづからが解脱を求には。

〈訳〉

おまえは、仇討ちをしようと思って、敵を恨んではいけない。これは前世の行為に対する報いなのである。もし、お前が恨み心をもったならば、その恨みは何世代にもわたって尽きることがないであろう。早急に世俗を離れ、出家して私の菩提を弔い、お前自身は悟りを求めるに越したことはない。

との遺言を受けたことが記されている。時国は、勢至丸に対して父の恨みで仇討ちなどせずに、僧侶となって父の菩提を弔い、勢至丸自身は悟りを求めて仏道に励むように言い残したのである。父の遺言は、釈尊の説法として残されている『法句経（ほっくきょう）』五に「世の中に怨みは怨みにて息（や）むことはない。怨み無くして息む、此の法は変わることがない」という言葉を彷彿とさせる。短い文章ではあるが、法然はまさに父の遺言とともに釈尊の言葉に生きた人であったといえる。しかし、法然の周りの環境は、『法句経』の次の「然るに他の人々は、我々は世の中に於て自制を要す、と悟らず、人若し斯く悟れば其がために争いは息む」という言葉の前半部分が、現実になって現れることになる。

父の死後、叔父の観覚に引き取られた法然は、久安三（一一四七）年の春、十五歳にして比叡山の源光の弟子となり、その後、皇円（こうえん）、叡空などと師を変えることになる。その間、法然房源空と名乗り、父の菩提を弔うべく勉学に励み、二四歳で下山するまで、法然の智恵才覚は比叡山に知れわたるようになった。法然の師である慈眼房叡空（じげんぼうえいくう）は、生年不明で治承三（一一七九）年に没している。彼は藤原伊通（これみち）を父とし、称名念仏で往生できると説いて融通念仏を開いた大原の良忍に師事して、一乗（いちじょう）円頓戒（えんどんかい）の正流を継承し、授戒の師として西塔黒谷の別所に遁世していた。

法然が遁世して叡空のもとに入室したのは、久安六（きゅうあん）（一一五〇）年十八歳の時で、これ以後法然は、比叡山を離れるまで黒谷を本拠として修学し、叡空から円頓戒の法流を受けて戒師としての地位を継承していく。
『行状絵図』第四には、比叡山での法然の行状が以下のように記されている。

> 上人その性俊にして大巻の文なれども、三遍これを見給に、文くらからず義あきらかなり。諸教の義理をあきらめ、八宗の大意をうかゞひえて、かの宗々の先達にあひて、その自解をのべ給に、面々に印可し、各々に称美せずといふことなし。

〈訳〉
法然上人は、生まれつき才知に優れ、大部の書物でも三度ご覧になれば、文章を読みこなし、その内容を理解された。様々な教えの道理を極め、八宗の大凡の意味を知り、諸宗の指導者たちに会って自分の解釈を述べると、会う学僧それぞれが認めて褒め称えた。

法然は、大蔵経を三回も読み返し、教義を暗記しただけでなく深く理解し、三論、成実、法相、倶舎、華厳、律の南都六宗に天台、真言の平安二宗を加えた八宗の教義を明らかにして、各宗の先輩たちに、仏教の理解のほどを示したところ、全員に証明・賛美されたという。

その後、黒谷の叡空の下で修行することになった法然は、師の叡空と争論に及んだことが、『行状絵図』第四に記されている。

> あるとき天台智者の本意をさぐり、円頓一実の戒体を談じ給に、慈眼房は「心をもて戒体とす」といひ、上人は「性無作の仮色をもて戒体とす」とたてたまふ。立破再三にをよび、問答多時をうつすとき、慈眼房腹立して、木枕をもてうたれければ、上人師の前をたゝれにけり。

〈訳〉
ある時、天台大師智顗の真意を探求して、唯一真実で完全な教えである戒めの本体を討論されたところ、慈眼房叡空は、「人の心が戒めの本体である」と言い、法然上人は、「生まれついたままの肉身が戒めの本体である」と主張された。互いの主張が再三繰り返され、問答が長時間続いた時、慈眼房が腹を立てて木枕で叩かれたので、法然上人は師の前から立ち去られた。

この文章から、法然と叡空の考え方の相違からくる議論が平行線を保ったまま、議論のための議論に陥ってしまって、論点が決着するどころか、感情のもつれへと発展してしまった。法然は、自身が願っている仏教研鑽とは裏腹に、師との抜き差しならない確執にうんざりしていたことがうかがえる。

当時の比叡山は、学問を志すという意に反して、出世を目指す俗世間と同じ道程を歩むのが僧侶の目的となっていた。法然に栄達の道を勧めた師匠もいたが、法然は学問のために出世を断って黒谷の叡空を訪ねたものの、そこでも俗世間以上に権力闘争に明け暮れる黒谷の道場および叡空との考え方の相違に自己の居場所を見失ってしまった。法然としては、自身の思索内容に賛同してくれる人もなく、ただ笑って事なきを得るような僧ばかりであった。たとえ真剣な議論に発展することがあっても、自説を強調するあまり白熱して感情的になることもあったようだ。

二．比叡山から下山

自己が救われる道を求めても得られず、学問の府といわれた比叡山にしても、新しい考え方が許される環境も整っていないことに、法然は先の見えない絶望感を抱いていた。そんな折、比叡山で学んだ仏教の創始者でもある釈尊に立ち返って、再度、自己の進む道を問いただしてみようとの思いに駆られた。都の北西部にある嵯峨には釈尊に所縁のある清涼寺（せいりょうじ）がある。この寺には、インドで生まれた釈尊の像が中国で作られ、それが清涼寺に持ち込まれて安置されている。法然は、実存的な悩みが解決できる霊証を求めて、清涼寺に参籠することを決意した。

清涼寺参籠に関連する記事が『行状絵図』第四に記されている。

> 保元々季上人二十四のとし、叡空上人にいとまをこひて嵯峨の清涼寺に七日参籠のことありき。求法の一事を祈請のためなりけり。この寺の本尊尺迦善逝は、西天の雲をいで、東夏の霞をわけて、三国につたはりたまへる霊像なれば、とりわき懇志をはこびたまひけるも、ことはりにぞおぼえ侍る。

〈訳〉

保元元（一一五六）年、法然上人が二四歳の時、叡空上人にいとまを願い出て、嵯峨の清涼寺に七日間昼夜を問わず籠られたことがあった。求道だけに集中して祈り願うためであった。この寺の本尊釈迦如来は、インドを出て満州から日本への三国に伝わった霊像であるから、特別の思いを寄せられたのも、最もなことであると思われる。

清涼寺は、もとは阿弥陀三尊を祀る貴族の別荘（栖霞観（せいかかん））を寺（棲霞寺（せいかじ））にしたもので、その境内の一隅にあったが、ここに東大寺の奝然（ちょうねん）が寛和（かんな）三（九八七）年に釈迦像を中国から持ち帰り、清涼寺境内の庶民的な堂に納めたのがきっかけで、釈迦堂と呼ばれるようになった。また、釈迦像の体内には布製の五臓六腑が納められていることから、生身の釈尊と呼ばれ、多くの庶民から信仰を集めるようになった。すると、棲霞寺が遁世僧の住まいする別所として機能する一方で、釈迦堂は誰もが出入りできる庶民的な寺となり、清涼寺一帯は、遁世僧や聖、巷の庶民などがたむろする活況を呈する一大聖地となった。清涼寺は唯一庶民が生身の仏に出逢える場所として隆盛を極めると、次第に棲霞寺を凌駕するほどに大きくなった。その頃の貴族で悩みをもつ者や道を求める者などが釈迦堂に七日間参籠するという風習があり、法然も自己が極めた仏教の確証および自己と学問の齟齬（そご）を解決する目的で参籠したのである。

釈迦堂を訪れた庶民は、常日頃の生活では身分制度に甘んじて（諦めて）陽気に振舞ってはいるものの、日々の生活に苦しんで、平癒や現世利益、五穀豊穣あるいは心の奥底にある生活苦や災害の不安などの本音を吐露して、生身の釈迦像に現実からの救済を願っていたことであろう。法然にしても、庶民と同じ心根でもって、自己の救済を祈願したのであるが、七日間の参籠では長年の悩みを解決するには、余りにも短すぎた。学問を究め尽くし、師の叡空との確執などを考えると、再度、比叡山に帰っても同じことの繰り返しで、自己の救済を求めることは絶望的であった。救済を引き受けてくれる釈迦像が庶民に親しまれている原因を突き止めるためには、由来となっている東大寺に赴く以外に方法がないと悟った法然は、参籠を終えたその脚で急遽南都に向かった。それほど法然は、自身の実存的救済に飢えていたのである。

しかし、当時の社会的状況は最も災害の多い時期に当たり、決して平穏なものではなかった。また、当時の法然は宗祖としてではなく一修行者の立場であることから、平安という時代の庶民生活を考慮しつつ、若き法然を追い求めていくと、新たな法然像が浮かび上がってくるであろう。

三．嵯峨から南都へ

法然が嵯峨から南都に向かったという記事は、『行状絵図』第四に、

清凉寺の参籠七日満じければ、それより南都へくだり、法相宗の碩学蔵俊僧都〈贈僧正〉の房にいたりて、修行者のさまにて、「対面し申さん」と申されたりけり。

〈訳〉

清凉寺での七日間の参籠が終了したので、そこから南都奈良へ下り、法相宗の大学者である蔵俊僧都の住房を訪ね、修行着のままで、「面会をお願いしたい」と頼まれた。

とあるだけで、その道程の詳細は記されていない。法然が、保元（ほうげん）元（一一五六）年に嵯峨清凉寺から奈良へと向かったのは夏頃である。奈良への道程は、郷土史『大枝の郷』によると、大堰川（おおいがわ）（桂川）を渡り、松尾・山田を経て峰ヶ堂越路を塚原・家ヶ谷へと向かったことが伝えられている。当時、大堰川には法輪寺橋がすでに架かっていて、法然はこの橋を渡って桂川の西岸に沿って南下したことがわかる。法輪寺橋は、承和（じょうわ）年間（八三四〜八四八）に空海の弟子である道昌が法輪寺の門前橋として架橋したもので、現在の渡月橋よりも約二百メートル上流（千鳥が淵辺り）にあった。この行程は、現在の松尾社から信正寺、京都大学桂校北側辺りから御陵峰ヶ堂を通って山陰街道の大枝塚原に出ている。そこから西山の山麓沿いに丹波街道を南下して、粟生の里で茂右衛門宅（後の光明寺（こうみょうじ）辺り）に一夜の宿を借り、山崎から行基が神亀（じんき）二（七二五）年に架けたといわれる山崎橋を渡って石清水八幡宮（いわしみずはちまんぐう）辺りを木津川沿いに奈良の都に入ったものと思われる。

法然が奈良に行くためにこのような経路を選んだのには三つの理由がある。

第一は、保元元（一一五六）年七月十日に保元の乱が勃発している。この乱は、上皇と天皇とが兄弟であったのをはじめ、摂関家、源平両家ともに親子、兄弟、叔父甥が敵対するという、まさに骨肉相克の戦いであった。いわば、長年続いた上皇と天皇の競合併存の決着をつけるために、雇われた武士が加担した争いである。水面下で蠢いていた確執が七月二日の鳥羽院の死去とともに露となり、同月十一日の未明に天皇方が白川殿に火を放ち、乱は天皇方が勝利して半日で終結している。上皇や天皇から武士に支配が移った天下分け目の戦い前後は、都中に相当な混乱があったものと想像される。

本来ならば、僧侶が行き来している南都と北嶺を結ぶ、奈良街道を南下するのが常套手段であるが、乱の勃発前から既に藤原頼長が宇治から上洛していることや藤原信実が率いる興福寺衆徒の行軍などで、都のみならず奈良街道までもが、わずか数日の乱であるとはいえ長期にわたって喧噪にさらされていた。このことが事実であるとするならば、法然が南都に向かって宇治橋を渡らずに、不便な西山沿いを選ばざるを得なかったのは、保元の乱前後であったことが原因であったと考えられる。

第二は、峰ヶ堂越路に至ったのは、当時の上桂辺りは湿地帯で人の通行がままならないことと平安京の南に位置する巨椋池の存在である。巨椋池は現在の宇治川、宇治橋、木津川、淀川、石清水八幡に囲まれる広大な湖沼であって、水上交通の中継地としての役割を果たし、その東西の外縁部が平安京と奈良をつなぐ陸上交通路であった。中でも宇治橋は大化二（六四六）年に道昭が架けたもので、当時の交通の要所となっていた。

第三の理由には、法然の心情が関わってくる。師である叡空を振り切って下山した法然は、山に帰るに帰れず、かといって、その場にいては急を要する自己救済の目的を達成させる目途が立たない。七日間の参籠で様々な庶民の生活苦が生身の釈迦像に寄せられているのを知った法然は、釈迦像の由来となっている南都に自身の課題を解決する情報があるのではないかとの期待を抱くようになって、都の騒乱が静まるのをまっていられない程の切迫感を感じたのであろう。

それ以後、南都における法然は、今までのように学問としてではなく、庶民と密着した念仏聖の立場で仏教を捉え直す決意をし、そのような学び方をしたようである。

南都の念仏聖が拠りどころとするのは天台系の浄土教ではなく、三論系の浄土教であって、法然は彼らと交わることで身をもって念仏聖を体験し、聖としての生活を送るために浄土教を学ぶことになる。

四．南都での出会い

かつて南都には、法相宗の善珠（ぜんじゅ）やその弟子の昌海（しょうかい）、三論宗の智光（ちこう）、華厳宗の審祥（しんじょう）・智憬（ちけい）といった、浄土教に関心をもつ僧が多くいた。その系譜につながる人が、東大寺に所縁のある永観（ようかん）や珍海（ちんがい）であるが、彼らは法然が南都に遊行した頃には既に没していた。

法然と永観や珍海との現実的な接点はなかったが、『昭和新修法然上人全集（昭法全）』の『浄土初学抄（じょうどしょがくしょう）』には、源信著『往生要集』や法相宗の慈恩大師窺基（きき）撰『西方要訣（さいほうようけつ）』を紹介した後で、南都仏教における念仏往生の先例として、永観や珍海の著作が挙げられている。

> 三論宗もまた是の如し、中、百門の疏を作ると雖も、往生の義は彼に依らず。然に彼の宗の先達永観律師は十因を作り、但念仏往生の旨を勧む。その後珍海はまた決定往生集を作り、念仏往生を演るなり。彼の宗の後の輩、誰の人これに背かむや。

〈訳〉

三論宗もまたこのようであるが、中の百にわたる注釈文を作ったといっても、往生の教えについては三論に依ることがなかった。従って、三論宗の先達である永観は『往生拾因（おうじょうじゅういん）』を作って、偏に念仏往生の趣意を奨励した。その後になって、珍海は『決定往生集（けつじょうおうじょうしゅう）』を作って、念仏往生を実践した。三論宗の後輩は誰もこの教えに背く者はいなかった。

旧来の南都仏教は、法相宗、三論宗など六宗があるものの、いずれも浄土の教えについては多くを語らなかった。しかし、永観は『往生拾因』で念仏往生の趣意を、珍海は『決定往生集』で念仏往生の実践についてそれぞれ説いていたものの、誰も彼らの教えに異議を唱えなかった。法然が、南都で永観や珍海の著作に接したことは、その後の浄土の教えに帰依する大きな要因となった。

永観は、禅林寺の律師と称され、父を源国経（みなもとのくにつね）として長元六（一〇三三）年に京都で生まれ、天永二（一一一一）年十一月二日に京都で没している。十一歳のときに禅林寺（現、永観堂）の深観に師事し、受戒した後は東大寺東南院で有慶・顕真に師事して三論教学を学び、その他法相教学・華厳教学にも通じていた。この頃から浄土教に帰依して一万遍の念仏を日課とし、康平五（一〇六二）年に山城国光明寺に隠棲した後、浄土教を民間に布教するため、延久四（一〇七二）年に禅林寺に戻った。そこで人々に念仏を勧め、寺内に「薬王院」を設けて、病人救済などの慈善事業を行なった。

永観の浄土往生に対する姿勢は、三善為康著『拾遺往生伝』（永観伝）において、

応徳三年、五十四、高才の聴をもて、維摩の講師の請を給わりつ。然れども念仏の妨を成すに依りて、乃ち辞し遁れんの思を企てつ。

〈訳〉

応徳三（一〇八六）年、五四歳のときに優れた才能を聴き及んで『維摩経』の講師を請われたが、念仏の妨げになることから、辞退して遁世の思いを募らせた。

と伝えられている。永観は十八歳頃には既に一万遍の口称念仏を日課としていたが、その一方で、東大寺や興福寺で堅者の要職を担うも、維摩会の講師という栄誉に対しては、念仏を阻むものとして固辞し、遁世の意志を堅持していたようである。

永観は多くの書物を著しているが、現存するのは『往生講式』や『往生拾因』だけである。

永観の『往生講式』は、承暦三（一〇八〇）年に制作されたもので、浄土往生を切望する念仏者が育まれていく過程を、発菩提心、懺悔業障、随喜善根、念仏往生、讃嘆極楽、因円果満、回向功徳の七門に分けて説かれていて、浄土願生者を教化・育成するために組織化された、往生浄土の教科書ともいえるものである。聴聞者は第一門から第七門へと各門の講演内容を順次消化し、礼拝、十念等の所作を重ねていく内に、宗教心を高揚し、念仏行に励んでいくのである。この講式に基づいて阿弥陀仏を本尊とし、往生極楽を願って阿弥陀仏を念じる仏事として営まれたのが往生講である。

『往生拾因』は、永観が七一歳の康和五（一一〇三）年に制作されたもので、源信の『往生要集』に継ぐもの

として書かれたが、そこには新たに念仏の教えに奉ずる立場が明確に打ち出されている。この書は、善導（六一三〜六八一）や道綽（どうしゃく）（五六二〜六四五）が諸々の勤めをせず、ただひたすら念仏することによって往生できると説いているが、これには十の理由と功徳のあることをあげている。永観の教えは、心を一境に留めて散乱しないように念ずる定念であって、口に称える念仏はこの定念を起こすための手段と考えられていた。

永観の念仏行については、三善為康著『拾遺往生伝』（永観伝）において、

　又新に式を造りて、十斎日ごとに往生講を勤修せり。およそ慈悲、心に薫じて、もし来り乞う者あれば、衣鉢といへども惜しまず、もし病める人を見れば、必ず救療を施せり。（中略）十月晦日、例のごとくに往生講を修せり。合掌して額に当てて涙を流して随喜せり。門弟囲繞（いにょう）して、念仏を相勤む、（中略）同じき二日、往生講を修せしめつ。念仏往生の段に至りて、講衆等、異口同音に来迎讃を唱ふ。

〈訳〉
　また新たに儀式をつくって、十の斎日毎に往生講を勤めた。押し並べて慈悲や心に訴えて、来て求める者があれば、衣鉢であっても惜しまず、貧しい病人を見れば、必ず医療を施した。（中略）十月最終の一日に例のごとく往生講を修した。合掌した手を額に当てて涙を流して歓喜の心を現した。門弟が取り囲んで共に念仏に励み、（中略）同月二日に往生講を勤めたとき、念仏往生の段になると、集まった人々は揃って来迎の讃嘆を唱えた。

というように紹介されている。ここでは、前半で永観が新たな講式を作って以来、毎月の十斎日に往生講が執り行われたことを伝え、後半では永観が臨終を迎えた天永二（一一一一）年十月に、一日と二日にわたって往生講を修したことが記されている。規定された往生講以外にも、臨終などの特定の場面では、規定にこだわることなく来迎讃が催されていて、広く一般に開放された講式としても実践されていた。この場合、講衆が「乞う者や救療を求める者」であることから、主に下層階級の貧民や病者が対象であって、往生講そのものが多分に慈善事業的な性格を有し、上層階級で定例的に行われる講経や

法会とは違って、何らかの目的をもった結社講的な集団であると考えられる。

永観が往生講を組織した目的は、『往生拾因』の巻末に示されている。

自らは後るといえども、他を勧めて先とせん、前に生ずるものは後を導き、後に去らんものは前を助け、連続無窮にして休息あることなけん。

〈訳〉

自分は後れるとしても、他人を先に勧め、前輩は後輩を導き、後に続く者は前を助け、無限に連続して休むことがあってはならない。

ここで、永観は往生講を前提として、現世での結縁者と現実界に戻った往生人との間、此岸の凡夫と彼岸の仏との間、それぞれに断ち難い宗教的互助関係を見い出し、共に利他円満した菩提心の証得を勧めている。これらの互助関係は、阿弥陀仏に仕えて、不退転の地位に至った往生人が仏の加護を受けて、自身の利他行として現実界に戻って、結縁者等を教導するという考え方（還相廻向）へと展開されていく。

一方の珍海は、当時の住房に因んで禅那院とも称され、絵師の藤原（春日）基光を父として、寛治五（一〇九一）年に生まれ、仁平二（一一五二）年十一月二三日に没している。彼は東大寺で三論教学、醍醐寺で因明（仏教の論理学）などを学び、浄土教にも学識があったが、父を受け継いで絵画に秀で、多くの作品を残している。著書には『決定往生集』の他に『菩提心集』、『安養知足相対抄』などがある。

『決定往生集』は、永観没後の大治三（一一二八）年に成立している。珍海は中国・朝鮮の華厳宗や天台宗に属しながら、浄土教にも関心をもっていた人たちの文を引いて、如何なる凡夫も称名念仏すれば、仏の願力によって臨終のときは阿弥陀仏の来迎を受け、浄土に往生することができると述べている。

五．往生拾因

法然は、南都で永観著の『往生拾因』を知って、そこに紹介されている、中国で浄土教を広めた善導の教えに傾倒して、将来進むべき道を見出すことになる。法然の注意を引いたとされる『往生拾因』は、念仏の一行に十種の根拠があるとして、一心に称名念仏すれば必ず往生できることを十項目にわたって述べるもので、念仏は行住坐臥を妨げず、極楽は道俗貴賤を選ばず、衆生の罪もひとしく救済されると説き、これを「念仏宗」と名づけたという。

先ず、念仏行における十種の根拠を以下の十文に分ける。

第一因　広大善根の故に
第二因　衆罪消滅の故に
第三因　宿縁深厚の故に
第四因　光明摂取の故に
第五因　聖衆護持の故に
第六因　極楽化主の故に
第七因　三業相応の故に
第八因　三昧発得の故に
第九因　法身同体の故に
第十因　随順本願の故に

十文に分けられた念仏の教えは、それぞれに「一心に阿弥陀仏を称念したてまつれば、…必ず往生を得る」を挿入し、第十因には、第十八願の「たとい我仏を得たらんに、十方の衆生、心を至たし信楽して、我が国に生ぜんと欲して、ないし十念せんに、もし生ぜずといわば正覚を取らじ」の文を引用して、第十八願にいうところの「十念」は仏の誓願に適った行であり、十念を「称念」と解釈している。この件は、中国に伝わる浄土経典を実存的・詩情的に解釈し直した善導の『観無量寿経疏（観経疏）』に現われているもので、これを認めた上で、永観は、『往生拾因』の「第十、一心に阿弥陀仏を称念したてまつれば、随順本願の故に必ず往生を得」において、

善導和尚のいわく、行に二種あり。一つは一心に弥陀の名号を専ら念ず、これを正定の業と名づく。彼の仏の願に順ずるが故に。もし礼誦等によれば、即ち助業と名づく。この一行を除き、自余の諸業をことごとく雑行と名づく。

〈訳〉
善導が言うには、修行には二種類ある。その内の一つは心を一つにして弥陀の名号を専ら念ずること。これを往生

決定の行為と名づける。阿弥陀仏の誓願にいうがごとくである。もしも礼拝・読誦などを行ずるならば、これを助業と名づける。専修念仏の行を除き、それ以外の諸々の業を悉く雑行と名づける。

というように、『観経疏』（散善義）の「就行立信釈」を引用して、念仏こそ正しい行であると自己の考えを述べている。また、永観は常々引用している善導を「三昧発得の人」と讃えているが、このことと法然がたちどころに余行を捨てて一向専修に帰したのは、「就行立信釈」の影響が大きいことを考え合わせると、永観が彼の後に現れる法然に多大な影響を与えたことは間違いない。

第十八願とは、『無量寿経』に説かれている、阿弥陀仏がまだ法蔵菩薩として修行していたときに、仏になる条件として四十八の願を立てたが、その中の十八番目の誓願である。法然は第十八願をもって「往生の規」「本願の中の王」とし、別名「念仏往生願」と称して四十八願の中心に位置づけている。

『往生拾因』第十の随順本願は、源信の『往生要集』の中の「臨終行儀」を念仏に発展させたもので、永観は第十八願が臨終行儀と切り離すことのできない重要性を秘めていることを述べるとともに、臨終に携わる善知識の立場ではなく、死に臨む病者の立場に見合った行儀作法をすすめている。すなわち、十悪（殺生・偸盗・邪淫・妄語・綺語・悪口・両舌・貪欲・瞋恚・邪見）五逆（母・父・聖者を殺す、僧団の破戒、仏身を損傷する）罪を犯した凡夫であっても、臨終時に善知識に導かれて第十八願に説かれる本願に随順する十念を称えれば、極楽浄土の下品下生に往生することができる。しかも、この念仏は、平時から念仏行に勤めている者にのみ功徳が及ぶのではなく、臨終まで念仏行に縁のない十悪五逆の凡夫であっても、臨終時に善知識である弥陀の教えに従って十念すれば、必ず極楽に往生できる、というのである。したがって、念仏行は、僧侶のように十分な修行ができず、仏教に関する知識がない人であっても、仏の救いに与ることができる手段であり凡夫救済の行でもある、と永観は考えていた。

永観は、『阿弥陀経』や『観無量寿経』などに説かれる内容から、常日頃阿弥陀仏の教えに会うことができなかった凡夫が救われるとの確信を得て、往生講や来迎講を開き、多くの人々に阿弥陀仏の教えと念仏行を広めていったのである。永観の臨終行儀は、源信の勧める阿弥陀仏像と五色の糸でつながりつつ死に臨むというものとは違って、死に臨む者が導師の勧めで念仏を十回称えれば往生を遂げることができるというもので、永観以後の多くの人々に受け入れられた。法然も永観の編み出した「臨終十念」の行儀を終生忘れることなく、自身の臨終のときも十念して息絶えたという。

法然が自身の進むべき道を『往生拾因』から示唆されたことを明らかにした文章が、『聖覚法印（せいかくほういん）に示されける御詞（おことば）』其四に記されている。ここでは、聖覚が末法の世では浄土教を敬重する情熱の故に、聖道門（しょうどうもん）の行人が虚仮（こけ）を抱いているようにみえるが、何か理由があるのかとの問いに対して、法然は永観の『往生拾因』を引用して、以下のように答えている。

末世の濁世には聖道の虚仮此条異論なし、先哲悉決判せり。浄土の学人も少虚ありといへども、多分虚仮なるには同からず。故に禅林寺の十因に云、夫以衆生無始輪廻諸趣、（中略）西方一家獨無方便之門といへり。是故に末法には聖道の行人自然に虚仮を懐、念仏の行者は多は至誠なり。浄土門の少虚は機の過にして行體の失にあらず。聖道門の多虚は行法の咎にして機の失にはあらず。斯乃雑行にして機に応ぜざるが故なり。然れども万機みな偽を懐べきにあらず。利智精進にして機法相応せばたやすく道を得べし、混乱すべからず。浄土宗の意は難を捨て、易を取、敢偏執すること勿れ。二道の縁を糺すべし。

〈訳〉

末法という穢れた時代には、聖道が真実でない教えであることに異論はなく、昔の賢者も悉くそのように判断している。浄土を学ぶ者も多少とも怪しいところもあるが、大方不真実であるとは言えない。だから、永観の『往生拾因』では、「それ衆生は無始より六道を輪廻するをもって、（中略）浄土の一門は独り方便を要しない系統である」という。この故に末法では聖道門は自然に不真実な心を懐き、念仏者の多くは誠実である。浄土門の多少の怪しさはこの世の過ちであって行為の過ちではない。聖道門の多くの偽りは行為の欠点であってこの世の過ちではない。その粗雑な修行がこの世に合わないからである。かといって、主要な事柄がすべて偽りを懐いているわけではない。理性と智慧に励んで凡夫と仏とが結び付けば、自ずと道理に適うから、混乱することはない。浄土の教えは難を捨てて易を取り、敢えて偏った考えをもたないこと。聖道門と浄土門の因縁を明らかにすべきである。

この文章から、法然は確かに『往生拾因』に接していたことがわかる。引用部分の「夫以衆生無始輪回諸趣、（中略）西方一家獨無方便之門」は『往生拾因』第十因の最後部分であるが、ここには、凡夫は六道輪廻しているが、仏の救済は無量であることに気づけば、空しい生活に終止符が打てる。しかし、現今の南都六宗の教えでは、一部の聡明な者でしか仏の救済に与かれない。また、諸宗派にしても仏教の本質を忘れ、地位や名誉の欲に明け暮れている。一方で、念仏の教えは、何時でも何処でも誰でも称えることができて、すべての人に往生が約束されている。阿弥陀仏は一念で重罪が消滅し、十念で往生ができると約束されている。朝廷の関与する名誉欲に囚われず、檀那に媚びないこと。ただ、南都六宗が方便と真実を争う中で、西方浄土の教えだけが真実の教えである、と記されている。

法然は、永観のいう南都六宗を聖道門といい、念仏の教えを浄土門と言い換えている。永観は、現今の聖道門の教えは否定しないが、それに携わる一部の人々の堕落を強調し、賢者でさえこの体たらくであることに末法を感じたのであろう。一方で、浄土の教えは、賢者や地位・名誉に関わりなく、すべての凡夫に受け入れやすいがために、念仏を称える者ならば誰でも往生できるのである。ここに法然は、弥陀の第十八願と念仏正行に出会い、長年の実存的苦悶から抜け出して、自己の救われる道、即ち既成仏教では救われない愚鈍の人が救済される道に気づかされたのである。

永観の教えは、その後の法然の考え方と行動に大きな影響を与え、法然自身が愚鈍の身であることの自覚をもって今日の浄土宗の礎を築いたといえる。また、聖覚にしても、法然が説くところの『聖覚法印に示されける御詞』其四に説かれた『往生拾因』の言葉を守って、聖道・浄土のいずれの教えにも傾くことなく、終生中立の立場で法然の教えを継承していった。

六．上求菩提から下化衆生へ

法然が南都を訪れた頃の奈良仏教は、教学研究を建て前とした学派仏教であって、中でも国家的組織を踏まえて建立された東大寺は、華厳教学を中心として八宗兼学の立場をとっている。藤原氏の氏寺として発展してきた興福寺は法相宗を、元興寺は三論宗を学ぶ寺としてそれぞれ栄え、薬師寺、法隆寺はともに興福寺の支配下に属して法相教学の道場となり、唐招提寺は鑑真（がんじん）により律宗の道場となっていた。

鑑真の招請によって設置された国立戒壇院は、国家公務員の身分を持つ公式な僧侶である「官度僧（かんどそう）（官僧）」の受戒制度を整え、南都六宗から選ばれた優秀な人物が推薦を受けたが、毎年十数名の狭き門であったという。官僧以外は、僧侶として認められずに「私度僧（しどそう）」と呼ばれ、山林修行によって霊的な力を身につける山岳宗教の修験道と混交するのが一般的であった。私度僧は国家から禁止されながらも淘汰されることはなく、僧の大部分はこの私度僧であったと考えられる。私度僧の中には、褒章を受け、公文書に署名するなどして、容認されていたところもある。空海・景戒（きょうかい）・円澄（えんちょう）などは私度僧として活動していたが、後になって官僧に転じている。中でも、行基（ぎょうき）は東大寺大仏建立のための勧進活動を推進して、私度の地位を国に認めさせた一人である。

僧尼令では、僧・尼の注釈に沙弥・沙弥尼を加えていることから、私度僧は、僧尼と同じ扱いを受けて、「私度の沙弥」あるいは「在家沙弥」と呼ばれていた。私度の沙弥は八世紀以降に多く輩出し、古代の民間仏教を支える基礎となった。僧の多くが私度僧になり、山岳から平地へと移動するようになると、民衆の支持もあって、私度僧はますます増えていったと思われる。多くは、居住地や出身地の名前を冠して、「何々沙弥」と呼ばれることが多かった。特に、都から離れた土地では、官許の有無に関わらず、私度僧が多く輩出して、布教活動や勧進、土木工事、疾病治療などの社会的事業を行うようになった。平安時代は、こうした私度僧から変化した勧進聖が、全国津々浦々に勧進の活動拠点を見出しつつ、特権階級にのみ許されていた仏教に関わる予言、治病、除災、鎮魂などの祈祷や知識・技術を巷に広めていったのである。

法然が遊行に訪れた南都は、まさに寺院以外にも官僧や私度僧・聖あるいは衆徒たちが闊歩する都であり、山岳仏教が都と分離した北嶺とは違って、あらゆるものが同一地平に混在していた。そこには法然の求めていた「上求菩提」は言うに及ばず、法然がこれから希求するであろう「下化衆生」までもが同居したような環境が整えられていた。奈良の都に暫し滞在した法然は、比叡山や黒谷別所で権勢に守られた優雅な生活の中で、自己が救済されるために右往左往している自分に気づき、自身の浮ついた行動に恥じ入り、苦しむ庶民を救済したいという意識の一大転換（救われる立場から救う立場へ）を経験する。いわば、お山での自己追求の仏教から巷の庶民救済の仏教への転換が法然の心に生じたのである。

その一つとして、法然が目にしたのは、平城京の北東部に位置する般若寺での被差別民の苦しみと彼らに対峙する聖の姿であった。聖の被差別民に対する行為は、生半可な下化衆生の思いでは救済すら覚束ないほどの衝撃を法然に与えたものと思われる。般若寺は、平安京と平城京とを結ぶ奈良街道の要所である奈良坂に位置していて、白雉五（六五四）年に孝徳天皇の病気平癒を祈願するために曽我日向が建立した寺である。この寺の周辺地域には、中世頃に非人と呼ばれて差別された病者・貧者が住んでいて、寺は癩病などの病を治す施設でもあった。そこでは多くの聖が出入りして彼らの面倒を見ていた。治承四（一一八〇）年に平重衡による南都焼き討ちの災火に巻き込まれるまで、身分的に最下層といわれる人々の溜り場であったと思われる。ここでも、法然は生きることに懸命にならざるを得ない庶民生活を垣間見るとともにそれらを援けようとする聖の慈善事業を目の当たりにしたであろう。

比叡山や黒谷での法然は、あくまで寺院に守られた範囲内での俗世間を知らない「上求菩提」であった。しかし、釈迦堂で見た庶民の生活や彼らが必死に訴える願い事を耳にする内に、上求菩提を希求するのは法然だけではなく、無学文盲の庶民とて同じことであると悟った。また、南都で経験したのは、当たり前のように慈善事業に与する聖の姿であった。法然は立場こそ違え同じ菩提を求める人間として、彼らの願いを実現させてやりたいという願いとともに多少とも仏教の縁に恵まれている立場上、「下化衆生」ともいえる衆生済度の気持ちが沸々と湧き立ち、東大寺系の釈迦堂の縁によって、南都を目指す決意をしたのであった。その甲斐あって、南都遊行は法然の期待を裏切ることなく、『往生要集』でいうところの「上求菩提、下化衆生」を主眼として活動する機会が得られたのである。

法然が、再度黒谷の叡空の元に戻ろうとしたのは、『往生要集』を再度見直すこと以外にも、叡空の教えを十分に理解しないままに下山して、釈迦堂に参籠した自己反省と下化衆生の徹底とが、脳裏に浮かんだものと思われる。

法然は永観や珍海の説を素直に受け入れることで、『往生拾因』に多く引用されている『観経疏』（散善義）の、

一心に専ら弥陀の名号を念じて、行住坐臥、時節の久近を問わず、念々に捨てざるもの、これを正定の業と名づく。かの仏の願に順ずるが故に。

という文に触れることができた。永観は、この文を「もし口称すれば即ち一心に専らかの仏を称し、もし賛嘆供養せば即ち一心に専ら賛嘆し供養す。これを名づけて正とす」というように、念仏を口で唱える口称（称名念仏）の意味にとっている。しかし裏を返せば、心を一つにして静かに思いをかけることのできない人には、称名する暇がないことを示しているに過ぎない。

この南都での経験が、その後の法然の思想形成に大きな影響を与えることになる。ちなみに法然が比叡山で何度も読み返していたであろう『往生要集』には、『観経疏』（玄義分）が二一ヶ所引用されているものの、『観経疏』（散善義）からは一ヶ所引用されているに過ぎない。しかし、南都への修学によって『往生拾因』に接して「散善義」に出会ったことは、法然の意思に合致するかどうかは別にして、思想上の大きな収穫であったといわざるを得ない。

法然が『往生要集』に触れたのは、南都遊学以前の黒谷時代であり、この時期には善導の説く「散善義」に触れていなかったと思われる。法然は南都で永観が引用している「散善義」の存在および聖の活躍を目の当たりにして、大きな転換期を迎えたといえる。当時の浄土教には、観想を重視する叡山浄土教と称念に関心をもつ南都浄土教および高野山浄土教があった。結局、南都・北嶺の両浄土教に触れることのできた法然は、南都の称念に

的を絞って、「散善義」の解釈に専念するため、再度黒谷に戻って『往生要集』に不足している「散善義」の勉学とその実践に勤しむことになった。その結果、法然は「ただ一心に阿弥陀仏の第十八願にしたがって称名念仏すれば、百即百生誰でも往生できる」という文を解釈して、「煩悩があれば煩悩のままに、心が乱れていれば乱れているままに、称名念仏によって阿弥陀仏は誰にでも慈悲を垂れて来迎してくださる」という、法然が年来求め続けてきた万民救済の教えに辿りつくことになる。

七．人間法然の苦悩

法然が南都から黒谷に帰ったのは、保元の乱が収まった保元二（一一五七）年のことで、南都遊学から一年ほど経過してからである。法然は、南都で称名念仏に確信を得た一方で、一途に自己や庶民が救われる道を求めて苦悩していたのもその頃であった。その言葉が『行状絵図』巻六に、以下のように記されている。

出離の志ふかゝりしあひだ、諸の教法を信じて、諸の行業を修す。おほよそ仏教おほしといへども、所詮戒定慧の三学をばすぎず。所謂小乗の戒定慧、大乗の戒定慧、顕教の戒定慧、密教の戒定慧也。しかるにわがこの身は、戒行にをいて一戒をもたもたず、禅定にをいて一もこれをえず。

〈訳〉

煩悩から逃れたいとの思いが深かった頃は、様々な教えを信じて、色々な行を修めた。押し並べて仏の教えは多いというが、結局、戒・定・慧の三学を超えはしない。いわゆる小乗仏教の戒定慧、大乗仏教の戒定慧、顕教の戒定慧、密教の戒定慧である。ところが、私自身は、戒を実践するも一つの戒めも守ることができず、心を静めようにも一欠片も実現の兆しはない。

比叡山では、出家の志が深く、仏の様々な教えを信じて決められた修行をしてきたが、小乗、大乗、顕教、密教などの尊い教えといえども、所詮は戒定慧の三学を基本に置いている。これらの教えは理解できるが、我に返ってみると、戒を守ることも決められた修行を完成させることもできず、ましてや一片の悟りを得ることができない。

比叡山での学問や修行は、頭では理解できているものの、それを実行に移す段になると、何もできないのが法然なのである。この事実を様々な人に聞いて回ったが、誰一人として答えてくれる人はいなかった。

人師尺して、尸羅(しら)清浄ならざれば三昧現前せずといへり。又凡夫の心は物にしたがひてうつりやすし、たとへば猿猴(えんこう)の枝につたふがごとし、まことに散乱して動じやすく、一心しづまりがたし。無漏の正智なにゝよりてかをこらんや。若無漏の智剣なくば、いかでか悪業煩悩のきづなをたゝんや。悪業煩悩のきづなをたゝずば、なんぞ生死繋縛の身を解脱することをえんや。かなしきかな、かなしきかな。いかゞせん、いかゞせん。

〈訳〉

ある学僧は解釈して、戒めを心底から守ることがなければ、精神統一の状態は実現しない、と説いている。また、凡夫の心は対象に従って移ろいやすい。例えば、猿が枝から枝へ飛び移るようなもので、まことに散り乱れて動揺しやす、心静かに集中することは難しい。煩悩に侵されない悟りの智恵など生じようもない。もし汚れのない智慧の剣がなければ、悪業や煩悩の絆を断ち切ることなどできるはずがない。悪業や煩悩の絆を断たなければ、迷いの世界に束縛されている身を解き放つことができない。哀れにも悲しいことだ。どうすればよいのか糸口がつかめない。

師匠や周りの人に聞いても、戒律を守らなければ悟りは得られないという。また、人の心は環境に振り回されて移ろいやすい。例えば猿が枝から枝へと目まぐるしく飛び交うようなもので、常に安定せずに動き回り、ひと時も心の静まることがない。どうして悟りの境地など起こり得ようか。悟りの知恵がなければ、如何にして悪の行いや心の迷いを解決できようか。これらを絶たなければ、生死の束縛から逃れることができない。悲しいことだ、どうすればよいのか。

最後の言葉が二度繰り返されているところをみると、よほどの思い込みに悩まされていたのであろう。教えや行を他人事として理解することはできるが、これらを自分の身に振り返って反省してみたとき、如何なる解決手段も見出すことができなかった。今までの法然の歩みは徒労に終わったといっても過言ではない。

さらに続けていう。

我等ごときはすでに戒定慧の三学の器にあらず。この三学のほかに我心に相応する法門ありや、我身に堪たる修行やあると、よろずの智者にもとめ、諸の学者にとふらひしに、をしふるに人もなく、しめす輩もなし。然間（しかるあいだ）なげきなげき経蔵にいり、かなしみかなしみ聖教にむかひて、手自（てずから）ひらきみしに、善導和尚の観経の疏の、一心に専ら弥陀の名号を念じて、行住坐臥、時節の久近を問わず、念々に捨てざるもの、これを正定の業と名づく、かの仏の願に順ずるが故に（一心専念弥陀名号、行住坐臥不問時節久近、念々不拾者、是名正定之業、順彼仏願故）といふ文を見得てのち、我等がごときの無智の身は偏にこの文をあふぎ、専このことはりをたのみて、念々不捨の称名を修して、決定往生の業因に備べし、たゞ善導の遺教を信ずるのみにあらず、又あつく弥陀の弘誓に順せり、「順彼仏願故」の文ふかく魂にそみ、心にとゞめたるなり。

〈訳〉

我々のような者は、とても戒・定・慧の三学を修める器ではない。この三学以外に愚かな心に見合う教えがあるだろうか。我が身の堪え得る修行があるだろうかと思い、あらゆる智慧者に救いを求め、多くの学僧に問い回ったが、教える人もなく、示す仲間もなかった。そのような訳で、嘆きつつ経蔵に入り、悲しみをもって聖教に向き合い、自ら開いて読んだところ、善導和尚の『観経疏』の「心静かに専念して阿弥陀仏の名号を称えて、日常生活での時間の長短に関わらず、称え続けて止めないこと、これを浄土往生のための行為というのである。それは、阿弥陀仏の本願に適っているからである」という言葉に出会った。その後、我々のような無知な者は、専らこの言葉を敬い、この道理を頼りとして、常に止めることなく名号を称えて、間違いなく往生できる行為として備えるべきである。ただ善導が遺された教えを信じるだけでなく、さらに深く阿弥陀仏の広大な誓願になぞらえよ。「順被仏願故」の言葉を深く魂に刻み、心に留めたのである。

法然が自己の修行を確信するために釈迦堂に参籠したときは、学問に自信を得た上での行為であったが、再度黒谷に戻っての十九年間は、自己が救われる道を証明することが目的であった。仏教が単なる学問である場合は、自己の知識の深さに基準を置いて、他己と比較してその優劣を競えばよかった。既に比較する対象があった。しかし、自己に関わる問題となると、自己自身が確たる信念をもって明らかにできる存在ではなく、迷いの最中にいる限りは比較できる信念をもつことができない。法然の心の中は自己を含めて一切がつかみどころのない混沌に巻き込まれた状態であった。

この変化のきっかけを作ったのが、法然の南都遊行である。南都では優劣を競う学問上の法談で自己の独学の正当性が認められたものの、聖集団と『往生拾因』に出会ってからは、客観的な思索の内容が主観的な思索へと変化している。その変化の経緯が上記の述懐となって現われたのであろう。

法然の苦悩は、自己の追及だけではなかった。『行状絵図』第六には、

あるとき上人、「往生の業には、称名にすぎたる行あるべからず」と申さる丶を、慈眼房は観仏すぐれたるよしをの給ければ、称名は本願の行なるゆえにまさるべきよしをたて申たまふに、慈眼房、又「先師良忍上人も観仏すぐれたりとこそおほせられしか」との給けるに、上人、「良忍上人もさきにこそむまれ給たれ」と申されけるとき、慈眼房腹立したまひければ、「善導和尚も上来定散両門の益を説くと雖も、仏の本願に望むれば、意衆生をして、一向に専ら弥陀仏の名を称せしむるにありと尺したまへり。称名すぐれたりといふことあきらかなり。聖教をばよくよく御覧給はで」とぞ、申されける。

〈訳〉

ある時、法然上人は「往生のための行為には、称名より優れた行いはない」と申されると、慈眼房叡空は、観想念仏が優れている旨を述べられたので、称名は阿弥陀仏の本願の行であるから観想念仏より勝っている事を申し立てられた。すると慈眼房は「私の師匠の良忍(りょうにん)上人も、観想念仏こそが優れていると申された」と仰ると、法然上人は「良忍上人も、我々よりも先に生まれたのでありますが…」と申された時、慈眼房が腹を立てられたので、「善導和尚も『観経疏』で、これまで釈尊が定善と散善の二つの修行による利益を説かれたが、阿弥陀仏の本願を考慮すると、その真

意は、人々にひたすら偏に阿弥陀仏の名号を称えさせることにある、と解釈されている。称名が優位なことは明らかである。聖教をよく見もしないで…」と申された。

とあるように、法然が固く信じた称名念仏に対する思いは、師の叡空にも理解されることなく、まさに絶望の生活を黒谷で送っていたのである。一方で、法然の思いを都に住まう識者に伺いを立てても、期待に応える返事はなかった。

法然の主張が方々で受け入れられないばかりか、法然と師の叡空の見識の相違は如何ともし難く、長年の軋轢も重なって、法然のやるせない気持ちと苦悶は積もるばかりであった。これを法弟子の信空が何時も傍で見聞していた。

八．法蓮房信空

法蓮房信空(ほうれんぼうしんくう)の行状については、史料が少なく詳細を明らかにすることは難しいが、『行状絵図』第四三に貴族出身であることが記されている。

白川の法蓮房信空（又号称弁）は、中納言顕時卿の孫、左大弁行隆の長男也。かの朝臣の室懐妊の時、父中納言顕時卿申されけるは、「汝が妻室のうめらんところ、もし男子ならば、かならず我養子とすべし」と、かの室家つきみちて、久安二年に男子を生ず。中納言これをよろこびて、乳母に酒肉五辛を禁ぜしめて、養そだてらる。保元二年十二歳のとし、墨染の布の衣・袈裟を、くるまのなかにいれて、黒谷の叡空上人にをくりつかはす状云、「面謁の時令申候、小童登山候、剃髪して、この法衣を着け、名利の学童をへずして、速かに出離の要道を授けたまえ云々」。仍登山の翌日に出家して、薫修功つもりにければ、道徳三塔にきこえ、名誉九重にをよぶ。二条院ことに御帰依をあつくしましましけり。叡空上人入滅の後は、源空上人に奉事して、大乗円戒を相承し、又浄土の教門をならひ、念仏を修して、まのあたり白毫を拝す。

〈訳〉

白川に住んでいた法蓮房信空（また称弁と号す）は、中納言の藤原顕時卿の孫で、左大弁の行隆朝臣の長男である。その行隆朝臣の妻が懐妊したとき、父の中納言顕時が行隆朝臣に「お前の妻が産む子がもし男であれば、必ず私の養子にしよう」と申された。その妻が臨月になって久安二（一一四六）年に男の子を産んだ。このことを喜んだ中納言は、乳母が酒・肉・五辛を食べないようにして、養育するように指示された。保元二（一一五七）年その子が十二歳になった年、顕時卿は墨染めの布で作った法衣と袈裟を車の中に入れて、比叡山黒谷の叡空上人のもとに差し向けたが、そのとき遣わした手紙に「お目にかかった時に申していた通り、この子が比叡山に登ることになった。髪を剃ってこの法衣を着せ、名誉や利得を求めるための学問の道を歩ませず、早く出離のための教義を授けていただきたい」とあった。こうして登山した翌日に出家し、修行を重ね、徳を積んだので、その仏道の徳が比叡山の三塔（東塔・西塔・横川）中に知れわたり、その誉は宮中にまで及んだ。二条院がことに深く帰依なされた。叡空上人が亡くなられた後は、法然上人に仕えて大乗円頓戒を相承し、また浄土の教えを学び、念仏を称えて、仏が無量の国を照らすという眉間の光を目の当たりに拝した。

信空の祖父に当たる葉室流の祖である藤原顕時は、以前から叡空と師檀の関係を結び、経済的な外護者となっていた。そこに孫の信空を家僧として尊び迎えたことから、父である行隆は信空に対して慇懃鄭重に接していた。貴族出身の信空が若くして叡空に弟子入りしたという噂は、俗縁のみならず比叡山の別所や巷にまで広がった。

信空は、久安二（一一四六）年に生まれ、安貞二（一二二八）年に没しているから、保元二（一一五七）年に黒谷の叡空のもとに入門したのは十二歳ということになる。法然は久安六（一一五〇）年に叡空に入門し、保元元（一一五六）年に山を降りて嵯峨の釈迦堂に参籠して、直ちに奈良へと赴いているので、再度比叡山に帰った時期と信空の入門とはほぼ同じ時期であったことは確かである。両者は十三歳違いの法兄弟ということになる。以後、法然が広谷に移り住む承安五（一一七五）年までの十九年間、法然は兄弟子として、叡空の説く「一乗円頓戒」を信空に授けていたものと思われる。治承三（一一七九）年二月四日に師の叡空が没したとき、信空は、即刻三三歳で法然に師事するようになった。因みに、信空の父である行隆は九条兼実との親交が深く、後述する『玉葉』に頻繁に登場している。

さて、信空の言行一致の行動は、他人からみてもその行実がわからないところであった。『明義進行集』第五（白河上人信空）には、法然の死後であったか、

コヽニ或人ノイハク、法蓮上人ハ、戒ハカリコソ、上人ニハ相傳セラレタレ、浄土門法門ハシカラスト、云々。

〈訳〉
ある人が言うには、信空上人は戒を法然上人から受け継がれた方であるが、浄土の法門については伝授を受けていない。

とばかり、「浄土法門不知」であることを非難した言葉が記されている。信空は円頓戒の正統を、師の法然から受け継いでいるからには、まさに「一朝の戒師」である。しかし、法然の弟子であるとはいうものの、師が心血を注いで開創された浄土の法門については伝授されていない、というのである。おそらく、法然が生存していたときには、多くの門人が信空と法然の師弟関係という意味でのつながりはなく、教義の伝授はなかったと判断したのであろう。むしろ、信空は法然の陰になり秘書のような役割を演じていたからこそ、人目には弟子という表舞台から外された存在とみなされていたようである。

続いて、

コレヲキヽテノタマヒシハ、上人ハ廿五、信空ハ十二歳、五十餘年ノ同宿トシテ、聖道諸學ノ法文ミナモテ傳受セリ、イハンヤ浄土宗ハ書籍ハツカニ十巻カウチナリ、法文ノアサキコト、テノウチノミツノコトトシ、信空ヲ浄土ノ法門不知トイフハ、不知子細ノモノナリ、河ハ深キフチハナラス、浅キヨリナルカコトシク、法門モ又然リ、ヨクシリタルモノハ、タヤスク不言、不言ハフチナリ、不知モノハセノコトシト云。

〈訳〉
これを聞いて信空は、法然上人が二五歳のとき、私が十二歳のときから五十余年にわたって、同じ釜の飯を頂いてきた間柄である。この間、聖道門の各宗の教えを残りなく伝受した。だから、浄土の書籍はわずか十巻程度で、少ない法文は手の内の水のようである。信空に対して浄土門

の知識が不足しているというのは、子細を知らないものの言葉である。川の深い淵は、浅瀬から続いているが、法文も同じで、よく知っている者は口が重い。重い口は深い淵である。知らないというのは浅瀬だけをみているようなものである。

とばかり、法然の下では、一番長く同宿の間柄を保っていて、身体の隅々にまで法然の教えは染みわたっていると断言している。見るものの知識の深さに比例して、見られるものの値打ちが評価されることを批判した言葉であろう。信空自身は法然の継承者であることを確信しながら、法然門下では沙弥のような位置づけに甘んじていたのである。

　しかし、法然の信空に対する信頼は、並々ならないものがあって、法然が病に伏したときに書かれた『没後起請文（もつごきしょうもん）』には、相続人七人を示し、その第一に信空を挙げて、以下のように述べている。

　この中に、信空大徳は、これ多年入室の弟子なり。その志厚くしてまた誠有り、懇志を表さんが為に聊かの遺属有り、いわく黒谷の本坊（寝殿、雑舎）、白川の本坊（寝殿、雑舎）、坂下の薗一所、洛中の地一所、その他本尊（三尺弥陀、立像定朝）、聖教（摺寫六十巻等）、これを附属し了ぬ。

〈訳〉

　この中の信空大徳は、長年同室の弟子である。その志は厚く誠があり、彼の篤志に応えるために、わずかばかりの形見を遺す。それは黒谷（比叡山西塔）の本坊、白川（現、金戒光明寺）の本坊、坂下の薗を一か所、洛中の一か所、その他本尊、聖教などである。

信空に対する法然の信頼は厚く、弟子というよりも叡空の法兄弟として、常に付かず離れずの間柄を保ち、念仏にしても個々に称えることはあっても、積極的に他人に吹聴することはなかった。しかし、共に念仏者として阿弥陀仏の前では平等であり、阿弥陀仏を介して心は一つであったと考えられる。法然の遺言は、自身をそのまま信空に引き継ぐという意志がありありとみえる。

　一方、黒谷での法然は、再度『往生要集』を紐解き、善導の説く念仏を衆生済度の教えとして再確認したものと思われるが、法然自身は、学問が邪魔をしてか偏依善導に徹底することはできなかった。事実、法然には、比叡山で三〇年余も学究生活に明け暮れ、「智恵第一の法然房」と評されていたにも関わらず伝道布教の実績はない。また、法然の善導理解が単なる自己満足であって、他己を含めた実践に耐え得るものかどうかの検証が必要であると、自身の苦悩の中で感じていた。

　このような苦悩の日々を送る中で、法然は信空から遊蓮房円照（ゆうれんぼうえんしょう）が広谷にいることを聞かされていた。かの遊蓮房は信空の叔父であり、親戚や俗縁に十分な信頼を得つつ、善導の教えを実践している遁世者であった。いわば、法然は信空あるいは信空の父である行隆の紹介で、黒谷を下りて遊蓮房の住まう広谷に赴いたと考えられる。

　このあたりの消息が『行上絵図』第六に記されている。

> 上人、一向専修の身となり給にしかば、つゐに四明の巌洞をいでゝ、西山の広谷といふところに居をしめ給き。

〈訳〉

法然上人は一向専修の立場となられたので、ついに比叡山を離れて西山の広谷という所に住まいを定められた。

　法然は、比叡山から降りて南都で善導の説く「専修念仏」に出会った後、再度叡空の下で修行したが、得るところがなく、再度山を降りて西山の広谷（ひろだに）に住まいを移したというのである。『行状絵図』では、この辺りの事情が何事もなかったかのようにさらりと述べられているが、法然を広谷へと導いたのは、法兄弟ともいえる信空であることは容易に察しがつく。広谷については後述するが、この地での遊蓮房との出逢いは、法然の将来を決定するに相応しい邂逅ともいえる重大事の連続であり、『行状絵図』に記録がないからといって見過ごすことはできない。

第二章　西山での歴史的転換

法然は十九年に及ぶ実存的な悩みの末に、善導の釈義に遭遇して、絶望の混沌から抜け出すことができた。それ以後、自己の到達した心境をともに語り分かち合える善智識を求めて、求道の道すがら智者や学者など様々な人に教えを請うたが、共感できる人に会うことができなかった。一方で、法然は以前から信空の叔父の遊蓮房が西山の広谷で念仏聖として隠遁生活を送っていること、それも善導の教釈に長けているだけではなく、一向念仏の生活に明け暮れていることも、信空から聞いていた。そこで法然は、念仏の実践行を確信するために、遊蓮房に遇えるよう信空や行隆に懇願していたと考えられる。

法然の願いは、信空の法然を思う一途さが行隆に伝わったのか、日頃から行隆が法然の行状を信空から聞いていたのか定かではないが、叡空に受理され、遊蓮房の許諾も得られて広谷へ移住することができた。法然の貴族との付き合いはここに始まったといえるが、貴族のなかでも藤原北家を継ぐ藤原顕隆（あきたか）の創始した葉室流の人々が、以後の法然に大きな影響を与えることになる。

『行状絵図』第四四には、法然が常々語っていた言葉として、以下の文章が記されている。

上人つねには、「浄土の法門と遊蓮房とにあへるこそ、人界の生をうけたる思出にては侍れ」とそおほせられける。

〈訳〉

法然上人はいつも「浄土の教えと遊蓮房とに出会ったことこそが、この人間界に生まれた中での思い出になっている」と仰っていた。

法然は、浄土の教えに接することができたことと、遊蓮房に出会ったことは、自己の生涯にとって忘れることのできない思い出になっている、と述懐している。南都で『往生拾因』を介して善導の『観経疏』（散善義）に出会ったことは、まさに「浄土の法門」という教義との出逢いであるが、遊蓮房との邂逅は人との出逢いであり、活きた法門を目の当たりにしたという。いずれも法然にとっては、生涯忘れることのできない強烈な印象であった。

『行状絵図』第六には、再度比叡山を降りて西山に居を構えたことが、法然にとっての大きな転換点であることが記されている。

承安五年の春、生年四十三、たちどころに余行をすて丶、一向に念仏に帰し給にけり。

〈訳〉

承安五（一一七五）年の春、四三歳の時、ただちに念仏以外の諸行を捨てて、一筋に念仏の教えに帰依された。

法然が遊蓮房と出逢ったことは、聖道門の観想念仏を翻して新たな思想形成ともいえる浄土門の称名念仏を手に入れるだけでなく、遊蓮房という生き仏との共同生活が、真の念仏者としての生き方を法然に薫習させることになった。『行状絵図』には、簡単な言葉で改宗の経緯が述べられているが、この部分は法然のいうように、生涯の生き方を決する大切な経験であることから、詳細に検討する必要がある。すなわち、西山一帯は、葉室流が地盤とするところで、法然が東山の吉水に移籍するまで、この地で遊蓮房だけでなく、九条兼実や慈円（じえん）など様々な出会いに恵まれるとともに、その後の自身の進むべき道を確立させた場所でもある。

一．遊蓮房円照

法然が、下山して広谷の円照を尋ねたのは、以前に清涼寺を訪れたときのように自己の救済を願ってではなく、善導の説く一向専念の信仰が正しく理解できたかどうかを確認することが目的であった。この度も法然は、承安五（一一七五）年に黒谷から広谷に向かう途中で、南都遊行の折に世話になった栗生の茂右衛門宅に再度身を寄せている。そこでは、以前に約束した「求法の願望御成就の上は、先ず吾等夫婦を導きて済度したまえ」の言葉通りに夫婦を教化している。この地は後の栗生の光明寺であるといわれている。

法然に名指しされた遊蓮房については、『行状絵図』第四四に以下のように記されている。

遊蓮房円照は、入道少納言通憲の子、信濃守是憲これなり。生年廿一歳にして発心出家す。はじめは法花経をそらにおぼえて読誦しけるが、のちには上人の弟子となりて一向に念仏す。同心堅固に厭離の心ふかき行者にて、いつとなくうちなみだぐみて、ものおもひすがたにてぞみえける。一鋪半の浄土の変相を図して頸にかけ、とゞまりやすむ所ごとに、これをかけて念仏す。

最後の所労の時、安居院聖覚のもとへ消息をつかはしけり。其状云、「後世のつとめには、なに事をかせむずるとひと申候はゝ、一向に念仏申せと御勧進あるべく候。智者にておはしませば、世間の人さだめてたづね申候はむずらんとて申候也」云々。

法印申されけるは、「をぼろげならでは、さやうの事申べくもなかりしひとの、もし証をえたることのあるやらむとおぼつかなくて、たづね申さんとおもひしを、やがてうせられにし、遺恨のことなり」云々。

舎兄修禅院の僧正信憲、ひとにかたられけるは、「三寸の火舎に一匝の香をもりて、その香のもえはつるまで合掌して、毎日三時高声に念仏することひさしくなりぬ。そのあひだ霊証をえたること、たびたびなり、云々」。聖覚法印申されける事思合られ侍り、西山の善峯にしてをはりをとる。名号をとなふること九遍、上人すゝめて、「いま一遍」とおほせられければ、高声念仏一遍して、やがていきたえにけり。

〈訳〉

遊蓮房円照は、少納言入道藤原通憲（ふじわらのみちのり）の子で、俗名を信濃守是憲（しなののかみこれのり）という。二一歳のとき仏門に入る決心をして出家した。最初は『法華経』を暗誦していたが、その後、法然上人の弟子になって、ひたすら念仏を称えた。法然と心を一つにしてこの世を厭い離れようとする意志が強い修行者であった。知らず知らず目に涙を浮かべて物思いに耽る姿がよく見られた。紙一幅半の大きさに浄土の様相を描いて首に掛け、留まり休む所ならば何時何処でも、これを掛けて念仏していた。

命に関わる病気の時に安居院の聖覚法印の所へ「来世を事無く過ごすには、どのような事をすればよいのかと人が尋ねたならば、ひたすら念仏を称えるように勧めなさい。あなたは智慧者であるから、世の中の人はきっとそのように尋ねるであろうと思って言うのです」と書いて手紙を送った。

そこで聖覚法印は、「確信がなければ、そのような事を言う人ではなので、もしや念仏往生の霊験を得たのかはっきりしないので、訪ねたいと思っていたが、間もなく亡くなられ、忘れ難く残念なことである」と申された。

実兄で修禅院にいた信憲僧正が、「円照は口径三寸の香炉に香を渦巻き状に盛り、その香が一端から燃え尽きるまで合掌して、毎日朝・昼・夕の三回、大きな声で念仏を称えることを長く続けていた。その間に霊験を得たことが度々あった」と人に語られた。聖覚法印が言われたことを思い起こすも、遊蓮房は京都西山の善峯で亡くなった。臨終の念仏を九遍称えたところで、法然上人が、「もう一遍称えよ」と勧められたので、大きな声で念仏を一遍称えて、ほどなく息が絶えた。

遊蓮房は、出家後の法名を円照といい、はじめは信濃守是憲と名乗って宮仕えしていた。是憲は、保延五（一一三九）年に、後白河法皇の近臣として権勢を誇っていた信西入道藤原通憲（一一〇六～一一五九）の三男として生まれた。母は高階重仲の娘である。父の通憲は、保元元（一一五六）年に勃発した保元の乱後に国政改革を立案し、後白河の側近として実権を得た貴族、学者、僧侶で、後ほど法然との関りが深くなる「通憲流」を創始している。是憲が出家して遊蓮房円照と名乗ったのは二一歳のときで、はじめの頃は『法華経』を学んでいたというから、おそらく出家後に天台宗の僧侶になったと思われる。

是憲の妻は、葉室顕時の子で行隆の妹であり、葉室行隆の子が信空であることから、是憲は信空の叔父にあたる。しかも、高階重仲の娘は藤原通憲の妻となって是憲を生んだ後に、藤原長隆に嫁して顕時を産んでいるから、顕時と円照（是憲）とは異父兄弟ということになる。

円照の行状については、『行状絵図』第四四以外に、慈円著『愚管抄』や信空の弟子である信瑞が著した『明義進行集』第二（高野僧都明遍）などにも記されているが、まず『愚管抄』第五の記事を以下に紹介する。

> 信西ハ時ニトリテサウナキ者ナレバ、義朝・清盛トテナラビタルニ、信西ガ子ニ是憲トテ信乃入道トテ、西山吉峯ノ往生院ニテ最後ノ十念成就シテ決定往生シタリト世ニ云聖ノアリシガ、男ニテサカリノ折フシニシアリシヲサ、ヘテ、「ムコニトラン」ト義朝ガ云ケルヲ、「我子ハ学生ナリ。汝ガムコニアタハズ」ト云アラキヤウナル返事ヲシテキカザリケル程ニ、ヤガテ程ナク当時ノ妻ノキノ二位ガ腹ナルシゲノリヲ清盛ガムコニナシテ

ナルナリ。コ、ニハイカデカソノ意趣コモラザラン。

〈訳〉

信西（藤原通憲）は当時権勢に並ぶ者もない人で、武士では義朝・清盛の二人が並んでいたが、信西の息子に是憲という者がいた。是憲は後に信濃入道といわれ、西山の善峯の往生院で臨終の際、阿弥陀如来の名号を立派に十回称え、疑いなく浄土往生を遂げた聖として世に知られているが、その頃はまだ出家前で男盛りであった。その是憲をつかまえて義朝が「わたくしの婿にしよう」といったことがある。ところが信西は「わが子は学問を修める道を進んでいる。そなたの婿など相応しくない」と乱暴な返事をして取り合わなかったが、その後まもなく、当時の妻紀二位（朝子）との間の息子である成範を清盛の婿にしたのであった。これでは義朝が深く信西を恨むようになったのも当然であろう。

ここには、『行状絵図』第四四以外の史料として、当時の入道信西に対抗して武士の源義朝や平清盛が権勢を誇り、一方で信西の子是憲が幼少のころより学問を好み秀才であったことから、学者としての将来を期待されていたことが記されている。そのため、源義朝から聟（婿）に懇望されたにも関わらず、父の信西は、「わが子は学問を修める道を進んでいる。そなたの婿などに相応しくない」とばかり、にべもなく拒絶している。しかし、その後になって信西は息子の成範を清盛の婿にしていることから、義朝は通憲の行動に対して怨みを抱くようになったようである。このことが原因で平治の乱が勃発したともいわれている。

『愚管抄』第五によると、平治の乱は、平治元（一一五九）年十二月九日に発生した政変であり、強権で名を馳せた信西に対立する源義朝と藤原信頼による反乱ともいえる。義朝・信頼の攻勢に身の危険を感じた信西は、かろうじて難を逃れて宇治田原に逃げて込んで隠れていたが、駕籠かきの密告により見つかってその場で自害した。是憲は平治の乱に連坐して、平治元（一一五九）年十二月に佐渡国へ配流されることが決まったが、執行される前に平家軍の巻返しがあって藤原信頼や源義朝らは亡んだ。その結果、

信西ガ子共ハ又数ヲツクシテ召カヘシテケリ。是等カラムルコトハ永暦元年二月廿日ノ事也。コ

レラ流シケル時。義朝ガ子ノ頼朝ヲバ伊豆國へ同ジク流シヤリテケリ。同キ三月十一日ニゾ。コノ流刑ドモハ行ハレケル。

〈訳〉

信西の子息たちはすべて召し還された。これらに関することは永暦元（一一六〇）年二月二〇日の出来事であり、彼らを流罪にしたとき、同様に義朝の子頼朝を伊豆国に流したのであった。同年三月十一日のことである。

というように、是憲は、平治の乱で信西の敵が平家に滅ぼされたことで免罪の身となったが、公卿に復帰することなく二一歳で即座に出家して、洛西の山中で隠遁生活するようになった。出家後の是憲は、遊蓮房円照と名乗っている。

円照が念仏以外にも学者としての素養のあったことは、『愚管抄』の記述から明らかであるが、彼のすぐれた人柄は、何故か『行状絵図』に記されることはなかったものの、『明義進行集』第二（高野僧都明遍）には、念仏者としての行状以外の消息についても述べられている。

ソモソモ遊蓮房、身ハホソホソトシテカハユキホトニ、甲斐ナケナル嬰孩（えいがい）第一ノ人ナリケリ、シカレトモ聊ノアリキニモ、一幅半ナル極楽ノ曼陀羅ヲトモニ具シタル、小法師ニハモタセスシテミツカラクヒニカケテ、ヤスミモシ、トマリモスル處ニハ、左右ナクニシニカケテ、コレヲ、カミ、極楽六時讃ヲオホヘテ、時ヲタカヘス誦シテ念仏ヲ申サレケリ、スヘテ少納言入道ノ一族コソリテ遊蓮房ヲタトム事、仏ノ如シ、ウヤマウコト、キミニ同シ。

〈訳〉

そもそも遊蓮房は、身体は細々として可愛さ余って、頼りない赤子のように天真爛漫が目立つ。しかし、外出の時などは、一幅半の極楽の相を描いた曼陀羅を携えて行き、小僧などには持たせずに自ら首に掛けて、休息したり宿泊したりするときは曼陀羅を部屋の西に掛けてこれを拝み、極楽六時讃を覚えて、暇なく読誦して念仏していた、おしなべて信西入道（藤原通憲）の一族が悉く遊蓮房を仏のように尊び、大君のように敬った。

『明義進行集』によると、『行状絵図』第四四にいう通り、円照は経典も書籍も手にしない「一向念仏ばかり」の念仏者であった。外出するときには、必ず極楽浄土の相を描いた曼陀羅を携えて行き、休憩したり宿泊したりするときには、その曼陀羅を部屋の西壁に掛けて、源信の「極楽浄土讃」を誦んだり、『法華経』を読誦したり、念仏を称えるなどしていたという。一方、彼の容姿と人柄は子供のように華奢で可愛く、天真爛漫であったにも関わらず、信西一族の兄弟衆からの尊敬と信望を一身に集め、あたかも一族の棟梁であるかの扱いを受けていた。「身ハホソホソトシテカハユキホトニ、甲斐ナケナル嬰孩第一ノ人」の裏を返せば、身体的に病弱でひ弱な感じがするということなのであろうか、わずか三九歳でこの世を去っている。

様々な史料を紐解く中で、『行状絵図』の中にはいくつかの疑問の残る話がある。例えば、円照が法然の弟子になったというが、『明義進行集』にはこの件はない。また、円照が病床に臥していたときに、聖覚法印に手紙を出して、後世の心得を述べたことが『行状絵図』第四四に記されているが、聖覚が生まれたのは、仁安二（一一六七）年であるから、この頃は弱冠十歳の児童である。平安時代後期の法印という称号は、僧侶の最上位である僧正にあたるもので、この頃の聖覚が法印であるはずはない。『明義進行集』には「安居院（あぐい）法印」とあることから、『行状絵図』の著者は法印が聖覚であると勘違いしたのであろう。しかし、円照が「智者であるから世間の人が尋ねるであろう」といった言葉は、智者として世間に認められている人を指していることから、安居院法印は聖覚ではなく、彼の父澄憲（ちょうけん）（円照の弟）であると考えられる。

円照が『行状絵図』第四四で澄憲に語った言葉は、『一枚起請文（いちまいきしょうもん）』を彷彿とさせるが、おそらく、法然は広谷で円照から度々この言葉を聞いていて、生涯にわたって円照の言葉を思い出しつつ念仏一筋を実践していたものと思われる。ことば数の少ない、もの静かな、やせ型でひ弱な感じのする、何事も控え目な円照が、後世のつとめには念仏で事足りる、他の一切の行は不必要であると言いきっているところに、善導を信奉する法然が真の念仏者のあるべき姿を確信し、円照とともに真の念仏者に相応しい生活を広谷で送っていたのであろう。円照が亡くなるときに導師を務めた法然に対して、通憲や円照に関わる人々は、円照の教えを継承した法然を認めるようになった。おそらく、聖覚にしても、広谷の事件以後、法然の存在を知ることになり、生涯にわたって法然と付かず離れずの間柄を保ち続け、法然の没後は、外部から陰日向になって重要な事件に関わり、法然門流を擁護するようになる。

二．広谷の法然と円照

遊蓮房円照が平治元（一一五九）年に出家して居を構えた広谷は平安京の南西に位置している。京の都は、東に鴨川、西に桂川（大堰川）が北から南へ流れ、合流して淀川となり、難波の海（大阪湾）へと注いでいる。また、北に北山、東に東山、西にも西山が横たわり、三方を連峰でかこまれている。西山の山なみは栂尾・高尾から松尾を経て粟生へと続き、粟生（現、長岡京辺り）の山裾を光明寺から少し入ったところに広谷がある。広谷の西には善峯寺があり、辺りは起伏のある丘状をなしている。

広谷の環境については、江戸時代（一七一〇年頃）の浄土宗学僧である義山良照の講義を弟子の皃阿素中が筆録した『圓光大師御伝随聞記』巻三に、以下のように記されている。

広谷トハ粟生光明寺ノ山ノ後ロ也。光明寺ノ細路ヲ十四五町ハカリ行ハ、広谷ト云処アリ。光明寺ニテ娑婆堂ト云処ヲ尋テ行ハ、広谷ヘ出ル也。広谷ハ其地ノ景気極テ悪敷キ也。湿気モ深サフニ見ヘ、中々久敷ハ居住ナリカタキ処也。京ヨリ丹波ヘ通路ニクツカケト云処アリ。其ノ乾ノ方ニ当テ有ル也。（中略）但シ広谷ノ号ハ土人トイヘトモ、知ル者少シ。併ラ近里ニモ数代ノ住人古老ハ伝ヘ知者アリ。今此ノ山ヲ領スル一家ニテハ、今モ尚広谷ト呼フ。上人庵室ノ地平ニシテ、傍ニ池ノ形チアリ。最モ寂莫ノ地ナリ。時ハ貞享ノ始メナリ。

〈訳〉

広谷とは粟生の光明寺の山の後ろ側にあり、光明寺から細い路に沿って十四・五町ほど行くと、広谷という所がある。光明寺で娑婆堂を目指して行くと広谷に出る。広谷の景観は極めて悪く、湿気が多く長期の住まいには不向きなところである。京から丹波に向かう通路に沓掛という所があるが、その北西に当たる場所である。（中略）ただし、広谷の名は地元の人でさえ知るものは少ない。しかし近隣にも数代に及ぶ住人や古老は伝え知る者がある。今はこの山を管理する一家は、今も尚、広谷と呼んでいる。法然上人の庵室のあった場所で、平坦で傍に池があり、何もない寂しいところである。これを記録したのは貞享年間（一六八四〜一六八八）の始め頃である。

『円光大師御伝随聞記』では、広谷が現在の光明寺から丹波街道の細い道沿いに、約一・五キロメートル歩いた所に沓掛という所があり、その北西部にあるという。しかし、同じ江戸時代（一六八〇年頃）に制作された『山州名跡志』巻之十には、「予多年之を尋ね貞享始め其の所をえたり、其の所光明寺の後山にて、則上人廟所より、申方去る事四町許也」とあることから、分かり難いところでもあり、探し求めた結果、光明寺の西南西約四百メートルの地点であるという。皃阿素中が貞享年間の始め頃の記録から引用したという限りは、『山州名跡志』巻之十を参考にしたものの、引用を誤って沓掛と表記したのであろう。何れにしても広谷という所在は、平坦で傍に池があり、地形的にもよくなければ、気候的にも湿気が多く、最も寂しい土地であり、住居としては不向きなところであったらしい。江戸時代には住むのに不適当であったというが、円照在世の頃も同じような環境であったらしく、人々に干渉されずに修行ができるということで、聖の住地としての別所を形成していたのであろう。この広谷の環境が、病弱な円照の寿命を縮めたとも考えられる。

『行状絵図』第六には法然が「西山の広谷というところに居をしめ」たといい、『没後起請文』にも吉水中房が「本、西山広谷に在り」と註を施しているので、一時的であったとしても東山に移る前に広谷に住んでいたことは確かである。そのころ円照も広谷に住んでいたことが、『明義進行集』に「はじめには西山のひろたにというところに止住、後にはよしみねにして終焉」を迎えたと記すことからわかる。

円照は平治元（一一五九）年に二一歳で出家し、安元三（一一七七）年四月二七日に西山の善峯寺で三九歳で没したというから、出家したのは法然の下山より十六年前のことである。法然が広谷を訪れたのは承安五（安元元）年であったから、円照が亡くなるまで、互いの交流はわずか二年間であったことになる。日ごろ病弱であった円照が、広谷から善峯の別所に移されたのは、死期の近づいた最晩年のことになるが、法然も円照と行動を共にして善峯寺に移住した。

わずか二年とはいえ、法然は円照の教義を学び理解し、彼から絶大の信頼を得るようになったことから、臨終の導師として招かれることになったのであろう。法然は円照の死に臨んで、九遍の念仏で息絶えそうな円照を励まして、最後の一遍を勧めたところ「声高ニ一念シテ、ヤガテイキ」絶えたという。円照には自己の死を看取ってもらうだけではなく、通憲流の後事をも法然に託すとの決意があったのであろう。法然は円照の没後、広谷の草庵を譲り受けてしばらくの間、この辺りに住いしていたようである。

円照の臨終に法然が、「臨終十念」の引導を与えているが、これは永観の『往生拾因』が康和五（一一〇三）年に制作されて以来、多くの僧侶に受け入れられていることに起因している。円照も『往生拾因』から七〇年を経て、天台系の源信が提唱する臨終行儀ではなく、善導を信奉する南都の永観が進める臨終十念を受け入れていたといえる。

善峯寺は、長元二（一〇二九）年に源信の弟子源算が建立し、長元七（一〇三四）年には後一条天皇より鎮護国家の勅願所に定められて以来、青蓮院（しょうれんいん）から多くの法親王が入山したことから「西山門跡（にしやまもんぜき）」と呼ばれている。ここは、東山、北山の俗化した別所とは一線を画した最後の別所でもあり、広谷からの直線距離は約二・五キロメートルである。善峯寺のすぐ北にある往生院（三鈷寺（さんこじ））には、葉室流を継ぐ美作守藤原顕能（あきよし）の子観性（かんしょう）が、応保元（一一六一）年から建久元（一一九〇）年まで、第二世として住山している。

三．通憲流聖

法然に広谷への下山を決意させたのは、広谷の円照が藤原一門の俗縁関係の中で甚大な信頼を得ていたことを、既に信空から聞いていたことに起因しているのは確かである。一方、広谷に移り住んだ法然は、わずか二年ではあるが、信空の叔父である円照自身の口から、円照の父である藤原通憲（信西）についても詳しい消息を聞いていたと思われる。

　少納言信西（通憲）は、鳥羽法皇治世の一時期に宮廷を去って出家して「入道」と呼ばれている。帝位には崇徳天皇がいたが、妻の紀二位が乳母として後白河を育てたこともあって、信西は皇弟にあたる後白河の擁立を推進していた。しかし、鳥羽法皇が幼い近衛帝を指名したため、失意の信西は、比叡山の別所である大津の三井寺（園城寺）で出家してしまった。三井寺は、精力的に陋巷を歩きまわって念仏を広めた空也（九〇三～九七二）の本拠地であり、空也の直弟子千観（九一八～九八四）が一山の僧たちに念仏を唱導していた。彼らは積極的に町や村をまわって道場を造り、檀那流という念仏結社を組織して、庶民にも念仏の門戸を広げた。

　信西は、宗教者としてではなく政治家の眼で、庶民大衆を組織化する三井寺の檀那流に注目し、三井寺に限らず、比叡山上における遁世者たちにも手を延ばし、東塔竹林院の里坊としての安居院や雲居寺に子弟たちを住まわせた。そこで信西は檀那流の別派として、自己の俗名を冠した「通憲流」を新たに創設したのである。

　信西は、後白河が帝位に就いたことから、再度宮廷に返り咲いて、新興武士団で勢力を拡大しつつあった平家と手を結び、後白河体制の強化につとめることで、少納言信西の絶頂期を迎えることになる。保元元（一一五七）年七月に勃発した保元の乱では崇徳上皇を四国へ流し、まさに天下は我がものという勢いであった。

　同じ頃、後白河の寵臣藤原信頼が源義朝と組んで武装蹶起に踏み切ったため、信西はその絶頂期に足を掬われることになり、宇治田原で絶命したことは前述した。信西は、最期に及んでも通憲流の聖を一人でも多く増やしたいとの思いを四人の武士に託し、法名を与えて穴を掘らせていたことから、彼は便宜上出家したのではなく、政治に傾けたのと同じ情熱を念仏聖の教化にも注いでいたのである。この思いが「通憲流」の礎となって、円照から法然へと受け継がれていくことになる。

　信西自身は、学問に優れ、藤原頼長と並ぶ当代屈指の碩学として知られている一方で、彼の子息にしても多くの優秀な人材のそろっていることが、『愚管抄』第五に記されている。

大方信西ガ子ドモハ法師ドモモ数シラズ多カルモ。皆程々ニヨキ者ニテ有ケル程ニ。此信西ヲ信頼ソネム心イデキテ。

〈訳〉

そもそも、信西の子息たちの中には法師も数を忘れるほど沢山いたが、皆それぞれに優秀な者たちであったから、信頼はこうした信西の力をねたむ心をもつようになったのである。

信西の子息の名を挙げると、以下のようになる。

高階重仲の娘が妻である時の子が、男子では藤原俊憲（としのり）（一一二二～一一六七）、藤原貞憲（さだのり）（一一二三～?）、静賢（じょうけん）（一一二四～?）、澄憲（一一二六～一二〇三）、憲曜（一一三四～一一八九）、藤原是憲（遊蓮房円照）（一一三九～一一七七）、貞慶（じょうけい）（一一五五～一二一三）と、七名を数える。藤原朝子（紀伊局）が妻の時の子が、男子では藤原成範（一一三五～一一八七）、勝賢（しょうけん）（一一三八～一一九六）、明遍（みょうへん）（一一四二～一二二四）、藤原脩範（ながのり）（一一四三～?）、女子では阿波内侍（あわのないし）と、五名を数える。また、生母不明の子が、男子では光憲（みつのり）、寛敏（かんびん）（?～一一八二）、覚憲（かくけん）（一一三一～一二一二）、行憲（ゆきのり）、憲俊、寛兼（ひろかね）、憲慶、女子では藤原隆季（たかすえ）室、藤原長方室、藤原親信（ちかのぶ）室、少将有房室、藤原家房室、源為国（ためくに）室と、十三名を数える。このことから、信西は弱冠十六歳のときから四九歳に至るまでの二七年間に毎年のようにして、都合二五人の子供を得ていたことになる。

信西の人柄について、『愚管抄』第五は以下のように記している。

信西ガフルマヒ、子息ノ昇進、天下ノ執権、コノ充満ノ有様ニ、義朝ト云フ程ノ武士ニ此意趣結ブベシヤハ。運報ノ限リ、時ノ到レルナリ。又腹の悪シキ難ノ、第一、人ヲホロボス也。ヨク腹悪シカリケルモノニコソ。

〈訳〉

信西の行動、子息たちの昇進、天下の権勢を掌握したことと見てくると、これほど満ち足りた信西がなぜ義朝という程の力ある武士の恨みをかってしまったのであろうか、まさに運命果報が尽きたというか、滅びる時が来たのだとしかいいようがない。また信西の第一の欠点は気が強く激しい性格であったことであるが、それが身を滅ぼすもとになったのである。よくよく心の素直でない人物だったのである。

慈円が観察したところによると、信西は円照とは正反対で気性が激しく、あらゆる分野での権勢を求めて突っ走った人物であったらしく、平治の乱を顧みると気性の激しさが災いして、自ら立ち上げた通憲流を窮地に追い詰めることになったのである。しかし、信西が念仏に寄せる気持ちは尋常ではなく、彼の強固な意志を継ぐかのようにして通憲流の教えは、円照を含む彼の子や孫から法然を経て、後世に脈々と受け継がれていくことになる。

信西の組織した通憲流の内容については、安居院や雲居寺との繋がりから推測できるだけで不明な点が多いものの、通憲流を名乗る聖は、比叡山のみならず興福寺から高野山にまで及んでいた。ちなみに、法然の周辺にしても、弟子なのか単なる関係者なのか素性を明確にできない聖が多くいるが、道俗を含めて通憲流あるいは葉室流の一門と思しき者の名を一部ではあるが以下に示す。

行玄（ぎょうげん）は、承徳元（一〇九七）年生まれ、久寿二（一一五五）年に青蓮院で没。藤原師実（もろざね）の子。法然の戒師。青蓮院初代門主。

皇円は、生年不詳、嘉応元（一一六九）年没。肥後国藤原重兼の子。法然の師。

叡空は、生年不詳、治承三（一一七九）年没。太政大臣藤原伊通の子。法然の師。

澄憲（蓮行房）は、大治元（一一二六）年生まれ、建仁三（一二〇三）年没。藤原通憲の子。明遍の兄。

顕真は、天承元（一一三一）年生まれ、建久三（一一九二）年没。右衛門権佐藤原顕能の子。

明遍は、康治（こうじ）元（一一四二）年生まれ、貞応三（一二二四）年没。藤原通憲の第十四男。

信空（法蓮房）は、久安二（一一四六）年生まれ、安貞二（一二二八）年没。藤原行隆の子。

隆寛は、久安四（一一四八）年生まれ、安貞（あんてい）元（一二二七）年十二月没、少納言藤原資隆（すけたか）の子。

九条兼実は、久安五（一一四九）年生まれ、建永二（一二〇七）年没。関白藤原忠通の六男。

貞慶（解脱房）は、久寿二（一一五五）年生まれ、建暦三（一二一三）年没。藤原貞憲の子。明遍の甥。

慈円は、久寿二(一一五五)年生まれ、嘉禄元(一二二五)年没。関白藤原忠通の子。兼実と同母弟。天台座主に建久三（一一九二）年に就任以後、座主を三回歴任する。

聖覚は、仁安二(一一六七)年生まれ、文暦二(一二三五)年没。藤原通憲の孫で澄憲の子。

湛空（正信房）は、安元二（一一七六）年生まれ、建長五（一二五三）年没。徳大寺実能の孫、円実の子。

源智（勢観房）は、寿永二（一一八三）年生まれ、暦仁元（一二三八）年没。平師盛の子。

四．通憲流の組織化

通憲流の起源は、比叡山天台宗の慈恵大師良源（元三大師）以来、遁世者が二流派に分かれて新たな聖集団を構成したことに始まる。その一つは恵心院源信を祖とする「恵心流」、他の一つは檀那院覚運を祖とする「檀那流」である。前者は天台の教相を主とし、後者は天台、密教、禅の一致を主張する。良源は、源信に観門（社会的な特権を有した門閥、家柄、集団）、覚運に教門（仏教研究の組織化）をそれぞれ伝授していた。後に恵心流からは椙生流、行泉房流など、檀那流からは慧光房流、竹林房流、安居院流などが派出した。これらの門流は実子相承を主眼としたものが多いためか、師弟の系脈が閉鎖的な法流となっていくことは否めない。

法然の頃の恵心流は、主に比叡山中で経典修行ができる別所を作り、ここが教団から出家した遁世者の集う場所となった。一方の檀那流は私度僧として再出家した聖が比叡山裾野あるいは全国の津々浦々に別所を作り、貴族や庶民に仏教を広めるようになった。そんな中で、通憲流も檀那流の一派として、藤原一門を俗縁とする派閥を形成していったが、南都北嶺の既成教団に属することを拒まず、むしろ既成教団を隠れ蓑に装って、後世に記録を残すことなく、人々の記憶の中に留め置く念仏の教えを密かに説いていたといえる。

藤原一門に関係する聖は、通憲流を念頭において活動していたものと思われる。その活動は、権門に帰属しながら聖を主体として生活し、聖の行動が表に出ないように努力しつつ、支配層と被支配層の両方に徳をもたらすように調整することが目的である。このような通憲流を身につけた聖が、平安時代後期には多く輩出された。

そもそも延暦寺は、承平五（九三五）年に大規模火災で根本中堂を初めとする多くの堂塔を失い、荒廃していた。良源が第十八代の天台座主に就任した康保三（九六六）年にも火災はあったが、村上天皇の外戚（皇后の実父）である藤原師輔の後援を得て、焼失した堂塔を再建することができた。また、最澄の創建当初は小規模な堂だった根本中堂を壮大な堂として建立し、比叡山の伽藍の基礎を築いた。天禄元（九七〇）年には寺内の規律を定めた「二十六ヶ条起請」を公布し、衆徒の乱暴を抑えることにも気を配った。

良源が藤原氏の後援を得て以来、第七一代の慈円に至るまでの間に藤原氏俗縁の座主が二四代にわたって就任している。藤原氏との俗縁関係者が座主になることで、寺院造営や法会、加持祈祷が宮廷貴族社会に盛行し、貴族出身の僧侶が大寺の住持を独占するようになったことから、平安仏教もしだいに貴族仏教となっていった。諸大寺は貴族から寄進された荘園をもつ大領主となり、僧兵という武力をもち、権門と呼ばれて栄えた。しかし、平安中期以降、末法思想が飢饉・疫病・地震・洪水などの当時の災害現象と相まって人心を強く捉えるようになると、阿弥陀浄土信仰が盛んになり、念仏によって極楽往生を願うという信仰が、市聖と呼ばれた空也、『往生要集』を著した源信（九四二〜一〇一七）、融通念仏宗を開いた良忍（一〇七三〜一一三二）らによって急速に平安後期の社会に浸透していった。

そのような時代背景で、藤原氏の俗縁関係にある下級貴族にも僧侶になる者が増加し、増え過ぎた遁世僧が別所からはみ出して、世俗にも影響を与えるようになった。平安時代後期になると、社会が予測のつかない不安定な情勢へと変化していったことから、信西は、如何なる権門勢力が台頭しても生き抜いていける組織を意図して「通憲流」を編み出し、人知れず念仏聖の教えを広めようとしたのであろう。しかし、通憲流の組織化は可能であるにしても、藤原一門の将来が危うい時代背景では、自身の体調を含めて通憲流を末永く維持していくことが困難であると判断した円照は、信空を介して法然の悩み事を聞きつけ、法然を広谷に招き入れたと考えられる。

五．明義進行集

ここで『明義進行集』について明らかにしておく。この書は法蓮房信空の弟子である敬西房信瑞の制作で、信瑞の弟子である惠鑁が弘安六（一二八三）年五月二二日に書写している。全三巻からなるが、現存しているのは巻二と巻三のみで、失われた巻一は法然の伝記と考えられる。本書には、遊蓮房円照をはじめ、禅林寺静蓮（平清盛の子）、蓮華谷明遍（藤原通憲の子）、長楽寺隆寛（藤原資隆の子）、法性寺空阿弥陀仏、法蓮房信空（藤原行隆の子）、住心房覚愉（藤原泰通の子）、安居院聖覚（藤原澄憲の子）、毘沙門堂明禅（藤原成瀬の子）らの伝が記され、藤原一門、特に前述した「通憲流」に関係する聖を中心に紹介されている。

この中に紹介されている八名のうち、最後の明禅は仁治三（一二四二）年に没しているが、没年の記録はない。また、文永十二（一二七五）年の『和語灯録』に本書が引用されていることから、本書は仁治三年以前に成立したと考えられる。『行状絵図』が、法然没後百年後の徳治二（一三〇七）年に着手したとあることから、『行状絵図』の制作史料として『明義進行集』が供せられたことは容易に察しがつく。すなわち、『行状絵図』の中の第十六の明遍の条、第十七の聖覚の条、第四十の静遍の条、第四一の明禅の条、第四三の信空の条、第四四の隆寛および遊蓮房円照の条、第四八の空阿弥陀仏の条などが、すべて『明義進行集』に記されていて、内容は多少の変化があるものの同じ表現が使われている。これら七名の他に静遍を加えて、合計八名が『明義進行集』に記録されている。

『行状絵図』では、『明義進行集』から引用した通憲流聖を法然の弟子のように扱っているが、『明義進行集』の記事からは、法然の弟子であるという表現は見当たらない。むしろ、法然と所縁のある人として同等の立場で描かれているといった方が正しいかもしれない。

『明義進行集』巻第二の冒頭では、

> 源空上人ト同時ニ出世セル諸宗ノ英雄ノナカニ、カノ化導ニ随テ、サハヤカニ本宗ノ執心ヲアラタメテ、専無観ノ称名ヲ行シテ、往生ノ望ヲトケタルヒトオホシ、今入滅ノ次第ニヨリテ、ソノ義ヲイ義ヲイハヽ、。

〈訳〉

法然と同時代に世に現れた諸宗の文武、才知に優れた人の中に、法然の教えに導かれて、快く諸宗のこだわりから離れて、専ら無観の称名を行じて、往生の望みを遂げた人が多くいる。現在のところ往生されていることから、彼らの伝記を述べる。

と、信空の弟子である信瑞が、「無観称名（むかんしょうみょう）」の行者を集めて『明義進行集』を編纂したという。『明義進行集』は、法然の教化によって諸宗の学匠たちが諸宗の教えに対するこだわりを捨てて、無観称名を行じて往生を遂げたことを中心にして説いていることから、伝記というよりも言葉や思想を伝えることに重きが置かれた言行録であるといえる。ここでは、法然の念仏観を無観称名と捉えることに特徴があり、一貫して無観称名の立場が貫かれていることから、法然を含む通憲流聖は「無観称名」の唱道者であったともいえる。

「無観称名」については、『昭法全』の「聖覚法印に示されける御詞」其三において、

有時上人、予に示て云、源空已に導和尚の釋に帰して其元意を得たり。其元意とは乱想の凡夫、但無観称名の一行に依て仏の本願をもて増上縁として、順次に極楽世界に往生するなり。

〈訳〉

ある時法然上人が私に言われた、源空はすでに善導の釈義に出会って根本の教えを得た。その教えとは心の乱れた凡夫は、ただ無観称名の行によって仏の本願に触れることで臨終来迎を経て、次の世で極楽世界に往生することができる。

というように、法然自身が聖覚に「無観称名」を提唱していた事実が記されている。おそらく、『明義進行集』巻第一において、法然の行状とともに無観称名が詳しく述べられていたのであろうが、失われたためにその辺りの消息は分からない。しかし、『明義進行集』第五（白河上人信空）では、「無観称名」について若干触れられている。

阿弥陀仏ヲ申セハ、極楽浄土ヘマイル事ニテ候

ナリ、コノホカニ様アリテ、観法ナトヲシテ申ス事ニテハ候ハス、只ロハカリニテ申ス事ニテ候ナリ、サテコレヲハ無観称名ト申シ候ナリ。

〈訳〉

阿弥陀仏と称えれば、極楽浄土に往生することは確かである。これ以外に何かを求めて観法などの修行を積んで称えるものではなく、只口で称えるだけである。これを無観称名という。

ここでは観想を挟まずにただ口で阿弥陀仏を称えるのが「無観称名」であるというが、この辺りは円照や法然の念仏観の大要をうまく言い当てているといえる。『明義進行集』では、学匠たちが無観称名によって往生を遂げたという構想を打ち立てて、改宗していく過程を説明する中に、法然の念仏観がよく表されているが、その後、無観称名の言葉が広く浸透した形跡はない。『行状絵図』にも『明義進行集』を元にした記述はあるが、無観称名については言及されることなく、信空門流の一部の間で使われ、鎮西義良忠（ちんぜいぎりょうちゅう）が少し用いた程度で、今日には伝わっていない。無観称名は、既成の観想念仏を否定してはいるが、一向念仏や専修念仏のように新規性を強調して、他を排斥する念仏に対しては、既存の慣習を破戒する強行姿勢の念仏であるとして認めていない。

念仏は、寺院や別院などの仏教専門道場で称える上では支障を来さないが、庶民で混雑する市井にあっては、様々な立場の人々が往来することから、都鄙（とひ）では世間から遁世した者として人知れず称えることが肝要である。しかし、無観称名というと、専修念仏や称名念仏あるいは一念・多念義などとの違いが分かりにくいところであるが、通憲流聖が称える念仏のことであると解釈すれば、大きな誤りに陥ることはないであろう。

六．無観称名義

通憲流聖については、『明義進行集』から大凡の行状を把握することができるものの、彼らの行動規範ともいえる具体性のある素行が見えてこない。しかし、通憲流聖の行状の手掛かりとなる記事が、『行状絵図』第二〇に紹介されている。ここでは、教阿弥陀仏（天野四郎：元強盗の親分）の「ただ要点だけを取って、必ず往生するに違いない、という一言の教えをお聞きして、それを生涯の形見にしたいと存じます」との依頼に応えた法然が、以下のように答えている。

決定往生をねがふ、まことの念仏申さむずるかざらぬ心ねは、たとへば盗人ありて、人の財を思かけて、ぬすまむとおもふ心は底にふかけれども、面はさりげなき様にもてなして、かまへてあやしげなる色を、人にみえじとおもはむごとし。その ぬすみ心は、人またくしらねば、すこしもかざらぬ心なり。決定往生せむする心も又かくのごとし。人おほくあつまり居たらむなかにても、念仏申いろを人に見せずして、心にわするまじきなり。その時の念仏は、仏よりほかはたれかこれをしるべき。仏しらせ給はゞ往生なむぞ疑はむ。

〈訳〉

間違いのない往生を願って、真実の念仏を称えようとする飾らない本心とは、たとえば、盗人が人の財産に目をつけて、盗もうと思う心は奥底にあるけれども、顔つきは何気ない様子を見せかけて、決して不審な素振りを人に見せまいと思うようなものである。その盗み心は、他の人はまったくわからないので、少しも目立たない心といえる。間違いなく往生しようと思う心も、また同じことである。人が多く集まる中にあっても、念仏を称える様子を人に見せないように心得ておくように。その時の念仏は、仏の他に誰も知ることがない。仏が知るからには、往生は疑いようがない。

ここでは、盗人の素行を引き合いに出して、念仏者の心のもち方や生活態度の有りようが説明されている。法然のいう盗人とは、行動を起こすにしても、盗人の知識を十分に蓄えておいて、家の構造や家族構成あるいは時節や天候から出入りの方法などの下調べを周到に計画し、行動の結果が成功したとしても一切他言しないことを鉄則として守り抜く人のことなのである。このため、盗人は盗人であることが知られると、盗人本来の有るべき姿を見破られて成果が反故にされることから、その人は盗人でいられなくなる。だから、念仏者は念仏者であることがわかると、その人は念仏者ではなくなるのである。

盗人の行儀というものをもう少し詳しく検討してみると、例えば、盗人が、人に目立たないように押し入るために、その家や近所の状況あるいは構成員の挙動などの様々な情報を得て、失敗した時の逃げ道まで考慮して作戦を練ることが要求される。盗人の作戦がたとえ成功したとしても、有頂天になって万が一にも盗人であることを自慢して他言すれば、盗みは成功しても盗人として捕らえられれば失敗したも同然である。あくまで他人に対しては自身が盗人であることが知られてはならない。世間から盗人であることを隠すためにも、隠れ蓑として人々に信頼される職業なり聖職なりに携わることが肝要なのである。このような盗人の心根を念仏者はもつべきであり、いかなる事情があるにしても人前で自己主張などするべきではない。

教阿弥陀仏が法然から聴いた盗人の話を、教阿弥陀仏からまた聞きした信空は、この譬え話を生涯にわたって座右の銘にしていたようである。少し意味合いは異なるが、編者や成立年不詳の『祖師一口法語（そしひとくちほうご）』に信空の言葉が紹介されている。

信空上人云、後世者ハタ、トサマナル所ニカヒマキレテ住スヘキ也。人目ニタツサマニコトコトシク住ミナシテハ、其栖（すみ）ノ軈（やが）テ餝（かざ）ル心ヲ催ス媒トナルナリ。所詮無益ノ我執ヲ止テ敵ヲ害セント思フ心ト、又盗セント思フ心ノ如クニテ人ニ知ラレスシテ念佛申サント思フ者ナラハ十即十生百即百生誰カ一人モ漏ルヘキ。有云往生ヲ思ハン事ハ譬ヘハネライツキヲセントスル心ネヲ持ツヘシ。

〈訳〉

信空が言うには、遁世して浄土往生を願う者は、人里離れたところで、人目を忍んで住むべきである。人目につくような所に居を構えると、その住処は、いずれ人目を飾る心情の起こる仲立ちとなる。結局、無駄な自我の執着を止めて、人に危害を加えたり、物を盗もうと思う心のように、人に知られないようにして、念仏を称えようと思う者であれば、十人あれば十人ながら、百人あれば百人ながら、誰ひとりとして漏れることなく往生できるのである。また、往生を願う場合は、例えば目標を定める決心をもつべきである。

信空は、念仏を称えて浄土への往生を願う者は、人の住みついていないところで、人目につかないように過すべきである。人目につくようなところに住居を構えると、「居は人の心を左右する」といわれるように、どうしても人目を飾ることになりやすいので、何時しか、浄土往生を願う心が途切れ途切れになり、次第に稀薄になる恐れがある。「人目ニタツサマニコトコトシク住ミナシテ」とは、住居が社会的地位や財産・技能や立場などの外観であるとすると、そのような外観を意識することで、自身の行動は例え無意識であっても表面化することは必定である。如何なることがあっても、外観への執着は忘れて本来の念仏者に集中すべきことが説かれている。

したがって、浄土往生を願う人は、例えば、人に危害を加えたり、物を盗んだりする時は、人に知られないように行動するが、まさにそのように人に知られないよう、気づかれないように、こっそりとどのようなことがあっても、私は日課何万遍を申し続けている念仏者であると言いふらしたり、それらしい表情・態度・動作をとったりせずに念仏に励むならば、そのような人は「十人あれば十人ながら、百人あれば百人ながら」誰ひとりとして漏れることなく、浄土へのお迎えに預かるのである。さらに大切なことは、浄土に往生したいという揺るがない意志をもつべきである、という。

後日、信空が教阿弥陀仏から盗人の話を聞いたと法然に報告している。

「さることの侍けるにや」と申されければ、「その事なり。さる旧盗人と聞置て侍しほどに、対機説法して侍き。一定心得たりげにこそ見えしか」とぞ仰られける。

〈訳〉

「そのようなことがあったのですか」と申し上げると、「そのとおりです。教阿弥陀仏は、昔はかなりの盗人であったと聞いていたので、それに応じた説教をしておいた。確かに納得したように見えた」と仰った。

この文章から、法然は、聴く人の経緯や心情をよく理解して、その人に分かりやすい例え話で、即座に理解させるという方法を用いていたことがよくわかる。念仏者を盗人に例えた話は、聞く人を選ばないと、盗人を奨励しているというように思われかねない危険性をはらんでいる。しかし、法然は盗人から回心した者にあえて危険な話を持ち掛けていることから、聞く者も法然から信用されてのことであるとの自覚が芽生え、師弟間の信頼感がより深まったものと思われる。

法然は、人々の目に触れることなく密かに隠れるようにして念仏行に励むとともに、決して念仏者であることを公言しない人を指して真の念仏者であるという。このような無観称名の盗人行儀を「無観称名義」と定義するならば、盗人行儀に準じる素行が、通憲流聖の有るべき姿であり、『明義進行集』が強調したいところでもある。通憲流聖が「無観称名義」を確実に実行していたからこそ、彼らの素行が、当時のみならず現在に至っても表に出ることなく、我々の意識から消え去っていたと考えられる。

通憲流聖の具体的な素行の例として、『行状絵図』第四五に勢観房源智（せいかんぼうげんち）の行状が記されている。

勢観房一期の行状は、たゞ隠遁をこのみ自行をもとゝす。をのずから法談などはじめられても、所化五六人よりおほくなれば、「魔縁きをひなむ、ことごとし」とて、とゞめられなどぞしける。

〈訳〉

勢観房の生涯の行いは、もっぱら隠遁に興味をもって単独での修行を第一にしていた。たまたま仏法の話などを始められても、話を聴く者が五・六人より多くなると、「話を妨害する魔物と化し悉く競い合う」と言って中止された。

源智は、人目に出ることを嫌い、法談などの機会があればなるべく避け、対他的な活動から遠ざかった生活を好んだという物静かな人である。その行動は「無観称名義」ともいえるもので、多くの人々に受け入れられたのか、法然没後に数万人という交名帖を集めて、阿弥陀像の体内に収めるという偉業を成し遂げ、鎮西義派浄土宗の立宗に大きく貢献することになる。

彼らの言葉と少し意味合いは異なるが、広谷での円照が弟の澄憲に遺言として「後世のつとめには、なに事をかせむずるとひと申候はゝ、一向に念仏申せと御勧進あるべく候。智者にておはしませば、世間の人さだめてたづね申候はむずらんとて申候也」と、「無観称名義」の心根ともいえる念仏一筋の思いが述べられている。ここには、安居院流唱導師の誉れ高い澄憲が、世間的にも知れ渡った自身の智恵才覚を頼ってくる人もいるであろうが、決して知恵を表立てて議論に及ぶことなく、念仏者であることも伏せておいて、何も言わずにただ念仏だけを勧めるに止めておくべきことが説かれている。「無観称名義」には智恵才覚は関係がないというのであろう。

後のことになるが、彼らの物静かな行状から、法然の周りには、自己の生業をしっかりと確立させた上で、人目につかずに念仏生活を送る、通憲流聖たちが集まり、無観称名に満たされた生活を実行していたことが想像できる。法然が説くところの人々に分からないように念仏を称えるという意味は、組織や集会などの人々が集まるところでの念仏が、人々から奇異の目で見られたり、ひいては自己主張にも通じることになる。そこに自身の驕慢心や他人の反発心が芽生え、互いの争いに発展する恐れがある。しかし、日常生活や組織に溶け込んで、念仏者であることが分からないようにして、陰で念仏を称えるようにすれば、組織や社会に溶け込みながら念仏者であり続けることができるのである。

法然がいうには、盗人行儀でもって日常生活を営む念仏者は、人々の前で普通の人としてさり気なく振る舞うことができる。これが、仏教でいうところの修行に当たり、「仏よりほかはたれかこれをしるべき」者として、仏との対峙に集中できる行為なのである。このような念仏者は「無観称名義」に忍従を迫られることになるが、人々に知られなくても、仏の感知するところで、これこそが真の念仏者の実践行なのである。

法然や『明義進行集』に記載された「無観称名義」の実践者は、盗人行儀を行動の旨としている通憲流聖であることから、他人には全く分からないかあるいは見過ごされる集団と見做されることは否めない。法然にしても、盗人行儀を具えた念仏者との自覚から、敢えて自筆の人でないことに徹し、自身を愚痴の凡夫に同じくして、要人に知られることなく、社会にまぎれて、ひそかに念仏しつつ生活していたからこそ、当時から現在に至っても行状が見抜けなかったのである。例え、往生が確約されたとの自覚があっても、人前で喜び勇んで放言することもなく、ごく普通の凡夫の生活に甘んじていた法然の行状は、歴史を超えてすべての人々を煙に撒くに充分であった。自己主張することなく身を隠すようにして念仏を行じていた法然であるからこそ、そのような法然に魅力を感じて多くの人々が参集していたのである。

「無観称名義」を心に刻んで『行状絵図』を所依の文献とし、同時代の史料を紐解いていくと、自身を無に溶け込ませて、念仏の中に消え入ったかのような法然の為人が明らかになってくる。すなわち、『行状絵図』を読む者の姿勢として、「無観称名義」を思い浮かべつつ読み進めるならば、法然の意志で隠された法然の行状のみならず、法然を慕い集まってくる周りの人々の心の動きも見えてくるであろう。一方、念仏を称えるという行為においても、無観称名義に相応しくない行動にでた過激分子の称える「専修念仏」と区別して、無観称名義の念仏者を捉えるならば、念仏弾圧の経緯や弾圧に抗する人々の姿も見えてくる

七．平安京の世情

円照は臨終に際して「後世のつとめは念仏以外の一切の行は不必要であって、念仏だけで事足りる」といっているが、ここに法然は、念仏聖の姿を目の当たりにして、ともに二年間を過ごせたことに、自己の歩むべき「無観称名義」の道を確信したのである。しかし、法然は円照のように西山広谷で遁世僧として永く籠もることはしなかった。清涼寺や南都で体験した庶民の苦悩が頭から離れず、しばらく広谷から嵯峨近辺に滞在した後、庶民救済のために東山連峰の麓にある吉水（よしみず）に住まいを移している。

吉水の地を選んだ理由は、以下の二つであると考えられる。

第一が、安元三（一一七七）年四月二七日に円照がなくなったが、その翌日の四月二八日に「安元の大火」のあったことが、鴨長明の『方丈記』や九条兼実の『玉葉』に記録されている。この大火は、午後八時頃に樋口小路と富小路辺り（現、五条大橋西詰）から出火し、折からの強風にあおられて北西に延焼し、大極殿をはじめとする大内裏にまで及び、都（朱雀大路以東）の三分の一が一晩で焼失した。『玉葉』には、焼失した場所や家屋などが詳細に記録されていて、今日でも大路小路の名称から位置を特定することができる。この大火を機に和暦が

安元から治承に改変された。真っ暗闇の中で鬼の舌のような炎が都を舐め尽くし、静寂の中でうめき声のように聞こえる被災者の叫び声や怒号は、法然が今まで学んできた『往生要集』に詳述されている阿鼻叫喚の地獄図そのものを想像させる。その有様を都全土が見渡せる善峯寺から眺めていたであろう法然は、災害の大きさに驚愕し、円照の示寂間もないこともあって、心身ともに喪失感を覚え、これから望むべき教学と布教の将来像を描けるはずはなかった。

　翌年の治承二（一一七八）年三月二四日には、七条通高倉西から出火した炎が、西南に向かって延焼し、八条坊門朱雀大路にまで至り、ほぼ安元の大火に匹敵する規模の焼失のあったことが『玉葉』に記録されている。安元の大火の復興もままならない状態での度重なる大火は、既に焼失していた場所を放棄して未焼失の地を選んで延焼したかのように、都の大半を壊滅状態に陥れた。法然は彼の決断をあざ笑うかのような度重なる災害に、絶望的になったことは容易に推察できる。

　これらの大火に対して『玉葉』は「我が朝が衰滅、その期已に至るか。悲しむべし。悲しむべし」と記し、『方丈記』は「未だ嘗てあらず、未だ嘗てあらず」と二度繰り返している。如何に多くの人々に恐怖心を抱かせたかが理解できる。法然も、恐怖と不安の渦中にある都から離れた地に住むことを考えたことであろう。

　第二は、安元三（一一七七）年六月一日に生じた「鹿ケ谷の陰謀」が挙げられる。この事件は、安元の大火を免れた鹿ケ谷（現、法然院辺り）にある俊寛の山荘で、保元の乱で勢力を得た平氏を打倒するべく、俊寛が上皇を煽り立てて画策したといわれている。その内容は、祇園会に乗じて六波羅を攻撃するというものであったが、密告によって俊寛が捕らえられて鬼界ケ島に流された。ここに至って、聖の別所として名を馳せた大原や白川といえども、権勢の影響を受ける世俗の場と化してしまったことは容易に推察できる。

　これらの主だった事件以外にも、安元三年四月十三日には延暦寺の堂衆が、日吉神社の神輿をかついで入京して強訴した。同年六月には長雨で諸国に大きな被害が生じ、同年九月十二日には平安京が再度大火に見舞われた。

　南都北嶺の衆徒による、己れの主張を通そうとする暴挙は、十世紀頃から頻発し、白河法皇は「朕の心のままにならないのは、鴨川の水と、双六の賽、それに山法師である」と嘆いている。当の比叡山は、山奥の静かな習学修行の場ではなく、学生と堂衆との紛争乱闘の修羅場であった。本来の堂衆は学生の召使として、中堂・釈迦堂などの雑役に服する立場にあったが、院政の頃からしだいに団結して学生に反抗して武力に訴えるようになると、紛争が乱闘を呈するようになった。特に平氏時代は満山の動揺が激しくなり、「谷々の講演、堂々の行法も退転し、修学の窓を閉じふさぎ、座禅の床には塵積もって三百年の法燈はかかげる人もなし」と、評せられる程の窮状を呈していた。

治承四（一一八〇）年八月十七日には、源頼朝が伊豆で挙兵したのに呼応して、九月に木曾（源）義仲は信濃国で兵を挙げた。延暦寺や園城寺が源氏に味方するのを恐れた平氏は、十二月十一日に火を放って堂舎を焼き、同月二八日には平重衡が、東大寺や興福寺を焼いてしまった。翌養和元（一一八一）年には、全国的な飢饉におそわれ、翌年にまで及んだ。都では盗賊が火を放ち、市中に死者が満ちたという。これが「養和の飢饉」と呼ばれているものである。寿永（じゅえい）二（一一八三）年七月二八日に木曾義仲が平家を追って都に乱入したが、その前に後白河法皇は比叡山に身をかくし、二五日に平家は安徳天皇を奉じて西走した。公家や近臣はそれぞれ法皇や天皇に従ったので、都は無政府状態になり、混乱の坩堝（るつぼ）と化した。源平の争いは一の谷・屋島の戦いを経て、元暦二（一一八五）年三月二四日に壇ノ浦で終末を迎え、源頼朝は、建久三（一一九二）年七月、征夷大将軍に任じられて鎌倉に幕府を開き､安定した平和な世が実現した。

都の喧噪の中で、権門は身を守るためとはいえ、戦乱の場に出て同族が敵味方に分かれて殺しあい、庶民は飢餓がひどくなると飢をしのぐために、心ならずも物盗り強盗となる者もいた｡その結果､社会的立場が入れ替わったり、持てる者と持たない者との違いが明確になったことから、心に嫉妬を生んだり、仏教で説く不殺生・不偸盗などの五戒を犯して、自ら作った罪に悩む者もいた。いわば、法然が比叡山を下ってからの三〇年間は、世情が最も不安定な時期であったといえる。

このような世情にも関わらず、『行状絵図』には法然の生活に苦難の跡がみえないのは、藤原一門の援助の下で広谷辺りに住まいしつつ、新居を求めて災害の多い都を避けて、北山や西山を転々としていたのである。『没後起請文』には、法然の移転先である「白川坊に経回の時、廊並びに門などにおいて修造を加」えたこともあれば、嵯峨では「新たに荘厳を添え、新たに築垣を構」えたと記録されている。これらの居住地は、修築した状態で家主に返しているというから、建物を修造できるほどの経済的基盤を藤原一門が負担していたのであろう。

八．慈円の憂いと兼実

法然の父である漆間時国が夜襲にあった時、時国は仇を討つことなく、父の菩提を弔って、法然には解脱の道を歩んでほしい、と遺言しているが、この言葉が法然をして仏教の世界に身をゆだねることになった。既成仏教の世界で得るところのなかった法然は、広谷で円照に出逢ってから自己の進むべき道に確信をもつことができた。一方、法然と同じ思いで既成仏教と対峙しつつ隠遁を夢見ていた僧がいた。彼の名は慈円。

慈円は、幼名こそ明らかではないが、摂関家の関白藤原忠通（一〇九七～一一六四）を父とし、久寿二（一一五五）年四月十五日に生れた。後に法然の外護者となる関白九条兼実は、慈円よりも六歳年上の同母兄である。慈円と兼実の関係は、兼実の日記として有名な『玉葉』に詳述されているので、以下、『玉葉』に従って慈円の行状を整理してみる。

慈円は、長寛二（一一六四）年に十歳で父が没したため、永万元（一一六五）年に十一歳にして覚快法親王（鳥羽上皇の第七皇子）の室に入って道快と称した。仁安二（一一六七）年十月三日には、当時の延暦寺座主明雲を戒師として、十三歳で親王の白川房で出家・得度し、翌月白川房青蓮院を譲られた。慈円と青蓮院および三昧流台密との結び付きがここからはじまったことになる。十四歳の仁安三（一一六八）年から十六歳の嘉応二（一一七〇）年にかけての道快は、密教を習学し、三部の大法（大日経・金剛頂経・蘇悉地経）を受け、護摩などの行法を修し、真言の学徒としての一歩を踏み出している。

道快が二〇歳の承安四（一一七四）年に師の許可を請うて、比叡山の僧侶の多くが念仏修行のために籠ったという、大原の江文寺に入って百ヵ日の間、法華の学習・

修行に励んだ。また、安元二（一一七六）年四月には、師の親王が検校の時に認可を得て、比叡山南方の無動寺で千日入堂をはじめた。一方、その頃の比叡山は、学生と堂衆との紛争乱闘の修羅場と化していて、修学に励む場所ではなくなっていたことから、道快には再出家の志が沸々と煮えたぎっていた。

千日入堂を終えた道快が下山したのは、治承三（一一七九）年三月二四日、二五歳のときであった。下山と同時に兄兼実を訪ねて、生涯無益の心緒を切に訴えて遁世の志の固いことを述べている。ちなみに『玉葉』治承三年四月二日条には、慈円の思いが以下のように記されている。

法性寺座主道快来らる。千日堂に入り了り、去る二十四日下京、今日始めて来らるるなり。条々示し合わせらるる事等あり。大略世間の事益無し。隠居の思ひある由なり。余制止を加へ了んぬ。

〈訳〉

法性寺座主の道快が来られた。千日入堂を終えて、先月の二四日に下山され、本日はじめて来られた。色々と話は弾んだが、大要は、世間のことは為にならない、隠居の志を抱いているとのことである。私は思いとどまるように諭した。

「隠居」というのは、自己・人間・濁世にまつわる煩悩を避けて自ら清く生きることであり、山中で偏に自利を求める隠者（聖）の立場に外ならない。その後、道快はしばしば兼実を訪問して隠遁の望みを繰り返し訴えたが、その度に制止されている。しかし、道快の思いは固く、兼実は容易にその心を翻すことができなかった。兼実と道快の度重なる会談の目的は、兼実が幼少より父親に代わって面倒を見てきた道快を権門内で昇進させて、両者の友愛・敬重の関係を築くことによって、藤原一門が政界と山との相互援助と情報交換を可能にするという、兼実の政策上の思惑が礎となっている。

治承四（一一八〇）年十一月以後、道快はまだ喧噪の及んでいない西山の善峯寺に住まいしつつ、しばしば出京しては兄兼実との会談を続けている。この前年、摂政基房以下が清盛のために官職をうばわれ、清盛が安徳天皇の即位とともに親近関係にある近衛基通（このえもとみち）を摂政として朝廷の大改造を断行したことから、兼実は右大臣として留まるのが精一杯で久しく不遇の地位にあった。道快が西山から出京したのは、兼実の廟堂（朝廷）への進出を期しての祈祷が目的であったが、道快を比叡山で昇進させるという兼実の本意が達せられることはなく、両者の噛み合わない思惑は二年あまり続いた。しかし、山の動乱が無動寺検校の覚快法親王に及ぶ事態へと発展したため、道快の山籠が難しくなるという懸念とともに、養和元（一一八一）年十一月六日には師の覚快法親王が入滅してしまった。道快は隠遁への道を固辞する理由がなくなり、昇進とともに長年固辞していた青蓮院門主の第三代に補され、これを機に道快の名を慈円に改めた。

　師の覚快が入滅した後、慈円は兼実の意向を汲むようになっていった。寿永元（一一八二）年九月には、兼実が、観性の如法経に結縁するために慈円および藤原雅頼（まさより）とともに西山に赴いているが、彼ら三人は事あるごとに同席して将来を議論し合っている。因みに、観性は、葉室流の美作守藤原顕能の子、天台座主になった顕真の弟で、博学多才にして修力と画技に長け、師として慈円に授法している。観性は西山の往生院（善峯寺の北隣にある三鈷寺）に住いしていたことから「西山法橋」とよばれ、開山の第一世源算についで応保元（一一六一）年から第二世に就任している。慈円が西山に住いするようになったのは観性の縁によるもので、建久元（一一九〇）年十月十日に観性が没した後、第三世を継いでいる。

　一方、藤原雅頼は大治（だいじ）二（一一二七）年に生まれ、建久元（一一九〇）年八月三日に没している。村上源氏の源雅兼の子で、母は源能俊の娘である。後白河天皇の蔵人、弁官、伊勢権守、遠江権守を経て、仁安二（一一六九）年十二月に中納言に任ぜられるが、治承三（一一七九）年に辞している。寿永二（一一八三）年に正二位となり、文治（ぶんじ）三（一一八七）年には妻の病を機に出家している。九条兼実との密接なつながりは、兼実の父である忠通との深い親交に由来するもので、忠通が長寛（ちょうかん）二（一一六四）年二月十九日に死去して以来、兼実の相談役的な存在であった。また、雅頼は、源頼朝の近習である中原親能（なかはらのちかよし）の家人で、兼実の息子である兼忠の乳母の夫であったことから、治承四（一一八〇）年に頼朝が蜂起して後、頼朝の意向を伝達する者として鎌倉と京の間を行き来し、特に兼実と頼朝との仲介役となっている。

浄土真宗の智慧（ちえ）

釈尊から親鸞に学ぼう　瑞田（たまだ）信弘

多くの宗教では、「いいことをしたら救われるけれど、悪いことをしたら救われない」というのが普通かもしれません。「悪いことをしたら罰（ばち）が当たる」などと言われます。

ところが、阿弥陀仏という仏様は、決して罰を与えたりはしません。

「いいことをしたら喜び、悪いことをしたら悲しむ」そんな仏様です。いつも私たちのことを心配して、見守ってくれている仏様なのです。「すべての人を必ず救うという願い（本願）をたて、はたらき続けている仏様」なのです。……

例えば、ある男が「私は女である」と言っても、男であるという真実によって、その嘘は破られます。「私は、誰の世話にもならずに、一人で生きている」と言っても、「ありとあらゆるものが繋がり合い、生かされている」という真実によって、その嘘は破られます。

このように、真実はどこかにあるのではなく、ありのままのあり方であり、真実でないものを真実に導く働きをします。
……その真実の働きこそ、阿弥陀仏なのです。（本文より）

ＦＭラジオのパーソナリティーなども務める香川県高松市の住職が、知っているようで知らない釈尊の教え、親鸞の教えをわかりやすく解説。住職ならではの地べた目線で、現代社会における仏教や終活のあり方を考える。（税込1320円、208頁）

中村メイコさんと山折哲雄先生に訊く　死に方の流儀
——和尚の実践終活アドバイス付
瑞田信弘

終活の目的は「上手に生きて・上手に死のう」です。終活は、少しテクニックを必要とするところもあります。多分に知識や要領などにも影響されます。受験対策や就職活動対策にも似ているかもしれません。

「上手に生きて・上手に死のう」が実践できたら、本人は心おきなく極楽のお浄土へ行けるでしょうし、残された遺族は心から弔いの気持ちをもって哀悼することができます。

たとえば、葬儀が終わったとたんに相続の争いが表面化したとしたら、哀悼の意どころでなくなってしまいます。死にゆく人とゆっくりとじっくりとお別れして、心から弔いの気持ちや感謝の気持ちを表し、故人の人生を振り返り、偉大であった故人を誇りに思う気持ちを大切にする、そのための雑音を消す作業が終活かもしれません。（「はじめに」より）

ＮＨＫ文化センター高松「初級仏教」の講師であり、終活支援団体の理事長なども務める香川県高松市の住職が、人生の終り方について、女優の中村メイコ氏、宗教学者の山折哲雄氏と対談。延命治療や施設入居の是非、葬式の規模、お墓や相続の問題などに関して、２人の著名人の考えを聞き、そのうえで、それぞれのトピックを僧侶が読者向けにわかりやすく解説する。お坊さんならではの生々しい事例紹介もついており、人生の「仕舞い方」を自然と考えさせられる一冊。（税込1320円）

九．歴史の分岐点

一一八〇年代前半といえば、善峯寺で円照が亡くなった一一七七年から数年が過ぎた頃で、法然が庶民救済に心を砕いて西山・嵯峨を起点に彷徨している時期とも符合する。折しも、道快が慈円に改名し、兼実の意向を汲み取ろうとして西山に登山していた時期とも合致している。兼実は、善峯寺での円照と法然の間柄を既に情報として得ていたものと思われる。彼らがこの場所で出会い、次代を担う要人として、身分制度に与することなく広くもない善峯寺に集い、それぞれの方途を模索しつつ情報交換していく中で、何時しか相互扶助の関係が結ばれるようになった。

要人たちの思惑を要約すると、法然は庶民救済に必要な自己の住所を、兼実は自身と慈円が権門内で昇進することを、慈円は隠遁と祈祷の道を、それぞれ探っていた。観性や藤原雅頼らは、彼らの仲裁・相談役を担っていたと思われる。

道快の隠遁に対する思い入れと法然との関係については『行状絵図』第十五に、

慈鎮和尚（号吉水僧正慈円）は法性寺殿（忠通公）の御息、青蓮院の覚快法親王（鳥羽院第七宮）の附弟、山門の樞鍵（すうけん）秘教の棟梁として、三昧の一流秘決をつくし奥義をきはめ、山務四ヶ度興隆むかしにこえ、名望世にすぐれ給へり。

しかれども宿習の開発し給けるにや、しきりに世間の栄耀をいとひふかく出離の要道をたづね、隠遁のこゝろざしあさからずして、よりより籠居のいとまを申されけるに、敢て勅許なかりければ、その本意をとげられずといへども、あるときしばらく西山の善峯寺に籠居して、心閑（しずか）につとめおこなはれけるに、いつしか勅使のひまなくして、つゐに召出され給にけり。

其後は隠居のすまひもかなはざりければつねに上人に御対面ありて、低下の凡夫開悟得建の要義を談ぜられけるに、上人諸宗の大綱をあげて、一々の義理を尽くさるゝに、みなこれ上代上機のためのをしへにして、末代下根のたぐひをよびがたし。浄土の宗旨称名の本願のみぞ、苦海の船師・愛河の橋梁にて愚鈍下智の当機にあひかなへるとて、聖道・浄土の奥義をのべられければ、和尚随喜の御心ねんごろにして、一乗円頓の戒をうけ、散心称名の行をぞ崇重せられける。

〈訳〉

慈鎮和尚（吉水の慈円僧正のこと）は法性寺殿（藤原忠通）の子息で、青蓮院の覚快法親王（鳥羽院の第七宮）の教えを受け継いだ弟子である。延暦寺の中心を担う、台密の指導者として三昧流の秘密の法を知り尽くし、教えの根本を極め、四度も天台座主になって、比叡山を昔以上に繁栄させ、その名声と人望は世に並ぶ者がいなかった。

しかし、前世からの善行が現実化したのであろうか、しきりに世間での栄華を嫌い、迷いの世界から離れる大切な教えを真剣に求め、隠遁の意志が深かったので、度々引き籠る時間がほしいと願い出たが、一向に天皇らの許可がないので、その望みは遂げられなかった。ある時しばらくの間、西山の善峯寺に引き籠って心静かに修行していたところ、早晩天皇の使い（兼実か）が頻繁に来るようになって、ついに召し出されてしまった。

その後は、引き籠る住居もなかったので、いつも法然上人と対面して、罪深く差し障りの多い凡夫が知を開き理を明らめる大事な教えについて談話されたところ、上人は諸宗の要点を述べ、一つひとつ教えの道理を説明し尽くして、「これらの道理はみな、昔の善き時代の優れた人のための教えであって、現世の末代の劣った人たちには適わない。浄土の教えである阿弥陀仏の称名で人を救うと誓われた本願のみが、苦しみの海を渡してくれる船頭であり、愛欲の川に架けられた橋であり、愚かで智慧の劣った今の我々に適っている」と、聖道門と浄土門の根本の教えを述べられたので、慈鎮和尚は心から喜んで、上人より天台宗における一乗円頓戒を受け、心が乱れたままでの称名の行を尊び重んじられた。

と記されているが、年月については明記されていない。しかし、『行状絵図』第五には、建仁二（一二〇二）年九月十九日の談義のときに、弘法大師の『十住心論』を語る中で、法然は、

いまは二十余年にもやなりぬらん、源平の乱よりさきき、嵯峨に住したりしころ。

〈訳〉

今から二〇年以上も前になろうか、源平合戦が起こる前の私が嵯峨に住んでいたころ。

というから、治承四（一一八〇）年以前には嵯峨に住んでいたことになる。西山一帯は、藤原北家が長岡京の時代から住まいした場所で、現在の京都府向日市と桂川との間辺りである。その北に当たる所を嵯峨といい、藤原通憲（信西）と所縁のある葉室流の栄えた地所でもある。この頃の法然は、葉室行隆や信空らの口添えで、嵯峨から善峯寺辺りに住まいしていたのであろう。また、『行状絵図』が、法然没後百年の頃に成立したことを考慮すると、既に道快という名は薄れ、名僧慈円として知れ渡っていたことから、『行状絵図』第十五の「慈鎮和尚（号吉水僧正慈円）」は、道快と名乗っていた時期の出来事を記したものであろう。因みに、『玉葉』の治承五（一一八一）年二月二三日条には、藤原邦綱（くにつな）の死に臨んで、

黒谷聖人を以て善知識をなすと云々。件の聖人は、出家の戒師なり。邦綱卿は、卑賤より出づと雖も、その心広大なり。天下の諸人、貴賤を論ぜず、その経営を以て偏に身の大事となす。これに因り、衆人惜しまざるなし。

〈訳〉

黒谷の聖人（法然）を臨終の導師にしたと聞く。この聖人は出家の戒を授ける師僧である。邦綱公は卑しい身分の出であるが、彼の心は広く大きい。人々を身分制で差別せず、その人の力量でもって人格を判断した。このため、多くの人が彼の死を惜しんだ。

というように、法然の名がはじめて登場している。黒谷聖人とは、本来叡空の代名詞であったが、叡空がなくなったのは治承三（一一七九）年四月であるから、叡空の後を継いで黒谷に住いした法然であることは間違いない。この頃の邦綱は、既に法然から教えを受け、授戒されていたようで、下級官人からの成り上がりではあるものの、彼の心根は広大で、世間に対しては貴賤を問うことなく平等に接し、その人の実力でもって評価することを旨としていたことから、多くの人が彼の死を惜しんだ。卑しい出自であるにもかかわらず、人徳の篤い邦綱の入滅に相応しい戒師として、一介の名も無き遁世僧である法然が善知識とされたのであろう。一方で、兼実は、法然が邦綱に認められていたことから、法然を邦綱と鏡写しに見ていたであろうことは容易に察しがつく。

また、同じ治承五年の春には、親鸞が青蓮院の慈円（この頃は道快と名乗っていた）に入門しているとの記録があることから、法然が円照に譲られた草庵を東山吉水に移して住いしたのは、円照の命日でもある治承五年四月二七日のことであろうと推察できる。

この頃の兼実は、時の権勢を全て手中に収めるほどの羽振りであったことから、『玉葉』には一切の妥協や自己反省の言葉が見当たらない。日記の視点が常に自己の政務に関わる記録を目的とした外部環境に向っていて、自己の精神をえぐるような内省を促す文章は微塵も感じられない。この数年後に起こる兼実の世間から見放された衰退劇を通して、人を頼りとせざるを得ない兼実の姿を誰が予想したであろうか。

一方、『行状絵図』第九には、文治四（一一八八）年八月十四日から法然を先達として、後白河院の御所で如法経（にょほうきょう）が修され、観性法橋と慈円が同席していることを記しているが、ここからも彼らの親交が如何に深かったかを知ることができる。通常、法然と兼実がはじめて対面したのは、『玉葉』の記録によると、文治五（一一八九）年八月一日とされているが、これは兼実の月輪殿に法然が招かれた時期のことで、『行状絵図』第十五の記録は、両者の面識はそれ以前にもあったことを物語っている。このように『玉葉』に記された兼実と道快の行動と『行状絵図』の記録とはよく一致していることから、これらの史料を整理してみると、以下のことがわかる。

要人たちの前で法然は、通憲流の奥義を既成仏教の教義に照らし合わせて披瀝して兼実や慈円の共感を得るとともに、通憲流の布教に相応しい場所を探していると訴えた。『行状絵図』第十五には「いつしか勅使のひまなくして、つゐに召出され給にけり。其後は隠居のすまひもかなはざりければつねに上人に御対面ありて」というように、召し出されて後に法然と慈円が対面したとあるが、慈円の隠居場所も定着していないというからには、「其後」は「その頃」と解釈した方がよさそうである。

慈円は通憲流を継ぐ遁世僧として十分な品格を備えた法然の技量を認めて、自身が求めている隠遁生活を諦めて、兼実からの度重なる昇進要請に応えようとの決意を新たにした。当時の法然と慈円の隠遁に対する望みは一致しているものの、現時点での隠遁の鏡ともいえる通憲流の理解度は法然が勝っていること、円照が法然を通憲流の後継者であると認めたことなどから、慈円は隠遁の思いを法然に譲って、兼実の本意に沿う方向に傾斜して行ったのである。そして慈円は青蓮院門主になったのを機に、所領の一角を法然に与える決意をしたが、当の法然が藤原一門と関係のない無名の遁世僧であることから、要人たちは法然が通憲流の教義を確立させるのを待って、藤原一門への入門試験（後述する大原問答）を行うことに合意した。

かくして、要人たちが善峯寺で集いした相互扶助の結果、兼実は関白に、慈円は天台座主に、法然は無観称名に、とそれぞれの道に歩みだすことになった。

その後の慈円は、主として兼実とその家族のために祈祷を続け、元暦元（一一八四）年の三〇歳から文治四（一一八八）年の三四歳の頃には、一方で山中および洛中の諸寺・房舎の管理に当り、他方で父母一族の仏事、兼実等の祈祷と兼実の子良尋ら弟子を教導することで、摂政の後楯と九条家との結び付きを主軸としてその地歩を固めていった。彼が山（比叡山）から京へ、京から山へ、また西山へと忙しい上下往来を何回も繰り返していたが、遂に兼実や源頼朝の意志を受け入れて、建久三（一一九二）年十一月二九日に第六二代天台座主に初めて就任している。

しかし、慈円は生涯にわたって隠遁を希求しつつも、座主になる前は兄兼実に制止され、座主になってからは後鳥羽上皇から制止されるという憂き目を味わっている。とはいえ、座主後の慈円は、あくまで台密僧として鎮護国家と怨霊鎮魂を祈る祈祷僧の立場を貫き、阿弥陀崇拝を認めつつも通憲流を継承していく法然とは一線を画すようになっていった。特に、法然は隠遁や教義に関しては、並外れて優れてはいるものの、組織を破戒する輩に対しては物申す統率力に欠ける面があった。世の無常に失意した晩年の兼実が、そのような法然に傾倒していく姿に、慈円は複雑な気持ちをもったことであろう。

慈円が四六歳の正治二（一二〇〇）年から六〇歳の建保二（一二一四）年までの間は、彼一代の活躍の絶頂期だといえる。後年、元久元（げんきゅう）（一二〇四）年より承久三（一二二一）年までの頃を回顧して「かの十八ヶ年の無爲無事・治天下はあにこの所願の効験にあらずや」と、天下泰平の十八年間は自分の法験にあると自負している。

慈円の生涯は、兼実の政界での浮沈に沿うようにして天台座主たること四回、また四天王寺別当となり、官、大僧正に至り、さらに牛車宣旨（牛車に乗ったまま内裏外郭まで入ることが許される）を被って顕栄を極めた。また後鳥羽上皇をはじめ、藤原定家・藤原家隆・僧寂蓮らとともに新古今時代を築き、歌人としても最も華やかな活動の足跡を残している。

十．法然の場合

法然は、善峯寺で要人たちと交わした約束通り、慈円の地所である青蓮院近くの吉水に移ることになった。青蓮院の地所を選択した理由は、平安京が度重なる災害で廃墟と化し、大原や白川に住む聖あるいは賀茂の川原や清水辺りに住まう非人たちは、都の復興に駆り出されるという大混乱の中で、再度災害にあわないという保証もない。すると、安住の地とするのは世間の喧噪から影響を受けにくい地が選ばれなくてはならない。さらに、権門に守られた僧侶ではない遁世僧として、円照との約束を守りつつ、庶民に密着した聖としての立場を堅持するには、寺院の影響を受けつつも庶民生活に近い門跡寺院が格好の場所となる。

『行上絵図』第六では、このあたりの消息を、

> 上人、一向専修の身となり給にしかば、つゐに四明の厳洞をいで、西山の広谷といふところに居をしめ給き。いくほどなくて東山吉水のほとりに、しずかなる地ありけるに、かの広谷のいほりをわたしてうつりすみ給。

〈訳〉

法然上人は一向専修の立場となられたので、ついに比叡山を離れて西山の広谷という所に住まいを定められた。それから間もなく、東山の吉水辺りに閑静な場所があったので、広谷の草庵を移転して住まわれた。

というように、さらりと述べている。これらの時期は、南都で善導の説く「専修念仏」に出会った後、再度叡空の下で修行してから広谷の円照と共に「無観称名義」に適う生活を送り、兼実や慈円と巡り合って将来を決したという、まさに「人界の生をうけたる思出」深い出来事

が重なっていた。さらに、法然自身が都の喧噪を避けて、善峯寺で通憲流の奥義をまとめつつあった、精神的に最も充実した節目の時期であるにもかかわらず、『行状絵図』が客観的に説明できる事実に徹していたためか、法然の心の機微に触れた形跡は見当たらない。すると「いくほどなくて」とは、文治二（一一八六）年に行われた「大原問答」以前であることを考慮すると、寿永元（一一八二）年前後であると推測できる。円照が亡くなってから五年を経ての時期であったと考えられる。

吉水の地について、元禄十六（一七〇三）年に円智と義山が著述した『圓光大師行状画図翼賛（翼賛）』巻四九には、

> 今、丸山安養寺ニ水アリ、石ヲ畳ムコト方五尺計リ、清水中ニ盈リ、吉水ノ名是ニ依テ起レリ。古エ慈鎮和尚所住ノ勝地ナリ。一書ニ今尚青蓮院御門主伝法灌頂ノ閼伽ニハ此水ヲ用ウル。

〈訳〉

今日、丸山（現、円山）の安養寺に清水があり、約五尺四方の石畳に清水ばかりがあふれ、吉水の名はこれに由来する。昔、慈円和尚が住まう名勝である。一書には今なお青蓮院門主の伝法灌頂に供える水はこの水が使われる。

と記されている。吉水の語源は、湧きでた清澄な水を湛えたところで、清水も同じ意味である。吉水は、現在の円山公園を通り過ぎて、山裾を登ったところに弁天堂があり、その後方の井泉は青蓮院で仏に供える閼伽水として用いられている。この青蓮院は慈円が所住していたところの景勝地でもある。

また、『行状絵図』第三八には、

> 上人住房のひんがしの岸のうえに、西はれたる勝地

〈訳〉

法然上人の住房の東の崖の上に、西側の展望が開ける素晴らしい土地。

があるというから、法然の別所は、現在の知恩院御影堂辺りであったことが推察できる。

円照から通憲流の奥義を教わった法然は、自身の進む

べき道に確信を得るとともに静寂そのものの西山を離れて、世間の喧噪から隔絶しつつ人々の集まりやすい東山に居を移す決心をした。東山の一帯は葬地であるとともに、多くの寺々が建てられていた。西山から東山に居を移した法然は、青蓮院の片隅にある吉水の地を手に入れ、広谷にあった庵をここに移した。この庵は後に中房と呼ばれたが、建久九（一一九八）年頃の吉水は中房を中心に、東に東新房、西に西旧房があったという。

東山吉水の草庵での法然は、円照から託された無観称名義に適う生活を維持し、その奥義を教義にまとめ上げるのが主目的であったが、目的達成のためには自身に相反する二つの側面を備えていなければならなかった。その第一は、持戒持律の僧として墨染の衣を着用し、庵室は僧尼令を遵守する僧に相応しい生活様式に整えることで、比叡山西塔黒谷における天台系戒僧としての「有徳」を世間に認めさせることである。第二は、自戒を希求するも持戒を遂げることが難しく、破戒の生活を送らざるを得ない自身の「不徳」を認め、称名念仏によって阿弥陀仏の救済に預かる以外に救われる道のない念仏聖であることの自覚である。

第一の「戒僧」が、読経・授戒などの効験によって、在家者と結縁する限り、「救済者」としての性格が濃厚であるのに対し、第二の「念仏聖」は、もともと出家者・在家者の区別を認めず、如来の前における平等の立前から、自他を同朋同行と見なす「求道者」としての性格が強い。

この戒僧と念仏聖の両立は、「無観称名義」の処世術といえるもので、法然は時と場所によってこれらを巧みに使い分けていたのである。一方、法然に対する世人の関心は、戒僧としての法然と念仏聖としての法然とを明確に峻別することもあれば、この両方を法然その人の本質と見なすこともあった。これらの異なった面が世間で共有されると、法然自身が雲霧に阻まれて見えにくい存在であるにも関わらず、あらゆる階層からの支持が得られるという側面が見えてくる。ここに、「無観称名義」の躍如たるところがあり、円照の生まれ変わりとして藤原一門の尊敬の念を集めたのも頷けるところである。

法然は、自己が兼ね具える戒僧と念仏聖との二つの面について、教理的には念仏聖として筋を通したが、生活様式は戒僧として終始し、また世間から戒僧として見られることに、反対も弁解もしなかった。法然は、戒師として招請されれば、善導の教えによって雑行として放下したはずの戒を熱心に授けている。この行為は、明らかに自己矛盾であり、自己欺瞞の非難を免れないが、法然自身の「無観称名義」の行動に則していえば、戒僧としての道は副次的であって、本質的な念仏聖としての道からは終生外れたことがなかった。しかも法然の場合、戒僧であることが、念仏聖としての法然により多くの支持を集める結果となった。

八万四千の教えの中から、経論をもとに一向念仏の思想を見出して理論化し、円照に会って信仰を確立した法然は、社会の現実を直視しつつ人々に接し、現実に即して真剣に問う武人や女人などの悪人といわれる人々、はては一般民衆の願いを聞き入れて、この世とあの世とを幸せに生きる教えを説いた。法然の教えは、往生論そのものであったといえるが、人々は往生伝という書物を通してではなく、法然の口から直接往生論を聞くことができた。一方、法然はといえば、教えを求める人々に会うことによって、理論（思想）だけが空回りすることなく、彼らが今何を求めているかを知ることができた。したがって法然の教えは現実味を帯び、年を経るにつれて生き生きとしたものになっていった。

円照没後の法然が、四六時中、行住坐臥に「無観称名義」を実践すべく勤めたことは言を俟たない。本書では、この章を含めて以後の章は、「無観称名義」を具えた法然を辿ることが主題となる。

第三章　外護者兼実

平安時代中期以降の朝廷や摂関家は、王法と仏法は車の両輪であるという宗教構造を踏まえて、僧侶の出世階梯を整備し、僧綱（僧尼を統合し、大寺院を管理する役職）制に基づいて仏教界を支配統制する一方で、再出家した遁世僧や聖に対して深い関心を寄せつつ支援を惜しむことはなかった。これらの保護や支援に対して、遁世僧や聖たちが積極的に呼応し、貴族階層に奉仕してゆくのは必然のことであった。

このような朝廷や貴族および遁世僧や聖などの関りを記録したのが、兼実の政策日記ともいえる『玉葉』である。『玉葉』には、兼実が聖の宗教活動に執拗なまでの関心を抱くさまが描かれているが、その視線は決して一方的ではなく、当時の朝廷や貴族と聖が、仏教界の抱えている大きな宗教的課題をそれぞれの立場で共有していたことが見て取れる。今日では、日記の形態をとる『玉葉』ではあるが、史料的価値を十分に持ち合わせた記録としても重宝されている。

『行状絵図』には、度々兼実の名前が登場し、法然に帰依する兼実の姿も描かれ、『玉葉』にも法然の名が十数回も現れている。さらに『玉葉』の執筆が途絶えてかららも、法然と兼実の関係を示す史料も多く発見されていることから、兼実と法然の間には信仰に関わる深い交流のあったことは確かである。しかし、法然に対する兼実の思いは、『行状絵図』とそれ以外の記述とはいささか異なっているので、この辺りの消息を『玉葉』の中から少しなりとも拾いだしてみることにする。

一．九条兼実

九条兼実は、久安五（一一四九）年に関白藤原忠通の第三子として生まれ、母は家女房加賀（藤原仲光女）である。同母弟に天台座主を四代にわたって就任した慈円がおり、異母兄弟姉妹に藤原基実（近衛）、藤原基房（松殿）、聖子（皇嘉門院（こうかもんいん））、呈子（ていし）（九条院）らがいる。兼実は父忠通から九条の地を譲られ、ここに邸を構えて九条を家名とし、兄近衛基実、松殿基房とともに政治家としての道を選んでいる。永暦元（一一六〇）年に従三位・非参議となってから、同年権中納言、翌年の応保元年に権大納言、長寛二（一一六四）年に内大臣、仁安元（一一六八）年に右大臣と累進した。

兼実が『玉葉』を書き出したのはこの頃からである。『玉葉』は、全六六巻から成る日記であり、公・武の政治、摂関家の動向、朝儀をはじめ、世上の見聞、身辺の事情などきわめて多彩で、質・量において公家日記の白眉とされている。日記全体としては、平氏全盛期における二〇年間の右大臣時代、鎌倉幕府と提携した十年間の執政時代、その後の七年に及ぶ隠棲の時期に大別できる。その内容は、公・武政権対立の波瀾の時代の姿が、時代の立役者たる平清盛、源義仲・義経・頼朝などの描写を通じてうかがわれ、公家文化の長い伝統と武家時代の新しい曙光とが交錯する世界を的確、明晰にとらえている。

このような時代背景の中で、兼実は、後白河院と平氏との権力争いの中で、巧みにこれらと結んだ松殿基房、近衛基通（基実の子）に対し、そのどちらとも結ばず、また平氏に代わって木曽義仲が入京してからも、その短命を見通して終始静観し続けた。そのような兼実に対して、源頼朝がしだいに接近し、やがて兼実自身も頼朝と手を結ぶようになった。その後、頼朝に支持された兼実は、文治元（一一八五）年に議奏公卿に補せられ、かつ内覧宣旨を受けて翌年には兄基実の子基通に代わって摂政、氏長者となったものの、文治四（一一八八）年二月十九日に長男の良通が二二歳の若さで急逝した。建久二（一一九一）年には関白となり、翌年の三月十三日に後白河法皇が死去するに至り、関白としての兼実の実権が確立して、その全盛期を迎えた。しかし、源（久我）通親（道元の父）が外戚の地位を利して政権を握るに及んで、兼実は建久七（一一九六）年十一月に妓堂を追われ、権勢の座を退いてからは隠棲生活を送った。

失脚以降、『玉葉』の記録がめっきり少なくなり、正治二（一二〇〇）年を最後にして記録を断った兼実ではあるが、その後、建仁元（一二〇一）年十二月十日に長年連れ添った妻（藤原季行の女）に先立たれた。妻の死を機にして兼実は、法然を戒師として出家したことが、『行状絵図』巻十一に記されている。

殿下ひとへに念仏門に入給してのちは、浮生の栄耀をかろくして、つゐに往生浄土の御いとなみ他事なかりき、つゐに建仁二年正月廿八日、月輪殿にしてご素懐（法名円証）をとげらる。上人を和尚として円戒を受持し、御帰依ますますふか丶りけり。

〈訳〉

兼実公は、ひたすら念仏の教えに入られてからは、はかない人生に栄華を期待せずに、往生浄土のお勤め以外の事はなさることがなかった。ついに建仁二（一二〇二）年正月二八日に、月輪殿（つきのわどの）において予てからの願いである出家（法名は円証）を遂げられた。法然上人を戒師として円頓戒を受けられ、帰依はますます深くなっていった。

兼実は、法然を戒師として、建仁二（一二〇二）年一月二八日に出家して円証と名乗り、九条の地に月輪殿を営んで月輪関白とよばれた。ところで、『行状絵図』では、兼実の出家が一月二八日となっているが、藤原定家著の『明月記』建仁二（一二〇二）年一月二八日条には、

入道殿渡りおはします。午の刻許りに隆信朝臣の使者来りて云ふ。前夜九条殿御出家、幽かに聞き及ぶかといへり。入道殿還りおはしますの後、申始許りに、法性寺の月輪殿に参入す（新御堂）。夜前御仏事等訖り、子の刻許りに、此の御堂におはします。法然房参入し、御本意を遂げらる（奈良法印）。剃り奉り給ふと云々。

〈訳〉

仏道に入った貴族がおいでになった。昼の十二時頃に隆信（たかのぶ）殿の使者が来て、昨夜九条殿が出家されたことを密かに聞いてきたという。仏道に入った貴族が帰られて後、しばらくして法性寺の月輪殿を訪れる。昨夜に仏事などが終わり、夜中の十二時頃にこの月輪殿においでになった。法然房が訪ねてきて兼実の願いが叶えられ、剃髪なされたということである。

というように、一月二八日に昨夜出家されたことを聞いたというから、兼実の出家は一月二七日の夜ということになる。『行状絵図』が様々な史料を基にして編纂されていることを考え合わせると、『明月記』の記録日を早合点して、勘違いしたまま出家の日に仕立て上げて記したものと思われる。

兼実の次男良経（よしつね）は、通親の死後にあたる建仁二（一二〇二）年十二月に摂政となったものの、元久三（一二〇六）年三月に三八歳の若さで急死したため、兼実は孫の道家（みちいえ）を育てることに全てを傾けたものの、承元（じょうげん）元（一二〇七）年四月五日に五九歳で没した。

二．『玉葉』の法然

法然の名が『玉葉』に表れるのは、良通が没した翌年の文治五（一一八九）年、法然が東大寺で講説する前年、兼実が太政大臣を兼ねる頃から始まる。まず『玉葉』の文治五年八月一日条には、

今日法然房の聖人を請じ、法文の語及び往生の業を談ず。

〈訳〉
本日、法然上人を招いて仏法の言葉や死後の道理について話し合った。

とあるが、このとき兼実は四一歳、法然は五七歳であった。それ以後、『玉葉』を通観すると、同年八月八日条に、

辰の刻法然聖人来たり戒を授く。その後念仏を始む。

〈訳〉
午前八時頃に法然上人が来て戒を受けた。その後念仏を始めた。

建久元（一一九〇）年七月二三日条に、

午の刻先づ法然坊源空上人を請じ授戒す。

〈訳〉
昼頃に先ず法然房源空上人を招いて受戒した。

建久二（一一九一）年七月二八日条に、

早旦九条の堂に向ふ。授戒の為なり。源空上人を請じこれを受く。

〈訳〉
早朝に源空上人を招いて授戒する為に九条殿に向う。

同年八月二一日条に、

懺法三時了るの後、法然房源空上人を請じ授戒し了んぬ。

〈訳〉
罪を懺悔する儀式が三時に終わった。その後、法然房源空上人を招いて受戒して終わった。

同年九月二九日に、

この日法然房上人源空を請じ、中宮御受戒の事あり。

〈訳〉

この日に法然上人を招いて宜秋門院（中宮）が受戒された。

中宮とは、後鳥羽上皇の中宮のことで、兼実の娘九条任子（にんし）（宜秋門院（ぎしゅうもんいん））である。彼女は承久二（一二二一）年の「承久の乱」によって、後鳥羽上皇とともに隠岐島に配流されている。法然は兼実だけでなく彼の娘にも授戒している。

また、同年十月六日条に、

今日又授戒の事有り、法然房。

〈訳〉

本日、また法然房によって授戒の儀式があった。

建久三（一一九二）年八月八日条に、

午の刻源空上人を請じて授戒、即ち念仏を始む。

〈訳〉

昼頃に源空上人を招いて授戒した、それから即座に念仏を始めた。

建久八（一一九七）年三月二〇日条に灸をする医師とともに、

今日法然房を請じ授戒す。

〈訳〉

本日、法然房を招いて受戒した。

そして、正治二（一二〇〇）年九月三〇日条には、

女房、今日殊に大事発る。仍って法然房を請じ、授戒せしむ。其の験有り。尤も貴ぶべし貴ぶべし。

〈訳〉

本日、女房が危うい事態に陥った。そこで法然を招いて授戒させたところ、その効き目があった。貴ぶべきことである。

というように、兼実の女房が法然から受戒しており、法然は兼実一家にも迎えられていたことがわかる。

法然に対する兼実の傾倒ぶりはいちじるしく、法然と兼実との師檀関係は、建永(けんえい)二（一二〇七）年四月に、兼実が五九歳で死ぬ直前まで一貫して変らなかった。兼実は法然を師と仰ぎ、法然は兼実から厚い庇護を受けていた。

兼実が法然を授戒僧として扱っていたことを裏づける史料が、『玉葉』建久二（一一九一）年九月二九日条に記されている。

この日法然房上人源空を請じ、中宮御受戒の事あり。先例かくの如き上人、強ちに貴所に参らざる由、傾く輩ありと云々。これ案内を知らざるなり。受戒は、この事聊爾にあらず。伝受の人を以て師となすべし。而るに近代名僧等、一切戒律の事を知らず。禅仁、忠尋等の時までは、名僧等皆授戒を好む。それより以後都(す)べてこの事なし。近代上人皆この道を学ぶ。又効験あり。仍って傍難を顧みず、請用する所なり。

〈訳〉

この日に法然上人を招いて宜秋門院（中宮）が受戒された。先例としてこのような上人を貴所に参ぜられることはなかった、と非難する人がいる。このことは事情を知らないから生じるのである。受戒とは、この事に十分な思慮を得たとして、伝授された人を師となすべきである。しかし近代の名僧たちは、戒律のことを一切知らない。禅仁や忠尋などの時までは、名僧らはみな授戒を志した。それから後、都にはこのことはなくなった。最近の上人は全て戒律を学び、その効験もある。然るに誹謗や論難には応じることなく、招き寄せるのである。

建久年間の頃の兼実は、まさしく病気や邪気の治療に効験があるとして、僧侶を迎えて受戒している。『玉葉』に登場する僧侶は、全てが寺院所属の名を馳せた効験あらたかな高僧であって、授戒を目的として兼実邸を訪れているが、法然もそのような扱いを受けた一員であった。ところが、今までの地位のある高僧から受戒されるという慣例を打ち破って、寺院に属さず貧しい身分の法然を招いて受戒することに対して非難する者が現れたのである。この非難に対して兼実は、既成教団に在籍している今時の僧侶は戒律については全くの素人同然であるが、彼らと法然の異なるところは、法然が戒律に詳しく、戒律を遵守しているところにある。法然が効験あらたかな当世希代の僧侶というに相応しい存在である限りは、人がどのように謗ろうが、招く意志に変わりはないというのである。

法然の授戒は、貴族である兼実に認められ、兼実の勧めで彼の娘である宜秋門院（中宮）にまで及ぶことになった。貴族邸にまで足を運ぶようになった法然に対して、前例のない行為であるとの批判を受けるようになったが、兼実はきっぱりと法然擁護の立場を堅持している。当時の戒僧は、現代でいう医学・工学・理学など、あらゆる面での識者であり、世間から最も尊敬されていた人であったことから、朝廷や貴族から無形の功徳が得られる存在として尊敬されていた。兼実は、法然に出会う前から多くの高僧に授戒されてきたが、戒僧の形式的な授戒行為に疑問を抱くようになっていた。しかし、真実の戒を説き、これを守り抜いている法然に出逢ってから、法然に傾倒していったのであろう。

当時の授戒は、仏教教団への入門に伴い倫理や規則の遵守を誓約するという本来の機能とは別に、仏教的な功徳を期待した「作善」の意味から行われたもので、平安時代の貴族社会に浸透していた「斎」「物忌」と、仏教的な戒律という禁忌の護持とが習合した呪術的な儀礼であった。日本における神道の祈祷と仏教の授戒との互いに無関係と思われる信仰の対象が、人々の不安を解消する行為として集約された結果、今日で言うところの神仏習合の一面を担うことになった。

『玉葉』においても同様に、聖とは、仏教の教理的理解を目的とした「知」と、授戒や修法の実践的効果を現実社会に及ぼす「徳」とのそれぞれの能力を、相互補完的に兼ね備えるべきものであり、その能力を発揮させるために信心の力をもっていなければならなかった。鳥羽院政期以降になると、禅仁・忠尋のような寺院側からの出世間の僧たちではなく、世俗と共に生活する「再出世間」の聖たちが戒律の担い手となって、授戒や修法を広めたことから、『玉葉』における兼実の認識は現実の動向をよく捉えていたといえる。

遁世僧や聖たちの特徴として、貴族の要請に応じて出産や臨終に立ち会い、授戒や念仏の奉仕活動に携わったことがあげられる。これは、彼らがいったん寺院社会に身を置いて、世俗の秩序から自由な立場で修学できたことも背景にある。本来は上位の僧侶以外、厳しく面会が制限される朝廷や貴族のもとに出入りして、上位の僧侶と同じように宗教活動ができるのも、僧俗の両者を併せ持つ聖ならではの立場によるものである。

また、当時は死や出産の場に近づくとケガレが伝染するとの恐怖心が強く、僧侶といえどもケガレた身では、公的な法会に奉仕できなくなるため、一般の僧侶は臨終の立ち会いや安産の祈祷を嫌った。一方、聖たちは公的な場での奉仕活動もないので、臨終に念仏を授けて人々を極楽に導き、出産の際も縁辺まで近づくなどして、大いに祈祷の力を発揮することができた。このようにして聖たちは、自由な立場を利用して権力者と強い関係を結び、聖俗の社会で独自の活動を展開していった。

法然と同じように、九条兼実に接近した僧は、『玉葉』を通して知られる限り、真言宗系だけでも醍醐の宗命・重源・宗厳、高野の信助（兼実の叔父）・入道長光・行勝・鑁阿、東寺の実厳・禎喜、御室の宗寛・宝心・宇覚などを含めて百名近くに及ぶ。その他にも実厳・智詮・湛斅・仏厳（高野）などは、とくに兼実と親しかった。そして兼実自身の信仰は、法然と結縁して以後においても、不動尊・吉祥天・北斗・尊勝陀羅尼などと多岐にわたるものの、法然が説いたといわれている一向念仏に帰した証跡をうかがい知ることができない。これらのことから、『玉葉』に記録された法然は多くの僧と同じように、あくまで授戒の師として振舞っていたことがわかる。

三　仏厳房聖心

兼実が法然と会う以前に、特に親しく接していた僧侶は仏厳房聖心である。仏厳は、医術に優れた真言宗の僧侶でありながら浄土教の信奉者でもあり、兼実一族に対して頻繁に授戒を実施していた。兼実が最初に仏厳と接見したことが、『玉葉』嘉応二（一一七〇）年二月十八日に記されている。

或聖人来たり談話す。

〈訳〉
或聖人が来たので会話を交わした。

それ以来、建久五（一一九四）年八月までの間、真言の印信（秘法を伝授した証の書き物）授与や講の開結（経文の序章と結論）の導師、宗義論や念仏、授戒、善知識など、仏厳の多岐にわたる活動が『玉葉』に記録されている。兼実が仏厳に対して浄土往生の方途を頻繁に尋ねる一方、仏厳もまた兼実に対して教理上の理解を示すとともに、後世の菩提を祈る善知識として、授戒という実践に対する期待を柔軟に受け入れつつ奉仕している。

仏厳は、生没不明であるが、永治元（一一四一）年に高野山に入り、宝生房教尋に師事していた。高野山での仏厳は、大日如来と阿弥陀如来の同体説によって真言密教と浄土信仰を融合させた覚鑁の法脈に連なり、大伝法印学頭の座にあって、明算、良禅という主流派にも属し、後白河法皇にも一目置かれていたようである。仏厳と兼実が親交をもつに至った経緯は明らかでないが、兼実の父である藤原忠通が仏厳に帰依していたことから、『玉葉』に登場するころの仏厳は、既にある程度の老齢に達していて、後に洛中から高野山の大伝法院に身を移して間もなく入寂している。

建久五（一一九四）年八月以降、兼実と仏厳の交流が見えなくなる頃の『玉葉』には、仏厳と入れ替わりに法然が登場している。この法然の出現によって、仏厳と兼実の関係が疎遠になったと考えられたこともあったが、『玉葉』に記録された仏厳の伝記的事実を踏まえると、むしろ、法然が仏厳の代わりをつとめるようになったとも考えられる。すなわち、仏厳が『玉葉』に現われる初期の承安元（一一七一）年七月二〇日条には、既に兼実が仏厳を善知識として病人の近くに住わせていたことが記されている。

酉の刻許り告げ送りて云はく、病者悩ましき気ありと云々。則ち馳せ向ふ。殊なる辛苦無し。只その期已だ近き体なり。念仏絶ゆること無し。仏厳聖人善知識となり、日来より居住する所なり。正念々仏の条、悦びとなすこと限り無し。戌の刻許り余家に帰り、女院還御し了んぬ。その後、一時許りにして入滅す。亥の刻許りか。平時の間、妙経四千余部を転読す。女人の行、争かこれに過ぎんや。宿善貴ぶべし。余幼稚の昔より、彼の奉仕を蒙り、已に乳母に越ゆ。その恩徳惣べて報謝し難き者なり。哀しむべし哀しむべし。

〈訳〉

六時頃病者が難儀な状態であるとの報告を受けて、急いで向かった。特に苦しみはないものの最後が近い有様であった。念仏の絶えることはなかった。仏厳聖人が仏道の指導者として、日頃から居住する所である。一心に念仏して、悦ぶ姿は貴いものだ。午後八時頃に私は家に帰り、皇嘉門院も帰られたが、その後しばらくして亡くなられた。午後十時頃であろう。普段は経典を四千部余り部分読みする当りは、女人の行として勝るものはない。前世の善行は貴いものだ。私は幼少の昔から彼女の奉仕を受けたが、とっくに乳母のそれを越えている。その恩と徳はすべて報謝しきれない。哀しいことだ。

病者とは、御匣殿（天皇の衣服などの裁縫所）に仕える女官長のことで、彼女が病気で臥せっている時の模様を述べる中で、乳母にも増して女官長に世話になったことに感謝の意を表している。ここでの仏厳は兼実から医僧として遇されていて、兼実邸の近くに住所が設けられていたことがうかがえる。当時の聖人や験者の大半は医僧である場合が多く、この時の兼実も仏厳を医僧と見立てていた。しかし、その後の兼実を見ていると、仏厳は単なる医僧に留まることなく、女人の善知識、引導の師となるに相応しい人物であると考えていたようである。

仏厳の医僧としての立場は、安元二（一一七六）年六月十三日に建春門院に腫れ物が発見されて以来、一ヵ月後の臨終に至るまでの女院に対する祈祷や受戒儀礼が、『玉葉』に日を追って詳しく記録されている。建春門院への授戒は、女院の病気平癒のための一連の祈祷行為であるが、他の祈祷が比叡山の天台座主をはじめとする、当代一流の高僧たちによって主導されたのに対し、女院への授戒を行った戒師は仏厳であった。兼実は、仏厳の善知識としての態度は言うに及ばず、建春門院の闘病と臨終を経験することで、仏厳を介して浄土往生に対する関心事を募らせていったと考えられる。

また、『玉葉』安元三（一一七七）年四月十二日条には、

仏厳聖人来たる。余障を隔ててこれに謁す。法文の事を談ず。又風病の療治を問ふ。この聖人は能く医術を得し人なり。

〈訳〉
　仏厳聖人が来た。私は御簾（みす）を隔てて彼に取次ぎ、仏法の教義について話した。叉風邪の治療法を聞いた。この聖人は医術については達人である。

と記され、仏厳の善知識としての立場が、女院だけでなく兼実にも注がれていたことがわかる。兼実と仏厳が親密な関係を維持できたのは、兼実が仏厳を近くに住まわせて、政務の苦悩や精神面の安穏あるいは病の快癒を願って、医術や法文など多岐にわたって事ある毎に招き入れて指示を仰いでいた。また、仏厳は、南都北嶺で行われている実践行に準じて、毎年七日間の三〇万遍の念仏行を勧め、兼実もそれに従っている。その行実は『玉葉』によると、智詮を善知識として安元二（一一七六）年九月七日に始まったが、治承元（一一七七）年九月九日には、兼実が念仏行に対する決意を表明している。

　巳の刻、仏厳聖人来たる。余云はく、毎年七日念仏、一生退転無く遂ぐべき由祈念すべし。就中、今度の所労快からず。又公私に付け、怱々の事等あり。必ず障難無かるべき由、同じく以て祈請すべしといへり。この次、聖人五蘊皆空の旨を演説す。節供、家司闕如、仍て政所これを勤む。陪膳行頼、行事良盛等なり。

〈訳〉
　午前十時頃に仏厳聖人が来られた。私は毎年七日間の念仏行を一生怠ることなく続けることを祈念したいと言った。とりわけこの度の疲れは甚大で、公私ともにやる気が起こらない。決して難儀な事が起こらないように祈願すべきであると言った。次いで、仏厳は五蘊皆空（ごうんかいくう）の道理を説き明かした。折しも、職員を退けて政務に励むことができた。食事も進み、行事もこなすことができた。

兼実は、仏厳の勧める念仏行に、自身の身体のみならず政務においても効験のあることを認めた上で、公私ともに遭遇するであろう難題に対して、物事が無事に完遂できることを祈るために念仏行を毎年の恒例にすることを誓っている。

　その後、念仏行は、治承二（一一七八）年九月八日、治承三（一一七九）年九月八日と続いたが、『玉葉』治承四（一一八〇）年九月八日条では、仏厳聖人を請じ戒を受く。今日の夕より念仏を始むる故なり。これ恒例の所作なり。所労殊に重しと雖も、この願退くべからず。仍て枉げて始むる所なり。凡そ今般の疾ひ先々に勝り、内心極めて弱く、その恐れ無きにあらず。夜に入り所作を始む。股膝心に叶はず、行歩不通の如く、左右の手健冷、又快く動かし難く、仍て念珠を用ふる能はず。只香を焚き数遍を知る。聖人の教に依るなり。又曰く、威儀の中、行住坐皆以て叶ふべからず。仍て偏に以て臥すなり。これ又疾ひ重きに依り、聖人これを許す故なり。万人これを制す。然れども多年の病疾、余命旦暮にあり。若しこの行を遂げず命を終へば、後悔奈何せん。仍て強ちに始終する所なり。

〈訳〉

仏厳聖人を招いて戒を受けた。今日の夕方から念仏を始めるためである。これは恒例のことで、病気は重篤ではあるが、この念仏行の願いはやめられない。是が非でも始めることにした。この度の病は今までよりもひどく、心中は極めて心細く、不安はなきにしもあらず。夜になって念仏を始めた。股や膝は思うに任せず、歩行も困難なようで、左右の手は冷たく、思うように動かず、数珠を持っていられない。聖人の指示で香を数回焚いた。念仏行の最中は、立居振舞いは思うようにならないから、横になった。これも重病によるもので聖人に許しを得た上でのことである。この度の念仏行は遅らせるべきだと周りの人が制するが、長年の疾病もあり、余命も差し迫っている。もしもこの行が成就しないまま命終われば、後悔するに決まっている。だから絶えず努力を続けるようにしている。

というように、兼実は長年にわたって手足の筋肉や関節に痛みを感じていたというから、三〇歳頃には既にリウマチを患っていたようで、今回の七日間の念仏行は殊更にひどかったようである。しかし、仏厳の勧めで長年続けている念仏行を、心の緩みで絶やすことがあれば、限りある命を粗末にすることにもなるから、姿勢を崩すことを仏厳の許可に頼りながらも、誠心誠意念仏行に励み勤めている。公私ともに真面目な兼実の性格が見て取れる一幕である。また、兼実の念仏行の折には、常に仏厳が傍にいて、その度ごとに兼実の様々な供養の所作を見守っていたと考えられる。

兼実の念仏行は、治承五（一一八一）年九月八日、養和元（一一八二）年九月八日、寿永二（一一八三）年九月十五日、元暦元（一一八四）年八月八日、文治二（一一八六）年八月十八日と毎年のように続いたが、その後は途絶えて建久五（一一九四）年八月二日を最後にして仏厳との交流がなくなった。

これらのことから、兼実が念仏行を始めたのは法然の勧めではなく、法然に会う以前から仏厳の勧めによって行われ、文治五（一一八九）年八月一日に法然に逢う前後期からは、一時的に途絶えていたことがわかる。念仏行が途絶えたのは、文治四年（一一八八）二月十九日に長男の良通を亡くしたことが原因であると考えられる。この時の兼実は、後述するが、従来の造像起塔や加持祈祷などの形式的な仏教が、自身の心の悩みには何も解決の糸口を与えてくれないことに失望したことによる。しかし、五年後の建久五(一一九四)年八月二日の念仏行は、仏厳との別れに際して、長年の善知識としての関係が維持できたことに敬意を表して行われたものであろう。

兼実自身は、法然と出会う以前から極楽往生を欣求していたことが、『玉葉』安元二（一一七六）年九月十三日条に記されている。

今日、阿弥陀三尊及び不動明王等を供養し奉る。導師仏厳聖人、件の仏、皆古仏なり。破損に依り、修飾を加へ奉り、今日讃歎供養し奉る所なり。その意趣は、偏に臨終正念、往生極楽なり。その功徳上分、先考先妣、及び一切の衆生に資し奉るなり。不動尊、二世の願望を相兼ぬ。件の仏、験仏と云々。覚助の造る所なり。阿弥陀三尊に於ては、定朝造る所なり。故殿殊に秘蔵せしめ給うと云々。今日、念誦七万遍、夜に入り雨下る。

〈訳〉

今日、阿弥陀三尊と不動明王等を供養した。導師は仏厳聖人で、これらの仏はすべて古い仏像である。破損を修復して、今日讃嘆供養したところである。その目的は、臨終における正しい思慮と極楽への往生である。その善い行いの効果は、亡父や亡母およびすべての衆生の助けとなる。不動明王は現世と来世の願いを兼ねている。この仏は効果覿面（てきめん）である。覚助（かくじょ）の作である。阿弥陀三尊は、定朝の作である。藤原忠通が秘蔵していたとのことである。今日、念仏を七万遍称える。夜になって雨が降る。

この日の念仏行は、同年九月七日から七日間の三十万遍念仏行の最後の記事である。ここでは、仏厳が最大の誉め言葉でもって称賛され、その仏厳のもとで仏像を修復して供養できることが、兼実にとっての往生極楽の最大の要因となり、しいては万民の供養に繫がると考えられていた。兼実の極楽往生に対する興味に促されて、仏厳は自身の撰した『十念極楽易往集（じゅうねんごくらくいおうしゅう）』六巻を披読するように兼実に勧めている。このことが、『玉葉』安元二年十一月三〇日条に記されている。

仏厳房来る。抄出の法文を見せしむ、その名、十念極楽易住集、六巻なり。珍重の書なり。但し清書の間、書き様誤り等あり。余その由を聖人に示す。甘心し暫く言談し帰り了んぬ。

〈訳〉

仏厳房が来た。抜き書きした十念極楽易住集という名の六巻の教義書を見せてもらった。珍しい書物である。しかし清書のときに、書き損じなどがあった。私はその事を聖人に示したが、納得してしばらく談話してから帰られた。

『十念極楽易往集』は、仏厳が様々な経釈から抜き書きして書写したものである。しかし、兼実によって書き損じを指摘される程度の内容であったことから、仏厳と兼実の接触は、当時の医術である加持祈祷や念仏の実践行に留まり、法然のように経釈の法文について詳しく説くということはなかったようである。その後、『玉葉』治承元（一一七七）年十月二日条では、兼実が終日この書を読んでいることが記されている。

今日終日、仏厳聖人書く所の十念極楽易住集を見る。広才の書なり。件の書総べて六巻、法皇の詔旨に依り、撰集する所と云々。

〈訳〉

今日は終日、仏厳聖人が書いた十念極楽易住集を読む。勝れた書である。この書は全六巻からなり、後白河法皇の勅命によって編集されたものである。

これによって、『十念極楽易往集』六巻が、後白河法皇の勅命によって撰集されたもので、兼実にとっては広範な仏法を説く書物と見做されていた。この二つの記事を見る限り、『十念極楽易往集』は仏厳の独創というより、法文を抄出編集した撰集なのである。兼実の仏厳に対する信頼は、勧められた念仏行を心底真面目に実践していることからもわかるが、兼実の極楽往生信仰は、単に観想的、貴族的と称される形式的なものではなかった。すなわち、良通が亡くなった文治四年二月頃からの兼実は、生死への突き詰めた関心事が散見されるようになり、治承五年（一一八一）九月十五日条には、

> 今日早旦、仏厳聖人を講じ受戒す。念仏結願の日、殊に潔斎すべく、又重ねて禁戒を持つべき故なり。又大願七ケ条を立て、生死を出離し、極楽に生ぜん趣を誓願す。具（つぶ）さに別にあり。今日念仏四万反、七箇日の間、并はせて五十二万反なり。

〈訳〉

今日の早朝に仏厳聖人を招いて受戒する。念仏行の最終日に殊更に心身を清めた。これは禁じ戒めを続けて維持するためである。また七箇条の大祈願を立てて、生死を離れて極楽に往生することを願いつつ誓った。詳細は省く。今日は念仏を四万遍、七日間で併せて五二万遍になる。

とあるように念仏結願の日を機して出離生死の大願七ケ条をたてており、兼実の念仏行が単なる念仏の回数を誇る多数作善のみの形式的信仰ではなく、自身の心情とも大きく関わるようになってきた。その思いは現世利益のみならず死後においても極楽往生が成就することを願っていた。

兼実は、治承四（一一八〇）年九月八日に仏厳を請じて受戒したときには、心身の不調と生死の抜き差しならない関心事を吐露し、治承五（一一八一）年九月十五日には、念仏結願の日を機して出離生死の大願七ケ条を立てているが、兼実は関白になる以前から、聖に対して武運長久、家内安全などを望む一方で、後生の問題についても政務と同じように異常なまでに興味を懐くようになっていた。それも、日常的行事ともいえる加持祈祷に加えて、仏厳の導きによって自身の生き様に目を向けるようになり、死後の問題にまで取り組むようになった。

兼実の死後に関わる興味は、南都北嶺の仏教行事に関わる念仏行だけに留まることなく、死後の有りようについても仏厳に問うていることが、『玉葉』養和元（一一八一）年十二月十五日条に記されている。

例講、講師忠玄、仏厳没後追善の要文一通を持ち来たる。

〈訳〉

例の講の講師は忠玄、仏厳が没後追善の要文を一通持って来た。

仏厳は、死後に行う追善供養にとって大切とされる経文中の「没後追善」に関係する文句を選りすぐってまとめた要文一通を兼実に提供しているが、兼実にとって生死、後世の問題は年と共に切迫した問題としてとりあげられるようになり、建久二年（一一九一）六月二〇日条の日記には、兼実が仏厳に期待して以下のことが記録されている。

寅の刻沐浴の後、女房等これに同じ、懺法を始む。卯の刻写経を書き始む。余並びに御堂御前以下、親昵の貴賤男女、並びに両法師、同門弟少々、相并はせ三十人なり。余方便品を書く。正の刻写経の功了んぬ。未の刻供養、導師仏厳聖人聖心、件の人、最後出家の戒師なり。今の作善、聊か夢の告げあるに依りこれを修す。その趣頗る苦患ある趣なり。

〈訳〉

午前四時、私と女房らが沐浴を終えてから懺悔の儀式を始めた。午前六時に写経を書き始めた。私並びに御堂御前以下、親しくしている貴賤男女、並びに静賢、慈円の両法師、同じく門弟少々、相併せて三〇人である。私は方便品を書き始め、正午頃に写経の作業を終わった。午後二時頃、仏厳聖人聖心の導きで経を供養した。この人は最期に出家するときの戒師である。今の写経という善根は、夢の告げがあって行った。その事情は苦しい病があることによる。

ここでの仏厳は兼実にとって最後出家の戒師と目されていた。つまり、兼実は法然と会った後も仏厳を導師として遇していることが示されている。このように仏厳と兼実の師檀関係を見てくると、兼実を訪れる顕密諸宗の僧侶と仏厳との間には自ら相違するものが認められる。しかも病と共に暮らさざるを得ない兼実にとって、年とともに生死・後世という課題は、切迫した問題として取り上げられるようになる。兼実にとっての仏厳は、最高の指導者であることから、仏厳が在京していた頃の法然は、兼実に接近していた多くの授戒僧の中の一人であったといえる。しかし、兼実は、「大原問答」で法然の行状を知って以来、自身のみならず仏厳の体力の減退が目に見えて進む中で、法然を招いて出家するという期待感が日増しに募っていったものと考えられる。

第四章　法然、自らを語る

円照の弔いを終えた法然は、安元三（一一七七）年四月以降に善峯寺で通憲流の奥義をまとめつつ嵯峨、西山を転々としていた。その折、治承三（一一七九）年二月に法然の師である叡空が没したことから、叡空の弟子であり法然と法兄弟であった信空が、円照の説く通憲流を継承した法然に心底から傾倒するようになり、一三歳で法然の門下に入った。その二年後の養和元（一一八一）年に慈円が青蓮院の第三代門主に就任している。

その後、法然は、信空を仲立ちとした通憲流聖と交流しつつ、しばし通憲流について研鑽を深める日々を送っていた。当の信空は、法然の弟子というよりも秘書のような役割を担っていて、天台宗に属しながら藤原一門と連絡を取りつつ、法然の身の回りの世話をしていた。

この時期の法然は、自身が比叡山で学んできた学問と、今後庶民のために説くべき教義とを整理して、矛盾なくまとめるという作業に専念していた。彼の一貫した行動は、円照の説いていた通憲流を継承するべき念仏聖として、藤原一門にも知られるようになったが、積極的な教化活動を行なうことはなかった。専ら既成仏教と無観称名との両立場を擁護しつつ、それらを整合性のある理論体系にまとめ上げることに心血を注いでいたといえる。

そして、ついに法然は、善導の教義と通憲流の奥義とを矛盾なくまとめ上げて、彼の地位を確立させる目的で開かれた「大原問答」および既成教団の前で浄土の教えを披瀝した「東大寺講説」に参加することになる。しかし、それ以前に、歴史的転換点ともいえる「治承・寿永の乱」が勃発し、乱の初期段階の平重衡による「南都焼討」が原因となって、法然が公の場に姿を見せざるを得ない状況となってきた。これらの披瀝活動では、「無観称名義」を意識しつつ、通憲流の教義をまとめ上げるという重責が問われることになる。

治承・寿永の乱は、平安時代後期の治承四（一一八〇）年から元暦二（一一八五）年にかけての六年間にわたる大規模な内乱で、後白河法皇の皇子である以仁王（もちひとおう）が挙兵したのを契機に、各地で平清盛の平氏政権に対する反乱が起こった。最終的には、反乱勢力同士で対立しつつも平氏政権が崩壊する結果となり、源頼朝を中心とした清和源氏で構成される関東政権（鎌倉幕府）が樹立して終焉を迎えた。

一．南都焼討

法然が円照に譲られた草庵を東山吉水に移して住いしたのは、治承五（一一八一）年四月二七日のことであったが、その半年ほど前に法然の生涯を決するような歴史的大事件が勃発する。平重衡（平清盛の五男）の手による「南都焼討」がそれである。

『行状絵図』第三〇には、重衡の「南都焼討」が以下のように記されている。

治承四年十二月廿八日、本三位中将重衡卿、父平相国の命によりて、南都をせめしとき、東大寺に火か丶りしかば、大伽藍忽に灰燼と成にき。其後元暦元年二月七日、一谷の合戦に、彼中将いけどられて、都へのぼりて大路をわたされ、さまざまのことありき。

〈訳〉

治承四（一一八〇）年十二月二八日、本三位中将の平重衡が、父の太政大臣平清盛の指示によって、奈良の都を攻めた時、東大寺に火を放ったので、大伽藍がまたたく間に灰燼と化してしまった。その後、元暦元（一一八四）年二月七日に一の谷の合戦で、源義経と戦った時に、重衡は生け捕られて京に連れて来られ、都大路を引き回され、いろいろなことがあった。

『行状絵図』第三〇では、治承四（一一八〇）年十二月二八日に平重衡が、平清盛の命によって南都を攻めた時に東大寺を放火したことで、同寺の大伽藍が燃え尽きたことを報告しているが、その後の重衡は、元暦元年の一の谷の合戦で生け捕りにされ、都で引き回された挙句、命を奪われている。

重衡による南都の焼き討ちは、平氏と衆徒との根深い覇権争いが原因であった。平清盛は十二月二五日に息子の重衡を総大将にして、四万人の兵を南都に向かわせた。これに対して衆徒も般若寺と奈良坂に堀を築いて、七千人の僧兵で固めた。二七日に重衡は兵を二手に分けて木津方面より侵攻したが、衆徒も木津川岸や奈良坂・般若寺などで抵抗を続けたため、木津川辺りの民家に火を放って、平氏軍が有利になったものの決着が付かなかった。二八日に入ると、平氏軍は奈良坂と般若寺を占拠して本陣を般若寺内に移し、その夜、重衡が火攻めの命令を下して民家に火を放ったが、それが折からの強風に煽られて大火災を招くことになった。放火は合戦の常套戦術とされていたものの、興福寺・東大寺を含む南都全域までも焼き払うような大規模な延焼は、重衡たちの予想を上回るものであった。

この時の記録が、『玉葉』治承四年十二月二八日条および二九日条に続けて、以下のように記されている。

> 二十八日丙午。天晴。伝へ聞く、去夜重衡朝臣南都に寄せ、その勢莫大に依り、忽ち合戦能はずと云々。狛川原の辺の在家併しながら焼き払ひ、或いは又光明山を焼かんとすと云々。

〈訳〉

十二月二八日、晴天。聞くところによると、昨夜平重衡公が南都を攻めたが、その勢力は甚大で合戦にもならなかった。狛川原辺りの屋敷田畑は同時に焼払われ、光明山まで焼かれそうであった。

狛川原（こまがわら）は山城の木津川の川原であり、光明山は光明山寺と呼ばれた木津川辺りの山岳寺院で、長元六（一〇三三）年頃に建立されたといわれ、晩年の永観が八年間住んでいた寺でもある。この記録から、重衡が二七日の南都侵攻に際して、木津川ばかりでなく光明山寺にまで延焼しそうであった。

> 二十九日丁未。天晴。巳の刻人告げて云はく、重衡朝臣南都を征伐し、只今帰洛すと云々。又人云はく、興福寺、東大寺已下、堂宇房舎、地を払って焼失し、御社に於ては免れ了んぬと云々。又悪徒卅余人これ梟首（きょうしゅ）し、その残りは春日山に逃げ籠ると云々。凶徒の戮（ばっ）せらるるに至りては、還って御寺の要事たり。七大寺已下、悉く灰燼に変ずる条、世のため民のため仏法王法滅尽し了るか。凡そ言語の及ぶ所にあらず。

〈訳〉

十二月二九日晴巳の刻（午前十時頃）、人伝に聞いた話では、平重衡が奈良を征伐し、ただ今京都に帰って来たという。また話によれば、興福寺・東大寺などでは、お堂や僧徒の住む建物が跡形もなく焼失し、お社は火災を免れたという。また悪僧三〇人余りの首を斬りこれをさらしたという。残った者どもは春日大社に逃げ籠ったと聞く。悪い行ないをする者が殺されるのは、かえって寺のためには良いことである。奈良の七大寺（興福寺・東大寺・西大寺・薬師寺・元興寺・大安寺・法隆寺）以下がことごとく灰燼に帰したことは、世の中にとっても民衆にとっても仏の教えや国法が衰亡してしまった観がある。およそ言語の及ぶところではない。

二八日の報告では、木津川辺りの出来事のように思われていたが、二九日の報告によると、世間を困らせていた悪僧たちが成敗されて成果はあったものの、奈良全土が焦土と化し、仏教が大切にしている有形無形のものを悉くなくしてしまった。平清盛の指示があったとはいえ、放火による悪僧退治によって衆徒のみならず全ての僧俗を含む都全体が炎に包まれたことに、当時の人々の物質面・精神面で想像を大きく超える甚大な被害を被った。

事件の恐ろしさを知った重衡が懺悔し、その後処罰されたことは『平家物語』に詳しく記されているが、逃げまどう庶民が猛火に焼かれる地獄絵図は人知の及ぶところではなかった。兼実が最後に記した「言語の及ぶ所に非ず」という言葉は、聞くに堪えない地獄のような様相を表現していると思われる。この日の日記の後半部分にも南都焼討の被害についての悲哀を述べ、最後に「天を仰ぎて泣き、地に伏して哭き、数行の紅涙を拭ひ、五内の丹心を摧き、言ひて余りあり、記して益無し」と、自身の感情を吐露している。兼実は、長年にわたって権門側の人々が築き上げてきた浄土を思わせる造立物が、一瞬の内に灰燼と化して地獄の様相を呈していることに、世の無常ばかりでなく、自身の身に避けることのできない絶望感を味わっていたであろう。

南都の被害は、興福寺・東大寺などの有力寺院の殆どが焼け落ち、多数の僧侶や避難民など数千人が焼死した。都の中心から離れた法華堂・二月堂・転害門・正倉院以外は全て灰燼に帰する大打撃を蒙った。興福寺でも三基の塔・金堂・講堂・北円堂・南円堂など三八の施設を焼いたといわれている。

平重衡に南都の焼討ちを命じたのは清盛であったが、その清盛が熱病にうなされ、苦しみ悶えた末に「あづち死」を遂げるのは、治承五（一一八一）年二月四日である。兼実はその死に方に因果応報の理をみてとり、冥罰とか神罰と称して内心に快哉を叫んだという。

朝廷が東大寺再建に着手するのはこの年六月である。その二六日付で造寺官の陣容が任命されている。造寺長官は蔵人で左少弁の藤原行隆が、次官に三善為信、判官に中原基康、主典に三善行政が、また造仏長官は造寺長官の藤原行隆が兼ね、その次官には小槻隆職がそれぞれ任じられた。そして大仏殿以下の造寺日時は八月十日と決められた。

二．造東大寺勧進と重源

「南都焼討」によって東大寺のみならず興福寺も類焼の憂き目に遭っていた。東大寺は聖武天皇の勅願により建立された護国寺であり、興福寺は藤原一門の氏寺であったから、後白河法皇も藤原氏も早急に再建に乗り出すことになった。南都消失から半年経った翌年、養和元（一一八一）年七月には、興福寺が氏院別当の藤原光長を造寺長官に任じて、再建工事が進められた。この機会に、興福寺は大和守護職を掌握し、造寺も順調に行われ、講堂・金堂・南大門・南円堂や堂内安置の仏像も次々と完成していった。一方の東大寺は、封戸・荘園が既にその大半を失っていることと、打ち続く兵乱によって財政の確保を困難なものにしていた。

このような事情からか、造東大寺には聖の勧進に頼る以外に方法がなかった。折しも、被害状況を視察に来ていた、後白河法皇の使者である左大弁藤原行隆に、六一歳の俊乗房重源が東大寺再建を進言した。それに賛意を示した行隆の推挙を受けて、養和元（一一八一）年六月に重源は東大寺勧進職に就いた。

重源が勧進職を進言したのは、焼失から二ヵ月後の頃に霊夢を見たことから東大寺を訪れたが、地面に転がる大仏の頭部、折れて前に落ちた手、灰燼が積もり、余煙が燻るような痛ましい光景を目の当たりにして、しばし悲涙を禁じ得なかったという。焼け爛れた大仏の前に停んだ重源は、末法の地獄絵を実感したのか、自己のもてる知識を活用して大仏再建の決意を新たにしたであろう。東大寺と重源の関わりはこの時にはじまったといえる。

この辺りの詳しい消息が、『行状絵図』第三〇に記されている。

東大寺造営のために、大勧進のひじりの沙汰侍けるに、上人其撰にあたり給にければ、右大弁行隆朝臣を御使にて大勧進職たるべきよし、法皇（後白河）の御気色ありけるに、上人申されけるは、「山門の交衆のがれて、林泉の幽栖（ゆうせい）をしめ侍ことは、しづかに仏道を修し、ひとへに念仏を行ぜんがためなり。もし勧進の職に居せば、劇務万端にして素意もはらそむくべき」よしを、かたく辞申されけり。行隆朝臣その心ざしの堅固なるをみて、このよしを奏しければ、もし門徒の中に、器量の人あらば、挙申べきよし、かさねて仰下されけるによりて、醍醐の俊乗房重源を挙申さる、つゐに勧進の職に補せられにけり。

〈訳〉

東大寺再建のための大勧進職を選ぶ評議があり、法然上人が選ばれたことから、右大弁藤原行隆公を使いに出して、上人に大勧進職につくようにという、後白河法皇の意向を伝えた。上人が申されたことは、「比叡山の僧侶との交わりから遠ざかって、木立や泉水に囲まれた所に隠れ住むのは、静かに仏道を修行し、ひたすら念仏を勤めるためである。もしも勧進という職に就いたならば、忙しくも厳しい実務が多くなり、かねてからの志を全うすることができなくなる」と辞退された。行隆公は、その志が堅固なのを理解して、事の次第を法皇に報告したところ、法皇は若し門人の中に能力の備わった人があれば、推挙するように重ねて仰せられた。そこで上人は醍醐寺の俊乗房重源を推挙された。結局、重源が大勧進職に任命されることになった。

『行状絵図』第三〇は、東大寺を再建するに当たり、勧進聖の必要性から審議の結果、法然が選ばれたという。決定内容を後白河法皇の命により、藤原行隆を使いに出して法然に伝えたところ、法然は「念仏を広めるために静かなところで修行しているのである。勧進職に就けば志を遂げることができなくなる」と断ってきた。そこで法皇が法然に対して、門人から勧進の能力に長けたものを推挙するように指示したところ、法然が重源を推薦したというのである。

養和元（一一八一）年といえば、法然が青蓮院に居を構えた頃で、葉室流一族の世話になって嵯峨辺りに住まいしていたことから、行隆が後白河法皇の使いとして法然に会ったことは容易に察しがつく。しかし、当時は無名ともいえる法然に対して誰が大勧進を推挙するであろうか。また、公卿の行隆が使いとして遁世僧の法然に会うことなどあり得ないし、重源が法然の弟子であって、法然の指示に従って勧進職に就いたことも疑わしい。そこで、『行状絵図』以外の史料に基づいて、重源が勧進職に補された経緯を探ってみることにする。

造東大寺の大勧進職に推挙された俊乗房重源は、古代豪族紀氏の末裔紀季重（きのすえしげ）を父にして、保安（ほうあん）二（一一二一）年に京都で生まれ、建永元（一二〇六）年六月五日に八六歳で死去している。俗名は紀重定（きのしげさだ）といい、十七歳のときに四国で修行を始めて以来、大峯・御嶽・葛木・白山・熊野において修験者としての精進を続けるとともに、仁安二（一一六七）年に入宋して天台山を拝し、土木・建築技術を学び、中国の技術者を連れ帰って職人の指導に当たらせた。帰国後の重源は東大寺・高野山・摂津の渡辺・播磨・備中・周防・伊賀の各地に別所を建て、不断念仏を置くなど、勧進聖としての活動を続けたという経験の持ち主である。その他、堂塔伽藍の建立、経典の書写供養、仏像仏画の造顕のほか、池溝の修築、路橋の開架などの作善は夥しく、大勧進としての素養は十分に持ち合わせていた。

東大寺造営に当たった重源については、兼実が『玉葉』寿永元（一一八二）年七月二四日条で以下のように称賛している。

又聞く、東大寺大仏鋳加へ奉る事、重源聖人の功に依り、已に成らんとす。宋朝の鋳師年来この朝に渡り、且つ今年渡りて鎮西にありて宋朝に帰らんとする間、忽に船破損して前途を遂げず、度々止め了んぬ。而る間、この事出来し、件の聖人の請に依り京に上り、種々の秘計を廻し、莫大の功、煩ひ無く終へんとす。誠にこれ神の助け、天の力なり。世滅亡せんとす。憑む所は只ここにあるか。

〈訳〉

聞くところでは、東大寺の大仏鋳造は、重源聖人の働きによってすでに成し遂げられつつある。宋の国から鋳物職人（南宋出身の陳和卿）が何年も前から日本に渡って来ている。この職人は、今年も日本に来て九州にいる。しかし、彼が宋国へ帰ろうとすると、たちまち船が破損して出航することができない。たびたび帰国を阻止されていた。そうしている間に治承四年十二月二八日に東大寺など南都の焼討事件が起こり、重源聖人の要請によって、この職工が上京して数々の妙技を披露して莫大な成果を成し遂げ、滞りなく終わりそうだ。誠にこれは神の助けか、天の力である。世が滅亡しそうな時に、頼みになるのは只これのみである。

『玉葉』の記録によると、鋳物職人の陳和卿（ちんなけい）が、故郷に帰ろうとして九州辺りに在住していたところ、焼失した東大寺の大仏再興にあたる職人を探していた重源に見い出されたのである。彼は寿永元（一一八二）年一月から元暦元（一一八四）年五月にかけて、弟陳仏寿（ちんふつじゅ）ら七人と河内国鋳師草部是助（くさかべこれすけ）ら十四人と共同して大仏の再建作業に当たった。文治元（一一八五）年八月二八日には、大仏開眼会が盛大に挙行されている。ここには、重源が勧進を引き受けたのみならず、大仏鋳造の高度な技術を持ち合わせている陳和卿が宋国に帰る機会を度々逃していることなどを鑑みて、兼実が南都焼討の地獄から抜け出せる希望を抱いていたことが赤裸々に綴られている。

重源の実績は、入宋や勧進を含めて既に法皇や行隆の耳にするところで、重源の申し出た勧進に対して彼らは申し分のない人材として受け止めていた。『玉葉』寿永二（一一八三）年一月二四日条には、

東大寺勧進の聖人重源来たる。余相招くに依るなり。聖人云はく、大仏鋳成り奉る事、偏に唐の鋳師の意巧を以て成就すべしと云々。来たる四月の比鋳奉るべしと云々。件の聖人唐渡三箇度、かの国の風俗委しく見知る所と云々。仍って粗これを問ふ。語る所の事、実に奇異多端のものか。（中略）実に此れ重ねて殊勝の事なり。わが朝の人、彼に比し敢へて及ぶべき者無し。悲しむべし悲しむべしと云々。数刻の後、聖人帰り了んぬ。此の聖人の體、実に錺る詞なし。尤も貴敬すべきに足る者なり。

〈訳〉

私の招きによって、東大寺再建のための浄財を募っている東大寺の重源がやって来た。聖人が言うには、大仏の鋳造に及んで、唐の鋳物師の技量でもって成し遂げたいという。来る四月頃に鋳造するという。この聖人は唐に三回渡っ

ていて、唐の国の風俗を詳しく見知っているという。そこで大凡のことを尋ねると、彼の語るところの事は、なんと珍しく変わったものが多いものかと思った。（中略）これは実に心打たれることである。わが国の人は、彼に比べて及ぶ者がまったくいない。悲しいことだ。数時間経って、聖人が帰った。この聖人の人柄は、言葉を飾ることもなく、尤も信頼に足るものである。

と、記されている。重源の浄財要請を受けた兼実が話し込むうちに、重源の勧進に対する思い入れと人柄とに感じ入り、素直に浄財の寄進に踏み込んでいることがわかる。中略部分では、重源が宋国の実情を述べつつ、我が国の技術力は宋国に及ぶものではないことを丁寧に説明している。重源は、「大原問答」の後の文治三（一一八七）年一月二六日にも兼実を訪ねている。

文治二（一一八六）年三月には、周防国（現、山口県）が東大寺造営料国にあてられ、重源が国守に任じられて国務を管轄することになった。このように、勧進聖が国守を兼任するという新しい方式の勧進体制の背景には、大仏殿の用材確保が至上命令としてあり、同国が良木の産地として知られていたことが動機として挙げられる。

『行状絵図』第四五には、この辺りの出来事および東大寺の再建が完成するまでの経緯を簡単に述べている。

備前・周防両国を給はりて造営の功をおへ、建久六年三月十二日供養をとげられる。天子行幸ありき。鎌倉の右幕下、結縁のために上洛、都鄙群れをなして厳重の法会なりけり。十一間二階の大仏殿、金銅十丈六尺の盧舎那如来、同時につくりたてみがきいだされけん。おぼろげの心をきてにて、かなふべき事にあらず。されば建久三年十一月、当時かさねて供養の御願文（六角中納言親経卿の草也、千時参議）にも、たゞびとにあらざるよしのせられて侍り。

〈訳〉

備前（現、岡山県）・周防二国の税収を造営の費用に賜って東大寺再建の事業を終えて、建久六（一一九五）年三月十二日に落慶の供養が行われた。その供養には後鳥羽天皇が行幸なされた。鎌倉の右近衛大将（源頼朝）が結縁のために上洛した。都からも田舎からも人々が群集し、厳かな法要であった。間口十一間、二重屋根の大仏殿、高さ十丈六尺の金銅盧舎那仏(こんどうるしゃなぶつ)を同時に造り、美しく飾り立てられたということであるが、それは並大抵の心構えではできることではない。それゆえに建久三（一一九二）年十一月、この寺で重ねて総供養が営まれたが、後鳥羽天皇の願文（その時参議であった六角中納言の藤原親経卿が草案を書いた）にも、重源は普通の人ではない（仏・菩薩の化身であろう）ということが記されていた。

また、重源は完成までの勧進において、兼実だけではなく、平安京の後白河法皇や鎌倉の源頼朝などにも浄財寄付を依頼して回り、権門側からの勧進に成功している。源頼朝は、文治元（一一八五）年に西国で平氏追討の源範頼が兵粮不足で苦しんでいる矢先に、東大寺再建のために馬一千疋、米一万石、砂金一千両、上絹一千疋を寄進して、援助の手を差し延べている。頼朝の行為は、武士が寺院に対して貴族と同等の権力を認めさせるという、政治的配慮の上での援助であったと考えられる。

頼朝が武力でもって平氏を鎮圧したことは有名であるが、それ以外にも寺社は言うに及ばず衆徒や庶民に至るまで頼朝の存在を示したのが、造東大寺への寄進である。この行為は、貴族から武家に政権が交代する予兆ともいえるものであるが、一方で、武士の威厳を誇示する出来事が『愚管抄』第六に記録されている。

同六年三月十三日東大寺供養。行幸。七條院〔殖子〕御幸アリケリ。大風大雨ナリケリ。コノ東大寺供養ニアハムトテ。頼朝将軍ハ三月四日又京上シテアリケリ。供養ノ日東大寺ニ参リテ。武士等ウチマキテアリケル。大雨ニテ有ケルニ。武士等ハレハ雨ニヌルルトダニ思ハヌケシキニテ。ヒシトシテ居カタマリタリケルコソ。中中物ミシレラン人ノ為ニハヲドロカシキ程ノ事ナリケレ。内裏ニテ又度々殿下見参シツツアリケリ。コノ度ハ万ヲボツカナクヤアリケム。六月廿五日ホドナク下リニケリ。

〈訳〉

建久六（一一九五）年三月十三日（十二日の誤り）、東大寺の落慶法要が行われ、後鳥羽天皇・七条院（後鳥羽天皇御母殖子）がお出ましになった。この日の天候は大風大雨であった。頼朝将軍はこの東大寺供養に出席しようとして、三月四日に再び上京してきた。供養の日、頼朝は東大寺に参詣し、武士らに取り巻かれていた。折からの大雨にも武士らは雨に濡れることなど気にも留めない様子でしっかりと居ずまいを正して控えていたが、それはもののわかる人にとってはなかなか驚異の念を禁じ得ない場面であった。頼朝はまた参内して度々殿下（兼実）と会見したりしたが、今回の上京には万事よそよそしい空気があったからであろうが、間もなく六月二五日には関東へ下って行った。

頼朝は御家人たちに自身の警護ばかりでなく会場周辺の警備にもあたらせ、武威を顕示するばかりでなく供養会の平穏な進行を支援し、存在感を誇示した。事実、門内に殺到した見物の衆徒と警備の武士の間に揉め事が発生してもいるが、小山朝光（おやまともみつ）の適切な処置や道理を弁えた説得が、群集の興奮を鎮め秩序ある警備を可能にしたことが、『吾妻鏡』（あづまかがみ）に特筆されている。

慈円は、大雨と大風に濡れ叩かれながらも、一向に濡れている風でもなく、微動だにせず、黙々と任務を遂行している関東武士に、感動の声を上げ、彼らの姿にこれまでに見たこともない、新しい時代の息吹を直感したようである。

ところで、『行状絵図』第三〇で述べている、法然が勧進職を断ったことに関して、『行状絵図』に従って解釈すると、法然の噂を息子の信空から直接耳にしていた行隆は、勧進聖として信空の推挙する法然と東大寺の重源を目論んでいたが、法然には、勧進に役立つ技術的な知識や経験がなく、京の都から外に出て勧進したこともなかった。また、法然は自身が通憲流の奥義をまとめている最中でもあり、長期間を要する勧進職に携わる猶予もなかったので、勧進職の決定を待つまでもなく、行隆に対して勧進職の要請を内々に辞退したのである。

法然は、既成教団から離れて、慈円から譲り受けた青蓮院の片隅にある閑静な東山吉水で静かに暮らしている。この目的は、落ち着いて仏道を修め、念仏行に励むためであって、もし造東大寺の勧進職に就けば、諸般の激務にさらされることになり、通憲流の奥義をまとめるという志を全うすることができない、というのである。

行隆は信空を介して、藤原一門が法然の通憲流聖としての行状に期待していることを知っていた。このため法然に勧進職を無下に強要することもせず、東大寺再建の選択肢から外して経験豊富な重源に勧進職を委ねたのである。むしろ行隆は、法然の勧進職辞退に、信空に対する義理を損なうことがなくなり安堵していたのかも知れない。

造東大寺に臨んで、重源は宋から来た陳和卿の指導によって大仏の鋳造を完成させ、焼失から四年八カ月後の文治元（一一八五）年八月には大仏開眼の供養が修された。翌年、重源は、顕真主催の「大原問答」に参列した後、大仏殿造営のために番匠（大工）たちと周防国に下って巨材採取に当たるなど、自身の脚で良材を求めて各地を回り、自ら良材の選定と伐り出しの監督を務めて再建に尽くした。

重源の勧進に対する影響力は甚大で、『吾妻鏡』文治二（一一八六）年八月十六日条には、西行法師が奥州勧進の途中で鎌倉の頼朝を訪ねていることが記されている。

> 午の刻西行上人退出す。頻りに抑留すと雖も、敢えてこれに拘らず。二品銀作の猫を以て贈物に宛てらる。上人これを拝領しながら、門外に於いて放遊の嬰児に與うと。これ重源上人の約諾を請け、東大寺料の砂金を勧進せんが為奥州に赴く。この便路を以て鶴岡に巡礼すと。陸奥の守秀衡入道は、上人の一族なり。

〈訳〉

午後十二時頃、西行法師は、御所を退出なさった。この時、頼朝公は、しきりにお引き留めになったのであるが、それでも法師はお断りになる。すると、頼朝公は、銀で作った猫を法師に贈られた。西行法師は、頂戴した銀の猫を、門外で遊んでいた幼な子に与えてしまったと聞く。西行法師は、勧進職重源上人の要請を受け、東大寺再建のための砂金を勧進するために、奥州に向ったのであった。この途中、鶴岡八幡宮に巡礼したとの話である。ちなみに奥州の陸奥守藤原秀衡入道は、西行上人と同じく藤原秀郷の一族である。

『吾妻鏡』の最後にも、奥州の秀衡は西行の一族である、という下りがある通り、西行は藤原秀郷の流れを汲む貴族の一員であることから、おそらく、秀衡の浄財を当てにした遊行の途中で鎌倉に寄ったのであろう。重源を首領とする勧進聖が、日本全土を旅して、浄財を募って回っていたことがわかる。

その結果、建久元（一一九〇）年七月十五日に柱が立ち始め、同年十月に上棟式が行われ、建久六（一一九五）年三月十二日に落慶供養が行われた。落慶供養には、後鳥羽院や将軍源頼朝夫妻も参列している。

重源は勧進聖としての活動中に、阿弥陀真言を称え、自身で南無阿弥陀仏を名乗っていたという。真言密教の僧の立場では、阿弥陀仏の真言を称えることで、その身が阿弥陀仏になるという即身成仏の考えがある。『愚管抄』第六には、重源のこの辺りの行状を以下のように述べている。

東大寺ノ俊乗房ハ、阿弥陀ノ化身ト云コト出キテ、ワガ身ノ名ヲバ南無阿弥陀仏ト名ノリテ、万ノ人ニ上ニ一字ヲキテ、空アミダ仏、法アミダ仏ナド云名ヲ付ケルヲ誠ニヤガテ我名ニシタル尼法師ヲヲカリ。

〈訳〉

東大寺の俊乗房重源は阿弥陀仏の化身であると言い出し、自分の名を南無阿弥陀仏と称して、万の人々に阿弥陀仏の上に一字を付けて、空阿弥陀仏、法阿弥陀仏などという名を付けていたが、次第に自分の名として用いる男女が多くなった。

慈円の言葉は、重源が勧進聖であるとともに念仏聖としての幅の広さを示すもので、古代貴族、新興武士、一般庶民などの国民的な支持を仰いで造東大寺を成功せしめたことを物語っている。

重源より早く念仏を広めたのは空也であるが、念仏聖である空也の念仏も勧進聖である重源の念仏も、天台や真言で心を集中して称える観想念仏である限り、権勢に属さない被差別民にとっては、何れも同じ念仏聖の口称念仏であった。空也や重源とは立場こそ違え、多くの念仏聖の活躍によって広まった念仏は、時代や国内の事情を問わず、全国的な広がりをみせ、庶民と仏の教えとを結びつける唯一の接点になったといえる。だからこそ、念仏を称えて行脚する重源や勧進聖の活動が、念仏とともに庶民に受け入れられて、造東大寺の勧進を成功裡に終えることができたのである。

大仏開眼供養が終わった翌年、文治二年（一一八六）年三月十二日に兼実はようやく摂政・氏長者を宣下された。この頃の兼実は、頼朝の要求に対して後白河院が近衛基通を擁護する姿勢を取ったことから、一時は執政と内覧が並立するなどの紆余曲折もあったが、執政の座に就いてからは、それまでの病悩を蹴散らかすかのように政務に邁進する。文治三（一一八七）年には、保元以来廃絶していた記録所を閑院内裏内に設置した（『玉葉』二月二八日条）。続いて後白河院の名で諸臣に対する意見封事を求める御教書が出されるが、これは兼実の提言によるもので最終的な文面を推敲したのも兼実であった（『玉葉』文治三年三月四日条）。

兼実の関白就任の約半年後に、顕真の要請によって「大原問答」が催された。この催しは善峯寺での三者間の約束事として、着々と進められている計画の一環でもある。法然が通憲流に認められることで、慈円の座主就任の気持ちが決まるという、生涯を賭けた節目の談義であり、この結果、兼実は関白の地固めに邁進し、慈円は建久三（一一九二）年十一月二九日に第六二代天台座主に初めて就任している。

三．大原問答

法然が下山して十二年目にあたる文治二（一一八六）年五四歳の秋、重源が東大寺大仏の開眼供養を終えた翌年で、これから造東大寺の勧進職に就こうかという頃であるが、秘書の信空は四一歳を数えていた。また、文治二年といえば、法然が西山・嵯峨から東山吉水に移転して五年の歳月が過ぎ去っている。善峯寺や東山吉水での通憲流奥義の草稿も完成間近となり、法然の機が熟したことを見定めた兼実や慈円を含む要人たちは、観性の兄に当たる顕真に法然の入門試験を行なう手はずを整えるように依頼した。顕真の住まいは、都の喧噪から離れた、比叡山の別所が多く集まる大原にあり、通憲流の主要な人々を集めるには好適の地であった。

この試験が世にいう「大原問答」である。試験が必要とされる理由は、法然が藤原一門とは関係のない秦氏所縁の出身でもあり、本来ならば、藤原氏との関係がもてない身分のはずである。しかし、法然は、比叡山において「智慧第一の法然房」と称讃され、信空や円照をはじめ慈円など藤原一門からの信頼が厚く、口伝に頼るしかない通憲流の奥義を学問的な教義にまとめ上げる能力をもち合わせていることから、藤原一門には法然を名実ともに通憲流聖の仲間に入れたいとの思惑があった。

「大原問答」の記録は、『行状絵図』以外にも、『行状絵図』が引用したと思われる、聖覚のまとめた『大原(おおはら)談義聞書(だんぎききがき)』がある。その最初に、

源空上人大和尚は尊成天皇の御宇文治二年丙午に於いて洛陽東山吉水に住するに、王臣帰依緇素群集す。

〈訳〉

法然大和尚は後鳥羽（尊成(たかひら)）天皇の治世の文治二（一一八六）年に、洛陽の東山吉水に住まうに、天皇の家臣が帰依し僧侶や俗人が群がり集まった。

というように、慈円から譲り受けた東山吉水の地には、法然を慕う多くの人々が集まっていたことを記している。おそらく、慈円から賜った土地と円照から譲り受けた草庵に住む法然の噂が、人々の口伝えによって巷に広まり、通憲流の教義をまとめるという作業以外にも、公卿の要請や草庵に集まった人々を対象にして個別に法門を説いていたのであろう。

法然が葉室流や通憲流の遁世僧に受け入れられていたことは、慈円や円照に認められたことで証明済みである。一方、貴族たちとの関係については、慈円の別院である青蓮院の片隅にある吉水に住まいしたことで、兼実に関係する公卿たちにも認められ、貴族の邸宅へも行き来するようになった。すると、東山吉水の草庵は、慈円の大らかさもあったのであろう、遁世僧や庶民が出入りして法然と接する場所になっていった。

三．一．予備試験

顕真は、入門試験の開催に先立ち、法然が大勢の聴聞者を前にして、満足に答えられるかどうかを確認するために、西坂本（現、大原・修学院辺り）で法然と対面した。このとき顕真と法然との間に、交わされた問答（予備試験）が、『行状絵図』第十四に記されている。

法印おはしましあひて対面し、「このたびいかゞして、生死をはなれ侍るべき」との給に、上人「い

かにも御はからひにはすぐべからず」と。法印申されけるは、「先達にましませば、さだめて思さだめ給つるむねあるらむ、しめし給へとなり」との給へば、上人「自身のためにはいさゝかおもひさだめたるむね候。たゞはやく極楽の往生を遂候べし」と申されければ、法印「順次の往生とげがたきゆへに、このたづねをいたす。いかゞしてこのたび、たやすく往生をとぐべきや」との給ふとき、上人答給はく、「成仏はかたしといへども、往生は得やすし。道綽・善導の心によれば、仏の願力を強縁として、乱想の凡夫往生す」と。

其後たがひに言説なくして、上人かへり給てのち、法印の給けるは、「法然房は、智慧深遠なれども、いさゝか偏執の失あり」と。上人この事をかへりきゝ給て、「わが知ざる事には、かならず疑心をおこす事なり」との給けるを、法印又かへりきゝ給て、「まことに然なり。われ顕密教文に稽古をつむといへども、しかしながら名利のためにして、浄土を心ざゝざるゆへに、道綽・善導の尺義をうかゞわず、法然房にあらずば、たれかゝくのごとくのことばをいだすべきや」とて、このことばにはぢて、百日の間大原に籠居して、浄土の章疏を披閲し給てのち、「すでに浄土の法門をこそ見立侍にたれ、来臨して談ぜしめ給へ」と仰せられたりければ、文治二年秋のころ、上人大原へ渡り給ふ。

〈訳〉

顕真法印が来て法然上人と対面して「人生の旅において、どのようにすれば迷いの世界から離れられるのか」と問うたところ、上人は「どのようであれ、あなたの考えに勝るものはありません」と答えた。法印は「先学者であるから、きっと思い定めたことがあるだろう。教えていただきたい」といわれると、上人は「自分が少々思い定めたことがある。それは早く極楽への往生を遂げようと思うだけである」と答えたので、法印は「生涯を終えて往生を遂げるというのでは、心許ないから聞いているのである。どうすれば人生の旅で容易に往生を遂げることができるのか」と尋ねた時、上人は「仏に成るのは難しいが往生するのは容易い。道綽・善導の考えによれば、仏の願力を心強い助けとして、心が何時も散り乱れている凡夫が浄土に往生できる」と答えた。

その後、互いに言葉を交わすことはなかったが、上人が帰った後で、法印は「法然房は、奥深い智慧をもってはいるが、少々考えが偏っている」といった。上人は回りまわってこの事を聞き、「自分が知らないことに対しては、必ず疑いの心を起こすものだ」と言ったのを、法印がまた回りまわって聞いて、「本当にその通りだ。私は顕教と密教の教えに研鑽を積んできたとはいえ、それはすべて名声と利得のためであって、浄土への往生を志さなかったために、道綽・善導の解釈書に目を通さなかった。法然房でなければ、一体誰がこのような言葉で示してくれたであろうか」と、上人の言葉に恥じ入り、百日間大原に籠って、浄土教の注釈書を披いて調べた後で、「最早、浄土の教えについては理解した。出席して対談してください」と仰ったので、文治二（一一八六）年の秋の頃に上人が大原へ出かけた。

顕真は、「どのようにして生死の課題が解決できるのか」と尋ねたところ、法然は、「先ず極楽浄土に往生すること」であるという。顕真はさらに畳み掛けて、「容易に往生を遂げるには、どうすればよいのか」と問うと、法然は即座に、「成仏は難しいが、往生は易い。唐の道綽や善導の釈義によれば、仏の願力に乗じて、我々のように心の乱れた凡夫でも、そのままで往生ができる」と答えた。しかし、聖道門の教えに慣れ親しんできた顕真にとって、法然のいう浄土門の解釈は重箱の隅を突つくようで、学問的な解釈ではあまりにも飛躍しすぎている。そこで審査する立場から「法然は智慧才覚に優れているが、偏った見解をもっている」と評して突っぱねてしまった。この言葉を聞いた法然は「自分の知らないことは、そのままにせずに先ずは疑ってみるべきではないか」と返事したところ、法然の言葉に感じ入った顕真は、百日間、大原に籠居して改めて道綽・善導の著述を研究した。

法然の考えを凡そ理解した顕真は、やがて大原にある勝林院別所の丈六堂に法然を招き、南都北嶺の主だった碩徳にも声を掛けて参加を促し、歴史的な大原問答が開催されることになったのである。顕真が提唱した問答の内容は、学問的に対等な立場で押し通すのではなく、聖道門の学問的な従来の立場を尊重しつつ、浄土門に関しては実存的な立場で自身の心境を披瀝してはどうかというものである。

三．二．問答開始

文治二年の秋に行われた問答の詳細を『行状絵図』第十四では、以下のように述べる。

論談往復すること一日一夜なり。上人法相・三論・花厳・法華・真言・仏心等の諸宗にわたりて、凡夫の初心より仏果の極位にいたるまで、修行の方軌、得度の相貌つぶさにのべ給て、「これらの法みな義理ふかく利益すぐれたり。機法相応せば、得脱くびすをめぐらすべからず。たゞし源空ごときの頑愚のたぐひは更にその器にあらざるゆへに、さとりがたくまどひやすし。しかるあいだ源空発心の後、聖道門の諸宗につきて、ひろく出離の道をとぶらふに、かれもかたくこれもかたし。是則世くだり人をろかにして、機教あひそむくゆへなり。しかるを善導の尺義、三部の妙典のこころ、弥陀の願力を強縁とするゆへに、有智無智を論ぜず、持戒破戒をゑらばず、無漏無生の国にむまれて、ながく不退を証する事、たゞこれ浄土の一門、念仏の一行なり」とて、法蔵の因行より、弥陀の果徳にいたるまで、理をきはめ詞をつくしをはりて、「たゞし、これ涯分の自証をのぶるばかりなり。またく上機の解行をさまたげむとにはあらず」との給ければ、法印よりはじめて満座の衆、みな信伏しにけり。

〈訳〉

理非を問う議論が一昼夜交わされた。法然上人は、法相宗、三論宗、華厳宗、法華宗、真言宗、仏心（禅）宗など多くの宗派に通じて、仏道に入ったばかりの凡夫から、最高位の仏に至るまで、修行の方法や悟りを得る有様を詳しく述べ、「これらの宗派は、みな教義は深く利益も優れている。人間の能力（機）と教え（法）が一致すれば、悟りを得るのに多くの時間を要しない。しかし源空のような頑なで愚かな者はその教義を聴く能力がないので、悟りを得るのは難しく、迷いやすい。そういう訳で、源空は仏道をはじめてから、聖道門の様々な教義に従って迷いから離れる方法を悉く尋ね求めたが、どれもこれも難しい。これはすなわち、末世になって人は愚かになり、能力と教義とが合致することがないからである。しかし善導の解釈書や浄土三部経（じょうどさんぶきょう）の趣旨によると、阿弥陀仏の本願力を心強い助けとするので、智慧のあるなしを問題にせず、戒律を守るか破るかを選ばず、悟りも生滅変化もない浄土に生まれて、永久に後戻りしないことを証明するのは、浄土の一門、念仏の一行だけである」と説いて、法蔵菩薩であったときの修行に始まり、阿弥陀仏となって得られた功徳に至るまで、道理を極め言葉を尽くし終わって、「ただし、これは私なりに理解した範囲で精一杯述べただけである。すぐれた方の理解や修行を妨げようとするのではない」と言われたので、顕真法印をはじめその座のすべての人が上人を信じて従った。

この件の最初に「論談」という用語が使われている。この意味は「事の理非を論じ述べる」ことで、論談が往復するとは、論じた内容の理非について議論が交わされたことを意味している。ここでは法然の論談に対して聴衆が疑問や理由を問いただすという「問答」の形式が取られ、論談の内容に整合性が認められれば何らかの判断が下されることになる。すると誰が論じて誰が判断を下すのかという疑問に遭遇するが、当然のこととして論じるのは法然であって、判断するのは顕真をはじめとする集まった通憲流の念仏聖ということになる。大原での論談は、最近では「大原談義」ともいわれているが、その趣旨が法然の入門試験のようなものと受け取ると、説教や説法などを意味する「談義」ではなく、質問に受け答えする「問答」あるいは「論談」のほうが適した用語であるといえる。

問答がはじまって、法然は、法相・三論・天台など聖道門諸宗について、その修行の方法、悟りの仔細などについて述べ、「これら聖道門の法は、みな義理も深く、利益もすぐれています。機（人）と法（教）とが相応すれば悟りを得ることは容易です。しかし、自分のような頑愚の輩は、聖道門の器ではなく、ただ浄土の一門によるほかは、迷いの世界を離れることができません」と説明した。この場での法然は、聖道門で説くところの救う立場での教えではなく、救われる立場での教えには浄土の一門である通憲流が適しているということを強調したのである。まさに法然が今までに辿ってきた思索の道程を吐露した発言であるといえる。ここにこそ、集まった通憲流の聖たちを満足させるに値する「ただ念仏申す」という、円照の言葉を論理的に裏付ける大転換点があった。法然は、聖道門における自力修行の優越性を認めつつ、そこには届かない庶民の限界と、その限界の彼方に見出される浄土往生の救いに頼らざるを得ないという、現実社会における弱者の苦悶の中から、「仏説」に基づく弥陀の本願を導き出したのである。

問答は、順に顕真、智海、静厳、明遍、貞慶、證真、湛斅、重源、顕真、永辨と続き、一日一夜に及んだことが『大原談義聞書』に記されている。最後に法然が、「私は、自分の力量の限界を述べただけであり、すぐれた人々の修行を妨げようとするのでありません」と語ったとき、顕真をはじめ満座の聴衆は、これこそが通憲流の極意であるとばかり賛同し、法然に通憲流の合格点を与え、一門への入門試験は終わった。

後年、大原問答を回顧した法然は、『行状絵図』第六において、

大原にして、聖道・浄土の論談ありしに、法門は牛角の論なりしかども、機根くらべには源空かちたりき。聖道門はふかしといへども、時すぎぬればいまの機にかなはず、浄土門はあさきに似たれども、当根にかなひやすしといひしとき末法万年にして余教悉く滅し、弥陀の一教のみ利物偏増（末法万年余教悉滅、弥陀一教利物偏増）の道理におれて、人みな信伏しき。

〈訳〉

大原で聖道門と浄土門について是非を問う議論をした時、教えの優劣では互角の議論であったが、人間の能力を基準にして比べた場合、源空の勝ちに終わった。聖道門の教えは深いといっても、釈尊から時代を経た今の人々の能力には適しない。浄土門の教えは浅いように見えるが、今の時代の人々の能力に適いやすい、と言った時、『西方要訣』に説かれた、一万年続くとされる末法時代に入ると、念仏以外の他の教えはみな滅んで、阿弥陀仏の教え一つだけが人々に与える功徳を益々増大させるとの道理に納得して、人々はみな信じて従った。

と述懐している。すなわち、聖道門や浄土門の論談においては同じ立場であることがわかったが、教えを身に引き受けて実践するという能力の有無については、法然の考えが優っている。聖道門の教えは甚深ではあるが、今の時代では実践できる者がいない。浄土門は浅薄ではあるが容易に実践できるため、今の時代に即応した教えである。末法では仏の教えが悉く廃れ、阿弥陀仏のみが衆生を救う手立てであるという。まさに本願の念仏は、凡夫のために選ばれたのであり、既成教団の教えともいえる森羅万象すべてに仏性がある（悉有仏性）という抽象的な思想を覆して、阿弥陀仏のみが仏であるという具象的ともいえる一神教の概念を取り入れたのである。こ

こに、称名念仏に確たる思想を持ち合わせていなかった通憲流の教義に対して、称名は阿弥陀仏の誓願による念仏のことであるという確信を衆会の人々に与えることになった。

大原問答は、法然が入門試験に合格したばかりでなく、通憲流の思想までも整理し統一したといえる。否、法然自身の念仏に対する考えが、自己の限りを尽くして修学した法門と円照の説く一向念仏の教えとが弥陀の本願のもとに統合され、従来の曖昧模糊とした疑問が氷解して聴衆を説得できた瞬間でもあった。

三．三．大原問答の参列者

大原問答は、顕真ら上層部の僧や貴族に、法然の存在を改めて認識せしめた出来事であったことは間違いない。大原問答に集会した主な人々は、顕真（父は右衛門権佐藤原顕能）の他に、光明山僧都明遍（父は藤原通憲）、笠置寺解脱上人貞慶（祖父は藤原通憲）、大原本成房湛斅、東大寺勧進俊乗房重源、嵯峨往生院念仏房、大原来迎院明定房蓮契、菩提山長尾蓮光房、法印大僧都智海、法印権大僧都證真（父は駿河守平説定）などの碩学が中心となっていた。他に重源の弟子三〇人余が列座していたと『行状絵図』巻十四に記されている。重源については、大仏鋳造や造東大寺の勧進で兼実と親交があったこと、信空を介して藤原行隆が法然の行状を理解していたこと、などから兼実や行隆に促されての参加であったと考えられる。時期的には大仏の開眼供養後の東大寺造営の勧進職をはじめる頃であった。

大原問答の世話人ともいえる顕真は、房号を宣陽房といい、平氏の護持僧であった明雲の弟子である。二度も天台座主に任じた明雲は、顕真に平氏の支持を譲るかたちで法印の位を授けた。しかし木曽義仲の法住寺殿襲撃の際、山の悪僧を指揮した明雲は、流矢に当たって落命した。『愚管抄』第五に、

明雲ガ頸ハ西洞院河ニテ求メ出テ顕真トリテケリ。

〈訳〉

明雲の首は西洞院の河原で探し出して顕真が持ち去った。

と記されているが、平氏の命運につながる明雲の進退

は、そのまま顕真の地位を不安定なものとすることになる。それを見越した顕真は、承安三（一一七三）年に大原別所に遁世してしまったが、兼実の『玉葉』に「偏へに念仏の一門に入り、真言の万行を棄て」たにも関わらず「外に上人の翔を表し、内に貫主（天台座主）の望を有す」と評された。顕真の行動はまさに通憲流の極意ともいえるもので、当時の兼実は顕真の優柔不断ともいえる行動に煙に巻かれた状態であったといえる。顕真が遁世した大原は、比叡山の黒谷と並ぶ念仏聖の別所であった。明雲と同様に平安時代後期の政治的動乱を、身をもって体験した顕真が、厭離穢土の念を深くし、大原に籠って念仏聖の生活を送ったことは事実であり、この点に円照との共通点が見られる。

明遍は、藤原通憲（信西）の第十四男として、康治（こうじ）元（一一四二）年に生まれ、貞応三（一二二四）年六月十六日に没している。彼は安居院流の唱導で名を馳せた澄憲および円照の弟に当たり、解脱房貞慶は甥である。明遍は維摩会の講師をつとめ、律師に任ぜられたが、のち東大寺の念仏別所である山城の光明山に遁世し、さらに高野山の蓮華谷に遁れて命を終えた。

貞慶は、房号を解脱房（げだつぼう）といい、藤原貞憲（さだのり）の子（通憲の孫）として、久寿二（一一五五）年五月二一日に生まれ、建暦三（一二一三）年二月三日に没している。彼は藤原一門の氏寺である興福寺で法相を学び、学僧として期待されていたものの、僧の堕落を嫌ってか、建久四（一一九三）年に山城の笠置寺に隠れ、山城の海住山寺（かいじゅうせんじ）で終った。彼は朝廷の信任も厚く、勧進聖と協力して、由緒ある寺社の復興にも貢献し、釈迦如来、弥勒菩薩、観音菩薩、春日明神を深く信仰している。また、戒律の復興に努め、法相教学の確立に大きな役割を果たす一方、唐招提寺で釈迦念仏を興隆している。貞慶は後に念仏禁止を訴えた『興福寺奏状（こうふくじそうじょう）』の執筆者でもある。

湛斅は、生年不明で建久六（一一九五）年に没した天台宗の僧で、皇嘉門院や後白河法皇の臨終の善知識をつとめ、九条兼実の邸に出入して法談や受戒を行い、「実に無心の聖人」「末代に有難き上人」と尊敬された。兼実が、兵乱の終熄を願い、戦死者の怨霊追福のための如法懺法（にょほうせんぼう）を修した際に、湛斅は顕真・智海とともに、その勧進に加わっている。

大原問答に名前を列ねた僧の内、兼実の信頼を得ていた湛斅や慈円と親交のある證真を除く他の者は、いずれも南都北嶺の主だった寺院に名を馳せた遁世僧であるとともに葉室流あるいは通憲流と関係の深い聖であった。中でも湛斅と證真は、兼実や慈円の代理として、問答の成り行きを見守ることが役目であり、他の聖は法然の当落を決定する問者であるとともに審査員の役を務めた。

三．四．大原問答の意義

法然の秘書ともいえる信空は、当時の僧や貴族が著した文献に多くを記載されることはなかった。それもそのはずで、彼は常々「無観称名義」すなわち、「往生浄土を願う後世者は、人の住みついている以外のところで、人目につかないように過ごすべきである。どのようなことがあっても、私は日課百万遍を申し続けている念仏者であると言いふらし、また、それらしい表情・態度・動作をとらずにお念仏に励むべきである」と語っていたが、この言葉から、信空が円照の説く通憲流の考え方なり行動様式を代弁し、法然の身近に仕えて生涯にわたってこの言葉を実行していたことがうかがえる。法然が通憲流の一門と認められたのも、信空の言葉に照らし合わせて、そのような素養をもった人物として、あるいは通憲流を理解し、学問的に理路整然とまとめた手腕などを考え合わせて、一門の後継者としての期待感がもたれたものと思われる。

ところで、信空が人目のつかないところでの行動を信条としていたことを考えると、この大原問答においても、事務局のような裏方の任につき、集会の大衆に交わることなく、影で問答の状況を把握しつつ、内容を人知れず記録していたのであろう。この記録が後の「東大寺講説」や『選択本願念仏集』の草稿に供されたことは容易に想像できる。

大原問答を契機として、法然は、自身が通憲流聖であることに確信を深めることができた。また、法然が、戒行薫習（かいぎょうくんじゅう）の念仏聖であるだけでなく、組織に紛れて生活を維持しつつ念仏に専念するという通憲流の教えを理解し、これらをまとめて関係者に披瀝した功績は大きかったといえる。このように、法然は聖道門の学問求道と浄土門の実践救済の違いを証明できたのものの、当時の朝廷の鎮護国家を願う既成仏教の祈祷と、被差別民の立場に立った新興教団の必要性、およびこれらを含めた自身の進むべき道を確信するには至っていなかった。

入門試験に合格した法然は、通憲流聖として日々の生活を送るようになったが、そこには無観称名という旗印をあからさまに掲げた形跡はうかがえない。むしろ、大原問答以降、法然の評判が藤原一門以外の巷に広がったこともあって、宮廷への出入り以外にも各所の草庵や各家々で庶民に請われるままに念仏の功徳を説いていたというべきであろう。

「大原問答」から半年ほど経過した頃の『玉葉』文治三（一一八七）年一月二六日条には、兼実が、

大仏の聖人来たる。余これに謁す。


〈訳〉

大仏勧進職の聖人（重源）が来て、私は彼に対面した。


と、重源の四年来の訪問に快く応じている。おそらく、この時に重源は「大原問答」の内容と法然の通憲流聖としての素養について兼実に報告したのであろう。重源自身は、問答に感激したこともあって、その翌朝から自らを「南無阿弥陀仏」と名乗るようになったという。

三．五．兼実の身辺

法然が「大原問答」に合格したことを知った兼実は、法然が通憲流を会得したことを認め、文治五（一一八九）年八月一日に自身の月輪殿に法然を招き入れて、法文を語り往生の業を談じている。しかし、文治二年から文治五年の三年間は、兼実にとって生涯忘れられない浮沈に富んだ時期でもあった。文治二（一一八六）年三月十二日に摂政・氏長者に任ぜられ、政務に邁進している兼実ではあったが、文治四年に長男の良通を失うという事件が起きた。

『玉葉』文治四（一一八八）年二月十九日条には、訪問客などと雑談して、彼らが帰った後で寝床に入ったが、長男の良通が事切れているとの知らせを受けて、急いで見舞いに行ったものの既に身体は冷たかった、と記録されている。


深更に及び上人帰り了んぬ。余又寝に就き了んぬ。小時ありて内府方の女房周章(あわ)てて走り来たり、大臣殿絶入の由を告ぐ。余劇速して行き向ひこれを見る。身冷え気絶す。一塵の憑み無し。余尊勝

陀羅尼を誦し傍にあり。事已に一定、扶け救ふ能はずと雖も、志のゆく所、所々に誦経を修す。（中略）然れども事急に依り、已に秘計能はず。只神呪を唱へ傍にあり。これより先智詮阿闍梨を招し遣はすと雖も、九条にあるに依り遅く来たる。かくの如き間天漸く曙け了んぬ。終焉の體罪業の人にあらざるか、面貌端正、仰いでこれに臥す。これ善人の人相と云々。仏厳来り云はく、天上に生まるるかと云々。

〈訳〉

深夜になって上人（本成房湛斅）が帰った後、私が寝床についてしばらくして、天皇付きの女人が慌てて走ってきて、良通が事切れているという。私は急いで行って見たところ、身体は冷たく生気はなかった。助かる見込みは微塵もなかった。私は傍で尊勝陀羅尼を唱えたが、事態は変わらない。助けることはできないにしても、思うままに彼方此方で経を唱えた。（中略）しかし急なことで何をしても既に間に合わない。単に加持を行って傍にいるだけである。先に智詮を呼んだが、九条にいて遅れるとのことである。そうこうしている内に夜が明けてしまった。遺体は罪業のある人の証ではあるまいか。これは善人のお顔であるという。面持ちは端正で仰向けに寝ている。これは善人のお顔であるという。仏厳が来て「天国に生まれなさる」という。

良通の突然の死に対して、兼実は成す術もなく、呪文を唱えているだけである。効験のある智詮は九条にいて、直ぐには来られないという。このことから、兼実は良通の家にいて、良通の死に偶然に出会ったことになる。良通の遺体を前にして、人々は亡くなった良通が善人であるとか天国に召されたとか、死人に対して善いことばかり告げて、残った者を安心させようとしている状況が記録されている。しかし、兼実としては、そのような言葉で精神的な安らぎが得られないどころか、自身の心が救われることに対する不信感さえもつようになる。

次の日の『玉葉』文治四年二月二〇日条には、良通を亡くした時の兼実の心境が以下のように切切と綴られている。

卯の刻に及び智詮来たり加持すと雖も、更に何の益あらんや、閉眼の後二時を経て来る所なり。大凡邪気のため絶入の人、仏法の威験に依り蘇生する、その例多しと雖も、今の有様絶入の儀にあらず。妙法の閇眼なり。今に於ては百千万の総計及ぶ所あらず。余及び女房この後神心迷乱し、萬事を覚えず。この間尋はんため公卿已下済々来たると云々。又山の法印来たる。この後の事敢へて以て覚悟せず。辰の刻に及び聊か鼻気通ぜしむと云々。仍って重ねて以て加持すと雖も、即ちその気止み了んぬ。

〈訳〉

明け方になって智詮が来て加持を行ったが、亡くなってから四時間も経って、今さら何の益があるのか。大凡病で気絶した人を仏法の霊験によって生き返らせるなどの例は多くあるが、今の様子はそのようなことではない。ありがたい教えが役に立たず、今では如何に力を尽くしても及ぶものではない。この間、私と妻はこの後、精神が迷い乱れ、悉く覚えていない。この間、公卿以下多くの人が訪ねてきたという。山の法印（慈円）も来た。その後のことは記憶にない。夕刻になって意識が戻り、正気の沙汰で加持を受けることができた。

兼実には、前日に列座した人々の慰めの思いが身に染みて理解できるものの、この日に祈祷した智詮の形式的な行為について疑問を投げかけている。臨終の人に延命を祈念して祈祷するのはよいとしても、死んでしまった人に対して祈祷しても、何ら役に立つものではない。このような作法が無意味であることを認めざるを得ない兼実は、良通を亡くした失望感に加えて、自身の乱れた心境は如何ともしがたく、現在まで怨霊鎮魂、鎮護国家の旗印の下で日課のごとく行ってきた加持祈祷が、自身の心に何ら効験を示さず、心の支えにもならないことを悟ったものと思われる。

兼実と智詮の交流は仏厳のそれとほぼ同じ時期の嘉応二（一一七〇）年八月十三日であろうと思われるが、良通が亡くなるまでの智詮に対する兼実の思いは、密教の修法に優れ、智者であり信者である法験あらたかな熊野の修験者であった。このことを示す記録が『玉葉』治承二（一一七八）年十一月六日条に記されている。

智詮阿闍梨今度の大事無為遂げしむる慶びを来たり示す。凡そ今度、実厳（愛染王供）、信助（不空羂索供）、智詮（北斗供）等に仰せ、殊に祈請を致す。今已に違乱無し。仏法の効験なり。末代と雖も信力を凝らさば、盍ぞ仏徳を顕はさざらんや。件の三僧智徳行あり。上古に恥ぢざる人なり。

〈訳〉

智詮阿闍梨はこの度の重大事を無事に終えた慶びを伝えに来た。この度は愛染明王を供えた実厳、不空羂索(ふくうけんさく)を供えた信助、北斗を供えた智詮らに言いつけてわざわざ祈願させた。この後に混乱はなかった。仏法の効能であろう。末世といっても信念の力を結集しなければ、どうして仏の徳が顕現しないことがあろうか。この三人の僧は智徳の行を修めていて、上代の聖人に劣ることのない人々である。

この件は、良通が朝廷から春日祭の勅使に任ぜられたとき、兼実が智詮を含めて三人の僧に良通の任務が無事に完遂できるように祈らせたもので、その結果、任務が無事に遂行されたことから、三人の僧の功績を称えて記したものである。兼実が智詮に抱く信頼感は、すべての困難や悩み事に立ち向かう勇気を与える呪術的能力を持ち合わせているところにあった。また、信助は、中宮権大進仲光の子息であって、兼実の叔父に当たる。彼は安元三(一一七七)年に高野山で二・三ヶ月の間居住していて、治承四(一一八〇)年四月には、兼実が書写した『理趣経(りしゅきょう)』を高野山の奥の院で供養している。

しかし、良通の死を前にして、智詮に呪術的能力があって、たとえ死者が浄土往生できたとしても、兼実の心の空白を埋め合わせることはできなかった。自身では現世においても来世においても如何ともしがたい無能さ加減が身に染みた出来事でもあった。ましてや、十数年来信頼していた智詮の能力には限界があり、兼実の今までの行実が無に等しいものであったことを実感せざるを得なかった。

その後、兼実は、文治五(一一八九)年二月十九日に澄憲法印を導師に招いて、良通の忌明け法要を行っていると『玉葉』に記している。良通の死に世の無常を改めて知った兼実が、良通の一周忌が明けた頃の文治五年八月一日に、はじめて法然を月輪殿に招いて法門を語り往生の業を談じたのである。ここでの兼実は、今まで聖に接していた時の態度とは一変して、一年半にわたって整理してきた、自身の心の懊悩を素直に吐露していたであろうことは容易に察しがつく。良通の死は、兼実が関白職に邁進しているときの出来事で、その時の兼実の受けた衝撃や失意の念は、努力して培ってきた地位や名誉が役立たないこと、加持祈祷に頼る既成仏教では、人の心が救われないことなどを骨身に沁みて感じられたことであろう。政策のみならず法然を通憲流の一員として導きいれることにも力を注いていた兼実ではあったが、良通の没後は、法然の説く、死者のためではなく、後に取り残された現世に生きる者を救う教えに心が傾斜していった。

『玉葉』文治五（一一八九）年八月二二日条には、兼実が興福寺や東大寺の復興の進捗を確認するために南都に赴いたときの状況が、以下のように記されている。すなわち興福寺を検知し、

その後東大寺に参詣す（御寺の北大路を経たり）。西門より入り歩行三町に及ぶ。脚気忍び難し。然れども信力を以て身命を忘れ、壇上仮床を構へ畳を敷き、余これに着く。時に始めて松明を乗る。大仏の上仮屋を造り掩ふ。仍って御面相分明ならず。仍って上人（重源）等に仰せ脂燭を指さしむ。仏面分明昼の如し。相毫神妙兼日の風聞に異なれり。

〈訳〉

その後で東大寺の北大路を経て参詣した。西門から入って三町ほど歩いたところ、脚気がひどくなったが、信心の力で体のことを忘れた。壇上には仮の床が据えられて畳が敷かれている。私はここに座り暫くして松明が灯った。大仏の上は仮屋で覆われ、その顔は見えなかった。そこで重源らに言いつけて松明で照らしたところ、その顔は昼間のようによく見えた。細部にわたって神々しく日頃の感じ方とは違っていた。

と述懐している。大仏の荘厳を仰ぐ兼実の心境が露わになった一齣でもある。この頃の兼実は、文治四（一一八八）年二月十九日に良通を亡くした翌年でもあり、法然とともに自己の心境を話し合った後でもあり、既成仏教の加持祈祷に不信感をもち、自己主張が儘ならない世の中を悟った時期でもあった。権力を謳歌していた頃には感じたこともなく見向きもしなかった、仏の神々しさに跪（ひざまず）いている自身を認めざるを得ない兼実であった。

兼実の仏を信仰する態度が日増し深くなる一方で、彼の政策と信仰の有り方を再考せざるを得ない事態が生じる。それは、通憲流の祖、信西（藤原通憲）直筆の書状を発見した時である。このときの感激が『玉葉』建久二（一一九一）年十一月五日条に記されている。

そもそも長恨歌絵に相ひ具して、一紙の反古有り、之を披見の処、通憲法師の自筆なり。文章褒むべし。義理悉く顕はる。感歎の余り、之を写し留む。其の状に云はく、

唐の玄宗皇帝は、近世の賢主なり。然れども其の始めを慎み、其の終りを弃つ。泰岳の封禅有りと雖も、蜀都の蒙塵を免かれず。今数家の唐書及び唐暦、唐紀、楊妃内伝を引き、其行事を勘へ、畫図に彰はす。伏して望む、後代の聖帝明王、此図を披き、政教の得失を慎しみ、又厭離穢土の志有らば、必ず此の絵を見んことを。福貴常ならず、栄楽夢の如し。之を以て知るべきか。此の図を以て永く宝蓮華院に施入し了んぬ。

時に平治元年十一月十五日、弥陀利生の日なり。

沙彌　在判

此の図君の心を悟らしめんため、予ねて信頼の乱を察し、描き彰はす所なり。当時の規摸、後代の美談なる者なり。末代の才士、誰が信西に比せんや。褒むべく感ずべきのみ。

〈訳〉

そもそも長恨歌絵を整理した時、一枚の書き損じた紙を見つけて調べたところ、通憲法師の自筆であった。文章は素晴らしく道理を弁え、感歎の余りこれを写し留めた。其の状には以下のように書かれていた。

唐の玄宗皇帝は、近頃の賢明な君主である。しかも質素に始まり棄権に終わる。泰山での反乱の時、蜀の都で難を逃れねばならなかった。今日幾つかの唐書、唐暦、唐紀および楊貴妃の内伝を調べ、その内容を考慮して書図に彰したのである。望むらくは、後代の天子や主君がこの図を閲覧して、政治や宗教の得失を自粛し、また厭離穢土の志があるならば、必ずこの図を見るべし。富貴は常住ではなく、栄華は夢のようであることをこの譬えで知るべきだ。この図を末永く宝蓮華院に喜捨し終わる。

時は、平治元（一一六〇）年十一月十五日、彌陀のご加護あれ。

この図は、君主の心を悟らしめんがため、かねて信頼の

乱を察して画き著わしたもので、当時の手本として、後代の美談ともなり得る。末世の才子である信西に勝る者はいない。褒むべし、感ずべし。

ここに出てくる『長恨歌』とは、唐の白居易が八〇六年に作った長編の叙事詩のことである。その内容は、漢の王が長年美女を探し求めて満足することもなかったが、ついに楊家の美しい娘を手に入れることができた。それ以来、王は彼女に心を奪われ、真の政治を忘れて、縁者を次々と高位に取り上げた。その有様に不満をもった安禄山父子・史思明父子が反乱（安史の乱）を起こしたため、王は宮殿を逃げ出そうとするが、楊貴妃をよく思わない兵は動かず、結果的に兵の不満を解消するために楊貴妃の殺害を許可してしまう。反乱が治まって王は都に戻ったが、楊貴妃を懐かしく思い出すばかりで後悔の生活が続く。道士が術を使って楊貴妃の魂を捜し求め、苦労の末に今では仙界で太真と名乗る彼女を見つけ出し、彼女から王との楽しかった頃の思い出話を言い付けられる。

この物語は、通俗的な興味に流されることなく、悲劇的な恋愛を格調高く描いた傑作として、白居易の詩名を高め、中国で広く愛誦された。日本でも『源氏物語』や多くの作品に引用され、平安時代のみならず後世の文学に大きな影響を与えた。

信西がこの図を描いた、平治元（一一五九）年十一月十五日といえば、平治の乱が同年十二月九日に勃発し、通憲が没したのが同年十二月十三日であることから、死の一ヶ月前に描かれたものであることがわかる。『平治物語』によると、後白河法皇から信頼の大将就任を諮問された信西が、先例を挙げて諫止するとともに、唐の玄宗皇帝と楊貴妃の悲劇を題材とした『長恨歌』の絵巻を作成し、信頼を寵臣でありながら反乱を起こした安禄山になぞらえて、その危険性を悟らせようとしたのである。ところで、信西は、天皇に対する勧戒だけではなく、この絵巻に「福貴常ならず、栄楽夢の如し」と栄華の儚さを示す盛者必衰を表す語句を付記し、当時の主流であった無常観や因果観を基調とした仏教的な思想を盛り込もうと意図していたことも見逃せない。

兼実は、藤原一門の中でも葉室流や通憲流には精通していたものの、信西の政教に対する思い入れおよび平治の乱を予測し、自分の死を覚悟しての遺言ともとれる自筆を発見した時の感慨は一入ではなかったようである。それも当代屈指の『長恨歌』を引き合いに出した信西の思慮深い書絵であった。当時の権勢をほしいままにしていた信西が、死を覚悟して描いた遺言ともとれる『長恨歌』の絵巻は、良通の不穏な死で心の痛手を負った兼実の心境と二重写しになって心に響くものがあったようである。兼実にしても関白に成り立ての頃で、権勢を意のままに操れる立場に居ながら、通憲流の申し子ともいえる法然と出会い『長恨歌』を発見し、自身の精神面での拠り所を得た思いに浸ったことであろう。

　法然と接することで通憲流を身近に感じた兼実なればこそ、何時もの彼ならば気づくこともなかったであろう、通憲流の祖師ともいえる信西の直筆書状が目に留まったのである。書状を発見して以来、兼実は円照から通憲流の思想を受け継いだ法然に、戒師以上の親しみを感じ、より近づくようになったと考えられる。想像を逞しくすると、兼実の出家戒名が円証であることから、法然の心の師ともいえる円照の法名および通憲の遺言ともいえる『長恨歌』を見つけたことも影響しているのではないだろうか。

　さらに、二年後には自らの行為として、『玉葉』建久四（一一九三）年十月二七日条に以下のように記している。

巳の刻経蔵に参り、終日仏像等を礼す。

〈訳〉

午前十時頃に経蔵に入って終日仏像などを礼拝した。

　これらの文章から兼実の心の動きが見てとれる。すなわち、法然に逢うまでの兼実は、自分の名誉や地位を慮って(おもんぱか)の喜捨であり造像起塔であった。そのときは、自身が製作寄進した品物として仏像を支配する立場であって、完成した寺院や仏像を見ても、単なる建造物にしか見えなかったであろう。しかし、良通を亡くした懊悩を経て法然に逢ってからは、仏像は仏そのものであり、寺院は仏の住まう荘厳となって、兼実の信仰の対象あるいは仰ぎ見て礼拝する対象になってきたことを示している。考え方が逆転してしまった兼実の心境は、慈円と共に鎮護国家、怨霊鎮魂の目的で仏教を擁護してきたが、そのことと自己が救われることとは別問題であることを悟り、今までにも増して通憲流聖を継ぐ法然に帰依するようになっていく。奇しくも、良通の死が、今まで兼実の親しんできた効験あらたかな聖とは違って、精神的なよりどころを与える存在としての法然を兼実に近づけたといえる。

四．東大寺講説

大原問答の後、法然の通憲流に対する理解のみならず、問答の過程で行われた浄土門の解釈にも心打たれた重源は、東大寺の造営中に、当時の苦しむ人々に適う浄土の教えを供養して欲しいと、法然に依頼してきた。重源が法然に依頼した理由と経緯が、『行状絵図』第三〇に、以下のように記されている。

寿永・元暦のころ、源平のみだれによりて命を都鄙にうしなふもの、其数をしらず。こゝに俊乗房、無縁の慈悲をたれて、かの後世のくるしみを救はんために、興福寺・東大寺より始て、道俗貴賤をすゝめて、七日の大念仏を修しけるに、そのころまでは人いまだ念仏のいみじき事をしらずして、すゝめにかなふものすくなかりければ、俊乗房このことを歎て、人の信をすゝめむがために、建久二年のころ、上人を講じたてまつり。

〈訳〉

寿永から元暦（一一八二〜一一八五）の頃、源平の争乱によって、都や田舎で命を失った者が大勢いた。そこで俊乗房重源は、一切平等の慈悲心を傾けて、彼らの死後の苦しみを救うべく、興福寺や東大寺から始めて、出家者や在家者、富者や貧者を問わず、多くの人々を誘って七日間の大念仏の法会を勤めたが、その頃の人々は未だに念仏の優れていることを知らないために、勧めに従う者が少なかった。俊乗房は、この事を憂え悲しんで、人々に阿弥陀仏への信心を勧めようとして、建久二（一一九一）年の頃、法然上人を招くことにした。

法然とともに念仏聖の系譜につらなる口称念仏を行じていた重源は、世情に苦しむ南都の人々にも念仏の縁を結んでもらいたいとの思いはあったが、南都六宗の既成仏教に浸りきっているこの地にあっては、念仏に縁のない人々を説得するのは極めて困難であった。そこで大原の別院で法然の論談と教義に接した重源は、法然に白羽の矢を立て、深遠な仏教思想から解きほぐした浄土の教えを、さらに噛み砕いた念仏の教えとして人々に聞かせたかったのである。ここでの建久二年は文治六（一一九〇）年の間違いか。

重源が法然に講説を希求したもう一つの経緯は、東大寺造営の目的で、空也のように口称念仏とともに全国を勧進して回っていたときに、様々な災害や戦乱に疲弊している庶民を目の当たりにして、彼らを救う手立てを常々考えていた。しかし当時の念仏は、空也の行動からうかがえるように、日常的なケガレとキヨメを対象としていて、勧進のついでに称えられるものとの考えが浸透していたため、庶民は念仏が仏の教えであるという概念を持ち合わせていなかった。思案に暮れていた重源は、庶民の念仏と仏教の念仏とを理路整然と統一した法然に講師の任を求めたのである。

しかし、重源にしても七〇歳という寄る年波には勝てず、念仏を南都に広めたいという願望以外にも、別の悩み事があったようである。『玉葉』によると、兼実が最初に法然に逢って、法文を語り往生の業を談じたのは、文治五（一一八九）年八月一日のことであった。次に逢って授戒したのが、文治五年八月八日である。その間、兼実は同年八月三日に重源に逢っている。そして、法然は文治六（一一九〇）年二月に東大寺で「浄土三部経」の釈義を講じ、その後、建久元（一一九〇）年七月二三日にも、重源は兼実に逢っている。つまり、「東大寺講説」の前に、法然、兼実、重源ら三人は、既に逢っていて、それぞれに講説の策を練っていたものと考えられる。

四．一．講説の環境

「東大寺講説」が実施された前年八月一日に、兼実は法然と逢って法門を語り往生の業を談じているが、これには、兼実が度々南都に赴いて、興福寺や東大寺の復興を視察した中で、重源や周辺の人々の思いを耳にしていたことと関係がある。すなわち、重源は大仏鋳造が完成して安堵する一方で、東大寺建屋の創建という新たな目的に向けて、自身の勧進に対する気力の限界と心身の衰弱を感じていた頃である。重源の心情を知った兼実は、重源の勧進を労うとともに、大仏造立の完成と東大寺創建の節目に、何らかの行事を目論んでいたのであろう。
そのことを裏付ける史料が『玉葉』文治五（一一八九）年八月三日条に記録されている。ここには、大仏の鋳造を終えた重源が、東大寺創建に際して、以下のように苦悩を吐露している。

東大寺聖人重源来たる。余これに謁す。語る、御柱百五十余本採り了んぬ。十余本已に御寺に付き了んぬ。上の御沙汰緩かならずは、三ヶ年の間造り畢るべしと云々。而るに当時の如くば、周防国中の荘園人夫合期せず。又一向対捍の所等あり。申し上ぐと雖も御沙汰無し。又かの国造寺に付せらるる以後、新立の荘五六ヶ所に及び了んぬ。かくの如くば、始終叶ふべからず。諸国の麻苧並びに人夫一切叶はず。然る間空しく一州を領し成る無き由、必ず謗難を蒙ぶらんか。仍って只御仏事を奉行し、造寺の事を辞せんと欲すと云々。余再三制止を加へ了んぬ。

〈訳〉

東大寺の重源聖人が来た。余は之に応じた。柱材を一五〇本余り伐採し終わり、十本余りは既に寺にある。造寺は性急にすれば三年以内に完成するという。しかし、今の時期、周防の国中の荘園人夫は日程に合意していない。また、強力に反抗する敵対所などがあって、申し述べても応じない。また、彼国の造寺以後に付け加えるに、新しく立てた荘は五六ヶ所に及ぶ。このことは元来やむを得ないことで、諸国の麻糸や人夫も一切思うようにならない。その間、一所も空き領はなく、必然的に誹謗や論難を蒙ることになる。よって只仏事に集中したいだけで、造寺の職を辞めいたという。余は再三制止した。

重源は、仏教に携わるものとして勧進によって大仏鋳造を成し遂げたが、東大寺創建に至っては、勧進で協力を得ることは難しく、自身が老体の身であることを安じて、本来の聖に戻りたい、との弱音ともいえる意向を兼実に訴え出たのである。兼実は造東大寺の進捗を確認するために度々南都を訪れていたことから、東大寺再建に対する重源の窮状をよく知っていた。兼実は、重源の悩み事を解決するためにも、大仏再建の労をねぎらうためにも、「大原問答」での法然の実績あるいは東山吉水で通憲流教義が整いつつあるのを見定めて、平安京だけではなく南都においても、法然の浄土教釈義を披瀝してもらうことを重源に勧めたのである。そして、文治五年八月八日に、兼実が法然から授戒されるのを機に、重源の悩み事を法然に打ち明けて、「東大寺講説」を依頼したものと考えられる。

兼実から講説の依頼を受けた法然は、半年ほどの猶予を得て東大寺において講説を実行したと、『行状絵図』第三〇に記されている。

> 建久二年のころ、上人を請じたてまつりて、大仏殿のいまだ半作なりける軒のしたにて、入唐の時わたしたてまつれる、観経の曼陀羅、ならびに浄土五祖の影を供養し、又浄土の三部経を講ぜさせたてまつりける。

〈訳〉

建仁二（一一九一）年の頃、法然上人をお招きして、まだ半分位しか出来上がっていない大仏殿の軒の下で、俊乗房が唐から帰国した時に持ち帰った『観無量寿経』の曼陀羅と中国浄土五祖の絵像を供養した。また「浄土三部経」をご講義していただいた。

ここでの『観経』とは、『観無量寿経』のことである。法然は、未完成な大仏殿の軒下で、重源が唐から持ち帰った浄土五祖図と曼陀羅を供養して「浄土三部経」を講じたという。なお、浄土五祖図については、後述の『逆修説法』の章で説明する。

後白河院の命による重源からの特請を受けた法然は、文治六（一一九〇）年二月に「浄土三部経」を三日間にわたり講説した。造東大寺は養和元（一一八一）年七月に着工以来、建久六（一一九五）年三月十二日に落慶供養が行なわれるまでの期間を考えると、建久元（一一九〇）年七月十五日に柱が立ちはじめたというから、文治六年は造東大寺の工事半ばの仮屋での講説であったといえる。この時期、大仏造立の完了と大仏殿の造営祈願を兼ねた節目にあたることから、重源としては、念仏聖として全国を勧進して回った経験を踏まえて、法然がまとめ上げた一向念仏と教学を論理的に講説することで、自身の勧進に対する決意表明とともに様々な苦しみにあえぐ庶民や権門に供養したかったのであろう。

法然は、北嶺の中心的な教えとなっている大乗円頓戒や修行法あるいは『往生要集』に訴えて念仏を説くのではなく、南都でよく知られている仏説に基づく「浄土三部経」(阿弥陀経、無量寿経、観無量寿経)を釈義して、南都の人々に浄土門の念仏を講説した。その中の『阿弥陀経釈』の奥書には「本云。文治六年庚戌二月一日、於東大寺請之畢。所謂源空上人、能請重賢上人」と記され、『観無量寿経釈』でも同じ奥書が書かれ、日付のみ文治六年庚戌二月二日と記されている。最後の「能請重賢」は「能請重源」の間違いと思われる。このことから両釈義は、二日に分けて講説されたことがわかるが、『無量寿経釈』には奥書がない。おそらく、『観無量寿経釈』の後の講説であったと考えられる。

法然の釈義した「浄土三部経」では、主に善導の『観経疏』に基づく「念仏往生」を中心にして説かれ、念仏が選ばれたことを意味する「選択」という用語が頻出する。そのために浄土教系の善導・道綽・曇鸞(どんらん)などの祖師方の教えを引用しつつ、様々な仏の教えから順次「選択」していって、阿弥陀仏の誓願による念仏が選ばれたことを説明していく。「選択」という言葉は、『阿弥陀経釈』で三四回、『無量寿経釈』で十四回にも及んでいる。『観無量寿経釈』の文中にも散見される。

東大寺講説の参列者は、重源以外にも、藤原通憲の第十一子である覚憲、第十三子の勝賢、九条兼実の実弟信圓、東大寺別当で源能明(よしあき)の子俊證(しゅんしょう)などの藤原一門が席を連ねていた。

中には、法然に失言があれば、危害を加えようとする者たちのいたことが『行状絵図』第三〇に記されている。

南都三論・法相の碩学おほくあつまりけるなかに、大衆二百余人をの々々はだに腹巻を着して、高座のきはになみゐて、自宗の義を問かけて、批謬(ひびゅう)あらば恥辱をあたへむと、支度したりける。

〈訳〉

奈良の三論宗や法相宗の大学者たちが多く集まった中に、二百人を越す大勢の僧たちが、各々の法衣の下に袖なしの腹巻鎧を着て、高座の周りに連座し、自己の宗派の教義を上人に質問して、もし誤った答が返されるようならば恥をかかせてやろうと準備していた。

法然は重源の要請を受けて、大衆の見守る中で「浄土三部経」に基づいて口称念仏の教えを説くとはいうものの、法然の周りには物々しい武具を身に付けた僧兵のような出立ちの面々が取り囲むという、何時危害が加えられるとも知れない緊張感に満ちた講説であったことがわかる。

四・二・阿弥陀経釈

『阿弥陀経釈』には、講説当時のものと寛永九年版とがあるが、寛永九年版の『阿弥陀経釈』の題名の後に、以下の助文を付け加えている。

正には善導に依り、并びに愚懐を述ぶ。

〈訳〉

主に善導の解釈によるが、これに自己の解釈を加えて述べる。

この助文の言葉は、法然が『阿弥陀経』を解釈する上で、善導の『法事讃』を転用したというのであるが、実際の講説は聴衆を意識した法然の自説に終始した内容になっている。

『阿弥陀経釈』の最初には『阿弥陀経』に五つの解釈があるとして、

将に此の経を釈せんとするに、略して五意有り。一には弁所依経、二には重釈二行、三には経来意、四には釈名、五には入文解釈なり。

〈訳〉

この経を解釈するときに、大凡五つに分けることができる。第一は所依の教を弁じ、第二は重ねて二行を釈す、第三は経の来意、第四は釈名、第五は入文解釈である。

と述べているが、その大部分が「入文解釈」の記述で占められ、結語には、東大寺での講説を許可された謝辞を述べている。「弁所依教」や「重釈二行」は源信の『往生要集』巻下大文第八の「念仏証拠」および「釈名」や「入文解釈」は源信の『阿弥陀経略記』に基づいてそれぞれ論述している。

第一の弁所依経では、第一声としての宣言文が記されている。

説く所の往生極楽の旨、経論その数ははなはだ多くして、勝計は不可、その中に要を取りて詮を抽ぶるに、三部経に過ぎたるはなし。謂はく無量寿経、観経、阿弥陀経也。何を以て之を知るか、ほぼ六文有り。（中略）一に善導の疏文は、善導が専修正行を釈した文に云はく、一心に専ら無量寿経・観経・阿弥陀経等を読誦すべし。今この文に依って、西方の学者、唯専ら此の経を読誦すべし。

〈訳〉

説かれている往生極楽を中心とする経論は非常に多くあるが、どれが勝っているかわからない。その中で大事なところを取り、注釈を引き出すと、『無量寿経』、『観無量寿経』、『阿弥陀経』の三部経に勝るものはない。このことは六つの文によって理解できる。（中略）一にいう善導の疏文とは、善導が専修正行を釈した文章に、一心に専ら『無量寿経』・『観無量寿経』・『阿弥陀経』等を読誦すべし、と述べている。今この文章を引いて西方（日本）の学者は、ただ専らこれらの経を読誦すべきである。

ここでの法然は『阿弥陀経』を釈義する前に、数多ある経典の中で「浄土三部経」を選んだ理由を述べている。すなわち、八万四千の経典の中で「浄土三部経」が選ばれた経緯を述べるに当たって、六種の浄土教系の経典を引き合いに出して、これらの中でも善導の『観経疏』を挙げて説明している。この疏で専修正行とは、一心専心に「浄土三部経」を読誦することであると述べ、善導の文章に従って、日本の学者はこれらの経典を一心に読誦するべきであるという。

次いで、第二の重釈二行では、名号を称えることの功徳について、

舎利弗、もし善男子・善女人ありて、阿弥陀仏の説くを聞きて、名号を執持すること、もしは一日乃至七日、一心にして乱れざれば、その人命終のときに臨みて、阿弥陀仏、もろもろの聖衆を与え、その前に現在す。この人終らんとき、心顛倒せずして、すなわち往生を得。

〈訳〉

舎利弗よ、もし善男子や善女子があって、阿弥陀仏の説く名号を聞いて、一日から七日間一心不乱に名号を称えることがあれば、その人の臨終のときに阿弥陀仏が多くの仏

菩薩を従えて、その場に現れる。この人が命絶える時は、心が煩悩に惑わされることなく、阿弥陀仏の極楽浄土に往生するのである。

と説明している。法然がいうには、『阿弥陀経』の中で、釈尊が勧めているのは、観仏でも念仏でもなく、阿弥陀仏の名号を称える口称念仏なのであるという。この口称念仏行は、一日に十万遍、七日間唱え続けるというもので、この行は法然に始まったことではなく、『玉葉』に記録されているように、兼実が仏厳の勧めに応じて、毎年月日を決めて実践していたことであり、当時の朝廷や貴族などの権門側に所属する人々の多くに受け入れられていた行法の一つである。

この文の「善男子・善女人」は、第五の入文解釈において、以下のように説明されている。

これ則ち専修正行念仏三昧の文なり。この文の中に四意あり。一にもし善男子善女人あるというは、これ則ち念仏の行者を明すなり。この文に付けて、善人を挙るに、意また悪人を用いる（善男善女と雖も、意悪人を兼ねる。その故に）善導この文を釈していわく。もしは仏の在世、もしは仏の滅後、一切造悪の凡夫、但し能く廻心して、阿弥陀仏を念じ、浄土に生まれるを願じれば、浄土の往生を得。

〈訳〉

これはただ一つの正しい念仏三昧の文である。この文の中に四つの真意がある。一つは「もし善男子・善女人」というのは、すなわち念仏の行者のことである。この文について、善人を挙げているものの真意は悪人のことである（善男・善女というが、真意は悪人を兼ねている）。だから善導はこの文を釈して、もしくは仏の在世、もしくは仏の滅後、一切の諸悪を行わざるを得ない凡夫は、よき教えに回心して、阿弥陀仏を念じ、浄土に生まれることを願えば、浄土に往生するのである。

ここでいう善男子・善女人が、念仏の行者であるとするならば、善人といってもその心は悪人をも兼ねている。仏教で禁じている諸悪を行わざるを得ない如何なる悪人と雖も、心を翻して阿弥陀仏を念じ、浄土に生まれたいと思うならば、必ず浄土に往生できるのである。

「入文解釈」の内容を要約すると、『阿弥陀経』は、釈尊が舎衛国の祇園精舎で、舎利弗や目犍蓮といった弟子、文殊や弥勒などの大乗仏教の菩薩たちに、阿弥陀仏の極楽世界の荘厳とそこへの往生の方法、そのことを讃嘆する六方の諸仏などを明かした説法である。この経の中で語られている極楽浄土は「一生補処（必ず仏になれると約束された仏の候補）」の菩薩が住まいするところとされている。

『阿弥陀経釈』で法然は、浄土を極楽と名付け、そこに阿弥陀と号する仏のいることを説き、極楽の法樹・法池・天楽妙華の荘厳、化鳥説法の功徳、微風妙音の功徳など、浄土の様々な荘厳について順に説いていく。そして、阿弥陀仏の荘厳を光明無量・寿命無量と讃嘆し、阿弥陀は十劫の昔に成仏した仏であることを、『阿弥陀経』に従って明らかにする。法然は、浄土と称名念仏の教えを信じる人は、現生において仏と等しい悟りを得ることができるが、信じることほど難しいことはないという。

しかし、『阿弥陀経釈』の中では『阿弥陀経』の内容に余り触れることもなく、善導が提唱する口称念仏のみを強調している。すなわち、善導の釈義として、現世に生きる者は、「浄土に生まれたい」という願いをもつことが大事であるが、浄土に往生するためには少ない善根や福徳では無理であるから、一心不乱に「名号を執持」することを勧める。そうすれば、命が終わるときに阿弥陀如来が来迎し、如来の利益によってその人は極楽浄土に往生するという「来迎往生」が説かれる。

最後に、『阿弥陀経釈』の結語として、「浄土三部経」の講説に対する法然の思いを述べている。

> ここに善導和尚の往生浄土宗においては、経論ありといえども習学するに人なく、疏釈ありといえども鑚仰するに倫なし。しかれば則ち相承血脈の法あることなし。面授口訣の儀にあらず。ただ浅く仏意を探り、疎かに聖訓をうかがい、三昧発得の輩を任せ、一分往生の義を宣る。愚見まことに不敏で、何処に深理を求めるべきか。まして章疏釈ありといえども、魚と魯のように迷いやすく、善導に逢えない者は、智者として生まれ難く、唐に行かざる者は、遺訓はさとり難し。然るに三経請讃の仁に

応じて、三日講讃の会を開くこと、いわば魚鱗の層雲の上に登るがごとく、何ぞ通尽の力あり。いわば飛禽が深泥の底に潜入するを以て、何ぞ自ら能あらむ。恐るべし、恐るべし。恥ずべし、恥ずべし。然と雖も、法王・聖人が多年の厚義、一旦背き難し、たとえ命を捨てると雖も顔色に乖き難し、何をか況や身の耻辱においてを哉。たとえ成仏を期すと雖も、言契は忘れ難し、何をか況や世の誹謗に於いてを哉。故に今萬事を忘れ、参勤を令する事也。事は是れ則ち時の意趣也、聞人は誹謗を生ずべからず。此の中にもし一分の道理を信受するの有るは、また喜ぶ所也。

〈訳〉

ここに善導の往生浄土の教義においては、経論があっても学ぶ者がなく、注釈書があっても褒め称える人もいない。したがって相承血脈の法もない。面授口訣の慣わしもない。ただ表面的に仏の心を探り、粗雑なままに聖人の教えを訪ね、悟りを開いた人に委ねて、一分でも往生の意味を述べる。述べるところは才知に乏しく、深理などないに等しい。ましてや経典があっても、魚と魯の字のように迷いやすく、注釈書があっても、意味は分からない。善導に逢えない者は智者として生まれ難く、唐に行けない者は故人の教えを悟りにくい。しかるに、浄土三部経を講ずるという思いやりの請いに応じて、三日間の講説の会を開くこと、いうなれば魚が雲上に登るように、思いもよらない力添えである。いわば飛ぶ鳥が泥沼の底に潜入して自らの能力が発揮できるものか。驚くべきことだ。恥ずかしいことだ。しかし、後白河法皇や重源聖人の多年の厚意に対し一度たりとも背けるものではない。たとえ命を捨てるともご機嫌に背けず、況やこの身の恥ずかしめに逢おうとも。たとえ成仏したとしても、お言葉を忘れず、況や世の誹謗を受けても。故に今全ての事を忘れ、主君の許で言いつけに従うのみである。この事は時の意向でもあり、聞く人は誹謗してはならない。この中にもしも一分の正しい道を信じ受け入れる者がいれば、喜ぶべきところである。

要約すると、浄土の教義においては、師から弟子に法を受け継いだということもその系図もなく、面と向かって口で言い伝えられたこともない。ただ釈義に説かれたことと自己の体験に基づいて、浅はかな認知の範囲で信仰を述べたまでのことで、仏教の環境に恵まれない者にとって、経典の理解など及ぶものではない。しかし、このような恥ずべきものに対して、後白河上皇や重源聖人が講説の機会を与えてくださった。決してこのような恩に反するような行為に及ぶことはない、という感謝の意を慇懃に表明している。

ここでいう「三昧発得」とは、人が心を一点に集中させた深い静寂の状態（禅定）に入ると、正しい智慧を生じて仏などの勝れた境地が感見できることを意味しているから、法然は、善導を「三昧発得の輩」として崇め、仏のような悟りの境地に達した最高の人格者との称号を与えている。

こうして法然は、相承血脈のないことを、東大寺で公言したのであるが、これは朝廷によって授戒される南都仏教にとってみれば、立宗の意志のないことが表明されたのも同然で、念仏聖の単なる戯言でしかないと思われたようである。このときの聴衆は、相承血脈がなくて既成仏教では救われる道が見出せない哀れな僧侶との認識で法然の釈義を聞いていたのであろう。しかし、識者にしてみれば、仏典を引用しながら弥陀の本願による念仏が見事に証明されていて、既存の念仏聖の称える称名とは、大きく違っていることが認識されたことであろう。

通憲流の関係者はこのような講説の効果を既に見通していたものと思われる。

そして、善導の釈義に従って『阿弥陀経』を解釈した後、寛永九年版『阿弥陀経釈』の最後では、

華厳天台真言禅門三論法相の諸師、各の浄土の法門の章疏を造り、何ぞ彼等の師に依らざらん、唯善導一師を用いる乎。

〈訳〉

南都六宗（華厳・天台・真言・禅門・三論・法相）の諸師は、各々浄土の法門の経論を造っているが、何故彼らの師に依らず、ただ善導一師を用いるのか。

という問いを設けて、

彼等の諸師、各の皆な浄土の章疏を造ると雖も、而も浄土を以て宗と為さず、唯聖道を以て而も其の宗と為す。故に彼等の諸師に依らざる也。善導和尚は偏に浄土を以て而も宗となすなり。而も聖道を以て宗と為さず。故に偏に善導一師に依る也。

〈訳〉

南都六宗の諸師は、各々皆浄土の経典を造っているが、浄土を打ち立てて宗とはせず、ただ聖道を打ち立てて宗としている。故に南都六宗の諸師に依らなかった。善導和尚は偏に浄土を打ち立てて宗としている。しかも聖道を打ち立てて宗とはしなかった。故に偏に善導一師に依ったのである。

と答えて、善導の教義を支持している。南都六宗を開宗した祖師方は、浄土の教えについて説いているものの、人々を浄土に導くための手立てについては一切触れられていない。教えはあるものの、人々を導くための教義にまで昇華されていない。しかし、善導はその逆であって、浄土に導く手立てをもって教義とし、聖道を教義としなかったのである。法然は生涯にわたって貫いた「偏依善導」をここに宣言したのである。

四．三．観無量寿経釈

法然は『観無量寿経釈』の題名の後に、『阿弥陀経釈』と同じように、以下の助文を付け加えている。

諸師の解釈多しと雖も、今正には善導に依り、傍には諸師の釈を以て善導を輔助す。

〈訳〉

諸師方の解釈は多くあるが、ここでは善導の釈を中心に据えて、傍らに諸師方の解釈を添えて善導の考えを補助する。

法然は『観無量寿経』に対する諸師方の解釈は多くあるが、ここでは善導著『観経疏』を中心に据えて、諸師方の解釈を参考に資するというのである。本来ならば、諸師の教説を解釈したのは善導であるが、それにも関わらず、法然は口称念仏を提唱する善導の教義を裏付けるために、善導以前に現れた諸師の言説を引用して釈義する手法を使う。

これは、法然独自の発想の転換ともいえるもので、「三部経釈」全体に貫かれているのは、「正には善導に依り」であって、善導の念仏解釈を「浄土三部経」で説明するという、逆説的な発想で全釈義が貫かれている。

『観無量寿経釈』の最初には『観無量寿経』に五つの解釈があるとして、

将に此の経を釈せんとするに、略して五意有り。一には定前後、二には来意、三には釈名、四には釈二善義、五には入文解釈なり。

〈訳〉

この経を解釈するときに、大凡五つに分けることができる。第一は前後を定む、第二は来意、第三は釈名、第四は二善の義を釈し、第五は入文解釈である。

と記している。まず「定前後」では、『無量寿経』と『観無量寿経』との時間的前後論を述べるに当たって、『観無量寿経』の経文を見る限り、『無量寿経』が先であって、『観無量寿経』はその後になるように、釈尊によって説示されたものであるとする。これは善導の『観経疏』（散善義）から大きな影響を受けた法然が、『無量寿経』によって本願を成就した阿弥陀仏が『観無量寿経』において往生浄土を説いていると解釈したことに起因していると考えられる。

次に「来意」では、『無量寿経』と『観無量寿経』との説示前後論を前提として、『無量寿経』は阿弥陀仏の酬因感果（菩薩が修行の酬いによって得た仏果）を説き、『観無量寿経』は阿弥陀仏の救済を説示していると論じている。

第三の「釈名」では、七世紀頃に法蔵が著した『華厳五教章』の中で説かれている、阿弥陀仏と随伴する観音・勢至の関係を示す「教主を挙げて伴に摂す」を説明する中で、『観経疏』を背景として『観無量寿経』の経題を解釈している。また「釈二善義」では、『観経疏』を背景とした上で『観無量寿経』に説かれる定善（心を一つの対象に定めて妄念をおさえ実践する善）と散善（心が外界の事象にとらわれて散乱しながらも悪をおさえ実践する善）に関する解説を行っている。さらに「入文解釈」では、『観経疏』の所説を継承した上で、『観無量寿経』の十六観を注釈している。

ところで、『観無量寿経』の十六観は、この経の「王舎城の悲劇」という物語の中で説明されているが、「入文解釈」では「王宮会」としてわずかに触れているに過ぎない。

今経は闍王の造逆、韋提が厭離穢土、欣求浄土を以て、別序と為してこれを説く。

〈訳〉

この経は、闍王の造逆のとき、韋提が穢土を厭離し、浄土を欣求する物語を別途設けている。

この王宮会は、マガタ国（インド）の王舎城において、阿闍世（闍王）が父王の頻婆娑羅を幽閉して殺害しようとした（造逆）ときに、母后の韋提希（韋提）が抱いた苦しみと救済されていく彼女の心の動きを描いている。

その内容は、王舎城の太子である阿闍世が、釈尊の弟子である提婆達多にそそのかされて、父である頻婆娑羅国王を牢獄に閉じこめて餓死させようとした。王の身を案じた妃の韋提希は、自分の身体に食物を塗るなどして牢獄内に食物を持ち込み、密かに王に食を与えていた。しかし、それも我子の阿闍世に発覚してしまい、阿闍世は怒りのあまり、母である韋提希をも殺そうとするが、家臣に説得されて、韋提希を宮廷内に閉じ込めてしまう。我子に背かれて囚われの身となった韋提希は憂い憔悴して、霊鷲山におられる釈尊に向かって教えを請う。

韋提希の願いに応えて彼女の前に釈尊が現れると、韋提希は地面に身を投げ、号泣しながら仏に「私は過去にどのような罪を犯してこのような悪い子を生んだのでしょうか。また世尊（釈尊）はどのような因縁があって、提婆達多という悪人と従兄弟なのでしょうか。世尊よ、私のために憂い悩むことなき処をお説き下さい。もはや私はこの濁悪の世を願いません」と訴えた。そこで釈尊が眉間から光を放って諸仏の浄らかな国土（浄土）を現出されると、韋提希はその中から特に阿弥陀仏の極楽浄土に生まれたいと訴え、そこに行く方法を説き示されるように仏に懇願する。

釈尊は韋提希の請いに応じて、神通をもって十方の浄土を示し、衆生が阿弥陀仏の浄土に生まれるためには、三福（世間の道徳を守る世福、戒律を守る戒福、大乗の自利利他の善根を行う行福）の善行と、この世の有りようや品行に九種類（九品往生）あることを示し、あわせて十六観想（阿弥陀仏の身や浄土のありさまを思い浮べる十六種の観法）を行うことによって、浄土に生まれることができる、と順次説いていく。釈尊の説法を聞いた韋提希は、不運な運命を背負った自分が救われることを確信するとともに、自分以外の衆生が救われる道についても教えを請うている。

浄土の荘厳について説き終わった釈尊は最後に、

阿難に告たまわく、汝好くこの語を持せよ。この語を持せよとは、すなわちこれ無量寿仏の名を持せよとなり。

〈訳〉
釈尊は阿難にお告げになって、汝好くこの言葉を身に保ち、後の世にまで伝えよ。この言葉を伝えよとは、無量寿仏のみ名を伝えよということである。

釈尊が阿難に告げた遺言ともいえる言葉を「流通分」という。『観経疏』ではこの「流通分」を附属の文といい、これに善導が以下のような解釈を施している。

上来定散両門の益を説くと雖も、仏の本願に望むれば、意衆生をして一向に専ら弥陀仏の名を称ぜしむるにあり。

〈訳〉
今まで経典は、定善・散善の利益を説いてきたが、阿弥陀仏の本願に照らし合わせてみると、釈尊の本意は、人々にひたすら阿弥陀仏の名を称えさせることにあった。

ここでは、『観無量寿経』には、定善（じょうぜん）と散善（さんぜん）の二つの善行が説かれているが、釈尊の真意は、末代の人々にまで、南無阿弥陀仏と仏名を称えさせることにあったという。すなわち、韋提希への説法は念仏を説明するための方便であり、すべてが念仏に集約されている。このことを経典の結論として阿難（あなん）に附属し、人々が阿弥陀仏の名号を称えるように勧め、名号を後世にまで流布し伝持することを命じられたのである。これは、念仏が弥陀の名を称えることであると宣言されたことと同等である。中国では隋・唐時代に広く流布し、とくに善導が本経典の主意を称名念仏による凡夫の往生を説いたものと解釈し、これが日本の法然に受け継がれて、その後の浄土教の展開に大きな影響を与えることになった。

法然は『観無量寿経釈』において、『観無量寿経』の功徳を説明した後で、釈尊が阿難に附属した口称念仏について述べている。

流通（分）に多の文段有り、要を取て之を釈せば、経に云（曰）。仏が阿難に告げていわく、汝好く是の語を持て。此（文）を釈するに二の意有

り。一には先ず善導に依らば、定散の諸行を廃て但し念仏の一門に帰すと。二には経中の諸文に於て、略して此の義を輔助す。一には善導に依り諸行を廃して念仏の一門に帰すと、善導仏告阿難等の文を釈して云く。仏告阿難汝好持是語に従て已下は、正く弥陀の名号を附属して於て遐代の流通を明す。上来定散両門の益を説くと雖も、仏の本願に望れば、こころ衆生をして一向に専ら弥陀仏の名を称せしむるに在り。釈して云く。諸経の宗旨は不同なり、此の経には観佛三昧を宗と為し、亦念仏三昧を以て宗と為す。二には諸文を以て輔助すとは、此の経の意は、定散の善根を説いて、諸行の往生を明かすと雖も其の正意を論ずるに、正しく念仏往生に有り。

〈訳〉

流通分には多くの文段があり、『観無量寿経』の主要な文を注釈すると、仏が阿難に「汝はよくこの言葉を保つよう」と告げていう。これには二つの意味がある。第一はまず善導によると、定散の諸行を廃して、念仏の一門に帰す。第二には経中の諸々の文章において、大凡の意味を補助する。第一の善導に依って諸行を排除して念仏門のみに帰依するとは、善導が「仏告阿難」の文を解釈して、「仏告阿難汝好持是語」以下は、まさしく阿弥陀仏の名号を与えて末永く行き渡らせよと命じている。過去定善・散善の利益を説いていても、仏の本願を仰げば、その心は衆生に一心に阿弥陀仏の名を称えさせることにある。これを解釈して、諸々の経典の教義は一様でないが、『観無量寿経』では観仏三昧を教義とし、念仏三昧をもって教義としている。第二の諸々の文章をもって補助するとは、『観無量寿経』の心は、定散の善根を説いて、諸行往生を明かすといっているが、この正しい意味を論じると、まさしく念仏往生のことである。

この件は、『観無量寿経釈』のまとめともいえるもので、釈尊が阿難に定散の二善を附属せずに、口称念仏のみを附属したという『観無量寿経』の本文に基づいて、釈尊の本心は定散二善ではなく、口称念仏にあったとする善導の解釈が強調されている。ここでは、衆生が救われるさまざまな方法と救済の段階を詳細に説き、それらを修し得ない悪人のために念仏があることを明らかにしていることから、『観無量寿経』は浄土教にとっては重要な経典とされている。

『観無量寿経』における釈尊の説法は、彼の弟子である阿難（男子）と煩悩にまみれた凡夫の代表ともいえる韋提希（女人）を対象としたもので、本来の仏教では男女の差別はなかった。しかし、平安時代後期になると、悪人の中に女人も含まれるようになり、女人が悪とケガレの根源とされていたのである。このような時代背景の下で如何に深遠な『観無量寿経』が説かれても、ケガレに満ちた女人に説かれた教えとなると、聴衆は黙って聞いてくれるはずがない。そこで法然は女人往生を正当化させるために、『観無量寿経』に説かれている、救われるはずがないとされる女人（韋提希）が、十六種の観想の段階を追って救われていく証拠を『無量寿経』の第三十五の女人往生願に求めている。

女人往生については、『無量寿経釈』の後で検討することにする。

四．四．無量寿経釈

法然は『無量寿経釈』の題名の直後に、以下の助文を付け加えている。

正には善導に依る、傍には諸師による、并に愚懐を述ぶ。

〈訳〉

主に善導の解釈によるが、傍らに諸師方の解釈を添えて、これに自己の解釈を加える。

この助文は、『阿弥陀経釈』と『観無量寿経釈』の序文を統合したかたちになっていて、善導というよりはむしろ諸師の言説を引用して、法然独自の仏教観と浄土教の解釈を試みた講説であるといえる。

『無量寿経』は、過去久遠の昔、法蔵菩薩が無上なる悟りを得ようとの志を抱き、生きとし生ける者を救済するための本願として四十八の願を立て、途方もなく長い間修行を重ねたのち本願が成就して、いまから十劫というはるか以前に阿弥陀仏となり、現に西方の極楽という世界（浄土）に住いして説法していることを述べる。ついで極楽浄土の勝れたしつらい（荘厳）を詳しく描写し、この極楽への往生を願う人々を上・中・下の三種類（三輩〔さんぱい〕）に分け、最後に念仏を中心とした種々の実践法によっていずれも浄土に往生できることを説き明かしている。

『無量寿経釈』の最初には『無量寿経』に五つの解釈があるとして、

将に此の経を釈せんとするに、略して五意有り。一には大意、二には立教開宗、三には淨教不同、四には釈名、五には入文解釈なり。

〈訳〉

この経を解釈するときに、大凡五つに分けることができる。第一は大意、第二は立教開宗、第三は淨教不同、第四は釈明、第五は入文解釈である。

と記している。まず「大意」では、『無量寿経』のあらましとして、釈尊が穢土に出現し、阿弥陀仏が浄土にいるのは、穢土の衆生を浄土に導くためであるとする。次いで「立教開宗」では、浄土宗の教判を述べるに当たって、各宗の教判を列挙する中で、浄土宗は道綽によって釈尊一代の仏教が聖道門と浄土門に二分されたこと、『無量寿経』は浄土門の経であること、往生浄土の教えは煩悩をもつ凡夫がそのまま三界という迷いの世界を離れるから「頓中の頓」であるとする。「浄教不同」では、往生浄土の教えの中にも根本と枝末があり、『無量寿経』は根本であり、正往生教であり、有所往生教であり、往生具足教であるとする。なお、「釈名」および「入文解釈」については前述しておいた。

以下に、五意の内、「大意」、「立教開宗」、「淨教不同」について検討する。

第一の大意は、

釈迦無勝浄土を捨てて此の穢土に出でたまふ事は、本浄土の教えを説て衆生を勧進して浄土に生ぜしめんが為なり。弥陀如来穢土を捨て彼浄土に出でたまふ事は、本穢土の衆生を導いて浄土に生ぜしめんとなり。

〈訳〉

釈尊がこの上ない浄土を捨ててこの穢土に出現したことは、もっぱら浄土の教えを説いて衆生に勧めて浄土に生まれさせるためである。阿弥陀仏が穢土を捨てて浄土に生まれたのは、もっぱら娑婆の衆生を浄土に生まれさせるためである。

という。すなわち、仏の世界に居られた釈尊が浄土を捨てて、この世に生まれたのは、この世で浄土の教えを多くの人に勧め、衆生を浄土に往生させるためであって、釈尊の教えは浄土経典以外にはないというように限定されている。一方、阿弥陀仏はというと、法蔵菩薩の時に「願が成就しなければ仏にならない」と誓われて、その結果浄土に阿弥陀仏として生まれたのは、穢土の人々を浄土に導くためである。ここでは、穢土での釈尊と浄土での阿弥陀仏のそれぞれの役割が明確に規定されている。この役割分担は、善導作による「二河白道（にがびゃくどう）」の例え話の中にある、彼岸から来たれと呼びかける阿弥陀仏と彼岸に向って進めと声をかける此岸の釈尊との両方の立場を代弁しているといえる。

第二の立教開宗は、聖道と浄土の二教を立てて、これらの違いについて述べている。

一に聖道の教えとは、若しくは小乗若しくは大乗、若しくは顕教若しくは密教の中。二に浄土の教えとは、小乗の中には全く浄土の法門を説かず、大乗の中には多く往生浄土の法を説く、これを名づけて浄土教という。今この経は正しく是浄土教に摂す。次に横截五悪趣の文を以て二門を分別するなり。抑も三乗四乗の聖道は、正像既に過て、末法に至れり、但だ教有りて行証なきが故に、末法の近来断惑證理なきが故に、これを以て生死を出る輩なし。往生浄土の法門は、未だ煩悩の迷いを断ぜずといえども、弥陀の願力に依って極楽に生ずるは、永く三界を離れて、六道生死を出ず。故に往生浄土の法は、是未だ断惑せずに三界を出の法なり。故に末代の出離生死は往生浄土なり。出離生死更に以て階なきが故に、心有らん人は、若し生死を出んと欲せば、必ず浄土門に帰すべし。

〈訳〉

一に聖道の教えというのは、小乗・大乗あるいは顕教・密教の中にある。二に浄土の教えとは、小乗では浄土の教法を説いていない、大乗の中では多くが往生浄土の真理を説いている。これを浄土教といっている。『無量寿経』はまさにこの浄土教を収めている。次に死後に赴く五つの世界を横ざまに越えるという文章をもって聖道・浄土の二門に分ける。そもそも声聞（しょうもん）・縁覚（えんがく）・菩薩および仏の聖道は、正法と像法が既に過ぎて、末法になっている。唯一教だけがあって行と証がなく、末法に至った近来では迷いを断って真理を証する機会がないため、聖道で生死を離れる人はいない。往生浄土の教えは、煩悩の迷いをもったままで、弥陀の願力によって極楽に往生できるというが、これは三界（前世、現世、来世）の輪廻を逃れ、六道（地獄・餓鬼・畜生・修羅・人間・天）での生死を離れることができる。故に往生浄土の教えは、まだ迷いをもったままで三界を離れる教えである。故に、後世に生死を離脱できるのは浄土に往生することである。生死を離れる道がないからこそ、心ある人が生死を離れたいと思うならば、必ず浄土門に帰依すべきである。

ここでは、法然が比叡山で八万四千にも及ぶさまざまな経典に触れ、それらを三回も読破して得たところの仏教の知識を駆使して、浄土教の正当性を述べている。すなわち、既成仏教には顕密の小乗を説く聖道の教えと大乗を説く浄土の教えとがある。小乗仏教では浄土について全く触れられていないが、大乗仏教では浄土が説かれているので、これを浄土教と名づける。かの『無量寿経』には浄土の教えが説かれている。そもそも平安時代後期は、釈尊が入滅して以来、千五百年が経過した末法の時代で、正しい教えだけがあって、行ずる人もいなければ悟った人もいない。すなわち、聖道の教えでいくら修行を積んでも悟りに至ることはできず、生死を離れることはできないが、浄土の教えは阿弥陀仏の願力によって煩悩を断ずることなく、横ざまに飛躍して生死を離れることができる。したがって、自力で修業するということが不可能な時代背景では、弥陀の願力（法蔵菩薩時の誓願）に頼って往生する以外に方法はない。だから、浄土に往生したいと思うならば、浄土門に帰依すべきであるという。

次いで、法然は、道綽が『安楽集』で説明している『無量寿経』の中の「横截五悪趣（おうせつごあくしゅ）」を引用して、聖道の教えと浄土の教えを法の頓漸でもって批判する。

道綽禅師此の経の横截五悪趣の文を釈して云く。若し此の方の修治断徐に依ば先ず見惑を断て、三途の因を離れ、三途の果を滅す。後に修惑を断て人天の果を離れ此れ皆漸次の断徐にして横截と名けず。若し弥陀の浄国に往生を得れば、娑婆の五道一時に頓捨する故に、横截と名けると。截五悪趣の其の果を截るなり。天台真言は皆頓教と名くと雖も、(然れば彼れは)惑を断ずるが故に猶是を漸教なり。未だ惑を断ずることなく三界の長迷を出過する故に、此の経を以て頓中の頓為るなり。

〈訳〉

道綽禅師が『無量寿経』の「横截五悪趣」の言葉を解釈して、今までの行動様式を断つならば先ず思いを断て、三途(地獄・餓鬼・畜生)の原因を離れることで、三途の結果をなくす。その後に迷いを断って人間・天の結果を離れる。これらは徐々に断ち除くことから横截とはいわない。もし阿弥陀仏の住まう浄土に往生できれば、この世の五道(地獄・餓鬼・畜生・人間・天)を一瞬に離れるために、横截と名付ける。五悪趣を裁断しその結果も断ち切るのである。天台・真言は皆頓教と名づけているものの、迷いを断ってからという限りは漸教ではないか。まだ迷いを断たずに前世・現世・来世の三界を彷徨っている間に脱出するがゆえに、この教えをもって頓中の頓とする。

ここでの「横截」は重要な用語で、横ざまに整えるという意味をもっていて、縦截に対する言葉であるといえる。横截の意味は、縦に順次修行を積んで往生の準備を整えてから浄土に行くというのではなく、修行を積むという段階を無視することで娑婆と浄土とを横繋ぎにするというもので、重力に逆らう縦移動ではなく、歩くように横異動で容易に浄土に行くという考え方である。古からの用語を用いれば、縦截が小乗、横截が大乗ということになろうか。つまり、道綽によって仏教が聖道門と浄土門とに分けられる中で、天台や真言の聖道門では自分たちの立場を頓教と呼んでいるが、自己の意思で修行して段階を踏んで迷いを断つ限りは漸(徐々に変わる)教である。しかし、浄土門の「横截五悪趣」は修行を経ることなく瞬時に往生できるので頓(即刻に変わる)教といえる。さらに、弥陀の願力によるが故に頓中の頓なのである。

結局、法然は既成仏教では段階を追って時間をかけて迷いを除いてから浄土にいくというが、そのような漸教では、現在のような末法の世の中で、修行などできるはずがない。ましてや、修行の未熟な者や修行の機会に恵まれない者は、現実の問題として、仏になることができない。ところが浄土の法門は念仏を称えることにより、煩悩をもったその身そのままの姿で、ただちに浄土に往生できる頓教であるから、修行など必要としない。まさに修行の廃れた末法の世の中に相応しい教えであるというのである。

法然は、従来の仏教から浄土門を選び出して開示し、聖道門と浄土門の違いを横截という表現でもって峻別することで、浄土門の立教開宗を成し遂げている。

第三の浄教不同とは、浄教（阿弥陀仏の救済を説いた経典類）は同じではないという意味で、本質的な経典と末梢的な経典とを分けて考えている。

往生教に於て根本あり、亦枝末有り、例せば真言の如き。此の経を以て根本と名、餘経を以て枝末と名。亦此の経を以て正往生の教と名づけ、餘経を以て傍往生の教と名。

〈訳〉

往生の教えには根本があり、枝先がある。たとえば、真言の如きは、『無量寿経』を以て根本経典と名づけ、他の経典を枝先経典と名づける。また、『無量寿経』を以て正しい往生の教えと名づけ、他の経典を傍らの往生の教えと名づける。

往生を説く教えには根本と枝葉があり、例えば、真言宗では『無量寿経』を根本経典とし、他の経典を枝葉経典としている。また、『無量寿経』のみが往生を説く上での主役であり、他の経典は往生を説く上ではわき役に過ぎないとする。特に、「浄土三部経」の中でも、『阿弥陀経』や『観無量寿経』ではなく、『無量寿経』だけを、真言宗の教えを借りて浄土門における根本経典であると位置づけている。

また、この後で、『選択集』の主題ともいえる「選択」の意味を明らかにしている。

選択とは、即ち是取捨の義なり。謂わく二百一十億の諸仏の浄土の中に於いて、人天の悪を捨て、人天の善を取って、国土の醜を捨て、国土の好を取るなり。

〈訳〉

選択とは、即ち取り捨てるという意味である。いわく、二百十億の諸仏の住まう浄土の中で、人や天の悪を捨てて、人や天の善を取って、国の醜さを捨てて、国の善いところを取り上げる。

「選択」とは、取捨の意味に解して、単に適当なものを選び出すだけではなく、取り上げて用いるとともに捨てて用いないことをも含んでいる。つまり、必要なものを選んで不要なものを捨てることを強調している。解りやすくするために、人の世に例えていうと、人々や国土の醜悪は捨てて、善美を取り上げるという。その中身は、美醜・善悪の人間の感覚や道徳心は理解しやすく、『阿弥陀経』で説く世界観にしても、人心をそそる荘厳や菩薩の生活などに訴える表現を使って説いている。

いわば選択とは、単なる取捨ではなく、諸仏を代表する阿弥陀仏が多くの行の中から選り抜き、さらにその中から善いものを選び取るという、慎重に慎重を重ねた仏の行為の意である。このようにして、八万四千の相対的価値を有する法門の中から念仏一つを選んだことにより、これこそ最高の教えであるから専ら念仏だけを修することで救われるという確信に至ったのである。

次いで、『無量寿経』の中でも、四十八願から仏号を称するという選択に至った理由を述べている。

今前の布施持戒乃至孝養父母等の諸行を選捨して、専称仏号を選取す、故に選択と云うなり。但し五願に約して選択を論ず、其の義是の如し。自余の諸願之に准じて知るべし。

〈訳〉

ここで前の布施・持戒・父母の孝養などの諸行を選び捨て、専ら仏号の称名を選び取るが故に選択という。但し五つの願を束ねて選択を論ずる。その意味はこのようである。それ以外の諸々の願は之に准じて知るべきである。

五願とは、第一がその国には三悪趣（地獄、餓鬼、畜生）がないという願、第二がその国の人は命終わった後に二度と三悪趣に戻らないという願、第三がその国の人間や天人を金色にするという願、第四がその国の人間や天人は平等で美醜の差別を与えない願、第五が第十八の念仏往生の願である。すなわち、選択という方法を用いて、従来の既成仏教で行われている行為を捨てておいて、専ら仏の名号を称える行為を取り上げて、これらについて詳らかに議論しようというのである。

逆説的にいえば、一切の法門を統合総括した絶対の一を得るために、他の相対価値の一切を捨てたということになる。法然は、既成仏教が「あれもこれも」と雑多なままで放って置いた教義を、「あれかこれか」と選りすぐっていけば、それだけに理解しやすい良いものが残るという一連の筋書きを考えたのであろう。実は、救われようのない仏教から見放された衆生を救うには、円照が説いていた一向の念仏以外に方法はないが、見向きもされない一向の念仏を既成仏教の教えから導くには、既成仏教という虎穴に入り込んで一向の念仏という虎児を得るという方法を選び出したのである。その結果、八万四千の法門を相対的に深化させながら、最もすぐれたものとして選び抜かれた善、すなわち最勝の法門でもある「無観称名義」に辿り着いたという筋道を確立させたのである。

　これらの議論は理解できるが、何故、選択の結果、念仏往生願だけが取り上げられるかの疑念がわいてくる。

　問て曰く。普く諸願に約して、麁悪を選捨して、善妙を選取するは、其の理然るべし。何が故ぞ第十八願に一切諸行を選捨し、唯偏に念仏の一行を選取して、往生の本願と為したまうか。答て曰く。聖意測り難し、輙く解するに能わず。然と雖も、今試みに二義を以て之を解せん。一には勝劣の義、二には難易の義。

〈訳〉

　普く諸々の願を束ねて、極端な悪は選び捨て、この上ない善を選び取るという理屈は当然である。何故、第十八願では一切の行を選び捨て、唯念仏の一行だけを選び取って、往生のための本願とするのか、という問いに対して、聖人の意思は測り知れず、簡単に理解できるものではない。ここでは試みに二つの教えに分けて解釈してみよう。一つ目は勝劣の教え、二つ目は難易の教えである。

疑念の内容は、善を選び取って悪を選び捨てるという考え方は一般概念として分かるが、第十八願では、何故に一切の修行を捨てて念仏だけを取り上げて、往生のための本願としているのか、という。その答えとして、既成仏教の高尚な教えは広範にわたり、そう簡単に理解できるものではないが、試みに勝劣と難易の二つに分けて阿弥陀仏の真意を推し図ることにしよう、という。

　ここでの勝劣とは、阿弥陀仏が本願として選び取った称名念仏は勝れた功徳を具えており、選び捨てた他の諸行は劣った功徳にとどまっているという意味である。すなわち、念仏は勝れ、余行は劣っているが、なぜ念仏がすぐれているかといえば、阿弥陀仏の御名には、仏のさとりの功徳も救いの力も、すべて含まれているからである。ところが念仏以外の勤めは、功徳の一部のみをあらわしているに過ぎないから劣っているのである。例えば、家屋という名称の中には棟と梁や垂木と柱などの一切の家具類を含むが、棟や梁などの一つひとつの名称には一切を含むことはできない。したがって、名号（家屋）の功徳は他の一切（個別の名称）の功徳を含むから、より勝れているといえる。このため、諸行の劣を捨てて名号の勝を取って本願としたのである。

一方、難易とは、阿弥陀仏が本願として選び取った称名念仏は往生を願う人にとって、最も獲得しやすく、選び捨てた他の諸行は往生を願う人にとって、獲得し難いという意味である。例えば、既成仏教による修行や戒律を守って往生を獲得することを願とすれば、そのような難しい修行の機会に恵まれない人々は往生することができない。もし、在家の布施や起塔、学問や道徳的な行為を願とすれば、そのような財のない人々や不徳の人は往生することができない。しかし、阿弥陀仏は誰にでもできる易しい口称念仏を往生の本願として、全ての人を平等に往生させる本願を立てられたのである。

次いで、善導の教義を補助する浄土教系の七人を選び、その五番目に北嶺の源信僧都を挙げ、六番目と七番目に南都の永観と珍海を紹介している。

六に禅林とは、即ち当寺の権律師永観なり。即ち善導道綽の意によって、往生拾因を作して、永く諸行を廃して、念仏の一門に於いて、拾因を開す。是れ豈に但念仏の行に非ずや。七に越州とは、亦同じく当寺の三論の碩徳越州の珍海なり。是れ亦同じく決定往生集一巻を作して、十門を立てて、往生の法を明かす。其の中に亦善導の前（二修）の文に依る、此れ傍に諸行を述べると雖も正しくは念仏往生を用いるなり。爰に知す、往生の行業に於て、専雑の二修を論じて、雑行を捨てて、専ら正行を修する事は、天竺・震旦・日域、其の伝来尚しい。

〈訳〉

禅林とは、禅林寺の永観のことである。即ち善導・道綽の考えを基に『往生拾因』を著して、永く諸行を廃して念仏の一門において拾因を表す。これは単なる念仏の行ではない。越州とは、同じく東大寺の三論の優れた碩学の珍海である。彼もまた『決定往生集』一巻を著して、十門を立てて往生の法を明らかにした。この中では善導の専修・雑行の文を用いるが、傍らに諸行を述べるものの正しくは念仏往生を説いている。ここに知るべきである。往生の生業や行為において専修と雑行の二つの行為を論じて、雑行を捨てて正行を修べきことは、インド・中国・日本へと伝来して久しい。

源信の説く念仏は善導の「定善義」を引用しているが、永観と珍海の説く念仏は善導の「散善義」に基づいて説かれたものであり、彼らが日本で「一向念仏」や「専修念仏」の行を提唱した先達である。聴衆の皆さんもこのことは重々承知していることであると、改めて聴衆の面前で南都の先達に道綽・善導を慕う念仏者のいたことを明らかにするとともに口称十念は歴史的事実であることを強調している。

法然が南都に遊行したときに出逢ったと思われる永観の『往生拾因』には、法然が今まで学んできたことが集約されたかたちで平易に説かれていて、その中の「臨終十念」は当世に定着していた。この「臨終十念」は、死に臨んで往生者が念仏を十回称えるだけでよしとする、誰にでもできる易行なのである。広谷の円照も臨終十念によって往生を遂げている。永観にしても『観経疏』(散善義)を引用して臨終十念(広くは口称十念)を編み出している。一方、源信が『往生要集』(別時念仏)に説く「臨終行儀」は、既成仏教で行われている弥陀来迎を模した仏像と往生者とを五色の糸で結び、来迎した阿弥陀如来に手を引かれて浄土に往生するという、手間隙の掛かる特権階級の行儀であった。

既成仏教の行儀として重んじる往生行が、成仏できる環境に置かれた特権階級だけのものであるとするならば、雑用や煩悩にまみれた庶民の救われる道は立たれたも同然である。しかし、従来の聖道門と新しい浄土門の違いを明らかにし、浄土門の勝れたところを明らかにして凡夫の救われる方法を編み出したのが道綽なのである。

法然は、善導を補助する七人の念仏者を挙げた後で、『阿弥陀経釈』でも度々取り上げている「念仏往生」についで述べている。

設し我仏を得んに、十方の衆生（至心信楽欲生我国）乃至十念せんに、若し生ぜずんば、（不取正覚とは）是四十八願の中の第十八念仏往生の願なり。

〈訳〉

私が仏になるときに、あらゆる場所にいる人々が（誠実な心で、信じて疑うことなく、我が国に生まれたいと願い）、十念した場合、衆生が浄土に生まれなければ、（仏とはならない）。これは四十八願の中の第十八番目の念仏往生の願である。

この件は、「三部経釈」の集大成ともいえるもので、すべてが第十八の願文で説明できることを示し、それが「念仏往生」であることを説いている。

そして『無量寿経釈』の最後では、

往生極楽の道は専ら弥陀の名号を念ずるに過ぎたるはなし。（其の時の衆生何に因てか之を修せん。中に就て禅家の一門、教外別伝、以心伝心、文字上に非ず。少かに擬議に渉れば即ち天淵を隔つ、最上越格の器に非る自りは、誰か能く得入せん、古人尚病めり、況や末法万年の時の人をや。然に独り此の経のみ留むるが故に、彼の時の衆生、此の経を依憑して唯能く念仏すれば、皆往生を得るなり。故に善導釈して云く。万年三宝滅等と。此に因て之を案ずるに、今時の我等、設ひ此等の観行を修せずと雖も、一心に称名せば、何ぞ往生せざらん。故に知ぬ、往生極楽の道、専ら弥陀の名号を念ずるに過ぎることなし。）次に何故に猶念仏の行を唱るや。今此の経の中に委しく之を尋ぬるに、傍正に於いて之を論ずると、念仏を以て正となし、諸行を以て傍となす。故に知んぬ、往生の行者、念仏を以て正となし、諸行を以て傍となす。然るに則ち今の行人は傍を捨てて正を行ず。上を仰げば善導道綽の御意を捜り、下れば往生要集等の意に依て、特に愚意を抽んでて、両巻の経文に於て要を取り詮を抽んで、粗に解釈し了ぬ。

〈訳〉

極楽に往生するには弥陀の名号を念ずる以外に方法はない。（この時代の衆生は何に因って念仏を学べばよいのか。中でも禅家は経文以外の別の方法で伝え、心を以て心に伝えるといって文字を用いない。わずかでも擬議が生じたときは天地を分かつ、最上に向かう器でない限りは、誰が取得できるか、古人はなお病み、況や末法の今の時代では無理である。しかし、ただ『無量寿経』のみを留めるが故に、今の時の衆生がこの経に寄り添って能く念仏すれば、皆往生を遂げる。故に善導が、この時代を仏法僧の三宝が滅す等と解釈している。これによって念仏を考えると、現在の我らはこれらの観法を修行しなくとも、心を込めて名号を称えれば、往生しないことがあろうか。だから往生極楽の道は、専ら弥陀の名号を念ずるに過ぎたるはなし）という。次に何故に念仏の行を薦めるのかといえば、今この経の中につぶさにこれを求める場合、主従においてこれを論じると、念仏をもって主とし、諸行をもって従とする。故に往生を求める者は念仏をもって主とし、諸行をもって従とする。したがって今の行人は従を捨てて主を行じよ。先人の行状を辿って教えを仰げば、善導・道綽の御心を知り、時代を経た今日では往生要集等の教えよって、特に愚かな心を抜き出して、『無量寿経』および『往生要集』の両巻を経文として、その要文と致します。

と結んでいる。ここでの要点は、極楽浄土に往生するには、念仏行が主役で、その他の行は脇役に過ぎない。念仏行とは念仏を称える（口称念仏）ことであって、第十八願でいうところの「乃至十念せん」とは、まさに善導が口で念仏を称えることと解釈した。そのことが、善導・道綽の教義に始まり、『往生要集』の釈義にも説かれているが、これらの中から念仏に関係した文章を選び取り、その意味を詳細に問い、解釈の参考に供した、という。法然は、善導の口称念仏が永観や珍海に伝承され、「臨終十念」の基本的な考えとなって、現在の流行に至っているが、彼らの説は、日本に善導を紹介したことに大きな意義をもつのであって、法然の説く念仏は臨終に限るものではなく、生きて生活している我らのものであるといっているのである。

「三部経釈」の集大成ともいえるこの部分は、既成教団の例として、言語による表現を極端に嫌う禅門の「不立文字（ふりゅうもんじ）」を取り上げて、このような厳しい修行が必要というのでは、たとえ十分な修行を行ったとしても、教・行・証の中でも行と証が廃れた今の末法時代では、救われるものは皆無に等しい。しかし、教として『無量寿経』という経典のみが残り、この中で勧める口称念仏を衆生が三心（至心、信楽、欲生我国）でもって実践すれば、既成仏教で勧めている困難な修行に依らずとも、庶民に閉ざされていた往生への道が開け、念仏の行者すべてが救われることになる、という。

　ここまでは、大原問答の内容をさらに発展させた講説といえるが、『無量寿経釈』では、平安時代では考えられない、誰もが引き合いに出したくない、女人が往生するという新説を述べている。

四．五．女人往生

　平安時代は、悪人といえば道徳的に悪を犯した人は言うに及ばず、仏教の戒律を犯す人々をも悪人と称していた。さらに、当時は身分制度の下で女性までもが差別を受け、悪の対象として受け入れられていた。仏教の戒律や女性差別は道徳的悪とは異なって、その人の職業や性別などの違いによって制度が決められ、本人の意志では如何ともし難い宿業として受け止められていた。日常生活においても、女性蔑視の風習が蔓延し、自他ともに世間の常識として習慣化していた。山寺や霊場などの登山口には「女人禁制」の石碑が立てられているのも、この時代の名残である。

　法然は、『無量寿経釈』において、女人救済の課題を設けて、現実の世の中と経典の女性観の違いを述べ、『無量寿経』という経典には女人往生が証明されているので、この経典に従うべきことを説いている。この釈の中程で、法然は阿弥陀仏の四十八願の中に、

> 設しわれ仏を得たらん。其の女人ありて、我が名字を聞いて、歓喜信楽して菩提心を発して、女身を厭いせんは、寿終の後復女像と為らば、正覚をとらじ。

〈訳〉

もし私が仏になろうとする時、ある女人が私の名を聞いて喜び信じて仏道を行おうとする心を起こして、女の身を嫌うことがあるにも関わらず、命終わって元の女身のままならば、私は仏にはならない。

という第三十五の「女人往生」願があるが、この願を第十八の「念仏往生」願とは別に付け加えている理由は何か、という疑問を設けて、

上の念仏往生（第十八願）の願は男女を問わず来迎引接（第十九願）も男女に亘る、繋念定生（第二十願）の願またしかなり。今別にこの（第三十五）願あり、その心如何。つらつら此の事を案るに、女人は障り重くして明らかに女人に約せずば、即ち疑心を生ぜん。その故は、女人は過が多く障り深くして、一切の処に嫌われたり。

〈訳〉

第十八の念仏往生願は男女平等であり、第十九の来迎引接の願も男女に通じる。第二十の繋念定生の願もまた同じである。今別に第三五願がある。その内容をよく考えてみると、女人は差し障りが多くて、女人に対して明確に約束しなければ、疑いの心を生じる。それは女人に過ちや差し障りが多くあり、全ての所で嫌われているからである。

と答えているが、その意味は、女人には過ちが多く障りが深いため、改めて女人に対して約束事を定めておかないと、疑いの心を起こし、全ての仏国で嫌われることになる、という。

その後で、法然は、女人の救いを阻んでいるのは浄土ばかりではなく、日本国のやんごとなき霊山（りょうぜん）や霊地も然りで、悉く女人の登山を嫌っている。東大寺の大仏にしてもはるか彼方から拝むことはできても、扉の内側に入って拝むことができない。この世の瓦礫の山にすら登ることもできず、泥木で作られた粗末な仏像にしても拝むことができない。ましてや、金銀で飾られた極楽浄土に往生することとは、男子に許されても女人には許されない、などと当時の差別に満ちた言葉であげつらい、このような差し障りによって女人には往生が叶わないという。

法然は『観無量寿経釈』において、韋提希夫人が阿闍世の謀反に恐れをなして、釈尊に救いを求めるが、釈尊に諭されて厭離穢土、欣求浄土を希求したという「王舎城の悲劇」については、あまり言及することがなかった。むしろ善導の提唱する口称念仏の説諭に紙面を割いていたようである。善導が『観経疏』を表したのも、「王舎城の悲劇」の物語に基づいて、凡夫が救われる口称念仏

を提唱したものであるといえるが、本来の物語は、凡夫が救われる過程と救われる凡夫の心構えを紹介したものである。経典では、説法を受ける対象者が女性であるため、平安時代の女人蔑視の社会情勢では、救われるはずのない女人がいくら説法を受けても、女人を対象にした内容である限りは、口称念仏で救われるといっても説得力のないものになってしまう。

法然は、当時の女人蔑視の考えを聴衆に十分に理解させ、その内容を確認することで、聴衆の心を鷲掴みにしておいて、次のどんでん返しを試みる。すなわち、このような女人蔑視の風潮に対して、善導は第三十五の願を釈して、

弥陀の本願力によるが故に、女人が仏の名号を称えて、正しく命終わる時に、即ち女身を転じて男子となるを得る。弥陀接手し菩薩身を扶けて、宝華の上に座して、仏に随って往生し、仏の大会に入て無生を證悟す。又一切の女人、若し弥陀の名願力に因らずば、千劫万劫恒河沙等の劫にも、終に女身を得転すべからず。或いは道俗有りて云く、女人が浄土に生を得ずというは、此は是妄説なり信ずべからずや。是則ち女人の苦を抜きて、女人に楽を与える慈悲の御意の誓願利生なり。

〈訳〉

阿弥陀仏の本願力によるがために、女人が仏の名号を称えて、正しく臨終のときに女人を転じて男子となれば、阿弥陀仏が手を取って蓮華の上に載せて、浄土に連れていかれて、仏の仲間に入って涅槃を悟る。また、全ての女人は弥陀の名号・願力がなければ、未来永劫になっても女人のままである。あるいは僧侶や俗人がいうには、女人が浄土に生を受けないというのは、これは根拠のない間違った説で信ずるに値しない。即ち女人の苦を抜いて、楽を与える慈悲の思し召しによる誓願の恵みである。

と、「女人往生」が確約されていることを説いている。善導の解釈は、往生するときに名号を称えれば男子に転じるというのが女人往生の願であって、救われる対象になる。男子になれば弥陀の誓願に取り入れられて、救われる対象になる。だから、女人が救われないというのは虚言であるという。これは『無量寿経』という経典に説かれていて、善導もこの事に賛同しているのである。

法然が、聴衆に対して女人蔑視を強調し、同じ口先で手のひらを反すようにして、女人往生の願を紹介したことから、法然の見事な話術と論理展開に聴衆は魅了されてしまった。法然は、善導の釈義で念仏往生が誓われているにもかかわらず、女人が往生できない理由として、当時の女人差別の経緯と罪障、疑心、恥辱などを列挙して、この現実を認めた上で、女人が往生するには、先ず念仏を称えて清浄な男子の身に転生してから、段階を踏んで浄土に生まれるという方便を阿弥陀仏が考えられたという。つまり、念仏を称えることで第三十五の願によって女人が男子となり、第十八の願で男子を極楽往生させるというから、結果的に、念仏すれば女人であろうが男子であろうが無条件に往生するのである。

釈義の効果があってか、善導の『観経疏』が『観無量寿経』に基づいて執筆されたのとは逆の方法で、法然は、『観経疏』を素意の経典としつつ、『観無量寿経』の中心人物である韋提希夫人の女人往生を説き、平安時代の聴衆に見事に受け入れられることになった。しかし、「東大寺講説」での女人往生説は、この後の法然および彼の門人たちに大きな影響を与えることになり、様々な法難を招く起爆剤ともなったのである。

四・六・「三部経釈」の意義

法然は、「大原問答」の後、東山吉水で慈円の擁護の下、通憲流の教義を一貫した体系の思想にまとめようとする強い意志でもって、「三部経釈」の体系化に取り組んでいたものと考えられる。折しも、「三部経釈」の完成した時期と大仏建立の時期とが一致したことから、東大寺という官寺での大仏開眼供養に相応しい記念行事として、法然の「三部経釈」を披瀝するという筋書きが立てられた。この企画の立案は、法然や重源をよく知る九条兼実以外に考えられない。

法然が東大寺で講説した『阿弥陀経釈』、『観無量寿経釈』、『無量寿経釈』を「三部経釈」とすると、これらの釈義を一括して統合整理しておく必要がある。ここでは各釈義の題名に基づいて、それらの概要を説明する。

『阿弥陀経釈』では、法然が「善導に依る」とはいうものの、善導の著書を引用した形跡はうかがえない。むしろ、『観無量寿経釈』を介して『無量寿経釈』に至る全段階の序文の性格を有しているといえる。すなわち、

『阿弥陀経』には、釈迦の説法を聞きに来た、舎利弗、目犍蓮、文殊、弥勒などの弟子や菩薩が顔をそろえているが、彼らは南都六宗の祖師であり、彼らの教えを継承する龍樹(りゅうじゅ)でもある。彼らは共に仏を約束された「一生補処」の菩薩方であって、彼らの住まいするところが阿弥陀仏の浄土なのである。すると、既成仏教の僧侶たちは、難しい自宗の仏教学を学ぶよりも、『阿弥陀経』の教えに随って、浄土に往生してから彼らの祖師に直接出逢って学ぶようにすれば、自宗の難しい教義も容易に学ぶことができる。

法然はさらに加えて、『阿弥陀経』の後半部分で、釈尊の説法を聞いた舎利弗などが歓喜したとあるが、この人たちを法然は「聞法奉行の人」と呼び、「一生補処」の菩薩方が念仏往生の法を聞いてこれを実践するとなると、菩薩方も念仏の行者なのであると解釈する。南都六宗の祖師が念仏の信者であるとするならば、ここにいる聴衆も同じように念仏の行者（聞法奉行の人）であるという。法然に言わせると、この講説の場は、舎衛国の祇園精舎で釈尊が説法したのと同じ状況であり、自身を釈尊と見立てた場合、聴衆が菩薩方であることを暗に示唆している。

『観無量寿経釈』では、法然が「偏依善導(へんねぜんどう)」を主題にして論を進めている。ここでは、主に善導の『観経疏』に基づいて論を進め、論述の過程では、『観無量寿経』や『観経疏』の主題でもある「王舎城の悲劇」には触れることなく、専ら『観無量寿経』（流通分）に説かれている「汝よ、好くこの語を持て。この語を持てとは、すなわちこれ、無量寿仏の名を持てとなり」を中心にして論が進められていて、『観経疏』（散善義）の「意、衆生をして一向に専ら弥陀仏の名を称せしむるに在り」という口称念仏へと誘導していく。この誘導過程で、法然は、定散二善によって浄土往生が叶えられるという善導の主張を飛び越えて、口称念仏が浄土に往生するための正因であると解釈している。法然の解釈をまとめると、『観無量寿経』は定散二善を説くものの、その真意は定散二善を介して口称念仏を勧める経典であるというのである。

『無量寿経釈』では、経典や論疏を引用した上で、これらの引用文献は『無量寿経』を際立たせるための補助的なものであるとの歴史的な逆転を試みている。すなわち、法然は、「浄土三部経」で『無量寿経』を主とし、他の二経典を傍として、二経典で念仏往生を説明したのであるが、『無量寿経釈』に至って、第十八の「念仏往生」願の「乃至十念」を善導の解釈に従って「十回の念仏」とし、口で「南無阿弥陀仏」と称えれば、全ての衆生が浄土に生まれるという願であることを確信したのである。この口称念仏は、造像起塔や多聞広学、貴賤貧富、無学文盲などのこの世での地位や名誉、財産や身分制度に関わりなく、誰もが実行できる平等の容易い念仏行なのである。結果的に、法然は、善導の手法を用いて、浄土往生の行を正行とし、それ以外を雑行としている。さらに、正行の内でも口称念仏を正定業、称名念仏以外を助業としている。そして、末法の世の中で最後に残る教えが『無量寿経』であると説き、その他の経典が『無量寿経』を説くための傍経典と位置づけている。

「三部経釈」の全体を見渡すと、『観経疏』と「口称念仏」が彼方此方で見え隠れしている。法然は「口称念仏」こそが全ての人を平等に救うことができるという仮説を思索の根底に置いて、この仮説に基づいて、一連の思想体系を構築した。その過程は、釈尊と阿弥陀仏が存在する意味を解明した上で、聖道門と浄土門とを峻別して、浄土門の優位性を明らかにしたといえる。いわば、口称念仏の立場で諸経典に独自の解釈を施して、新たな教説を樹立したのは、日本では法然が最初であったといえる。

さらに、「東大寺講説」で法然が注意したことは、「大原問答」のときのように、愚鈍の身に徹して、愚鈍の身のままで救われる教義を選択するという手法を用いたことである。そこには既成仏教では救われようのない我が身を曝け出して、このような身の上の我には、浄土門は念仏でもって行じ易いため優れ、聖道門は諸行を段階ごとに行ずることから劣っているように感じられる。また、浄土門は無学文盲の我が身でも容易く理解できるが、聖道門は無学文盲の我が身で理解することは難しい。どうか愚鈍の身で救われる手立てを考え出した善導の教えを認めていただきたい、という懇願ともいえるへりくだった講説に徹していたところに特徴がある。

換言すると、法然が無学文盲で無知の尼入道の立場で二者択一の選択した結果、善導のように聖道門の中にも雑行と言われている浄土門を見出すことができた。そこから愚者が往生できる道を探ると、浄土門は難易でいうと易であり、勝劣でいうと勝になる。また、愚者にとっての聖道門は難易でいうと難であり、勝劣でいうと劣になる。裏を返せば、環境に恵まれた智恵才覚のある者には、難易や勝劣の二者択一を用いることなく、聖道門のみで十分往生できるのである。

ここに、「無観称名義」の論理を垣間見ることができる。世間的に戒律を守って生活している人々には、常識的な倫理規定が軌範として守り抜かれているが、世の中には倫理規定を守る人ばかりではなく、反倫理的な行為を生業としている盗賊もいる。倫理を守る人にとっては反正義であっても、盗賊にとっては正義であることがある。法然のいう難易と勝劣が、聖道門と浄土門で逆転するのは、人の行動様式を判断する上において、立場が異なればどのようにでも解釈できる相対的なものでしかないことを、論点に据えて説いているのである。

このように東大寺における「三部経釈」の講説は、当時の念仏聖がケガレとキヨメとを混在して称えていた念仏に対して、仏教に適った衆生救済のための無観称名であることを宣言したもので、講説の要には善導の『観経疏』が使われ、「偏依善導、念仏為本」の考えが全釈義の根底に流れていた。一方、中国に浄土宗が存在していることを証明するために、重源が中国から持ち帰ったという『浄土五祖像』の掛け軸を掲げていたものの、日本においては血脈相承して伝わっていないことを認めている。しかし、掛け軸に描写された僧侶は浄土宗であるかどうか疑われる袈裟を着用していたようである。

「東大寺講説」に影響されたかどうかは不明であるが、講説が終わって三年後の建久四（一一九三）年に、学僧として期待されていた貞慶が、仏教界の堕落に憤り、以前から縁の深かった笠置に隠遁してしまった。貞慶は円照の父信西の孫に当たり、兼実や後鳥羽上皇とも親しかったことから、「東大寺講説」に参列して「三部経釈」を聴聞し、念仏聖として生きる決意を固めたことは容易に考えられる。

東大寺は、朝廷、貴族、寺社、庶民、僧侶など、すべての衆生に認められた官寺であり、そこでの講説は、全国の人々に法然の名を知らしめ、「東大寺講説」以後、法然の周りには新興教団の将来を左右する人々が入門するようになってきた。例えば、講説以前は、承安元（一一七一）年に感西（かんさい）、治承二（一一七八）年に甘糟太郎が入門。講説以後は、建久元（一一九〇）年四月に證空、建久三（一一九二）年に隆寛、建久四（一一九三）年三月に熊谷直実、建久六（一一九五）年三月に津戸三郎為守、建久七（一一九六）年に源智、建久八（一一九七）年に弁長、建久九（一一九八）年に幸西、建仁元（一二〇一）年三月に親鸞、建仁二（一二〇二）年に禅勝房および長西が、それぞれ法然門下に入門している。

第五章　教えの撰述

法然は、自己の救済を求めて下山し、西山で円照に出逢って通憲流の教えに触れ、これからの生き方を「無観称名義」としてまとめた。その内容を請われるままに問答や講説でもって大衆に示したが、法然の評判を聞きつけた貴族からは、個人的に釈義を要請されるようになった。今日まとまった史料として残っているのは『逆修説法』と『選択本願念仏集（選択集）』であるが、これらは何れも『昭法全』に収録されている。中でも『逆修説法』は、親鸞の著述になる『西方指南抄』にも「法然聖人御説法事」として収録され、『選択集』とともに広く知られている。これらの撰述は、伝記上の物語としても明らかにされているが、その行動に及んだのは法然の意志ではなく、個人的に請われるままに振舞っただけのことであった。特に『選択集』の撰述は、個人の信念から教義的な思想へと体系化される過程を示すものとなるが、この書が複数の人によって撰述されたことから、「無観称名義」とは一線を画した理論体系で組み立てられ、その後の法然や彼を取り巻く周辺の人々に対して、混乱と壊滅的な影響を及ぼすことになる。

一・逆修説法

「逆修」とは、死後に行なわれる他人からの追善に対して、生前に自己の死後の冥福を祈って仏事を営むことをいう。「逆」は「予め」「前もって」「遡って」の意味である。平安中期以降の逆修の主な内容は、仏菩薩の造立や図絵、経典の書写などで、賛美を尽くす傾向があり、天皇・上皇や上流貴族をはじめとする上層社会においてのみ可能な仏事であった。勧進聖や念仏聖の慈善事業も、逆修を願っての行為であったといえる。

中世においても時期によって「逆修」の形態には幅があるものの、「四十九日」が一般化していたようで、「一七日」や「二七日」という節目で法要が営まれていた。そのときは阿弥陀仏、釈迦、薬師如来などの仏や菩薩が本尊とされ、『法華経』や『華厳経』などの諸経が奉納された。また、当時の「逆修」の主眼はあくまで往生にあり、現生の菩提（この世の安心）を願って「逆修」が行なわれてきた例がほとんどである。

一・一・法然と逆修

法然が『逆修説法』を行った時期は、明確に記録され

ていないが、建久五（一一九四）年頃であったとされている。この説法について『行状絵図』第四八に、

外記の大夫逆修をいとなみ、上人を請じたてまつりて唱導とす。上人、一日をゆずりて、真観房につとめさせられき。器用無下にはあらざりけり。

〈訳〉

外記の大夫が逆修を営み、上人を招いて説法をお願いした。その時、上人が一日だけ説法の役を真観房に譲られたことがあった。それほどに真観房の才能は優れていた。

と書かれているだけである。「外記の大夫」の外記とは、文書を司る令制の官職であって、大外記は正六位、「大夫」は五位になった長官を指し、当時の外記は中原師秀（もろひで）が勤めていた。師秀は、阿弥陀仏像を造立し、浄土五祖の影像を描いてもらったことから、その開眼供養を勤めるに際して、あわせて逆修法会を行った。そのときの導師を法然に依頼したが、法然は法会の一日を才知に優れた真観房感西（しんかんぼうかんさい）に譲っている。

同じことが、『昭法全』（逆修説法）の末尾に、より詳しく記されている。

右説法の六ケ条は、外記禅門〈安楽房遵西の父なり〉七七日の逆修を修せする時、上人を以て前六会の導師となす、是この随聞記なり。結願の唱導は真観房なり。

〈訳〉

右の六カ条に及ぶ説法は、外記禅門（安楽房遵西の父）に七七・四十九日間の生前供養を執り行う時に、上人を六回にわたる説法の導師としたが、このときの聞き書きである。結願の唱導は真観房である。

この説法は、法然が中原師秀の要請を受けたもので、法然が初七日から六七日までの六回を自身で説法し、最終の七七・四十九日目の一日を真観房感西に譲って勤めさせているので、法然の単独説法というよりも、安楽や感西をはじめ、何人かが同座しての説法であったと考えられる。

外記禅門とは、太政官の主典として、詔勅や天皇・上皇への奏文の原案、公文書の文案、字句の訂正や記録の

保管などの取扱いを役職としている。中原氏は、紀元前五七〇年頃の安寧天皇第三皇子、磯城津彦命の子孫といわれ、『論語』や『孝経』の経学を専門とする家系であったが、平安中期以降、清原氏とともに明経道の博士家として、師茂から師秀へと受け継がれ、師秀の子が師広（安楽房遵西）であった。安楽は藤原通憲と関わりの深い受領高階重仲の孫である泰隆の家務執行の侍でもある。安楽と法然の関係は、建久三（一一九二）年に大和国八道見仏の発願により、法然が八坂引導寺で別時念仏を修した時、安楽が住蓮とともに「六時礼讃」を勤行していることから、『逆修説法』の頃は既に知己の間柄であったことがうかがわれる。

真観房感西は、日野家宣の息兼嗣として、仁平三（一一五三）年に生まれ、若くして漢文作成試験に合格した学生である文章生（進士）であった。文才に優れ達筆であったことから「進士入道」とも呼ばれ、比叡山の相模阿闍梨光樹房のもとで修学していたが、光樹房が没した後は、十九歳の承安元（一一七一）年に法然門下に転じて常随給仕を勤めている。入門以降の感西は、法然の代理として質問の手紙に答えたり、説法を行ったりしているが、決して才覚に優れていることを表に出さず、常に控えめで謙虚な人柄であったため、法然から絶大な信頼を得ていた。光樹房は法然に真言を教えたこともあって、感西と法然は法兄弟といえなくもない。

法然が感西に抱く思いは一方ならぬものがあり、『没後起請文』の中では信空に対する遺嘱を述べた後で、

感西大徳は、またこれ年来常随給仕の弟子なり。その思い相共にして而も浅からず、給仕の恩を酬が為に、また聊か附属する所有り、いわく吉水の中の坊（本西山広谷に在り）高畠の地一所

〈訳〉

感西大徳は長年付き添って世話をしてくれた弟子である。思うことは同じで深いものがある。世話の恩に酬いるためにも、いささかではあるが吉水の中坊、高畠の地一か所を形見に遺したい。

と記されているように、法然にとっては十分に信頼できる門人であった。感西は、信空よりも八年早く、法然の門下に入ったことになるが、『選択集』執筆後まもなく、正治二（一二〇〇）年二月六日に惜しまれつつ四八歳で

没している。

法然が師秀に行なった逆修法要の特徴は、従来の生前供養とは異なっていて、弥陀一仏を本尊とし、所依の経典を「浄土三部経」に定めて、法要中は徹底的に弥陀一仏の功徳を讃嘆している。これは従来の「逆修」に対して、曇鸞・道綽の「選択」の意志が明確に示され、説法の中では「此逆修五十ケ日間供仏施僧之営、併寿命長遠業也」と述べ、「逆修」を現世利益ともいえる「寿命長遠業」に限定して説明している。

法然は「逆修」による後世の功徳を認めつつ、人から請われた「逆修」を機縁にして、念仏往生を開顕することが目的であったことから、法要では「逆修」と浄土往生との峻別が大前提にあった。従って、『逆修説法』は、師秀に請われた「逆修」の生前供養を、法然が中世に浸透していた「浄土三部経」と、それとは異なる「逆修」とをせめぎ合いながら、逆修と極楽浄土を願う往生思想とを強引に結びつけて、浄土教を明らかにしている。

ここでは、『逆修説法』の特徴的な内容を、「極楽浄土」、「実践的な教え」、「相伝を強調」に分けて検討する。

一・二・極楽浄土

法然の説く『逆修説法』は、一七日から六七日までの各章を十日ごとに講義する形式をとっていて、阿弥陀仏の有する功徳について説いた「仏の功徳讃嘆」および法然独自の念仏を説いた「経の功徳讃嘆」という二部構成になっている。

「仏の功徳讃嘆」では、二七日に『観経』、三七日に「阿弥陀仏の功徳」、四七日に「仏の三身論」と形式に則った讃嘆について述べられている。その中で法然は、極楽浄土とは、遥か西方の別世界であり、七宝荘厳という相を具えているが、その地での教主が阿弥陀仏である。経文ではそのことを讃嘆しているが、人が観想を成就することにより、娑婆に浄土の瑠璃地が現前することを認めている。

四七日には、阿弥陀仏の白毫および一切の凡聖の体性は三諦円融（中国天台宗で唱えられた空・仮・中の真理が完全に溶け合った状態）であると捉える天台の立場を重視して、「之に就いて意を得れば、全ての六道四生一切の凡聖は併せて弥陀如來の毫光の所を現ずるかと疑わず」というように、彼土と此土とを一元的に解釈する世界観が説かれる。

それに対して次の五七日では、仏国土は、穢土の衆生にはうかがい知ることができない超越的な世界であり、阿弥陀仏自身によって宝という具体的な相をもって荘厳されているが、その相は「無量無数」「不可説無量」という超越性を具えている。しかし、阿弥陀仏や釈迦仏が、仏国土の超越性を娑婆の事物を用いて、相対的次元における「殊勝」という質、さらに「第一」という位置づけで象徴的に表現することにより、仏国土は欣い求める対象として具体性を帯びてくるようになる。換言すると、五七日の説法は、釈迦仏が極楽浄土の荘厳を説いたのは、衆生に「欣求の心」を起こさせ、四十八願によって浄土の荘厳が示されたことを強調するためであり、また浄土が現在する証拠として、念仏往生の確実性を証明するという論理構造で成り立っている。

このように五七日では、極楽を写実的に説明することを通して、それが阿弥陀仏の願力によって荘厳されている点、また釈迦仏の衆生に「欣求」させようとする意図によって語られているという点を、執拗なまでに繰り返し強調している。これは前の四七日の形式的な説示に対して、極楽の荘厳を、阿弥陀仏のみならず、釈迦仏との二尊の働きかけであると解釈することによって、穢土の凡夫という立場で極楽浄土を受け止めるという、法然自身の態度を明確にするためであった。ここでの説法は、仏と衆生という抽象的な経典解釈が、衆生に仏の世界を観想させ、阿弥陀仏と釈尊の役割をも明らかにして、より具象的な表現で欣求の手助けをしているといえる。

一・三・実践的な教え

六七日の「経の功徳讃嘆」では、聖道・浄土の二門について説き、ここで浄土教とは、娑婆世界を厭い、極楽浄土に往生して、彼土においてさとりを得る教えであると結論づけている。すなわち、法然は、仏教を聖道門の悟りの道と、浄土門の救いの道の二つに分けて、聖道門は煩悩を断ち切り、悟りを得ることによって仏になるのであるが、迷いを断ち切ることは容易ではない。それに対して浄土門は極楽浄土に往生することをすすめる教えで、浄土には遠い昔から凡夫の座が用意されているから、念仏を称える人は誰でもそこに行くことができる、と道綽の教えを紹介している。

道綽は仏教を聖道・浄土の二門に分けたが、その師の曇鸞は難行・易行の二道に分け、難行道（なんぎょうどう）は目的地まで歩いて百里の道を行くようなものであるが、易行道（いぎょうどう）は船に乗りさえすれば楽々と目的地に到達できるようなものだと述べている。曇鸞の説く難行道・易行道は、道綽の聖道門・浄土門にあたり、聖道門が難行道、浄土門が易行道であるとすれば、両者は表現の違いに過ぎない。

浄土への往生は、阿弥陀仏の計らいによるのであるが、凡夫としては、往生できるかできないかが問題である。諸々の学問を究め、様々な修行を積んで仏となる道を求めるのは最深最勝の方法であるかも知れないが、誰にでもできるものではない。理論をもてあそび、生活とかけ離れた宗論に花を咲かせることを、この上ない喜びとしていた奈良・平安の時代ならばそれでよかった。しかし、末法の世になり、人心や世の中が不安定な時代になれば、時代の要求に適った教義が考えられなければならない。それが易行道としての浄土門である、というのが法然の教えなのである。

「理智より実践」という思いは、当時の社会を支配した人々の共通認識でもあった。東大寺で「浄土三部経」を講説した当時は、仏教を頓教と漸教に分け、浄土教は頓教であるとした法然は、逆修説法の頃になると、仏教を聖道・浄土に分ける二門判の方が、今の時代に適していると考えるようになった。こうして、法然の思想は教相判釈の上でも、建久五年頃を境にして大きく転換することになった。

一・四・相伝を強調

『逆修説法』の初七日で、法然は、

今、相伝して浄土宗と名づくるものなり。しかるにこの旨を知らざる輩、いまだ曾って八宗の外に浄土宗あることを聞かず等と難破する事の候は、聊か申し開き候なり。

〈訳〉

今先師からの伝承によって浄土宗と名付けるのである。それなのにこのことを知らない者たちが「昔から八宗の他に浄土宗という宗名を聞いたことがない」などと非難するので、少しばかり申し開きをしたい。

と述べ、既成教団には、南都六宗（華厳・三論・法相・倶舎・成実・律）に平安二宗（天台・真言）を加えた八宗があり、浄土宗にも天台宗や真言宗のように師資相承の血脈がある、という。浄土宗の相伝とは、菩提流支三蔵―恵寵法師―道場法師―曇鸞法師―法上法師―道綽禅師―善導禅師―懐感禅師―少康法師とつながる法脈であり、菩提流支から法上までは道綽の『安楽集』に述べられている。これらの人々の流れを、中国では自他ともに浄土宗と名づけている。しかし、無知な人々は、八宗のほかに宗はないものだと決めつけ、浄土宗そのものを否定しようとしているが、そのような批判や論難に対しては「いささか申し開きしたい」と述べて、中国にも浄土宗と称する一派のあったことを指摘している。

そのあとで、浄土の教えを信じ、実践した人の中から浄土五祖として、前記の血脈から曇鸞・道綽・善導・懐感・少康を選び、『逆修説法』の五七日では「浄土五祖像」を掛けてその徳をほめたたえて供養している。しかし、少康の没年が八〇五年であることから、法燈は法然に至るまで約三百年間途絶えていたといえる。その頃の中国は禅宗が盛んで、中国への渡航は、技術を取得する僧や禅僧が多く、浄土の教えはあっても浄土宗という組織化された集団はなかったようである。

「浄土五祖像」は、俊乗房重源が請来したと伝えられているもので、この辺りの消息を『行状絵図』第六には、以下のように記されている。

震旦に浄土の法門をのぶる人師おほしといへども、上人唐宋二代の高僧伝の中より、曇鸞・道綽・善導・懐感・少康の五師をぬきいで丶、一宗の相承をたて給へり。其後俊乗房重源入唐のとき、上人仰られていはく、「唐土に五祖の影像あり、かならずこれをわたすべし」と。これによりて渡唐の後あまねくたづねもとむるに、上人の仰たがはず、はたして五祖を一舗に図する影像を得たり。重源いよいよ上人の内鑑冷然なることをしる。

〈訳〉

中国に浄土の教えを説く先生は多くいるが、法然上人は、唐と宋の二つの時代の高僧伝の中から、曇鸞・道綽・善導・懐感・少康の五師を抜き出して、一つの教義が受け伝えられた道を確認された。その後、俊乗房重源が渡唐するに当たって、上人は、「唐の国に浄土五祖の絵像があるので、これを必ず持ち帰りなさい」と仰られた。この言葉に従って、唐に渡ってから彼方此方と探し求めたところ、上人の仰せの通り、本当に一幅に五祖を描いた絵像を手に入れた。重源は上人の内に秘めた洞察力の偉大さを、今まで以上に知ることになった。

重源は仁安二（一一六七）年までに三度宋に渡航したといわれているが、最後の仁安二年に入宋したときには、嘉応元（一一六九）年九月に明庵栄西（みょうあんようさい）とともに帰国している。重源が養和元（一一八一）年六月に東大寺勧進職に就いたことを考え合わせると、時期的には合致している。このことが事実とするならば、法然が三七歳の一一六九年以前、すなわち西塔黒谷の叡空のもとで学んでいた頃には、既に「浄土五祖像」の存在を知っていて、当時四八歳の重源と知己の間柄であったことになる。あるいは信空を介して入手を依頼したのかも知れない。

一方、法然が重源に会う機会のあったのは、文治二（一一八六）年に行なわれた大原問答の頃であるとするならば、重源が六五歳以降、法然が五四歳以降ということになる。『行状絵図』第三〇には、文治六（一一九〇）年の東大寺講説の折に「観経の曼荼羅、ならびに浄土五祖の影を供養し」た、とあることから、確かに重源は入宋した折に浄土五祖像を入手していたのであろう。

そうすると、重源が「浄土五祖像」を入手したのは、法然の依頼であるとするには相当に無理があるものの、少なくとも法然がこれを目にしたのは「東大寺講説」のときで、講説の謝礼として、重源から「浄土五祖像」を譲り受けて、「逆修説法」のときに利用したのであろう。「東大寺講説」では師資相承のないことを説いていた法然ではあったが、「浄土五祖像」の発見によって、浄土宗の師資相承の血脈を客観的に説明できる確信を得たものと考えられる。

京都嵯峨の二尊院（にそんいん）に残る「重源将来の真影」は、印相を異にする五祖がいずれも椅座し、中央上座に一師、その左右に各二師を縦に配しており、他に侍者四名を従えて描かれている。この図柄では浄土五祖としているものの、一見禅僧のように見えることから、重源は中国から持ち帰った資料の中から、とにかく五人の僧が描かれている図絵を探し出して講説に供したのであろう。

二・選択本願念仏集

『選択本願念仏集』は、法然が六六歳の建久九（一一九八）年三月に、九条兼実の懇請により撰述された一巻、全十六章から成る論文である。書名は「阿弥陀仏が諸行のなかから選択して本願の行とされた念仏に関する書」を意味していて、『選択集』と略称されている。その内容は、『無量寿経』『観無量寿経』『阿弥陀経』を含めた「浄土三部経」を所依の経典とし、中国の曇鸞、道綽、善導らの著述から念仏の要文を抄出してその要義を述べたものであるが、主に善導の浄土教義を経(縦糸)、自らの選択義を緯（横糸）として、阿弥陀仏によって選択された本願念仏の要文を集め、選択本願の真意を明らかにした。ここでは、仏道修行や生活行動のすべてが称名念仏の一行に帰結することを指摘し、願生者に安心・起行・作業を策励する軌範を明示し、往生浄土の法門が時機相応の教えである所以を力説している。

『選択集』は、緒経・諸行と念仏を比較し、念仏の優位を証明しようという意図で貫かれており、緊密な論理によって構成された確固たる知的体系である。その意味では、この書は諸経典を思想内容・形式などによって分類し、これを体系化して、教えの特徴や優劣を判定した教相判釈の書であるといえる。本書が世に出ると、この世で悟りを得ようとする聖道門から猛烈な批判と攻撃を受けたこと、また本書の注釈書と開版の数がすこぶる多いことは、信謗の両面にわたって本書がいかに世人の注目を集めたかを物語っている。

二・一・選択集の構成

『選択集』は、その開巻劈頭に以下の文が記されている。

南無阿弥陀仏、往生ノ業ニハ念仏ヲ先トス

〈訳〉

南無阿弥陀仏、往生の果報を得るには、念仏を最優先とする。

京都廬山寺所蔵の古鈔本『選択集』は草稿本とみなされ、この序文ともいえる二一字は法然の自筆であり、『選択集』の全体を代表した言葉として、今日でも重要視されている。それ以降の章はすべて門人たちによって執筆されている。この開巻劈頭の文については、『行状絵図』

第六において、既に源信の著作の中で使われていたことが記されている。

恵心の先徳の往生要集をひらくに、往生の業には念仏を本となす（往生之業念仏為本）といひ、又かの妙行業記の文にも往生の業には念仏を先となす（往生之業念仏為先）といへり。

〈訳〉

恵心僧都源信という先学の『往生要集』を開くと〈浄土に往生する行いは、念仏を根本とする〉と言っており、また同じ源信の『妙行業記（みょうぎょうごうき）』の文章にも〈浄土に往生する行いは、念仏を最優先とする〉と言っている。

『選択集』で唯一ともいえる法然自筆の劈頭文は、撰述以降の法然および新興教団に対する弾圧の契機となっていく。

『選択集』の各章については、それぞれの章立てを以下に示す。

第一章　道綽禅師聖道浄土ノ二門ヲタテ、シカモ聖道ヲステテ、マサシク浄土ニ帰スルノ文

第二章　善導和尚正雑二行ヲタテテ、雑行ヲステ、正行ニ帰スルノ文

第三章　弥陀如来余行ヲモテ往生ノ本願トシタマハス、タタ、念仏ヲモテ往生ノ本願トシタマヘルノ文

第四章　三輩念仏往生ノ文

第五章　念仏利益ノ文

第六章　末法万年ノノチ余行コトコトク滅シテコトニ念仏ヲト、メタマフノ文

第七章　弥陀ノ光明余行ノモノヲテラサスシテタ、念仏ノ行者ヲ摂取シタマフノ文

第八章　念仏ノ行者カナラス三心ヲ具足スヘキノ文

第九章　念仏ノ行者四修ノ法ヲ行用スヘキノ文

第十章　弥陀化仏ノ来迎聞経ノ善ヲ讃歎セス、タタ念仏ノ行ヲ讃歎シタマフノ文

第十一章　雑善ニ約対シテ念仏ヲ讃歎スルノ文

第十二章　釈尊定散ノ雑行ヲ附属セス、タタ念

仏ヲ以テ阿難ニ附属シタマフノ文

第十三章　念仏ヲ以テ多善根ト為シ雑善ヲ以テ少善根ト為スノ文

第十四章　六方恒河沙ノ諸仏余行ヲ証誠セス、タダ念仏ヲ証誠シタマフノ文

第十五章　六方ノ諸仏念仏ノ行者ヲ護念シタマフノ文

第十六章　釈迦如来弥陀ノ名号ヲ以テ慇懃ニ舎利弗等ニ附属シタマフノ文

〈訳〉

第一章　道綽禅師が聖道と浄土の二門を立て、聖道門を捨てて、正しく浄土門に帰入せられた文（道綽の『安楽集』）

第二章　善導和尚が正雑二行を立てて、雑行を捨て正行に帰された文（善導の『観経疏』）

第三章　弥陀如来が余行を往生の本願とせず、ただ念仏だけを往生の本願とせられた文（『無量寿経』・善導の『観念法門』）

第四章　三輩念仏往生の文（『無量寿経』）

第五章　念仏利益の文（『無量寿経』・善導の『往生礼讃』）

第六章　末法万年の後、余行は悉く滅して特に念仏だけを留められるの文（『無量寿経』）

第七章　阿弥陀仏の光明は余行の者を照らさず、ただ念仏の行者だけを摂取せられるの文（『観無量寿経』・善導の『観経疏』）

第八章　念仏の行者は必ず三心を具足すべきの文（『観無量寿経』・善導の『観経疏』）

第九章　念仏の行者は四修の法を行じ用いるべきの文（善導の『往生礼讃』・窺基の『西方要訣』）

第十章　弥陀の化仏が来迎して、聞経の善を讃歎されずに、ただ念仏の行のみを讃歎せられるの文（『観無量寿経』・善導の『観経疏』）

第十一章　雑善に対して念仏を讃歎せられるの文（『観無量寿経』・善導の『観経疏』）

第十二章　釈尊が定散の雑行を附属されず、ただ念仏のみを阿難に附属されるの文（『観無量寿経』・善導の『観経疏』）

第十三章　念仏をもって多善根とし、雑善をもって少善根とせられるの文（『阿弥陀経』・善導の『法事讃』）

第十四章　六方恒河沙の諸仏は余行を証誠せず、ただ念仏だけを証誠せられるの文（善導の『観念法門』・『往生礼讃』）

第十五章　六方の諸仏が、念仏の行者を護念されるの文（善導の『観念法門』・『往生礼讃』）

第十六章　釈迦如来が、弥陀の名号をもって慇懃に舎利弗などに附属されるの文（『阿弥陀経』）

なお、意訳文の括弧内は、『選択集』の各章の典拠として挙げられている経典・著作類を筆者が付したものである。

ここで、各章における、「聖道浄土の二門」、「正雑」、「三輩」、「三心」、「四修」、「雑善」、「定散」、「善根」などの主要な仏教用語について、その意味を検討する。

第一章の「聖道浄土の門」とは、釈尊の教えを聖道門と浄土門の二種に分ける浄土宗の教相判釈のことで、この世において悟りを開く聖道門の教えと、極楽浄土に往生してそこで悟りを開く浄土門の教えを意味している。聖道門では、釈尊から遠く離れていることと、教えが深遠であるのに理解が浅いことから、悟りを得ることは難しい。また、現在は末法（釈尊入滅後の仏教流布の期間を正法、像法、末法に三区分し、仏の教えも修行も悟りもなくなって教法のみが残る時期）であり衆生はみな凡夫であるから、聖道門でのさとりは難しく、浄土門のみが往生浄土への唯一の道であるとする。

第二章の「正雑二行」とは、正行と雑行の二行を示し、いずれも浄土に往生するための行であるとする。ただし、正行は「浄土三部経」を代表とする経典に説かれている浄土往生の実践行のことであり、具体的には読誦・観察・礼拝・口称・讃歎供養をいう。雑行は正行を除くすべての実践行のことである。

第四章の「三輩」とは、浄土往生を願う者に上中下の三種類の機根（能力・資質）があるとする『無量寿経』下巻に説かれた教えである。上輩とは、出家して菩提心を発し、専ら無量寿仏を念じて諸々の功徳を修して往生を願う人。中輩とは、出家はしないが、菩提心を発し、専ら無量寿仏を念じ、斎戒を奉持し、塔像を建立し、出家に食を施し、香華灯燭を供えて往生を願う人。下輩とは、出家もせず戒も守らないが、菩提心を発して、専一に無量寿仏を十念して、往生を願う人のことである。

第八章の「三心」とは、阿弥陀仏の浄土に往生する者がもつべき三種の心で、『観経』上上品に「もし衆生あってかの国に生ぜんと願せば、三種の心を発すべし。すなわち往生す。何等をか三とす。一つには至誠心（まことの心、真実心）、二つには深心（本願を深く信じる心）、三つには廻向発願心（西方極楽浄土に往生したいと願う心）なり。三心を具する者は、必ずかの国（阿弥陀仏の浄土）に生ず」とある。

第九章の「四修」とは、念仏の実践に必要とされる、恭敬修、無余修、無間修、長時修の四種の態度や方法である。恭敬修は恭いの態度で修すること。無余修は専ら阿弥陀仏とその浄土にかかわる行業を修し、他の行を修さないこと。無間修はそれらを継続して修し時間的にも他の行業によっても間断させないこと。長時修は他の三修を臨終までの一生涯継続することとする。

第十一章の「雑善」とは、貪・瞋・痴の三つの煩悩とされる三毒が混じった善とその修行のことで、心を害する毒という意味がある。「貪」は貪欲のことで、気に入ったものの快いものに執着すること。「瞋」は瞋恚のことで、気に入らないことに対して怒ること。「痴」は事物に迷妄する愚かさのことである。

第十二章の「定散」とは、定善、散善を省略した言葉で、定善は雑念を払い、心を凝らして如来・浄土を観察する行のこと。散善は散乱した心のままで悪を止め、善を修める行のこと、をそれぞれ意味している。

第十三章の「善根」とは、諸善を生み出す根本となるもの。貪瞋痴の三毒を廃した無貪・無瞋・無痴の善のことで、これを三善根という。また、善い果報を招くであろう善の業因のことをいう。功徳の多いのが「多善根」、功徳の少ないのが「少善根」である。

『選択集』の構成を概観すると、第一、二、八、九章では、易しい教えの浄土門に帰入して称名を修し、三心・四修を備えるべきことが説かれ、第三、四、五、六、七章では、阿弥陀仏や釈尊あるいは六方諸仏のすべてが阿弥陀仏の選択を認め、一切の余行を捨てて称名念仏の一行のみを選択し、称賛していることを述べている。第十から十五章では、弥陀の本願の故に念仏行が諸仏から讃歎され、念仏行者も諸仏に護念されて現当二世（現世と来世）に利益を得ることができる。また、釈尊が阿難に念仏の一行を附属されたことを説いている。そして第十六章では、「浄土三部経」に見える八種の選択を挙げ、釈尊、弥陀、諸仏が等しく念仏の一行を選択されたと論じている。

『選択集』では、第十六章において『選択集』の要約ともいえる言葉を添えて、取捨の結果、選び取られた念仏の功徳を以下のように述べている。

それ速やかに生死を離れんと欲せば、二種の勝法の中には、且く聖道門を閣きて、選んで浄土門に入れ。浄土門に入らんと欲せば、正雑二行の中には、且く諸の雑行を抛ちて、選んで正行に帰すべし。正行を修せんと欲せば、正助二業の中には、猶助業を傍にし、選んで正定を専らにすべし。正定の業とは、即ちこれ仏名を称するなり。名を称すれば、必ず生ずることを得。仏の本願によるがゆえなり。

〈訳〉

生死という迷いの世界を速やかに離れようと思えば、二種の勝れた方法の中で、まずは聖道門をそのままにしておいて、選んで浄土門に入れ。浄土門に入りたいと思えば、正行・雑行の二つの行の中で、まずは多くの雑行を投げ捨てて選んで正行に帰すべきである。正行を実践しようと思えば、正業・助業の二つの行為の内で、なおも助行をわきに置いて、選んだ正定をひたすら行じなければならない。正定というのは、これは仏のみ名を称えることである。称名すれば、必ず浄土に往生することができる。というのは、仏の本願によるからである。

この文章は「略選択」と呼ばれるもので、選択の意味が簡潔に述べられているため、これに現代風の解説を試みることにする。すなわち、仏教には迷いを離れて悟りに至るのに、二つの教えが説かれている。その一つに聖道門がある。これは、人間の力で戒を厳持して禅定（心を静めて思いを一つの対象に集中する瞑想状態）を修練し、智慧を磨いて悟り（真理の会得）に進む教えである。しかし現在の世の中とここに生きる人間の姿を見極めてみると、誰一人として聖道門を極め得る器ではなく、御時世でもない。

このような末法の世に生まれた人々は、難行ともいえる聖道門の教えを放っておいて、仏の力に頼ることで易行となる浄土門の教えをこそ選取して進むべきである。さて、浄土門の行には、正行と雑行とに分けられるが、雑行を投げ捨てて正行に帰すべきである。実践行を阿弥陀仏に集中する正行には、読誦、観察、礼拝、称名、讃嘆供養の五正行があるが、第四番目の「称名正行」こそが浄土門の正定業（しょうじょうごう）（往生の因と定められた行業）である。正定業とは、正しい禅定の行（念仏行）という意味で、選択本願の念仏そのものに他ならない。称名正行以外の四つの正行は浄土門の助行（正行を助ける）である。正行を修めたいと思うならば、助行を傍らに置いておいて、正定業の称名正行を選び取って、それのみを修めよ、という。

「略選択」では、閣(さしおき)・抛(なげうち)・傍(かたわら)の三字を連ねて聖道門・雑行・助行を選び捨てて、浄土門・正行・正定業を選び取って実践することを明らかにし、まさに法然が長い求道生活から勝ち得た熱烈な信心の発露を思い起こさせる一文としてまとめられている。このため、『選択集』は、法然が善導の教えに導かれて得た主観的な回心を、経典に基づく客観的な教義として体系化し、併せて一向念仏の立場を明らかにしたものであるとされている。

『選択集』は、標題の示すように、念仏を勧める阿弥陀仏の本願を選び取り、念仏を無視する難行苦行の諸行を選び捨てることを説いている。この手法は「三部経釈」でも用いられているが、『選択集』では徹底した二者択一を論点に据えて、念仏を勝易とする浄土門を選取し、諸行を劣難とする聖道門を選捨することで、念仏の優位性を強調している。法然が「選択」を唱えたのは、東大寺での「三部経釈」講説のときにはじまったといえるが、『選択集』での「選択」の意味合いは、東大寺講説当時の凡愚が救われる立場で用いられた内容とは大きく異なっていて、浄土門に対する聖道門の劣悪さを強調する表現に変化している。

二・二・撰述の発案者

『選択集』は、その最後に後序ともいえる文章が記されている。

まさに知るべし。浄土の教、時機を叩いて、行運に当れり。念仏の行、水月を感じて、昇降を得たり。しかるに今、図らざるに仰せを蒙る。辞謝するに地なし。よって今なまじいに念仏の要文を集めて、あまつさえ念仏の要義を述ぶ。ただし命旨を顧みて、不敏を顧みず。これ即ち無慙無愧(むざんむき)の甚だしきなり。

〈訳〉

よく理解すべきである。浄土の教えは、末世という時期に人間の素質や能力に応じて実践するのに適している。念仏を行ずれば、水が月を映し出すように、仏が凡夫に応えてくださる。ところが今、思いもかけずに仰せを被って辞退する理由もない。よって今、できもしないのに念仏の要文を集め、その上念仏の肝要な意義を述べた。ただ、命じられたお言葉のみを慮り、自身の愚かさを顧みることをしなかった。これこそ自分にも他人にも罪を恥じない非常識なことである。

浄土の教えは、平安時代後期の政教ともに混乱した世の中で、真実の仏教に巡り合えない人々を救うのに適した教えである。この時期に思いがけず仰せをいただいたが辞退もできず、未熟ではあるが、念仏を説いた主要な文類を集めて、それに解説を加えて念仏の重要性を説いた。これも、自身の愚かさを反省するでもなく仰せに従ったまでのことで、恥知らずも甚だしい行為である、という。今日的に理解されている『選択集』は、浄土の教えをまとめて撰述するという、立教開宗の宣言ともいえる革命的な書であるが、このような事業を成し遂げた者が、書き上げてから慚愧の念に堪えないと懺悔しているところをみると、何故この『選択集』を撰述したのかという疑問が湧き上がるのは当然である。この疑問については、徐々に解き明かしていくことにする。

この文中における「図らざるに仰せを蒙る」は、『行状絵図』第十八に、

上人製作の選択集は、月輪殿の仰によりて、えらび進ぜらる、ところなり

〈訳〉

法然上人が制作された『選択集』は、月輪殿（九条兼実）の依頼によって、撰述、進上なされたものである。

と書かれていることから、九条兼実の請いによることがわかる。

『選択集』が兼実の依頼によってまとめられたとするならば、彼の然るべき所以が問われることになるが、実は兼実が法然を受戒の師と考えていたことから、純粋に信仰心からの依頼ではなかったようである。その頃の兼実は、関白職や氏の長者から退き、その失地回復の一環として、武士や貴族に直接関係しない、念仏聖の力を意図しての「仰せ」だったのであろう。兼実が求めるように、戒師から秘伝の仏教書を授かる栄誉は、当時としてはよくあることであった。例えば、法然が『逆修説法』を中原師秀に撰述したこと、兼実が仏厳から『十念極楽易往集』を示されたことなど、これらを意識して『選択集』が撰述され進呈されたのであろうと推察される。

二・三・撰述の経緯

『選択集』の執筆経緯については、『行状絵図』第十一に、以下のように記されている。

> 建久八年、上人いさゝかなやみ給事有けり。殿下（九条兼実）ふかく御歎ありける程に、いく程なくて平愈し給にけり。上人、同九年正月一日より草庵にとぢこもりて、別請におもむき給はざりければ、藤右衛門尉重経を御使として、「浄土の法門、年来教誡を承るといえども、心腑におさめがたし。要文をしるし給はりて、かつは面談になずらへ、かつはのちの御かたみにもそなえ侍らむ」と仰られけれ。

〈訳〉

建久八（一一九七）年に法然上人が少しばかり病気を患うことがあった。兼実公がひどく嘆いている内に、間もなく病が回復した。上人は建久九年正月一日から草庵に閉じ籠って、兼実公の特別の招きにも応じなかったので、兼実公は右衛門の尉の藤原重経を使者として遣わし、「浄土の教義について、何年も教えや戒めを授かってきたとはいっても、心から納得し難い。経論の重要な文句を書きとめて下されば、一つには上人との面談に見立て、一方では没後の形見として備えておきたい」と言われた。

「なやみ給事」とは、何らかの病気を患ったことを意味するが、これも短期間の内に治ったものの、兼実はこの病で法然の身を案ずるようになったという。翌年の正月には法然が草庵に籠ったまま出てこなかったので、兼実が使いを出して「浄土の法門」を書き記して欲しいと訴え出たのである。また、證空著『選択蜜要決』には、

> 六十有余の時、暇を申して籠居し、證空を以て代官に進らしむ。これによりて殿下禅閤より仰せありて云はく、面謁のこと希願す。心に疑いあり、往生の信心を増進せしめんが為に抄物を記し賜るべしと。

〈訳〉

六十余歳のときに、暇がほしいといって草庵に籠り、證空を法然の代役によこした。この事態に対して兼実から、お目にかかって直接話を聞きたいが、心はまだ晴れていないので、さらなる往生の信心を得んがために、書き記したものがほしい、との要請があった。

と記されている。法然が、草庵に閉じ籠っていることから、兼実に対しては法然の代役として證空を送り付けた。しかし、兼実は法然の行為を不信に思い、自身の信仰を確かめるためにも、法然の教えを書物に著してほしいと懇願したのである。法然は兼実に対して、単に授戒のために通うのを休止するだけではなく、代わりに證空を遣わすという心遣いを怠らなかった。

これは『選択集』が執筆された経緯を表したものと考えられるが、「草庵にとぢこもり」の詳しい内容については、法然が建久九（一一九八）年四月二六日付で、津戸三郎に正月早々風邪をひいたという手紙を送り付けている。

その内容は、『昭法全』（津戸の三郎へつかはす御返事）によると、

> 年来の風のつもり、此の正月に別時念仏を五十日申て候しに、彌よ風をひき候て、二月の十日比よし、すこし口のかはく様に覚え候しか、二月の廿日は五十日に成り候しかは、それまてと思ひ候て、猶しゐて候し程に、其の事かまさり候て、水なんとのむ事になり、又身のいたく候事なんとの候しか、今日まてやみもやり候はす、長引きて候へとも、又只今いかなるへしとも覚へぬ程の事にて候也。医師の大事と申候へは、やいとふ二度し、湯にてゆて候。又様々の唐の薬ともたへなんとして候氣にや、此程はちり斗り能き様なる事の候也。

〈訳〉

よく風邪をひくことから、気に止めることもなく、五十日の別時（毎年正月に日を決めて勤める）念仏をはじめた。ところが本格的に風邪を引き、二月十日頃から少し口がかわくようになった。後十日も勤めれば満行になるからと無理強いして頑張り続けたものの、よりひどくなって水を飲んでも体のふしぶしが痛むようになり、四月の末になっても全快しない、という事態に陥った。医師に診察してもらい、湿布を貼ったり灸を二度まですえたり、日本のみならず中国の薬まで用いた甲斐があってか回復に向かった。

というように、法然は何時ものように正月早々に風邪を引いたが、二月二〇日まではと無理を押して別時念仏を行ったためか、四月になっても全快することがなかっ

たので、医者を呼んで色々と治療してもらったところ、ようやく回復に向かった。

法然が草庵に閉じ籠ったのは、単なる気まぐれではなく、度重なる病が原因であること、それも今回は命に係わる重篤の病であることから、兼実は非常事態の生じることを懸念して、今までまとまったかたちで解き明かされてこなかった法然の教えを、書き残しておく手立てを考えたものと思われる。津戸三郎への手紙では、法然が度々風邪をひくとされているが、建久八年の記事の「なやみ給事」も含めて、法然の体調は年を経るにつれて悪化の兆しが顕著に現れていたようである。元久二（一二〇五）年八月にも瘧（おこり）を患っている。法然の度重なる病と身体の衰弱を懸念した兼実が常々心配していたのであろう。法然と同じように兼実も建久七（一一九六）年の失脚以後、体調不良を訴えるようになっていた。

建久九年一月の法然の病を期にして、四月八日には死後の葬儀、追善の手続きや方法、房舎・資具などの財産処分などを『没後起請文』の遺言状にしたためている。風邪を拗らせて一命をとりとめた法然は、以後病気には人一倍注意をはらったようである。

『没後起請文』の内容は、法然の没後に弟子たちが取るべき行動を示した第一条「葬家追善事」と、遺産分与に関する第二条の「不可諍論房舎・資具・衣鉢・遺物等事」との二箇条で構成されている。第一条では、一所に集会・群居することや図仏・写経・浴室・檀施等の余行による法然の追善を禁止し、報恩の志がある者はただ一向に念仏を修するように勧めている。第二条では入室の弟子七名（信空・感西・證空・円親（えんしん）・長尊（ちょうそん）・感聖（かんせい）・良清（りょうせい））を挙げ、房舎等の遺産を分配・付属している。筆頭に名前を挙げられた信空は、法然から「多年入室の弟子」と呼ばれ、黒谷本坊、白川本坊、坂下薗、洛中の地一所、本尊や聖教などを附属され、感西は、常随給仕の恩に報いるためとして、もと西山広谷に在った吉水中房と、高畠の地一所を付属され、円親は、六条の尼御前から吉水の東新房とその敷地を受け継いだ養子であるため、法然の没後にはこれを返却すると約束され、長尊は、自分の地所であった吉水の西の旧房を返却されるなど、法然が重篤という緊迫した状況下で、死を覚悟しての財産分与にまで思いを巡らせていることがわかる。

ところで、法然が風邪を拗らせたのは、『行状絵図』

第十一や「津戸三郎への消息文」などの記録から推測すると、建久九（一一九八）年一月から四月末日までとすることができる。この間の建久九年四月八日に『没後起請文』が執筆され、『選択集』の撰述を終えたのが建久九年三月頃であると證空著『選択蜜要決』に記されている。後述する『三昧発得記』がこの年の一月から始められ元久三（一二〇六）年一月に終わっている。また、『行状絵図』第十一には、建久九年五月一日以前に『選択集』が兼実に進呈され、同じく第四六には建久九年の春に聖光房弁長（しょうこうぼうべんちょう）に附属されたとある。しかし、『聖光上人伝』では、弁長への附属は建久十年二月というように記されている。

　これらの記録からすると、『選択集』はわずか三ヶ月足らずの内に制作されたと考えられる。まさに風邪を引いて医者を呼ぶほどに重篤な病を得て、法然に何時終焉が来るかわからない緊迫した状況下で、兼実による命も考慮しながら短期間の内に慌ただしく進められていたことがわかる。

二・四・執筆者

　悲痛のどん底にあった兼実が、法然の身にも危機迫るものを感じたことから、「出家して浄土の法文に触れ、教誡を守ってきたが、いまだに腑に落ちない。経文の重要な教えをまとめていただいて、形見としても大切にしたい」という思いで、重経を使いに出して『選択集』の執筆を依頼した。重経から兼実の思いを聞いた法然は、自身の置かれている状況と身体の不調および『逆修説法』での感西と安楽の実績を鑑みて、文章生として文才に優れて達筆な真観房感西に全体の構成と撰述を任せ、執筆者に安楽房遵西を指名して、建久九年一月から『選択集』の作成に踏み切ることになった。

　執筆者を選定するときに、法然が感西を指示したことが、良忠撰の『選択伝弘決疑鈔（せんちゃくでんぐけつぎしょう）』巻三に記されている。このとき感西は「自分はその任に堪えられる者ではない」と言って、しきりに固辞していた。これに対して法然は「立派な文章を書いてくれというのではない。ただ自分が言うところを記してくれればよい」と言われたという。このことから、法然は当初、執筆をすべて感西に任せようと思い、彼に話を持ち掛けたが、感西が謙虚な心持の

『選択集』の開巻劈頭部分
（写真提供：盧山寺）

持ち主であったことと、自身の体調のこともあって、感西を撰述者とし、執筆者を安楽に決めたものと思われる。しかし、『行状絵図』第十一には、安楽が『選択集』の執筆から外されたことが記録されている。

安楽房（外記入道師秀子）を執筆として、選択集を選せられけるに、第三の章書写のとき、「予もし筆作の器にたらずば、かくのごとくの会座に参ぜざらまし」と申けるをきゝ、給て、「この僧憍慢の心ふかくして悪道に堕しなむ」とて、これをしりぞけられにけり。その後は真観房感西にぞか、せられける。

〈訳〉

安楽房遵西（外記入道の中原師秀の子）を書き手として、『選択集』を撰述したところ、第三章を書く時に安楽房が「私にもし文章を作る才能がなければ、このような場に参加できなかったであろう」と言ったのを、法然上人が聞いて「この僧には、驕り高ぶりの心が深くて、悪い道に走るであろう」と言われ、安楽房を退けられた。その後の章は、真観房感西が書くように指示された。

安楽は、中原師秀の請いによって撰述された『逆修説法』の執筆者であり、法然もこのときの実績を認めた上で、『選択集』の書写に就かせたのであろう。しかし、安楽は自己の達者を鼻にかけて、達者であるがゆえに執筆の大役を仰せつかったとばかり憍慢な心を覗かせた。自己を他人に認めさせようとする余り、周りの環境を顧みることなく、役割を忘れて有頂天になっている安楽の行動を見かねた法然は、即座に安楽を執筆者から外して、『逆修説法』のときに安楽と同席していた感西に執筆を譲ったのである。自己の実績と関わりのないところで隠れるようにして念仏するという、「無観称名義」を無視した安楽の行為に、法然は失望したのであろう。感西は、『逆修説法』最後の七会の時に、法然に代わって説法を行っていることから、当時から法然の信頼が厚かったといえる。

『行状絵図』第十一では、執筆者が安楽と感西の二人であると記されているが、『選択集』執筆についてのさらに詳細な記述が、聖冏（しょうげい）著になる『決疑鈔直牒（けつぎしょうじきてつ）』第七にみえる。

選択本願ヨリ念仏為先ノ註ニイタルマデ上人ノ御自筆ナリ。第一篇ヨリ第三本願章「能令瓦礫変成金」ノ文ニ至ルマデハ安楽房ノ執筆ナリ。「問曰ク、一切菩薩雖立其願」ヨリ、第十二付属章ニ至ルマデ真観房ノ執筆ナリ。第十三章ヨリ第十六章ノ「一如経法応知」マデハ他筆也、名字ヲ失ス。「静以善導」以下ハ又真観房ノ執筆也。

〈訳〉

選択本願から念仏為先の注釈に至るまでが上人の真筆である。第一篇から第三本願章の「能令瓦礫変成金」の文に至るまでが安楽房遵西の執筆である。「問曰ク、一切菩薩雖立其願」から第十二付属章に至るまでが真観房感西の執筆である。第十三より第十六の「一如経法応知」までは他の人の筆によるが名字を失念した。「静以善導」以下はまた真観房感西の執筆である。

執筆に関わったのは、開巻劈頭の「選択本願念仏集　南無阿弥陀仏　往生之業　念仏為先」の二一文字が法然の自筆であるにしても、各章は安楽、感西と他一人の計三人であったことが指摘されている。安楽は、第一篇から第三の本願章「能令瓦礫変成金」までを執筆した時点で、法然に驕慢の心を見抜かれて執筆から外され、それ以後から第十二の付属章までを感西が務めた。第十三章から第十六章の「一如経法応知」までは誰が執筆したのか分からないが、「静以善導」からは再び感西が執筆している。つまり、『選択集』を執筆したのは、安楽、感西、その他一名の都合三人であったことが『決疑鈔直牒』からわかる。なお、京都廬山寺(ろざんじ)にある『選択集』には、法然直筆といわれている開巻劈頭の二一文字の記された草稿本が蔵されているが、この書体は筆圧が安定しておらず乱れていることから、暗に病の身を押して震える手で執筆したようにも受け取れる。

　こうして兼実の懇請による『選択集』の撰述は、法然が自ら筆をとることなく、安楽・感西・他一名の三人によってなされたことがわかったが、他一名については、證空の『選択蜜要決』に、法然が撰述前に指名した三名の名前が記されている。

上人六十六の春、建久九年三月、この文を撰せらる、時、人を簡びて、座に在らしめず。真観ありて、法文の義を談じ、證空ありて、経釈の要文を引き、安楽ありて、筆を執って、これを書す。この外に人を簡んで、在座せしめられず。

〈訳〉

　法然が六十六歳の春、建久九(一一九八)年三月に『選択集』を撰述されたが、このときは、選んだ人以外、その場に座らせることはなかった。その場にいた真観房感西は経・論・釈などの意味や内容を説明し、善恵房證空は経文や釈義の重要な文句を選び出し、安楽房遵西はこれらの内容を書写した。彼ら以外の人は、その場にはいなかった。

『選択蜜要決』と『決疑鈔直牒』第七を考え合わせると、第十三章から第十六章までは、證空が執筆を担当したことがわかる。いずれにしても、證空が『決疑鈔直牒』第七に記された「名字を失す」の当事者であるとするならば、『選択集』の執筆者は、安楽、感西、證空の三人であることは間違いない。

　善恵房證空(ぜんねぼうしょうくう)は、治承元(一一七七)年十一月九日に生まれ、宝治元(一二四七)年十一月二六日に没している。彼は村上源氏の加賀権守源親季(みなもとのちかすえ)の長男として生まれ、九歳の春に同族の久我通親の養子となる。建久元(一一九〇)年十四歳の折に、元服にあたり発心して法然の弟子となり、入室後はしばらくの間、感西に師事している。入室時代の證空は、小坂（祇園の西南）に住まいし、吉水の庵室との間を行き来している。彼は、一度見聞すればすべてを理解してしまうという秀才ぶりを発揮して、入室後九年目にして『選択集』の撰述に加わった。『決疑鈔直牒』第七では證空が、「経釈の要文を引」く役割を担っているが、證空の法孫である行観が著した『選択本願念仏集秘抄』一には、

時ニ法然上人春秋六十六、御籠居已後ノ事ナリ。西山上人年齢二十三云々。法然上人ハ達者、西山上人ハ口入ノ人也。或ハ師ノ仰ニ随テ経律論等ノ文共ヲ引集メ書カルル也。勢観房（源智）ハ生年十八也、此ノ人ハ御前ニ侍ルト雖モ未ダ口入ノ程ニハ至ラズ。

〈訳〉

法然上人が年齢六十六のとき、籠居なされた後の事であるが、西山上人の年齢が二十三であった。法然上人は物事に精通した人で、西山上人は世話人である。あるいは師の仰せに随って経律論などの文献を引用して書いていた。勢観房は齢十八で、この人は上人の傍にいたとはいえ、まだ世話人というにはほど遠い。

と記している。「口入れ」とは、間に入って世話をやくという意味であるが、ここでは、経釈の要文を引く助手の意に解釈し、口入れの人であるとともに執筆にも関わったことが記されている。證空は感西の撰述中、口入れを続けるものの、執筆から外された後のことであろう。感西も證空も安楽が執筆に関わったのは、おそらく安楽が抜けたあとを執筆者として補っている。年代的に見ても、『選択集』の撰述が、法然六六歳の建久九（一一九八）年のことであり、このとき、安楽（?〜一二〇六）は入室してわずかの年を経ているに過ぎない。また、感西（一一五三〜一二〇〇）は、入室して二八年目で、法然の指示に従って「法門の義を談じる」ことに専念しつつ撰述の役を担当している。

『選択集秘抄』では、入室後九年目の弱冠二三歳の證空が、感西の指示にしたがって経論疏釈の文を、一つ一つ原典にあたって確かめ、その文を執筆者に示すという「口入れの役」を担当しつつ、執筆にも携わっていたこ

とになっているが、この役柄はよほど内外の学問や世情に精通していないと勤めることが難しい。若輩者の證空に口入れという重要な役がつとまったとは考えられないことから、感西の指示に従って数多ある経文類を執筆者に示すという役柄であったと考えられる。

また、弱冠十八歳の勢観房源智（一一八三〜一二三八）は、入室して六年目であり、今だ感西の給仕役でもあったことから、「口入の程には至ら」ないというのは事実であろう。彼が『選択集』の撰述に関与していないことが、『一期物語（いちごものがたり）』に記されている。

或ル時云ハク。汝選択集ト云フ文有ト知ルヤ否ヤ。知ラザル由。（師曰ク）。此ノ文ハ我作レル文也、汝之ヲ見ルベシ。我存在ノ間ハ流布スベカラズノ由、之ヲ禁ム故ニ人々之ヲ秘す。

〈訳〉

ある時、あなたは選択集があることを知っているか、といわれた。知らないというと、師がいうには、これは私の作ったもので、あなたに見せてあげる。私の存命中は公表しないとのことで、この書を留めて人々に秘密にしていた。

源智は法然から『選択集』を知っているかと問われて、知らないと答えているが、この「知らない」とは、『選択集』の内容を知らないという意味に解すると、入室後、しばらくの間、感西に師事していたことから、撰述に当たっては、感西の手伝いで、おそらく墨を磨ったり、用紙を整えたり、お茶の接待をしたりという雑役を担当していため、「知らない」と答えたのであろう。一方、法然は源智が『選択集』の撰述時に、その場にいたことを忘れているかの表現をしている。実は、法然がその場に居合わせていなかったのである。

極論が許されるならば、『選択集』は、法然の名のもとに感西が中心になって撰述されたもので、書写は安楽、感西、證空であり、證空は口入れの役も担っていた。法然は、毎年風邪を引いては拗らせ、年ごとに身体を弱らせている。齢七〇歳に近くなり、病に侵されて死を覚悟し、死後のことを考えて心を病んでいる人が、二ヶ月余りという短時間で膨大な量の経典や釈義をまとめ上げるということは不可能に近い。おそらく、感西が、法然の説法や著書を引用し、経典や釈義を紐解き、章立てして大凡のかたちにまとめ、一方の證空は感西の指示に従って経釈・文類などを収集し、それらの引用部分を抜き示したものと思われる。

二．五．善導は仏

法然は、善導の「一心に専ら弥陀の名号を念じ、行住坐臥に時節の久近を問わず、念々に捨てざるもの、これを正定の業と名づく」の文を受けて、歩いていても止っていても、起きていても寝ているときでも、昼夜を問わず、時間の短い長いは問わない、何処でも何時でもよいから、囚われずに弥陀の名号を称えよ、と教えている。

法然が浄土の教えを信じるようになったのは、「偏えに善導による」というように、善導の教えによるところが大きいという。源信の『往生要集』によって浄土教への方向性を見出したとしても、直接の動機となったのは、永観の『往生拾因』に引用された『観経疏』（散善義）に接したからであった。法然が東大寺で「三部経釈」を講説したときには、善導を修行によって三昧の境地に達した「三昧発得の輩」、すなわち人間としてこの世における最高の境地、仏に匹敵する地位であると見ている。

ところが『選択集』になると、その最終章に当たる「後述」の後半において、「東大寺講説」以来、法然が培ってきた善導に対する思いが、見事に整理されたかたちで表現されている。

静に以（おもんみ）れば、善導の『観経の疏』は、これ西方の指南、行者の目足なり。然ればすなわち、西方の行人、必ずすべからく珍敬すべし。中に就いて毎夜夢中に僧有って玄義を指授す。僧は恐らくはこれ弥陀の応現ならん。爾らば謂うべし。またこの『疏』はこれ弥陀の伝説なりと。何にいわんや、大唐に相伝えて云く、「善導はこれ弥陀の化身なり」と。爾らば謂うべし。またこの文はこれ弥陀の直説なりと。すでに写さんと欲する者は、一（もっぱ）ら経法のごとくせよと云えり。この言は誠なるかな。仰いで本地を討ぬれば、四十八願の法王なり。十劫正覚の唱え、念仏に憑（たのみ）有り。俯して垂迹を訪えば、専修念仏の導師なり。三昧正受の語は、往生に疑い無し。本迹異なりといえども、化導これ一なり。

〈訳〉

静かに考えてみると、善導の『観経疏』は、西方往生の教示であり、行者の目や足となるものである。そこで、西方を願う行者は必ず敬い尊ぶできである。中でも、毎夜夢の中に、僧が出てこられて、教えの奥義を教え授けられた。この僧というのは、恐らく阿弥陀仏が救済に現われた姿であろう。そうであるから、この疏文は阿弥陀仏の伝えられたものというべきである。まして偉大な中国では「善導はこれ阿弥陀の化身である」と伝えられている。そうであるならば「この文はこれこそ阿弥陀が直接説いたことである」と言わなければならない。既に「これを写したいと願う者は、専一に経法のように扱うべきである」と述べている。この言葉は真実である。仰いで本来の姿を尋ねると、四十八願を立てられた阿弥陀仏に至る。十劫の昔に正しい悟りを遂げられたということは、念仏の心強いたのみである。附して仮の姿を訪ねると、専修に念仏する菩薩である。安定した心を得られた上での言葉には、往生を疑う余地はない。本来の姿と仮の姿との違いはあるが、その教化・指導は同一である。

すなわち、『観経疏』は往生浄土の教科書であり、念仏行者の目標となり実践の手本となるものであるから、浄土を願う者はこの疏を尊ぶべきである。また、夢の中で阿弥陀仏の示現を目の当たりに見た限りでは、まさに疏文は阿弥陀仏が伝えられたものであるとの確信を得た。中国においても、昔から善導は阿弥陀仏の生れ変りであるといわれていることから、疏文を書写しようとする者は、一言一句をゆるがせにしない気迫でもって、真剣に経典を写すように取り組むべきである。仰いで善導の本来の姿を尋ねると、衆生救済の四十八願を立てた阿弥陀仏に辿り着くが、阿弥陀仏が遠い昔に仏になられたということは、念仏行者が既に救われているという強い確信に至る。伏して阿弥陀仏の仮の姿を尋ねると、専一に念仏する菩薩（善導）・導師そのものである。仏の境地からの言葉には嘘偽りはなく、仏と菩薩の違いはあるにしても、本願においては教化も指導も同じである。

この文章は、「遍依善導」の言葉を裏づけるものとして解釈すると、ここで説かれている善導は人格ではなく、仏の位にまで引き上げられた仏格として扱われていることに注目すべきである。

「東大寺講説」における法然は、善導を最高の人格者として、また低下の存在である自身の救い主として扱い、常に権門側の絶対性を慮って慇懃の姿勢を崩すことはなかった。しかし、『選択集』では、善導を仏格として扱うとともに、権門側の絶大さは姿を消して、代わりに阿弥陀仏が絶対的な存在として、善導と対比されている。

法然は『選択集』以降、善導を仏格として扱っていることが、消息文の中に現れている。消息文を二例あげると、「正如房へツカワス御文」と「大胡の太郎実秀へつかわすご返事」とがあり、それぞれ「善導マタタダノ凡夫ニアラズ。スナワチ阿弥陀仏ノ化身ナリ」ではじまり、その後に「後述」の要約が続けて記されている。

「善導は仏」という法然は、「後述」の最初に、善導の三昧発得を例示して、その根拠を問答形式で説明している。この部分は『阿弥陀経釈』の結語にある「善導一師に依る」と重複するが、三昧発得の内容は大きく異なっているので、この辺りを検討してみる。ここではまず、浄土教開宗については、

　浄土の祖師その数また多し。謂く弘法寺の迦才・慈愍三蔵等これなり。何ぞ彼等の諸師に依らずして、ただ善導一師を用いるや。

〈訳〉

浄土の祖師にしても、弘法寺の迦才や慈愍（じみん）の三蔵などとその数は多いが、何故彼らの祖師方を根拠とせずに善導だけを取り上げるのか。

との質問を自ら提示しておいて、以下のような答えを示している。

　これ等の諸師、浄土を宗とすといえども、いまだ三昧を発さず。善導和尚はこれ三昧発得の人なり。道においてすでにその証有り。故に且くこれを用う。

〈訳〉

浄土の祖師方は、浄土を教義とするも未だに阿弥陀仏や浄土の荘厳を目の当たりに感得していない。しかし善導和尚は阿弥陀仏や浄土の荘厳を目の当たりに感得た人である。彼の経歴において修行の事実という十分な証拠がある。故にまさしく善導を取り上げるのである。

『阿弥陀経釈』の結語では、三昧発得が浄土門を選び取った理由づけに使われていたが、ここでは浄土門の先

達の中で三昧発得できたのは善導だけであるとの確証を得ている。

三昧発得については、法然も善導と同じ体験をしたことが『三昧発得記』に記されている。この書は、建久九（一一九八）年一月から元久三（一二〇六）年一月にかけての宗教体験を書きつづったもので、ここでは、初めは別時念仏をしていると明相を見るに及び、順に水想観、地想観、瑠璃相、宝樹、宝池、宝殿、瑠璃壺などが現出し、鳥の声、琴、笛、笙の音を聴き、その後勢至菩薩、阿弥陀仏の面像を拝し、ついには三尊（本尊と脇侍の二菩薩）の大身が出現したことを記している。この書は、『西方指南抄』に「聖人ノミツカラノ御記文ナリ」とあり、『拾遺漢語灯録（しゅういかんごとうろく）』本末尾には「源空自筆にて之を記す」とあるように、法然が自らの筆で記したものであった。

しかし、『西方指南抄』に「外見ニオヨハサレ、秘蔵スヘシ」とあり、『醍醐本法然上人伝記（醍醐本）』に「年来の間勢観房（源智）秘蔵して披露せず」とあるように、法然が弟子の源智に披露せずに秘蔵するよう指示して授けたものである。また「上人往生の後、明遍僧都之を尋ねて一見を加え随喜の涙を流し、即ち本処に送らる、当時に聊（いささ）か此の由を聞き及ぶといえども未だ本を見ざれば其旨を記さず、後に彼の記を得て之を写す」とあるように、法然の没した後で明遍が一見してから源智のもとに戻している。

法然は、浄土の関係者が今までなし得なかった浄土宗の開宗と口称念仏によって浄土の荘厳を体現したのは、まさに善導一人であったと断言したのである。

そして「後述」の後半に続けて、『選択集』の総括ともいえる言葉が述べられている。

> ここにおいて貧道、昔この典を披閲してほぼ素意を識り、立ちどころに余行を舎てて、ここに念仏に帰す。それより已来、今日に至るまで、自行化他ただ念仏を縡とす。然る間、希に津を問う者には、示すに西方の通津を以てし、たまたま行を尋ぬる者には、誨えるに念仏の別行を以てす。これを信ずる者は多く、信ぜざる者は尠し。まさに知るべし。浄土の教、時機を叩いて行運に当り、

念仏の行、水月を感じて昇降を得たり。

〈訳〉

そこで、愚僧のわたくし（源空）は、昔この『観経疏』を調べて見て、ほぼその本意を知り、立ちどころに余行を捨てて、念仏に帰した。それ以来今日に至るまで、自分のつとめも、人にすすめるのも、ただ念仏から離れ難い恩愛の情がある。そうであるから、希に迷いから離れる法を問う者には、西方浄土に通じる法をもって示し、その行を尋ねる者には、念仏の別行をもって教えている。これを信ずる者は多くて、信じないものは少ない。まさに知るべきである。浄土の教義は、時や根機に応じて行われる巡り合わせに従い、念仏の行は水と月とのごとくよく相応する。

法然は以前に『観経疏』に接して、その真意を知り、立ちどころに念仏の行に帰依し、その他の行を捨て去ったのである。それ以来、自分の勤めも他人に勧めるのも偏に念仏のみとなった。だから救いを求める人には救われる道を示し、その方法を求める者には、念仏を称えることを勧めている。これを支持するものは多く、反対する者は少ない。だから、浄土の教義は、末法の時代に相応しい教えで、まさに口称念仏と衆生とは水とそれに浮かぶ月影のように共存しているのである。

「後述」における法然は、あたかも『選択集』第一章から第十六章までの経典に基づく学問的な堅苦しい言葉をわざと避けて、あたかも『選択集』の内容にあまり賛同しないかのように、「東大寺講説」の時のような心から湧き出る対話型の優しい言葉で訴えるように説いている。ただし、善導に対する信順の決意は固く、全文の総括であるとともに、これだけは譲れないという迫力に満ちている。

『決疑鈔直牒』第七において、「静以善導以下ハ又真観房ノ執筆也」というように、「後述」の後半部分が、感西の筆によるものとすると、確かにこの部分は、それまでの章の文体とは趣を異にしている。おそらく、「三部経釈」の記憶を辿りつつ、法然が述懐した内容を感西が筆記したものと思われる。

二・六・選択集の意義

『選択集』の主な内容は、「東大寺講説」で説明されているといえるが、その他の特徴としては、聖道門の劣難と浄土門の勝易を峻別して、聖道門を捨てるという極論を展開し、偏依善導と専修念仏を強調しているといえる。専修念仏については、衆生が浄土に往生するために、念仏以外の行を交えず、「南無阿弥陀仏」とひたすら称えることであり、法然やその門流の宗教的立場を端的に示す言葉でもある。広義には、思想的、教団的に浄土門の立場にあることを示し、他宗からは単に「専修」と呼ばれたり、「専修僧」、「念仏宗」などと称され、仏教を考慮することなく念仏だけを称える行者の異称でもあった。しかし、『選択集』では、「専修」が三回に対して「一向」は二八回も使われていることから、一向に修する念仏が要求されているのであって、専修の意味合いが強く押し出されているとはいえない。因みに、「専修」とは「もっぱらその事だけを修める心」であり、「一向」とは「ひとへに余の行をばえらびすて、きらひのぞく心」であり、『選択集』以前と以後とでは、同じ口称念仏であるにしても質的な相違があるといえる。

二・六・一・往生伝

『選択集』以前にも専ら念仏を修して往生した人々が、「往生伝」などの史料に登場しているが、それらの念仏者は、諸行の中の一つとしての念仏を修していたに過ぎない。しかし、『選択集』では、念仏は行者が選ぶものではなく、阿弥陀仏が選んだものであるがゆえに絶対の価値があり、弥陀の本願の行であるから、この本願に順じて、一向に念仏を称えれば往生できる、というのが基本の考えである。阿弥陀仏の本願である念仏は、阿弥陀仏によって専修の下に編み出されたものであって、人間の行は本願の念仏を前にして一向すべきものであるというのが、『選択集』の主張でもある。

「往生伝」は、浄業を修し、精進努力して阿弥陀仏の西方極楽浄土に往生した人々の略伝や行業および臨終時の奇瑞などを簡略に記した伝記集である。往生した人々を中心にして選出しているために、僧侶や尼僧ばかりでなく在俗の信者・信女の往生の様子が描かれているのが特徴である。中国では中唐頃の文諗（もんしん）や少康による『往生西方浄土瑞応刪伝（おうじょうさいほうじょうどずいおうさんでん）』を発端として、宋代以降多く見受けられるようになった。日本では慶滋保胤（よししげのやすたね）が源信の『往生要集』に深く共感して、寛和年間（九八五～九八七）に『日本往生極楽記』を刊行した。続いて平安時代後期までに大江匡房（おおえのまさふさ）著『続本朝往生伝（ぞくほんちょうおうじょうでん）』、三善為康著『拾遺往生伝』『後拾遺往生伝』、蓮禅(れんぜん)著『三外往生記(さんげおうじょうき)』、藤原宗友(むねとも)著『本朝新修往生伝』、如寂(にょじゃく)著『高野山往生伝』などが著述され、浄土願生者の教科書として、貴族ばかりでなく被差別階級の庶民など多くの人々に受容された。また往生者の話は、『日本霊異記』や『今昔物語』などの説話集に再録されるようになり、中世の説話文学に影響を与えている。

中でも『日本往生極楽記』に記載された、教信沙彌(きょうしんしゃみ)の伝記は有名である。教信は、光仁天皇の後裔として平安初期（七八六〜八六六）に京都で生まれた念仏行者で、興福寺で出家して諸国を巡歴したといわれている。晩年は播磨国賀古(かこ)郡賀古駅の北に草庵を結んで妻子を養い、在俗の沙弥として村人に雇われて生活した。彼の日常は、西方浄土を念じて日夜念仏を怠らず、村人は「阿弥陀丸」と呼んでいた。教信は死の前夜に、摂津国勝尾寺の座主勝如のもとを訪れ、自身は明日極楽へ往生すること、勝如は翌年の同月同日に往生すると予告したので、後日勝如が教信のもとに弟子を遣わしたところ、教信は既に死んでいて、犬が群がって遺骸を食べていた。勝如は自分の修行より教信の念仏が勝っていることを悟り、それ以後、山を降りて念仏をすすめ、教信の予告の通り翌年に往生をとげた。

南都の永観は、教信を念仏者の理想像として、『往生拾因』に詳しく述べている。親鸞は常に「われはこれ賀古の教信沙弥の定なり」と語って、非僧非俗の範としていたことが『改邪鈔(かいじゃしょう)』に記されている。一遍も旧跡に詣でて踊念仏を興行し、賀古駅を臨終の地に定めようとした。教信の伝記は種々の潤色が加えられ、謡曲『野口判官(のぐちほうがん)』や浄瑠璃『賀古教信七墓廻(かこのきょうしんななはかめぐり)』の素材となり、「無観称名義」を既に実践していた念仏者として人々に親しまれた。

二・六・二　念仏往生の起源

ところで、『選択集』の選択という考え方の中には、強引に白黒に別けて、白と黒を二者択一で選び取るという明確な論理手法が使われているが、これは既成仏教とは相容れない方法であるといえる。例えば、善と悪を白色と黒色とに峻別して、その間に灰色という中間色を設けて、白色と灰色との中間色、灰色と黒色との中間色というように、ある色から少しずつ他の色に変化するという、色の連続的変化を認めるのが既成教団であるとするならば、この考え方を一蹴してしまって、中間色を認めずに、中間色を白色か黒色かのいずれかに絡めとってしまうという考え方を打ち出したのが、『選択集』であるといえる。

論理的手法でもって白黒をはっきりさせた『選択集』は、教義書として完成されたものといえるが、「東大寺講説」のように、既成仏教に対してへりくだったような謙虚な態度が見受けられない。最後に、意にそぐわないかたちで制作されたという反省文が記載されてはいるものの、それとは裏腹な本文の内容に、既成教団の衆徒が反発することになる。

ここで、法然の説く念仏往生と従来の「往生伝」などにみる念仏往生との違いを考えてみることにする。法然の業績の一つとして「念仏を民衆の下に届けた」といえるが、これは既に空也や空也を継ぐ聖たちによって成し遂げられている。また、十世紀頃に延暦寺の僧侶たちの作った『阿弥陀新十疑(あみだしんじゅうぎ)』には、

未断惑の凡夫も、念仏の力によりて、往生することを得るなり。

〈訳〉

未だ煩悩から逃れられない凡夫も、念仏の力で往生することができる。

あるいは、

十悪五逆を造る人も、臨終の時、心念あたわずと雖も、口に南無阿弥陀仏と称するによりて、往生を得るなり。

〈訳〉

身口意の三業で作る十種の罪悪や五種の罪悪を犯した人も、臨終のときに心中に念じなくても、口に南無阿弥陀仏と称えることで往生できる。

とあるように、念仏往生に関する知識は、既成仏教の文献にはそれほど珍しいことではなく、ある意味で悪人往生は「往生伝」によって庶民の間でも常識であった。

藤原宗忠が寛治元(一〇八七)年から保延四(一一三八)年の間に書いたといわれる『中右記』にも、

弥陀の本願は重罪人も棄てざるなり。これにより て往生の志ある人は、ただ念仏を修すべきなり。

〈訳〉

阿弥陀仏の本願は、重罪人であっても棄てることがないから、往生の志のある人は、唯念仏するだけでよい。

とあり、さらに『梁塵秘抄』第二（雑法文哥）五十首の中には、

我等が心に隙もなく、彌陀の浄土を願ふかな、輪廻の罪こそ重くとも、最後に必ず迎へたまへ。

〈訳〉

我々が心に絶えることなく阿弥陀仏の浄土を願うならば、煩悩の世界から出られなくても、臨終には必ず浄土に迎えてくれる。

あるいは、

彌陀の誓ぞ頼もしき、十悪五逆の人なれど、一たび御名を唱ふれば、来迎引接疑はず。

〈訳〉

阿弥陀仏の誓いは頼もしいものだ。身口意の三業で作られる十種の罪悪や五種の罪悪をもつ人であっても、一度仏の名を称えれば、臨終に仏・菩薩が迎えに来て極楽浄土に導いてくれることは間違いのないことである。

とある。『梁塵秘抄』は、治承年間（一一八〇年前後）に後白河天皇によって編纂された今様歌謡の集大成といわれている。法然が「大原問答」や「東大寺講説」などの公の場で「念仏往生」を発表したのは、文治二（一一八六）年五四歳の秋頃であるから、それ以前に既に庶民の間では、いかなる悪人でもたった一度でも「南無阿弥陀仏」と称えるだけで、極楽往生できるという話が流布していた。いわば、『往生要集』や『往生拾因』などの世界観が、法然に因るまでもなく、権門側の識者によって庶民の手に届くように再編され、浄土の世界観やその荘厳あるいは釈尊や既成仏教の教えなどが、当世に流行歌として巷に広がっていたのである。

これらの事例から、平安時代中期の頃には既に法然のいう念仏往生と同じ内容の歌謡や伝記類が流行していた

ことがわかる。したがって、今日通説となっている、法然が念仏を庶民の手に引き寄せたという説は当たらないことになる。法然の業績は当時流行っていた念仏往生の考えを、仏教思想に基づいて万民が納得できるように「東大寺講説」で論証したところにある。そして、『選択集』は既成教団や学僧に雑行として扱われていた念仏往生の教えを学説として認めさせたといえる。

実際、平安時代中期の念仏往生説は、当時から継承する者もなく、雲散霧消して今に伝えられていない。史料として残ってはいるものの、伝承されてきた形跡がない。聖道門では、念仏が成仏を助ける補助的な行であるため、念仏を完結した法門とはみなさず、往生の直接の要因とはならないといっている。そのような立場で、いかに念仏で救われると説いたところで、虚言の誹りは免れない。しかもその念仏は、三学非器（戒定慧の三学を修める力量がない）の凡夫には程遠い観念（観察し思念する）の念仏であるため、民衆の生活に耐える実践的な念仏とはなり得ない。いわば、雑行であった念仏を正行の念仏へと革新的転換を図ったのが『選択集』なのである。

万人の救われる教えは誰もが希求するところであるが、教えそのものが単なる願望や評論に終始するならば、既成仏教の学僧たちを説得するに足るものとはなり得ない。法然以前の口称念仏は学僧たちの相手にされるような念仏ではなかったのである。一方で、学僧たちが論ずる現実から遊離した教学では、いかに精緻に構築されるとしても、衆生が納得して追随できるものとはなり得ない。これら両者を満足させる教えでなければ、万民が納得して救いを求める教えとはならないのである。このように考えると、『選択集』は万民救済に応える目的で撰述された教義書であるといえる。

万民に受け入れられる教義を打ち立てた『選択集』の役割は、既成仏教が拠り所とする仏典類を所依の経典とし、これらを善悪、難易、勝劣などの二者択一の命題に絞り直して、口称念仏に向けて切り捨てと取り上げを繰り返すことによって、強引ともいえる論理的手法で、庶民に受け入れやすい念仏を編み出したところにある。『選択集』は、数多ある経典から既成教団の学僧たちが納得できる論理構成でもって、善導の説く口称念仏を導くことができたのである。

二・六・三・世論

『選択集』で説かれた浄土往生の教義が、既成教団に認められたということ以外にも、口称念仏が仏教であるという証明ばかりか、南都六宗・平安二宗に加えて新たに浄土宗開宗の予兆ともなり、特権階級の仏教が庶民の手元に届けられることになった。仏教に反する生活を余儀なくされていた庶民は、「そのままの念仏」という教えによって、悪人のままで救われるという確信を得ることができた。庶民は口称念仏で浄土往生を確約された存在として、末法の世の中を安心して生活できる糸口がつかめたのである。

しかし、その一方で、仏教が庶民の位置にまで格下げされたと解釈する人たちも出てきた。勢観房源智の『醍醐本』第四話では、浄土宗という新興宗教に対して源智が法然に質問している。

　一つの問に曰く、世間に難者有りと云う、八宗九宗の外に浄土宗を立つ、是自由なり、如何が此の難に対治し候。答て曰く。宗を立つる事は更に仏説に非ず、自ら學の所に経論は付く、極て其の義を覚ゆるなり。諸宗の習し皆此の如し。今浄土宗を立つる事、浄土正依経を付して往生極楽の義を解得す、之先達が宗名を立なり。宗の起を知らずは此の如き難に至るなり、難事に非ずや。

〈訳〉

　世間に非難する者がいるという、八宗九宗の外に浄土宗を立てるのは自己顕示である、との非難にどのように立ち向かえばよいのか、との問いに対して、宗を立てることを仏は説いていない。自ら学ぶ所に経論が付いてくるのであって、この道理は極めて当然といえる。諸宗の習わしも皆このようである。今浄土宗を立てることは、浄土に関連する経典を尽くして往生極楽の道理を極めることであり、これに先達が宗の名を立てたのである。宗の起源を知らないからこのような非難に及ぶのである、非難を恐れることはない、と答えられた。

この文で注意すべきは、「自由」という用語である。今日的には、他からの強制や命令を受けることなく自分の思い通りに行動すること、というように何らかの権力から逃避する意味に解釈されているが、平安時代当時の解釈では、自らを起源（由）にするという意味で、他の事象に関与せずに勝手気ままに行動する自己肯定のために使われていた。

新しい宗を立てる意味があるのかという誹謗が当世に出ていたようで、源智は念仏往生の教えは既に流布しているのに、何も新しく浄土宗を立てる必要が何処にあるか、と法然に疑問を投げかけている。今までの念仏往生を勧めれば済むことなのに、わざわざ新しい宗を立てるのは、他に比べて目立ちたいがための自己主張だ、という非難を聞いているというのである。これに対して法然は、今までの宗義に従っていれば、凡夫が真実の浄土に往生できることは疑わしい。そこで道綽・善導の意向と彼らの論書を編纂して独自の教えを説いたのである。諸師が論書によって宗を立てたように、独自の教えが浄土宗を立てることになったのであって、法然が立宗に及んだのではない、と答えている。源智のいう「宗」は宗派(出家者の集団)を意味しているが、法然のいう「宗」とは、教えなり教義のことであろう。

法然が長年苦闘したのは「口称念仏によって極楽往生ができる。それが弥陀・釈迦二尊の本意である」ということの教学的根拠を見出すことであった。法然はそれを「浄土三部経」と、三昧発得した善導の論疏などで明らかにした。経典と論疏とは仏教徒の基本であり、それに基づいて浄土教学を展開したのが『選択集』である。

『選択集』の論理体系は、阿弥陀一仏を信仰の対象とし、それを二元的に選択していくあたりは、選択的一神教に導く手法であるといえる。一神教とは、唯一にして絶対なる創造主を中心とした宗教体系であり、他の神仏は否定されている。人の思考方法として、さまざまな体系がある中で、自ら唯一の道を選び取り、他の道を捨てるという形態を取るのも一神教的性格を有している。この方法は当時の標準的な仏教とは、余りにもかけ離れた思想であって、既成教団としては理解し難く受け入れ難いのも当然といえよう。

弱者の宗教が一神教的になるのは、法然が「自ら発心・修行して悟りを開くことができない者のための仏道」を説いたことに起因している。宗教を人類学的に見れば、弱者の宗教は「ただひとつを選び取り、他の要素を捨てる」という姿勢を維持する傾向にあり、そこにこそ何ももたざる者が、一点集中することで、苦悩の人生を歩み抜く道を見出すことができるのである。

これらを要約すると、既成仏教は「悉有仏性」というように、「あれもこれも」という欲張った教義をもつことから、「仏性をもっている者が何故仏教を学ぶのか」という、道元のような疑問が出てくる。皆同じというのでは掴みどころがなく、生活に苦慮している庶民には「あれもこれも」に関わっている時間も暇もない。しかし、「あれもこれも」の中から「あれかこれか」と取捨選択していって、結果的に、これに決めようとする行為も然りである。その単純さに実存的愚者の目標が定まるのである。漠然とした普遍仏教よりも、取りつきやすい特殊念仏に、生活の苦痛や不安に怯える人々が飛びついたのも当然のことであろう。それも当時の知識の源泉とされていた仏教に基づいて説かれた阿弥陀一仏および経論釈に準拠した念仏が選ばれたから、なおさらである。『選択集』の偉業はここにあった。

当時としては「一向専念」「一向専修」「一向に念仏」などと「一向」の語が専修を意味していたが、仏教が基本とする経疏類を使って、称名以外の余行をすべて否定した『選択集』の教説は、既成教団と真っ向から対立し、他宗から専修とか専修念仏と呼ばれた場合、多くはその言葉に敵愾心がこもっていた。法然や門人の宗教は偏執と見られ、その謗難は一向専修とその行為を支える「選択本願念仏」の義に対してなされたのである。本来の「選択本願念仏」の教説は、法然の念仏を他から区別するものであったはずが、「無観称名」を忘れて「一向念仏」に固執したことから、「選択」の義で念仏を説くにしても、他宗の嫌う専修念仏の教義と峻別されることなく、批判の憂き目に会うことになる。

『選択集』を撰述する以前に法然が無観称名を修するようになったのは、安元元（一一七五）年に四三歳で円照に出会ってからである。一向の考えを主張すれば争論が起こることは必至であるから、既成の組織に身を置きつつ、密かに念仏の生活を送るという「無観称名義」が通憲流の教義であったはずである。しかし、『選択集』が著される前後から、法然の教説を信奉する者が増加するにつれて、彼らを指して再び以前のように「専修」と呼ぶようになった。後述する『興福寺奏状』の中にも「専修念仏の宗義」「専修の輩」といった語が見える。法然の没後も門弟たちに対し「専修念仏の輩」「専修念仏法師」などの名称が用いられていると『明月記』に記されている。当時の社会にあっては「専修」の語はしばしば「念仏宗」と同義語で使われ、法然の教団や直弟子たちが活動していた期間の初期浄土宗は「専修念仏宗」と呼ばれていた。

二．七．通憲流聖の立場

国中の災害や戦乱が少なくなり、武士政権の到来とともに庶民の生活が落ち着いてくると、将来の生活基盤の確立と安定化を求めて、人々は聖の知恵に頼るようになってきた。特に、「大原問答」や「東大寺講説」によって、知名度を上げた法然の下には、「無観称名義」に賛同する聖が集うようになり、庶民も聖を慕って参集するようになった。そこで求められるのは、以前に遁世僧や念仏聖に抱いていた困窮の中での物資に対する期待ではなく、生きる上での心の支えとなる仏の教えに通じる念仏以外の何ものでもなかった。

しかし、当時の念仏聖は、社会の混乱と同じように様々な思いを主張する者が増え、怪しげな念仏論を唱導する者や天台念仏者から巷のおがみ屋に至るまで、聖の概念は種々雑多であった。法然は自身も高年齢に差し掛かったことと、病弱の身を抱えたままで兼実の懇請を受けて、この機会に「無観称名」の教えを教義として後世に伝え残しておく必要があると考えての『選択集』撰述であったのであろう。

法然は『選択集』の後述で、

ただし命旨を顧みて、不敏を顧みず。これ即ち無慙無愧の甚だしきなり。

〈訳〉

ただ命ぜられた言葉のみを慮り、自身の愚かさを顧みることをしなかった。これこそ、罪を犯しながら他人に対して自ら心に恥じないこと、甚だしいものである。

と、兼実の命によって『選択集』を撰述したが、自身の行為の愚かさには気にかけることがなかった、という反省とも取れる言葉を残している。というのも、「東大寺講説」のように、永い時間と推敲を重ねて自身で作成した文章とは違って、『選択集』は法然の思想を中心に据えて構成したのではなく、多人数の共同作業で短時間こいねがわくは、一たび高覧を経て後に、壁の底に埋めて窓の前に遺すことなかれ。おそらくは破法の人をして、悪道に堕せしめざらんがためなり。

〈訳〉

願わくは一度ご覧になった後は、壁底に埋めて窓の前に残し置かれることのないように。これは仏法を破り謗る人が、悪い道に堕ちることのないようにするためである。

という文で結んだのである。

兼実の請いには、さすがの法然も拒否することができなくて、自身の体調を考慮して、『選択集』の撰述を感西に任せたのであるが、やはり彼は天台系の学僧で、法然の行状の中に見られる通憲流の教えを解することなく、学問に固執したかたちで文章をまとめることに終始していた。このため『選択集』を構成する中で、「無観称名義」を中心にして論を展開するという配慮が欠けていた。感西が「東大寺講説」の講義内容に基づいて、通憲流の立場を尊重した表現を取り入れて、既成教団に刺激を与えないように心掛けて撰述していれば、法然にこのような「後述」を書かせることもなかったであろう。

の内に作り上げてしまったことに対する反省の気持ちが、撰述直後に湧き上がってきたものと考えられる。それが最後の感西執筆の部分で、共同作業で制作されてきた『選択集』を総まとめするに当たって、法然が口述した思いを感西に筆記させたのであろう。

法然が執拗なまでにへりくだった反省の色濃い文章を見ると、念仏の要義を述べたにも関わらず、不憫にも他人に対して自分の罪を恥じない（無慙無愧）とは、どのような心境なのだろうと誰しも思うことであるが、ここに法然が葛藤した痕跡をうかがうことができる。『選択集』の撰述は、兼実の強い要請があってのことであり、門人たちの勧めもあって引き受けたのであるが、他人の手による撰述は、「無観称名」の奥義を汲んだ法然の意志からすると逸脱する部分があったと考えられる。「不敏」とは、通憲流聖として撰述する立場にないことを意味し、例え兼実の請いによって撰述したとはいえ、通憲流との約束事を顧みず撰述を認めてしまったことに、罪の意識を感じて心に恥じ入ったのである。だからこそ、「無観称名義」の意思を貫くためにも、最後に、門人の手によって撰述された『選択集』は、撰述以前の「大原問答」、『逆修説法』、「東大寺講説」とは違って、既成仏教に対する法然の謙虚さは微塵もなく、一向念仏に導くために経典の解釈を強引に二項対立で展開し、独善的ともいえる独自の判断基準を設けて、念仏以外を悪の根源として排除していくところが、法然の意向を大きく逸脱していたといえる。全文十六章で構成された教義書としての『選択集』をつくるに当たって、経律論の中から念仏に関する要文を摘出し、章節の途中から人を代え筆写させているからには、おそらく「東大寺講説」での「三部経釈」や中原師秀に講じた『逆修説法』あるいはその他にも法然自ら撰述した文章といった、先行したものがあったのであろう。それらを取捨選択して、短時間で一書にまとめるには、法然からの信頼が厚い感西の存在がなくてはならなかったのである。

『選択集』の執筆者の出自を辿ってみると、安楽房遵西が安寧天皇の子孫で、真観房感西が日野（藤原北家の遠縁）、善恵房證空が村上源氏というように、いずれも通憲流や葉室流とは関係の薄い系譜を継ぐ者たちである。

結局、藤原北家の中でも通憲流や葉室流の門人たちは、法然の意志に通じているため、法然の教えをまとめた書籍類を作成しようとは、寸分も思っていなかったし、書くことには相当な抵抗を示していたと考えられる。このことは、様々な文献に当たってみても、『選択集』の撰述に関しては、法然の名が積極的に報じられたという痕跡をうかがうことはできない。だからこそ、『選択集』に法然のお墨付きが必要と考えた兼実が、序文の「念仏為先」を法然に直筆させたのである。それとは引き換えに、通憲流の力の及ばないところで撰述された『選択集』に対して、法然は後述部分にも口述する機会を得て、「命旨を顧みて、不敏を顧みず」と、通憲流への言い訳のような言葉を感西に筆記させたのであろう。撰述の翌年に当たる正治元（一一九九）年には、證空が法然に代わって兼実に『選択集』を講じているが、これは法然が預かり知らないところで執筆された『選択集』であることと自身の病弱の身であることも関係してのことであろう。

法然が筆作の人でないことを自他ともに認めるならば、ここに法然が「無観称名義」を遵守して行動していることが証明されたともいえる。法然は円照から受け継いだ無観称名の教えを、戒僧の立場で断固として守り抜き、授戒の僧として公卿社会に出入りしつつ、これを隠れ蓑として平安京という世間を渡り歩いていたのである。しかし、法然や信空が『選択集』に対して抱く憂いが、ほどなく現実のものとなって身に降りかかってくることになる。

「無観称名義」は、『選択集』から見出すことはできないが、『一百四十五箇条問答』（いっぴゃくしじゅうごかじょうもんどう）の中に、現実の生活に疲弊している庶民の一人ひとりに交わされた法然の言葉が散見される。ここには、法然が解釈した「散善義」の「煩悩があれば煩悩のままに、心が乱れていれば乱れているままに、称名念仏によって阿弥陀仏は誰にでも慈悲を垂れて来迎してくださる」という、万民救済の教えが対話形式で記されている。庶民の多くは、当時の知識の宝庫とされる仏教には程遠く、仏教で禁止されている生活を送らざるを得ないという宿業感に何世代にもわたって苛まれてきた。法然との問答の中では、既成仏教の説く「悪人」の自覚が赤裸々に表白されている。これらの悪人意識と宿業感とに絶望している目の前の人、その人に救いがもたらされるようにという、法然の願いともとれる慈悲心が問答の中に溢れ出ている。また、『昭法全』には、権門側の悪人ともいえる上皇の息女や尼将軍、坂東武者などに宛てた消息文が詳細に記録されている。

法然は対峙する人の機に応じて、その人の立場を重んじて対機説法していたことから、『選択集』の教義とは別に、法然を慕う人々が増加していったことも事実である。ここに、市井の草庵に住まいしつつ、訪れる庶民を教化していくという、通憲流聖の手本ともいえる実践行為が躍如している状況をうかがい知ることができる。

法然の真意は、彼が一般庶民に対して行った「一百四十五箇条問答」一四五番目に、端的に述べられている。

一。つねに悪をとゝめ、善をつくるへき事をおもはへて念仏申候はんと、たゝ本願をたのむはかりにて念仏を申候はんと、いつれかよく候へき。答。廃悪修善は、諸仏の通戒なり。しかれとも、当時のわれらは、みなそれにはそむきたる身ともなれは、たゝひとへに、別意弘願のむねをふかく信して、名号をとなへさせ給はんにすき候まし。

有智無智、自戒破戒をきらはす、阿弥陀ほとけは来迎し給事にて候也。御心え候へ。

〈訳〉

常に悪を抑制して、善を作るべきであると予期して、念仏を称えるのと、ただ阿弥陀仏の誓われた本願を信頼するだけで、念仏を申すのと、どちらがよいのか。答。廃悪修善とは、諸仏に共通の戒めである。しかし、現在の我々は、皆それに背いた身の者であるから、ただ偏に特別な仏の教えである本願の本旨を深く信じて、阿弥陀の名を称えるに過ぎるものはない。智慧のある者も無智なる者も、戒を守ることのできる者も破戒の者も区別せず、阿弥陀仏は臨終のときに来迎されるのである。諒解してください。

「諸仏の通戒」とは、『法句経』一八三に掲載されている「七仏通戒偈」のことで、釈尊がこの世に生を受ける以前に存在した、インドの六仏に釈尊を加えて七仏といい、七仏が共通して保ってきた戒を総称して通戒偈（諸悪莫作、衆善奉行、自浄其意、是諸仏教）という。その意味するところは、「もろもろの悪を為すことなく、あらゆる善を実践し、自らその心を清くする、これが諸仏の教え」なのである。「廃悪修善」は「七仏通戒偈」に述べるところであるが、末法に突入した当世においては、誰一人として七仏通戒偈を守ることできない。このため、阿弥陀仏の衆生を救うという本願を深く信じて、「南無阿弥陀仏」と念仏を称えて往生する以外に方法はない。念仏を称えると、阿弥陀仏は如何なる人も区別せず、臨終のときに来迎されるのである。このことをよくよく理解して欲しいと、法然はいう。

法然の言葉に一貫して流れている本音を抽出してみると、末法の世の中では善を行う意思があっても、誰一人善が行えず、どうしても悪を犯さざるを得ない。だから、完全な善を持ち合わせている阿弥陀仏にすがる以外に方法はないという。質問者は、廃悪修善の心をもって念仏することと阿弥陀仏の本願を信じて念仏することのどちらを取るべきか、と問うているが、末法の衆生は善行を志しても、それを行えない存在であるという諦めの心を強調して、阿弥陀仏の本願に頼ること以外に救われる道はないという。ここには「廃悪修善」を志すことが否定されていると受け取られかねない表現がなされている。実は、人としては廃悪修善が必要なのである。しかし、それは末法の世で行うのに限界があり、それだけにすがっていると人の救われる道が開かれないから、廃悪修善を心掛けつつ、阿弥陀仏のみ名を称えるに越したことはない、というべきであろう。質問の内容に答えるとすると、衆生にとっては廃悪修善も阿弥陀仏の本願も両方が必要になるのである。この場合、灰色でもって白黒を使い分ける智恵を問うことになるので、既成教団の立場であるといえる。通憲流もそのことを忘れてはいない。

ところで、最澄が比叡山を建立したのは、政治と宗教が車の両輪のように互いに独立して、切磋琢磨しつつ助け合うことを目的としていた。しかし、藤原一門が政治と宗教に勢力を伸ばすようになり、平安時代中期頃から既成教団の内部に政治的な体制を組み入れるようになると、本来の宗教活動が疎かになって、教団内部で政治と宗教が相争うような状況が露わになってきた。藤原通憲（信西）が通憲流を創起したのは、政教分離に等しい制度を再構築し直し、本来の釈尊の教えを取り戻した上で、互いの交流を深めれば、相互の争い事が解決できると見込んでの発案であった。兼実と慈円が政教分離の下で共に権門側で車の両輪として機能することを目論んだのも、最澄の教えを再構築しようとの意志が働いたものと考えられる。

通憲流の先鞭を切ったのが藤原通憲（信西）であり、彼の意志を継いだのが是憲（円照）である。円照の人柄が通憲流の手本として藤原一門に受け入れられ、善導のように実践を重んじる三昧発得の人であったにも関わらず、病弱であったことから早世してしまった。藤原一門の期待が途切れたかに見えた時に、藤原北家葉室流の行隆や信空の導きによって、法然が身近に現れたのである。

それ以来、法然と藤原一門との関係は、上座部仏教の再来を思わせるに充分であった。上座部仏教とは、具足戒（出家者の戒律）を守る比丘（びく）・僧伽（そうぎゃ）（教団）と彼らを支える在家者によって、釈尊の教えを純粋なかたちで守り継承する組織体である。ここでの出家者と在家者の間には、無知蒙昧な在家者を学識豊かな出家者が啓蒙するといった、学識を持てる者から持てない者への一方的な関係だけではなく、財力のある在家者から無一物の出家者に布施するといった、財力を持てる者から持てない者への関係も営まれ、相互扶助による共存が成り立っている。換言すると、自力救済を目指して修行する出家者は、在家者に取って代わって悪行を避ける営みに専念する存在である。出家者は在家の損得で考えれば無用な存在といえるが、脱俗することで悪行を避けて生きる手本を示すことができるのである。この出家者を肯定し布施することで在家者は功徳を積むことができることになる。そして上座部仏教である限りは、釈尊によって定められた戒律と教え、悟りへ至る智慧と慈悲の実践を純粋に守り伝える姿勢を根幹に据えていなければならない。

兼実は、万民の手本となる上座部仏教の姿を取り戻すために、慈円が遁世僧にこだわっている時期を狙って、兼実の政治と慈円の宗教との政教分離を意識しつつ、車の両輪として活躍できる場を画策したのであろう。

平安時代後期の自然災害と戦乱、貧困と絶望などを孕んだ不安な世の中で、庶民が上座部仏教の意志を継いで安心して生活するには、「自己主張することなく密かに浄土往生を願って念仏に励む」という陰徳にある。藤原一門は、法然を学識豊かな出家者として扱い、自らは財力を有する在家者として、法然に布施する立場を固持することで、継承し難い三昧発得の個人的な経験を通憲流の教義として確立させることに成功したといえる。その証が『選択集』の撰述であったはずである。しかし、『選択集』は、法然の陰徳を賛美する人々の期待を裏切って、選択という差別とこの差別から生まれる自己顕示欲を鼓舞する書となってしまった。

忘れてはならないのが、感西と同じように法然から絶大の信頼を得ていた信空である。彼は、静遍から「重代の聖」、明禅から「内外の学問に精通し、智行をかね具えた念仏宗の先達」と称讃されてはいるものの、『選択集』撰述のときの記録が、数多い法然伝のどこにも見出すことはできない。『選択集』の周辺に信空の名前がないということは、天台系の組織に在籍しつつ、吉水の房で通憲流聖に甘んじることに徹していた信空であればこその行状であろう。信空は、法然の秘書役を演じつつ、通憲流を介して権門と通じていることから、『選択集』の撰述を知りつつ兼実の意向も理解していたのである。

第六章　選択集以降

『選択集』にいうところの「弥陀から賜った救済の念仏」という考えには、「大原問答」での実存的愚者という発想は既になくなっていた。そこでは浄土宗の根本聖典といわれる「浄土三部経」の解釈を祖師方に委ね、二者択一の思索過程から様々な結論が見出されては否定され、各祖師の唱える選択・取捨の段階ごとに解説が異なり、全体的な一貫性を欠くという内容になっていた。『選択集』の撰述後の法然は、この書を通憲流の教義とすることなく人目に付かないところで残して置いて、自らは通憲流聖のままで「無観称名義」を明かさずに消えていくというものであった。しかし、破法の人の目に触れてしまった『選択集』はそれを許さなかった。特に、この書が法然や門人たちによって巷に流布するようになったことから、「無観称名義」を堅持している法然の意志を無視したかのように、『選択集』が貴賤貧富、老若男女を問わず万民の間を独り歩きするようになった。

すると、『選択集』を読む人それぞれに解釈が異なり、法然の弟子と名乗る異端者が、独自の説を打ち立てて庶民に説教するようになった。また、法然一門の中でも新興教団を興隆させるための旗印に『選択集』を祭り上げていく人々もいたが、その一端を担っていたのが、住蓮・安楽・幸西・行空（ぎょうくう）などの過激分子であった。

『選択集』以降、戒律を無視して奔放に振る舞う過激分子に対する信者が増加し、社会の風紀が乱れることに危機感を抱いた既成教団の衆徒が権門側に訴えを起こし、法然の身に法難として降りかかることになる。折しも、法然を含む新興教団に対する弾圧は日増しに激しくなり、法然の教えを継承する門人たちの身の上も安閑としていられなくなってきた。このような状況下で、法然のとった作戦が二つある。一つは、法然が兼実に禁止されていた『選択集』の伝授を決意することであり、一つは、弾圧されそうな門人を都から疎開させる離京作戦を決行することである。何れも法然にとっては身を切られる思いの行動が、数年という短期間の内に一挙に決行されたのである。

ここでは、法然を含む新興教団の行動や消息、あるいは過激分子の言動や当時の社会情勢などを背景にして、関係する人々の主張あるいは悲痛な思いや互いの思い遣りなどを紹介する。

一・撰述の憂慮

法然の通憲流聖の立場と『選択集』の撰述内容に、大きな違いのあることを見抜いていた外部の僧がいた。彼の名は明恵房高弁である。明恵は、自身の著作である『於一向専修宗選択集中摧邪輪（摧邪輪）』上巻の中で、両者の違いを的確に表している。

ここに近代、上人あり、一巻の書を作る。名づけて選択本願念仏集と曰ふ。経論に迷惑して、諸人を欺誑せり。往生の行を以て宗とすと雖も、反つて往生の行を妨礙せり。高弁、年来、聖人において、深く仰信を懐けり。聞ゆるところの種種の邪見は、在家の男女等、上人の高名を仮りて、妄説するところなりとおもひき。未だ一言を出しても、上人を誹謗せず。たとひ他人の談説を聞くと難も、未だ必ずしもこれを信用せず。しかるに、近日この選択集を披閲するに、悲嘆甚だ深し。名を聞きしの始めには、上人の妙釈を礼せむことを喜ぶ。巻を披くの今は、念仏の真宗を黷せりと恨む。今、詳かに知りぬ、在家出家千万の門流、起すところの種種の邪見は、皆この書より起れりといふことを。

〈訳〉

ここに、近頃、ある上人がいて一巻の書を作成し、その書を『選択本願念仏集』と名付けた。その書は、経典や論書の趣旨を惑わし、多くの人々を欺いている。その書は、極楽へ往生するための実践を教義としているが、かえって往生のための実践行を妨げている。明恵房高弁は、年来、法然に仰ぎ信じる心を深く抱いていたから、耳に入ってくる様々な邪悪な見解は、在家の男女たちが法然の高名を借りて、根拠のない間違った考えを説いているものと思い、今までに一言も法然を誹謗したことがなかった。たとえ他人の話を聞いてもそれを信用したこともなかった。しかしながら、近頃、この『選択集』を披いて調べて見て、深く悲しみ嘆くことになった。はじめ書名を聞いたときには法然の優れた著作に触れることを喜んでいたが、著作を読んだ今は念仏の真実の教義を汚していることに不満をもっている。今、在家や出家の門人たちの起こす種々の邪悪な見解は、すべてこの書から起こるということを確信した。

明恵は、法然が通憲流聖として、貴族や庶民に受け入れられ、彼らを感化する姿に共感を覚えるとともに尊敬もしていた。例え、世間で法然に対するよくない評判が広がっていても、法然の教えに反対する人たちが流した邪説であると思っていたから、巷の噂には耳を貸すこともなかった。その上で『選択集』の版本が世に出るというから、法然の真意を確かめるためにも、この書を読むのを楽しみにしていていた。ところが、『選択集』が巷に多く出回るようになって、自らその内容を精査したところ、通憲流聖としての法然の考えは一欠片も見当たらず、あるのは過去から連綿と受け継がれてきた仏教思想を否定する文章ばかりであった、という。

　巷に広がった邪説の原因は『選択集』にあったことが明らかになると、法然を信頼し崇めていた明恵であればこそ、『選択集』に対する失望感は、筆舌に尽くしがたいものがあったようだ。明恵の思いは、巷に邪説を広めたというばかりでなく、庶民の仏教を無視した破戒行動や衆徒の傲慢な権力闘争などがはびこる無法社会の原因をつくりだしたのが、法然の認可した『選択集』であるとの確信に至った。

　さらに、明恵は続ける。

有る人の云く、「この書、さらに上人の製作にあらず、是れ門弟の撰するところなり」（中略）「上人、深智ありと雖も、文章に善からず、仍って自製の書記なし」と云々。たとひ上人、自ら筆を執らずと雖も、もしこれを印可せば、さらにその過を免れず。

〈訳〉

　有る人の言うには、『選択集』は、法然の著作ではなく、門弟の撰述によるものである。（中略）上人は深い知恵はあるが文章は上手でない。だから自分で製作した書物というものがない。例え上人自らが筆を執らなかったとしても、もしこの書を印可すれば、その過失は免れない。

『選択集』は門弟によって撰述されたものであると噂されているが、例えそうであっても、開巻劈頭で「選択本願念仏集　南無阿弥陀仏　往生之業　念仏為先」の二一文字でもって、法然が自筆で全文章を承認している限りは、撰述した責任は逃れられない、というのである。

　ここでの「上人、深智ありと雖も、文章に善からず、仍って自製の書記なし」という文言は、法然が「無観称名義」に徹した念仏者であることを明恵もよく理解していて、優れた智慧者ではあるが、筆不精でもあり、今までに表立って自己主張するような自作の書物はなかったというのである。法然が無観称名の念仏者であることは、広く世間に知れわたった常識でもあった。

明恵の言葉も説得力がある。法然は病を患い、体力を消耗している最中に、兼実から『選択集』の撰述を懇願され、他にも自身の没後を考えて右往左往している状況では、撰述に関与している余裕がなかった。おそらく、法然と兼実の意向によって執筆者が選ばれ、彼らが法然の教えに基づく文言を思い出しつつ「如是我聞」とばかり、撰述に臨んでいたのであろう。

一方、兼実は、自身が直接関与していないにしても、出来上がった『選択集』が法然の意にそぐわない内容に仕上がっていることに責任を感じたのか、『選択集』を秘書にすべきことを法然に告げている。このことが聖光房弁長による『徹選択本願念仏集（てつせんちゃくほんがんねんぶつしゅう）』に記されている。

> 已に此の集を造り畢て、もって殿下に進ず。殿下、上人に告て言く、今此の書は浄土宗の奥義なり。上人在世の時、禅室草庵より披露せしむること勿れ。大師入滅の後、博陸槐門（はくりくかいもん）よりこれを弘通すべし。
>
> 〈訳〉
>
> 既にこの集を作り終わって、九条兼実殿下に進呈した。殿下は法然上人に「この書は浄土宗の極意である。上人が生きている間は草庵の関係者以外に披露してはならない。上人の没後に関白・大臣の手によって広めるべし」と告げられた。

兼実は『選択集』の後述に記された法然の真実心を慮って、秘書にすべきことを指示しているが、法然のように無期限ともいえる表現は避けて、生存中という期限を決めて、滅後に至っての公表の仕方をも指示している。法然の死後、兼実の指示通りに版木が製作されて『選択集』が出版されている。

ところで、『選択集』撰述の中心的な役割を果たした感西が、撰述された二年後に亡くなっている。このことを『行状絵図』第四八は、以下のように短い文章で表している。

しかるを上人にさきだちて、正治二年閏二月六日、生年四十八にて往生をとぐ。上人念仏をす丶め給けるが、「我をすて丶、おはすることよ」とて、なみだをぞおとし給ける。

〈訳〉

ところが、真観房は法然上人に先立って正治二(一二〇〇)年二月六日、四八歳で往生を遂げた。上人は真観房に臨終の念仏をお勧めになっていた時、「私を残して逝かれることよ」と涙を落された。

ここには、感西が四八歳という若さで亡くなることに、臨終の善知識を務めているはずの法然が、感情を露わにして嘆いている様子が語られている。信空と共に兄弟弟子のようにして親しみ、法然も自身の没後を託していた感西だけに、法然の落胆は大きかったようだ。しかし、法然の嘆きはこれだけではない。『選択集』撰述の後に感西が置かれていた立場にも、思い巡らせていたと考えられる。

すなわち、感西は、『選択集』撰述の反省に伴う、法然と兼実による秘書の宣言と、それにもかかわらず『選択集』が巷に流布していく様を目の当たりにして、自身の意志で教義を構築した責任を痛感していたのであろう。法然らの思いとは異なった方向に押し流されていく新興教団と過激分子、あるいは新興教団内部での主義主張に翻弄された分裂のような動きの中で、感西の苦悶は日毎に増加し、自責の念から心労が重なるようになって病に倒れたようである。感西が亡くなって間もなく、感西の弟子ともいえる勢観房源智が、感西に代わって法然の給仕役を務めるようになった。

二．法然の憂い

『行状絵図』にはないが、『昭法全』の『七箇条起請文』に記載されている文章がある。

年来の間、念仏を修すといえども、聖教に随順して、敢えて人心に逆らわず、世の聴を驚かすことなし。これによって今に三十箇年、無為にして日月を渉る、近来に至って、この十年より以後、無智不善の輩時々到来す。

〈訳〉

　長年念仏を修してきたけれども、釈尊の教えに随順こそすれ、敢えて人心に逆らわず、世間の常識に反することはなかった。このため、今日までの三十年間は何事もなく過ごしてきた。近頃になってこの十年以降は、無知でよくない輩が頻繁に現れるようになった。


　法然は、承安五（一一七五）年に円照に邂逅して通憲流の教義に出会って以来、元久元（一二〇四）年に至るまで三〇年間、念仏を修しつつ事無きを得てきた。「無為にして日月」を過ごしてきたというから法然の周りは平穏な日々が続き、注目すべき波瀾もなかったようである。しかし、「この十年より以後、無智不善の輩時々到来するようになってきたという。『七箇条起請文』が作成されたのが元久元（一二〇四）年十一月であるから、この十年前といえば、建久五（一一九四）年にあたり、中原師秀を前にして『逆修説法』を講説した時期でもある。

　法然がいう「無智不善の輩」とは、「無観称名義」を無視して、自身の判断が正しいとばかりに、自己主張に徹して止まない人々のことを指している。「無観称名義」に無関心な当時の人々による不穏な動きとは、巷間を騒がせていた比叡山の堂衆や興福寺の衆徒などの強訴、『選択集』撰述以降に活動が活発になってきた新興教団内部の過激分子の破戒行動、あるいは庶民の手にわたったはずの口称念仏が俗化されて破戒の温床になったことなどが考えられる。

　まず、過激分子については、『逆修説法』の助筆を務めた安楽が脳裏に浮かぶ。彼はそれ以前から善導の提唱する「往生礼讃」に賛同して、庶民にわかりやすい念仏を広める目的で、自己の得意とする唱導師に目覚め、安居院聖覚の指導もあってか、唱導の実現に向けて法然門下に名を連ねるようになっている。しかし、安楽の行動は、本来の「無観称名義」から遠退くだけでなく、民衆の娯楽に迎合した布教活動に変質してしまった。十年の長きにわたり、異端の「六時礼讃」が沸々と鎌首をもたげていたのである。法然はこのことを理解しつつも、布教活動の一環として認めていたのであろうが、『七箇条起請文』までの十年間の悩みの種でもあった、という。また、『選択集』が門外に出回ると、一度念仏を称えただけで往生するという、行空や幸西の唱える「一念往生た。

義（一念義）」と、念仏と共に生活するという「多念往生義（多念義）」とが議論されだし、行空の「一念義」が悪人往生を主張して庶民に受け入れられるようになった。

次いで、衆徒や堂衆についてであるが、彼らは平安時代以後に大寺院に居住して、学問や修行に専念する学侶とは別に、寺内の管理や運営の実務に当たった僧侶のことである。特に興福寺が守護職を務めた南都では、国内の武士を自寺に組み入れたことから、南都の大和武士を指して衆徒と呼ぶ場合もある。比叡山では、中下級の貴族や武家・荘官などの出身者が多かったため、中には武術などの心得を持つものもあり、武装化して僧兵（堂衆）を構成していった。平安時代後期になると、僉議（せんぎ）や強訴など寺院内部の意思決定や実力行使に中心的な役割を果たした。後に僧侶の身分が細分化されると、貴族出身の学侶が寺院内の要職を独占して経営に関与し出すと、この行為にも衆徒が激しく抵抗した。衆徒は、寺院同士の争いや巷に現れて放火や盗賊同様の振る舞いを強訴というかたちで続け、『玉葉』、『吾妻鏡』、『明月記』など多くの史料に記されるが、それも氷山の一角で、大小含めれば相当な数の強訴が行われていたようである。

「有智無智の輩」に対して憂いを抱いているのは、法然だけではなかった。慈円も自著の『愚管抄』第六において、次のように嘆いている。

又建永ノ年。法然房ト云上人アリキ。マヂカク京中ヲスミカニテ。念仏宗ヲ立テ専宗念仏ト号シテ。タダアミダ仏トバカリ申ベキ也。ソレナラヌコト顕密ノツトメハナセソト云事ヲ云イダシテ。不可思議ノ愚癡无智ノ尼入道ニヨロコバレテ。コノ事ノタダ繁昌ニ世ニハンジヤウシテツヨクヲコリツツ。

〈訳〉

また建永年間のとき、法然房という上人があった。近頃になって、市中に住んで念仏宗を立て、専修念仏と称して、「ただ阿弥陀仏とだけ称えるべきである。それ以外のことで、顕密の修行をしてはならない」と言い出したのである。ところがこの専修念仏の教えは、異様なほどに、理非もわからず知恵もないような尼や入道によろこばれ、ことのほか繁盛に繁盛を重ねて、教団は急速に大きくなりはじめた。

『愚管抄』で述べている内容は、法然が信条としている「無観称名義」と過激分子の行動とを混在して考えているようである。おそらく、建永の頃になると法然の教えと称して、念仏さえ称えれば、庶民とは無縁の仏教を無視するのは当然とばかり、過激分子や新たな宗派を立てる者が横行し、その上、大凡仏教とは縁遠い無智蒙昧な輩が僧侶や聖の姿をして、人々をだましたり、物を盗んだり、悪のし放題という状況であったと考えられる。念仏の普及に対して、慈円が何処までの情報を得ていたかは不明であるが、確たる情報を把握できないほどに、様々に解釈された念仏が短時間の内に全国津々浦々に拡散していったことがうかがえる。このように考えると、慈円がいう「念仏宗」とは、法然の教えとは異なった考えをもつ人々が立ち上げた集団で、仏教でいうところの徒党を組んで衆参することを禁じた戒に反する集団であろうと思われる。

　専修念仏が破戒の温床になっているのは、念仏を自己主張の材料に使った結果の現象で、この辺りの状況を示す史料として、弘仁年間（八一〇〜八二四）の『日本霊異記』、天永・保安（一一一〇〜一一二四）頃の『今昔物語集』、建保二（一二一四）年の『発心集（ほっしんしゅう）』、弘安二（一二七九）年の『沙石集（しゃせきしゅう）』などの仏教説話集が知られている。中でも『沙石集』は、衆生の生活を悲喜劇風の滑稽本に仕立て上げて、「無観称名義」を忘れた人々の哀れさを洒脱に描いている。その内容は、見る者には喜劇として笑えるが、当事者に当てはめてみると愚かさの故の悲劇としか映らないような内容が多い。

二．一．六時礼讃

「六時礼讃（ろくじらいさん）」は、建久三（一一九二）年の秋に八坂の引導寺で、春に崩じた後白河法皇の追悼供養に奉納されたのが最初であるといわれ、それ以後は念仏を広める「助行」として各所で興行が催された。今様を愛した法皇のもとで大衆歌謡の旋律を身に付けた安楽が、「六時礼讃」という詩をもって、阿弥陀仏を称えつつ、行道・礼拝して教えを広めた。六時礼讃は、唐の善導が作った『往生礼讃』の通称で、この長文の詩を調律したのは、法皇側近の北面の武士である見仏や安楽たちといわれていて、日没、初夜、中夜、後夜、晨朝（じんじょう）、日中の六時のそれぞれに阿弥陀仏や極楽浄土を賛美するものである。

『行状絵図』第十に、六時礼讃の起源が記されている。

法皇崩御の後、かの御菩提の御ために、建久三年秋のころ、大和前司親盛入道（法名見仏）八坂の引導寺にして、心阿弥陀仏調声し、住蓮・安楽・見仏等のたぐひ助音して、六時礼讃を修し、七日念仏す。（中略）これ六時礼讃共行のはじめなり。後白河の法皇の十三年の御遠忌に当て、土御門院、元久元年三月に御仏事を修せられけるに、上人蓮華王院にして、浄土の三部経を書写せられ、能声をゑらびて六時礼讃を勤行して、ねんごろに御菩提をぞ訪申されける。又大和入道見仏もおなじく、法皇の御菩提をいのり申さむために、いづれの行法を修べきと思惟するに、法皇見仏が夢に、我菩提をば如法に訪べきよしを示されけり。則見仏此由を、上人に申ければ、上人浄土の三部経を如法に書写すべき次第、法花の如法経になぞらへて法則を出さる。（中略）上人記録の法則かくのごとし。追福のために、是等の善根を修する事、このときよりはじまれるとなむ、申つたへ侍る。されば其後、三部経を如法に書写する事、世におほく聞へ侍り。

〈訳〉

後白河法皇が亡くなった後、その菩提を弔うために、建久三（一一九二）年の秋頃に、前の大和国司の親盛入道（法名は見仏）が八坂の引導寺で、心阿弥陀仏の発声に準じて、その後を住蓮・安楽・見仏たちの仲間が声を揃えて六時礼讃を唱え、七日間の念仏を行じた。（中略）これが六時礼讃唱和のはじまりとなった。後白河法皇の十三年目の遠忌に当たり、土御門院が元久元（一二〇四）年三月に追善供養を催されたところ、法然上人は蓮華王院において「浄土三部経」を書写され、声のよい者を選んで六時礼讃を勧め、丁寧に菩提を弔われた。また大和の入道見仏も、同じように法皇の菩提を祈るために、どのような追善供養を行うべきかと思案していたところ、法皇が見仏の夢の中に現れて、私の菩提を一定の作法に従って弔うように示された。そこで見仏がその旨を上人に申し上げたところ、上人は「浄土三部経」を一定の作法に従って書写する手順として、『法華経』の如法経に倣って儀礼の方法を書き出された。（中略）上人が記録された規範は、以上の通りである。追善供養に写経などの善根を行うことは、この時から始まったと伝えられている。その後、「浄土三部経」を定まった作法で書写することが世間に多く見受けられるようになった。

『行状絵図』第十によると、六時礼讃は、『逆修説法』が行われる二年前の建久三年の秋に、前大和国司の平親盛（見仏）の八坂引導寺において、法然の見守る中で心阿弥陀仏が調声して、住蓮・安楽および見仏などが助音して始められた。この時の六時礼讃は心阿弥陀仏が先に唱えた後で、住蓮・安楽・見仏の誘導によって、多くの人が一斉に唱和したものと思われる。この頃は、善導の『往生礼讃』に独自の節をつけて声明として唱えられていたのであろう。引導寺での興行に自信を得た助音の安楽らは、それ以来、全国を巡って六時礼讃を広めていった。なお、後半の中略は、「浄土三部経」の次第が述べられている部分である。

親盛大和入道見仏は、永和三（一三七七）年から応永二（一三九五）年にかけて洞院公定らによって編纂された『尊卑分脈』によると、長良卿の孫である親康の息子で、『玉葉』建久三年三月十五日条には「此日後白河院御葬送也、（中略）炬火六人、北面下﨟大夫尉公朝、定康、造酒正尚家、前大和守親盛、検非違使章清、俊兼」とある。親盛が後白河法皇葬送の儀で北面の武士として松明の役を勤め、その因縁によって七日念仏を営み菩提廻向を行なった。

その十二年後の元久元（一二〇四）年三月には、全国的に唱導名人で知れわたった見仏の興行実績が法然に認められ、後白河院の追善供養に唱導師としての参列が許された。その折、法然は『往生礼讃』ではなく、「浄土三部経」を書写して菩提を弔ったが、見仏が定まった作法で唱導を称えることを提言したところ、法然は『法華経』（如法経）になぞらえて「浄土三部経」の定まった法則を示して見仏に与えられた。それ以後、「浄土三部経」を如法として使うことが慣例となったのである。

安楽の布教活動については、良忠（一一九九～一二八七）が在阿弥陀仏との問答をまとめたとされる『決答授手印疑問鈔』によると、建久七（一一九六）年頃、大和入道見仏とともに鎌倉へ下った安楽が、各所で専修念仏を布教するとともに六時礼讃を興行していたという。安楽が人々を感化して都へ帰ろうとしたとき、石川道遍（一一六九～？）に請い望まれて、念仏往生の道理を教えていた。そこに所領の沙汰で鎌倉に来ていた九州筑後の金光房（一一五五～一二一七）が同聞に誘われ、安楽の講説を聞いていたたちまち発心し、世間の訴訟を捨てて安楽とともに上洛し、法然の門下に入ったという。

安楽は、鎌倉における念仏興行の世間受けを余程鼻にかけていたのであろう。帰洛後に『選択集』の撰述に参加した折、法然から「この僧憍慢の心深くして、悪道に堕しなんとて、これをしりぞけられにけり」と咎められて、執筆者から除外されている。その後も法然の自粛せよとの忠告に従うことなく、独自の道を歩んでいくことになる。

『行状絵図』第三三には、「六時礼讃」について具体的に、

さだまれるふし拍子なく、をのをの哀歎悲喜の音曲をなすさま、めずらしくたうとかりけれ。

〈訳〉

決まった節や調子がなく、それぞれが哀れみ嘆き悲しみ歓びなどの謡曲を奏でる様子は崇高であった。

と、定まった節や拍子はないが、悲しみとか喜びを含んだ調べに、人々は感涙にむせんだという。同じく永仁三（一二九五）年九月に成立した作者不詳の歌論集『野守鏡』には、「かの念仏は後鳥羽の御代の末つかたに、住蓮・安楽などといいしその長としてひろめ侍りけり」というように、住蓮・安楽は世間受けする「六時礼讃」の中心的人物であったことを記している。前述した『愚管抄』第六にも、

安楽房トテ泰経入道ガ許ニアリケル侍ノ入道シテ専修ノ行人トテ、又住蓮ト番ヒテ、六時礼讃ハ善導和尚ノ行ナリトテ、コレヲ立テテ尼ドモニ帰依渇仰セラル、者出デ来ニケリ

〈訳〉

安楽房は高階泰経入道に仕えていた侍で、入道して専修の修行僧となっていたが、住蓮と一緒になって、六時礼賛は善導が広めた行法であるといって、布教したところ、尼どもの熱烈な帰依を受けるようになった。

と述べられているように、住蓮・安楽の興行活動によって、専修念仏が猛烈な勢いで庶民を含む世間に広く拡散していく様子が説明されている。集まった人々の中には、それぞれ自らの悲しみや喜びを声の調子に託して念仏する一方で、集団の中で起こりやすい忘我的恍惚の境地に

も人々が引かれていったと思われる。

安楽は、美声の持ち主であり美男子であったというから、まさに人前での唱導には誂え向きであった。特に当時の悪人の一翼を担っていた多くの女人に対して、女人往生を説くこともあり、女人から熱烈な支持を得たことであろう。女人の立場でこのことを述べた記録として、中宮定子の女房であった清少納言の『枕草子』三三段がある。そこでは、

説經師は顔よき、ほとつとまもらへたるこそ、その説く事のたふとさも覺ゆれ。外目しつればふと忘るるに、にくげなるは罪や得らんと覺ゆ。この詞はとどむべし。少し年などのよろしきほどこそ、かやうの罪はえがたの詞かき出でけめ。今は罪いとおそろし。


〈訳〉

説教の講師は顔が見目麗しき美男子がよい。講師の顔をじっと見つめていてこそ、その説いている事の尊さが身にしみて感じられる。よそ見をすればすぐに忘れてしまうのは、不細工な講師の罪であろうと思う。この事はもう言うのを止めよう。年若い頃はこのような罪深い事を書き表しただろうけど、今は罪がとても怖い。


と述べている。『枕草子』は、長徳（ちょうとく）二（九九六）年の成立とされ、その頃から僧侶による説教が宮廷で行われていたのであろう。説教の講師は見目麗しき美男子がよい、聞いている私たちの方で、美しい講師の顔を見つめていると、本当に美しい人の説くことの尊さも、しみじみと感じられるが、反対に醜い顔の講師だと、顔を見るのもいやになり、脇見をしてしまって、聞いていても身が入らない、というのである。

礼讃の名調子や美しい声が女人の嗜好に合ったためか、また女性にまで往生の約束が与えられた喜びに浸ったためか、いずれにしても女官をはじめ女人の帰依者も増加し、念仏会は男女の社交の場ともなっていた。こうして哀歓をこめた礼讃の声が巷に広まり、礼讃を中心にして大衆の集まりが多くなり、法然から弟子、弟子から尼入道へと伝わるにつれて教えは徐々に変質し、法然の意志とは異なる解釈をされた専修念仏に心をよせる者が巷に増えていくことになる。

六時礼讃のその後の消息については、南北朝時代に成

立したといわれている、吉田兼好著『徒然草』二二七段に、

六時礼讃は、法然上人の弟子、安楽といひける僧、経文を集めて作りて、勤めにしけり。その後、太秦善観房といふ僧、節博士を定めて、声明になせり。一念の念仏の最初なり。後嵯峨院の御代より始まれり。法事讃も、同じく、善観房始めたるなり。

〈訳〉

六時礼讃は、法然上人の弟子で安楽という僧が、経文の文句を集めて作り、勤行に用いていた。その後、太秦の善観房という僧が、詞の横に書かれた節の長短・高低などをあらわす符号を定めて、声明に仕立てた。一念の念仏のはじめである。後嵯峨院の御代から始まっている。法事讃も、同じく善観房が始めたのである。

と記されている。『徒然草』では、安楽が『往生礼讃』の文句を集めて、大衆の前で朗読していたが、その経文に音の長短や抑揚をつけて楽譜として残したのが太秦（うずまさ）の善観房であるという。声明は仏教の儀式や法要で僧の唱える声楽の総称とされる。後嵯峨天皇（一二四二～一二四六）の頃というから、安楽が亡くなった後に、定まった節のない「六時礼讃」や善導の『法事讃』に善観房が節をつけて、声明にまで仕立て上げたのであろう。音楽の世界では安楽が作詞家で善観房が作曲家ということになろうか。経典が「六時礼讃」として大衆芸能化していく発端になった出来事ともいえる。

二．二．一念往生義

「一念往生義（一念義）」は、当時の念仏信仰がもつ、自らが実践する行のみを頼りとして解脱・成仏しようとする自力的行為を批判し、本願への信心を往生の正因（直接的な原因）とみなした。自力とは聖道門における難行の実践であり、具体的には戒（善を修め悪を防ぐ）・定（精神を統一する）・慧（真理を悟る）の三学を行じて、惑（煩悩）を断って娑婆世界において成仏を得ることをいう。一方、如何なる凡夫も救済する阿弥陀仏の本願力の不思議を疑いなく信じることを他力という。法然一門では、念仏を行と信の二つにわけて、いずれを本質的な正因とみるかの相論が生じ、その中で幸西が信心を本質とみる立場で頭角をあらわすようになった。

「一念義」については、幸西を含めて『行状絵図』巻二九に記されている。

比叡山西塔の南谷に、鐘下房の少輔とて、聡敏の住侶ありけり。弟子の児にをくれて眼前の無常におどろき、交衆ものうくおぼえければ、三十六のとし遁世して上人の弟子となり、成覚房幸西と号しけるが、浄土の法門をもとならへる天台宗にひきいれて、迹門の彌陀・本門の彌陀といふ事を立て、、「十劫正覚といへるは迹門の彌陀なり。本門の彌陀は無始本覚の如来なるがゆへに、我等所具の仏性とまたく差異なし。この謂をきく一念にことたりぬ。多念の遍数はなはだ無益なり」といひて、一念義といふ事を自立しけるを、上人、この義善導和尚の御心にそむけり、はなはだしかるべからずよし、制しおほせせられけるを、承引せずして、なをこの義を興しければ、わが弟子にあらずとて擯出せられにけり。

〈訳〉

比叡山の西塔南谷に、鐘下房の少輔という聡明な僧がいた。弟子の稚児に先立たれ、目の当たりにした無常に気がつき、学僧との交わりも気が進まず、三六歳のときに世間から逃れて法然上人の弟子になり、成覚房幸西と名乗った。幸西は、浄土の教えを以前に学んだ天台の教えに取り入れて、迹門の弥陀と本門の弥陀という二門を立てて、「十劫の昔に悟りを開いたのが迹門の弥陀であり、本門の弥陀は始まりのない昔から真の仏であるから、我々人間が本来具えている仏の本性と全く異なるところはない。この謂れを聞き一念すれば事足りる。多くの念仏にこだわるのは無駄である」と言って、一念義というものを自分で立てたことについて、上人は、この教えは善導和尚の考えに背いているので、良くないことだとして、この説をやめるようにと言われた。それを幸西は承知せずに、一念義を盛んに広め続けたので、上人は幸西を自分の弟子ではないとばかり破門にされた。

幸西は、俗姓を物部氏（もののべうじ）といい、長寛元（一一六三）年に生まれ、宝治元（ほうじ）（一二四七）年四月十四日に没している。西塔南谷の住僧であったが、建久九年（一一九八）三六歳で法然の弟子になったらしい。法然の門弟として浄土の教えを学び、『選択集』を所持したことが『醍醐本』から判明している。

当時は衆生が一般生活の中で肉食や狩猟・商売などの悪業を犯すことから、滅罪や臨終正念のためには、造像起塔・経典書写や仏寺建立、念仏や陀羅尼などの様々な善根が必要とされ広く実践されていた。念仏においても然で、人間の身体的行為で量的に多いほど滅罪の功徳も大きいと考えられていた。このような中で、一念義の教えは「数遍を申すは一念を信せさる也、罪を怖るゝは本願を疑う也」と、数量念仏や造罪を恐れる意識を本願不信の顕れであると批判し、一般的な善根観や罪業観と対峙した。一念義が念仏相続まで否定したため、法然は信と行の関係について、「信をば一念に生まると取り、行をば励むべし」と一念義的偏向を制止した。

幸西は、彼が真実の仏法であるとする凡頓一乗（ぼんとんいちじょう）（ありふれた取るに足らないことが真理）の立場で、聖道門や諸行往生が調機誘引（機根を整えて真実に近づかせるように誘い導く）の方便説に過ぎないと斥けた。その上で、本願や仏智の一念（願心）に対する信心（決了心）のみを往生の正因とし、信心を基軸とした思想体系を打ち立てた。さらに『観経疏』（玄義分）を独自に解釈して、聖道門や諸行を別時意（念仏による浄土往生は、輪廻を繰り返した遠い将来とする）の方便説とし、報土（報身仏の住む仏土）・化土（衆生の機根に準じた仏土）の往生説を唱えるなどしている。

一方、幸西と並び称せられる法本房行空は、幸西の唱える一念義を打ち立てて、戒律実践や諸仏信仰の意義を否定し、戒律破棄を勧め、余行を謗って回ったという。行空の一念義を伴う偏執に富んだ言動は、法然をも思い余らせるほどで、興福寺の訴えもあって、法然は行空を一弟から解き放っている。その急進性は聖光房弁長著の『浄土宗要集』第五に「法本房の云く、念と者思いとよむ、されば称名には非ず」とあり、行空が念仏行より心の様態を重視していたことがうかがわれる。

法然が主張する「一念にかならず往生すべし」あるいは「ただ称名念仏の一行を修して、一声まで往生すべし」とは、多忙な生活を送っている人には、一声でもよいから念仏せよ、念仏すれば必ず阿弥陀仏は救ってくださる、といった説き方が、受けとる側の幸西に、一度だけ念仏を称えれば往生できるというように解釈された。この偏った受け取り方が、「一念義」主張の発端となったのであろう。すると、幸西の「一念義」が発展して、行空が「悪の限りを尽くした極悪最下の人でも、念仏を称えれば全て往生できる」と説いたとき、その主張に既成教団から見捨てられた人々が共鳴した。

結果的に、法然の教えは、たとえ破戒を好む者であっても、破戒行為とともに念仏を称えさえすれば往生できる、念仏に学問は不要である、無智な者でも念仏さえ称えれば往生できる、といった形式的で安易な往生を勧める異端の説に変貌していった。さらに、悪を好み、悪を行うほどに阿弥陀仏の意に適うとばかり「本願ぼこり」という極端な考え方が一世を風靡し、「一念義」は新興教団の内部からも既成教団からも批判を受ける破目に陥っていくことになった。

「一念義」は、庶民感覚に受け入れやすいこともあって、瞬く間に全国に蔓延することになるが、一度庶民に浸透してしまうと、あらゆる人々が、安易な似非(えせ)仏教ともいえる「本願ぼこり」を自己満足や自己の悪業を肯定するために利用するようになる。

法然が説いている本来の悪人の教えは、勢観房源智がまとめた「三心料簡(さんじんりょうけん)および御法語」の中に、「善人なお以って往生す、いわんや悪人おやの事《口伝これ有り》」という項目を設けて、

私に云く。弥陀の本願は、自力を以て生死を離るべき方便有る善人の為におこし給はず。極重の悪人、他の方便無き輩を哀みておこし給へり。しかるを菩薩賢聖も、これに付きて往生を求む、凡夫の善人も、この願に帰して往生を得、いわんや罪悪の凡夫もっともこの他力を憑むべしと云ふなり。悪しく領解して邪見に住すべからず。譬へば凡夫の為にして兼ねて聖人の為なりと云ふが如し。よくよく心得べし、心得べし。

〈訳〉

法然上人が私に言われた。阿弥陀仏の本願は、自力で生死を離れるための手段を持ち合わせている善人のために起こされたのではない。他に救われる手段を持ち合わせていない極重の悪人を哀れんで起こされたのである。したがって、菩薩や賢人聖人も、この教えによって往生を願っている。凡夫の善人もこの本願に帰依して往生することができる。言うまでもなく、罪悪の凡夫は最もこの他力を拠り所にす

べきであるという。悪く解釈して誤った考えに陥ってはならない。例えば、凡夫のためであって、併せて聖人の為であるというようなものである。よくよく心得るべきである。

道徳的な善悪で判断すると、「悪人が往生するというなら、当然のこととして善人の往生は確実である」というようになるが、宗教的な表現を借りると、法然のいう「善人が往生するなら、当然悪人が往生しないはずはない」ということになる。宗教的な発想は、道徳的な一般論の逆説を彷彿とさせる。世間の善悪と個人の反省的な善悪とが逆転するのである。源智が法然門下に入ってからの日は浅く、円熟に達した法然が念仏禁止に心を痛めている時期でもあり、源智に対する法然の言葉には、「本願ぼこり」を憂える内容のものが多く見受けられる。

源智に示された口伝に因るまでもなく、様々な人に説かれた悪人往生の説が、行空に都合のよいように曲解されて一念義の餌食になったと考えられる。

ところで、親鸞が八五歳のときにまとめた『西方指南抄』によると、『七箇条起請文』の署名者として、信空、感聖、尊西、證空、源智、行西、聖蓮、見仏、導亘、導西、寂西、宗慶、西縁、親蓮、幸西、住蓮、西意、仏心、源蓮、蓮生、善信、行空などの名前を挙げ、その他は「已上　二百余人連著」として、後述する『七箇条起請文』とは異なった順序を記述している。ここには、信空、感聖、證空、源智など法然との同住者は別にして、行空や幸西を中心とする「一念義」を説く僧たちの名前が連ねられ、多くの僧は、建久九年以前からの法然の門人とされている。晩年の親鸞が思い起こすのは、専修念仏を広げるために共に布教活動した同胞たちだけが脳裏に浮かんできて、その名を記録したのであろう。その頃の「一念義」は、論争を好み、既成教団や「多念義」と頻繁に衝突を繰り返し、親鸞は「一念義」を称える僧の一員として行空らとともに布教活動に邁進していたのである。

親鸞の諍論については、『親鸞聖人正明伝』巻二の下前半に、善信と名乗った後に「同一の信心」、「信行の争論」などについて記されているが、法然は、門弟間の士気向上を意識してか、親鸞の行動を微笑ましく見ていたのであろう。しかし、親鸞の諍論好きは止まるところを知らず、行空とともに一念義を門外で説きだすと、法然の手に負えなくなってきた。

二・三・布教活動と庶民感情

法然が憂える過激分子の行動の中で、「六時礼讃」を興行する住蓮・安楽は、通憲流の澄憲や聖覚の唱導に影響を受けていることから、宮廷や貴族に賛同する者が多く、「一念義」を唱える幸西・行空は、天台系の学問に影響を受けていることから、比叡山の堂衆出身者に賛同する者が多くいる可能性が高い。彼らの出身組織がもつ考え方に『選択集』の教義を付加することで、過激分子は、法然の思想と評判に便乗して、自身の主義主張が民衆受けするのを狙ったとも考えられる。

過激分子の行動は、極楽浄土に然したる縁を結ぶこともなく、娯楽も少ない庶民にとって、浄土の教えが目の当たりに感じられ、感涙にむせる心情を抱かせるに十分であった。彼らは、居ながらにして極楽の世界に心酔できる、まさにこの世に浄土が実現した思いに浸ったことであろう。安楽の謡う哀調は女人に深い感銘を与え、念仏に集う多くの老若男女の共感を得ることとなり、住蓮・安楽に対する庶民の支持は急激に広がっていった。彼らが、僧侶にのみ許されている観想念仏を庶民にも体験させた功績は大きく、念仏と浄土を具体的に結びつけたのも住蓮・安楽であった。

この行為によって、庶民の生活心情が、新たな社交や娯楽（芸能）の発展に期待を寄せたことも否定できない。当時、悪人と呼ばれていた武士や女人を含む被差別民の人々は、災害や戦乱の続く世の中に絶望しつつも、生きることに精一杯で、将来の見通しも立たない不安な気持ちを抱きつつ「六時礼讃」に参集していたのである。現状の不幸や不安から逃れる望みが絶たれた最下層民であればこそ、上層部の権門が気にしている怨霊や加持祈祷と切り離して、素直に極楽浄土が受け入れられたのであろう。

一方で、『愚管抄』第六では、安楽の「六時礼讃」が庶民に与えた悪影響について、以下のように記している。

安楽房トテ泰経入道ガ許ニアリケル侍ノ入道シテ専修ノ行人トテ、又住蓮ト番ヒテ、「六時礼讃ハ善導和尚ノ行ナリ。」トテ、コレヲ立テテ尼ドモニ帰依渇仰セラル、者出デ来ニケリ。ソレラガ餘リサヘ云ヒハヤリテ、「コノ行者ニ成リヌレバ、女犯ヲ好ムモ、魚鳥ヲ食フモ、阿弥陀仏ハ少シモトガメ給ハズ。一向専修ニ入リテ念仏バカリヲ信ジツレバ、一定最後ニ迎へ給フゾ。」ト云ヒテ、京田舎サナガラ此ノ様ニ成リケル。

〈訳〉

安楽房は、泰経入道に仕えていた侍で入道して専修の修行僧となった者であったが、住蓮と一組になって、「六時礼讃は善導和尚の教えられた行法である」といって、それを布教の中心とし、尼どもの熱烈な帰依を受けるようになった。ところが尼どもは教え以上のことをいいふらし、「専修念仏の修行者となったならば、女犯を好んでも、魚鳥を食べても、阿弥陀仏は少しもおとがめにならない。一向専修の道に入って、念仏だけを信ずるならば、必ず臨終の時に極楽に迎えに来てくださるぞ」といい、京も田舎もすべてにこのような教えがひろまっていったのである。

住蓮・安楽の教えを聞いた庶民が、自分の感覚で理解しやすいように善悪を曲解して、既成仏教では悪とされていた行為も肯定し、悪を恐れることは阿弥陀仏の本願による救済を信じていないからで、これこそ念仏の功徳を否定する行為であると宣伝してまわったのである。したがって、悪を好むとも阿弥陀仏は咎めず、念仏を信じて称えれば死に臨んで必ず往生できると説いて回ったことが、人々の口伝てによって全国規模で加速的に広まることになった。従来のように念仏が観仏のためのものであるかぎりは、自己の内面に関わることであったが、念仏が集団で唱和されたり、社会的悪人を擁護するかたちで大衆に受け入れられたりするようになると、仏教の戒律は完全に無視されて、専修念仏は破戒の元凶であるという、大衆の評価につながっていく。

ここには、阿弥陀仏の本願という善の絶対性の前では、人間社会の相対的な悪などは無に等しい。ところが、仏教的な悪の徹底した自覚があってこそ、悪の自覚を機縁として、阿弥陀仏の本願に気づかされるという逆説が理解されていない。救われる立場の悪の自覚が反故にされて、悪の反省が伴わないままに、破戒行為が救いの対象になるという、仏教に縁の薄い庶民に理解しやすいかたちで、曲解された邪説が短時間の内に広まっていった。

住蓮・安楽の「六時礼讃」にしても、善導の教えを分かりやすく説いたのであるが、その教えを庶民は仏法の教えとして受け取らずに、道徳的な範疇でしか捉えられなかった。無学文盲であるが故に仏教の悪と道徳の悪とを取り違えて解釈してしまったのである。法然は、仏教を庶民に理解しにくい聖道門ではなく、庶民に理解しやすい浄土門に置き換えて説明したのであるが、庶民にはまだ難しかったようである。庶民は、仏教の善悪ではなく、日頃の生活に密着した善悪の感覚でもって往生浄土を誤解したといえる。誤解された専修念仏は、仏教とは異なったかたちで女人の支持を得つつ巷に広がるようになったが、最終的には、仏の教えは反故にされて、道徳的悪を認める人々の増加とともに悪のし放題が全国的に蔓延するようになった。

一方、幸西や行空が唱えた「一念義」は、阿弥陀仏から賜った念仏を置き去りにして、念仏の回数を数えるという自力の行為が鎌首をもたげ、結果的に阿弥陀仏の救済が忘れられて、人間が絶対者である仏の領分に土足で踏み入ることになる。自力に陥った一念義の自己主張は、専修念仏のみが正しくて、聖道門の教えは邪教であるとするもので、主に在家下層民に浸透した。往生浄土のためには、多念相続を必要とせず、一念で可能であるとする教説は、「愚癡无智ノ尼入道」の輩こそ、一念義の対象として迎えられ、仏教でいうところの「悪人」が一念で往生するという思想に、必然的に悪を行わざるを得ない庶民が飛びついたことになる。すると、仏教でいう宿業観に伴う悪人が曲解されて、道徳的な悪人にまで救済の対象が広がり、道徳的悪を行う程に阿弥陀仏の救済に預かるという「本願ぼこり」にまで庶民感覚が低俗化していった。

このようにして、仏教を無視して大衆歌謡と邪説に傾倒した人々で満たされた集会所は、僧尼令が説く「寺院以外に道場を建てて、そこに人々を集めて教化し、妄りに罪福を説いてはならない」という戒律に反する会場となってしまった。

「本願ぼこり」は、「一念義」を説く行空らおよび「一念義」を支持する庶民を代表して表現した言葉であろうが、彼らの行動は「一百四十五箇条問答」一四五番目で説かれた、この世の我らは「七仏通戒偈」に背く身であるから、持戒破戒に関係なく阿弥陀仏が来迎してくださる、という言葉を逆手にとって「本願は悪を怖れず」とばかり、道徳的悪のし放題がまかり通る世の中と化していった。法然は阿弥陀仏の本願が誤解されて巷に広がっていく状況に危機感を抱いていた。

「本願ぼこり」を懸念してか、法然は一般の人を対象にした「十二箇条問答（じゅうにかじょうもんどう）」の十一番目に「本願ぼこり」に関連する問答を載せている。

問て云く、本願は悪人を嫌はねはとて、好て悪業を作くる事は然るへしや。答て云く、仏は悪人を捨て給はねとも、好て悪を造る事、是仏の弟子には非す。一切の仏法に悪を制せすと云事なし。悪を制するに、必しも是を止めえさる物は、念仏して其の罪を滅せよと勧めたる也。我身の堪へねはとて、仏に咎を懸け奉らん事は、大なる錯り也。我身の悪を止むるにあたはすは、仏慈悲を捨給はすして、此の罪を滅して迎へ給へと申すへし。罪をは只作るへしと云ふ事は、すへて仏法に云はさるところ也。たとえは人の親の、一切の子をかなしむに、其の中に能き子もあり、悪き子もあり。共に慈悲を成すとは云へとも、悪を行する子をは目をいからし、杖をさゝけて、誡るか如し。仏の慈悲のあまねき事を聞ては、罪を造れと思召と云ふ解りをなさは、仏の慈悲にも漏ぬへし。悪人迄てをも捨給はぬ本願と知らんに付ても、いよいよ仏の知見をは恥へし、悲へし。父母の慈悲あれはとて、父母の前にて悪を行せんに、其の父母悦へしや。歎なから捨す、哀みなから悪む也。仏も又以如是。

〈訳〉

問うていう、本願は悪人を分け隔てしないからといって、好んで悪業を造ることはよろしいでしょうか。答ていう、仏は悪人を捨てられないけれども、好んで悪を造ることは、これは仏の弟子ではありません。一切の仏法に悪を抑制しないということはありません。悪を抑えるとはいうが、必ずしもこの悪を止めることのできない者は、念仏してその罪を消滅させなさいと勧めたのです。自分自身が堪えられないからといって、仏に罪咎をなすりつけることは、大きな誤りです。自分自身の悪を止めることができないならば、仏よ、慈悲をお捨てにならないで、この罪を消滅して、お迎えください、と申しなさい。罪をただ造りなさいということは、すべて仏法ではいわないところです。たとえば、人の親がすべての子供をかわいいと思うのに、そのなかによい子もあり、悪い子もあり、ともに慈悲を加えるといっても、悪いことをする子には、目を怒らせ、杖を差し上げて、戒めるようなものです。仏の慈悲のあまねく行きわたっていることを聞いては、罪を造れとお思いになるという、そんな考え方をすれば、仏の慈悲にも漏れてしまうでしょう。悪人までをも捨てられない本願であると知るについては、ますます仏の智恵や見識の素晴らしいことを知って、恥じなさい、悲しみなさい。父母の慈悲があるからといって、父母の前で悪いことをして、その父母は喜ぶでしょうか。嘆きながらも捨てようとしません。哀れみながらも憎みます。仏もまた、同じなのです。

「十二箇条問答」は、『和語灯録』四に所収され、主に在家の女性による十二ヶ条の質問と法然の返答とからなる問答集である。その中には「かやうの五障の身」や「在家の人」という言葉、あるいは「信心が弱いがどうすればよいか」といった趣旨の質問が多く、それに対して法然は、信心を発し維持する具体的な方法を示すと同時に、「そのように悩んでいる者には、往生の志がないわけではない、志のない者は悩むことさえない」などと、逆説とも取れる言葉で丁寧に答えている。また、「たとえ心に悪が生じても、それを表に顕さないようにしようとすることが望ましい」と述べるなど、「一念義」を意識した法語も見られる。さらに、人間に生まれることの難しさを、「梵天から糸を垂らして海底の針の穴に通すが如し」といった喩えで説き示すなど、全体的に喩えが多いのも、この問答集の特色といえる。

ここでの問答は、「阿弥陀仏の本願」と「本願ぼこり」の違いを分析して、白黒の二者択一に陥ることなく、「七仏通戒偈」を基準において、これを灰色部分として両極端の考え方を丁寧に説明している。その後で、親が子に対する接し方を例示して、より噛み砕いた説明を試みている。この問答は、親子の例で説明されていることから、現代の我々が聞き及んでも、容易に納得できる内容に昇華されている。

庶民は「七仏通戒偈」に照らし合わせて、悪を行わないことが大切な仏の教えである。この教えを守るに越したことはないが、それが実行できない者は、念仏して罪を消滅させるように心がけるべきである。自身が悪業に耐えられないからといって、開き直ったかのようにして、好んで悪を造ることを仏法では許されず、このような人は仏の弟子とはいえない。自身の悪業にどうしても耐えられない者は、阿弥陀仏の慈悲にすがって、阿弥陀仏に確約された浄土に思いを致して罪を消滅させるべきである。

この問答は、法然が『選択集』撰述の前後期に発生した過激分子の行状を見かねて、『選択集』や問答集、消息文ではあまり強調することのなかった、罪の意識について述べた貴重な文章であるといえる。

「一念義」が強固なかたちで全国津図浦々に蔓延していったことが、『行状絵図』第二九からうかがい知ることができる。法然が流罪を赦免されて勝尾寺（かつおうじ）に仮住まいしていた、承元三（一二〇九）年六月頃の消息に、

成覚房の弟子等、越後国にして一念義をたてけるを、上人の弟子光明房といふひじり、多念の行者なりけるが、心えぬ事におもひて、かの所述の法門をしるして、上人にうたえ申いれければ、御返事云、一念往生の義、京中にも粗流布するところ也。凡言語道断のこと也。

〈訳〉

成覚房幸西の弟子たちが、越後国で一念義を広めていたが、上人の弟子に光明房という聖がいて、この人は多くの念仏を称える行者であったが、一念義を合点がゆかないことと思って、幸西の弟子たちの説く教えを記録して、上人に訴え出たところ、その返事で、一念で往生するという説は、京中にも大方広まっている。大体とんでもないことである。

というのがある。

この詳しい内容は、『昭法全』（越中国光明房（こうみょうぼう）へつかわしたお返事）にも記されている。

法然が、行空を破門したのが建永元（一二〇六）年二月十四日のことであったが、その三年後にして、行空と行動を共にしていた幸西の弟子と名乗る者が、越後国（新潟県）で「一念義」を説いて回っていたのである。庶民に受け入れられやすい日常生活に絡む悪を基調とした「一念義」の教えは、既成教団とは無縁に近い庶民にとって、新鮮な仏教に接する機会と捉えられたのであろう。その波及効果は大きく、立ちどころに全国に広まったのである。このような現状に安閑としていられなくなったのか、「一念義」と袖を分かつ「多念義」の光明房が、「一念義」の非を法然に訴えたのである。「一念義」と「多念義」の争いに法然が巻き込まれたといえる。

過激分子の動きに業を煮やしたのは慈円も同じこと

で、『愚管抄』第六に悩ましい心の内を吐露している。

ハテハ法然ガ弟子トテカヽル事ドモシイデタル、誠ニモ仏法ノ滅相ウタガイナシ。是ヲ心ウルニモ、魔ニハ順魔逆魔ト云。コノ順魔ノカナシウカヤウノ事ドモヲシフル也。弥陀一教利物偏増ノマコトナラン世ニハ、罪障マコトニ消テ極楽ヘマイル人モアルベシ。マダシキニ真言止観サカリニモアリヌベキ時、順魔ノ教ニシタガイテ得脱スル人ハヨモアラジ。カナシキコトゞモナリ。

〈訳〉

果ては法然の弟子といって魚鳥女犯の破戒行為に手を染めているのを見ると、本当に仏法が滅びていく様相を呈していることは確かである。これを考えてみると、悪魔というものには、人々を従わせる悪魔と、物ごとにさからう悪魔とがあり、今は人々を従わせる悪魔が悲しくもこういう教えをひろめているのである。阿弥陀仏の教えのみが広まり、阿弥陀仏の救いを増していくことが真実であるとする世では、阿弥陀仏の救いで罪障が消えて極楽へ行く人もあるであろう。しかし、いまだに真言と天台の教えが盛んな時に、悪魔の教えで救われる人など決してあろうはずもない。悲しむべきことである。

慈円の言葉は、真に仏法に携わる者が仏教を慮った上で本音を語っているといえる。末法と雖も仏教はしっかりした教えを維持しているにも関わらず、仏教の雑行ともいえる念仏が、凄まじい勢いで万民を席巻していく姿に悲嘆の思いを隠せない。念仏も仏教である限り、無礙（むげ）に否定するわけにもいかず、かと言って、念仏を放置しておくわけにもいかず、仏教の頂点に立つ者の苦悶の姿がうかがえる。

二・四・滑稽本の沙石集

新興教団の過激分子による布教活動は、彼らと直接接する人々のみならず、仏教をよく知らない人々にも影響を与えることになった。その仲介役を担ったのが似非僧侶であり偽聖であって、その傍若無人ぶりは、庶民のみならず武家社会にも破戒を浸透させる切っ掛けをつくることになった。本来、市聖の空也や勧進聖の重源などが称える口称念仏は、仏教の観仏の一つである観想念仏から派生したもので、法然以前の民衆にとっては、僧侶や聖の称える異次元の尊い念仏として、死者の慰霊や怨霊鎮魂などの祈祷に使われていた。この口称念仏が、法然の努力によって、智恵才覚の極致に君臨していた仏教者の手から、無学文盲の庶民の手にわたることになり、誰もが念仏の恩恵に預かり、仏教に触れることができるようになった。その結果、念仏が独り歩きするようになり、猫も杓子も念仏を称えれば有難がられるという風潮が現れ、念仏を餌にして悪事のし放題という輩が、世間に溢れるようになってきた。

この風潮を滑稽話として仏教逸話で笑い飛ばしたのが、平安時代後期から鎌倉時代にかけて、仏教に関わる庶民生活を紹介した『沙石集』十巻である。本書は、序文によると、平安時代以来の伝統的文学観に立ち、狂言綺語を仏果菩提の縁として、卑近な世俗的話題を通して深遠な仏教の教義を平易に説き明かそうとしたもので、書名も、沙を集めて金を求め、石を拾って玉を磨く世人の所行になぞらえている、という。本書は、弘安二（一二七九）年に起筆して同六（一二八三）年に脱稿され、その内容は、庶民の様々な生活の中から仏教に関わる説話を拾い出して、愚かな人々の滑稽な振舞い、言動などを例示して、仏教の教えを分かりやすく説いている。本書の中で繰り広げられる庶民の一挙手一投足は、生き生きとしていて、目に見えるような鮮やかな語り口で記されていることから、著者が聞き手の心を魅きつけてやまない語りの達人であることを十分にうかがわせる。

このような著者の執筆意識で書かれた『沙石集』の構成は、特定の編目を立てず、一見雑纂的であるが、巻一に神仏習合思想に基づく神明説話を収め、巻二に諸仏菩薩の霊験利益談を一括するなど、構成的にも配慮の跡がうかがわれる。説話の収録にも類纂的傾向が認められ、本地垂迹、諸仏霊験、因果応報、遁世往生などの仏教説話集らしい物語を集めている。『沙石集』には、同時期の時代背景を映し出した真実性のある説話も存在していることから、貴重な歴史証言の書になっているといえる。中でも数多くの笑話風の話は狂言や咄本の材料とされ、落語の源流にもなった。

著者の無住一円は、鎌倉時代後期の臨済宗の僧で、房号を一円、字を道鏡（暁）、無住は号、勅諡は大円国師である。嘉禄二（一二二六）年十二月二八日に、鎌倉幕府の幕臣梶原氏の裔である景時の一族として生まれ、八七歳の正和元（一三一二）年十月十日に桑名で没している。肉身には縁が薄く、鎌倉をはじめ下野、常陸などを転々とした後、十八歳のとき常陸法音寺で得度。初め天台、戒律、法相、浄土など諸学を修め、二八歳で遁世した後は、奈良、京都、鎌倉の諸寺で顕密諸宗を学ぶ。三六歳のとき東福寺に入って円爾の下で灌頂を受け、禅・密を学ぶなどして各宗に遊学した。三八歳の弘長三（一二六三）年に尾張の長母寺の開山となり、弘安四（一二八一）年には後宇多天皇の詔によって再三東福寺の住持をすすめられたが固辞し、尾張、伊勢地方の教化に努めた。彼は「昔より物語を愛し好み侍りしゆゑに、修行の暇をかきて、徒ら事を書き置」いたと述べているように、生来の話好きであったという。

ここからは、『沙石集』の中から「滑稽談」、「説教師」、「無智な僧」に関連する説話を選んで、当時の庶民が懐く心情の一端を紹介する。

先ず「滑稽談」については、巻一の第四話に東大寺の石上人経住なる人物が、自分は観音の化身だと名乗ったけれども誰も信用しない。そこで誓紙をたくさん書いたが、ある人に、そんなものより神通力を見せなさい、と言われて、「あまりに久しく現ぜで、神通も忘れて候ふ物を」と言ったという。無住は、「げには知り難かるべし」と、本当のところはわからないことだと、とぼけた感想を付け加えている。

巻一の第十話には、ある姫君を養育する乳母が、自分の姫君を讃めて人に語ろうとして、私のお育てしている姫君は、目が細くて愛らしい、と言うと、他の人に、目が細いのはあまりよいことではないのにと言われて、あわてて、「いや、片一方の目は大きくていらっしゃるぞ」と、言ってしまう。この説話は、浄土宗の信者たちが、自分の宗派を讃めようとして、これと同じあやまちを犯していることを例えたものである。

「説教師」については、頻繁に取り挙げられている標題の一つに信施の問題がある。これはろくに信仰心もない僧が、いい加減な説経をして信者の布施を得るのは、有所得の説法であって堕地獄の罪に当るという発言にしばしば見られるところである。たとえば、北国の漁師たちの法会で、漁夫である檀那におもねる余り、皆さんはいつも「網々（アミ、アミ）」と言うと、波が「たぶ、たぶ」と応え、自然に「アミタブ（阿弥陀仏）、アミタブ」と念仏を唱えているから、極楽往生は間違いないというのである。巻六には、このような駄洒落の説経をして布施をせしめた説経師や民間布教師などが頻繁に登場している。愚かな説経師が生み出される背景には、もちろん多数の無知で愚かな僧たちの存在があり、『沙石集』はそのような無知な僧の説話にも事欠かない。

「無智な僧」については、字も読めない僧が経を読むことによって引き起こされる滑稽談も、いくつも収録されている。たとえば、師匠から『大般若経』を遺産相続のついでに譲られた僧は、『大般若経』が何たるかも知らない。そこへ隣房の僧が来て、自分は『法華経』を持っていないので十巻を分けてくれと言う。自分の『法華経』にするのだと言うのであるが、彼らは経典に書かれている内容など関知することなく、『大般若経』の一部を『法華経』と称して怪しまない。そこに別の一人が登場して、彼は、他の連中よりは少々知識を持ち合わせているらしく、『法華経』は八巻だから、十巻では多過ぎる。余る二巻を自分にくれと言う。『仁王経』は二巻の経典だから、その二巻をもらって自分の『仁王経』にしようと言うのである。彼の知識も、『法華経』は八巻、『仁王経』は二巻というところまでで、文字が読めなくても、『大般若経』であろうと、『法華経』であろうと、小難しい漢字が書いてあれば尊びこそすれ、内容などに頓着していないという無知さ加減は同じことなのである。

このような無知蒙昧な似非僧侶たちが、仏教の名のもとに俗人を教化するという奇妙な構図は、庶民に解放された仏教のある一面を映し出しているといえる。従来から無知の尼入道に甘んじてきた庶民を教化するには、眼に見える有難い経典で似非僧侶の権威を示して、出鱈目な説教をもっともらしく唱えるのも一つの方法である。そこには、真理の追求ではなくて、現世は何事も無常であるから、自我に起因する欲をもつことなく、宗派の勝劣で争うことなく、有縁の宗教を信じこそすれ、他宗の非難を避けるべきことが暗に含まれている。

無住の周囲には愚かな俗人も愚かな僧も無数にいたが、これらの愚かさがことさら無住の目に映ったのであろう。その結果、仏教の道理を説く方便として無住が持ち出す例話は、愚かしい人間で溢れることになった。『沙石集』は硬質な仏教の教学と滑稽な人間模様の不思議な交錯に彩られた特異な仏教説話の空間を作り出しているが、それは非常に高度な論理を操作したり、難しい抽象的思考を重ねるという体のものではなく、仏教語を用いるという点を除けば、そこで展開される理屈は、比較的単純なものである。無住が本書を「愚かなる人」のために書いたというが、その意志は十分に伝わっている。

二．五．衆徒とその動向

法然の悩みは、過激分子に対してだけではなかった。過激分子の行動を陰日向から監視している集団もあった。世の中には過激分子に賛同する者がおれば、過激分子をよく思わない人々もいたのである。監視集団は、当時最も恐れられていた南都北嶺の衆徒であった。衆徒は、平安時代の中期頃から存在が認められていたが、平安時代後期には強大な武力集団となり、興福寺・延暦寺・園城寺（三井寺）、東大寺などの寺院を拠点として、寺院同士の勢力争いを引き起こし、朝廷や摂関家に対して強訴を繰り返した。衆徒の宗教的権威を背景とする強訴は、従来の仏法保護を名目とした僧兵の武力以上の威力をもち、しばしば朝廷や院を屈服させることによって、国府や他領との紛争解決を有利になるように導いていた。また寺社同士の抗争にも関係し、しばしば寺社の焼き討ちも行われた。白河法皇は「賀茂川の水、双六の賽、山法師。これぞ朕が心にままならぬもの」という言葉を残している。これは延暦寺の強訴を嘆いての事であるが、山法師（衆徒）の横暴が朝廷の不安要素であったことがうかがえる。中央から離れた地域でも有力寺社は軍事力をもち、地元軍事力と結びつき、当時の勢力争いに大きな影響を及ぼしていた。治承四（一一八〇）年の以仁王の挙兵では、衆徒が平家とも争っている。

そもそも僧侶が、法的に決められた手順を経ずに直接国政へ訴訟することは、養老令以来、固く禁止されていた。しかし、律令国家の諸紀綱の乱れが社会全般に波及してくる頃になると、僧侶らが群集して京都に乱入し、朝廷へ愁訴することがたびたび起こった。この行動は、天暦三（九四九）年に東大寺の法師団が別当の非違を訴えて入京したことに始まり、天元四（九八一）年には洛中の法性寺座主に関連して、一八〇余人の僧侶が訴訟を起こし、寛弘三（一〇〇六）年には大和国司源頼親の罷免を乞うて興福寺大衆二千余人が蜂起している。これらは当時の百姓が悪政に疲弊して愁訴した場合と同様に、朝廷の手兵によって追い返されている。

また、伊勢神宮や宇佐八幡宮が入洛して行った訴訟については、彼らがそれぞれの神威を背景とし、神霊の象徴となる物を捧持して交渉したため、怨霊による祟り思想に浸り切っている公家社会では、神罰を恐れるあまり、彼らの申請を受け入れて処断することが多くなった。一方、平安時代後期に朝廷の寺院に対する統制力が弛緩したのに伴って、寺院の自治権が著しく伸張し、神仏習合思想が拡大したことも手伝って、寺院側の衆徒は集会決議によって、愁訴に関係する神社の神木や神輿を捧持して、国政に直接威圧を加えることがたびたびあった。朝廷でも当初はこれを厳禁していたが、公家の迷信が一段と深さを増す状況下では、蜂起対策の効果は次第に薄れていった。寺院側ではさらなる裁許を促すために、僧侶の全員離山をもって脅迫してきたので、朝廷側は「仏法衰うれば王法亡ぶ」という当時の考えから、その要求を拒絶できなくなった。このようにして寺院は強大な武力と広大な寺領を背景とする権力によって、国家法権や警察の権外に立つようになった。

寺院の衆徒や神社の神人らが武器を取り、徒党を組んで朝廷または要路に自己の要求を突きつけ、その裁許を強要することを強訴というが、その内容は、自分たちの寺社に関わる何らかの問題が発生した場合、僧兵たちは裹頭（かとう）と呼ばれる覆面をつけ、ひとたび下した議決には異論を差し挟まず即座に行動に出た。特に南都北嶺は強訴の常連で、興福寺は春日大社の神木、延暦寺は日吉大社の神輿などの神威をかざして洛中の内裏に押し掛けて要求し、それが通らない時は、神木・神輿を御所の門前に放置し、仏罰・神罰の脅威を盾にした武力を振りかざすことで、政治機能を実質上停止させるなどの手段に出ている。

強訴の理由は、寺社の荘園を国司が侵害したり、競合する寺社が今までより優遇措置を得ることなどである。朝廷は、強訴を押さえるために新興勢力の武士を重用したが、武士は貴族とは違って、仏罰や神威を恐れなかったため、中央政界での発言権を徐々に持つようになっていった。

鎌倉時代になると、無頼漢極まる衆徒や堂衆の行動は、寺社は言うに及ばず巷間（こうかん）にも浸透していて、衆徒の横暴が年を経るにつれて増加し、万民の目に余る状況を呈してきた。最早、過激分子にとっては衆徒による監視の目から逃れる術を絶たれているといっても過言ではない。過激分子の活動範囲の拡大と共に強まる衆徒の仏法擁護の動きは、法然も重々承知のことであった。『選択集』の撰述以来、この書が仏教を非難しているという認識や過激分子の目に余る行動などを火種として、燻りはじめていた衆徒の憤りが、今にも爆発しそうであることを、法然や新興教団は沸々と感じていたことであろう。火種が炎となる瞬間が目の前に近づいているという危機感は、法然の門人や通憲流聖たちにも共通の認識であった。後述するが、比叡山堂衆の動きに対して、素早く『七箇条起請文』を奏上できたのは、このような準備があってのことであろう。

しかし、衆徒による執拗な新興教団追及は留まるところを知らず、専修念仏停止という旗印のもと、朝廷や貴族、寺院を巻き込んで、大きな歴史のうねりのなかで、関係者を翻弄していくことになり、弾圧は法然滅後に至るまで延々と続けられることになる。

三. 問答と説法

法然が東山吉水に庵を構えて以降、法然を慕う庶民が三々五々訪れるようになった。大原問答で通憲流の一員となった法然が、朝廷や貴族に対して頻繁に授戒していることは、『行状絵図』に記録されているが、庶民への問答となると『行状絵図』第二二の後半部分で、以下のような切り出しでわずかに紹介されているだけである。

またある人、往生の用心につきて、おぼつかなきことを百四十五ヶ条までしるして、たづね申したりけるに、上人の御返事ありき、少、これをしるす。

〈訳〉

またある人が、往生するために心掛けておくことで、聞きたいことを一四五ヶ条まで書き出して、尋ねたところ、法然上人からの返事があったので、少しばかりそれを記し載せる。

ある人が往生するために心掛けておきたいことを書き出したところ、一四五の質問状となってまとめることができたという。おそらく、庶民の問答に明け暮れる法然の煩雑さを聞き及んだ人が、一気にまとめたものではなく、多くの人から聞き及んだ事どもを整理して法然の所にもってきたのであろう。この質問状に対する答えを一括してまとめたのが「一百四十五箇条問答」として『昭法全』の中に納められている。問答集の一四〇番目には「建仁元(一二〇一)年十二月十四日」とあることから、『選択集』の撰述から三年が経過し、過激分子の行動が活発化して、庶民に「六時礼讃」や「一念義」の説く内容が知れ渡ってきた頃のことであろう。

質問状の内容が多くの人の疑問をまとめたものであるという理由の一つが、あまりにも雑多な事象を含んでいることである。その内容を整理してみると、観仏：二件、乱心・下下品：四件、善悪：三件、念仏：四件、読誦：八件、得益：一件、他仏・他経・他宗：七件、臨終行儀：十一件、供養・荘厳：十九件、食事：二三件、生活習慣病：三件、黒不浄(死の汚れ)：四件、白不浄(出産の汚れ)：三件、赤不浄(月経の汚れ)：二件、女房・女人：五件、神道・陰陽道：六件、祈り・怨み：三件、禁忌：三件、親子・夫婦・対人：六件、尼：五件、老若：一件、在家・出家：五件、師弟：一件、施し：二件、心得：十一件、その他：七件などと、その時代の庶民生活全般に及んでいる。

質問状のほとんどが当時の世俗的な仏教用語で満たされ、法然の答の多くが「苦しからず」や「…にて候」などの問いを肯定するような短い言葉で終わっている。彼らの質問に仏教用語が使われるのは、「往生伝」などの仏教逸話集や『梁塵秘抄』などの歌集が巷に流布していて、常日頃の生活の中に禁忌を含めて、仏教が根付いていることを物語っている。

さて、「一百四十五箇条問答」が、一人の人の手によって集約され、法然が一気に答えていることは、五七番目と五八番目の問答で明らかにすることができる。五七番目は、

一。さけのむは、つみにて候か。答。ま事にはのむへくもなけれとも、この世のならひ。

〈訳〉

酒を飲むのは罪になるでしょうか。答、本当は飲んではならないものですが、この世の習なので。

五八番目は、

一。魚鳥鹿は、かはり候か。答。た、おなし。

〈訳〉

魚や鳥や鹿などの肉を食べて罪に変わりはあるでしょうか。答、全く同じことです。

法然は、五七番目ではしっかりと答らしきものを述べているが、五八番目では同じだと言って、似たような質問には答えることなく、質問が重複しているとばかり「前と同じだ」と注意を促している。質問の前後関係がはっきりしたことから、問者は法然に会う前に既に質問の内容を整理整頓していって、問答の場に臨んでいたことがわかる。

ここでの問答は簡単ではあるが、意味深長な言葉を包含している。仏教では「不飲酒戒」や「不殺生戒」といって、仏教の戒律では飲酒したり、生き物を故意に殺したりすることを禁止している。しかし、法然は仏の教え通りに「止めよ」とは言わずに、教えでは飲んではいけないことになっているが、日頃の生活を考えると教え通りに行動できるかな、というように質問者に再考を促すような表現をしている。すなわち、理想とするところと現実とは異なるもので、出家（理想）と在家（現実）のように、現実は理想を手本として行動し、理想は現実の手本となるべきものであって、理想と現実が共存するのが世の中の習である、と諭している。

よく知られている法然の言葉といえば、様々な人に送った消息文が残っている。この消息文には、出会った人々を思い起こし、その人を思いやり、丁寧過ぎるほど温かみのある筆遣いが目に付く。しかし、「一百四十五箇条問答」では、対機説法でよくみられる、知っている人や面前の人に思いを馳せるという、心遣いを表す言葉は見当たらず、読む人に誤解を与えないように注意して、必要最小限の言葉で質問の内容に忠実に答えている。このため、温かみのある法然の消息文と比較して、当意即妙ともいえる非常に冷徹な表現になっているが、これは答えを聞いている面前の人の手を離れて、文章が独り歩きすることで読む人に誤解を与えないように、法然が注意して答えるという気遣いの証でもある。

一方で、日常生活から一歩踏み込んで、仏教的な質問になると、法然の態度は一変して慎重な表現を心掛けている。このことは、同じ「一百四十五箇条問答」の三番目にみられる。

一。この真如観はし候へき事にて候か。答。これは恵心のと申して候へとも、わろき物にて候也。おほかた真如観をは、われら衆生は、えせぬ事にて候そ、往生のためにもおもはれぬことにて候へは、無益に候。

〈訳〉

極楽に生まれたいと思ったならば、「わが心はそのまま真如の道理」と思うように心掛けるべきでしょうか。答、これは恵心僧都の考えであるといっても、不必要なものです。大体、この真如観は、我々衆生が、簡単にできないものですから、また、往生するためには、成し遂げられるとは思われないものですから、無益なものです。

真如とは、一切の事象の真実の姿であり、この世の普遍的な真理のことをいい、この真実の姿なり真理を心に思い浮かべて感じることを「真如観（しんにょかん）」という。これは恵心僧都源信の言葉であるが、衆生には実現不可能なことでもあり、往生浄土のためには役に立たないのである。

質問者は、三番目の問のすぐ後に、四番目の問を続ける。

一。これに計算して候ところは、何事もむなしと観せよと申て候。空観と申候は、これにて候な。されは観し候へきやうは、たとへはこの世のことを執着して思ふましきと、おしへて候と見へて候へは、おほやう御らんのためにまいらせ候。答。これはみな理観とてかなはぬ事にて候也。僧のとしころならひたるたにもえせす、まして女房なんとの、つやつや案内もしらさらんは、いかにもかなふましく候也。御たつねまても無益に候。

〈訳〉

また、このことに関係して思い巡らせている問題でありますが、何事も空しいものであると観察せよというが、これは「空観」というものでしょう。それなれば、観ずる方法は、たとえば、この世のことに執着して考えてはならないと教えているように見えるのですが、大体をお教え願いたいのですが。答、これはみな普遍的真理の観察の仕方といって、われわれには不可能なことです。僧が長い年月を経て、習ったとしても、容易に取得できるものではありません。ましてや女性などの、少しもその事情を知らない者は、決してできるものではありません。お尋ねになるまでもなく、無益なことでございます。

三番目も四番目も同じような質問である。この中で、「空観」とはあらゆる事象に固定的に実在する実体がないと観察することであり、「理観」とは真如観そのものであるといえる。世の中は実体がないから執着することもないと教えているが、その通りなのでしょうか、との質問に対して、法然は真理の追及は不可能なことで、修行を積んだ僧侶にしても実現することは難しく、ましてや、このようなことに縁のない女性にはできることではないという。

　仏教の教理は深遠なものであるが、その言葉尻を捕まえて、議論することの虚しさを、法然は訴えているといえる。その意味では、三番目の抽象的な用語に関する質問には抽象的に答え、四番目の人の行為に関する質問には、人の具体的な行為を例示して答えている。ここには、法然が、普遍的ともいえる仏教語の質問内容をよく吟味して答えている様子がうかがえるが、仏教の難しい用語は、阿弥陀仏の住まう浄土の世界で議論するもので、末法の世の中では、凡夫がいくら議論しても解決する問題ではない、とばかり問者を一蹴している場面でもある。

　一方、六七番目では、

一。誹謗正法は、五逆のつみにおほくまさりと申候は、ま事にて候か。答。これはいと人のせぬ事にて候。

〈訳〉

仏が説かれた正しい法を非難すれば、五逆罪よりも、もっと重い罪になるといわれているのは誠でしょうか。答、このようなことはまったく人間に関わりのないことです。

というように、仏教の根幹に関わる重要事項については、詳細な説明は避けておいて、人として成り立たない行為であると諭している。五逆罪とは、母を殺す（殺母）、父を殺す（殺父）、僧等の聖者を殺す（殺阿羅漢）、仏の身体を傷つける（出仏身血）、教団の和合一致を破壊する（破和合僧）、などの五種の罪をいう。法然は、五逆罪よりも重い罪という抽象的な質問に対して、そのような罪は人間の領分を越えた、人知の及ばない無間地獄のことであるから、解決のしようがないというのである。

また、称える念仏の相続について、十三番目では、

一。日所作は、かならすかすをきはめ候はすとも、よまれんにしたかひてよみ、念仏も申候へきか。答。かすをさため候はねは、懈怠になり候へは、かすをさためたるかよき事にて候。

〈訳〉

日課念仏は、必ず数を決めなくても、称えられるままに称えればよいのでしょうか。答、数を決めて念仏しないと、怠けてしまうので、数を決めてする方がよいのです。

というように、凡夫の本質というものが、常に怠けようとする心根があることを示しておいて、その上で、念仏の回数を確実に決めた方がよいという。法然の言い分は、最初は回数を意識していても、念仏が習慣化してくると、自ら回数を気にしなくなり、念仏に包まれた生活を送ることができるというのであろう。

同じような問答が禅勝房との「十二問答」七番目にも載せられている。

問、日別ノ念仏ノ数遍ハ、相続ニイルホトハ、イカカハカラヒ候ヘキ。答、善導ノ釈ニヨラハ、一萬已上ハ相続ニテアルヘシ。タタシ一萬遍ヲイソキ申テ、サテソノ日ヲスコサム事ハアルヘカラス、一萬遍タリトモ、一日一夜ノ所作トスヘシ。総シテハ一食ノアヒタニ三度ハカリトナエムハ、ヨキ相続ニテアルヘシ。ソレハ衆生ノ根性不同ナレハ、一準ナルヘカラス、ココロサシタニモフカケレハ、自然ニ相続ハセラルル事ナリ。

〈訳〉

問う、毎日称える念仏の数が長く相続するには、どのようにいたらよいのでしょうか。答、善導和尚の解釈によると一万遍以上称えるのは、相続していることになります。但し、一万遍を急いで称えて、さて、その日の後は自由に過ごそうというようなことがあってはなりません。一万遍であっても、まる一昼夜の行いとしなければなりません。一般に、一食の間に三度ばかり称えるのは、良い念仏の相続でありましょう。それは人々の心根が同じではありませ

んから、一定の基準があるわけではありません。志さえ深ければ、自然に相続できるものです。

この問答は、法然が禅勝房を前にして、質問された内容をより深く掘り下げて懇切丁寧に答えている。禅勝房は、建仁二（一二〇二）年二九歳のときに、蓮生の紹介で法然の門下となり、在室二年足らずで帰国しているが、おそらく「一百四十五箇条問答」と同じ時期に「十二問答」が作成されたのであろう。禅勝房に対する法然の法語は、わずかな期間ではあるが、三二話を数えている。その内容は、孫のような禅勝房に語る晩年の円熟した法然の慈しみ深い眼差しがあってか、聞く人の心に沁みる法語として、さまざまな写本刊本で今日まで伝承されている。

「十二問答」は、『和語灯録』四に所収され、その内容は、①浄土宗を立てる、②法華・真言などを雑行とする、③結縁助成、④九品の差別、⑤持戒・破戒、⑥高声念仏、⑦念仏の相続、⑧『往生礼讃』と『観経疏』の深心、⑨本願の一念が尋常にも臨終にも通じる、⑩自力と他力、⑪三心具足、⑫臨終の一念、などにわたっている。

さて、この問答の念仏相続について考えてみると、「一百四十五箇条問答」では、「かすをさため候はねは、懈怠になり候へは、かすをさためたるかよき事」といって、いわゆる「善導ノ釈ニヨラハ、一萬已上ハ相続ニテアルヘシ」と答えて終わるところであるが、禅勝房の問答では、その後に「タタシ」書きが加わって、「ココロサシタニモフカケレハ、自然ニ相続ハセラルル事ナリ」と結んでいる。これは法然の身近にいる禅勝房ならばこそ、目の前の個人に対して人の心根に適った答えが可能であったと考えられる。しかし、不特定多数の人に対しては、彼らの心根が同じでないから、解釈も千差万別になることを恐れて、個人の志に任せておくことはできないのである。同じ事柄でも、時と場所や聞く人によって、答える内容を峻別しているところをみると、やはり法然は智慧第一といわれる所以を十分に持ち合わせた稀に見る聖であるといえる。

「一百四十五箇条問答」からわかることがもう一点ある。それは法然が大勢の前で説法することがなかったということである。法然は、僧尼令第五条の「寺院に在るに非ずして、別に道場を立て、衆を聚めて教化」することがないように十分注意して、病弱の身を顧みることなく、草庵を訪れる人それぞれに対機説法していたと考えられる。それがために、質問者を代表して「一百四十五箇条問答」が作成されたと思われる。今日残されている手紙や問答などの消息文は、法然から個別に聴聞した消息の内容を個々に整理したものであろう。

法然の対機説法の特徴として、一つの用語に対して反対の意味を唱えていることがよくある。例えば、「一百四十五箇条問答」の八三番目に、

一。ねてもさめても、口あらはて念仏申候はんは、いか、候へき。答。くるしからす。

〈訳〉

寝ても覚めても、口を洗わないで念仏するのは、いかがなものでしょうか。答。洗わなくても差し支えない。

という。念仏する際に口を洗わないでもよろしいでしょうか、といった趣旨の質問をしたのである。口を洗うとは、身体を清浄にすることであり、我が身の穢れを祓（はら）うのが目的である。ところが、法然の答えは、「くるしからず」と言い、口を洗うことよりも念仏することが大事だと教えている。一方で、法然は『昭法全』「七箇条の起請文」の四番目（別時念仏）において、

道場をもひきつくろひ、花香をもまいらせん事、ことにちからのたへむにしたかひてかさりまいらせて、わか身もことにきよめて道場にいりて、あるいは三時、あるいは六時なんとに念仏すへし。

〈訳〉

道場の体裁を整え、花や香を備えるのに、精一杯に飾り付け、特に我が身も清めて道場に入り、昼間や夕方に念仏すべきである。

と述べている。念仏するにあたって、道場を浄めてできる限り最上の花や香を用意し、ことに我が身を浄めるように説いている。

このように、身を清める必要なしと言ったり、身を清めよと指示するあたりは、時と場所によって教えがまるで正反対になっているが、ここには法然が、相手にとって念仏しやすい方法を選んでいることが分かる。口を洗う必要がないといっている相手は、おそらく、生活や労

働に明け暮れている人であろうし、生まれつきの怠け者なのかもしれない。このような人は、我が身を清浄に整えて念仏せよと言われても、時間がないため、あるいは物ぐさのあまり、結果的には念仏そのものを放棄することになるであろう。大事なことは、念仏することであって、口を洗って身を清めることではないのである。だからこそ「くるしからず」と答えたのであろう。一方、厳格に精進潔斎をするように勧める相手は、経済的にも時間的にも余裕のある人であり、自ら潔斎することによって、念仏が一段と尊いものと感じられて、念仏の持続がしやすい人の場合であろう。

いずれにしても、念仏が最優先されなければならないのなら、その方法は、人によって、境遇によって異なるため、念仏を重視する法然にとっては、画一的な説法は無益な行為なのである。法然だけではなく、釈尊以来の仏教が、教えを求める人の状況に応じて、個別に説いてきたのが対機説法なのである。現代的な発想に基づく画一的な教えは、情報交換が可能であるにしても、人々の心底に届くことがない。各人の機微に応じた教えであってはじめて、現実の暮らしの中で生きる支えとなる。法然はその教えを身をもって実践し続けた人であると。といっても過言ではない。

「一百四十五箇条問答」が『選択集』の撰述後、三年にして著されたことを考えると、法然の懐く『選択集』撰述の反省の思いが、この問答集の陰に隠れている。通憲流の教えは『選択集』にあるのではなく、この問答集にあるとばかり、問者をして言わしめているようである。

四．法然の決断

法然が自ら積極的に弟子を求めたという形跡はないが、「大原問答」以降、何処からともなく法然を慕って草庵を訪れ、中には門人となったり、法話を聞くだけであったり、悩み事を相談したり、など様々な目的をもった人々で賑わいを増していった。集まった人々の中には、法然の教えに信順する人ばかりではなく、法然の意志を無視して勝手気ままに過激な行動を起こす者が出現してもおかしくはない。そのような過激行動に邁進していたのが、法然の弟子と名乗って「六時礼讃」や「一念義」を説く過激分子の輩であった。

過激分子の行動は、僧尼令を破戒する行為として南都北嶺の衆徒が知るところとなり、彼らの動きが念仏弾圧というかたちで新興教団の下に降りかかるのは目に見えている。衆徒の不穏な動きを逸早く知った法然は、弾圧の対象とされる門人の行く末を案じて、彼らを洛中から疎開させるとともに通憲流の教義を守るためにも、主力となる門人たちを離京させる方法を画策していた。特に、建仁三（一二〇三）年に、天台座主が慈円から実全を経て真性に代わってからは、衆徒の動きが活発化し、法然の決断も急を要する事態にまで進んでいた。

法然は、山門の訴えに対して『七箇条起請文』を作成する前後の慌ただしい時期に、『選択集』の附属や洛中で活躍している門人たちを選んで、通憲流の教義とこれを相続する人材を後世に残すための行動を起こしている。

四・一・選択集の附属と漏洩

『選択集』は、兼実や法然によって門外不出を宣せられたのであるが、住信著になる仏教説話集の『私聚百因縁集』巻七には、法然が直接門下に附属したことを以下のように記している。

> 門下に幸西聖光隆寛證空長西これ有り。門徒数千万、上足は此の五人也。その外一人有り。選択集を付す。

〈訳〉

法然門下に幸西、聖光、隆寛、證空、長西などがいた。門徒は数千万人であるが、高弟はこの五人である。その他に一人いたが、彼らに『選択集』が譲り与えられた。

この文章から法然が、自ら『選択集』を附属したのは、成覚房幸西（一念義の元祖）、聖光房弁長（鎮西義の元祖）、隆寛（多念義の元祖）、善慧房證空（西山義の元祖）、覚明房長西（諸行本願義の元祖）の五人の高弟と「外一人」であったことがわかる。

『始聚百因縁集』で「外一人」が明らかにされていないが、親鸞著『顕浄土真実教行証文類（教行信証）』（後序）に、

> 元久乙丑の歳、恩恕を蒙りて選択を書しき。同じき年の初夏中旬第四日に、選択本願念仏集の内題の字、並に南無阿弥陀仏　往生之業念仏為本と、

釈綽空の字と、空（源空）の真筆をもって、これを書かしめたまいき。同じき日、空の真影申預りて図画し奉る。

〈訳〉

元久二年に許しを得て『選択集』を書写した。同年四月十四日に「選択本願念仏集」の題名および「南無阿弥陀仏往生之業念仏為本」と「釈綽空」の字を源空の直筆で書いていただいた。同じ日、源空の肖像を請われたので描いて差し上げた。

と記していることから、『選択集』が親鸞に付属されていたことがわかる。「元久乙丑の歳」は、元久二（一二〇五）年にあたり、「初夏中旬第四日」は四月十四日のことである。

附属の年代については、何れも『七箇条起請文』が発行される前後の年であって、一一九八年春に聖光房弁長、一二〇三年に幸西、一二〇四年三月十四日に隆寛、一二〇五年に親鸞となっている。このことから、彼らへの附属は在籍年数に関係なく、法然の成行きに任せた意向によって無作為に行なわれていたようである。例えば、弁長は入門から二年足らず。幸西は入門から六年。親鸞は入門から四年の歳月を要している。ちなみに、幸西は物部氏、弁長は古川則茂、隆寛は藤原資隆（すけたか）、證空は源親季、長西は藤原国明、親鸞は藤原有範（ありのり）をそれぞれ父としていることから、附属の対象は通憲流を対象にしていないことがわかる。

最も早くに附属された弁長については、『昭法全』（聖光房に示されける御詞）の中に、

われ月輪殿の請によりて撰所也。汝は法器の仁也。此書（選択集）をうつして末代に廣むべし。

〈訳〉

私は九条兼実公の仰せによって撰述した。汝は法を継ぐに値する人物である。この書（選択集）を書写して後世に広めるように。

と、法然直々の言葉に従ったことが記されている。この文章には「月輪の殿下教命によりて選択集一巻を作、ふかく秘すべきよし仰を蒙りて流布するにあたはす、世にきこゆる事あれともうつす人なし、いまた披露に及は

すといへとも、汝は法器の仁也。伝持にたへたり、はやく此書（選択集）をうつして末代に廣むべし」という、注釈文が付加されている。

弁長は自らの『徹選択本願念仏集』に、法然の信頼に足る門人として、『選択集』を附属された喜びを述べている。

上人、又告げて言く、我が所造の書あり、いわゆる選択本願念仏集これなり。此の書をもって秘かに汝に伝えんと欲す（中略）已に此の集を造り畢て、もって殿下（兼実）に進ず。殿下、上人に告て言く、今此の書は浄土宗の奥義なり。上人在世の時、禅室草庵より披露せしむること勿れ。大師入滅の後、博陸槐門（関白・大臣）よりこれを弘通すべし。源空、此の炳誡を蒙ると雖も露命定め難く、今日死せんも知れず、明日死せんも知れず。故に此の書をもって汝に付属す。外聞に及ぶこと勿れ、と。ここに、弟子某甲、低頭挙手し合掌恭敬して、跪（ひざまず）いてもってこれを賜わりおわんぬ。歓喜身に余り、随喜心に留まる。伏して、以れば報じ難く、仰いで以れば謝し難し。ただ、義理を口決に伝うるのみにならず、また造書を眼前に授けらる。

〈訳〉

法然が「私が所持している『選択本願念仏集』という書物がある。この書物を密かに汝に伝えたい」と告げられた。（中略）既にこの書を作り終わって、九条兼実殿下に進呈した。殿下は上人に「この書は浄土宗の極意である。法然が生きている間は関係者以外に披露してはならない。法然の死後に関白・大臣の手によって広めるべし」と告げられた。法然は「この明らかな誡めを賜ったにもかかわらず、自身のはかない命は測りがたく、今日死ぬかもしれない、明日死ぬかもしれない。だからこの書を汝に譲り与える。他言してはならない」と仰せられた。弟子である私は、跪いて頭を垂れ手を捧げて合掌恭敬して、この書を賜った。身に過ぎる喜びを感じ、御厚意に対する感謝の心は消えることがない。思えば、御恩に酬いがたく、お礼のしようもない。ただ、教えを口述するだけでなく、著書を手渡しで与えられた。

中略は、『選択集』の後述が引用された部分である。ここでは兼実が、自身の指示によって通憲流の教えとは異なった教義にまとめられた『選択集』が、後述に記載されたように破法の輩に知れわたって、法然に迷惑をかけてはいけないとの責任を感じてか、法然の生きている間は草庵から持ち出してはならないといっている。それにも関わらず、先を急ぐかのようにして、『選択集』撰述直後に、浄土宗義を体現し、智恵才覚に勝れ、最も信頼のおける弁長に附属したのである。法然は『選択集』撰述の前後から病魔を抱えて、明日をも知れない命を考えると、自身が生きているうちに門人に附属しておかないと不安で仕方なかったのであろう。ここでの附属に関係する文章は『昭法全』（聖光房に示されける御詞）の内容と変わるところがないものの、兼実から門外不出と約束された『選択集』を「あなただけに」と、法然から直々に手渡された時の弁長の感涙に余る感激とともに、法然に寄せる門人の一方ならぬ思い入れが赤裸々に綴られている。

隆寛への附属については『明義進行集』第三（長楽寺律師隆寛）に、

> 元久元年三月十四日、コマツドノノ御堂ノウシロニシテ、上人フトコロヨリ選択集ヲ取出シテ、ヒソカニサズケ給ウコトバニイワク、コノ書ニノスル処ノ要文等ハ、善導和尚ノ浄土宗ヲタテタマエル肝心ナリ。ハヤク書写シテ披読ヲウベシ。モシ不審アラバタズネ給エト。タダシ源空ガ存生ノ間ハ披露アルベカラズ。死後ノ流行ハナンノコトカアラント、コレヲモテカエリテ、隆寛ミズカラフデヲソム。イソギ功ヲオエンガタメニ、三ツニヒキワケテ尊性・昇蓮ニ助筆セサセテ、オナジキ廿六日ニ書写シオワッテ、本ヲバ返書シテ、シズカニ披読スルニ、不審アレバ、カナラズ上人ノ許ニ参ジテヒラキキ。然レバマサシク選択集ヲ付属セラレタルモノハ隆寛ナリ。

〈訳〉

元久元（一二〇四）年三月十四日に兼実公の屋敷の裏で、上人が懐から『選択集』を取り出して、密かに与えて「この書に載せた大切な文章などは、善導が浄土宗を立てた肝要である。早く書写してこれを抜き読むこと。もし分からないことがあれば、私に聞けばよい。但し、源空が生きている間は口外してはならない。死後に流れ出ることは致し方がない」と言われた。この書をもって帰り、隆寛自らが筆を執った。急いで書き終えるために三つに分けて、尊性、昇蓮にも手伝わせて、その月の二六日に書写し終わった。書を返却して静かに披き読むうちに分からないところは必ず上人の傍に行って聞いた。したがって、まことに『選択集』を譲り与えられた者は隆寛である。

と、隆寛が法然から『選択集』の附属が許されて書写に至るまで、事細かに記されている。

ちなみに、明禅は信空から「上人所造の選択集を送られた」と聞いていたが、法然と黒谷時代からの法兄弟であった信空は、最も早く法然の許しを得て書写したのであろう。そのことが明禅の言葉として『行状絵図』第四一に以下のように記されている。

　上人の弟子法蓮房に謁して、念仏の法門を談ず。上人所造の選択集を送られけるを、披見の、ち浄土の宗義を得、称名の功能をしる。信仰のあまり改悔の心をおこし、選択集一本を写とゞめて、双紙の袖に「源空上人の選択集は、末代念仏行者の目足なり」と書付けられ。

〈訳〉

上人の弟子の法蓮房信空に面会して、念仏の教えについて話し合った。信空は上人の撰述された『選択集』が送られて来たので、披いて見た後は、浄土の教義を理解し、称名念仏の有難さを知った。これを信じ尊ぶあまり、過去を悔い改める心を起こし、『選択集』一冊を写して手元に置き、その表紙の端に「源空上人の選択集は、末世における念仏行者の指針とも要ともなるものである」と書き付けられた。

また、源智は、法然が女人と話しているのを、障子の外で聞き及んだこととして、『行状絵図』第四五に、以下のように記している。

　源空が所存は選択集にのせ侍り、これにたがはず申さんものぞ、源空が義をつたえるにて侍べき。

〈訳〉

私の考えは『選択集』に載せています。この本の内容を異なることなく説く者こそが、私の教えを伝えていることになる。

法然は、自分の考えはこの書に記されているので、この内容を理解して人々に説明できる者こそ、法然の教義を継承するに値する人である、というように、『選択集』が免許皆伝の書であることを宣言している。

法然のもとで、『選択集』の筆写につとめた證空も『選択密要決』を執筆し、法然晩年の弟子長西も『選択本願念仏集名体決』を書いているので、彼も披見を許され、手もとにおいて研鑽につとめていたようである。このことは、長西の講義に列したことのある凝然もその著『浄土法門源流章』に記している。

法然が、兼実の命に違背して、『選択集』を門人に附属したのは、自身の体調が思わしくなかったことに加えて、浄土の法門を途切れさせることなく後世に残して置くという意図があったのであろう。人選には「無観称名義」を窮め、学僧として知識が深く信頼できる門人が厳選されたものと思われる。初期段階の附属は、法然の意志が働いていたようであるが、付属の噂が門人たちに広まるにつれて、門人の個人的な要求に従うかのように、奔放に附属に応じている。これというのも、法然は『選択集』の撰述時に病魔に襲われ、それから五年ほど経過した元久二（一二〇五）年八月頃に再度病魔に襲われ、さらに念仏停止と新興教団に対する弾圧が日増しに激しくなってきたことから、主だった門人に対する免許皆伝のための書状として、不本意ではあるが一通りのまとまりをみせた『選択集』を逸早く附属して、通憲流の教義を間違いなく全国に広めたいとの意志が働いたものと思われる。

『選択集』が世に出回れば、これを読む人の意志や判断によって様々な解釈がなされ、法然の教えを無視するかのように独り歩きして、大きな混乱を招く恐れがある。法然は混乱を予測してか、『選択集』の末尾に「破法の人をして、悪道に堕せ」しめることを恐れて、「壁の底に埋めて窓の前に遺すことなかれ」と注意していた。しかし、法然が禁断の書とする『選択集』を「ここだけの話」とばかり、自身でその掟を破却して門人に書写させている。その限りでは、書写した側も同じ行動に出るのは至極当然のことで、一旦箍が外れると瞬く間に巷に広がっていった。印刷技術が未発達の時代であったから、知識の伝達手段は書写に頼るしかなく、心ある人はむさぼるようにして書写された『選択集』を求め、読み漁ったであろう。

このように、『選択集』が撰述されるや否や、法然から門人へ、門人から一般人へと、法然の意志を無視したかのように、否、法然の予想通りに流布した結果、書写を許された人が秘密にすればするほど人々の興味をそそることになった。また、当時の聖の長という法然の立場をもってすれば、弟子が師匠からの秘法を伝授されて保持しているという、法然のもっとも嫌う憍慢の材料にされていたことがうかがえる。特に、附属される人の数が増えるに連れて、『選択集』の書写だけではなく、親鸞のように直筆や真影を求めて、我こそが法然の門流を継ぐものであると吹聴する輩が増加していったようである。

その結果、『選択集』の説く教義の内容よりも、兼実という権力者と法然という新興教団の長によるお墨付きが重視されるようになり、『選択集』をもつ人の権威づけのために利用されるようになったことは容易に察しがつく。附属された人々が、それぞれの流派を後世に残しているのは、そのことを裏づけている。このことこそ、まさに法然のみならず通憲流の最も嫌う行為なのである。

『選択集』が一般に流布したことを裏づける書物の一つが、前述した明恵著『摧邪輪』である。この書は、『選択集』が兼実や法然の遺言通り、建暦二（一二一二）年九月八日に版行されて間もなく、同年十一月二三日に刊行された。その巻上で明恵が、

「二百一十億の仏刹は、浄穢に通ずべきなり。しかるに惣標するところの浄の一字は、我これを置かず、展転書写の誤とすべし」といはば、我汝が集を撿するに、数本皆この字あり。明らかに知りぬ、もし浄の字なきの本あらば、是れ伝写落脱の過とすべきなり。

〈訳〉

「二百十億の仏国土は、浄土と穢土の両方を意味している。しかし、『選択集』の相対的な説き方をした箇所の『二百十億の仏の浄土』とある文の中の「浄」の一字は自分で書き加えたのではなく、『選択集』を次々に書写してきた際に写し誤ったものであろう」というならば、私が汝の『選択集』を調べた結果、数種類の本にみなこの「浄」の一字があった。もしも「浄」の字のない本があれば、それは、逆に転写の際に誤って落としたことは明白である。

と述べているように、明恵は一冊の写本では法然の真意を測ることができずに、何冊もの写本を集めては、慎重に整合性を確認する作業を続け、写本それぞれの内容に変わりのないことを確認している。明恵が『選択集』の写本「数本」を集めて検討を加えているところを見ると、『選択集』は弟子に附属された頃から、法然が勝尾寺に住まいして都を不在にしていた時期を含めて、版行されるまでの間に、既に相当数の書写本が一般に出回っていたことがわかる。

ここでの議論は、経典で説くところの仏の国土が浄土と穢土の両方を指し示しているのに対し、『選択集』では浄土のみが仏国土であると限定していることを明らかにしたもので、穢土を仏国土ではないとする『選択集』の教えは、仏教に反するというものである。

『選択集』の附属以外にも漏洩という暴挙に及んだのが安楽である。性心（生没年不詳）の『授手印決答見聞』によると、安楽が鎌倉に下向した際に、道遍や金光房を前にして「撰択集を以て諸人を教化」したが、その結果、正治二（一二〇〇）年に道遍や金光房が法然門下に入ったという。『選択集』撰述の一翼を担った安楽は、いち早く『選択集』を手に入れることができたのであろう。それをもって全国で布教活動を実施したため、兼実や法然の失望は如何ばかりか、思うに察しが付くというものである。『選択集』の漏洩と専修念仏興行という安楽の行為が、この後、法然を含む新興教団に致命的な影響を与えることになる。

このようにして『選択集』が附属され、世間に漏洩していった結果、兼実や法然を含む新興教団、あるいは朝廷や貴族、既成教団を巻き込んでの揉め事が生じることになる。それぞれの立場で解決するための最良の方策を講じても、各立場の行動にすれ違いによる齟齬が生じ、解決の糸口をつかむことができないまま、仏教史に残る重大な分岐点を刻むことになる。しかし、この時点ではそれぞれの考えが独立して計画されているだけで、まだ相互に関係する行動をとるまでには至っていない。

四．二．門人の離京

法然が「無観称名義」を後世に残す手段としては、『選択集』以外にも人材を考慮に入れなければならない。法然は都の衆徒による弾圧を逃れて門人を離京させるために、弾圧の標的になりそうな識者を選んでいる。識者とは、山門の裏切り者とみなされる門人や個性豊かな門人で、聖光房弁長や蓮生のように、帰る所のある者は故郷に還し、洛中在住を希望する者や近隣の出身者などは自由にさせておくという、選択条件の下で離京する者が決められたようである。そこには、仮に都の新興教団が壊滅しても、地方に残った無観称名の種が、密かに花を咲かせ続けるであろうという法然の考えがあった。いわば、門人の離京は、南都北嶺の弾圧の厳しさを重々知り尽くした上での作戦であったといえる。法然は、短時間の内に静かに黙々と離京作戦を実行していった。

『選択集』が撰述された前後期に、新興教団内部でも「無観称名義」を誤解あるいは曲解する人々、あるいは徒党を組んだ過激分子が、巷に横行するなどの悩み事が少なくなかった。このことから、没後の諍論を懸念した法然は、密に建久九（一一九八）年に『没後起請文』を起草していた。

普く予が遺弟等に告ぐ。予が没後各別住す宜く、一所に共居はなすべからず。共居は和合に似たりと雖も、而して又恐くは闘諍を起す。如からずば静処に閑居して、独り念仏を行ぜんには。又予が為に追福を修とも、亦一所に衆居して諍論を致し忿怒を起す莫れ。

〈訳〉

私の没後に残った門弟に告げる。我の没後は各々住まいを別にし、一か所に共同住まいしてはならない。共同住まいは協調しているようにみえるが、必ず論争が生じる。これを避けるために、静かな所で世事を離れてのんびりして、一人で念仏を称えるに越したことはない。我ために追善供養するにも、一か所に集まって論争したり憤り怒ってはならない。

この起請文は、一ケ所に集会・群居することや図仏・写経・浴室・布施等の余行による法然の追善を禁止し、もし報恩の志がある者はただ一向に念仏を修するように勧める。門弟が一ケ所に集まらずに、念仏を伝道し、報恩の道を歩みなさい、との教誡であるが、多くの門人が誡めを護る一方で、諍論の止むことはなかった。したがって、念仏に対する弾圧や新興教団内の不和合に対処するためにも、門人を離京させることが必須条件となったのである。

『行状絵図』には、多くの門人の消息が記載されているが、弾圧が激しくなったこの時期に、離京していったことが確認できる門人は、智明（『行状絵図』第二六）、蓮生（『行状絵図』第二七）、禅勝房（『行状絵図』第四五）、聖光房（『行状絵図』第四六）などである。他にも新しく発見された正行房（しょうぎょうぼう）に関連する消息文から、離散した門人たちの心の動きを見て取ることができる。

ここでは、『行状絵図』の中から離京に関係した消息を選び出して、離京の原因とその後の行動を追い求めることにする。

四．二．一．聖光房弁長

聖光房弁長については、『行状絵図』第四六から年代別に行状を拾い上げてみる。

鎮西の聖光房弁長（又弁阿と号す）は、筑前国加月庄の人なり、生年十四歳より、天台宗を学す。廿二歳寿永二年の春、延暦寺にのぼりて、東塔南谷観叡法橋の室にいる。（中略）廿九歳、建久元年に故郷にかへりて、一寺（油山）の学頭に補す。三十二のとし、世間の無常をさとりて、無上道心をおこし、今生の名利をすて丶、身ののちの資糧をもとむ。建久八年吉水の禅室に参ず。時に上人六十五、弁阿三十六なり。（中略）同年八月に上人の厳命をうけて、余州に下て念仏をす丶む。その化にしたがふものかずをしらず。また建久十年二月に帰洛して上人に奉仕す。（中略）ついに学なり功をへて、元久元年八月上旬、吉水の禅室を辞して、鎮西の旧里にかへり、浄土一宗を興する。

〈訳〉

鎮西（九州）にいた聖光房弁長（また弁阿とも号す）は、筑前国香月荘の生まれである。十四歳の時から天台宗を学んだ。二二歳になった寿永二（一一八三）年の春に、延暦寺に登り、東塔南谷の観叡法橋のもとに入室した。（中略）二九歳になった建久元（一一九〇）年故郷の筑前国に帰り、一寺（油山）の学頭に任命された。三二歳の年、世のはかなさを知り、この上なく堅固な道心を起こし、現世の名誉や利得を捨てて、死後の身を救ってくれる心の拠り所を求めた。そこで建久八（一一九七）年、法然上人がおられた京都東山の吉水の庵室に参上した。その時上人は六五歳、聖光房は三六歳であった。（中略）聖光房は建久九年八月に、上人の厳命を受けて伊予国（現、愛媛県）に赴き、人々に念仏を勧めた。その教化に従うものは、数えきれないほどであった。また建久十（一一九九）年二月には京都に帰り、再び上人に仕えた。（中略）聖光房は、ついに学問が成就して、元久元（一二〇四）年の八月上旬に、吉水の庵室を辞去して鎮西の故郷に帰り、浄土宗を盛んにさせた。

弁長は、筑前国香月（かつき）（現、福岡県北九州市八幡西区）で、古川則茂を父として応保二（一一六二）年五月六日に生まれ、暦仁（りゃくにん）元（一二三八）年二月二九日に歿している。彼は仁安三（一一六八）年に出家して、安元元（一一七五）年に十三歳で観世音寺の戒壇で受戒して天台系の僧となった。寿永二（一一八三）年には比叡山に登って観叡に師事し、後に証真に師事した。建久元（一一九〇）年に故郷に帰ると油山の学頭になったが、建久四（一一九三）年に異母弟である三明房の死に臨んで無常を感じ、浄土教に強く引かれるようになった。建久八（一一九七）年には明星寺の五重塔建設に際して、寺で安置する本尊を注文するために上洛するが、そこで無観称名を説く法然を訪ねて、その日のうちに入門してしまう。その時の弁長の覚悟は、鎮西（九州）の仏教界と訣別し、新しく法然の許で生きるということであった。建久九年の春には、早くも『選択集』を付属され、同年八月に法然の命で伊予国（愛媛県）に勧化に行くが、翌建久十（一一九九）年二月には再び法然のもとで無観称名を学び、六年間修学して、元久元（一二〇四）年八月に四二歳で、法然から離京を告げられる。

弘安一〇（一二八七）年に道光によって撰述された『聖光上人伝』によると、離京後の弁長は、すぐさま鎮西に帰らず、まず法然の故郷である作州（現、岡山県）に寄り、ついで出雲大社に参詣し、石見（いわみ）（現、島根県西部）に入っている。その後、上野の円応寺を訪ねて暫く滞在してから鎮西に帰った。帰国するまでの弁長は、鎮西までの旅程で諸国を漫遊するかのような行動が見られ、既に訣別した鎮西仏教界には帰りたくないという意思が働いているように思われる。

『行状絵図』巻四六には、弁長の常の言葉が紹介されている。

つねの述懐には、「人ごとに閑居の所をば、高野・

粉河と申あへども、我身にはあか月のねざめのとこにしかずとぞおもふ」と。

〈訳〉

「どの人も遁世の場所として高野山や粉河寺がよいと申し合わせたようにいうが、私の身には、夜明けの寝覚めの床に勝るものはないと思う」と、いつも述懐されていた。

ここにも聖道門のように寺院や山門などの決められた場所に集まって修行するというよりも、雑多な世間にまみれて、普通の人間として庶民とともに寝覚めることが、心の落ち着く所為であるという。

同じく、弁長著『念仏往生修行門』では、本来の法然の教えは単純であるはずが、曲解されたり偽ったりして巷に広がっているのを嘆いている。ここでは弁長が法然から授かった言葉として、

詮ずるところ、此念仏は決定往生の行なりと信をとりぬれば、自然に三心は具足して往生するぞと、やすやすと仰られ侍しなり。もしこれならぬことをならいたりといひ、仰られぬことを仰られたりと申侍らば、三世の諸仏・十方の菩薩、ことにはたのみたてまつる所の尺迦・弥陀・観音・勢至、善導聖霊、念仏守護の梵天、帝尺等の御あわれみなくして現世・後世かなはぬ身となり侍らむ。

〈訳〉

つまるところ、この念仏は必ず往生するための行であると信じ切っておれば、自然と三心が備わって往生できるのであると、いとも簡単におっしゃった。もし上人から教わらないことを教わったと言い、仰らないことを仰ったと言ったならば、過去・現在・未来の三世の諸仏や十方世界の菩薩、とりわけ頼みにしている釈迦・弥陀・観音・勢至の仏、菩薩、善導大師の御霊、念仏守護の梵天・帝釈天等の憐れみをいただくことなく、現世・後世ともに願いが叶わない身となるであろう。

と述べている。ここでの法然は、念仏による往生を信じることで、自然に三心が備わって往生が実現するから、他のことに気を配る必要はないという。三心とは至誠心、深心、廻向発願心のことで、この中の至誠心とは、心より往生したいという心で念仏することである。深心とは、

この自分は罪悪を積み重ね、生死輪廻の世界をさまよっている凡夫であるが、そのような凡夫でも阿弥陀仏の本願の恩恵によって、必ず救われると固く信じることである。廻向発願心とは、その念仏はただひたすら極楽へ参るための念仏であるという思いのことである。

しかし、巷には自説を法然の言葉として広めたり、法然の言ってもいない文言を法然の言葉として吹聴したりする『沙石集』に出てくるような輩が充満していたのであろう。彼らの行動に批判的な弁長が、法然の意に反する行為は往生の妨げになると、忠告しているのである。弁長の言動は、法然の行為からみると、真理を付いているとはいえ、意志を貫くという面では過激なところがある。また、二二歳から二九歳までの八年間、比叡山で生活し、そこを飛び出して法然の庵室に駆け込んだことから、弁長自身に向けられた山門の弾圧は予断を許さない状況にあった。しかし、法然から改めて離京を告げられると、法然との真実の同信生活を望んでいた弁長は、愕然たる思いを抱いたことであろう。

弁長が離京した二ケ月後の十月、山門の衆徒は蜂起して、専修念仏の停止を天台座主に訴え出ることになる。弁長は恐らく旅先で、この報せを聞き、改めて離京が止むを得ない措置であったと頷かざるを得なかった。山門で俊才の誉れの高かった弁長が、選りに選って法然教団に走ったことから、叡山が事を起こせば、真っ先に弾圧の標的になるのは弁長であろうことは目に見えていた。法然の予測は不幸にも的中したのである。

法然の没後に京都の門弟の間の異義紛々たる状況を嘆いた弁長は、自ら正当意識を強めて『末代念仏授手印』を選述し、北九州に多くの念仏道場を建立し、良忠ら門下を育てた。著作には『徹選択本願念仏集』、『浄土宗要集』、『臨終用心鈔』などがある。

四．二．二．禅勝房

禅勝房は、承安四（一一七四）年に生まれ、正嘉二（一二五八）年十月四日に没している。遠江国（現、静岡県周智郡森町）の蓮華寺で天台宗を学んだことから、山門の標的にされる恐れは十分にあった。彼は建仁二（一二〇二）年二九歳の時に、蓮生（熊谷直実）を訪ね、その紹介で法然の室に入ってから、二年足らずの元久元（一二〇四）年の春に離京したと思われる。遠江国に帰郷してからは専ら番匠（大工）をしながら、仕事三昧の生活の中で密かに念仏の道に励んだといわれている。その後、「嘉禄の法難」で流罪になった隆寛と国府見付（現、静岡県磐田市）で再会を果たしたことで、専修念仏の高僧だという評判が周囲に広がり、以後善知識として化他行にも励み、宝治三（一二四九）年に蓮華寺七二代住持となった。

『行状絵図』巻四五から、禅勝房の消息をうかがうことにする。

上人の下座を辞し、下向の暇を申ける時、上人京づとせんとて、「聖道門の修行は智恵をきわめて生死をはなれ、浄土門の修行は愚痴にかへりて極楽にむまると心得べし」とぞ仰られける。

〈訳〉

法然上人の膝元を辞去し、故郷（遠江国）に帰る挨拶をしたとき、上人は京土産として、「聖道門の修行は知恵を極めて迷いの世界を離れ、浄土門の修行は愚か者に立ち戻って極楽に往生することだと心得なさい」と仰った。

法然は禅勝房の離京土産として、聖道と浄土の修行の違いを述べ、愚か者であってはじめて往生できるものと心得よと諭している。法然の心根を十分に心得ている禅勝房であればこそ、離京後もその心根を貫いて生活してほしいとの思いがあったものと思われる。法然の期待通り、遠江国に帰郷した禅勝房は、俗人の大工職人を経て再度僧に返り咲いた時も、常に以下の言葉を自他ともに言い聞かせていたことが記されている。

このひじりの申されけるは、「浄土宗の学問の所詮は、往生極楽はやすき事と心得るまでが大事なる也。やすしと心得つれば、やすかるべき事也。しかるに近代の學生の異義まちまちなるは、聖教甚深なれば邪正弁がたし。但上人の仰には、さしもの事はなかりき」とぞの給ける。

〈訳〉

この聖（禅勝房）は、「浄土宗の学問は、結局、往生極楽は容易なことだと心得るまでが重要である。容易だと心得れば、悩みもなくなるのは当然である。ところが最近の学者は色々と異なった見解を出しているが、仏の教えは深遠であるため、正否を判断することが難しい。ただ法然上人の仰せには、それほど難しい言葉はなかった」と言われた。

禅勝房は、専修念仏を含めて通常の念仏に様々な議論が生じ、阿弥陀仏の教えや聖意は言うに及ばず、歴代の祖師が唱える教えは、非常に深い意義があるので、議論の邪正を見極めることは難しい。しかし、法然の教えには、このような込み入った話はなかったので、当時の達者といわれる人たちの議論について、禅勝房は相当な嫌悪感を抱いていたようである。禅勝房の言動は、日常の仕事に明け暮れざるを得ない庶民の生活に、念仏を取り入れやすいように噛み砕いたもので、法然の実践している「無観称名義」とよく一致している。彼の問答の内容は、肝心要の内容をしっかりと把握し、無駄な議論に奔走している人たちに対して、常に「念仏しながら仕事せよ」と、念仏中心の生活を推奨している。

四．二．三．法力房蓮生

法力房蓮生（ほうりきぼうれんせい）は、俗名を熊谷次郎直実（なおざね）といい、永治元（一一四一）年に大里郡熊谷郷（現、埼玉県熊谷市）に生まれ、承元元（一二〇七）年に歿している。源頼朝が挙兵した時、最初は平氏に属して頼朝を攻めたが、後になって頼朝に従い戦功を立て、本領の熊谷郷地頭職を認められる。建久三（一一九二）年に伯父久下直光との領地争いの際に、頼朝が下した裁定を不服として、建久四（一一九三）年三月に法然の門下に転じて出家した。出家後まもなく、蓮生は、美作国久米南条稲岡庄の法然生誕地に誕生寺を建立し、建久六（一一九五）年八月十日に京から鎌倉へ下るが、その年に東海道藤枝宿に熊谷山蓮生寺を建立している。

その後、蓮生は都に戻り、建久八（一一九七）年五月に嵯峨に法然寺を建立し、建久九（一一九八）年に西山の粟生に光明寺を開基する。法然の室に投じてから十二年後の元久二（一二〇五）年夏に突然、後事を弟子の幸阿弥陀仏に託して、関東に下向してしまう。下向理由は蓮生の放埓な性格と行動が影響してか、法然の門人離京作戦に適ったものと考えられる。

離京後の蓮生は、庵（後の熊谷寺）で念仏三昧の生活を送り、上品上生して早く仏と成り、この世に再び還り来て有縁無縁の者を問わず救いたいと、阿弥陀仏に誓いを立てて「蓮生誓願状」をしたためた。建永元（一二〇六）年八月、翌年の二月八日に極楽浄土に生まれると予告する高札を武蔵村岡の市に立てたが、予告往生は果たせなかった。しかし、再び高札を立て、建永二（一二〇七）年九月四日に往生したといわれている。

『行状絵図』巻二七には、蓮生の思い込みと気性の激しさから生じる奇行が多く紹介されているが、中でも彼の性格と行動については、

その性たけくして、なを犯人をば、或はむまふねをかづけ、或はほだしをうち、或はしばり、或は筒をかけなど、していましめをきけり。よに心えぬわざにてぞありける。

〈訳〉

その性格が荒々しくて、罪人に飼葉桶をかぶせ、手枷足枷をはめたり、あるいは綱で縛り、あるいは筒という錠をかけて懲罰した。これは誠に合点のゆかないことであった。

と紹介している。当時の検非違使と見紛う蓮生の粗暴な行状は、盗人を捉えて罰するという「無観称名義」にはあるまじき行為であり、決して許されるものではなかった。

また、人々を驚かせた蓮生の予告往生に対しても、法然が戒めの消息文を送っている。

死期しりて往生する人々は、入道殿にかぎらず多候。かやうに耳目おどろかす事は、末代にはよも候はじ。むかしも道綽禅師まかりこそ、おはしませ候へ。返す〻も申ばかりなく候。但何事につけても、仏道には魔事と申事のゆ〻しき、大事にて候也。よくよく御用心候べき也。

〈訳〉

死ぬ時期を知って往生する人々は、蓮生のみならず大勢いるものだ。このように、人の注目を集めて驚かせることは、この末代にはまさかありますまい。昔にも道綽禅師という方がおられた。詳細に述べるほどでもないが、ただ何事においても、仏道には修行の妨げになる忌まわしくも危うい事があります。くれぐれも用心するように。

蓮生の予告往生は、昔道綽が行ったものであるが、それについてとやかく言うことでもないが、念仏禁止が叫

ばれている今の時代では、よほど注意して信仰を表現しないと、そのことが返って修行のあだとなって、純粋な信仰を妨げることがあるので、十分に注意すべきであるという。蓮生は帰郷してもなお法然の離京作戦を理解していなかったようである。

法然が蓮生に離京を命じたという記録はないが、当の蓮生は法然を信順するものの、「無観称名義」に反して、造像起塔などによって自己主張するという、往年の鎌倉武士熊谷直実の心根は修正されることもなかった。何を起こすか分からない蓮生に影響されて、無謀な行動を起こす門人が現れないとも限らない。法然に迷惑の掛かることが目に見えているので、誰かが蓮生を諭して離京を促したのであろう。何事にも一途な蓮生は、門弟の説諭に納得したのであろうか、悩んだ末のやむを得ない離京は、文字通り心ならずの旅であったためか、弁長のように彼方此方と寄り道をしながらの帰国であったという。

四．二．四．智明

智明（ちみょう）については、『行状絵図』第二六から年代別に行状を拾い上げてみる。

上野国の御家人薗田の太郎茂家は、秀郷の将軍九代の孫、薗田の次郎茂基が嫡男なり。武勇の道にたづさはりて、弓馬の芸をたしなみ、射猟を事として、罪悪をほしきまゝにす。爰正治二年の秋大番勤仕のために上洛の時、上人の念仏具通化導さかりにして、貴賤あゆみをはこぶよし伝聞て、宿縁のもよをしけるにや、かの庵室へ参じたりけるに、（中略）常随給仕六ヶ年のゝち、元久二年に本国に下向して、家子郎従廿余人を教導して、おなじく出家せさせて同行として、酒長の御厨小倉の村に庵室をむすぶ。

〈訳〉

上野国（現、群馬県）の御家人薗田太郎茂家は、俵籐太（たわらのとうた）秀郷（ひでさと）将軍九代の子孫である薗田次郎茂基の嫡男である。茂家は武勇に携わり、弓馬の武芸をたしなみ、弓での狩りを得意として罪悪の限りを尽くしていた。さて正治二（一二〇〇）年秋の警護役の務めで上洛した時に、法然上人の念仏が世に普く広まり、人々を盛んに教え導いていたことから、貴賤を問わず上人の下に集まって、教えを受けているという噂を聞いて、前世の因縁が兆したとばかり、上人の庵室を訪ねた。（中略）常に法然上人につき従って、そばにいて用を勤めること六年の後、元久二（一二〇五）年に上野国に下り、一族の武士や家来たち二〇余人を教え導き、自分と同じように出家させて念仏を称える同行者にするとともに、智明は酒長の御厨となっている小倉村に庵室を結んだ。

智明は、俗名を園田茂家（そのだしげいえ）（一一七三〜一二四八）といい、家系は大胡一族の兄筋に当たり、弓馬の武芸に励み、弓で狩りをすることを得意とし、殺生を好むという罪悪の限りを尽くしていた。正治二（一二〇〇）年の秋、大番（殿上人の当直）に付き添って上洛した時に、法然の話を聞いて罪の意識に目覚め、同年十月十一日に二八歳で出家した。六年間法然に随従して、元久二（一二〇五）年に帰国している。彼は園田家の当主であったが、出家の際に領主の地位を弟の俊基に譲っているため、帰国したとしても帰るべき城があるわけではない。その彼が帰るというのは、彼の意にそぐわない離京作戦があったのであろう。智明は帰国しても城に帰ることなく、酒長比女命（すながひめのみこと）に供える神饌（しんせん）を調進する御厨のある小倉村に庵室を構え、念仏の日々を送っていたことから、人々は彼を小倉の上人と崇めたという。

『行状絵図』巻二六には、智明の信仰態度が記されている。

> 具縛の凡夫なりとも、本願をたのみて念仏せば、往生うたがひあるべからざるむね、上人しめし給けるを、ふかく心府におさめて、行住坐臥に念仏をこたる事なし。おほよそ念仏のほか他事をまじへざりけり。念仏せざるものをば、はぢしめいとひければ、かの室にのぞむ道俗尊卑、念仏せぬはなかりけり。（中略）かの山里には鹿おほかりければ、作毛をまたくせむために、かのところの人民等、田畠にかきをしまはしてふせぎけるを、あはれみなげきて、上田三町をつくりたてさせて、鹿田となづけて、鹿のくひものにあてけるにも、田歌をいふ事には、念仏をなん唱させける。

〈訳〉

煩悩に縛られた凡夫であっても、阿弥陀仏の本願に託して念仏すれば必ず往生すると、法然上人に教えられたのを、深く心に受け止め、寝ても起きても念仏を途切らすことがなく、押し並べて念仏以外の事を顧みることはなかった。（智明は）念仏を称えない者に対して、恥ずかしめて拒んだので、その庵室を訪れる僧も俗人も、身分の上下にかかわらず念仏を称えない者はなかった。（中略）その（上野国）山里には、鹿が沢山いたので、農作物が悉く収穫できないことから、そこの住民たちが田畑の周りに囲いを巡らせて、鹿が入らないようにしていたのを見た智明は、憐れみ嘆いて、三町ほどの肥えた田地に作付けし、鹿田と名付けて、鹿の飼料にあてるとともに、田植え歌を唄う時には作業者に念仏を称えさせた。

智明の念仏三昧には定評があり、『行状絵図』には彼の消息が多く載せられている。特に、教化に当たっては、人々が自然に念仏を称えるをのまつというのではなく、志のある者とそうでない者とを峻別したため、自ずから念仏を称える者が集まるようになった。また、農民に田植え歌の代わりに念仏を称えさせているが、後年になっても、上野・下野・上総・下総・常陸・武蔵の諸国では、農夫が口ずさみ、樵が歌うのは念仏であったという。智明の念仏に対する情熱は、人間だけではなく万物に通じていたようで、念仏を行じるという意志を全うするためには、様々な手段を講じる能力は人一倍あった。智明の「無観称名義」を表にひけらかす行為に法然が危機意識を抱いて離京させたものと考えられる。

四．三．正行房への消息

『行状絵図』に記録された離京者の消息は大凡理解できるものの、彼らの心情にまでは触れることができない。ところが、昭和三七（一九六二）年四月二日に奈良の興善寺本尊阿弥陀如来像の胎内から、法然およびその門人から正行房に宛てた書状数通が発見された。その消息紙背には念仏結縁交名が記され、正行房が人々の念仏結縁に尽力していた様子が見て取れる。書状の送り主は、法然、證空、欣西、親蓮らで、離京作戦の対象となった正行房が無事に奈良に到着したのを喜びながらも、少し寂しくなったと書かれている。中には、読み終われば廃棄するように指示されているものもあるが、当時としては入手が困難な紙だけに、廃棄処分を免れて残った消息文の背面を利用して、交名書が作成されたようである。

正行房は、『行状絵図』巻十一によると、法然と兼実の交流に不信感を抱いていたものの、夢の中で両者が前世から知己の関係にあり、現世での付き合いの尋常でないことを知った、という逸話が紹介されているだけで、生没年は不明で奈良の出身であるらしい。彼は法然の足下に住いしていたものの、「建永の法難」の少し前に奈良へ下向し、その地で善導の御堂の建立を意図したり、法然に小袖等種々の品を贈ったり、欣西からは仏像建立の資金援助を依頼されたりしている。このことからして、正行房は南都の有力者で土地をもち、何らかの経済的基盤があったようである。

正行房が離京して後に、法然から遣わされた書状が三通残っている。その一通は、

　御ふみくはしくうけたまはり候ぬ、みちのあひた、ことなくくたりつかせおハしまして候、かへすかへすよろこひ申候、これにはたれも、その、ちへちのことも候ハす、又おハしまさぬに候、おほつかなくおほしめすへからす候、さて御そてたしかにたまはり候ぬ、かへすかへすよろこひ申候、た、いままてハ、へちのこと候…。

〈訳〉

お手紙を詳細に承りました。道中事なく下られたとのこと、心より喜んでおります。こちらではその後、誰も別段変わったことはなく、また帰京できないことについては、不安に思われることはありません。さて小袖たしかに戴きました。重ね重ね嬉しいことです。今までのところ別段これといったこと…。

というように、離京によって法然の力になれないことを悔やむ正行房からの手紙を受け取った法然は、正行房が奈良に無事についたことを喜ぶとともに京都では何ら変わったことがないので、心配しないように伝えている。さらに、弾圧の厳しさから生じる物品の不足を心配した正行房が小袖を送り付けていることもわかる。

二通目も同じような安否を気遣う書状であるが、熊谷直実のことが記されている。

　御ふみくはしくうけたまはり候ぬ、たよりの候はむには、いかてか御ふみ候はぬことハ候へき、さてその、ちた、いま、てハ、へちのことなく候、おほつかなくおほし候へからす候、又くまかへの入道のこと、くはしく申つかはして候、まことに

ありかたく、あさましくおほへ候、八月にはひんの候はむすれハ、それ…。

〈訳〉

お手紙の詳細を承りました。便があるときには、必ずお手紙をしたためるようにしています。さて、その後、今に至るまで、別段変わったことはありません。心配には及びません。また、熊谷入道のことですが、詳しく申しつかわしました。誠に困ったことで、嘆かわしく思います。八月には便がありますので、それ…。

この消息では、法然の周りには変わったことがないとはいうものの、熊谷直実（蓮生）が何か困ったことをしでかして、皆が心配している様子がうかがえる。その困りごととは、『行状絵図』巻二七に記載されている蓮生の「奇行」を指している。例えば、月輪殿（兼実邸）での「さるくせもの」の振る舞い、元久元（一二〇四）年五月十三日および六月二三日の「発願の文、夢の記」、あるいは「不背西方」の行為、「その性たけくして、よに心えぬわざ」、各所での寺院の建立など、蓮生の頑固な性格と奔放で目立った振る舞いが法然を悩まし続けたのである。

文中の「へちのことなく候」という言葉と『行状絵図』から考えると、正行房へのこの消息は、法然の病が小康状態にある、元久元（一二〇四）年初夏の頃であると考えるのが最も自然である。

法然からの三通目の書状は、

つかはして候ものとも、たしかにたまはり候ぬ、御こゝろさし申やるかたなく候、おほつかなくおもひまいらせ候あひた、御ふみくはしくうけたまはり候ぬ、かへすかへすよろこひ申候、さてこのほとは、へちにせうらうのけハさふらはぬに候、おほつかなくおほしめし候へらす候、されハなつすきさふらいて、のほせたまふへく候、又これよりのちに又もしおこり候…

〈訳〉

お送りいただいた品々、確かに拝受しました。お気持ち言葉に尽くせません。案じておりましたところに、詳しいお手紙を承りました。返す返すも嬉しく存じます。さて、このところは病の徴候はございません。ご心配なさいませ

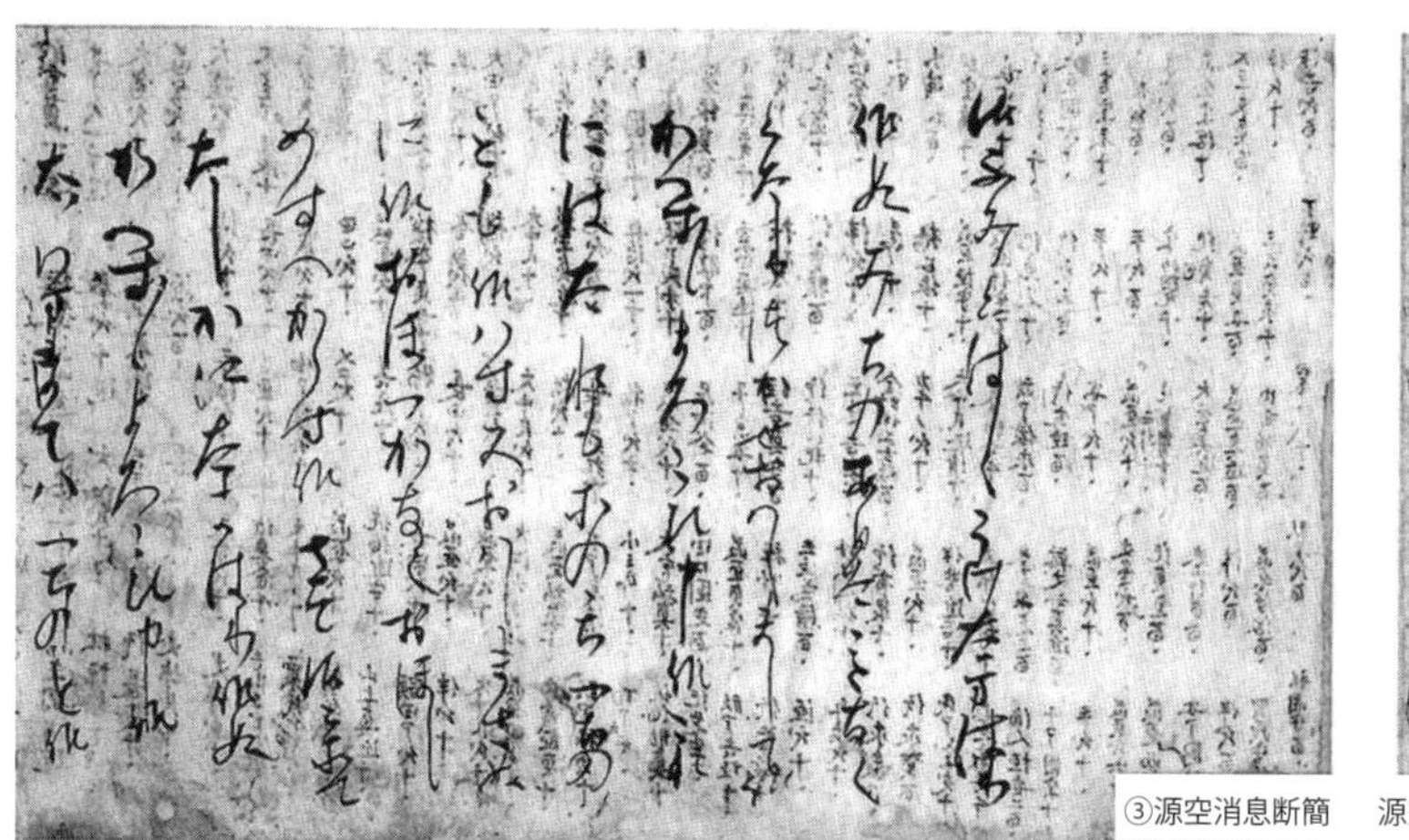
③源空消息断簡

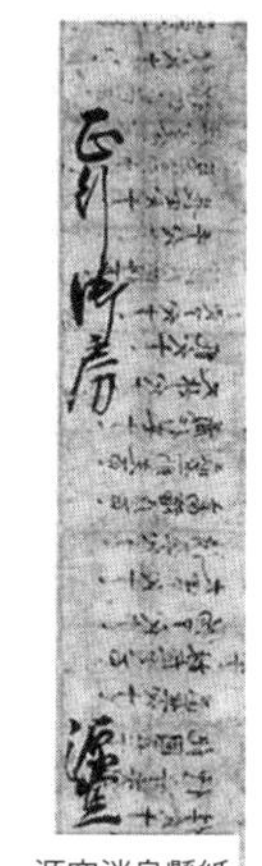
源空消息懸紙

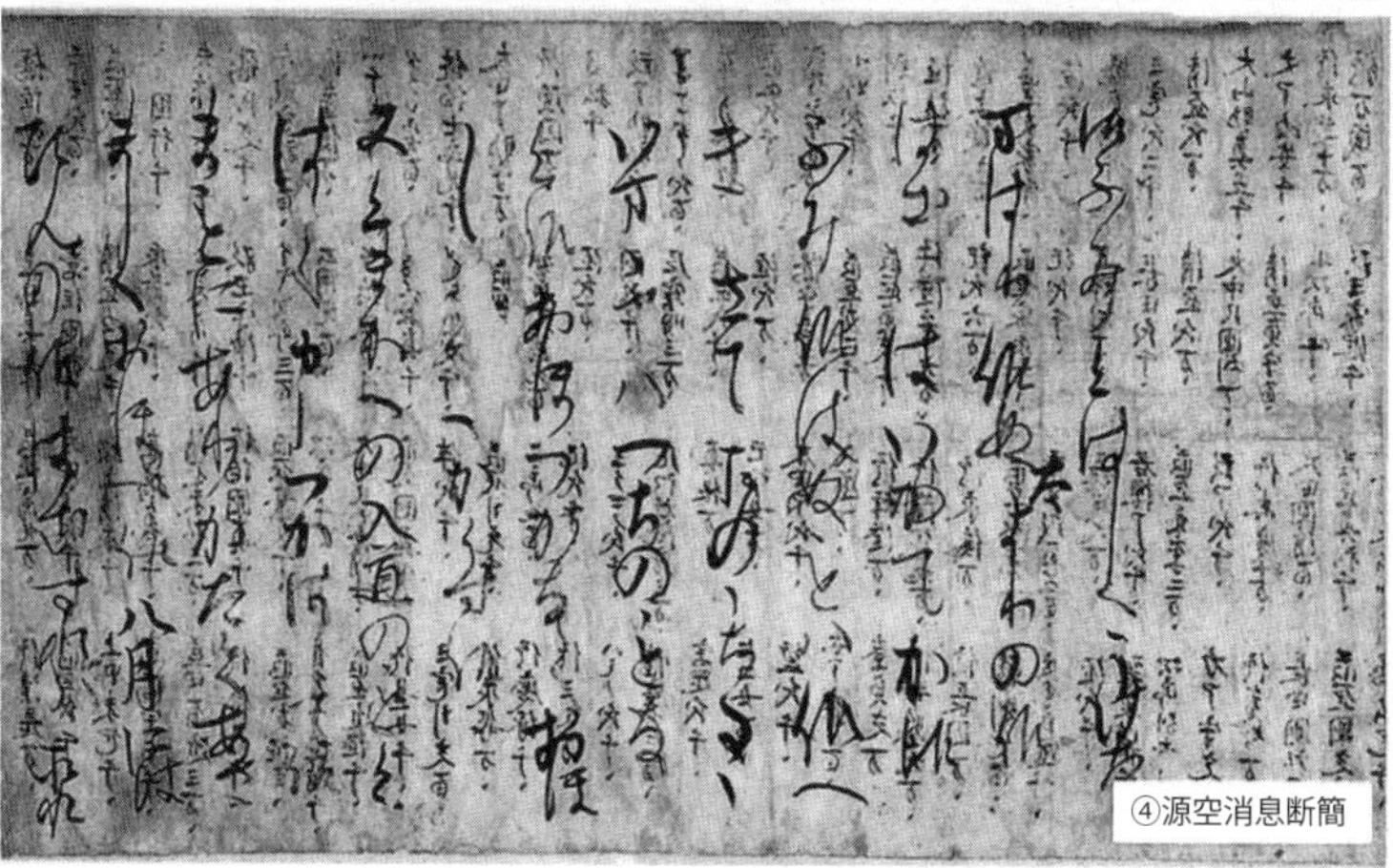
④源空消息断簡

法然上人の消息（写真提供：奈良・興善寺）

んように。ですので、夏が過ぎた頃に上洛して下さい。ただし今後、もし再発した…

というもので、正行房は法然に必要な品物を度々送り付けていることがわかる。また、病が治まっていること、夏が過ぎたら上京するようにという文言からして、二通目の書状のすぐ後に書かれたものであろう。

これら法然の三通にわたる消息から、正行房が法然を心から尊敬し、その身を案じ、惜しみなく援助している一方で、法然が風邪を引いたり回復したりの繰り返しの生活であるにもかかわらず、正行房の行為に対して事細かく返信していたことがわかる。

次いで、何かの消息文に対する證空の追伸と思われる消息がある。

をて申候、御事つけの人々これよりもおもひなからえ申候ぬに、返々もうれしく候、くたらせ給ひてのちハ、たのもしき人もなきやうにて、わひしく候なり、いのちハしり候ねとも、いまはあきこそまち候めとそ申とそ候。

〈訳〉

追って申し上げます。言付けして下さった方々に、こちらからと思いながらそのままにしていたところ、返す返すも嬉しく思います。帰郷されて後は、頼みになる人もいなくなり、心細い思いでおります。命はいつとは分からないが、今は秋を待つように伝えよとのことです。

この追伸は、「とりあえず秋を待ちましょう」という表現からして、夏の頃に書かれたものと思われる。證空は法然の病が再発しそうなことから、法然に代わって手紙を正行房に送り付け、門人たちの離京に加えて、より心細く感じておられる様子と、「夏が過ぎた頃の上洛」を「秋を待って」というように、早る心を露わにしつつ上洛を遅らせることを示唆している。ここでも都で頼みにしている門人や信者の数が減少し、心細く思っていることが赤裸々に述べられ、法然の命が何時終わるか知れない状況下で、生きて秋を待つ寂しい気持ちが現れている。

次に證空の消息文であるが、ここには正行房から預かった経文を置いたままにしていることを謝ってから、都での近況を述べている。

かき候ぬに又たれもしの□まいらせたり候、いかに不当のけ□こそ候へ、□く□くしてのものかなとおもはせのほらせ給ひ候へ、又観念法門往生伝たまうらん、おかせまいらせさせて、いまにたよりをよろこひて申候なり、なにとし候らん、おほつかなくこそ思まいらせ候へ、さてハおほせ候ひたりし、御えいの事のかなひ候さ□しこそ、まめ□かにくちおしく候へ、又聖人御房の御やまひこそ、すこしおこらせ給ひて候へ、いたくたいしの事ハおはしまし候ハね□も、おほつかなく思まいらせ給ひ候すらんとて、かく申候なり、さりなからも生死ノ無常、はするかことくに候へハ、しりかたく候、その善導みたうはて候なは、とくとくしてのほらせ給ひ候へし、又かやうにすこし御やまひけのおはしまし候よし、浄刹房なとさらん人に知らさせ給ひ□な、あなかしこあなかしこ、かやうに御ふみおまいらせ候につ□候ては、□真観房〔　〕の思ひ□□てられ候也、たれもこれにておはしまし、よりは思いて、、あはれにおもひまいらせさせ給候らんな、又□□のちと〔　〕いたく往〔　〕のおほく候也、かち〔　〕しも〔　〕つこもりのひ、往生して候なり、なをもなをも往生人ハかたく候へは、と□め候ぬ、

□二月…

〈訳〉

書き記しますが、誰でもこっそり上洛しています。無謀のようですが本当のことです。一刻も早く上洛して下さい。また預かった『観念法門』と『往生伝』ですが、置いたままにしていますが、今になって便りを喜んでいます。いったいどうしておられるのかと、心配申し上げておりました。さて、依頼されていました御影のことが叶わないのは、誠に残念なことです。また上人は少し病が再発しておられますが、それほど大したことはありませんので、心配しておられると思って、このように申すのです。しかし、生死の無常は、馳せ過ぎ去っていくので、知りがたいといえます。その善導の御堂が完成すれば、一刻も早く上洛してください。また、このように少し病気気味であることを、浄刹房（じょうせつぼう）などの離京した人にお知らせください。あなかしこ、あなかしこ。このようにお手紙を送るにつけ、真観房感西のことが思いだされます。皆がここにいたころが思い出されて、きっと寂しくお思いになられていることでしょう。また、往生する人が多くおられます。かぢ入道は十一月末日に往

生されました。なおも往生する人が増えそうです。この辺りで終えることにします。

十二月…。

この消息文の原文は、日付「二月」の上部の紙面が欠損していて判読できていないが、かぢ入道が十一月末日に往生したこと、一刻も早く上京してほしい旨が告げられていることから、十二月である可能性は高い。これは、九月頃の法然からの手紙では病が治ったとあるが、再発の兆しを心配して證空が追伸を送って、遂に十二月に再発してしまったことが記されている。

本文の内容から、正行房が法然の御影を所望していたことが分かる。法然の御影については、元久二(一二〇五)年四月十四日に親鸞が法然の肖像を描いている。この頃、病弱気味の法然の身を案じて、何人かの門人たちが法然の御影を拝受もしくは所望していたことがわかる。弟子や信者の法然に対する敬慕の念の篤さと同時に、法然が既に存命中から、神格化されつつあったのであろう。ただし、正行房の場合は、法然の病気の影響もあったのか、少なくともこの時点では願いは叶わなかったようである。

また、添書には正行房が所持していた『観念法門』と『往生伝』を、證空が書写するために借りていることが記されている。数少ない経典の書写が門人たちの協力関係の下で頻繁に行われていたことを示す事例といえる。

しかし、「皆が京の都に揃っていたときのことが思い出されて、今は寂しい」という意味の一文からは、相当数の門人や信者が都を離れていったことがうかがえる。これは当人たちの希望ではなく、弾圧が今後とも厳しくなるという想定のもとに、法然を含む新興教団のとった行動なのであろう。門人の離京に際しては、安易に都に戻って来ることのないように申し伝えられていたが、密かに帰京する門人や信者もあったため、「誰でもこっそり上洛しています」という一文が添えられている。この「こっそり」には、弾圧する側に見つからないようにという意味が含まれているようにも思われる。

なお、この消息には三人の人物名が記されている。まず浄刹房であるが、彼は奈良在住の法然の門人・同朋の一人で、奈良在住者の中では正行房に次いで重要な人物であったと思われる。次に、かじ入道については、都に在住の「入道」であるというから、実質的には在家暮らしをしながら剃髪して法衣を着していた可能性がある。真観房感西は法然が最も信頼していた弟子であったが、正治二（一二〇〇）年二月六日、『選択集』の完成後間もなく四八歳の若さで急逝してしまった。

證空の消息から、法然の思いが門人たちにも共通認識として通じていたことがわかる。同じく證空の消息として、

…しをハ釈せさせ給て候なり、このよしをそんして、念仏ハ上品の業にてあるそとおもはせ給へし、くハしくハ見参にあらすハ、つくしかたく候、た丶いまやかてかきて候へハ、ひかことも候はん、こらんしてハ、かならすやかせが給へく候、かつかつ申候なり、さてやむ事もそ候とて、又いつかのほらせたまひ候はんする、よに見参したくこそなりて候へ、浄刹房にハ、さしたる事も候はねハ、御ふミまいらせ候はす、いつかのほらせ給はんすらん、よにこひしくこそおもひまいらせ候へとつたへさせ給へく候、なをなをかならすやかせたまふへく候、これハひさうの事にて候なり、のほらせ給てよくよくきかせ給へし、なにとも又又申候へし、御房の御そらうも、たうしハへちの事ハいとおハしまし候はねでも、このかんにいか丶とおほへ候なり、あなかしく、

十二月四日　証空

〈訳〉

（前欠）解釈しておられます。このことを理解して、念仏は上品の行であると受け取るべきです。詳細は直接お会いしなければ尽くしがたく存じます。今は急いで書きましたので、間違いも多いことでしょう。御覧なさった上は、必ず焼き捨ててください。とりあえず申し上げます。さて、もしものことを考えて、また折を見て上洛していただけますでしょうか。是非ともお目にかかりたくなって参りました。浄刹房には、特段の用事もないので、手紙は差し上げになりません。「何時上洛されますでしょうか。実にお懐かしく思い申し上げます」とお伝えください。なお、どうか焼き捨てて下さいますように。これは秘すべきことです。上洛されて、しっかりとお聞きくださいますように。どんなことでも、お話し申し上げます。上人の御不調も現在のところは特に取り立てていうほどのことはございませんが、この寒のうちにどうかなとも思われます。あなかしこ。

十二月四日　証空

この消息で注目すべきは、二度までにわたり、この手紙は読んだら焼き捨ててほしいと述べていることである。間違いがありえるからというのもその理由の一つではあるが、「秘蔵のこと」だから焼却してほしいとも述べており、念仏の優越性を説いていたであろう前半部分が、当時の新興教団を取り巻く状況から判断すると、かなり危険な内容であったことがうかがえる。だからこそ「上京してから真実を確かめてほしい」というのである。證空にしても、法然の近くにいて、念仏の教えを伝えるには、文章では誤解を招きかねないことと、「無観称名義」にも反することを重々承知の上で、一応は概要だけを認（したた）めておいて、上京を待って詳細を語ろうとしたのである。他の消息文にしても、危険と思われる部分は焼却し、無難な文章だけを残して交名書にあてたものと考えられる。

もう一つの注目点は、法然の病気が現在は小康状態とはいえ、余談を許さない状況であったことである。法然の周囲の人たちは、この冬が峠であろうと覚悟していたことが窺える。なお、前の證空の消息では、十二月にまた病気がぶり返してきたとあり、小康状態にあるとするこの消息と同じような病状であるといえる。すると、これらの消息文はほぼ同時期に異なった人宛に送られたものであると考えられる。

詳細は明らかにされていないが、法然の極親しい同朋といわれている欣西（ごんさい）の消息文が、證空の手紙と同じ日に作られている。

又このふみとも、いそきつけさせ給へく候、又なに事も、くハしくおほせたひ候へ、又あまこせんニも、わさとそんする事の候也、けちへん候へと申給へ、その、ちは、なに事も候はぬに候、さは候へとも、ひしりのをんハうハ、れいのさむけニ候、あひたはすこしつ、ませ給ひ候に候、もしとしあけ候ひては、をこりやせさせ給ひ候はんすらん、その時は、いそきいそき申候へく候、そのようゐせさせ給ひて候へ、たうしは、すこしもそのけはおはしまし候す、さしたる事候ハす、春はた、のほらせ給ひ候へかし、いくはくかはをハしまし候へきと、あはれにおほせ候に、かへすかへすた、人ともおほへさせ給ひ候らむ事の、あさましく候也、又それにはなに事かをハしまし候、おほつかなく候、又なみたなからくたらせ給ひて候事を、よによろこはれておハし候事をも、とく申やるかたなく候ものかな、又かち入道すてニ往生しテ候也、又一てうの浄心房、けふあすとみへ候、となりのたからをかそへてすき候なんするやらん、かまへてはけませ給ひ候へ、つねには心ニまかせさせ給候へからす候、又ひころも申候やうニ、このをんハうのをんため、いかに候事、なにともとそんし候へとも、思ひよるかたの候はねは、ひころた、候ひつるか、にわかにふかくそんする事候ひて、をんため二仏をつくりまいらせて、いきのこりて候は、、かたみとおもひまいらせて候はんとてハしめて候。もちすこし二てもたひ候へ、かならすかならすくハしくハ、れうこのをんハう申へく候、

十二月四日　欣西。

〈訳〉

また、これらの消息は、急いで着くようにさせてください。また、どんな事であっても詳しく仰ってください。また、尼御前にもことさらにあることです。「どうか結縁してください」と申し伝えてください。その後は、特に何事もありません。しかし、上人は例の寒気でいらっしゃいます。間隔は少しずつ増しておられます。もし、年が明けたなら、瘧病を再発されるかもしれません。その時はできるだけ急いでお知らせいたします。その時の用意をしておいてください。ただし、現在のところは、少しもその気配はございません。特にこれということはありません。春にはどうか上洛してください。あとどれほどおられるかと悲しく思えるのですが、全く普通の者と思っておられることが残念です。また、そちらでは何かございましたでしょうか。心配でございます。また、涙ながらに下向してゆかれたことを、大変喜ばれていたことをもっと早くお知らせする手段がなかったかと。また、かぢ入道は既に往生されました。更に、一条の浄心房も今日明日と思われます。隣の宝を数えて日々過ごしてよいものでしょうか。心して励んでください。日頃は心に任せて随意にということはなさいませんように。また、常々から申しておりますように、上人のためにどうしたらよいか、何かよいことはないかと考えていたのですが、思いつくことがなかったので、毎日をただ送っていたところ、急に思いついたことがあって、上人のために仏像

を作らせていただいて、生きていたならば、形見に思わせていただこうということで、始めました。必要な経費を、少しでも援助ください。必ず詳しいことはこの御房が申すはずです。

十二月四日　欣西。

「かぢ入道は既に往生された」という文言からして、前掲の證空消息とほぼ同じ頃の手紙といえる。法然の病状にしても、重篤ではないが、再発しているという点においては、この先は分からないと心配している点も同じである。なお、法然のこの時の病気は瘧という病気とされる。これは一日あるいは数日間隔で凍てつくような悪寒と高熱を繰り返す症状が続き、重症の場合は周りの者が見ていても、命の危険を感じるほどの病気であった。

また、この消息では、法然のために仏像の造立を発願したことが記されているが、これは、源智が法然の一周忌追善のために造立した玉桂寺（ぎょくけいじ）所蔵の阿弥陀仏像が有名である。ここでの欣西の発願は、法然の在世中になされていて、源智の造立の先駆として注目されるが、この消息文が発見された奈良の興善寺本尊阿弥陀如来像が欣西の発願による可能性は否めない。

この消息文で重要なところは、「かへすがへす、たゞ人ともおぼへさせ給ひ候らむ事の、あさましく候也」という一文である。この文意は「法然上人ご自身が自分のことを全く普通の者と思っておられることが返す返すも残念です」というように解釈できる。これは、弾圧と病弱の法然を考慮したあわただしい離京作戦の最中であるにも関わらず、「無観称名義」を貫き通している聖の自覚が、欣西をしてそのように言わしめたのであろう。とするならば、法然は晩年に至るまで、「たゞ人」を押し通していたことは容易に察しがつく。この件は、身内に法然が「無観称名義」でもって接していたことを見破れなかった証でもあり、身内をも欺いた法然の手腕に驚嘆せざるを得ない。そのような法然の態度に対して、欣西は、少なくとも法然に特別な存在であることを自覚し、それを全面に出してほしかったようである。ここには、自身を「無智の尼入道」のままで一往生人として終える覚悟をもった法然と、偉大な宗教者・指導者という面で法然を捉えたい門人たちとの意識の違いが現れているように思われる。

なお、文中にある一条の浄心房は、今日明日とも知れない命であるが、この人は「となりのたからをかそへてすき候なんするやらん、かまへてはけませ給ひ候へ」という。彼については『行状絵図』巻三〇に、横川の妙覚寺の浄心房は道心深く、念仏行の熱心さは人一倍で、多くの人が帰依していた。五〇歳くらいで他界したが、その臨終は散々であった。人々は浄心房でさえ往生できないのなら、自分たちの往生は到底無理だと噂しあった。法然がそれを聞いて、浄心房は実は偽りの行者ではないかと仰った。四九日に浄心房の弟子が布施として出してきた師僧の持ち物の中に、戒師をするための法具等があった。それを見た法然は、「やはり偽りの行者であったか。人の尊敬を集めて戒師になろうという下心で念仏していたのだ」と申された、ということが記されている。

親蓮についても詳しい消息は分からないが、彼からの消息文は、

あいしたしきものゝ、くたり候なり、あひかまへて、たうなんとの、るすせさせて、おかせたまへ、こゝろはいなんとも、おちしつまりたる人にて候なり、あなかしこあなかしこ、またいつころにかのほらせたまふへき、正・二月にハいそきのほらせたまへかし、なをなをこの人、みはなたせたまふな、いかなることにまれ、あうせつけさせたまふへし、京にてハ、よきあしきにつけて、ありにくかられ候て、くたられ候なり、恐々謹言、

十二月十六日　親蓮。

〈訳〉

私の親しい者が下向します。何卒、塔などの留守番でもさせて、置いてあげてください。人柄は静かで落ち着いた人です。あなかしこ、あなかしこ。またいつ頃、上洛なさいますか。正月か二月には急いで上洛なさってください。なお、どうかこの人を見放さないでください。どんなことでも、仰せつけください。都ではよきにつけ悪しきにつけ、居りにくくなって下られるのです。恐々謹言。

十二月十六日　親蓮。

というもので、ここには「京にてハ、よきあしきにつけて、ありにくかられ候て、くたられ候なり」という一文が注目される。下向した者が居にくくなった理由は、

個人的理由による可能性も十分あるが、専修念仏の批判や弾圧の対象となり得る人物であったからとも考えられる。もし後者であれば、この消息の成立は、やはり元久元（一二〇四）年頃であろうと考えられる。

正行房に宛てた各消息の内容を通読してみると、門人たちが抱く法然の病状に対する不安や心配事、京都・奈良ともに危険な状況であったこと、正行房に対し上洛を要請しているが、再三延期されていることなどの日常的な生活が目につく。このようにその時代の人たちが同時的な環境の下でやりとりしている消息を読むと、彼らの緊迫感が直接伝わってきて、今までにない困難な状況の中で、門人たちが何とか協力し合って新興教団を維持していこうとする努力が手に取るようにわかる。

大凡の内容を整理してみると、證空からの消息文としては、「お下りになられてから後は、頼りになるような人もいらっしゃらないようで、寂しいようでございます」と、法然の近況を正行房に報告している。他にも、正行房に宛てた欣西の書簡があり、そこには十二月四日付けで「涙ながらに下向されました」と書かれ、親蓮からの書簡では、十二月十六日付けで「あい親しい者が下向いたしました」などと書かれている。また、秘すべきことで「御覧なさった上は、必ず焼き捨ててください」という辺りは、弾圧の対象となるような際どい表現がなされているため、「詳しいことは上洛の後、申し上げる」旨が語られていて、緊張感に満ち溢れている。そんな中で、法然自身はというと、「たゞ人」として周りの人々の心境とは一線を画して、「無観称名義」を守り抜いていたようである。

正行房への消息文は短いながらも、法然の周りに位置する思慮ある門人の心根と法然の心境が痛いほどわかる内容となっている。ここから門人たちが日増しに少なくなり、寂しさが増す中で、過激分子の行動が、自制する者もないままに益々激しくなり、衆徒の憎悪を煽る結果となって行ったことが想定できる。

正行房は、法然の門弟というよりもむしろ親友のような立場で、身辺に弾圧の危機が迫ってきた門人たちに対して、都から離れて地方で活動するように伝えたのであろう。法然と正行房との交流を通して、法然の危機管理に対する意識の高さと温かい人柄を感じることができる。また、法然は、友人や門人たちを遠くに行かせることで、自身は心寂しくても、彼らを弾圧から守り、それぞれの場所で布教することによって、万人を救おうという思いが感じられる。

『行状絵図』などの消息文を見ていくと、さり気なく下向した、帰国したなどと表現されているが、正行房の消息文を見ていると、法然の門人に対する思いや門人の法然に対する思慕の念が沸々と伝わってくる。法然を慕ってきた将来を託すべき門人たちと別れざるを得ない、それも一時に大勢の門人との止むにやまれぬ離別は、法然の因る年波に加えて精神的な痛手を伴って、法然に大きくのしかかってきたものと思われる。

一方、記録に残っていない離京者が、まだ他に何人もいたであろうことは想像に難くない。その結果、不幸にも都に残った新興教団は、間もなく壊滅に近い弾圧を受けることになるが、念仏の声は今の世にも満ち満ちていることから、「無観称名義」は法然の予見通りの歴史を歩んでいるといえる。

結局、『選択集』の撰述は、法然の導き出した「偏依善導による称名念仏」に、読む人の心を集中させるというよりも、経典に書かれていることを取捨選択して自己流に解釈するという方法が注視されたようである。すなわち、読む人は『選択集』の中に自己の主張に合う言葉を一つでも見出すと、この言葉を後生大事にして、自分の主張することは師が唱えていることであるというように説教して回ったのである。通憲流聖が組織の中に埋もれて表に出ないという意味合いは、文章に残すことでこのような事態が起こり得ることを想定して、密かに念仏を称えることにこだわっていたのである。

なお、「正行房への消息」については、法輪山興善寺編の『興禅寺文書』を参照した。

第七章　既成教団からの粛清

『選択集』が撰述された建久九（一一九八）年以来、専修念仏の過激分子たちの身勝手な言い分と振舞いは都鄙のみならず、そのまま比叡の山上へと伝播していった。山門に籠もりながらも権力をほしいままにしていた堂衆は、時の情勢にはとりわけ敏感なだけに、仏教の教義を妨害するような過激分子の行動を放置しておくはずがなかった。巷に広まった専修念仏に業を煮やしていた比叡山三塔の堂衆が大講堂に集会し、専修念仏停止を座主の真性（しんしょう）に訴えたのが元久元（一二〇四）年十月である。おそらく、彼らは巷にも跋扈しつつ安楽らの主催する念仏会にも顔を出していたことであろう。

堂衆の動きは、慈円が建仁二（一二〇二）年七月七日に、第六五代に当たる二回目の天台座主を退いた途端、徐々に活発化しだした。それまでは、院と密接な関係をもつ慈円の指導力でもって、堂衆の動きが抑制されていたのであるが、その後に新しく座主に就任した実全や真性には、慈円のような調整が叶わなかったようである。真性は、後白河天皇の第三皇子以仁王の第二皇子で、仁安二（一一六七）年に生まれ、寛喜二（一二三〇）年六月十四日に没した。彼は、建仁三（一二〇三）年に天台座主に就任し、元久元（一二〇四）年に大僧正に任ぜられている。

一方で『選択集』撰述の前後から身体の状況が思わしくない法然の行状は、既に巷間で知れ渡っていた。法然の外護者でもある九条兼実にしても、要職を退いてからは病弱の身となり、慈円を含めて要人からの影響力がなくなった新興教団に対して、堂衆が目をつぶっているはずはなく、訴訟の時期を見計らっていた。

堂衆の動きを察知した新興教団は、『七箇条起請文（しちかじょうきしょうもん）』や『送山門起請文（そうさんもんきしょうもん）』を座主に奏上するなどして、事を穏便に済ますことができたものの、興福寺側からも『興福寺奏状（こうふくじそうじょう）』が院に提出され、朝廷、貴族、寺院を巻き込んでの、抜き差しならない揉め事にまで発展することになった。

『興福寺奏状』が提出されてからの関係者の動きは、三条長兼（さんじょうながかね）の日記である『三長記（さんちょうき）』に詳しく記録されている。ここには、法然を含む新興教団や過激分子の行動を余所にして、衆徒の行動に業を煮やした貴族が、現状の事態収拾を如何に穏便に済ませるかの策を講じている姿、あるいは彼らの常軌を逸した慌てぶりが時々刻々と克明に記されている。『三長記』は、法然が表に出ないものの、周辺の関係者が如何に法然を大切に扱っていたかを知る、貴重な歴史の証言者の役割を担っているといえる。

一・過激分子への粛清

法然の弟子と名乗る過激分子や彼らを支持する庶民の行動が日増しに激しくなり、仏教の戒律を破戒するだけでなく、道徳的な誡めをも無視した行動に対して、既成教団が反旗を翻すかのように時の院に訴え出たのである。事の成り行きが『行状絵図』第三一に記されている。

門弟のなかに専修に名をかり本願に事をよせて、放逸のわざをなすものおほかりけり。これによりて、南都北嶺の衆徒念仏の興行をとがめ、上人の化導を障礙せむとす。土御門院の御宇門徒のあやまりを師範におほせて、蜂起するよしきこえしかども、なにごとなくてやみにし。

〈訳〉

弟子の中には、専修の名を利用して阿弥陀仏の本願にかこつけて、勝手気ままに振る舞う者が多かった。そこで南都北嶺の衆徒が念仏興行を非難し、法然上人の教化と指導を妨害しようとした。土御門院が天皇であった時に、門人が起こした間違いの責任を上人に負わせて、蜂起する噂が立ったものの、何事もなくて済んだ。

法然の門弟たちの中には、専修念仏していることを名目に、弥陀の本願であるから許されているといって、勝手気ままに行動している者が多いということを聞いている。そのため南都北嶺の衆徒が立ちあがり、世に害毒を流すような念仏の催しをやめさせ、法然の弘教を妨害しようとしている、というのである。しかし、この蜂起は、土御門院の計らいによって、法然の門人が起こした間違いであるとして、不問の沙汰に終わらせることができた。

土御門天皇（諱は為仁）は、後鳥羽天皇の第一皇子、母を源通親の養女承明門院（源在子）として、建久六（一一九五）年十一月一日に生まれ、寛喜三（一二三一）年十月十一日に没している。第八三代天皇としての在位は、建久九（一一九八）年一月十一日から承元四（一二一〇）年十一月二五日の約十三年間である。『選択集』が撰述された時から「建永の法難」までの時期と符合する。

一・一・七箇条起請文

朝廷の計らいで蜂起は起こらずに済んだが、そのことを知ってか知らずか、専修念仏の過激分子による目に余る行動は止まることはなかった。このことに業を煮やした比叡山上では、院の計らいに物足りなさを感じたのか、堂衆が天台座主に直訴したことが、『行状絵図』第三一に記されている。

元久元年の冬のころ、山門大講堂の庭に三塔会合して、専修念仏を停止すべきよし、座主大僧正（真性）に訴申けり。

〈訳〉

元久元（一二〇四）年冬の頃、比叡山の大講堂の庭に三塔（東塔、西塔、横川）の僧徒が寄り合って、専修念仏を差し止めるべきであると、天台座主の真性に訴え申し上げた。

直訴の内容は、『延暦寺奏状』として残されている。これは、元久元（一二〇四）年十月に北嶺（叡山）の堂衆が専修念仏の停止を、当時の天台座主真性に対して訴える決議を行ったものである。奏状の主題のみを列挙すると、

延暦寺三千大衆 法師等 誠惶誠恐謹言

天裁を蒙り一向専修の濫行を停止せられることを請う子細の状

一、弥陀念仏を以て別に宗を建てるべからずの事

一、一向専修の党類、神明に向背す不当の事

一、一向専修、倭漢の礼に快からざる事

一、諸教修行を捨てて専念弥陀仏が廣行流布す時節の未だ至らざる事

一、一向専修の輩、経に背き師に逆う事

一、一向専修の濫悪を停止して護国の諸宗を興隆せらるべき事

〈訳〉

延暦寺の僧侶全員、法師など、恐れかしこまって申し上

げます。

座主の裁きを被り、一向専修の乱行を停止されることを願う書状。

一、阿弥陀仏の念仏を立てて、別の教えを立ててはならないということ

一、一向専修の輩が神の心に背くのは不当であるということ

一、一向専修が日本・中国の礼を快く思わないこと

一、諸々の教えや修行を捨てて称名念仏が横行し流布する時には至っていないこと

一、一向専修の輩が経典に背き善知識に逆らうこと

一、一向専修の乱暴な行為を停止し、国家を守護する宗派を興隆すべきこと

というように、既成仏教にとって過激分子の行動が目に余るものであることを訴えている。

比叡山堂衆の動きを逸早く察知した法然は、堂衆の強訴の過激ぶりを熟知していたことから、逸早く門人に対する起請文を信空に執筆させて、堂衆の怒りを静めようとした。これが世にいう『七箇条起請文』であり、『行状絵図』第三一には、七つの起請文が以下のように記されている。

一、いまだ一句の文義をうかゞはずして、真言・止観を破し、余の仏・菩薩を謗ずることを停止すべきこと

一、無智の身をもちて有智の人に対し、別解・別行の輩にあひて、このみて諍論をいたす事を停止すべき事

一、別解・別行の人に対して、愚痴偏執の心をもちて、本業を棄置せよと称して、あながちにこれをきらひわらふ事を停止すべき事

一、念仏門にをきては戒行なしと号して、もはら淫酒食肉をすゝめ、たまたま律義をまもるをば雑行人となづけて弥陀の本願を憑ものは、造悪をおそるゝことなかれといふ事を停止すべきこと

一、いまだ是非をわきまへざる痴人、聖教をはなれ、師説をそむきて、ほしきまゝに私の義をのべ、みだりに諍論をくはだて、智者にわらはれ、愚人を迷乱する事を停止すべき事

一、愚鈍の身をもちて、ことに唱導をこのみ、正法をしらず種々の邪法をときて、無智の道俗を

教化する事を停止すべき事

一．みづから仏教にあらざる邪法をときて、いつはりて師範の説と号することを停止すべき事

元久元年甲子十一月七日沙門源空

〈訳〉

一、教義を知らずして、諸宗を批判したり、阿弥陀仏以外の仏・菩薩を謗ってはならない。

一、無智の身でありながら、専修念仏以外の行者たちと、好んで議論してはならない。

一、学問や修行を異にする人に対し、その教えを捨てさせて専修念仏を勧めてはならない。

一、弥陀は悪人の救済を誓っているから、罪を犯してもよいということがあってはならない。

一、師の教えを棚上げして、争論を起こす計画を立てて愚人を迷わしてはならない。

一、愚鈍の身でありながら美辞麗句を並べて種々の邪法を説き、無智の道俗を引き入れるように教化してはならない。

一、邪法を説いて、これこそ正法であり、師範の説かれたものである、といってはならない。

　起請文の最後には、「元久元（一二〇四）年十一月七日沙門源空」と法然が署名している。そのあとに、草庵に同住している信空・感聖・尊西・證空・源智らが続き、信空の命を受けた弟子の正信房湛空（しょうしんぼうたんぐう）が、一通一巻の書状をもって、七日に八〇名、八日に六一名、九日には四九名の合計一九〇名の署名を集めている。わずか三日の間にできるだけ多くの人に会って、とにかく短時間の間に人数を揃えたいという、切羽詰った焦りのようなものが感じられる。各所に住所をもつ門人たちの間を駆け回って署名を集めるという作業を考えると、おそらく近隣の門人や同士に的を絞って、数人で手分けして効率的に署名だけを集め、後で順次起請文に貼り合わせていったのであろう。このことを物語るかのようにして、原本には右から左下がりの署名が何段かに分かれて記されている。

　署名者一九〇名の中には、「六時礼讃」の住蓮・安楽、「一念義」の幸西や行空らの名もある。さらに続けて、「連著交名かくのごとし。執筆右代弁行隆息法蓮房信空也」と明記されているが、おそらく聖覚などの通憲流聖と諸般の事情を調整しながら『七箇条起請文』がまとめられたのであろう。

　しかし、署名集めが法然の監督下ではなく、信空や湛

空の独断で行なわれていたためか、法然は、念仏停止訴訟の槍玉に上がっている張本人に非を糺すことなく野放しにしたまま、信空が安楽・行空を含めて法然一門の連帯責任として制誡をまとめたのである。このことは、安楽や行空が法然の門下であることを認めたことになり、法然の思いとは裏腹に、彼らの思い上がりを助長することになった。さらに、彼らを門人としたことで、法然自らの身に弾圧の矛先が向けられる原因を作ることにもなったのである。

起請文の連署交名には、聖覚をはじめ通憲流聖の名前がない。彼らは「無観称名義」の立場で「専修」の活動には加担せずに、傍観者に徹していたようである。しかし、彼ら通憲流聖は、比叡山と京洛の地を頻繁に往復し、それぞれの情報を伝達・交換していたのであろう。『行状絵図』第三一の最初にある「上人この事（衆徒の訴え）を聞給て」とは、通憲流聖からの情報を逸早く得た法然が、彼の秘書役でもある信空に門人を集めさせて、起請文のとりまとめを指示したのである。その間、わずか一ヵ月ほどであった。この頃の法然は、持病ともいえる風邪、瘧病や体力の減退、門人の離京などで動きが儘ならず、起請文の取りまとめを信空に譲ったのであろう。このため、起請文の署名には、法然が認めて離京の対象となった門人の名はないものの、多数の在京者が名を連ねているが、彼らと法然との関係は如何なるものかと疑われる。これら一連の行動を総称して「元久の法難」と呼ばれている。

『七箇条起請文』は、その内容を逆読みすると、法然門下の一部過激分子が起請文に記載されている破戒行動に打ち出していたため、その破戒行為を禁制し、再発防止を確約する目的で制作されたものである。そうすると『七箇条起請文』は、法然の周りに集まった人々に対する、一種の戒律であって、彼らに対する独自の僧尼令交付ということになる。

一・二・送山門起請文

法然は『七箇条起請文』を作成すると同時に、十一月七日付で天台座主真性に『送山門起請文』を送っている。この起請文は、安居院聖覚の手によるもので、『行状絵図』第三一に記されている内容の一部を以下に示す。

僻説をもちて弘通し、虚誕をもちて披露せば、尤糺断あるべし、尤炳誡あるべし。のぞむところなり。ねがふところなり。此等の子細、先年沙汰の時、起請を進了。其後いまだ変ぜず、かさねて陳ずるにあたはずといへども、厳誡すでに重畳の間、誓状又再三にをよぶ。上件の子細、一事一言、虚言をもちて会釈をまうけば、毎日七万遍の念仏、むなしく其利をうしなひ、三途に堕在して、現世二世の依身つねに重苦にしづみてながく楚毒を受了。伏乞、当寺の諸尊、満山の護法、証明知見したまへ、源空敬白。

〈訳〉

偏った考え方を教え広め、事実無根を言いふらしたならば、当然罪状を断ち明らかな誡めを受けるべきである。これは望むところであり、願うところである。これらの詳細は、先年訴訟があった時に、既に起請文を進上している。その後、信念に変化はないので、再び釈明する必要もないが、厳重な誡めが幾度も重なったため、誓状もまた再三進上することになった。以上の詳細は、一事一言でも偽りの言葉で対応すれば、毎日の七万遍の念仏は、はかなくもその利益を失い、三悪道に陥って、現世および来世におけるこの身は、常に耐え難い苦しみに沈んで、長い棘の苦しみを受けるだろう。伏してお願いします。延暦寺の諸々の仏様、比叡山の仏法守護の善神、このことを事実であると明らめ、認めてください。源空が敬って申し上げます。

ここでは、私が邪な考えを抱いて虚偽に満ちた教えを説いたというのならば、糾弾されるのは当然であり、誡められるのは当たり前のことである。私個人としても、そのため事実を正すというなら、望むところであり、願うところでもある。もし誤った教えを説いたというならば訂正したい、と先年起請文を書いて進上したことはご承知のはず。その考えは今も変わらない。重ねて教誡をいただき、私としても誓状を再三提出し、二度とこのような行為を起こさないように誡め、このことを反省して事が荒立たないように努めている、と述べている。

『送山門起請文』には、「誓状又再三」に及んだというから、元久元年十月以前にも延暦寺から注意を受けたことがあった。延暦寺にとって法然は天台教団内の人でもあり、内々にすませようとしたのであろう。

天台座主に宛てた法然の起請文は、元久元（一二〇四）

年十一月十三日にも送られているが、同じ日に九条兼実が「専修念仏沙門円証」を名乗って、座主の真性へ送った書状が『行状絵図』第三一に紹介されている。ここでは、最初に法然から学んだインドから中国の仏教、浄土の教えについて述べた後で、以下のように述べる。

所謂源信僧都、往生要集の中に三重の問答をいだして十念の勝業をはむ。念仏の至要なる事この釈に結成せり。禅林の永観、徳恵心にをよばずといへども、行浄業をつげり、撰ところの拾因、其心また一なり。普賢・観音の悲願をかむがへ、勝如・教信が先蹤(せんしょう)をひきて、念仏の余行にすぐれたることを証す。彼時諸宗の輩、恵学林をなし禅定水をたゝふ。しかりといへども、恵心をもとがめず、永観をも罰せず、諸教も滅することなく、念仏もさまたげなかりき。是則世すなほに人なをかりしゆへ也。しかるに今代、澆季(ぎょうき)にをよび、時闘諍に属して、能破所破ともに偏執よりおこり、正論非論みな喧嘩にをよぶ。三毒うちに催し、四魔ほかにあらはる、がいたすとことなり。

〈訳〉

所謂、源信僧都の『往生要集』の中に、三つの問答を出して、十念のすぐれた働きを褒め称えている。念仏が最重要であることが、『往生要集』の釈文にまとめてある。禅林寺の永観は、徳が源信に及ばないものの、行いは源信の念仏行を継いでいる。永観が撰述した『往生拾因』は、『往生要集』の教義と同じ内容で説かれている。彼は普賢菩薩や観音菩薩の悲願を考え、勝尾寺の勝如や播磨国の教信の前例を引用して、念仏が他の行より勝れていることを立証した。源信や永観の頃は、諸宗の人たちは恵心の教えに群がり、瞑想行が巷に溢れていた。しかしながら、源信を責めず永観も罰せず、諸宗の教えも滅びることなく、念仏にも差し障りはなかった。これは取りも直さず世の中が従順で、人々の心も率直であったためである。しかし今の時代は、末世に至り、闘争の時世になって、批判する人もされる人も何れも偏った見解を主張して、正論にせよ邪論にせよ、すべてが言い争い事に陥っている。貪瞋痴の三毒が心に生じ、衆生を惑わす四魔となって外に現れたことが原因で引き起こされている。

兼実は、山門による新興教団の糾明を宗義争いととらえ、真意からの理解を求めたことが記されている。ただ中程で兼実自身の念仏者としての心懐を「源信が浄土の法文を集めて『往生要集』で念仏を説き、永観が『往生拾因』を説いて念仏が余行よりも優れていることを証明したが、いずれも咎められることなく平穏だった。今に及んで正否を論じて喧嘩をしているのは、人の煩悩のなせる業であろうか」と述べているが、この辺りは、若い時から浄土の教えに興味をもって、仏厳をはじめ多くの僧侶から受戒してきた兼実ならではの学識に満ちた文章となっている。

この起請文に続けて兼実は、自己の内実を吐露するかのような晩年の思いを語っている。

小僧幼年の昔より、衰暮の今にいたるまで、自行おろそかなりといへども本願を憑み、罪業おもしといへども往生をねがふ。うまずおこたらずして四十余廻の星霜を丶くり、弥もとめ、いよいよす丶みて、数百万遍の仏号をとなふ。頃年よりこのかた、病せまり命あやうし、帰泉ちかきにあり。浄土の教迹、此時にあたりて奥亡しなんとす。これを見これを聞て、いかでかたへ、いかでかしのばん。三尺の秋の霜肝をさき、一寸の赤焔むねをこがす。天にあふぎて嗚咽し、地をた丶きて愁悶す。

何況上人、小僧にをきて出家の戒師たり。念仏の先達たり。罪なくして濫刑をまねき、つとめありて重科に処せば、法のため身命を惜べからず。小僧かはりて罪をうくべし。もて師範のとがをつくのはんとおもふ。もて浄土の教をまもらんと思ふま丶のみ。

〈訳〉

小生は幼少の昔から衰えさらばえた今日まで、自身の仏道修行はおろそかであったが、阿弥陀仏の本願を頼んで、罪深い行為の重さを感じながらも往生を願っている。精進に精進を重ねて四十余年の年月を過ごす中で、さらに求め、一層深まって、数百万遍の念仏を称えるようになった。最近になって病気がちで命も危うくなり、死も近づいてきた。浄土の教えも今の時代になって滅びようとしている。これを目の当たりに見聞して、どのようにして堪え忍ぶべきか。三尺の刀剣で身を裂かれ、少なくも憤りの心が胸を焦がす。天を仰いではむせび泣き、地を叩いては悲しみ悶える。

ましてや法然上人は小生が出家したときの授戒の師であ

り、念仏の導師でもある。上人は罪もないのにみだりに刑罰を受け、役目だからと重い罰に処するならば、仏法のために命を惜しまない。小生が代わりに罰を受ける。このことで師範（法然）に対する罪科を埋め合わせ、さらに浄土の教えを守ろうと思うだけである。

小僧とは兼実自身のことであるが、彼の心懐に対する真性の答えはなかった。この文面を見ると、兼実は出家して円証と名乗って以来、念仏門に帰依しているが、この頃から病を得て、衆徒と新興教団との争いを憂いつつ、死を覚悟のうえで止むに止まれず真性に送ったことがわかる。

晩年の兼実の述懐によると、若いときから仏教に対する帰依は尋常ではなく、多くの僧侶から受戒してきたが、それにもかかわらず、病を得て病弱の身を恨み、この世の未練は抑えがたい。しかし、法然に会って念仏門に帰依してからは、法のためには命も顧みなくなった。法然に咎があるというなら、この兼実が身代わりとなって罪を償う覚悟である。これも浄土の教えを守りたいという思いだけである。この文面から、権勢の頃とは打って変わって、自己の内面の遠吠えともとれる兼実の懊悩が赤裸々に綴られているが、これは兼実の強者から弱者への急転落と浄土往生の思いが、彼をして愚痴を悟らしめ、念仏者の一人として法然とともに阿弥陀仏に帰依したいとの思いがひしひしと感じられる。

『七箇条起請文』や『送山門起請文』が提示されてからは、騒ぎが沈静化に向かったことを『行状絵図』第三一では以下のように述べている。

上人誓文にをよび、禅閣会通まうけたまひければ、衆徒の訴訟とゞまりにけり。

〈訳〉

法然上人が起請文を届け、前の関白兼実公が、対立の融和を勧める手紙を座主も差し出したことから、衆徒の訴えは収まった。

過激分子に対する山門の訴状は、信空や聖覚、兼実の尽力によって、一時的ではあるが事なきを得ることができたようである。

『七箇条起請文』が奏上された翌年に当たる、元久二

（一二〇五）年八月に、法然と聖覚が瘧病を患ったことが、『行状絵図』第十七に記されている。大凡の内容は、九条兼実が瘧病を患った法然を心配して、天台宗の僧である聖覚に疫病を祓う祈祷をするように依頼したが、聖覚も瘧病に罹りかけていた。病気平癒の祈祷は、真言密教および天台密教の領分であって、聖覚の得意とするところであることから、祈祷に際しては善導の御影を掛け、阿弥陀仏の化身である善導に病気の回復を祈って説法した。説法は午前八時から始まり、午後二時に終わったが、説法が終わると、法然と聖覚の瘧病はたちまちに癒えたという。

建久八（一一九七）年前後から風邪を拗らせて以来、体調を崩している法然にとって、北嶺山門による念仏停止の訴訟や過激分子の存在あるいは門人の行く末のことなどを考えると、頭の痛いことの連続であった。これらの悩み事の解決に奔走している最中に、次なる南都の訴訟が、朝廷、貴族、衆徒、過激分子を巻き込んで、法然に強烈な打撃を与えることになる。

二．教義への粛清

起請文によって衆徒の訴訟は収まったというが、元久二（一二〇五）年九月、『七箇条起請文』が提出されてから十ヶ月ほど経って、南都興福寺から新興教団を非難した訴状が、後鳥羽院の御所に提出された。この訴状は、笠置の解脱房貞慶が、南都の仏教界を代表して起筆した『興福寺奏状』として世に知られている。興福寺の衆徒は八宗（南都六宗・天台二宗）の人たちと協議し、一体となって念仏の禁断を院に訴えたのである。専修念仏の弾圧は、もはや比叡山天台内部の問題ではなく、既成教団という公開の場で是非が論じられることになった。

『平治物語』によると、貞慶は「九流をわたりて百家に至り、「当世無双、宏才博覧」の人であるという。

前年の延暦寺からの念仏停止は過激分子を対象にしていたが、今回の奏状は法然一門を根底から揺るがす内容で、取るに足らない個人の「失」では済まされなかった。すなわち、今までの社会情勢を見ていると、新興教団とはいえ既成教団に何ら影響を与えなければ、弱小教団ということで、さして問題とする必要はなかった。しかし、法然の教えは、既成教団が手をさしのべることのなかった庶民の共感を得るばかりでなく、新興教団から発したと思われる似非仏教による様々な破戒行動が全国に広がり始め、既成教団からは不穏な空気を醸し出す集団として奇異の目をもって見られ、新興教団そのものの発展が恐れられるような状況になってきたのである。

『行状絵図』第三一の最後に、

其後興福寺の欝陶猶やまず。同二年九月に蜂起をなし、白疏をさゝぐ。彼状のごとくは、上人ならびに弟子権大納言公継卿を重科に処せらるべきよし訴申。

〈訳〉

その後、興福寺衆徒の怒りはなおも収まらず、翌元久二（一二〇五）年九月に衆徒が一斉に立ち上がって陳述書を奉げた。その陳情書によると、法然上人および弟子の権大納言公継卿を重い罪に処するよう訴え出た。

と記されているが、この簡潔な文章には、法然の教えを根底から覆す看過できない要素が抜け落ちている。その要素とは、『興福寺奏状』に端を発して、切迫した事態を招き寄せ、朝廷や貴族、衆徒、過激分子の輩を巻き込んで、「建永の法難」へと推移していくという重要性を秘めた出来事である。

公継とは、藤原氏の流れを汲む徳大寺公継（とくだいじきんつぐ）（一一七五～一二二七）のことで、公卿の立場にありながら法然に師事した熱心な念仏者で、門人の中でも指導的な立場にあったらしい。一方で、法然の教えとは別に、公継の人柄や教養を慕ってくる人も多く、小集団を形成していたともいわれている。ただし、個性が強く、周囲の思惑を顧みない行動が目立っただけに敵も多く、ここでいう重科に処すべき奏状の一端を担っていたのであろう。

二．一．興福寺奏状

南都興福寺は、広まりの収まらない専修念仏の全面禁止と念仏広宣の張本人に対する処罰を要求してきた。張本人として指名されたのは、行空と安楽であり、行空は「一念往生の義を立て本願ぼこりを助長し」たこと、安楽は「専修と称し、弥陀以外の教えを認めず、世の中で善と認めているものまで圧迫」したことなどを理由にあげている。

『興福寺奏状』には、その最初に以下の文言が提示されている。

法然聖人流罪事
貞慶解脱上人御草　同形状詞少少
九箇条の失の事
第一　新宗を立つる失。
第二　新像を図する失。
第三　釈尊を軽んずる失。
第四　万善を妨ぐる失。
第五　霊神に背く失。
第六　浄土に暗き失。
第七　念仏を誤る失。
第八　釈衆を損ずる失。
第九　国土を乱る失。
興福寺僧綱大師等、誠惶恐謹言。
　殊に天裁を蒙り、永く沙門源空勧むるところの専修念仏の宗義を糾改せられんことを請ふの状。
　右、謹んで案内を考うるに一つの沙門あり、世に法然と号す。念仏の宗を立てて、専修の行を勧む。その詞、古師に似たりと雖も、その心、多く本説に乖けり。ほぼその過を勘ふるに、略して九箇条あり。

〈訳〉

　法然上人の流罪について、解脱房貞慶が執筆した。その内容を少々、
　九箇条にわたる過ちの内容、第一は新宗を立てる過ち、第二は新しい絵像を描く過ち、第三は釈尊を軽蔑する過ち、第四は万の善を妨げる過ち、第五は日本国の霊神に背く過ち、第六は浄土の教えを暗くする過ち、第七は念仏を誤って広める過ち、第八は釈尊に従う衆生を損ねる過ち、第九は国土を乱す過ち。

　興福寺の僧官や大師等が恐れ多くも誠をもって申し上げます。

　別して上皇の許しを受け、長らく僧侶の源空が勧める専修念仏の根本教義の罪状を改めるように願うための書状。

　右に控えた内容を考えると、一人の出家者がいます。世間では法然と呼ばれています。彼は念仏の教義を立てて念仏のみの行を勧めています。彼の言葉は、古の祖師方に似ているけれども、その内心の多くは、本来の教えとかけ離れている。その過ちについて考えると、箇条書きにして九ヶ条あります。

『興福寺奏状』にいう、九箇条に及ぶ過ちの概要を以下に示す。

第一に、新宗を立てる過ち。

仏教が伝来して以来、我が国には八宗あるが、それぞれに祖師と相承があり、宗を開くには、朝廷の許可を得て天皇の言葉をもって施行されてきた。しかし、源空は伝来の作法を経ずして密かに新宗を立てようとしているのはもってのほかである。たとえ功があり、徳があるとしても、功徳だけでは一宗を開く資格はない。

第二に、新しい絵像を描く過ち。

近ごろ諸所に流布している「摂取不捨曼荼羅」は、阿弥陀仏の光明が専修念仏者だけを照らし出し、「浄土三部経」以外の経典を手にする者は、一人として光明に照らされていない。地獄の絵巻を見て恐れる人は、念仏者以外は浄土に往生できないと思い、仏法の下で善根を修してきたことを後悔するだろう。仏法を修している善人をまどわす絵図をつくってはならない。

第三に、釈尊を軽蔑する過ち。

阿弥陀仏以外の余仏を礼拝することもしなければ、口に余仏の名号（余号）も称えない。余仏とか余号の中には釈尊も含まれている。また安養浄土のあることを教えられたのは、いうまでもなく釈尊なのである。そなたが師と仰いでいる善導も『往生礼讃』に「南無釈迦牟尼仏等、一切の三宝を、今礼拝したもう」と記しているではないか。阿弥陀仏の本師である釈尊の名を忘れ、軽んずるがごとき行為は慎むべきである。

第四に、万の善を妨げる過ち。

釈尊を祖とする法門は、人の能力の浅深によって説かれているが、今、阿弥陀仏の名号だけを取り上げて、他のすべての出離の道をふさいでしまうことは、釈尊の意にそぐわない。専修念仏者は『法華経』を読誦する者は地獄に堕ちるとか、建堂造仏などの善根を雑行として軽んじている。また、阿弥陀仏の本願は広く誰でも救うというが、経典では「仏の教えを謗る者は除く」といって、救済の対象からはずされている。仏法を謗ることは、絶対に許されるものではない。

第五は、日本国の霊神に背く過ち。

仏や菩薩は衆生を救うために、僧や神々に姿をかえて人間世界にあらわれたが、念仏者はこれらを不要の存在であるとする。しかし、上代の高僧たちは自らの教団を守護する神をもち、深く信仰していたのである。源空が神を尊ばないというならば、高僧たちは源空よりも劣っていることになる。このような根も葉もない言葉は慎まなくてはならない。

第六は、浄土の教えを暗くする過ち。

『観無量寿経』では、凡夫が浄土往生するには、仏法に適うことであると説かれ、その他に経典読誦、造像起塔も善根であり、往生行として認めているが、専修念仏者は、これらを雑行として退け、往生は行者の自力ではなく、阿弥陀仏の願力によるという。しかし、仏の力を頼み自分の能力を認知できないのは、愚痴の身の過ちといえよう。浄土往生は、厳しい誡めや心を静めて修する善などの諸々の修行を兼ねてこそ叶うのである。

第七は、念仏を誤って広める過ち。

念仏には口称と心念がある。心念にも心を一つに集中する繫念（けねん）や観念もある。ところが、専修念仏者の説く念仏は口称のみで、繫念や観念を行ずることがない。阿弥陀仏は四十八願で、「十度仏を念ずる者は往生できる」と説いているが、これは本願中の最下のもので、これを本願というのは無理がある。口称と相対する観念の念仏こそ最上のものである。嘘偽りに満ちた行を頼んで往生が決まると思うことは、善導の阿弥陀仏に対する正しい見方とはいえない。

第八は、釈尊に従う衆生を損ねる過ち。

専修念仏者は、娯楽に興じても女犯肉食しても往生できると説き、罪や悪を恐れる者は仏を頼まない人であると言って、弱い人の心を専修念仏に誘っているが、その行為が世の人たちから恨みを受けている。また、末世の沙門は戒行を保たず、破戒を自他ともに許しているが、念仏者の中にも戒を保っている人がいるという。破戒を旨とし、道俗の心に叶うといって、歓心を買おうする行為は仏法を破滅に陥れる大罪そのものである。

第九は、国土を乱す過ち。

王法と仏法は車の両輪のようであるとはいえ、既に戒定慧の三学は廃れ、国土も破滅の危機にある。この時期に諸宗は念仏に異心をもたないが、ただ専修念仏者の方で諸宗を嫌い、同座しようとしない。今や専修念仏と諸宗とは、水と火のように並びがたい関係にある。もし、後世に専修念仏が隆盛すれば、たとい停廃に及ばなくても、八宗は無に帰してしまう。今の状態が続けば、仏法の将来は憂えるべき事態になってしまう。
この度の訴訟は前代未聞といえるが、昨今の惑いを後の世に残さないためにも、八宗同心の者が訴訟という手段をとるのはやむを得ない。望むらくは聖断により諸国に仰せを出し、沙門源空が勧める専修念仏の宗義を糺し、改めるようにしてもらいたい。

『興福寺奏状』の文章は、仏教の戒律や教えに違背する専修念仏の過失を中心に据えて、新興教団が一宗を別立することは理に適っていないことを理路整然と説き明かしている。当時の仏教の論理に照らし合わせても、内容に誤りはなく至極当然な主張であった。

この奏状は、法然一門による専修念仏と念仏往生の提唱が顕密諸宗に対して、きわめて大きな脅威を与えていたことを示すものであり、攻撃の対象は、法然というよりも、むしろ法然の教えを曲解して、これを専修念仏と称して布教に利用したとされる過激分子に対して向けられていた。すなわち、奏状の第三、第四、第五、第七では、専修念仏の徒が念仏以外の一切の信仰を否定し、極端な例では、第八のように、罪業深き悪人でさえ救済されることから、戒律や道徳は無視してよいと考える狂信的な人々が含まれていたからである。

さらに、奏状は洛中や周辺での浄土の教えはまだ穏やかなものであるが、北陸や東海などの地方では盛んに破戒が行なわれていると訴えている。これは、第一、第五、第九で「王法すなわち仏法」の立場に立って、常に鎮護国家の思想を重視していた既成教団にとって、強い危機感を煽るものであった。ここでは、南都北嶺の八宗が協力して国を護ることが日本仏教のあるべき姿であるから、すべての経典・経論を踏まえて、それぞれの立場で得るところがあるとする教学大系を尊重している。しかし、特殊な教説を選びだして、それに固執するという信仰姿勢は異端の説で容認できない、という主張が明確に示されている。

また、この奏状に以下のような副状が一通添えられており、その内容は専修念仏の停止と法然およびその門人の処罰を朝廷に請うものであった。

> 叡山、使を発して推問を加うるの日、源空筆を染めて起請を書くの後、かの弟子等、道俗に告げて云く、「上人の詞、皆表裏あり、中心を知らず、

外聞に拘はることなかれ」と云々。その後、邪見の利口、全て改変なし。今度の怠状、また以って同前か。奏事、実ならざれば、罪科いよいよ重し。たとひ上皇の叡旨ありとも、争でか明臣の陳言なからん、者、望み請ふらくは、恩慈、早く奏聞を経て、七道諸国に仰せて、一向専修条々の過失を停止せられ、兼ねてまた罪過を源空ならびに弟子等に行われんことは、者、永く破法の邪執を止め、還って念仏の真道を知らん。仍って言上件のごとし。

〈訳〉

比叡山が使いを出して罪を問いただした日に、法然が筆を執って起請文を書いたが、その後で、法然の弟子たちが「上人の言葉にはすべて裏表があり心の底が分からない。世間の噂に関わってはいけない」と、僧侶や俗人に言って回った。その後も、道理を無視した巧言を改変する兆しはなかった。この度の詫び状も同じ事の繰り返しである。奏状の内容にしても真意でないならば、重罪となる。たとえ、上皇の考えであるにしても、どうして知に長けた臣下からの達しがないのか。さて、お願いしたいことは恩と慈しみをもって、早急にこの奏状を通して全国津々浦々に命令されて、一向専修に対する各条項の過失を停止されて、さらに法に背いた行為を法然やその弟子たちに問うこと、あるいは法を犯すという邪で凝り固まった考えを末永く止めさせること、これらは本来の念仏の真の道を知らしめることになります。よって、上記のように述べた次第です。

新興教団の過激分子は、各所で『七箇条起請文』は法然の真意でなく、争いごとに巻きこまれないための「方便」であると主張し、このたびの詫び状は虚偽の申立てであると言い触らしている。このように奏状の内容が不実であれば、罪科はいよいよ重くなり、たとえ上皇（後鳥羽院）の叡慮（天子の考えや気持）があっても明臣がこれを改め、九箇条の過失を追及し、法然や門弟を処罰すべきである、と八宗同心の者が訴えている。この度の奏状は前代未聞といえるが、後の世に悔いを残さないためにも、訴訟という手段をとるのはやむを得ない。望むらくは聖断により諸国に仰せを出して、全国的規模で、沙門源空が勧める専修念仏の宗義を糺し、改めるようにしてもらいたい、というものである。

二．二．上皇の宣旨

『興福寺奏状』の訴えから三ヵ月後の元久二(一二〇五)年十二月二九日に、以下の宣旨が上皇から下されたと『行状絵図』第三一に記されている。

頃年源空上人都鄙にあまねく念仏をすゝむ。道俗おほく教化におもむく。而に今彼門弟の中に、邪執の輩、名を専修にかるをもちて、咎を破戒にかへりみず。是偏に門弟の浅智よりおこりて、かへりて源空が本懐にそむく。偏執を禁遏(きんあつ)の制に守るというとも、刑罰を誘諭の輩にくはふることなかれ。

〈訳〉

近年、源空上人が都や田舎で広く念仏を勧めている。僧侶も俗人も多くの人がその教えに帰依した。しかし、彼の上人の門弟の中に、邪な考えに囚われている人たちが、専修念仏という名に便乗して、戒を犯す過失を反省することもない。これはまったく門弟の浅智恵から起ったことで、かえって源空の真意に反している。偏った見解を禁圧する勅命は守るべきであるが、人々を念仏に導く仲間に刑罰を加えてはならない。

この宣旨によるかぎり、「専修」という名を掲げて、破戒の行為をあえてするのは、法然門下の一部の「邪執の輩」のなせる業であり、今回の処置は彼ら偏執者に対するものであって、法然自身に対する処分でもなければ、専修念仏を禁止するというのでもない。ただ邪な考えのみを禁止しようという抽象的な内容に仕上がっている。

『興福寺奏状』に対する宣旨は、後鳥羽院の院宣であるというが、これは形式上のもので、現実の発令者は摂政九条良経である。良経は、九条兼実と藤原季行(すえゆき)の娘の子として、嘉応元（一一六九）年に生まれた。文治四年に兄良通が早世したため九条家の嫡子となったものの、元久三（一二〇六）年三月七日に三八歳の若さで急逝する。号は中御門殿、後京極殿と呼ばれる。建久七（一一九六）年に父兼実の失脚に際しても九条家のうちで一人朝廷にとどまり、近衛家執政のもとに累進して、建仁二（一二〇二）年に通親が死去したのを機に、後鳥羽上皇の意により摂政となり、元久元（一二〇四）年に太政大臣となる。

良経の手になる宣旨は、法然に傾倒している九条兼実の次男であったためか、専修念仏の禁断ではなく、むしろ法然を頭領とする専修念仏者を擁護する内容となっていた。結果的に、為政者側の目論見は衆徒側に見破られることになり、新興教団の罪科を問うという主題を忘れて、為政者と衆徒の面子に関わる泥仕合へと方向転換していくことになる。これというのも、興福寺は藤原一門の氏寺であり、元久元年当時の摂政は藤原家所縁の九条良経であったことから、宣旨が下されて以降、藤原一門に朝廷が加わって、彼らと衆徒との争いという、解決の糸口がつかめない状況が数年間続いていく。一方、奏状の中心人物である法然の行動は、延暦寺に起請文を提出して、事を穏便に収めようとした時のように、門弟に教誡を与えた形跡がない。全国規模で八宗同心の衆徒が訴訟に及んだにも関わらず、奏状に対する新興教団の対応や宣旨の内容に納得がいかない場合は、既成教団が実力行使に出ないとも限らない。

『興福寺奏状』は、いずれも無智文盲の庶民の手にわたる仏法の衰微を憂えた衆徒側の制作ではなく、藤原一門の氏寺である興福寺の貞慶によって、新興教団に好意をもつ為政者側の配慮が垣間見える内容に仕立て上げられていた。奏状の発案者である衆徒が訴えるのは、法然の弟子の仏法に違背する振る舞いであり、その指導的立場にある法然にも責任があるというものである。しかし、為政者側は、通憲流を受け継ぐ法然を守り切るというのが本音であることから、奏状も宣旨も衆徒の訴えを踏襲しつつ立場を変えて表現しただけの自作自演の内容となっていた。

『興福寺奏状』に対する宣旨が、権門側の自作自演であるとするならば、そのような行為に至らざるを得なかった理由があるはずである。その理由は、法然の弟子といわれる過激分子こそ排除すれ、法然その人は権門側に信頼され重要視されていたことから、両者を明確に区分して罪状を明らかにしなければならない。この手掛りになる文言が、『行状絵図』第三一の最後で、

君臣の帰依あさからざりしかば、たゞ門徒の邪説を制して、とがを上人にかけられざりけり。

〈訳〉

天皇や朝臣たちが深く帰依していたことから、ただ門人たちの邪な考え方を禁止しただけで、上人に罪を掛けることはなかった。

と結び、宣旨が法然に罪を着せるのが目的ではなかったと解釈して終わっている。「君臣の帰依」とは、『行状絵図』に頻出する天皇や上皇、貴族との師檀関係を鼓舞した接し方ではなく、法然の力の及ばない権門側の内部で発生した法然擁護の動きを現わしている。ある意味、「無観称名義」を基準にした判断であるともいえる。

このような状況に至った原因を探ってみると、奏状以前の建久二年（一一九一）年頃から貞慶が、兼実に逢っていることが『玉葉』に記されている。建久二年二月二三日、同年五月二二日、同年十月十一日の記録によると兼実が、貞慶を月輪殿に招くこともあれば、氏寺の興福寺で貞慶が誦経導師として講じることもあった。おそらく、『玉葉』の記録が途絶える建仁元（一二〇一）年以降も、彼らの交流があったものと思われる。兼実は、貞慶が彼らの交流と世間の評判を通じて信頼に値する学僧であること、および「大原問答」や「東大寺講説」を聴聞していて法然の思想に明るいこと、法然の影響を受けて建久四（一一九三）年に笠置に隠遁したこと、興福寺に籍を置いていたこと、など衆徒の考えや行動に精通していることを勘案して、貞慶に『興福寺奏状』の起案を依頼した。貞慶は、奏状に応えるかたちで「上皇の宣旨」の創案を良経に提示して、衆徒の強訴と朝廷の裁量とを一まとめにした筋書きを仕組んで、衆徒を納得させたうえで訴えを和らげようとしたのである。

『興福寺奏状』と「上皇の宣旨」がまとめて企画されたのは、当時の衆徒が僧兵という強大な兵力をもって、寺院内や寺院間のみならず巷にも跋扈していて、事ある たびに朝廷に強訴したり、洛中で騒ぎを起こしたりして手の付けられない横暴な振る舞いを頻繁に繰り返していたことによる。彼らのそうした行動は執拗で、一旦怒らせてしまうと、納得がいくまで手を変え品を変えての手段を択ばない嫌がらせが続いたため、彼らの面子を傷つけない範囲での対応策が迫られたことによる。

しかし、興福寺衆徒がそれらの演出を見破ってか、興福寺に所縁のある貞慶をあからさまに糾弾することもできないまま、再三念仏停止を上訴するかたちで挑んできた。訴えの矢面に立たされたのが、九条家の事務方を務める三条長兼である。彼は、上皇、衆徒、貴族の間を巡って調停役を務めるものの、通憲流聖の擁護を考慮しての抜き差しならない混乱の渦中へと追い込まれていく。

三．裁く側の懊悩

『興福寺奏状』の提出を受けて「上皇の宣旨」が下されたものの、その内容は法然やその教団に有利なものに仕立て上げられていた。驚いた興福寺衆徒は、彼らの代表である三綱（寺院の管理運営や僧尼の統括にあたる役職）・五師（寺務の運営や法会の中核となる五人の役僧）を立てて、訴えの窓口であった三条長兼のもとに押しかけて宣旨の内容を批判した。ところが長兼は三綱・五師に対し、法然に有利な宣旨といわれるが、『興福寺奏状』の趣旨に違背していないと明言している。この処置に不服な興福寺衆徒は、訴える側の貞慶と裁く側の長兼や良経による応答に納得がいかず、再三再四にわたって長兼との交渉を重ねている。

しかし、貞慶は通憲の孫に当たることから、長兼と貞慶とは従兄弟の間柄である。このように、原告（解脱房貞慶）も検事（九条良経）も裁判官（三条長兼）も何れも裁く側が、同じ藤原一門で構成されていて、新興教団の被告側と真の原告ともいえる衆徒の意向を差し置いて審議されることによって、奏状に対する調停が、朝廷、貴族、衆徒を巻き込んで抜き差しならない状況に追い込まれていくことになる。今回の奏状と宣旨に関する限りは、訴える側も裁く側も藤原一門であり、通憲流に関わる同族の一人芝居のそしりは免れない。

三．一．三長記

「上皇の宣旨」以降の消息を『行状絵図』は明らかにせず、「君臣の帰依」という簡単な文章で終わっていて詳細を知る術をもたないが、法然を蚊帳の外に置いての上皇、貴族、既成教団の動きを記録した『三長記』という日記がある。『三長記』は三条長兼の作によるもので、彼は父を中納言葉室流藤原長方、母を少納言藤原通憲の娘とし、兼実、良経の二代にわたって公卿として摂関九条家の家司（けいし）を務めている。

長兼の『三長記』は、建久六（一一九五）年から建永元（一二〇六）年までの十二年間の記録が欠損部分はあるものの史料として現存している。その内容は、後鳥羽院政の朝務や政務、浄土宗の台頭や宗教界の実相など、主に為政者側の事務的な作業内容が記録されている。この記録から『興福寺奏状』に関係した人々の横のつながりについても明らかにできれば、念仏停止の経緯をより広い範囲で把握することができるであろう。

『三長記』は、法然と新興教団の処罰をめぐって、権門側の抱く懊悩を語って余りある史料である。その中から長兼と興福寺側および良経の宣旨を巡っての揉め事について、検証するに値する資料を拾い集めてみると、以下のように時系列的に整理することができる。

元久三（一二〇六）年二月十四日に、院宣を下して行空・安楽を召し出す旨の御教書が長兼に届く。

元久三年二月十六日に、良経以下の諸卿が念仏宗停止の口宣について評定する。

元久三年二月十八日に、長兼が良経から念仏宗口宣について良経の許可を得る。

元久三年二月十九日に、長兼が念仏宗口宣について貞慶に問う。

元久三年二月二十日に、興福寺の三綱・五師が念仏宗宣下につき摂政良経に強訴する。

元久三年二月二一日に、興福寺の三綱・五師が長兼の怠慢を指摘し、罷免を求める。

元久三年二月二二日に、良経から勅定の趣を得た長兼が、興福寺の三綱・五師を召してこれを伝達する。

元久三年二月二五日に、長兼らが念仏宗口宣の文言を検討する。

元久三年二月三十日に、宣旨を下して行空・安楽両人の罪名を明らかにする。法然が行空を破門する。

元久三年三月七日に、良経が急死。

元久三年三月十日に、近衛家実が摂政に任ぜられる。四月二七日に元久から建永に改元。

建永元（一二〇六）年五月二七日に、家実が長兼を召し、前議によって宣下を奏すべき旨を指示。

建永元年六月五日に、重源が八六歳でもって東大寺で寂す。

建永元年六月十三日に、長兼が九条兼実に念仏宗に関する子細を言上する。

建永元年六月十九日に、後鳥羽上皇が念仏宗宣旨の仰詞を諸卿に諮問する。

建永元年六月二一日に、諸卿が念仏宗宣下について答申する。

建永元年六月二六日に、長兼が念仏宗宣下の案文を家実に提出する。

建永元年六月二八日に、専修念仏の人々が院に申状を提出する。
建永元年七月に法然が吉水を出て小松殿に移る。
建永元年八月五日に、興福寺の三綱が念仏宗停止の宣下を促す。
建永元年十二月九日に、住蓮・安楽が鹿ケ谷で別時念仏をはじめ、院の留守中に女房を出家させる。

『三長記』を見ると、新興教団を巻き込んだ公卿と衆徒の調整は、風雲急を告げる勢いで進められたものの、肝心の専修念仏停止の奏状を論じるのではなく、互いの面子にこだわった処置の仕方へと変質し、引き際の時期さえ予測できない状況に陥っていくことがわかる。ここでの念仏宗とは、念仏の教えという意味ではなく、過激分子による専修念仏の広宣活動や大凡法然の教義とは異なる異端の輩のことである。

『三長記』から法然を取り巻く人々の動きを紐解いてみると、宣旨の翌年の元久三（一二〇六）年二月十四日に興福寺衆徒の働きかけにより、専修念仏についての御教書が蔵人頭三条長兼にもたらされた。御教書には、法本房行空と安楽房遵西の両名が偏執した念仏勧進の張本人と名指しされていた。ここでの両人は新興教団の急進派と認められ、両人を召し出すようにという内容であった。職事として本件を奉行する長兼は、これ以後しばしば良経の許に赴き、念仏宗（過激分子の総称）の口宣について度々意見を述べて、良経の指示を仰いでいる。

この間の事情は、長兼の日記『三長記』元久三年二月十四日条によって、ある程度うかがい知ることができる。

新宰相ノ御教書ヲ送ル（院宣ナリ）。曰ク法々（法本房）安楽両人ヲ召シ出スベシ。又高野ノ悪僧覚幽、同ジク配流セラルベキナリ。件ノ法々安楽ノ両人ハ源空上人ノ一弟ナリ。安楽房ハ勧進諸人。法々房ハ一念往生義。ヨッテコノ両人ヲ配流サルルノ由、山階寺（奈良の興福寺）ノ衆徒、重ネテ是ヲ申立ツル沙汰カ。

〈訳〉

家司からの新たな奉書が院の宣旨として送られた。中には法本房と安楽房の両人を呼び出すべきこと、また高野山の悪僧覚幽（かくゆう）を呼び出して配流に処すべきことなどが述べられている。ここでいう法本房と安楽房の両人は法然の弟子である。安楽房は庶民に仏道を勧め、法本房は一念往生の義を説く。よってこの両人を配流に処することを興福寺の衆徒が重ねて申したてた事件である。

ここでは、宣旨の内容に業を煮やした衆徒が、抽象的な念仏停止ではなく、具体的に罪人の名を挙げて彼らの処罰にまで言及している。彼らが問われている罪科とは、当時の「僧尼令」に基づくもので、この令は既に養老二（七一八）年に制定されていて、仏教を律令国家体制に組み込むために、既成教団が連綿と受け継いできた僧尼統制の法令である。

衆徒が訴える内容から、僧尼令の罰として以下の二ヶ条が思い浮かぶ。

第五条　凡そ僧尼、寺院に在るに非ずして、別に道場を立て、衆を聚めて教化し、并て妄りに罪福を説き、及び長宿を殴撃せらば、皆還俗。

第二十五条　凡そ僧尼、百日苦使を犯すこと有りて、三度経たらば、改めて外国の寺に配せ。仍りて畿内に配入することを得ざれ。

〈訳〉

第五条　僧侶たるもの、寺院を離れて、寺院以外のところに道場を立て、庶民を集めて教化し、併せて妄りに善悪を説き、先輩を殴打すれば、全て俗人とする。

第二五条　僧侶たるもの、百日の苦役に背くことが三度に及ぶならば、改めてよその国の寺に配流する。もって近畿内に留まってはならない。

訴え出た衆徒は、あくまで僧尼令に基づいて軌範を維持しなければ、連綿と受け継がれてきた王法・仏法が混乱に瀕して維持するのが困難になるとの思いから、訴えを起こすという行為に出たのである。しかし、奏状に対する改善の気配が全く感じられないことから、危機感を抱いた衆徒が僧尼令に反する行為を明らかにして処罰の対象と内容を明確にしたのが、今回の奏上なのである。衆徒が危機感をもたざるを得なくなる状況にまで、安楽・行空の専修念仏活動は巷に浸透していたことがうかがえる。

三．二．長兼の苦悩と采配

三条長兼は、藤原一族と関係している法然一門に対して同情的であることから、続く文章で、法然の説く念仏

往生の教えを裁かねばならない苦悩を吐露している。続けて、

ソノ操行ニ於テ（安楽や行空が）タトエ不善ヲ為スト雖モ、勧ムル所、執スル所、タダ念仏往生ノ義ナリ。コノ事ニヨリテ罪科ニ行ワル。痛哭スベシト云々。コノ時ニ当リ、コノ事ヲ奉行スルハ先世ノ罪業ノ然ラシムルカ。

〈訳〉

安楽や行空の志と行いがたとえ不善であるといっても、勧め打ち込むところは偏に念仏往生の条理に過ぎない。このことで処罰が行われようとしている。この時期にこの事件を担当するとは前世の悪行のなせる業か、非常に嘆かわしいことである。

周りの状況から長兼の苦悶を想定してみると、行空・安楽の品行が善くないとしても、庶民を往生させたいという素直な気持で念仏を勧めたのであって、念仏も仏法の一つであるからには、念仏の広まることは、仏法の広まることにもなる。念仏を勧めたというだけで、罪に問われるとは嘆かわしいことだ。しかもこの時点で、私が念仏禁止の調停役を仰せつかるとは、先世の罪業の報いであろうか、と落胆の思いを込めている。

長兼は、念仏宗に処分を下す側の責任者の一人として、自己の職務と自己の信念との板ばさみを痛感していた。藤原北家葉室流に属し、葉室顕隆の曽孫に当たる長兼にとって、興福寺は「氏寺」であり、その氏寺が念仏禁断の処置を要求してきたのである。その最中、長兼が職事として院宣奉行の責任者となった。長兼としては、氏寺である興福寺側に加担して、要求が実現するように便宜を計るべきであろうが、長兼自身は興福寺の三綱・五師による、念仏を盾にして仏教を無視したかの訴訟内容に懐疑的であった。

長兼の訴訟に対する懐疑的な態度は、すぐさま興福寺側の感知するところとなった。折しも、三綱・五師は、先の宣旨が寛容な内容に終始したことで、興福寺衆徒を納得させることができなかったが、その背後に長兼の意図があると考えていた。興福寺には念仏宗を根こそぎ撲滅しようとする急進的な衆徒もいたことから、次の訴訟に臨んでは長兼を排除し、三綱・五師が衆徒を代表して、

良経に直訴し、有利に事を運ぼうと計画していた。このように長兼と興福寺との間には、既に深い溝ができており、長兼の苦悩は深かった。

長兼は、二月十六日に後鳥羽上皇が念仏宗に口宣する内容を評定し、十八日にその内容を良経に相談したところ、「大略神妙」という許可を得ている。二月十九日に洛中の南堂へ出仕した貞慶に会って、衆徒の非難が穏当でないことを強調したが、逆に貞慶は念仏宗への寛宥な処置が訴訟の本意に背いていたとの反省を述べている。

長兼が調整を行っている矢先の二月二〇日に、興福寺の三綱・五師らが、衆徒の代理として念仏宗口宣の内容が不適当であると良経に強訴し、その原因が長兼の怠慢にあると主張した。二月二一日には、興福寺三綱の二人が、衆徒の使として長兼を訪ねて、彼らの願望や長兼を排除する理由などについて話した。その日、長兼が良経の許に参ずると、興福寺五師の四人、三綱の六人が、衆徒を代表して来ていた。彼らの言い分は、長兼の介入により、念仏宗の口宣が寛大になることを恐れ、直ちに長兼を除外するように、良経に申し立てたものであった。しかし良経は、「手続きが違う」とばかり、長兼を経て言上するのでなければ、受付けないことを三綱・五師に厳命した。

良経を前にして、長兼は三綱・五師に向って、

職事ガ宣旨ヲ下スノ習ハ、一言一字御定ニ非ザルヲ載ズ、而ニ私詞ヲ加ルノ由衆徒邪推ヲ成ス、藏人頭ニ補サレテ已五代ヲ継踵ス、重代奉公ノ家、此程ノ事ヲ不辨ニ争フカ、衆徒ノ申状ハ東西ノ不辨ノ如シ、山寺法師之所言ハ左道ナリトえモ、訴訟ハ不盡者。

〈訳〉

職事が宣旨を下す場合、一言一句、決められた以外のことは載せない習いになっている。事情を知らぬ興福寺の衆徒は、私の詞を加えたなどと邪推をしているが、そもそも蔵人頭に補任されて以来、自分（長兼）で丁度五代目になっている。代々奉公の家に生まれた自分が、どうして、この度の事を処理できないと争うのか。衆徒の申状は、世情に暗いようで、山寺法師の言葉はとりわけ邪道である。訴訟は意に反するものである。

と一蹴したことが『明月記』元久三（一二〇六）年二

月二一日条に記されている。

蔵人頭三条長兼の自信に満ちた痛撃に遭って閉口した三綱・五師は、

衆徒ハ氏院別當ヲ爲ニ依リテ、一旦愁申許ヤ、然而此ノ如キ仰下ヲ被ルノ上ハ、沙汰ヲ申サズハ、猶申シ付ケルベキハ、定メテ承伏シガタイ、只参洛に及ブベキナリ、已朝家ノ大事ナリ。

〈訳〉

貴殿が氏院（勧学院）別当であればこそ、念仏宗の件について愁訴するのである。しかし、ひとたび愁訴した上は、何の沙汰もないというのであれば、衆徒も承伏しないであろう。我々がこのように洛中に参ったのは、朝家の大事と思えばこそである。

と苦衷を述べた。三綱・五師にも長兼と同じように事を穏便に済ませたいという思いから強訴に踏み切ったのである。そのことを理解してほしいとの弱音が吐露されている。長兼が使者の言葉を良経に伝えたところ、良経は衆徒の使者にも訴えを起こした以上、全面撤退できないという面子もあることだから、長兼にさらなる申し分を聞くように指示した。

その結果、三綱・五師は、以下のような半分納得したような態度を取っている。

源空ハ佛法ノ怨敵也、子細度々言上シ了、共ノ身、并弟子ノ安樂、成覺、此弟子未ダ名字ヲ知ズ、住蓮、法本等、罪科ガ行レルベキ、源空ハ諸教ヲ謗ゼズノ由起請ヲ書キ進メ云々、共後所々に於テ猶謗訕ヲ止メズ、已奏事ハ不實、違勅ト也、尤モ罪科ガ行レルベキ、當時披露ノ宣下の状中、源空上人ノ由之ヲ載ラル、上人トイフハ智ト徳ヲ兼者也、源空ハ僻見不善ノ者也、門弟ノ浅智ヨリ起シ、源空ノ本懐ニ背ク、此句ハ叉源空ニ過怠無キニ似ル、叉漫ニ制罰ヲ誘諭ノ輩ニ加フル莫レノ句、偏執之由ヲ禁ズニ見ルト雖モ、載之間カラ罰之由ヲ罰セズトハ、念佛宗ノ輩各雄ヲ称シ、彌不善ノ心、叉猶念佛宗ノ宗字、専修名號、停止之由ヲ被ルベシ

〈訳〉

源空（法然）は仏法の怨敵であり、この理由については、すでにたびたび言上している。また源空および門弟の安楽・

成覚房幸西・住蓮・行空らは罪科に処すべきである。源空は、諸教を誹謗せぬ由の起請を進めたというが、しかしその後、所々において誹謗を止めない。従って源空の奏事は不実であり、違勅といわねばならない。当然、罪科に問われるべきである。先般の宣下の中に、「源空上人」という言葉が用いられているが、上人というのは、智と徳とを兼ねた者のことである。ところが法然は、僻見不善の者である。「門弟の浅智より起こり、源空の本懐に背く」という文句も、源空自身に過怠がないように受けとれる。また、「漫りに制罰を誘諭の輩に加ふる莫れ」という言葉も、一方で門弟の偏執を禁じながら、他方で罰すべからずというのでは、念仏宗の輩が各々勝れていると偽って、いよいよ不善の心を増長せしめるであろう。なお、「念仏宗」の「宗」の字と、「専修名号」を使わないようにしていただきたい。

三綱・五師は、良経と長兼の対応に納得したものの、衆徒に対する面子を守るために、宣旨の内容を糾弾するのではなく、宣旨の言葉尻を細かく指摘して修正を迫っている。すなわち、「上皇の宣旨」に対する衆徒側の批判としては、文章の前後のつり合い上、諱の源空を用いなければならない部分を除いて、法然の呼称には、房号の「法然」ではなく、尊称である「上人」が使われていること、法然本人に対する非難ではなく、多くは弟子の問題行動が挙げられていることなど、法然を罪人として扱っていないことを指摘し、これらを考慮した文言に修正することを要求してきたのである。一方、貞慶が奏上を著した目的も、衆徒の指摘するように、法然本人よりも放埒不埒な行動を繰り返す過激分子を批判するためであって、法然に対してはその行動の原因となっている専修念仏義の一部を見直すように朝廷へ働きかけたに過ぎない。

『行状絵図』第三一に記載された宣旨の内容は、要点だけを述べたにすぎないが、『三長記』元久三年二月二一日条では、法然をたたえたり、擁護したり、罪科を緩めるような用語が頻出しているというのである。衆徒の使者は、これらの法然や新興教団に有利な用語を、次の宣旨には載せないで欲しいと強く希望した。使者の申し分を聞いていた長兼は、すぐに良経に報告したところ、良経は、此ノ旨御奏聞有ベク、佛法興立ヲ以テ悉ク此ノ訴訟ヲ成ス、仍テ御沙汰ノ由有ベキ、御氣色有ル歟、宣下状ニ於テハ、大略訴訟ニ背カズト雖モ、吹毛ノ難也

〈訳〉

この事をそのまま奏聞すべきである。興福寺側の今回の訴訟は仏法興隆のためといえるが、念仏宗の宣下においては、ほぼこの訴訟に背いていない。しかし、例え小さな指摘であっても摘出して吟味する事。

などと語って、三綱・五師の指摘する用語については、適宜対処した上で自身の書いた宣旨を通すように指示している。

翌日の二月二二日に、良経から勅定の趣を伝えられた長兼は、気をよくしたのか、興福寺の三綱・五師を召して、

先度宣下ノ状更ニ衆徒奏状ノ趣ニ背カズ、汗ノ如キ綸言改メ難イト雖モ、本解ノ條々ヲ以テ載ノ由ヲ申スベキ歟、都テ此ノ訴訟ハ佛法興隆ノ為ニ言上ス、仍テ默止シ難ク、且又先ノ宣旨未ダ諸國ニ施行サレズ、以テ本解ノ條々御計有リ、重テ改ベキ也、源空以下罪科ノ事ヲ行ウベキ、佛法滅亡ノ基ノ由ヲ為シ、訴エ申ニ依ル、此沙汰ニ及ブト雖モ、彼輩ノ勤ル所又念佛也、此科ニ依リ刑罰ノ條ヲ加ルハ、又物議ニ背クト雖モ、一弟中ノ安樂、法本、此ノ両人ニ於テ、偏執ガ傍輩ノ由ヲ過グ其聞有リ、罪科ヲ行ウベキ也、衆徒訴訟スト雖モ、以モ申ス如キ裁許無キ、而モ佛法興隆ノ志カラ起ル、仍テ大略申請ニ任テ計ノ御沙汰有ルベキ也、重テ御計ノ上デ、又子細ヲ申スベカラズ。使五師等有悦送、可披露此旨之由令申。

〈訳〉

先度の宣下は、興福寺衆徒の奏状の趣旨に背いているのではない。心血を注いだ詔は改め難いのではあるけれども、特に今度の本解文の条々を載せられるのである。すべて今回の訴訟は、仏法興隆の為にすることであり、従って黙止しがたく、かつ先度の宣旨は、いまだ諸国に施行されていないので、本解文の条々を以って計らわれた結果、重ねて改められる。仏法滅亡の原因を作ったという理由で、源空および門人の罪科を訴えているが、しかし念仏宗の輩の勧めるところも念仏である。もし右の理由で、彼らに刑罰を

加えるというのであれば、物の道理に背くことになる。しかし法然の門弟の中でも、安楽と法本（行空）の両名は、偏執が傍輩（同行同門）以上に過激であるとの評判があるので、罪に問われることになった。興福寺衆徒が訴訟するからといって、必ずしも言上のとおりに裁許があるわけではない。事は、仏法興隆の志より起きたのであり、およそ申請の通り御沙汰があるであろう。とにかく重ねてお計らいの上での沙汰であるから、文句をいうべきではない。使いの五師らにこの旨を披露するよう申し付けて悦びをもって送った。

ことが記されている。この度の訴訟や宣旨は互いに仏法や朝廷のことを真剣に考えての行動であり、言わんとするところは同じである。修正すべきは修正し、安楽・行空については指摘の通り罪科に処す、との返事に五師は納得して帰り、衆徒に報告したという。

良経は、衆徒の使者が上訴する都度、これらを宥めたり突っぱねたりしてあしらってきたが、最終的に、先の宣旨の中で法然を、「源空上人」と上人付けで呼んだこと、「門弟の浅智よりおこりて、かえりて源空の本懐に叛く」と表現したことも不当と認め、それらを再宣旨の折に改めることで結着したのである。

興福寺衆徒の使者は、訴訟が取り上げられたのみならず、要望通りの措置がとられることを知らされて満足し、衆徒一同に披露したいと申し出て長兼の許を辞去した。その後二月二五日、念仏宗の宣旨について、良経を中心にして慎重に評定が重ねられ、院からも理由があれば、口宣を改めるようにとの指示があった。

良経と院の意向を汲み取った長兼は、『三長記』元久三年二月三〇日条に安楽、行空の罪名について、以下のように上申している。

沙門行空忽チ一念往生ノ義ヲ立ツ、故ニ十戒毀化之業ヲ勸ミ、恣ニ餘佛ヲ謗ジ、其ノ念佛行ノ進ヲ願ウ、沙門遵西ハ専修ノ毀ニ隠レ餘教ヲ破ス、雅執ニ任セ衆善ヲ遏妨ス、明法博士ニ宜令シテ件ノ二人ノ罪名ヲ勘申ス、

藏人頭左中辨藤原長兼奉、

件ノ兩人ハ、遵西者安樂房也、行空者法本房也、行空ニ於テハ殊ニ不當ニ依テ、源空上人ガ一弟ヲ放シア。

〈訳〉

出家者の行空は、忽ち一念往生の義（一念義）を立て、故に十戒を貶める業を勧め、ほしいままに余仏を謗り、この念仏行の発展を願う。出家者の遵西は、専修と称し、その他の教を否定し、見栄えの良さに任せて多くの善事を妨害した。律令を専攻する教官に両名の罪を調べて上申する手続きをとった。これら両人、遵西とは安楽房で、行空とは法本房である。役所の長官である藤原（三条）長兼が奉げる。ところで行空は殊更に不当という理由で、法然から弟子をはく奪された。

結果的に、安楽と行空の罪状が明らかにされたことと、法然が行空を破門したことによって、衆徒と貴族との双方の面子は立ち、ひとまず落とし所を探り当てて事なきを得ることができた。

『三長記』からうかがえることは、記録としての価値以外にも、法然を如何にして擁護するかという命題に取り組まざるを得ない貴族の悩みが見え隠れする。長兼は、兼実の命とはいえ、過激分子を排除しつつ法然を擁護し、衆徒の訴訟に応えるなど、調停役としての手腕が問われているのである。しかし、良経や貞慶による自作自演の素人芝居も衆徒に見抜かれたからには、長兼自身が信奉する法然を政務上の計らい事として、規則通りに処理するには大きな抵抗があったものと考えられる。長兼の政務と信条の板挟みを記録した『三長記』は、法然が朝廷や貴族社会に受け入れられていたことを証明する有力な史料でもある。

三．三．周辺の不穏な動き

念仏宗の口宣について、協議が重ねられつつある元久三（一二〇六）年三月七日に、良経が急死した。良経の急死と兼実の最晩年の行状を『行状絵図』第三三では、以下のように記している。

去季建永元年三月七日、後の京極殿にはかにかくれさせ給き。御としわづかに三十八にぞなり給ける。これにつきていよいよ今生の事をおぼしめしすてゝ、ひとすぢに後生菩提の御いとなみなり。上人につねに御対面ありて、生死無常のことはりをもきこしめされ、往生浄土の御つとめ功をかさねつゝ、聊御心をもなぐさめ給ける。

〈訳〉

　昨年の建永元（一二〇六）年三月七日に、兼実公の次男九条良経が、突然亡くなった。歳は弱冠三八歳になったばかりである。このようなことがあって、（兼実公は）いよいよこの世の事を心の中で思い捨てて、ひたすら来世の往生を願って念仏を励むようになった。いつも上人に対面して、生死無常の道理を聞いて、往生浄土の勤めを実績として重ねつつ、わずかに心を紛らしていた。

　良経が急死した原因は定かではないが、兼実の弟慈円は『愚管抄』第六で、

　三月七日様モナク、寝死ニセラレニケリ。天下ノ驚キ云フバカリナシ。院限リナク嘆キ思シ召シケレド云フニカヒナシ。サテカ及バデ、コノ度ハ近衛殿ノ子、當時左大臣ニテ、元ヨリアレバ、関白ニナラレニケリ。

〈訳〉

　三月七日のこと、殿は前夜お寝みになったまま、わけもなく亡くなってしまわれたのである。天下の驚きは言葉で言えないほどで、後鳥羽上皇も限りなく嘆かれたのであるが、もう言っても甲斐のないことであった。そして仕方なく、今度は、近衛殿（基通）の子（家実）が以前から左大臣であったことから、彼を関白になさったのである。

　と、甥良経の死によって多くの人が驚き後鳥羽上皇もひどく嘆いている様子を記している。この文面から良経がいかに多くの人々に慕われていたかをうかがい知ることができるが、その三日後、良経に代わって関白の座に就いた藤原家実は、関白近衛基通の長男で、母を坊城顕信の子女顕子とし、治承三（一一七九）年一月二九日に生まれ、仁治三（一二四二）年十二月二七日に没している。彼は温厚な性格で幕府の信任が厚く、「承久の乱」前後の朝廷と幕府の関係修復に努めている。

　慈円のいう「ようもなく」とは、眠ったまま無抵抗で死んだというのであるが、その原因は明らかにしていない。しかし『尊卑分脈』では、良経の名前に添えて、

　頓死ニテミマカリヌ。但シ寝所ニ於テ天井ヨリ刺殺サル。

〈訳〉

　あっけなく死んで往生してしまわれた。それも寝床にお

いて天井から刺殺されたのである。

と記されている。いずれにしても奇怪な頓死というあっけない亡くなりようであったが、天井からの刺殺となると、槍で刺されたかあるいは弓矢や吹き矢のいずれかで暗殺された可能性は否めない。良経が謎の死を遂げた確たる手がかりはなかったが、事件後いち早く検屍に駆けつけた防鴨河使(ぼうかし)長官藤原秀能(ひでよし)の報告によると、小さな疵口で出血が少ないということであったから、毒の吹き矢による寝死であるという説が有力である。

良経が無抵抗のまま殺されたという「吹き矢説」を捨てれば、ごく親しい歌詠み仲間が深夜に寝所へ入ってきて刺殺したとも考えられる。というのは、事件の前年あたりから良経の京極邸に気安く出入りしていた歌人が『明月記』に記されている。そこには、定家自身の他にも清範(きよのり)、源家長(いえなが)、宗宣(むねのぶ)がいて、もう一人秀能もいたという。防鴨河使長官であり歌人でもある秀能は「北面の武士」出身であることから、好戦的な武士の誰かが京極邸へ忍びこんで事を為した後の処理を秀能がつくろったとも考えられる。

ちなみに藤原秀能は、河内守藤原秀宗の子として、元暦元（一一八四）年に生まれ、仁治元（一二四〇）年五月二一日に没している。初めは源通親に仕え、十六歳で後鳥羽院の北面（院中警護）の武士となり、左衛門尉、検非違使尉などを歴任して武人として数々の功績を立てた。同時に歌の才能を後鳥羽上皇に認められ、急速に歌人としての成長を遂げ、院歌壇の常連となって多数の歌合に出詠している。秀能は父母共に関東の有力御家人の家柄であり、彼自身北条氏、三浦氏とも親密な一方で、後鳥羽上皇に近臣歌人として寵愛され、「承久の乱」後も上皇を思慕し続けた。

検非違使とは、平安時代初期以降に主として洛中の非違を検察するために設けられた令外官（律令制下で令に規定されない役所）で、犯人追捕にあたるとともに裁判や科刑も行い、さらに民事的訴訟も受理し、市街の管理や道路、河川の修復ないし検田のような租税収取関係の任務につくこともあった。中央に置かれた検非違使が有効であったことから、地方においても国ないし郡単位で置かれ、神社に置かれることもあるなど、主に治安維持にあたっていた。また、防鴨河使は、検非違使職の一つであり、洛中を流れる鴨河の堤防の維持管理や修補のために置かれた臨時の職である。

結局、『興福寺奏状』を握りつぶした恰好の良経は、業を煮やして直談判に押しかけた興福寺の三綱・五師の話を聞こうともせず、職事の長兼に再宣旨を約束させただけであった。良経の仕業に、憤激した南都の僧たちは、三綱・五師が追い返された直後の三月七日を選んで良経を殺害したとも考えられる。

その後、兼実の指示により、良経の旧領である讃岐と越後の両国が兼実の所領である土佐国に改名されようとしていた。法然が流罪になる一年前のことで、『三長記』元久三（一二〇六）年四月三日条には、

越後・讃岐ヲ以テ、土佐ト申シ替エル。入道殿ノ御計イナリ。抑故殿ノ御事、（後鳥羽）上皇殊ニ御悲歎有リ。彼ノ両国御一忌ノ間、沙汰ニ及ブベカラザル歟。讃州忽チ乱行スベキノ由、ソノ聞エアルニヨリ、入道殿申シ替エ給ウ也。邵伯ノ仁甘棠ニ及ブ。中陰ノ間両国相違ス、痛哭ノ世トイウベキ也。


〈訳〉

兼実公の御計らいによって、越後と讃岐を土佐に替える計画をなされた。良経公が亡くなられて、後鳥羽上皇も嘆かれたが、この両国は一周忌の間は行動を起こしてはならないという。讃岐で早々に不都合な行いをするのは、以上の評判もあって、兼実公は言葉を撤回された。兼実公の配慮は良経の領民に届き、一年間は両国をそのままにすることは心の痛む供養の期間となった。


と記している。讃岐と越後の領民は善政を尽くした良経の死に痛く嘆き悲しみ、一周忌までの一年間は所領を生前のまま維持することになったという。法然が四国の地に足を踏み入れたのは翌年四月に入ってからのことであるが、土佐国に入った形跡がない。兼実の「申し替え」という行為は、制度上配流先に決められている土佐が、都から遠く離れた兼実の意志の届かない辺鄙な土地であり、病を抱えた法然の身を案じて都に近い讃岐を土佐と言い換えたのである。このことから、名目上は法令に準じた流刑を実行したことになる。兼実の行為は、一年も前に法然の流罪を予測しての「申し替え」であった。

元久三（一二〇六）年四月といえば、法然が門人たち

に『選択集』を附属したり、門人たちを離京させたりした後の心寂しい時期であり、前年の十二月頃には法然の病が悪化しつつも小康状態で、明日をも知れないという苦闘の時期でもあった。『選択集』撰述の時も法然の死を覚悟して、兼実が依頼したものであった。兼実は、法然の配流に当たって意気消沈しつつも、病弱の法然に体力を消耗させる行動は不可能と考えて、陸路の山道を越えるか、または太平洋の荒波を渡る以外の選択肢がない土佐を避けて、淀川から穏やかな瀬戸内海を船で渡って、平野部の多い讃岐に滞在してもらおうとの思いから、強引ともいえる「申し替え」の行為に出たのであろう。

また、越後についても同じことがいえる。後述するように、親鸞が玉日姫（兼実の女）と結婚したのは建仁元（一二〇一）年であるから、法然と親鸞の流罪を既に予期していて、罪人の配流先にあてがわれていた土佐と越後を自身の所領にすべく準備していたのであろう。

さて、『三長記』元久三年五月二十七日には、摂政家実が三条長兼を召して、念仏宗の宣下に関しては、今までの事情を詳しく知らないから、前議に従って宣旨を下すように指示した。六月十三日に、長兼は九条兼実に招かれ、念仏宗について意見を求められた。その理由は、前摂政の良経は兼実の次男であったが、新摂政の家実は近衛家の出であり、法然および新興教団に好意を寄せていた兼実としては、この際、長兼を介して院の情勢の報告を受け、また自己の見解を通しておく必要に迫られたのであろう。同月十九日に、家実は興福寺衆徒の奏上による専修念仏宣旨の仰詞について、公卿に諮問すべく御教書を下し、以下の仰詞を回覧して諸卿に意見を求めた。

専修念仏ノ事、源空上人門弟等一向勧進ノ間、還リテ諸宗ヲ誹謗シ、余行ニ於テハ出離ノ要ニ非ザルノ由、遍エニ之ヲ称す。茲ニ因リテ仏法衰微ニ及ブベキノ由、興福寺衆徒之ヲ訴エ申ス。価テ宣下セラルベキ也。其ノ趣キ此ノ如シ。若シ此ノ宣下ニ依リ、念仏マタ衰微セシムレバ、已ニ罪業ナリ。計イ申サルベシ。

〈訳〉

専修念仏とは、源空（法然）上人の門弟たちが人々に一途に勧める中で、諸宗を誹謗し、念仏以外の行は往生の役には立たないことをひたすら吹聴していた。これによって仏法が衰微するいわれを興福寺の衆徒が訴え出た。そのために上皇から宣旨が下された。その事情はこのようであるから。もしこの宣下によって、念仏が衰微するようなことがあれば、既に悪い結果と言えよう。慎重に配慮すべきである。

この仰詞は、『三長記』建永元年六月二一日条の記録で、念仏宗について、この程度の宣下は当然であるが、ただ辺鄙の輩が仰詞の内容を知らず、念仏そのものの停止を宣下されたものと心得て、一人でも信心を翻すならば、すでに罪深い行為といえる。この点について慎重な配慮が必要であろう。とにかく念仏の音が、これ程の沙汰に及ぶとは、専修念仏を広める輩の偏執を考えれば、当然であるという。

公卿たちが、延暦寺や興福寺の衆徒のように、禁断せよと頭ごなしに言いきれなかったのは、禁断することにより信心の心を翻す人のあることを恐れ、また念仏を広めることを禁止することによって仏法が衰微し、人々が本当に念仏を称えないようになって、念仏がこの世から消え去ったとき、その罪の報いは自分たちにもふりかかってくるのではあるまいかという警戒心からであった。一方で、もし自分たちの意見が通って専修念仏が認められ、それによって仏法が衰微したということになれば、その罪は重く身の上にのしかかり、その結果地獄に堕ちかねない仏罰を受けるであろう、という罪悪感をもっていたからでもあった。

諸家の意見を聞いてまわった長兼は、六月二六日に念仏禁止の宣旨の案文を家実に報告し、緒卿に送り再度意見を聞いた。六月二八日には緒卿から出された意見をまとめた申し状を御所に留め、口宣の宣下に向けて手続きの準備をした。

良経が急死してからというもの、兼実の憔悴は目に見えて顕著なもので、『明月記』建永元年六月二七日条には、

　日出づる以前、法性寺殿に参ず。南面の簾中に召し入る。障子を隔てて仰せを蒙る。御音、事の外に尩し。故殿の御事、多く仰せらる。落涙禁じ難し。叉瓜を賜はる。早く行くべき由、仰せらる。えを取り、簾外に出で食し了んぬ。

〈訳〉

日の出前に九条兼実を訪ねるが、南向きの簾の中に招き入れられ、障子越しに語られたその声は事の外弱々しく、亡き子息の良経について多くを語られた。聞いていて涙を抑えることはできなかった。瓜をもらって早く出ていくように催促され、これをもって簾の外に出て食べ終わった。

と、兼実の愚痴ともいえる言葉と痛ましいばかりの姿を描いている。常日頃から悩まされている病弱の身に襲いかかった良経の死によって、兼実はその身の衰弱を加速させ、法然が配流された後の翌年四月七日に死を迎えている。

良経の死によって稟議は一時中断したが、興福寺衆徒としては、あくまで宣旨を出させるところまでもっていきたいと考えていた。それに対し、後鳥羽上皇は、興福寺側も新興教団側も傷をつけることなく処理する方法はないかと思案していた。専修念仏禁止についての興福寺衆徒の活発な動き、および院を中心とする対策の議定など、あわただしい推移の中で、新興教団側から院に対して、不行跡があれば改めたいという陳状が、建永元年六月二八日に提出された。禁止したいと思っている既成教団にとって、こうした申し状が出されて、その処理の手続がとられようとしていることは、出鼻をくじかれることになり、認めることはできない。

そうした二重三重の渦中で、誰もが納得のいく方向を見出したいと思っても、窮状をしのぐ対策を講じることは、所詮無理な話であった。

建永元（一二〇六）年七月に弾圧が避けきれないことを察した兼実は、日頃から小松殿に出入りして親しんでいた法然を招き入れて、小松殿で法然の身の安全を図ろうとした。

このことが『本朝祖師伝記絵詞』巻二には、

同三年七月、吉水を出て小松殿に移り給て、明月を詠じ給ける

〈訳〉

元久三（一二〇六）年七月に吉水を出て小松殿に移って、明月を観て歌を詠んだ。

と記されている。兼実にしてみれば、何時どのように

弾圧が加えられるか分からない無防備な吉水の地に、法然を居住させておいて一喜一憂するよりも、身近な所で世話したいという思いから小松殿を提供したのであろう。小松殿はかつて小松大臣と呼ばれた平重盛の旧宅であったが、兼実の邸宅月輪殿に隣接していたため、平家没落の後は兼実の所有となった別邸である。

八月五日になって興福寺の三綱が、衆徒の使として三条長兼を訪ね、念仏宗に対する宣旨を早急に下されるよう要望してきた。もともと院の方針は、専修念仏に対して寛容であったことから、念仏宗に関する宣下の件も、興福寺側の執拗な要請により、やむなくとられた処置であった。しかし、この緩慢な院の態度について、興福寺側は不満の意を示し、院の遅々としたなまぬるい態度をなじり、速やかに宣下するよう要請した。

三・四・安居院聖覚の眼

朝廷、貴族、衆徒らの鬱陶の最中、新興教団内では、既成教団とも通じている聖覚が仏教者の立場で人に道を説くような文章を遺している。

『行状絵図』第三一では、その最初に、

> 専修念仏の事、南都北嶺の欝陶につきて、上人のべ申さる、むね、その謂あるかのよし謳歌し、衆徒のいきどをりも、次第にゆるくなりしかば、上人、惣じては生死をいとひ、仏道に入るべきいはれ、別しては無智の道俗男女の、念仏するによりて諸宗のさまたげとなるべからざるむね、聖覚法印に筆をとらしめ、旨趣をのべられける状。

〈訳〉

専修念仏に対する南都北嶺の不穏な動きについて、法然上人が申し開きした内容は、然るべき理由があると人々が認めたので、衆徒の憤りも次第に和らいできた。そこで上人は、概して迷いの世界を厭い、仏道に入るべき理由を、特に無智の出家や在家の男女が念仏するからといって、諸宗の妨げにならないということを、聖覚法印に執筆させて、その趣旨を述べた手紙。

を作成したと記している。この文言以下に記されている文章は、『登山状（とざんじょう）』と呼ばれ、聖覚が執筆して比叡山に送られた奏状であると思われる。『元久法語（げんきゅうほうご）』ともいわれ、人を引き付ける雄弁さをもつ聖覚が、人間の情に直接訴えかけるような流暢で美しい対句を使って、「無観称名義」を分かりやすく表現したものである。『登山状』には、奥書がなく、執筆日時は不明であるが、「南都北嶺の欝陶」という言葉で始まり、衆徒の憤りも次第に緩くなったというから、『七箇条起請文』が天台座主に届けられ、『興福寺奏状』が院に届けられてから以降、長兼が上皇と三綱・五師との間に立って根回しをしていた元久年間の頃である。衆徒の憤りが緩くなったというのは、巷間で活動する過激分子とこれに協働する庶民の行動に対応しきれなくなった衆徒が、三綱・五師に代表権を譲って公卿と対峙するようになったことから、巷での衆徒の動きが自粛されていたのであろう。

『行状絵図』第三二には、『登山状』の全文が収録されている。これを要約すると、法然や通憲流聖は、仏教への志をもってはいるものの、諸宗を妨げる気持ちのないことを前置きしてから、輪廻の中でこの世に人として生を受けること、そこで仏教に出会えること、この機会に出離解脱できることに率直な喜びを表明している。しかし、仏教に出会っていても、自分が日常の生活にさいなまれ、煩悩に振り回されていて、それに気づくことができないという、現実の有りようを指摘して、仏教に心を寄せていく必要性を説き明かしていく。

そして、聖道門の理解を述べ、菩提流支（ぼだいるし）と曇鸞の出会いの話を用いて、浄土門へ帰入すべきことを説明し、念仏すべき理由をさまざまな根拠を示して格調高い文章でつづっている。ここでは、浄土門の教義を説き明かすことはせずに、聖道門と浄土門とが互いに争い合っている状況を鑑みて、自己の主張することに固執して、相手を陥れるような行為を反省し、このような行為を慎むように説得している。むしろ、既成仏教の教義は、これらの諍論の虚しさを示すために引用されているといえないこともない。

『登山状』の前半部分では、聖覚が仏法に遇えた歓びと浄土仏教概論および自身の信仰の経緯を記している。そして中程では以下のように述べている。

> 念仏を修せんものは余行をそしるべからず。そしらばすなはち弥陀の悲願にそむくべきゆへ也。余行を修せん者も念仏をそしるべからず。又諸仏の本誓にたがふがゆへなり。しかるをいま真言・

止観の窓のまへには、念仏の行をそしる。一向専念の床のうゑには、諸余の行をそしる。ともに我々偏執の心をもて義理をたて、たがひにをのをの是非のおもひに住して会釈をなす。あにこれ正義にかなはむや。みなともに仏意にそむけり。

〈訳〉

念仏を修める者は、念仏以外の余行を非難してはならない。非難すれば、阿弥陀仏の慈悲の誓願に逆らうことになるからである。余行を修める人も、念仏を非難してはならない。いずれも諸仏の根本の誓願に外れるからである。ところが今は、真言・止観の修行者たちは、念仏行を非難している。一向専念の念仏を実践する人たちは、念仏以外の諸行を非難する。共に我々の偏った心で筋道を主張し、互いに各々が善し悪しの考えにこだわって勝手に解釈している。どうしてこれが正しい道理に適うというのか。これらすべてが仏の意志に反している。

ここでは、自説を主張して互いに争うことは仏教の本意にそむいた行為であることを強調する。他説を引き合いに出して自説を主張するという行為は、『選択集』で行なわれている手法であって、過激分子はこの手法を利用して、他者を否定するという行為を続けていたのである。この行為は既成教団に危険思想と受け止められ、衆徒の強訴という行為を助長していったのである。聖覚はこの辺りに強烈な憂いを感じていたのであろう。さらに続けて、行空や幸西らの主張を否定している。

しかれども分にしたがひて悪行をとゞめよ。縁にふれて念仏を行じ、往生を期すべし。悪人を捨てられずば、善人なむぞきらはむ。「つみをおそるるは本願をうたがふ」と、この宗にまたく存ぜざるところ也。

〈訳〉

しかしながら、自分のできる範囲で悪い行いを止めよ。縁に触れるごとに念仏を称えて往生を願うべきである。悪人を捨てないからといって、善人を嫌うことがあろうか。「罪をおそれるのは、本願を疑うことだ」と言うが、このような教義は全く承知しないことである。

聖覚は、行空・幸西が、悪人こそ往生の対象であるとする悪人救済を誤用し、「七仏通戒偈」の「諸悪莫作、衆善奉行」という仏教の根本原理を無視して、阿弥陀仏の本願を曲解していると痛罵する。一念義を唱える過激分子は、悪を仏教の説く人間の業意識から倫理的・世間的な罪意識に置き換えて解釈し、倫理的な罪造りを恐れることは弥陀の誓願を疑うことだ、と宗教的悪と倫理的悪とを混在させることで、庶民を騙すかのようにして自説を説いて回ったのである。

聖覚は「一念義」の問題を批判した後で、法然の説く念仏行の有りようを以下のように述べている。

信を一念にむまるととりて、行をば一形はげむべしとす、むる也。弥陀の本願を信じて念仏の功をつもり、運心としひさしくば、なむぞ願力を信ぜずといふべきや。すべて薄地の凡夫、弥陀の浄土にむまれん事、他力にあらずばみな道たえたるべき也。

〈訳〉

一つの念仏でも往生できると信じて、一生の間、念仏の行に励めと勧めるのである。阿弥陀仏の本願を信じて念仏の功徳を積み、年久しく西方浄土に思いを馳せるならば、どうして本願の力を信じないといえようか。まったく低劣な凡夫が、阿弥陀仏の浄土に生まれるには、他力でなければ、往生への道は絶えているというべきである。

聖覚は、念仏を「信」と「行」とに分けて、阿弥陀仏の本願による念仏を只一向に信じて、西方浄土に思いを馳せて常久しく念仏を称える行を怠らないならば、自ら本願の力を信じるようになる。そうすると、本願という阿弥陀仏の他力にすべての凡夫が救われることになるという。ここでは、一念や多念という偏った相論の虚しいことを説いている。信の一念と相続の多念は、どちらも「無観称名義」が必要とする阿弥陀仏に護られた上での自立的行為なのである。

行空・幸西などの過激分子に操られるようにして、南都北嶺が浮足立っているが、聖覚はこれらの行動を戒めることも忘れていない。

諸宗のふかきながれをくむ、南都・北京の学者、両部の大法をつたへたる本寺・本山の禅徒、百千万の念仏世にひろまりたりとも、本宗をあらたむべきにあらず、又仏法うせなんとすとて念仏を廃せば、念仏はこれ仏法にあらずや。（中略）これをも謗ずべからず、かれをそねむべからず、ともにみな仏法也。たがひに偏執することなかれ。像法決疑経にいはく、「三学の行人、たがひに毀謗して地獄にいることときやのごとし」といへり。又大論にいはく、「自法愛染するゆへに他人の法を毀呰すれば、持戒の行人も地獄の苦をまぬかれず」といへり。

〈訳〉

諸宗の深い法流を伝える南都や京の学者たち、また密教の金剛界・胎蔵界の両部の大法を伝える本寺や本山の修行者たちよ、たとえ百千万もの人たちの念仏が世間に広まっても、あなた方は帰属する宗派を改めるべきでない。また、念仏以外の仏法が滅びようとすると言って、念仏を廃止すれば、一体、この念仏は仏法ではないというのか。（中略）余行をそしってもならないし、念仏を憎んでもならない。ともにみな仏法である。お互いに偏った考えに固執してはならない。『像法決疑経』に、「山学の修行者が、互いに誹り合って、地獄に落ちるのは、光陰矢の如し」と説かれている。また龍樹の『大智度論』に、「自分が信受する教えに愛着するあまり、他人の信奉する教えを誹れば、戒を守っている修行者であっても地獄の苦しみを免れない」と説かれている。

仏教は釈尊以来、その教えが連綿と受け継がれ、諸宗がこぞって大切に扱っているが、専修念仏停止の宣旨に至っては、仏法の根幹に関わることになり、もしも念仏によって仏法が滅びるというのであれば、念仏は仏法でなくなる。本来は過激分子の粛清が目的であって、念仏を排除することではないのである。聖覚は、衆徒と公卿の互いの確執にこだわって論点を見誤った挙句、坊主憎けりゃ袈裟まで憎いに及び、坊主を忘れて袈裟が憎いに変質した中での相論を的確に指摘し、そのような行為は地獄のどん底に行き着くとばかり懸念して止まない。むしろ、互いに罵り合っていることの現実が地獄なのである。「無観称名義」に徹して、その極意を衆生に分かりやすく解こうとする聖覚の智恵才覚には感服させられる。

最後に、聖覚は弥陀の本願に触れ、既成仏教では説かれることのなかった、宗教的弁証法を彷彿とさせる文章を綴っている。

永劫の修行はこれたれがためぞ、功を未来の衆生にゆづり給ふ。超世の悲願は又なむの糧ぞ、心ざしを末法のわれらにをくり給ふ。われらもし往生をとぐべからずば、ほとけあに正覚をなり給べしや。われら又往生をとげましや。われらが往生はほとけの正覚により、ほとけの正覚はわれらが往生による。

〈訳〉

阿弥陀仏の久遠の修行は誰のためといえば、修行の功徳を未来の人々に譲られるのである。阿弥陀仏の第十八願は誰のためのものか、心の向かう所を末法に生きる我らに注ぐ。もし往生を遂げることができないならば、阿弥陀仏は、どうして悟りを開いて仏になれたであろう。私たちもまた、往生を果たせただろうか。私たちの往生は、阿弥陀仏が悟りを開いて仏になったお陰であり、阿弥陀仏が悟りを開いて仏になったことは、私たちが往生したことによる。

ここでの聖覚の浄土教解釈の中心には、「浄土三部経」の存在が前提とされていることに注目すべきである。すなわち、「浄土三部経」とは、『阿弥陀経』、『無量寿経』、『観無量寿経』のことであるが、各教典の内容を「浄土三部経」として、ひとまとめにして解釈すると、『無量寿経』では阿弥陀仏が修行中の法蔵菩薩であったときに、四十八の誓願を立てられている。誓願では、それぞれに「私の願いが叶わなければ仏にはならない」と誓われている。『阿弥陀経』では浄土には阿弥陀仏がおられて、今、衆生済度に尽力されている。これらの経典の内容を逆説的に考えると、願いが叶わないことには仏にならないと誓われたが、既に仏になっておられるからには、四八の願いが叶って衆生が救われていることになる。その救われる衆生とは、悪の極みである阿闍世太子であり、人間の煩悩に明け暮れる韋提希でもあると『観無量寿経』に説かれている。

聖覚は、仏教的弁証法ともいえる「浄土三部経」の法蔵菩薩と阿弥陀仏の関係から生まれる逆説のさらなる逆説を展開する。阿弥陀仏は法蔵菩薩の因位時に衆生を救うために誓願を立てられたが、これは衆生がいるからこその誓願であって、衆生がいなければ誓願もなければ仏になることもなかった。換言すると、法蔵菩薩を阿弥陀仏へと導いたのは衆生の煩悩であって、煩悩が解消された結果、阿弥陀仏が生まれたのであり、衆生の存在が法蔵菩薩の誓願を呼び覚まし、衆生が仏となることで、法蔵菩薩が阿弥陀仏になられたのである。したがって、阿弥陀仏が衆生を救うとともに、衆生が阿弥陀仏を救ったのであるという、凡夫と阿弥陀仏とが互いに救い・救われという相即不離の関係にあることを強調している。今日でいうところの弁証法の主命題ともいえる逆説の、さらなる逆説を当時の聖覚が打ち出したといえる。

『登山状』の特徴的な表現は、当時の人々の関心を集めることはなかったようであるが、比叡山衆徒の訴訟に当たって、天台系に身を置く通憲流聖が参集して、同流に類する法然の置かれている立場にも言及したであろうことは容易に察しがつく。その席上で既成教団と新興教団の間に立って調停する役に指名されたのが、通憲流聖集団の代表格でもある安居院を継承する聖覚であった。その聖覚は『大原問答』の内容を書記していたが、その頃の法然との間柄は明らかではないものの、円照を介して知己の関係にあったようである。このようにして、『登山状』は、既成教団を教学的に論破するという『選択集』の過激な文章に対して、「無観称名義」を安居院流の柔軟な文言に翻訳して、凡夫の立場に立った経典解釈に終始しつつ通憲流の立場を強調した奏状であるといえる。

聖覚が、このような流暢でわかりやすい文言で『登山状』を表現できたのは、安居院流の唱導師として、また通憲流の聖として聖道門と浄土門に精通していたこと、法印として朝廷や貴族に出入りするばかりでなく、法然を介して庶民や悪人にも接していたことから、難解な仏教を一般人に理解できるように説くことができたものと考えられる。

安居院流は、ことばに節（抑揚）をつけ、洗練された美声と身ぶりをもって演技的表現を取り入れながら、聴衆の感覚に訴える詩的・劇的な情念に溢れた説教である。聖覚は、比叡山東塔北谷竹林房の静厳に天台を学び、恵心・檀那の両流を相伝している。父の澄憲（通憲の子）と同じく、学識と弁舌の才で知られ、通憲流聖の宗家的立場にある天台法印であり、比叡山大乗院と法然の草庵との間を常に行き来していたようである。存覚著の『親鸞聖人正明伝』には、建仁元（一二〇一）年一月十日に親鸞が赤山越え（都の修学院近くから入山）の折に、三四歳の聖覚と出会ったことが記されている。

この時期は『選択集』が著された建久九（一一九八）

年から三年後に当たり、安楽は「六時礼讃」の活動に邁進している頃で、聖覚は既に聖道・浄土の両門に通暁していて、法然と通憲流の橋渡しをしていたようである。

聖覚の安居院流唱導は、天下に並ぶ者がいないほどの達人であったことから、安楽は大いに師と仰ぎ、教えを請うたことであろう。しかし、安楽は、藤原一門でもないことから、通憲流には目も呉れず、表面的に見栄えのよい唱導にのめり込んでいったようである。安楽の専修念仏活動は収まるどころか、聖覚や法然一門、藤原一門の過激分子に対する粛清の思いを他所にして、仏教の最も嫌う遊興の方向に老若男女、貴賤貧富を巻き込んで、宗派間の争いの火種つくりに邁進していった。これには、聖覚も困り果てて『登山状』を執筆する一因になったのであろう。

第八章　建永の法難

『行状絵図』第三二には「衆徒の訴訟とゞまりにけり」および第三二には「衆徒のいきどおりも、次第にゆるくなりしかば」という楽観的な言葉が出てくるが、これは法然の伝記をまとめるにあたって、直接関係のない一・二年間の取るに足らない出来事として、教義上殊更に述べる必要もなかったのであろう。法然と彼の門下の動きにしても、従来と変わらず平穏な状態が続いていたようで、『行状絵図』からは危機意識の欠片も感じられない。

しかし、法然の体調不良や門人たちの離京に加えて、延暦寺では真性が座主に就任した途端、堂衆が大講堂に集会して専修念仏者の過激な行動を座主に訴えようとした。それ以後、専修念仏に端を発した権門側と寺院側の騒動が頻発し、あまつさえ、『七箇条起請文』の交名状が発行されたことを無視するかのように、行空・幸西・住蓮・安楽など過激分子の急進的な行動は衰えを見せず、山門の怒りに火に油を注ぐような行為が頻発し、寺院の過激分子に対する危機感が一段と増加していった。

北嶺山門の堂衆に代わって、新たに南都興福寺の衆徒の訴えまでもが過激化していく中で、寺院側に対する権門側の宣旨をもって、衆徒の訴えを波風が立たないよう穏便に済ませようとしていた矢先、建永元年の暮れに「建永の法難」と呼ばれる、住蓮・安楽の事件が起きた。

この事件の真相は、『行状絵図』第三三に記録されている。ここでは住蓮・安楽の事件を聞いて上皇が逆鱗したというが、この間の出来事が藤原定家著『明月記』に詳述され、慈円著『愚管抄』にも記録されている。そこには、上皇の恩情、過激分子の片意地ともとれる行為、法然と兼実の苦悶などが赤裸々に綴られていて、『行状絵図』だけでは、計り知ることのできない複雑な情勢が見て取れる。

一．事の発端

『興福寺奏状』による衆徒の訴えに対して、三条長兼が事を穏便に済ませようとしたが、彼の性格もあってか、衆徒の強訴に対処しきれなくなり、事態が具体的な進展を見ないまま時間だけが過ぎ去っていった。この間、新興教団内では、関与できないところでの動きであることから、平穏な時間の中で無事に過ごせていると勘違いして安堵感を懐いていたようである。

『行状絵図』第三三では、これらの安堵感から急転直下の事態に至る過程が述べられている。

かくて南都北嶺の訴訟次第にとゞまり、専修念仏の興行無為にすぐるところに、翌年建永元年十二月九日、後鳥羽院熊野山の臨幸ありき。そのころ上人の門弟、住蓮・安楽等のともがら、東山鹿谷にして別時念仏をはじめ、六時礼讃をつとむ。（中略）聴衆おほくあつまりて、発心する人もあまたきこえしなかに、御所の御留守の女房出家の事ありける程に、還幸のゝち、あしさまに讒し申人やありけん。おおきに逆鱗ありて、

〈訳〉

こうして、南都北嶺の訴訟も少しずつ収まり、専修念仏の催しも無事に過ぎていた頃、翌年の建永元（一二〇六）年十二月九日に、後鳥羽院が熊野山に参詣された。その頃、法然上人の門弟であった住蓮や安楽房遵西などの仲間たちが、東山の鹿ケ谷で特別の日時を決めた別時念仏を始め、六時礼讃を勤めた。（中略）聴衆が多く集まって、仏門に入る人も沢山いた中に、後鳥羽院の御所の留守番女房が、出家するということがあったので、院が帰られた後、罪深い出来事として事実を曲げて言う人がいた。院は大いに怒り狂った。

『行状絵図』では、宣旨によって奏状の一件は落着したというが、宣旨以後の『明月記』に記録された事実は不問に付されて、一飛びに「建永の法難」に話が進む。すなわち、建永元（一二〇六）年十二月九日に後鳥羽院が熊野詣に出た矢先、上皇の留守中に住蓮・安楽らが鹿ケ谷で六時礼讃を勤めたところ、多くの人々が集まり、発心する人も出たが、その中に小御所の女官がいて、彼女らが出家してしまった。この不祥事を上皇の還幸後に、悪意をもって申し出た者がおり、これを聞いた上皇の怒りは尋常でなかったことが記されている。この事件は世に「建永の法難」と呼ばれている。

「建永の法難」について、『行状絵図』よりもさらに詳しく説明した史料が、以下に示す慈円著の『愚管抄』第六である。

安楽房トテ泰経入道ガ許ニアリケル侍ノ入道シテ専修ノ行人トテ、又住蓮ト番ヒテ、「六時礼讃

ハ善導和尚ノ行ナリ。」トテ、コレヲ立テテ尼ドモニ帰依渇仰セラル、者出デ来ニケリ。ソレラガ餘リサヘ云ヒハヤリテ、「コノ行者ニ成リヌレバ、女犯ヲ好ムモ、魚鳥ヲ食フモ、阿弥陀仏ハ少シモトガメ給ハズ。一向専修ニ入リテ念仏バカリヲ信ジツレバ、一定最後ニ迎ヘ給フゾ。」ト云ヒテ、京田舎サナガラ此ノ様ニ成リケル程ニ、院ノ小御所ノ女房、仁和寺ノ御室ノ御母マジリニ是レヲ信ジテ、密ニ安楽ナド云フモノ呼ビ寄セテ、コノ様説カセテ聞カントシケレバ、又具シテ行向フ同隷タヾ出デ来ナンドシテ、夜サヘトヾメナドスル事出デ来タリケリ。トカク云フバカリナクテ、終ニ安楽・住蓮頸切ラレニケリ。

〈訳〉

安楽房は高階泰経入道に仕えていた侍で入道して専修の修行僧となった者であったが、住蓮を伴って、「六時礼讃は善導和尚の教えられた行法である」といって、それを布教の中心とし、尼どもの熱烈な帰依を受けるようになった。ところが尼どもは教え以上のことをいいふらし、「専修念仏の修行者となったならば、女犯を好んでも、魚鳥を食べても、阿弥陀仏は少しもお咎めにならない。一向専修の道に入って、念仏だけを信ずるならば、必ず臨終の時に迎えに来てくださるぞ」といい、京も田舎もすべてにこのような教えが広まっていったのである。そうするうちに、院の小御所の女官や、仁和寺の御座所の乳母などといった人たちも一緒になってこの教えを信じ、ひそかに安楽房などという者を呼び寄せて、その教えを説かせて聞こうとしたので、安楽房の方も同輩を連れて出かけていくようになり、夜になっても僧どもを留めて置くようなことが起こったのである。それはあれこれという言葉もない有り様で、ついに安楽・住蓮は首を切られたのであった。

ここで注目したいのは、中間部分の「ソレラガ餘リサヘ云ヒハヤリテ」から「夜サヘトヾメナドスル事出デ来タリケリ。トカク云フバカリナクテ」までの文章が、『行状絵図』第三三では、上皇の留守中に女官が出家したとだけ述べているに過ぎない。しかし、慈円によれば、怪しげな、理非もわからず知恵もないような尼や入道が、住蓮・安楽を差し置いて、専修念仏の行者になれば、仏教の戒律を守らなくても、阿弥陀仏が極楽浄土に迎えてくださると、自説を振りまいていた。そこにやんごとなき女房が参加して、夜な夜な僧侶たちを招き寄せて留めるようになって、よくないことをしでかしていた、というのである。

　このことから、住蓮・安楽は、自主的にやんごとなき女房の住まいにもぐりこんだのではなく、女房たちが彼らを招き入れて僻事に及んでいたことがわかる。また、広宣については住蓮・安楽が悪いのではなく、教えを曲解した庶民が悪いのである。この場合、風紀を乱した悪の根源を明らかにして、張本人を名指しすることは難しく、風紀紊乱の事象だけを浮き彫りにせざるを得ない。僧尼令が説く「寺院以外に道場を建てて、そこに人々を集めて教化し、妄りに罪福を説いてはならない」という戒律は、知識の異なる大勢の人を対象にして教えを説くことで、真意が伝わらないばかりかむしろ誤解を招くことを重々承知した上で制定されたと思われる。

　結局、専修念仏を唱える過激分子の行動は、『行状絵図』第三三に「聴衆おほくあつまりて、発心する人もあまたきこえ」ただけではなく、女人往生を説く中に風紀紊乱に絡む説教もあったようである。このような庶民を巻き込んだ乱交ぶりは、以下に示す検校の保己一集が江戸時代に編纂した『皇帝紀抄』第七（土御門）の建永二年二月十八日条に記すように目に余るものがあった。

近日件ノ門弟等、世間ニ充満シ、念仏ニ事ヲ寄セ、貴賤並ニ人妻ニ密通ス。然ルベキ人々ノ女、制法ニ拘ラズ日ニ新タノ間、上人等ヲ搦メ取リテ。

〈訳〉

近頃は法然の門弟たちが世間にあふれ、念仏を口実にして身分の高い人や低い人並びに人妻にも情を通じている。立派な立場にある人々の女房にしても、掟を無視して日々過激化していく間に、法然らが取り押さえられた。

　安楽たちの過激分子が称える念仏は、念仏という信仰を旗印にして、貴賤貧富、老若男女、全ての人々に当時の有るまじき振る舞いを広めていたという。あるいは、専修念仏僧でなくても、世間の人々は念仏にかこつけて悪のし放題であった。ここに法然のいう「悪人正機」の誤解が生まれることになるのであるが、本来の悪人正機とは、この世で仏教に逆らう行為に甘んじている自身の宿業を自覚している人こそが、仏の教えや救いを受ける資質を有していることをいう。『行状絵図』第三三でいう「専修念仏の興行無為にすぐるところ」というのは、新興教団内部の認識であって、世間的な感覚ではとんでもない認識不足といわざるを得ない。

このように、日を追うごとに大勢の僧たちが密会に参加するようになり、そのことが高じてやんごとなき女房が僧たちを御所に寝泊まりさせて、僻事に及んでいたことが明らかなったが、本来ならば、厳格な身分制度の下では、女官と下層階級の遁世僧の僻事など起こるはずがない。その上、専修念仏僧も女官も対等に処罰されるはずが、女官に対する処罰の形跡もないところをみると、何らかの裏工作の許で僻事が行われたと考えざるを得ない。院の小御所の女房とは伊賀局、仁和寺（道助法親王）の御母とは後鳥羽上皇妃の坊門局である。伊賀局は、後鳥羽院が隠岐島へ流されたときに、島まで随行した女性であったという。

『行状絵図』巻三三には「建永元年十二月九日、後鳥羽院熊野山の臨幸ありき」から「還幸のゝち」とあるが、藤原定家は『明月記』建永元年十二月十五日条において、

院に参ず。留守殊に沙汰ある由、人々称す。

〈訳〉

院に参じたところ、留守であるのに尋常でない発表があるらしいと、人々が噂している。

と、後鳥羽上皇の留守中であるにもかかわらず、誰かの手によって重大発表がなされるとの噂が飛び交っていることを記している。このように院の留守中に「殊に沙汰」があり、院の還幸後に「あしさまに讒し申人」がいたというからには、上皇、貴族、教団以外に権力を有する誰かが、陰謀を画策して住蓮・安楽を貶めたであろうことは容易に察しがつく。また、院が少なくとも十二月九日から十五日まで留守にしていたというが、僻事の事件と院の留守の時期を一致させたのも計画の一端であったと考えられる。

後鳥羽上皇の熊野御幸は、ほぼ毎年行われていたようで、藤原定家による『後鳥羽院熊野御幸記』には、建仁元（一二〇一）年十月五日から同月二六日の間の歌会を兼ねた熊野御幸が往復の全行程の詳細な記録として残されている。その時の御幸は相当数の侍者を従えて往路は、

住吉社・厩戸王子・湯浅宿・切部王子・滝尻王子・近露宿・本宮・新宮・那智の九ヵ所で歌会を催しつつ十九日に那智に到着している。帰路は二一日に那智を出立して急いで二六日に帰洛している。この記録から推定すると、建永元年に行われた後鳥羽上皇の御幸は、少なくとも十日から二一日を要していることになる。すると、『行状絵図』と『明月記』の記録は、十分に信憑性のあるもので、何らかの筋書き通りに「建永の法難」が画策され、その通りに事が運んで十二月十九日以降になって、上皇の留守中の出来事として「還幸のゝち、あしさまに讒し申人やありけん」という事後報告がなされたのであろう。

『明月記』は歌人藤原定家の著作で、彼は父藤原北家御子左流藤原俊成の次男で、母は美福門院加賀局である。生まれは応保二（一一六二）年、没年は仁治二（一二四一）年九月二六日とされている。定家は、九条兼実が摂政になると、九条家に仕えるようになり、兼実の子良経や弟慈円とも交流をもつようになり、さらに殷富門院に仕える女房大輔や古くから父の関係していた徳大寺家に連なる人々、殊に歌人西行と交流しつつ和歌の研鑽に励んでいる。中でも良経を中心にして父の俊成や慈円、寂蓮、藤原家隆などの集まった九条家の歌壇に属して新風を起こしていった。さらに、定家は『新古今和歌集』の編纂を藤原有家、源通具、藤原家隆・雅経、寂蓮らと共に命じられている。他にも、定家の交際相手は広く、歌会が念仏停止に関わった人々の社交の場であったことが『明月記』から読み取れる。

振り返ってみると、『七箇条起請文』や『興福寺奏状』は、過激な行動によって庶民を惑わす過激分子や新興教団の粛清を要請するもので、その目的は衆徒が恐れる仏教興隆を阻害する者の排除であった。しかし、念仏禁止という限り、権門側も衆徒側も共に念仏を擁護する立場の者同士では、念仏を論外に置いて面子に関わる抜き差しならない揉め事に発展し、解決の糸口がつかめないままに、無駄な時間が過ぎていくという状況は否めない。このような悶々とした状況下で生じた、住蓮・安楽による小御所の女官絡みの僻事は、仏教の戒律と懸け離れた風紀問題としての性格を有していたことから、専修念仏の問題が、解決不可能な上皇、貴族、教団などの絡め事としてではなく、検非違使側で処置できる風紀紊乱の問題として昇華できるところまで進展したのである。

すなわち、住蓮・安楽をはじめ念仏宗に関連する過激分子は、僧尼令第五条の「凡そ僧尼、寺の院に在るに非ずして、別に道場を立て、衆を聚めて教化し、并せて妄りに罪福を説き、及び長宿を殴ち撃てらば、皆還俗」せしめるという条項に触れたということで捕らえられ、僧籍をはく奪されて俗人に還させられた。過激分子がたとえ僧侶の姿をしていても、俗人であれば庶民感覚に一致した罪科として、僧尼令を離れた世俗に関わる重罪を合法的に科すことが可能になる。検非違使にしてみれば、庶民に対する見せしめを兼ねて、法の支配下で過激な専修念仏者の不埒な動きを一掃できるという、願ってもない方向に事が運んだのである。

二．法難は陰謀か

僧尼令から風紀問題への転換を計画したのが、『行状絵図』第三三にいうところの「あしさまに讒し申人」なのである。これと同じ事件を扱ったのが『歎異抄』である。その最後に、

後鳥羽院之御宇。法然聖人他力本願念仏宗を興行す。時に興福寺僧侶これを敵奏す（「興福寺奏状」のこと）。御弟子中、狼籍子細ある由。無実の風聞によりて罪科に処せらる、人数の事。（中略）二位法印尊長の沙汰なり。

〈訳〉

後鳥羽院の時に、法然上人が他力本願を旨とする念仏宗を広めた。このとき南都興福寺の僧侶がこれを非難して朝廷に訴え出た。弟子たちの中に、乱暴な振る舞いがあるというのである。事実ではない噂によって刑罰を受けた人数を言えば次の通りである。（中略）二位法印尊長（そんちょう）の仕業である。

というように、法然の弟子たちに狼藉の行為があるという事実無根の風評によって、大勢の弟子たちが処罰を受けたという。さらに、罪科の弟子たちの名前や処刑・配流先を述べた（中略部分）後で、これらの筋書きを仕組んだのは、「二位法印尊長の沙汰なり」という。

これらの二つの史料から、尊長が御所の女房を囮にして住蓮・安楽と僻事を契らせ、それを上皇に訴えるとい

う筋書きを計画したことが想定できる。念仏禁止の騒ぎを他所にして、世間受けする念仏興行に有頂天となっていた過激分子の増上慢を利用しての作戦であった。僻事を計画した首謀者である尊長は、正二位権中納言一条能保（いちじょうよしやす）の子で、もとは延暦寺の堂衆であったが、智謀と武芸を認められて後鳥羽上皇の側近となり、法印大和尚という最高位の僧位を得るとともに法勝寺執行となって寺領の支配を任されている。このことから、策略家の尊長は上皇の許可を得て、過激分子の排除を画策する中で、院が毎年熊野詣を挙行することを口実に、長期にわたって洛中を留守にしている最中に、住蓮・安楽に僻事を起こさせるという筋書きを立てたのである。

一方、藤原定家の『明月記』には、九条良経が亡くなる頃から、時のやんごとなき人々の歌会が頻繁に行われていたことが記されている。その中には、住蓮・安楽の処刑に立ち会った防鴨河使長官の藤原秀能をはじめ、尊長や三条長兼など藤原北家の関係者が多く名を連ねている。すなわち、定家を中心とした歌会の席は、藤原北家の主だった面々が趣味に名を借りて諸般を根回しする社交の場であったといえる。その場では、法然に関係する専修念仏や過激分子の処置についても話し合われていたと考えられる。

定家の行動については、『明月記』建永元（一二〇六）年九月十六日条に、

> 申す所の御教書、申し請ふが如くに給ふべきの由、御気色あり。恐悦千廻。黄門の宿所に向ふ。相公の事、未だ聞き分けず。只薄氷を踏む由、示さる。退き帰りて、前大納言の宿所に向ふ。御教書の事を示し、御所に帰参す。

〈訳〉

召し出された御教書は、申請された内容のままでよいとの仰せがあった。この上ない喜びである。中納言の宿舎に向かう。大臣に関しては未だ理解しているわけではない。ただ薄氷を踏む思いを示された。そこを退いて前大納言の宿舎に向かい、御教書の事を報告して御所に帰った。

と記録され、『三長記』建永元（一二〇六）年五月二七日条と同じように、御教書がさして確認されることもなく普段通りに通過していたようである。『明月記』

いる。

の翌日十七日条には、以下のように自身の心境を記して

大納言、御教書を書き送らる。午の時に御所に参ず。途中、左大弁の使に逢ふ。必定遠流の由、頭亮、告げ送る。仍て此の事を尋ね申すため、中納言の許に向ひ、罷り帰る所なり。更に左右に及ばず。即ち、中納言の宿所に向ふ。尊長僧都、逢はるるの間なり。僧都帰る。下官、其の事を問ひ申す。只今、三品、僧都を以て告げらる。執柄に申し合さるるの処、是非なく遠流さるべき由、申さると云々。更に実ならざる事か。未の時、御所に参ず。例の出でおはしまし訖んぬ。予、左中弁に問ふ。答へて云ふ、其の国未だ承らず。定めて、遠流に於ては一定の由、夜前職事に仰せらると。之を聞きて、退下す。倩々此の事を思ふに、更に今生の事にあらざるか。更に其の過ち無くして、此の殃に遇ふ。誠に前世の宿執なり。但し今度の事、始めより彼れ存知す。頗る時儀を知らず。愚と謂ふべし。所存、度々之を示すと雖も、用ひられず。運の然らしむるか。夜に入りて、又黄門の許に向ふ。猶、定を聞かずと云々。刑部来会す。小時ありて御所に参ず。名謁、訖んぬ。

〈訳〉

大納言（家実）が御教書を書いて送られた。正午に御所に参る途中で左大弁の使いに逢った。蔵人頭（長兼）の補佐官が遠流は間違いないと告げ送った。したがってこの事を尋ねるために中納言の許に向かって、帰る所である。殊更にとやかく言うこともなかった。すなわち、尊長僧都に逢うために中納言の宿舎に向かった。僧都が帰って、下官が御教書の事を問いただしてきた。目下三品（官位）と僧都だけに告げられた。執政に申し合わされたところ、遠流はやむを得ないといわれたが、なお真意ではないようだ。未の刻に御所に行ったところ、いつも通り出てこられた。私は左中弁に問うたところ、国のことは未だに理解できない。明らかに遠流については決まったことで、前夜に蔵人頭に仰せられた。これを聞いて退いた。つらつらこの事を思うと、この世の事とは思われない。なおこの過ちを糺すことなく、この咎を蒙るのは、まことに前世の宿業である。但し今度のことは、始めから彼（尊長）の知るところで、甚だ礼儀を知らない。愚かというべきか。思えば、度々これを指摘しても、採用されたことがない。運命というべきか。

夜になって、また中納言の所に向かった。なお評定を聞いていないという。刑部の者が会いに来た。しばらくして御所に行き、名を告げて帰る。

ここでは、宣旨のまとめ役である良経が亡くなってからというもの、良経の後を継いで処置を任された家実は、事の経緯を知らないこともあって、『三長記』に記されたように、既に作成された御教書のままでよいというのである。その上、興福寺衆徒の訴える念仏禁止の処分を進める気配が一向にないまま、以前にこの種の訴状で悩んでいた長兼と同じように、念仏禁止の処置に困惑している定家の様子が、赤裸々に綴られている。

『三長記』元久三（一二〇七）年四月三日条に記されている、兼実の「申し替え」という行為は、『明月記』の記録からもわかるように、既に院の側で専修念仏者の処罰が着々と計画されていて、このことを兼実は避けることができないものと知っていたため、配流先も含めて法然の身辺を慮って処置した結果であったと考えられる。

『明月記』にいうところの、「御教書」、「必定遠流」、「是非なく遠流」、「実ならざる」、「始めより彼れ（尊長）存知す」等の言葉から推測すると、『行状絵図』に記録された「建永の法難」以前に、配流および処刑の日程が決まっていたことがわかる。すなわち、元久三（一二〇六）年三月九日に良経が不慮の死を遂げた時期を考え合わせると、「建永の法難」は『興福寺奏状』が発行された前後期から院の命を受けた尊長が画策していた陰謀なのである。おそらく、建永元年八月五日以降の『三長記』の欠損部分では、遅々として進まない『興福寺奏状』の課題に対して、衆徒のみならず院にしても不満を懐いていたであろう。このことから、貴族と寺院の面子に関わる揉め事はそのままにしておいて、院と側近の尊長との新たな作戦が、元久三年三月頃から着々と進められていたと考えられる。

尊長について、定家が『明月記』承元元（一二〇七）年四月二日条で、宮僧都が参入した折に、次のようにいう。

尊長僧都、躬らえを迎ふ（弟能性、彼の宮の同胞なり。其の好みと云々）。顕密共に闕く。戒律

備はらず。只、縁者の体を劬ひ、近臣の列に加はる。黒染の袴を着して、白砂の上に候す。

〈訳〉

尊長僧都は自らこれを迎える（弟は能性で宮僧都の同胞である）。顕密の教えを欠き、戒律は備わっていない。ただ身内の有り様に習い、君主に仕える身でもある。黒染めの僧兵姿で宮廷に出入りしていた。

また、建保元（一二一三）年十一月十七日条では、

尊長法印又数多の武士を引率し、社頭に向ひ賞翫（しょうかん）をなすと云々。

〈訳〉

尊長法印は同じく多くの武士を引率して、社殿の前に向って尊重の意を表した。

と記す。これらの記録から、定家が見立てた尊長像は、仏教の教えには無頓着で戒律も守っていないにも関わらず、身内や君主にはよく仕えていた。その姿は、黒染めの袈裟を着た僧兵姿のままで朝廷に出入りしていた。また、僧侶の最高位にまで上りつめたこともあって、多数の武士を引率してやんごとなき人々に敬意を表していたという。このことから、尊長は僧侶ではあるものの僧侶の素養はなく、僧兵の姿をして武士団を率いて朝廷の警護役を担うとともに、定家の歌会にも出席して、秀能らとともに様々な陰謀を画策し、実行に移していたと考えられる。

ところで、『行状絵図』第三三にいうところの「あしさまに讒し申人やありけん。おおきに逆鱗ありて」という文章からは、住蓮・安楽の僻事に対する上皇の逆鱗が際立つだけで、今まで様々に絡み合ってきた揉め事を穏便に収めようとする院の配慮を無視して、院を悪者に仕立て上げようとする意思が働いているように思われる。このことを考えると、誰がどのような行為に対して「おおきに逆鱗ありて」に至ったのかを検討する必要がある。

ここで、「あしさまに讒し申人やありけん」と「おおきに逆鱗ありて」の中間部分を補う文章が、『知恩伝（ちおんでん）』（住蓮安楽被行斬刑事）に記されている。

禅定殿下が内々に難じ申さるゝ間、勅答して云はく、これ山門衆徒の憤りなりと。今より以後は

高声念仏を停止すべきの由、誓状を進らせば、免許あるべき旨を下官人に仰せ下さる。

〈訳〉

兼実が内々に難しい問題であると言われたところ、上皇の答として、これは比叡山の衆徒の怒りである。これからは大声で念仏を称えることを止めるという誓い文を差し出せば許されるだろう、と役人を通じて返事があった。

住蓮・安楽の事件が、院に絡んだ難題として兼実には映ったのであろう。彼の疑問に対する院の答として、比叡山堂衆の怒りを静める手立てとして、専修念仏はよいとしても声高に念仏を称えることを止めると約束すれば、今回の罪状は許すことにしよう、というのである。おそらく、ここまでが尊長によって画策された筋書きであり、小御所の女官達にも沙汰が及ばなかったことの理由付けにもなる。しかし、院の恩情ともいえる命を受けた役人が、住蓮に誓状を度々依頼しても、

住蓮等は申して云はく、念仏者は身は高下にても仮令真実の念仏を申すべからざるの誓状は忌々の事にて侍る。我、身命を愛さず、但無上道を惜しむと仏説きたまふ。設ひ死罪に処せられると雖も、全く怠状に及ぶべからざるなり。

〈訳〉

住蓮等が言うには、念仏者は身分に高低があっても、真実の念仏を称えないという誓いなど誡めるべきことである。仏は身命を顧みず、ただ無上道を惜しむと説いているように、たとえ死罪になろうとも金輪際詫び状を書く気はありません。

とばかり、住蓮たちは役人の温情に対して素直に従うどころか、自身の信仰の堅固さを強調して止まない。この文章から南都北嶺の衆徒と新興教団に宗旨替えをした衆徒との間には、宗義こそ違え、衆徒という同じ性格の者同士の頑なまでの主張が露わになり、血で血を洗う争い事の根幹をなすようになる。すると、「無観称名義」が最も嫌う自己主張の極みともいえる行為があからさまになり、形式的な制法をもってしては如何ともしがたい問題へと発展していくことは否めなくなった。

住蓮は清和源氏の出身で、彼の曽祖父信実（しんじつ）は興福寺

の上座であるが、「日本一悪僧武勇」といわれ、祖父の玄実（げんさね）も「一天第一武勇精兵」で、いずれも僧兵の大将として君臨していた。悪僧呼ばわりされていた曽祖父と祖父の流れを汲む住蓮は、性格も荒々しく一途な所は蓮生（熊谷直実）と変わるところはなかったようである。蓮生と異なるところは、住蓮が興福寺の流れを汲む衆徒であるがために、安楽と結託して専修念仏を布教したことから、興福寺を裏切って法然に加担したとみなされ、興福寺衆徒にとっては目障りな存在であった。また、安楽よりも積極的に行動する住蓮が、先頭に立って専修念仏興行に邁進したことから、記録には「住蓮・安楽」というように、住蓮を筆頭に挙げている。

院にしてみれば、罪科を反故にしてやろうとの恩情を提案したのであるが、これを無視して、念仏に対する信心の決意と自己の命よりも仏道を重んじることを主張し、この信念が通らなければ、死んでも詫び状を書く気はないと、断言している。住蓮・安楽の僻事以来、『興福寺奏状』作戦の反省を踏まえて、尊長に事の解決を委ねたのであるが、残念ながら、院の最後手段ともいえる恩赦は、衆徒に関係する人々の内輪での一人芝居に終わってしまって、揉め事を穏便に済ますことができなくなっていたようである。

三．罪科の僧

院の平穏に事を収めたいという思いに対する住蓮・安楽の行為は、院の失望を得るに充分であった。

『明月記』では、建永元（一二〇六）年十二月十五日条に続く、建永二（一二〇七）年一月二四日条において、

専修念仏の輩停止の事、重ねて宣下ありと。去る比聊か事の故有りと。（其の事已に軽からず。叉子細を知らず。筆を染むるに及ばず。）

〈訳〉

専修念仏の輩に対する行動停止について、再度院からの命令が下されている。以前から多少とも事の原因があったようだ。（其の事は既に重大事であるが、詳細は分からないので、書くことはできない。）

というように、住蓮・安楽の僻事以前から、何度も宣

旨が下されたというが、今回の仔細は分からないという。宣旨の内容は、過激分子に対する念仏の禁止ということであろうが、それ以外にも風紀問題に対して新たな罪科を追求する行為もあったようである。『明月記』建永二年二月九日条には、以下のように記されている。

近日、只一向専修の沙汰あり。搦め取られ拷問さると。筆端の及ぶところにあらず。

〈訳〉
近頃は一向専修の人々に下された裁きの噂で持ち切りである。捕らえられた者が拷問を受けたと聞くが、その有り様は筆舌に尽くしがたいほど過酷なものであった。

『明月記』と『行状絵図』第三三とに記載された罪科（拷問）の時期は一致する。おそらく、住蓮・安楽らが十二月九日の事件以降に捕えられてから翌年二月九日の間に、罪科は新興教団の関係者にも波及し、彼らに対する裁きの行方が庶民の噂に上がっていたのであろう。中には過酷な拷問を受ける者もいたという。

『皇帝紀抄』第七（土御門）の建永二年二月十八日条では、筆舌に尽くしがたい拷問の具体的な内容について以下のようにいう。

制法ニ拘ハラズ、日ニ新タナル間、上人等ヲ搦メ取リ、或ハ羅ヲ切ラレ、或ハ其ノ身ヲ禁ゼラレ、女人等又沙汰有リ。

〈訳〉
掟に関係なく、日ごとに激しくなることから、法然上人等が捕縛され、或いは男根を切られ、或いはその身が拘束され、女人などの股座にも処置が下された。

女人との僻事に関する記述は、『行状絵図』第三三や『明月記』と同じであるが、異なるところは、これらの史料が敢えて触れなかった処罰を受ける男女に対する拷問の内容に立ち入って記されていることである。確かに風紀を乱すような行為に走った者たちに相応しい処罰であったといえるが、このような拷問が行われた時期については、明らかにされていない。おそらく、住蓮・安楽らが逮捕された頃から、風紀紊乱に及んだ庶民などが処罰の対象とされ、騒ぎが鎮まるまで拷問は続けられていたものと思われる。

拷問が続けられる中で、前述した『知恩伝』で住蓮が誓状を拒否したのと同じ場所で、安楽の罪が咎められたことを『行状絵図』第三三は記している。

翌年建永二年二月九日、住蓮・安楽を庭上にめされて、罪科せらる丶とき、安楽、修行することあるを見ては瞋毒を起こし、方便破壊しては競いて怨みを生ず、かくのごときは生盲闡提の輩なり、頓教を毀滅して永く沈淪す、大地微塵劫を超過すとも、いまだ三途の身を離るるを得べからず、の文を誦しけるに、逆鱗いよいよさかりにして、官人秀能におほせて、六条河原にして安楽を死罪におこなはる丶。

〈訳〉

翌建永二（一二〇七）年二月九日に住蓮と安楽が御所の白洲に呼びだされて処罰を下された。そのとき、安楽は「修行者を見ては怒りの心を発し、いろいろな手段で打ち壊そうとし、競うようにして怨みの心を起こす。このような正法が理解できず悟れない者たちは、速やかに悟れる浄土の教えを謗り滅ぼして、永久に落ちぶれ果てさせるであろう。大地を微細な塵にして、それを数えるより長い時間が過ぎても、依然として地獄・餓鬼・畜生の三途の身から離れることはできない」という『法事讃』の文を唱えたところ、院の怒りはさらに高じて、役人の藤原秀能に命じて、六条河原で安楽を死罪に処すことになった。

住蓮・安楽の僻事から二ヶ月後に、住蓮と安楽は御所に呼び出されたが、安楽は役人が勧める誓状の提出にも応じることなく、善導の『法事讃』を声高に唱えたのである。この反逆的な行為が後鳥羽上皇の耳に入り、怒りも最高潮に達したという。一方で、いかなる史料にも記載されていないが、裁く側にすれば穏当ともいえる処置にも耳を貸さず、自身の身を振り返ることもなく、信心堅固の姿勢を崩さないという、安楽の態度に対して、裁く者は生霊の姿を見るような一種の恐怖を感じたに違いない。安楽の恩情に逆らった行為に対して、院は怒りの余り藤原秀能に命じて、その日の内に安楽だけを六条河原で処刑したのである。

法然は『法事讃』に異論を唱える人に対して、どのように説いて聞かせようとも、その教えを勧めるほどに、好意をもって近づくどころかますます頑なに悪意をもって遠ざかり、教えとは異なったところで感情的になり、聞く人は怒り心頭に発するばかりであると常に注意していた。このことが『昭法全』「鎌倉の二位の禅尼（北条政子）へ進ずる御返事」あるいは「津戸の三郎へつかはすご返事」の消息文に丁寧に説明されている。以下に、安楽が庭上にめされて『法事讃』を唱えた状況を鑑みて、そのような状況に陥らないための方策を「津戸の三郎へつかはすご返事」から拾い出してみることにする。

法然は、津戸三郎への消息文で『法事讃』について説明した後、教義で正しいことを伝えるにしても、聞く人に対しては、心して対処すべきことを重ねて助言している。

（前略）オホカタ弥陀ニ縁アサク、往生ニ時イタラヌモノハ、キケトモ信セス、行スルヲミテハ、腹ヲタテ、イカリヲ含テ、サマタケムトスルコトニテ候也。ソノココロヲエテ、イカニ人申候トモ、御ココロハカリハユルカセタマフヘカラス。アナカチニ信セサラムハ、仏ナホチカラオヨヒタマフマシ。イカニイハムヤ、凡夫チカラオヨフマシキ事也。カカル不信ノ衆生ノタメニ、慈悲ヲオコシテ、利益セムトオモフニツケテモ、トク極楽ヘマイリテ、サトリヒラキテ、生死ニカヘリテ、誹謗不信ノモノヲワタシテ、一切衆生アマネク利益セムトオモフヘキ事ニテ候也。

〈訳〉

大体、阿弥陀仏の縁が浅く、往生の時期を逃したものは、聞いても信じず、念仏を称えるのを見ては腹を立て、怒りをもって妨げようとするものである。そのことを考えて、人がどのように言おうとも、心を揺さぶられてはならない。しいて信じない者は、仏にしても力が及ばない。まして凡夫などの力は及ぶはずもない。このような不信の人々のために、慈悲を起こして救おうと思うにしても、速やかに極楽に行って悟りを開いて、この世に帰って誹謗不信の者を往生させて、すべての人々を悉く救おうと思うべきである。

法然が教えるところは、学問を修めてそれを人々のために使用することがあっても、間違って、学識のあることを自己の栄達や名誉あるいは自己主張のために使うことを否定している。知識は人々を迷いや煩悩から救うために利用すべきであって、そのために多くの知識をもつことは否定していない。むしろ知識の引き出しを多くもつことによって、人がどのような質問をしてきても、引き出しを自在に扱って質問に応じるべきであるというのが、法然の信念でもあった。まさに法然の問答や消息文は、そのような言葉で満たされている。

従って、自己のもてる知識を思う存分主張して他人を説得しようとする行為は無意味なことである。知識で伝達しようとすると、同じ認識をもつ場合は、伝達するという意味はないが、認識に差があるときは即座に伝わらず、教育に相当な時間を要する。認識の差を埋めようと焦ると、質問者と回答者との間の溝が深まるばかりか、そこには学識の差という差別意識が新たな感情として芽生え、道理の追及が感情のもつれへと変質することになり、説得という目的から大きく逸脱することは明かである。

法然は、人と人との感情の交流を認識したうえで、質問者の思いに寄り添って、その思いに賛同しつつ、知識の引き出しから質問者の思いを逆撫でしない解答を選び出すという手法を使っている。この手法を用いる限りは、質問者ごとに異なる解答となるため、公表というかたちで残すことはできないことから、まさに「無観称名義」を駆使した表現方法に頼らざるを得ない。

津戸三郎および北条政子への消息文は、専修念仏を誹謗したり弾圧したりする者は、念仏に縁のない人であり、生れ変ってもつらい目にあう人なので、彼らに怒りを向けるよりも、逆に憐れみの心をもつのがよい。また、そのような人には無理をして念仏行を説こうとしない方がよい、と諭している。

『行状絵図』第三三に記された件は、安楽が午前中に御所に呼び出されて、罪科を反故にしてやろうとの院の恩情にも関わらず、新興教団に対する公卿や上皇の行為が仏法とは異なった方向に進んでいる、と罪人に揶揄されたのであるから、怒り心頭に発するのは火を見るよりも明らかである。安楽の死罪を含めて、これらの事件が全て二月九日に行われたとするならば、安楽は午前中に御所に呼び出され、そこで拷問を受けて『法事讃』を唱えて上皇の怒りに触れ、夕刻に六条河原で斬首された。逆鱗の激しさは察するに余りあるといわねばならない。

前述した『愚管抄』第六でいうところの「トカク云フバカリナクテ」は、言いたいことは沢山あるが、ここでは削除しておく、という程度の言葉であろう。これも、小御所の女官と僧侶の僻事や過激分子に対する拷問のことを考えると、僧侶の立場にある慈円としては、内容を表現するのに二の足を踏んだのであろう。言葉足らずに加えて「終ニ安楽・住蓮頸切ラレニケリ」では、例え慈円の記録と雖も詳細が不問にされているとしか言いようがない。

住蓮・安楽の罪科が問われている一方で、まだ捕らえられていない専修念仏者は、九条兼実を介して罪科に対する抗議を申し出ていることが、『明月記』建永二（一二〇七）年二月十日条に記されている。

今朝兼時朝臣、入道殿の御使と為して参ず。専修の僧を相具すと云々、専ら申さるべき事にあらざるか。骨鯁の御本性、猶以て此の如し。

〈訳〉

今朝、兼時朝臣が兼実公の使いとして参上してきた。専修僧をお伴に連れてきて、まったく申し上げるべき筋合いのことでもないのに、君主の嫌がるのもはばからずいさめようとする本心は、今に始まったことではない。

この抗議行動の頭が善綽房西意（ぜんしゃくぼうさいい）であり、親鸞を含めて後ほど死罪や流罪の決まった「一念義」の輩を中心とした人々なのであろう。風紀を乱したとされる僧たちが受けている拷問は、人々の噂する所であるが、残った一念義僧を中心とした過激分子の抗議行動は、相当な激しさを伴って、執拗に行われていたようである。

長兼を含むやんごとなき人々は、住蓮・安楽の処刑によって、事件は一段落したものと思っていたところが、その翌日に一念義僧が新たな揉め事の火種となって、権門側を攻撃してきたのである。まさに、南都北嶺の衆徒と見紛うほどの狼藉ぶりに、上皇は法然を中心とした新興教団を根絶やしにする決意でもって、事に臨む決心を固めた。

『行状絵図』では、法然および住蓮・安楽以外の僧については記載されていないが、彼ら以外の罪科の僧については、『歎異抄』の最後に以下のように記されている。

無実の風聞によりて罪科に処せらる、人数の事。一、法然聖人、並びに御弟子七人流罪。又御弟子四人、死罪にをこなはる、なり。聖人は土佐国幡多といふ所へ流罪、罪名、藤井元彦男云々、生年七十六歳なり。

親鸞は越後国、罪名、藤井善信云々、生年三十五歳なり。浄聞房　備後国、澄西禅光房　伯耆国、好覚房　伊豆国、行空法本房　佐渡国、幸西成覚房・善恵房二人、同遠流に定まる。しかるに無動寺の善題大僧正、これを申しあづかると云々。遠流の人々、以上八人なりと云々。死罪に行はるる人々　一番　西意善綽房、二番　性願房、三番　住蓮房、四番　安楽房

〈訳〉

事実ではない噂によって刑罰を受けた人数を言えば次の通りである。法然上人並びに弟子七人は流罪、また弟子四人は死刑に処せられた。法然聖人は土佐国の幡多という所に流罪となり、罪名は藤井元彦という。七六歳。親鸞は越後の国で罪名は藤井善信という。三五歳。浄聞房は越後、禅光房澄西は伯耆の国、好覚房は伊豆の国、法本房行空は佐渡の国、成覚房幸西・善恵房の二人は遠流となる。責任者は無動寺の善題大僧正である。以上が遠流の人々で、合計八名である。死罪の人は、一番に禅綽房西意、二番に性願房、三番に住蓮房、四番に安楽房である。

ここでは、事実でない噂話の中で筋書が作られて、法然をはじめ七名が流罪となり、四名が死罪になったといい、前述の陰謀によって多くの弟子たちが犠牲になったことが強調されている。『歎異抄』でいう遠流の八名とは、法然が高知県（香川県）、浄聞房が広島県、禅光房澄西が鳥取県、好覚房が静岡県、法本房行空が佐渡島、親鸞が新潟県にそれぞれ配流されたが、成覚房幸西、善恵房證空の二人は遠流に定まったものの慈円に預けられることになった。死罪は、善綽房西意、性願房、住蓮房、安楽房の四名で、安楽房は藤原秀能の立会いの下で六条河原において、また、住蓮房、善綽房、性願房の三名は、安楽の処刑とほぼ同時期に、尊長の故郷でもある近江国の馬淵でそれぞれ斬首刑に処せられている。

『歎異抄』では、法然の配流先が土佐になっているが、親鸞は法然の配流先が讃岐に申し替えられていることを

終生気づかなかったようである。

『歎異抄』では、罪科の僧が一括して挙げられているが、死罪は上皇の恩情を無視して誓状を拒否した僧たちであり、流罪にあったのは、おそらく死罪の僧を擁護して抗議行動に及んだ一念往生義の僧たちであったと考えられる。流罪にあった行空は、この時すでに法然から破門されているはずであるが、「一念義」を称える過激分子に加担して、中心的な存在であったことは確かである。

罪を問われて死罪・流罪に科せられた僧たちの素性を見てみると、大きくは過激分子の一員であるか否かあるいは藤原一門であるか否かに別れる。まず、通憲流聖は藤原一門として過激分子に与することはないから、罪科に問われることはなかった。ついで、過激分子の中でも藤原に縁のある僧は、親鸞のように恩赦が掛けられ、死罪から免れた。法然は、藤原とは縁がないものの通憲流念仏聖として尊敬されていたことから、表向きの流罪となった。藤原一門は、衰退期にあるとはいえ、朝廷・貴族・寺院のみならず、罪人にまでその影響力が浸透していたのである。

四．法然の配流と兼実の覚悟

念仏という庶民が憧れる仏教を掲げた過激分子は、庶民の生活に入り込み、庶民を巻き込んで、念仏を遊興の手段に使い、あまつさえ念仏を風紀問題にまで貶めることになった。住蓮・安楽らの過激分子が死刑に処せられたことで風紀問題が一段落したようであるが、前後して別の過激分子が勢いを増していた。それら事件の飛び火が法然にも降り注ぎ、住蓮・安楽と同じような処罰が下されることになった。

この件を『行状絵図』第三三では、

罪悪生死のたぐひ、愚痴暗鈍のともがら、しかしながら上人の化導によりて、ひとへに弥陀の本願をたのむところに、天魔やきをひけん、安楽死刑にをよびてのちも逆鱗なをやまずして、かさねて弟子のとがを師匠にをよぼされ、度縁をめし、俗名をくだされて、遠流の科にさだめらる。

〈訳〉

悪事や迷いの世界にさまよう人たち、理非の区別がつかず道理に暗く愚かな人たちでありながら、法然上人の教え導きによって、ひたすら阿弥陀仏の本願を頼みにしていた。そこに、天魔が競って来たのか、安楽が死刑になった後も、院の激しい怒りは収まらず、さらに弟子の罪を師の法然にまで及ぼし、出家得度の許状を取り上げて俗人の名を与えて、遠国に流罪と決められた。

と述べている。ここには念仏に関わる「六時礼讃」を使って、風紀を乱した過激分子の処置は解決できたものの、他にも「天魔やきをひけん」というように、仏道の妨げをなす事件が立て続けに生じて、上皇の怒りは止まることがなかった。天魔の代表的存在が「一念往生義」を称える輩であり、彼らと行動を一つにした過激分子が、上皇や公卿らに訴えかけるという事件が立て続けに生じていたのである。

親鸞は『教行信証』(化身土文類)の後序において、以下のように記している。

主上臣下、法に背き義に違し、忿りを成し怨みを結ぶ。これによりて、真宗興隆の大祖源空法師ならびに門徒数輩、罪科を考へず、猥りがはしく死罪に坐す。あるいは僧儀を改めて姓名を賜うて遠流に処す。

〈訳〉

天皇や家来が、真実の教えに背き、人の道に逆らって、怒りと怨みに任せて、大祖源空法師ならびに門弟数人を、罪の当否を吟味することなく、無法にも死罪に処し、ある者は僧の身分を奪い、俗人の姓名を与えて遠流に処した。

これらの文章を統合すると、「主上臣下、法に背き義に違し、忿りを成し怨みを結ぶ。天魔やきをひけん、安楽死刑にをよびてのちも逆鱗なをやまずして、かさねて弟子のとがを師匠にをよぼされ」たというように、処罰を受ける者の立場で書かれたもので、為政者の置かれている立場は明らかにされていない。おそらく、上皇を含む取り巻き連中の感情的な怒りを増長するような過激分子の行動が、庶民を巻き込んで洛中に蔓延していたのであろう。前述した『明月記』建永二(一二〇七)年二月十日条に記録されているような過激分子の抗議行動は、為政者側の感情を逆なでするもので、上皇や家来も『行状絵図』第三三や親鸞の感情と同じような思いを抱いていて、解決できないままに業を煮やしていた。

これらの解決の糸口がつかめない中での貞慶の訴状と尊長の策略は、訴える側と訴えられる側にとって、渡りに船の歴史的な大転換ともいえる事件であった。

しかし、ついに建永二年二月二八日に宣旨が下されて、法然の土佐国配流の詳細が『行状絵図』第三三に記されている。

太政官符　土佐国司
流人藤井の元彦
使左衛門の府生清原の武次　従二人
門部二人　従各一人
右流人元彦を領送のために、くだんらの人をさして発遣くだむのごとし、国よろしく承知して、例によりてこれをおこなへ。路次の国、またよろしく食・漆具・馬三疋をたまふべし、
符到奉行（符至らば奉り行へ）
建永二季二月二十八日
右大史　中原朝臣判
左少弁　藤原朝臣
追捕の検非違使は宗府生久経、領送使は左衛門の府生武次なり。

〈訳〉

太政官符の土佐国司へ、流人名は藤井元彦、使者は左衛門の府生藤原武次とその従者二人。警備の下級武官二人とその従者各々一人。右に記した流人元彦を配所に護送するために、右の人たちを差し遣わすことは、以上の通りである。土佐国はこの旨をよく承知して、前例にならい勅命を実施するよう。道中の国も、また適切に食料・渡船を七人分と伝馬三匹を提供せよ。この官符が着いたならば、命を実行せよ。

建永二（一二〇七）年二月二八日、刑部書記中原氏とその判、執行責任者藤原氏。

逮捕役の検非違使は、下級幹部の宗久経であり、配所へ護送する使いは、検非違使の下級幹部である清原武次である。


ここには、僧名を剥奪されるとともに還俗させられて、藤井元彦という罪人にまで貶められた法然が、刑罰を与えられて警護役人を伴って通常通り旅立つことを命じられる一方で、配流先の土佐に至るまでは、罪人とは思えないほどに厚遇されての旅路であるような文言に仕立て

上げられている。

『行状絵図』第三三には、法然の流罪が決まったときに、門弟たちの嘆き悲しむ様子が以下のように紹介されている。

門弟等なげきあへるなかに、法蓮房申されけるは、「住蓮・安楽はすでに罪科せられぬ。上人の流罪はたゞ一向専修興行の故云々、しかるに老邁の御身、遼遠の海波におもむきましまさば、御命安全ならじ、我等恩顔を拝し厳旨をうけ給ことあるべからず。又師匠流刑の罪にふしたまはば、のこりとゞまる門弟面目あらむや。かつは勅命なり、一向専修の興行をとゞむべきよしを奏したまひて内々御化導あるべくや侍らん」と申されけるに、一座の門弟おほくこの義に同じける。

〈訳〉

門弟たちが嘆きあっている中で、法蓮房信空が法然に、「住蓮と安楽は、既に罰せられた。上人の流罪は、ただ一向専修の念仏を広めたがためである。ところが上人は老体の身である、はるか遠く海を渡る旅に出向くのであれば、命の不安がつきまとう。私たち門弟は上人の恩顔を拝し、言葉を給ることができなくなる。また上人が流刑の罪を受けて従った場合、残り留まる門弟は、世間に対する顔向けができない。一方、勅命である限り、一向専修を広め行うことを中止する旨を申し上げて、内々に教化して導くこともできる」と申された。居合わせた門弟の多くがこの意見に賛成した。

信空が言うには、師は七五歳で病弱でもあり、ひとたび都を離れれば、何時の日に会えるかわからず、今生の別れとなる可能性が十分にある。門弟たちの嘆きはひとかたではなく、罪をのがれるために専修念仏の興行をやめると宣言して、盗人のように陰に隠れて人々を教化してはどうか、と進言したのである。信空の言葉は、法然が信念を通すにしても、状況によって適宜対応していかないことには、末永く信念を受け継ぐことはできないというものであった。まさに、「無観称名義」の融通無碍な思考をうかがわせる信空の発言である。

しかし、法然は、

流刑さらにうらみとすべからず、そのゆへは齢すでに八旬にせまりぬ。たとひ師弟おなじみやこに住すとも、娑婆の離別ちかきにあるべし。たとひ山海をへだつとも、浄土の再会なむぞうたがはん。又いとふといへども存するは人の身なり。おしむといへども死するは人のいのちなり。なんぞかならずしもところによらんや。しかのみならず念仏の興行、洛陽にしてとしひさし、辺鄙におもむきて、田夫野人をすゝすめん事李来の本意なり。しかれども時いたらずして、素意いまだはたさず。いま事の縁によりて、季来の本意をとげん事、すこぶる朝恩ともいふべし。この法の弘通は、人はとゞめむとすとも、法さらにとゞまるべからず。諸仏済度のちかひふかく、冥衆護持の約ねんごろなり。しかればなんぞ世間の機嫌をはゞかりて経釈の素意をかくすべきや。たゞし、いたむところは源空が興する浄土の法門は、濁世末代の衆生の決定出離の要道なるがゆへに、常随守護の神祇冥道さだめて無道の障難をとがめ給はむか、命あらむともがら因果のむなしからざる事をおもひあはすべし。因縁つきずば、なんぞ又今生の再会なからむや。

〈訳〉

流刑を決して恨みに思ってはならない。その訳は、私の年齢が既に八十歳近くなっている。たとえ師弟が同じ都に住むとしても、この世との別れは近い将来必ず来る。たとえ山や海を隔てていても、浄土での再会は疑いない。また、厭うことがあっても、生き永らえるのが人間の身である。惜しんでも死ぬのは人間の命である。必ずしも住所が関係するとは限らない。そればかりでなく、都で長い年月の間、念仏を広め行ってきた。地方へ行って農夫たちに念仏を勧めることは長年の願いであったが、その時が到来しないで、願いを未だ果たしていない。この度の縁によって年来の願いを叶えられるのは、実に朝廷の恩だといえる。この教えが世間に広まることを、人が止めようとしても、止めることはできない。諸仏の人々を救おうとする誓いは深く、愚かな衆生を守るという約束は心がこもっている。それゆえ、どうして世間的な批判に遠慮して経文や釈文の真意を隠さなければならないのか。ただ、心を痛めていることは、源空が興した浄土の教義は、濁り穢れた末世の人々が間違いなく迷いの世界を抜け出す大切な道であるから、常に守り従う天神・地神や愚かな世界に住まう神仏が、きっと非道な妨害を咎めてくれるはずである。命ある衆生は、この因果の道理が間違いないことに思いを致すべきである。因縁が尽きなければ、また今生で必ず再会できるのである。

と言ったという。すなわち、人間が生きている限り、思うようにならないのが常である。八〇歳にもなれば、この世である限り何処にいても死は間近にある。このような儘ならない現状を憂えることなく、与えられた状況に従ってこれを受け入れても、自分の思いを遂げることはできる。したがって、連綿と続いている法の下では自己の主張などなきに等しく、法に従うべきである。むしろ、法に従うことで、京洛から離れることができるから、真の浄土の法門を全国に広げるよい機会にもなる、と諭している。

法然の発言は、僧尼令を無視して過激な行動に走った門人に対する戒めの意味も含まれ、自身が過激分子とは異なる意思を示した部分でもある。戒律や法律は人の生きる術を規定するもので、人である限りは最低限の遵守すべき義務でもある。一方、人は、その戒律を遵守しようとする余り、自己の行為と戒律の間に生じる矛盾に悩み続けることがある。これを煩悩というが、根深い煩悩の意識を解除する働きが宗教であるとするなら、法然が門人の前でこの世で行い得る行為として、最後に重視したのが法の順守なのである。法が悪いからといって、自己を主張した挙句、法に逆らうことがあれば、その人は人に裁かれる悪人になる。法を守った善人が悪人を自覚すると、阿弥陀仏に救われて往生浄土を約束された人になれるのである。法然が常々説いている『七仏通戒偈』とは、このように凡夫の機と仏の法に通ずる教えであることを身をもって証明した一齣でもある。

また、法然が頑なに法を順守して、流罪を受け入れた背景には、「無観称名義」を子々孫々まで継承することも含まれていた。信空の言葉に従って流罪から逃れようとする法然は、もはや法然ではなく信空の支配下に収まって、生涯貫いた通憲流が途切れて、将来的に信空の弟子のような扱いをされる恐れがある。通憲流という法を継承するには、「無観称名義」を含めて法を遵守するという前提条件がなければ、今日の法然教団は存在していないかもしれない。与えられた状況に逆らうことなく、その状況下で融通無碍に生き抜くことが「無観称名義」であるとすれば、この行為は個人的なことで終わってしまう可能性が無きにしも非ずである。円照が信西から受け継いだ通憲流ならばそれでよかったが、法然の役割は通憲流の「無観称名」を後世まで継承していくことである。自己主張に溺れることなく、法という組織を守るところに通憲流を末永く維持していくという法然の真骨頂がうかがえる。

ところで、勅命を受けてからの法然は、小松谷の房舎に暫し住まいしていたが、役人からは度々配流先に移動するように催促されていたようである。『行状絵図』第三三の後半で、この様子を以下のように述べている。

官人、小松谷の御房にむかひて、いそぎ配所へうつり給べきよしを責申ければ、ついにみやこをいでたまふ。月輪殿御余波をゝしみて、法性寺の小御堂に一夜とゞめたてまつられけり。

〈訳〉

役人が、小松谷の住まいに出向いて、早く配所へ移るように急き立てたので、ついに都を出ることになった。九条兼実公は、名残を惜しんで、法性寺の小御堂に一晩留められた。

ここでの役人とは逮捕役の宗久経の事である。法然が小松谷の房舎から離れようとしないので、久経が催促に来たというのである。おそらく、法然との別れを惜しむ老若男女が頻繁に房舎を訪れ、一方で門人たちにしても流罪を逃れるための様々な善後策を講じていたものと思われる。新興教団に関係する人々の悩み事を他所にして、離京の時が訪れることになるが、都から出立する最後の逗留先が、兼実の別荘である法性寺の小御堂であるという。ここでの逗留は、兼実が法然との別れを惜しんで、二人だけで過ごす唯一の機会を作ったものと思われるが、この兼実の行為によって法然の決心が定まったようである。

そして遂に離京の時が来た。『行状絵図』第三四の最初に、洛中から配流先の土佐へ出立する時期を以下のように記している。

三月十六日に、花洛を出で、夷境におもむき給。

〈訳〉

建永二（一二〇七）年三月十六日に都を出立して地方へ向かわれた。

法然は、勅命が下されてから半月後に土佐に向って出立したというが、実際は、土佐国ではなく讃岐国であったことが『行状絵図』第三四に記されている。

禅定殿下、「土佐国まではあまりにはるかなる程なり、わが知行の国なれば」とて、讃岐国へぞうつしたてまつられける。

〈訳〉

九条兼実公は、「土佐国（高知県）までは、非常に遠い道程である。私の治める国だから」といって、配所の讃岐国（香川県）へ移された。

配流先の変更は『明月記』に従って前述したとおりであるが、そこへの道のりは、京都下鳥羽の鳥羽津から摂津国の経の島、播磨国の高砂の浦、室の津を経て、三月二六日に讃岐国の塩飽島に着き、笠島に立ち寄ってから四国にわたって讃岐国に着いたことが『行状絵図』第三五に記されている。

ところで、九条兼実の息子良経が亡くなったのが、元久三（一二〇六）年三月七日であって、兼実が讃岐国を土佐国に申し替えようとしたのが同年四月三日であることから、兼実は、建永二（一二〇七）年二月二八日の流罪宣下以来、良経の一周忌を終えて申し替えの手続きが終わる建永二年三月七日過ぎの二週間余り、法然を小松堂にかくまうようにして配流の日程を引き延ばしていたとも考えられる。

五．兼実の死と赦免

深く法然に帰依していた九条兼実は、政権の座を追われた今となっては、前関白という地位にありながらなす術もなく、配流の阻止もままならず、罪人にまで追いこまれた法然の行く末を案じていた。

もとを正せば、良経や三条長兼の努力にも関わらず、法然が流罪の憂き目にあったことから、兼実は落胆の末、病の床に臥してしまった。兼実の法然に対する思いは、『行状絵図』第三五に記されている。

上人左遷ののち、月輪の禅閤、朝暮の御なげきあさからず。日来の御不食いよいよおもらせ給て、大漸の期ちかづかせ給ふ。藤中納言光親卿をめして仰をかれけるは、「法然上人、年来帰依のいたり、さだめて存知あるらん。今度の勅勘を申ゆるさずして、謫所へうつられぬる事、いきて世にある甲斐なきに似たり。しかれども厳旨ゆるからず、左右なく申さむ事おそれおぼゆるゆえに、後日を期してすぐるところに、すでに終焉にのぞめり。今生のうらみこの事にあり。我他界におもむくといふとも、連々に御気色をうかゞひて恩免を申をこなわるべし」と、かきくどき仰られければ、光親卿、仰のむね更に如在を存べからざるよし申て、なみだをながされけり。同四月五日御臨終正念にして、念仏数十遍、禅定にいるがごとくして往生をとげさせ給ぬ。御とし五十八なり。上人左遷の、ち、いく程なくてこの御事きこへけり。御あはれ、をしはかるべし。

〈訳〉

法然上人が左遷された後、九条兼実公の朝夕にわたる嘆きは奥深く、毎日の食事が進まず、日増しにひどくなって、病が進んで末期に近づいてきた。中納言藤原（葉室）光親（みつちか）卿を呼んで、言い残されるには、「多年にわたって法然上人に帰依していることは、よく知っているだろう。この度の院の咎めに許しを乞うたが叶わず、配所へ移られたからには、この世で生きている意味がないに等しい。しかし、厳命の趣旨は厳格で、あれこれ言うことが恐ろしく思われるために、その内にと思って過ごしている間に、もはや死期が近づいてきた。今生で残念なのはこのことである。たとえ私が死んだとしても、引き続き上皇の機嫌を伺って、恩赦を願い出るように」と、しつこく繰り返して言われたので、光親卿は、兼実公が言われたことを等閑にしないことを約して、涙を流された。同年四月五日の臨終に際して、心を正して念仏を数十遍称え、瞑想するかのように往生を遂げられた。年は五八歳であった。上人は、左遷された後いく程もなくして兼実公の他界を耳にしたが、上人の悲しみを察すべきである。

兼実は臨終の枕辺に、和歌に秀でた後鳥羽上皇の寵臣である権中納言葉室光親を呼び寄せて、自分にできないことを光親に託していた。兼実の思いは、年来帰依していた法然が、ついに上皇の怒りを受けることになり、勅命の許しを願い出たにもかかわらず、力不足で流罪にあってしまった。法然の身の上を思うと、生きて世にある甲斐はない。私はすでに終焉に臨み、他界におもむく日も近い。どうぞ、そなたは私の意を汲み、様子をうかがって恩赦を申し入れてほしいと懇願していた。

葉室光親は、権中納言藤原光雅と右大弁藤原重方（しげかた）の娘との子として、安元二（一一七六）年に生まれ、承久三（一二二一）年七月一三日に没している。清廉純潔な心の持ち主で、有能な実務官僚として、後鳥羽上皇の無双の寵臣といわれた。近衛家に仕えたが、元久年間（一二〇四～一二〇六）に近衛基通と不和になったことから、後鳥羽上皇に接近して近臣となった。後鳥羽院中の雑務を取り仕切って伝奏を務め、上皇の愛妃修明門院の年預別当、順徳上皇の執事、近衛家実や藤原麗子の家司なども務めた。建永元（一二〇六）年には蔵人頭・右大弁に補されている。

慈円が書いた『愚管抄』第六に、兄兼実の消息がわずかながら記録されている。

サテ九条殿（兼実）ハ、念仏ノ事ヲ法然上人ススメ申シシヲバ信ジテ、ソレヲ戒師ニテ出家ナドセラレニシカバ、仲国ガ妻ノ事アサマシガリ、法然ガ事ナドナゲキテ、ソノ建永二年ノ四月五日、久シク病イニ寝テ起居モ心ニカナワズ、臨終ハ良クテ失セニケリ。

〈訳〉

さて、九条兼実は、法然上人の説き勧める念仏の教えを信じて、法然上人を戒師として出家なさった。その後、仲国の妻のことに驚きあきれ、法然の流罪のことを嘆いたりしておられたが、久しく病床に臥して起居も思うようにならない御様子の内に、法然の流罪が行われた建永二（一二〇七）年の四月五日、立派な臨終をとげられたのであった。

「仲国が妻の事」とは、宮廷周辺に起こった妖言事件であるが、仲国の妻に亡き後白河法皇が取り付いて「われを祀れ、社を造れ、国を寄越せよ」とばかり、女の妖しいわめき声で現政権の非を捲くし立てた事件である。兼実はこの事件に驚きあきれ果て、師と仰ぎ尊崇した法然の流罪による心痛の思いを抱きつつ、法然が配流されてから二〇日も経たないうちに帰らぬ人となった。

その後、光親は兼実の遺志を継いで、上訴したことが『行状絵図』巻三六の最初に記されている。

月輪殿のおほせをかる、趣をもて、光親卿たびたび申入らるといへども、叡慮なを心よからず。しかるに上皇御夢想の御事ありけるうへ、中山の相国（頼実公）厳親の善知識たりし因縁をわすれず、上人流刑の事をなげきたまひて、念仏興行の事、さだめて仏意にそむかざらむか、門弟のあやまりをもちて、とがを師範にをよぼされ、罪科せらる、事、冥鑑はかりがたきよし、しきりにいさめ申給ければ、おりしも最勝四天王院供養に、大赦を、こなはれけるに、その御沙汰のありて、同年十二月八日勅免の宣旨をくだされけり。

〈訳〉

兼実公が言いつけた内容によって、葉室光親卿が度々申し伝えたが、後鳥羽上皇の心はやはり強固であった。ところが上皇が夢をみたばかりか、さらに中山の藤原頼実は、法然上人が父親の善知識であった因縁を忘れず、上人が流罪に遭ったことを嘆き、上人が念仏を広め催すことは、きっと釈尊の意思に反しないだろう。門弟の誤りによって罪咎を師匠に科して、処罰が下されたことで、目に見えない神仏が照らし守る徳は計り知れないことを、しきりに上皇に諫言した。折しも、最勝四天王院の供養に際し、大赦が行われた時に、上人にも許可が出て、承元元年十二月八日に赦免の宣旨が下された。

兼実の旨を受けた光親が、度々申し入れたものの許されることはなかったが、兼実が世を去ってみれば、法然の流罪に同調した公卿たちの中には、兼実の怨霊による祟りを恐れていた者もいた。一方、兼実によく思われていたかった頼実は、後鳥羽上皇の後見あるいは政治の顧問である関白の要職も兼ねていたことと、尊敬する父が法然を善知識としていたことから、法然には好意を寄せていて、法然の正当性を度々上皇に訴えていた。頼実（よりざね）の行為が功を奏してか、上皇の発願で造立された最勝四天王院（さいしょうしてんのういん）（白河殿新御堂）の御堂供養に恩赦が与えられることになり、承元元（一二〇七）年十二月八日に配流以来一年足らずで、法然に対する恩免の宣旨が下された。

『行状絵図』第三六には恩免の内容が、

件の人は、二月廿八日事につみして、かの国に配流、しかるをおもふところあるによりて、ことにめしかへさしむ。但、よろしく畿の内、に居住して、洛中に往還することなかるべし。

〈訳〉

藤井元彦（法然）は、二月二八日の宣旨で罪に問われ、かの国（土佐）に配流された。しかし、思うところがあって特別に呼び戻させた。ただし、適宜畿内に居住して洛中に往来してはならない。

と記されている。「おもうところある」とは、後鳥羽院の見た不吉な夢をはじめ、上皇の周りに頻繁に起る神祇に関わる事件のことで、これらの祟りを恐れて呪法や妖術によって除霊することを考えたときに、法力をもつ法然を赦免することで穏便にすませようとしたのである。折しも、最勝四天王院の御堂供養が行われたのを機に、大赦が行われたのであろう。この他にも、光親や頼実による度重なる奏上が、大赦の要因と考えられる。

上皇としては、南都北嶺の衆徒による度重なる念仏停止運動にいたたまれず、過激分子の処罰に協同して、仕方なく法然を流刑に処したまでのことであった。したがって、法然の処罰は、過激分子とは違って、あくまで名目に過ぎなかった。法然を赦免するとはいうものの、流罪という僧尼令の重さを考えると、配流から五年間は都で生活してはならないというのである。帰洛を規制する僧尼令は、前述した第二五条の「改めて外国の寺に配せ。仍りて畿内に配入することを得ざれ」の通りである。『愚管抄』第六でも、『行状絵図』第三六と同じ記事が載せられている。

法然上人流シテ京ノ中ニ在ルマジトテ逐ハレニケリ。斷カル事モカヤウニ御沙汰ノアルニ、少シカ、リテ、ヒカヘラル、トコソ見ユレ。

〈訳〉

法然上人は流罪となり、都にいてはならぬとして追われてしまった。流罪のことも、後鳥羽上皇のしかるべきご処置があって、しばらくしてお控えになったように思われる。

この慈円の短い言葉の中にも、様々な事象が生じ、人々が努力し、その結果、法然の早期赦免に繋がったことがうかがえる。

僧尼令に従って配流された法然ではあるが、即刻赦免されて土佐（讃岐）国から呼び戻されたのである。但し、畿内に入ってはならないというが、この辺りの消息は『行状絵図』第三六に記されている。

恩免ありといへども、なを洛中の往還をゆるされざりしかば、摂津国勝尾寺にしばらくすみたまふ。このてらは善仲・善算の古跡、勝如上人往生の地なり、上人、西の谷に草庵をむすびてすみ給けり。

〈訳〉

恩赦があったといっても、なお洛中への往来が許されなかったので、摂津国の勝尾寺に当分の間住むことになった。この寺は善仲・善算が建立した歴史的な建物で、勝如上人が往生した地でもある。法然上人は寺の西の谷に草庵を建てて住むことになった。

勝尾寺は、大阪府箕面市にある高野山真言宗の寺院で、神亀四（七二七）年に藤原致房（むねふさ）の子善仲（ぜんちゅう）、善算（ぜんさん）の兄弟がこの地に草庵を築き、仏道修行に励んだことから始まる。その後、天平神護（てんぴょうじんご）元（七六五）年に光仁天皇の皇子（桓武天皇の異母兄）である開成が二人に師事して仏門に入った。宝亀八（七七七）年に開成は、念願であった大般若経六百巻の書写を終え、勝尾寺の前身である弥勒寺を創建した。勝尾寺の名称の由来は、六代座主の行巡上人が、清和天皇の玉体安隠を祈って効験があったことから、「王に勝った寺」の意で「勝王寺」を帝より賜った。しかし「王に勝つ」という寺号は畏れ多いとして「王」を「尾」に置き換えて「勝尾寺」と号し、それ以後、勝運の寺として信仰されるようになった。平安時代以降は山岳信仰の拠点として栄え、天皇など貴人の参詣も多かった。

六．帰洛と入滅

赦免後に帰洛した法然は、『行状絵図』第三七によると「慈鎮和尚（慈円）の御沙汰として大谷の禅房に居住せしめ給ふ」たのである。慈円の天台座主在任中、一度として念仏禁止の弾圧は加えられていない。建暦元（一二一一）年十二月、座主承任が辞するにあたり、「汝ニ非ザレバ、ソノ人ナシ」ということで、慈円が三度目の天台座主に補されたが、本来、承任と慈円は互いに親交をもっていて、法然の帰洛を積極的に働きかけたのは慈円でもあり、住居もまた慈円の配慮によるものとみられる。制度上は異なる立場にあったとはいえ、思想的に同朋であったといえる慈円は、兄兼実が深く尊敬し信じていた法然を遠くから見守っていたのであろう。

しかし、法然の寄る年波は如何ともし難く、帰洛したという緊張の糸もゆるみ、安堵感もあったのであろうか、帰洛の翌年正月二日から病床についた。

著者不明の『御臨終日記』には病床に臥してから最後臨終の夕べまでを、詳細に日を追って記しているが、十一日には弟子に「高声に念仏せよ、阿弥陀仏が迎えに来られた、称名すれば必ず救ってくださる」と教示している。また、『御臨終日記』に記録された形跡はないが、二三日には弟子源智の請いによって念仏の肝要を一紙にしたためた。これが『一枚起請文』と呼ばれているもので、末尾に「建暦二年正月二十三日源空」と記している。これが法然の最後の言葉となった。

『一枚起請文』は、『行状絵図』第四五において、以下のような短い文章が紹介されている。

もろこし我朝に、もろもろの智者たちのさたし申さるゝ、観念の念にもあらず。又学問して念仏の心をさとりなとして申念仏にもあらず。たゞ往生極楽のためには南無阿弥陀仏と申て、うたがひなく往生するぞとおもひとりて、申ほかには、別の仔細さふらはず。たゞし三心・四修など申ことの候は、皆決定して南無阿弥陀仏にて往生するぞと、おもふうちにこもり候なり。このほかにおくふかきことを存ぜば、二尊の御あはれみにはずれ、本願にもれ候べし。念仏を信ぜむひとは、たとひ一代の法よくよく学せりとも、一文不知の愚鈍の身になして、あま入道の無智のともがらに同して、智者のふるまいをせずして、たゞ一向に念仏すべし。

〈訳〉

中国や我が国の学者たちが論じている観想の念仏ではありません。また学問をして念仏の意義を了解して称える念仏でもありません。ただ極楽に往生するためには、南無阿弥陀仏と称えて間違いなく往生すると思い定めて称える以外に、別に深い意味がある訳ではありません。ただし三心や四修などということもあるが、それは南無阿弥陀仏と称えさえすれば、皆が必ず往生すると思う心の中に満ちています。この他に奥深い意味があると考えると、かえって釈尊・弥陀の二尊の慈悲から漏れ出て、本願の救いから外れてしまうでしょう。念仏を信じる人は、たとえ釈尊が説かれた教えを十分に極めていても、文字の一つも知らない愚かな身となって、尼入道のような無智の人たちと共に、智慧者ぶらずに、ひたすら念仏するように。

平仮名と漢字の混じった平易な文章であるが、「無観称名義」が簡潔にまとめられた文章であるといえる。晩年の法然は『選択集』に言及することもなく、門人たちに書写させるだけで、もっぱら通憲流聖に徹した生活を送っていたようである。臨終に際しても『選択集』などの宗義上重要と思われる教義については、一切触れていないところをみると、『選択集』撰述に対する深い反省が心に残っていたのであろう。

法然は念仏こそ真理であるから、疑うことなく念仏せよと繰り返し説いてきた。『一枚起請文』には法然の意図する無観称名の真意が凝結されるとともに、円照が法然に托した通憲流念仏信仰の姿が昇華されているといえる。円照も広谷で同じ文言を法然に伝えていたのかもしれない。特に、最後の「念仏を信ぜむひとは、たとひ一代の法をよくよく学せりとも、一文不知の愚鈍の身になして、あま入道の無智のともがらに同して、智者のふるまいをせずして、たゞ一向に念仏すべし」は、「無観称名義」そのものであるといえる。

法然の臨終の様子については、『行状絵図』第三七に、

ねぶるがごとくして息たへたまひぬ。音声とゞまりてのち、なを脣舌をうごかし給事十余反ばかりなり。面色ことにあざやかに形容ゑめるに似たり。建暦二年正月廿五日午の正中なり。春秋八十にみち給。

〈訳〉

眠るように息絶えられた。声がしなくなった後も、なお唇や舌を動かされること十余回ほどであった。顔の色はことに鮮やかで、容貌は笑っておられるように見えた。時に建暦二(一二一二)年正月二十五日の正午であった。齢はちょうど八十歳になっておられた。

『行状絵図』では、法然の最後を紫雲や円光などの瑞相で飾っているが、その一方、『愚管抄』第六では、

斯カル事モカヤウニ御沙汰ノアルニ、少シカ、リテ、ヒカヘラル、トコソ見ユレ。サレド法然ハアマリ方人（かたうど）ナクテ。ユルサレテ終ニ大谷ト云東山ニテ入滅シテケリ。ソレモ往生往生ト云ナシテ人アツマリケレド。サルタシカナル事モナシ。

〈訳〉

流罪のことも、後鳥羽上皇のしかるべきご処置によって、しばらくしてお控えになったように思われる。しかし、法然を支持する人は多くもなく、赦免されて後、ついに東山の大谷という所で亡くなった。その時にも極楽往生だと言い立てて人々が集まったものの、しかるべき往生の証拠は現れなかった。

と記して、後鳥羽院が法然に流罪の宣旨を下したものの、わずかな時間でその宣旨が取り止めになったが、専修念仏停止の弾圧で門人が離京したり、罪人扱いされた過激分子の離散が続き、帰洛後の法然の周りには支持する人や仲間たちが集まることはなかった。赦免されて帰洛後、東山大谷で亡くなった時に、大勢の人が集まって極楽往生と言いはやしたものの、臨終に瑞相など現われることはなかったという。「方人」とは、ひいきする仲間という意味である。

慈円の言葉は簡潔で冷ややかではあるが、むしろ法然が通憲流聖を全うして生涯を終えたことを称賛しているとも受け取れる。このような立場で慈円の言葉を見直していくと、法然の行く末に対して、慈円が如何に真剣に考えていたか、如何に羨ましがっていたかを見出すことができる。兼実や良経が亡くなったときもそうであるが、いずれも入滅に及んで記録している慈円の文章には、彼の感情や思いを述べることなく、淡々とした客観的記述を心掛けているようにもみえる。

『愚管抄』第六の以下の記述を見ると、慈円が主観的な表現を極力避けようとしていた様子が伺える。

山ノ座主慈円僧正ト云人アリケルハ九條〔兼実〕殿ノヲトト也。ウケラレヌ事ナレド。マメヤカノ歌ヨミニテアリケレバ。摂政〔良経〕トヲナジ身ナルヤウナル人ニテ。必参リアヘト御氣色モアリ

ケレバツネニ候ケリ。院ノ御持僧ニハ昔ヨリタグヒナク頼ミ思召タル人ト聞ヘキ。

〈訳〉

天台座主に慈円僧正という人がいたが、その人は九条殿の弟であった。本当かどうか怪しいものであるが、本格的な歌人であったから、上皇も摂政と同様にもてはやされ、「和歌の会には必ず参会されよ」との御意向もあったので、いつも上皇の御所に伺候していた。またこの慈円僧正は、上皇が護持僧として以前から他に代えがたく信頼なさっていた人として知られていた。

この文章だけを読んでいると、誰も著者が慈円だとは思わないだろう。『愚管抄』には著者名が記されていないということもあって、慈円であることが最近まで分からなかった。歌人でもあった慈円が「詠み人知らず」を旨として、あるいは通憲流に興味を抱く僧侶として、自己を表に出さないという信念のもとに詠み人知らずを装ったのであろう。上記の文章にしても、自己を主張することに対する照れと遊び心も手伝って、このような表現になったと考えられる。

覚如著『拾遺古徳伝（しゅういことくでん）』には、建暦二（一二一二）年一月に法然の臨終に立ち会ったのは、信空上人、隆寛律師、證空上人、空阿弥陀仏、定生房感聖、勢観房源智の六名と記されていることから、大谷の禅坊に同住していた入室者に看取られての最後であった。法然は流罪の年に恩免の宣旨を受け、帰洛が許されないままに勝尾寺で四年間過ごすことになったが、その留守になった草庵を慈円の許可のもとで守り続け、法然からの便りを首を長くして待っていたのが、彼ら六名の同住者であった。彼ら以外に多くの門人たちがいたであろうが、念仏停止の風潮が強まる洛中を逃れて、法然の流罪前後に雲散霧消して、全国に自己の信じる教えを広めていった。

ただ、法然が広谷から草庵を移設して、建久九年の『選択集』撰述から門人の離京作戦、『七箇条起請文』および「建永の法難」などの度重なる事件を経て臨終までの間、草庵に同住し続けたのは信空、證空、源智の三人であった。比叡山における法兄弟の頃から考えると、法然の信空に対する信頼がいかに深かったかをうかがい知ることができる。

七．通憲流に徹した法然

法然思想の特徴は、既成仏教が広がりの方向に展開していくのに対して、経釈類の中から「選択」と「取捨」によって、絶えず「選び取り」と「選び捨て」とを経て集約され、庶民救済の尖端へと研ぎ澄まされていく方向性をもっていた。法然が円照から得た通憲流の教えは、「浄土三部経」の客観的な教義に基づいて体系化され、従来の八百万の神仏という既成概念を打ち砕いて、衆生を救うのは弥陀一仏であるという、一神教にも匹敵する絶対者に特化した教えを強調することで、「無観称名義」の立場を明らかにしたといえる。

一方、法然の生涯を考えてみると、自己が救われる道を求めて、苦悶の末に善導に出会い、善導の教えを遡って道綽、曇鸞へと行き着いたのであるが、教義上はその逆で、釈尊の教えからはじまって、自己の救われる道に辿り着くのが正当な方法なのである。「選択」の意味は、後者の論理体系を踏襲しつつ『観経疏』（散善義）を中核に据えて、愚者の救われる方法を説いたといえるが、智愚、貴賤、善悪などの社会的・宗教的既成概念の壁を打ち破るまでには、昇華されていなかったといえる。

皮肉なことに、法然の教えを専修念仏として世に広めたのは、法然から『選択集』撰述の折に、「この僧憍慢の心ふかくして、悪道に堕しなん」として退けられた異端児ともいえる過激分子の安楽であった。法然はといえば、『選択集』の撰述以後、その行動が明らかになっていない。おそらく、法然は自身の体力低下や門人の過激行動とそれを糾弾する既成教団衆徒との確執を憂いつつも、通憲流の教義を守り実行し続けていたからこそ、朝廷や貴族、寺院を巻き込んだ喧噪の蚊帳の外で静観することができたのである。否、「無観称名義」に徹すればこその静観であった。

一方、過激分子は、専修念仏を広宣するという使命感とも責任感ともいえる意志に突き動かされる一方で、頑なに行動を起こそうとしない師法然に業を煮やしていたのであろう。その結果、法然の制誡を無視したかのような過激分子の行動は、被差別民や庶民に無関係であった仏教を人々の身近に感じさせ、信じさせるきっかけを作ったといえる。特に、洛中の庶民に受け入れられた、行空の唱える一念義の教えは、貴族社会の荘厳をもたない地方に教義として広まることとなったのである。いわば、六時礼讃は庶民を集会させることに寄与し、集まった庶民に一念義を説いて、専修念仏を拡大させたのが行空らであった。

今日、法然が専修念仏を広めたとの見解が多くを占めているが、本書で検証した結果からは、彼が行動の上で何かを成し遂げたという事実に遭遇することはできなかった。むしろ、専修念仏を布教して全国に知らしめたのは、罪人扱いされていた過激分子であって、彼らの行なった被差別民に理解しやすい布教活動が受け入れられ、賛同した同胞が増えるとともに、法然の教えとは異なったかたちで全国の庶民に拡大していったのである。その後の鎌倉時代に、庶民の文化として様々な芸能や遊興が発達してきたのは、庶民に対する過激分子の専修活動がその一端を占め、阿弥陀仏の本願念仏を広めたのも彼らの行為によるものであったといえる。

法然が属した通憲流聖は、個の独自性を強調しつつも集団や組織の中では消え去るという立場を固辞することから、後世の伝記作者を煙に巻き、時代考証を混乱させたものと思われる。恐るべきは、存在を人々の意識から消滅させつつ、自由奔放に世間に影響を及ぼすことを旨とする「通憲流」である。上皇や貴族、衆徒の緊迫した行動が、『行状絵図』の中でわずか数行の文字で終わっているところを見ると、やはり法然自身の目立った行動がなかったことを裏づけている。

通憲流を継承した法然の行動は、外部には認識できなかったが、法然の意志を継いだ、隆寛、聖覚、源智、信空らは他宗派に僧籍を置きながら「無観称名義」を身に付けていた。法然滅後は「無観称名の系譜」に連なる者としての自覚を十分に持ち合わせつつ、控えめで目立たない行動に甘んじて、あたかも、月に反射して夜道を照らす太陽光のように、裏側から照らすことがあっても人に認識されることなく、法然滅後にひっそりと輝くことになる。

法然は生涯を通して仏教を学び、当時の智者として公卿たちの要請に応じ、一方で智者でありながら智者ぶらずに無智の輩とともに生活し、一文不知の尼入道として生涯を送ってきた。法然の生き方は、望むとすれば、当時の知識を十分に活かして、満ち足りた高貴な生活を送ることも可能であった。しかし、法然は、このような智慧才覚に満ちた人格を、実体のない「空」として捉え直し、その一方で、無智文盲の立場にも光を当てて彼らに積極的に関与することで、より広い視野に立つことができた。また、法然の名前の起源ともいえる「法爾法然」も、一切の存在は人為を加えることなく、自ら真理に適っていることを示しているとするならば、自発的に自己を主張する余地など微塵も与えられていないに等しい。

法然の晩年は、『一枚起請文』に記された「たとひ一代の法をよくよく学せりとも、一文不知の愚鈍の身になして、あま入道の無智のともがらに同して、智者のふるまいをせずして、たゞ一向に念仏すべし」と一枚の生活であったことに尽きるといえる。この言葉は、単に無智文盲であれというのではなく、生涯にわたって学問をし尽くして、智恵才覚を身につけ、その上で、無智文盲に徹した生活を送る。まさに盗人が行動を起こす時に、予め盗人のあるべき姿を学び、得た知識を十分に活用して、押し入るべき家の内外の情報を調べ尽くし、侵入する手段・逃げる手段、屋内・屋外での一挙手一投足に細心の注意を払うことを「極意」としつつも、決して盗人であることを他言しないように、通憲流の念仏者にしても生涯にわたって「無観称名義」を守り抜くことが求められる。

『一枚起請文』の「よくよく学せりとも、…智者のふるまいをせず」に対する注釈ともいえる言葉が、『昭法全』の「信空上人伝説の詞」に記されている。

念仏往生のむねをしらさらん程は、これを学すへし。もしこれをしりなは、いくはくならさる智慧をもとめて、称名のいとまをさまたくへからす。

〈訳〉

念仏で往生できるという道理を知りたいと願うならば、学問すればよい。もしこの道理が会得できたならば、さらに取るに足りない知恵を求めて、称名に専念できる時間を妨げてはいけない。

この言葉は、往生できる道理を知るために納得のいくまで学問するのはよいとしても、学問によって往生できると思ってはならない。学問は、往生するという目的を達成するための手段であり、自身の判断力を養うための礎となるもので、精神的・身体的な様々な行動様式の裏付けとなる行為であることを忘れてはならない。さらに、学問をし尽くしてそれでもなお救われない愚鈍の身であることを心底から実感することであるとするならば、学問することは無知であることを知るための逆説的な救いの条件でもある。

この「無観称名義」をそれぞれの個性を活かして、法然の滅後に活躍したのが、信空、隆寛、聖覚、源智なのである。人間は、どのように注意を払ったとしても、どこかに不注意という漏れが生じる。その漏れを防ぐ手立てが念仏なのである。万民に通じる念仏は、念仏中心の生活によって、無意識のうちに不注意を回避できる行動様式となる。人間とは、自身の行動に気を取られると、行動そのものだけでなく意識にも影響を及ぼして安定した生活を送れなくなるが、念仏が生活の中心に位置することで、平生の意識が安定して環境に左右されなくなるという利点がある。このように、行動に囚われずに念仏生活が送れることを「法爾法然」というのであろう。

八．善導の影響

今まで、法然について述べてきたが、法然のみならず日本の浄土思想に大きな影響を与えたのが、中国の「善導」であることはいうまでもない。善導は、『観無量寿経疏（観経疏）』という独自の教義を打ち立てたのみならず、彼自身は美男子で美声の持ち主で絵も上手であったことから、讃や偈を多く作り、庶民に浄土仏教をわかりやすく説いて回った。

善導は、六一三年に生まれて六八一年に没した中国臨淄（りんし）（山東省）の人で、初めは三論宗を学び、『法華経』『維摩経』を誦したが、まもなく浄土変相図をみて浄土往生を願い、『観無量寿経』に基づいて十六の観想を行なった。やがて山西省の玄中寺にいた道綽のもとで修行し、その高弟と目され、三〇年余りにわたり寝床を変えることなく、洗浴のとき以外は衣を脱がず、目を上げて女人を見ず、一切の名利を心に起こすことがなかったという。道綽没後は、終南山（しゅうなんざん）の悟真寺や国都長安の光明寺に住いして、厳しい修行を経て「南無阿弥陀仏」の善導流口称念仏を編み出し、多くの弟子を育てた。その後長安に出て、十万巻に及ぶ『阿弥陀経』を書写しては有縁の人々に与え、浄土の荘厳を絵図にするなどして、庶民の教化にも努めている。さらに、六朝・隋代に行われていた仏教儀礼である礼讃類を再編集して、『往生礼讃』を完成させるとともに、『転経行道願往生浄土法事讃（法事讃）』、『依観経等明般舟三昧行道往生讃（般舟讃）』などを著述して、浄土の荘厳が庶民に理解しやすいように努力した。また、則天武后の発願による竜門石窟の盧舎那仏の造立を監督したのも善導であった。

善導の著作は奈良時代の前半に日本に伝わり、なかでも『西方浄土法事讃』、『往生礼讃』、『観経疏』などは数多く書写され、平安時代の浄土教に多大な影響を与えた。源信の『往生要集』、永観の『往生拾因』、珍海の『決定往生集』などでは、善導の称名主義が受容されている。

善導の影響を受けたのは法然だけではなく、過激分子である住蓮・安楽にしても同じであった。特に、安楽は善導のように美男子で美声であったというから老若男女の支持を得て、『往生礼讃』の詩情豊かな偈を「六時礼讃」にまとめて、善導が行ったように浄土の教えを庶民にわかりやすく唱導して回った。庶民に対する安楽の存在は、外見上は善導の再来であるというように映ったことであろう。

しかし、住蓮・安楽は、善導の生きていた時代と国が異なり、同じように教化しても権勢からは罪人扱いされ、処罰を受けることになった。このことを予期してか、藤原通憲（信西）や遊蓮房円照は、善導の教義と時代背景を考慮して、平安時代末期に静かなる通憲流を組織したのであろう。

法然と過激分子を含む彼の一門が、善導の行なってきた教義なり教化を、良し悪しは別にして、互いに手分けして日本に広めたと考えれば、法然と一門による活動の功績は大きいといえる。

第九章　法然滅後

巻に流出した『選択集』に対して、法然の憂えていた「破法の人」が実際に現れることになる。破法の先鞭をつけたのが、教理的な面から糾弾した明恵房高弁（みょうえぼうこうべん）である。明恵は、『選択集』公刊の同じ年に『於一向専修宗選択集中催邪輪（催邪輪）』を発表し、その巻上で「上人印可せずば、何が故ぞ滅後に迄って、板印に鏤（ちりば）めて、以て亀鏡とするや」と記しているので、法然の生前に『選択集』の版行がなかったことを示している。さらに翌建暦三（一二一三）年には、『摧邪輪荘厳記（荘厳記）』を刊行して、無観称名ではなく一向専修を教義とする『選択集』を論破している。

『行状絵図』には、常々法然には敵意をもっていたが、『選択集』を読んで一向念仏に帰依した人のことが多く記されている。一方、その対極として法然を尊崇していたが、『選択集』を読んで反論してきたのが明恵であった。明恵は従来の念仏を熟知した上で、法然門下の専修念仏に疑義を提示したのである。

『摧邪輪』刊行後の新興教団では、『摧邪輪』を非難したり『選択集』を擁護する動きが活発になり、「無観称名義」から逸脱する行動が頻出するようになった。このような新興教団の動きは既成教団の思う壺となり、念仏停止のさらなる弾圧を加えるきっかけを作ることになり、新興教団の崩壊へと時代が動いていく。

一方、『摧邪輪』を論破する人々とは違って、法然の法灯を守り続けることに尽力した人もいた。彼らは、まさに「無観称名義」を実践した立役者として、今日では無名に等しいが、彼らの功績は今なお違った形で連綿と受け継がれている。彼ら「無観称名義」を極めた人の名は、隆寛、聖覚、源智であるが、ここでは、「無観称名の系譜」に相応しい三名の考え方や人柄、言動を通して、「無観称名義」に連なる行動様式を明らかにする。

一．選択集の批判

『選択集』が初めて木版本として世に現われたのは、兼実が指示したように法然没後間もなくのことであった。このことについて、持阿良心は『選択決疑鈔見聞』で、

上人御存生の時、御弟子等雕刻補摺流布の願を

発し、その意趣序を（平）基親に書かしむ。時に建暦元年辛未十一月なり。明年壬申正月二十五日上人入滅したもう。時に門弟恋慕の思に住して、且は報恩のため、且は流布のために、同年九月八日刻雕の功終るなり。

〈訳〉

法然が在世の時に弟子たちが版木を彫り紙に摺って流布させる願いを起こし、その思いの次第を基親に書かせた。建暦元（一二一一）年十一月のことである。翌年の一月二五日に法然が亡くなった。その時、門弟は恋慕の思いを抱いて、恩に報いるため、また広く世に知らしめるために同年九月八日に版木の制作を終えることができた。

と記している。平基親は、高倉天皇や中宮平徳子に仕えた公卿であるが、建永元（一二〇六）年の『興福寺奏状』による訴訟の最中に出家して法然の門に入っている。建暦元（一二一一）年十一月に法然の帰洛をまって、『選択集』の木版本を申し出るが、翌（一二一二）年一月に法然が入滅してしまう。その後、基親は兼実の生前の意志を継いで、同年九月八日に『選択集』を公刊した。

刊行された『選択集』に対して、同じ年の建暦二（一二一二）年十一月二三日に『選択集』の批判書である『催邪輪』三巻を発表したのが明恵である。『摧邪輪』については、『行状絵図』巻四〇に以下のように述べる。

栂尾の明恵上人（高弁）摧邪輪三巻を記して選択集を破す。上人の門徒こぞりて難をくはへしによりて、かさねて荘厳記といへる一巻の書をつくりて、その難を救すといへども、義理不相応のあひだ此書をつくられてのち、いよいよ名誉をおとされけり。

〈訳〉

栂尾にいる明恵（高弁）は、『摧邪輪』三巻を著して『選択集』を論破したが、法然の門弟たちが非難を加えたので、明恵はさらに『荘厳記』一巻を著し、その非難に答えようとした。しかし、理に適っていなかったので、明恵はこの本を著述した後ますます評判を落とされた。

『摧邪輪』に対する法然門徒の批判については、『行状絵図』第四三で、以下のように述べるのみである。

播磨国朝日山の信寂房は、上人面授の弟子なり。明恵上人、摧邪輪といふ文をつくりて、選択集を破せられたるを、この人破文をつくりて、難者の非をあらはせり。一々の義、立破文明なる中に瑜伽・荘厳等の論を引て難じ、香象・清涼等の釈をあげて、破せられた。

〈訳〉

播磨国の朝日山にいた信寂房は、法然から教えを授かった弟子である。明恵が『摧邪輪』という書物を作って『選択集』を非難したが、これに反論する文を信寂房が書いて、『摧邪輪』の非難が当たらないことを示した。一つひとつの内容を明確に立証し論破した中に、無着菩薩の『瑜伽師地論』や『大乗荘厳経論』などの論書を引いて非難し、香象大師や清涼国師らの解釈を用いて反論された。

『行状絵図』では、『摧邪輪』の内容が明確にされていないが、浄土門の人々に大きな衝撃を与え、法然の門人である信寂房が、『摧邪輪』に対する反論の書を刊行したことが記されている。『摧邪輪』に対する浄土門側からの非難の書は多くあり、それらの影響は江戸時代にまで及ぶという凄まじさであるが、その内容は言葉尻を捉えた諍論の域を出なかった。ちなみに、信寂房が著したのは『慧命義』という書物で、『選択集』を忠実に辿って『摧邪輪』を論破していったという。ここでは、『摧邪輪』が『選択集』を非難した部分に焦点を当てて、明恵の為人と『摧邪輪』について検討してみたい。

一・一・明恵房高弁

明恵房高弁は、紀伊国有田郡石垣荘吉原村（現、和歌山県有田郡金屋町）で、承安三（一一七三）年一月八日に生まれ、寛喜四（一二三二）年一月十九日に歿している。父は平重国、母は湯浅宗重の第四女である。八歳のときに母を失い、立て続けに戦乱で父を失う。その後、母方の叔父の神護寺上覚に師事し、十六歳のとき出家する。次いで東大寺戒壇院で受戒し、尊勝院弁暁・聖椿に華厳・倶舎を学び、密教を興然・実尊に、禅を栄西について学んだ。二一歳の頃に神護寺の別院栂尾山（十無尽院）に住いし、東大寺尊勝院に赴いたが、寺僧間の争いを厭い、二三歳のとき故郷に近い白上峰に籠り、時折、神護寺を訪れるなどして、『華厳経』関係の仏典研究に勤しんだ。

明恵は、かねてからインド仏跡参拝を計画していたが、建仁二（一二〇二）年に急病が原因で念願を果たせなかった。元久二（一二〇五）年に再度渡印を計画して『天竺里程書（印度行程記）』を作成したが、春日明神の神託を受けて断念した。建永元（一二〇六）年十一月には、後鳥羽院から栂尾の地を賜り、弟子義林房喜海などを伴って移り住み、『華厳経』の中の「日出先照高山嶺」を引用して、その地を「高山寺」と名づけた。明恵が高山寺を賜った時期は、奇しくも「建永の法難」が起こる一ヶ月前、上皇が熊野に御幸する直前であった。

それ以来、明恵は『摧邪輪』の執筆に専念し、その奥書には「高命を蒙り進上する」と記されているが、この「高命」とは後鳥羽上皇の命令であったことは明らかである。『摧邪輪』刊行の翌建暦三（一二一三）年六月二二日には『荘厳記』一巻を著述し、そこで三点の論難を追加して法然の十六過失とし、『摧邪輪』における自らの論旨を補足した。

釈尊を追慕し名利を厭った明恵の高潔な行状は、多くの人々から尊崇された。その中には九条兼実・道家、西園寺公経、藤原定家や北条泰時、安達景盛らがおり、笠置寺の貞慶、松尾寺の慶政などとも親交があった。明恵には『摧邪輪』関係以外にも『華厳唯心義』、『四座講式』などの著書がある。

一・二・執筆の経緯

明恵が、後鳥羽院から洛中に呼び戻されて高山寺を賜ったのは、既成教団の衆徒と新興教団の過激分子の争いに、公卿側が対処しきれずに混乱を招いている最中のことである。明恵を招くという院の決断は、上皇が単独で行ったのではなく、朝廷とも結ばれている通憲流聖の要望を察してのことと考えられる。彼ら聖は、継承するべき「無観称名義」を守るべく、『選択集』の永久追放を狙っての上奏でもあった。この時期に『選択集』の写本が一般に流布していたことから、後鳥羽院も撰述間もない時期に既に複数の写本を入手していたのであろう。

新興教団の対応に苦慮している貴族と衆徒の揉め事に業を煮やした後鳥羽上皇は、事態収拾のために、仏教の行儀や戒律に造詣が深く、『華厳経』に精通していて、清廉潔白な清僧として人心の信頼を集めている明恵に白羽の矢を立てたのである。一方で、明恵が十年に及んで都の喧噪とは隔絶された紀伊国に遁世して、釈尊の仏教を極めていたことから、現在の揉め事に対する社会的現象面から批判するのではなく、『選択集』そのものを仏教の基本に立ち返って、論理的に批判することを目的として呼び寄せられたと思われる。

当時の明恵は、同時代の貞慶や叡尊（えいぞん）と同じように戒律を重視することで仏教の変革を試みていたといえる。明恵が華厳宗を足がかりとした一方で、貞慶は法相宗、叡尊は真言宗、栄西は天台宗において、戒律遵守による仏教改革を目指していた。明恵が上皇の命令を聞き入れたのは、彼が南都東大寺の官僧であること、および「鎮護国家」の王朝仏教思想が重源や貞慶などの活躍で、再認識されだした時期とも符合し、朝廷に使える僧侶の立場上、断ることができなかったのであろう。かくして、『摧邪輪』は、専修念仏に対する聖道門側の最初の教義的批判書となったのである。

一・三・摧邪輪

『催邪輪』の題名の意味は、「念仏だけをひたすら実践する一向専修の『選択集』が邪悪な教えであるから、これを打ち摧く」というように『荘厳記』で説明されている。仏教では、釈尊の教えを象徴して「法輪」といい、釈尊が教えを説き広めることを「転法輪」というが、明恵は、この「法輪」を使って、『選択集』の教えを「邪悪な法輪」すなわち「邪輪」と呼んで、邪輪を打ち摧くという意味から『摧邪輪』と名づけたのである。

本書が著述されたのは、『摧邪輪』の巻末に「建暦二年十一月二十三日華厳宗沙門高辨卒爾としてこれを草しおわる」と日付が明記されていることから、法然が入寂してから十ヵ月後、『選択集』版行の二ヶ月後に脱稿されたことになる。翌年には「高命を以て謹んで之を進上す　建暦三年三月一日非人高辨」と記して上皇に献上されている。

明恵は、『摧邪輪』を著述するに至った動機を上巻の最初に記している。

> 上人入滅の頃に至つて、興行倍盛んなり。専ら板印に鏤めて、以て後代の重宝とす。永く一門に流して、敬重すること仏経のごとし。惣じて往生宗の肝要、念仏者の秘府なりとおもへり。これによつて、たまたま難ずる者あれば、過を念仏を難

ずるに負ほす。希に信ずる人に値ひては、徳を往生を信ずるに擬せり。遂に一味の法雨に甘醎の味を分ち、和合衆僧に不同の失を成さしむ。何ぞそれ悲しきや。仍って或る処において講経説法の次に、二の難を出して、かの書を破す。

〈訳〉

上人が入滅する頃になると、この邪説がますます盛んになり、もっぱら、板木に文字をちりばめて後代の重要な宝物とし、ながく一門に流布させて仏の経典のように敬い重んじている。総体的に、この書は極楽往生の教えを重視していることから、念仏者にとっての宝庫であると思っている。したがって、この書を非難する者があると、非難の矛先を念仏の非難に置き換えてしまう。稀にこの書を信じる人に出逢うと、信心を往生の功徳になぞらえてしまう。遂には、同一の味である万人のための仏法を甘い味と辛い味に区別してしまい、和合している僧たちを不和にするという過ちを犯している。それはなんと悲しいことか。そこで、ある所で経典を講義し説法した後で、二つの非難を提出して『選択集』を論破することにした。

法然が亡くなると、『選択集』を旗印にした邪説が、仏教を無視して糸の切れた凧のように巷に溢れ出し、破戒を信条とする無法者が横行する世の中となってしまった。彼らに法を説いてもすべて逆手に取り、自分らにとって都合のよい解釈に終始して、今まで和合を旨としてきた仏教教団を分断して、人々を争いの渦中に巻き込んだのが『選択集』である。このような邪書が世の中でもてはやされることは残念なことなので、ある場所で経典を講義した折に、二つの点（菩提心の撥去、聖道門の群賊化）を取り上げて『選択集』を非難する、という。

明恵の憂いは、「一味の法雨に甘醎（かんげん）の味を分ち、和合衆僧に不同の失を成さしむ」の文に如実に示されている。この意味は、既成仏教の「悉有仏性」に基づく和合衆僧の教えを、勝劣、難易などの二項対立に分化して、不和を招く原因をつくって仏教を破壊するものであるとする。明恵のいう本来の仏教は、すべてを同一化していく多元的な立場を維持しているが、『選択集』は多元的仏教を二元的体系に再構築し直し、それらを取捨することによって阿弥陀一仏を導いている。この行為は仏教そのものの破壊につながると非難して『選択集』の考え方を痛罵していく。明恵の批判は単なる風評や偏見に基づいたものではなく、『選択集』の内容と自らが求める仏道とを比較検討するという誠実なものであった。

明恵のいう「一味の法雨に甘鹹の味を分ち」は、まさに、白色・灰色・黒色の多彩な色を、白色と黒色の二種に分断してしまったという、『選択集』の本質を的確に捉えた表現であるといえる。

一・三・一・二つの過失

明恵は、菩薩道を実践するのが僧の本旨であるとの考えに徹していたため、菩提心を無視したかのような『選択集』の思想に反発して、徹底抗争を試みたのが『摧邪輪』といえる。『摧邪輪』では、本文を上・中・下の三巻に分け、その内容を、第一章が「菩提心を撥去する過失」、第二章が「聖道門を群賊に譬える過失」というように二つに分けて構成している。さらに本文第一章の過失は次のように五つに分類されている。

一　菩提心を極楽に往生するための行為としない過失
二　阿弥陀仏の本願のなかに菩提心が説かれていないという過失
三　菩提心を限界のある小さな利益とする過失
四　『双巻経（無量寿経）』は菩提心について説いていないという過失
五　菩提心は念仏のさまたげになるという過失

このように、二章に分けた内の第一章を五つに分類したことで、『選択集』には合計六種の過失があることを指摘し、それぞれ章節を設けて論破している。他にも以下の七種の過失があることを指摘し、六種の過失を批判する中で随処にこれを散説させている。

一　群賊の譬えのなかで自己の過ちを隠す過失
二　浄土に地獄・餓鬼・畜生の三つの悲惨な世界があるという過失
三　浄土より没して穢れた国土の悲惨な世界に堕ちるという過失
四　往生を宗とする宗派では、観仏三昧と念仏三昧は本質を異にするという見解に執着する過失
五　「光明遍照」の経文を謬解する過失
六　仏がさとりの結果として具えたすべての功徳は、阿弥陀仏の名号の功徳に及ばないという過失
七　成立させようとしている浄土の一宗が成立しない過失

このように、明恵は『選択集』の中に合計十三の過失を指摘しているが、特に『摧邪輪』では、第一章の「菩提心を捨てる過失」に対する論破が中心になっている。ここでの主題となる「菩提心」とは、多くの仏典の中で様々な説かれ方がなされているが、通常は菩提（悟りや仏果）を得ようと志向し実践する心を意味しており、仏道修行を志す者は初めに菩提心を起こさなければならない。菩提心を起こすことにより、人は菩提を求めて仏道修行の道を歩むことができるのであり、それを否定することは仏教者としての有りようを否定することにほかならない。本来の仏教が、悟りに至る道を教えることを目的にしているとするならば、菩提心は昔から仏教にとって基本となる大切な概念である。しかし、『選択集』では伝統的な菩提心を捨てているとみなして、明恵は非難しているのである。

明恵が、第二章の「聖道門を群賊に譬える過失」において、聖道門を「群賊」に例えると批判しているのは、『観経疏』（散善義）における三心釈の中の「廻向発願心釈」に示されている「二河白道の譬え」に出てくる群賊を意味している。この譬えは、東岸の娑婆から焔と水で浸された白道の先にある西岸の極楽浄土に向かう旅人に対して、身に危険がせまっているから早く戻って来るようにと、東岸から群賊が呼びかけている件がある。『選択集』では、この群賊が聖道門の人たちを指しているとし、群賊の声に耳を傾けることのないように諭していると、明恵はいう。

以下、明恵のいう「菩薩心」と「群賊」の「二つの過失」について検討する。

（一）菩提心

第一の「菩提心を撥去する過失」において、明恵は、悟りを得るためにこそ菩提心が必要なのであるが、『選択集』はこの世での悟りは至難であるとして、菩提心をもつことを断念し、あまつさえ浄土に往生するには菩提心は不要であるとの説を立てて、菩提心を無視していることを指摘している。明恵は、『選択集』の中の第三、第四、第五、第六、第十二が「菩提心」に関連した章であるとする。明恵の指摘する部分を『選択集』から引用して検討してみる。

まず、『選択集』第三（本願篇）では、「選択」の意味を説明する中で、『無量寿経』に記載されている第十八「念仏往生」の願に言及して、この諸仏の土（仏国土）では布施や持戒、造像起塔などをもって往生の行とするが、

かくのごとく往生の行、種々不同なり。つぶさに述ぶべからず。すなはちいま前の布施・持戒、乃至孝養父母等の諸行を選捨して、専称仏号を選取す。ゆゑに選択といふ。

〈訳〉

このような往生の行為には種々あって、どれも同じではないから、すべてを述べることはできない。すなわち、ここでは前に述べた布施や戒を守ること、および父母への孝養などの多くの行為を選び捨てて、専ら阿弥陀仏の名号のみを選び取るので、「選択」というのである。

と述べている。ここでは、往生の手段は経典にも色々と述べられているが、これらの方法は捨て去って、阿弥陀仏の名号のみを選び取るから選択というのである、と従来の仏教で説かれている仏国土における浄土往生の方法を捨て去って、阿弥陀仏の名号が人々を救う唯一の方法であることを強調している。

この撥去した様々な浄土往生の方法の中に菩提心が含まれていたのである。

あるいは菩提心をもって往生の行となす土あり。

〈訳〉

あるいは、悟りの智慧を得たいと思う心を起こすことによって往生できる行為とする仏の国もある。

明恵の論点は、最初に「往生の行」を捨てるといい、次に菩提心は「往生の行」であるという限り、菩提心は捨てるべきであるという三段論法が成り立つという。結局、『選択集』は、菩提心を含む諸行を往生の行とせずに選び捨て、称名念仏を選び取ることを宣言したことになる。明恵はここに目を付けて、仏教の基本ともいえる菩提心をも投げ捨てていると非難している。

次いで、『選択集』第四（三輩篇）では、『観経疏』の文を根拠にして、著者の善導の意に従いつつ、

下輩の文のなかに、また菩提心等の余行あり、（中略）なんぞ余行を棄ててただ念仏といふや。

〈訳〉

身分の卑しい者の文の中には、また、悟りを得たいと願う心などの他の行為がある。（中略）どうして、他の行為を捨てて、ただ念仏せよというのか。

という問を設けている。この問いに応えるかたちで称名念仏を勧めているのであるが、ここでも菩提心が余行であり、余行を捨ててただ念仏だけを称えるという説示は、三段論法によって菩提心を捨てて念仏を選取するという意味に解釈されている。

『選択集』第五（利益篇）では、

また下輩の文のなかに一念といふといへども、また功徳の大利を説かず。この一念に至りて、説きて大利となし、歎めて無常となす。まさに知るべし、これ上の一念を指す。この「大利」とはこれ小利に対する言なり。しかればすなはち菩提心等の諸行をもって小利となし、乃至一念をもって大利となす。

〈訳〉

また、卑しい者の文の中で、一念とはいっているけれども、ここでは偉大な功徳の利益を説いていない。しかしこの章に至って、一念に偉大な利益があることを説き明かして、この上ないものとして讃歎するのである。ここで知るべきは、前に述べた一念も同じことを意味している。この偉大な利益というのは小さな利益に対する言葉である。それであるから、悟りを得たいと思う心などの他の多くの行為をもって小さな利益とし、乃至一念をもって偉大な利益とするのである。

というように、菩提心などの諸行を利益の少ない行とし、一念を大きな利益の行であると説いている。本来『無量寿経』では、「三輩の文」において菩提心等の功徳を挙げているが、『選択集』では念仏の功徳のみを讃える理由として、本来は直接念仏を説きたかったのであるが、機にしたがって一応、菩提心等の諸行を説いて三輩の浅深を分別しておいてから、念仏のみを賛嘆している。結果的に菩提心等の諸行を小利とし、念仏を大利としたことを、明恵は非難しているのである。

『選択集』第六（特留篇）では、『無量寿経』に説くところの「止住」は、

すなはち念仏の止住なり。しかる所以は、この経に菩提心の言ありといへども、いまだ菩提心の行相を説かず。また持戒の言ありといへども、いまだ持戒の行相を説かず。しかるに菩提心の行相を説くことは広く『菩提心経』等にあり。かの経先に滅しなば、菩提心の行なににによりてかこれを修せん。

〈訳〉

すなわち、念仏が止まることである。その理由は、この経に、悟りを得たいと思う心の言葉があるけれども、まだ、どのような状態が悟りを得たいと思う心なのかは説かれていない。また、「持戒」という言葉があるけれども、まだ、どのような状態が持戒なのかは説かれていない。ところが、どのような状態が悟りを得たいと思う心なのかは、『菩提心経』などに詳しく説かれている。もしも、この『菩提心経』が先に消滅してしまえば、悟りを得たいと思う心の修行は、いったい何によって行えばよいのであろうか。

と、末法に入った現在では、経典すら消滅しているから、菩提心を説いた最後の経典である『菩提心経』も消滅している。菩提心を発することすらできなくなり、どのような修行を実践すればよいのか、との嘆きの声すら聞かれる。すると、末法の世となり、一万年たった後に聖道・浄土の教えのうち、どちらが先に消滅するかといえば、『無量寿経』だけが残るから念仏は滅しない。つまり菩提心を説く経は先に滅するので、その拠り所が無くなってしまう、と説いていることを明恵は非難している。

『選択集』第十二（念仏付属篇）では、釈尊が念仏を付属したことが説かれている。

おほよそ散善の十一人、みな貴ぶといへども、そのなかにおいてこの四箇の行は、当世の人ことに欲するところの行なり。これらの行をもってほとほと念仏を抑ふ。つらつら経の意を尋ぬれば、この諸行をもって付属流通せず、ただ念仏の一行をもって、すなはち後世に付属流通せしむ。知るべし、釈尊の諸行を付属したまはざる所以は、す

なはちこれ弥陀の本願にあらざるゆゑなり。また念仏を付属する所以は、すなはちこれ弥陀の本願のゆゑなり。

〈訳〉

散善の行為には十一種あって、それを実践する人はみな貴い行為であるけれども、その中でも、以上に挙げた四種の行為は、現代の人々がことのほか願っている行為である。これらの行為が仏教の全体を占める実践方法と思い込み、そのことによってほとんど念仏することが抑えられてしまう結果となっている。よくよく経の主旨を糺してみれば、これらの多くの行為をもって伝持し広め伝えようとはしていない。ただ、念仏の一行のみをそのまま後世にまで伝持し広め伝えようとしている。釈尊が他の多くの行為を伝持されなかった理由は、これこそ、阿弥陀仏の本願ではないからである。また、念仏を伝持された理由は、これこそ阿弥陀仏の本願であるからである。

ここでの「散善の十一人」の行業の中に発菩提心、「四箇の行」の行為の中にも発菩提心が説かれている。すなわち、『観経疏』（散善義）では、天台宗や真言・華厳・三輪・法相などの各宗に往生の業としての菩提心があることを認めているが、散善の行による念仏は抑えられている。しかし、『選択集』では、『観経』に「無量寿仏（阿弥陀仏）のみ名を伝持せよ」と釈尊が弟子の阿難に伝えたことを捉えて、これは念仏の一行だけが阿弥陀仏の本願であって、定善・散善など諸行は本願ではないから伝持し広めよとは仰らなかったという。明恵はこのことを非難している。

以上に挙げた五つの論拠によって、『選択集』では「菩提心」についてかなり論じているものの、これらの論拠はすべて「浄土往生の行として、菩提心等の諸行を廃捨し、念仏一行を選取する」ことに尽きるというのが、『選択集』の説く「菩提心」に対する『摧邪輪』の結論なのである。

明恵がいうには、『選択集』で頻出する善導の注釈は、一切衆生のあらゆる機根を対象にしたものではなく、一類の凡夫を導くために、菩薩や諸師がそれぞれの機根にあった教えを説く方法を示すもので、諸師間における異なる説示の解釈の是非を論じたものではない。しかし、『選択集』の内容は、正見と悪見の区別や諸法の存在意義などを考慮しないで、すべてを浄土門の易行と聖道門の難行に強引に区分して差別化しているところが、仏教から逸脱した説であるとして批判した。

明恵は、従来の浄土教においても発菩提心を基本としていることを指摘したうえで、大乗仏教の基本教義であり、法無我平等の義に立脚する菩提心を否定し、これに代えて至誠心・深心・廻向発願心の三心を浄土往生の行であると説く『選択集』の所論は、結局のところ大乗仏教そのものの否定につながる大過失であると説く。明恵の主張するところは、浄土教のいう信心と『華厳経』で強調される菩提心とはまったく異なるもので、『選択集』の菩提心否定は、大乗仏教の根本理念から逸脱し、聖道門と浄土門の二門が建立された本旨に反するだけでなく、善導の念仏思想の本義にも違背する、というものである。

（二）群賊

第二の「聖道門を群賊に譬える過失」で、明恵が指摘した『選択集』第八（三心篇）に説かれる「二河白道の譬え」とは、ある旅人（求道者）が極楽浄土を目指して西に向かって歩を進めていると、突然目の前が開けて、左手にはすべてを焼き尽くすような火の河が、右手には荒れ狂う大波の打ち寄せる水の河があることに気づく。よく見ればその二つの河が激突している処に、一本の幅の狭い白道がかすかに見える。周囲には誰もいないし、とてもこの道を歩いて行けるとは思えない。立ちすくんでいると、その人に向かって大勢の賊や飢えた猛獣たちが襲ってくる。前にも進めない、後戻りもできない、立ち止まっていることもできず、このままでは死を覚悟しなければならない。どうせ死ぬならこの白い道を歩もうと決心したとき、旅人は西の方からは「来い」、東の方からは「行け」の声を聞き、その声に従って旅人が無心で白道を渡る、という物語である。

この譬えは、求道者の仏道を巧みに表現したことで古来重視されてきた教えで、「来い」の声の主は阿弥陀仏、「行け」の声は釈尊である。この中で仏道を歩む者の障害となる群賊・悪獣の正体が『観経疏』（散善義）で明らかにされている。

群賊・悪獣詐り親しむといふは、すなはち衆生の六根・六識・六塵・五陰・四大に喩ふ。

〈訳〉

襲いかかってくる群賊や悪獣というのは、衆生の身心や煩悩を構成するものの喩えである。

この群賊・悪獣は、悟りとは反対の側にある煩悩を構成する要素の比喩である。六根とは、眼・耳・鼻・舌・身・意の六器官のこと。六識とは、六根で色・声・香・味・触・法の六境を知覚すること。六塵とは、心を汚す六境のことで、五陰（五蘊）とは、色・受・想・行・識の現象を現わす基本要素である。四大とは、地・水・火・風の物質の構成要素である。すなわち、善導は、群賊や悪獣が旅人に関わりのある諸事象を現わし、諸事象の呼び声を旅人が聞くことによって煩悩を生み出しているという。

『選択集』第八（三心篇）の中でも、群賊・悪獣が人に及ぼすに影響について、以下のように説明している。

多く群賊・悪獣のみあり。この人の単独なるを見て、競ひ来りて殺さんと欲す。この人死を怖れて直に走りて西に向かふに、忽然としてこの大河を見る。

〈訳〉

多くの群賊・悪獣がいて、この人がただ一人であるのを見て、われがちに迫ってきて殺そうとする。そこで、この人は死を恐れて、ただちに走って西に向かったが、たちまちこの大河を見る。

周りの諸事象が孤独な旅人を見つけては、煩悩の闇に引きずり降ろそうと狙っているが、道を求める旅人は、群賊・悪獣のたくらみに気づいて、西方浄土を目指して煩悩から逃れようとする。しかし、その途中で火の河と水の河の渦巻く岸辺に辿り着いてしまう。

煩悩と浄土往生への険しい試練に阻まれて、旅人は、

まさしく到り回らんと欲すれば、群賊・悪獣漸々に来り逼む。まさしく南北に避り走らんと欲すれば、悪獣・毒虫競ひ来りてわれに向かふ。

〈訳〉

まさしくかえろうとすれば、群賊・悪獣が次第に来りせまってくる。まさしく南か北に避けて走ろうとすれば、悪獣・毒虫がわれがちに自分に向かってくる。

という、切羽詰まった状況に陥って思案に暮れることになる。旅人は、自身の目的を達成するために、思い切って火の河と水の河の間にある白道を歩もうとするが、ここに『選択集』第八（三心篇）は善導と異なる、以下のような解釈を施す。

〈あるいは行くこと一分二分するに群賊等喚び回す〉といふは、すなはち別解・別行・悪見人等の、妄りに見解を説きてたがひにあひ惑乱し、およびみづから罪を造りて退失するに喩ふ。

〈訳〉

「一歩二歩行ったときに群賊らが喚びもどす」というのは、学解・修行の異なる人や、まちがった考えの人たちが、みだりに彼らの見解をもって、かわるがわる行者を惑わし、群賊自らが罪を造って往生の大利益を失うことにたとえている。

ここでの群賊とは、善導のいう人間の煩悩を指し示すのではなく、学解・修行の異なる人や間違った考えをもつ人々であると定義し、彼らが独自の見解をもって旅人（求道者）を惑わすことで、群賊は自らの罪で往生できなくなるという。つまり、群賊が人間を構成している諸要素から主義主張の異なる人間に特化されていて、彼らには往生の道が閉ざされているというのである。

異なる主義を主張する人間として特化された「別解・別行」については、『選択集』第八（三心篇）の「信疑決判」において、以下のように定義している。

またこのなかに「一切の別解・別行・異学・異見」等といふは、これ聖道門の解・行・学・見を指す。

〈訳〉

またこの中（散善義の深心釈）に「すべての別解・別行・異学・異見」などというのは、聖道門の解釈・修行・学問・見解を指すのである。

これらの言葉を三段論法でもってつなぎ合わせていくと、『選択集』は群賊を別解・別行・悪見人といい、この別解・別行は聖道門の教えであるといっている。すると、群賊とは聖道門の教えであるという結果が導かれる。明恵は、『選択集』においても、善導の解釈を踏襲しているのは分かるが、その内容からは聖道門とこの群賊・悪獣を同一視していて、聖道門では往生できないと結論づけている、というのである。

明恵が『選択集』を非難しているのは、聖道門の人たちが浄土門の人と異なった見解をもち、異なった修行をした人たちであるとしたことである。もし、聖道門の人が、浄土往生を願う旅人を阻止する群賊であるというならば、この世にいる僧の多くは群賊であり、邪な教えを説いていることになるから、『選択集』の主張は無視することはできない。『選択集』の教義を認めるとすれば、仏教は破滅してしまうという。

一・三・二・議論の整理

明恵が指摘する「二つの過失」を『選択集』に基づいて説明してきたが、これらの批判に対して『選択集』が主張すべき事柄を再検討してみたい。

第一の菩提心については、『選択集』を精読すれば、「浄土を願生する者の菩提心」が説かれていることは明らかで、決して菩提心を否定したのではないことが分かる。つまり、『選択集』では、凡夫に適した教えとして、菩提心よりも優先すべき「念仏一行」を前面に押し出すことで、浄土教における悟りの思想として読み替えたのである。凡夫の念仏は、阿弥陀仏の選択によるものであって、その点では明恵の批判通り、法然は浄土往生には菩提心は絶対条件ではないと考えていたといえる。

『選択集』が「菩提心は必須ではない」とした理由は、ただ念仏だけを軸とすることによって、従来の仏教の枠組みから庶民を解放して既成仏教の再構築を意図していたからに他ならない。また、ここには「菩提心には各種の別がある」という独特の菩提心観も示されていて、『選択集』第十二（念仏付属篇）では、

> 発菩提心、その言一なりといへども、各々その宗に随ひてその義同じからず。然ればすなわち菩提心の一句は、広く諸経に亘り、偏く顕密を該ぬ。意気博遠にして、詮測沖邈（せんしきちゅうばく）なり。願わくは諸の行者一を執して万を遮すること莫れ。諸の往生を求めんの人は各須らく自宗の菩提心を発すべし。たとい余の行無しといえども、菩提心を以て往生の業とするなり。

〈訳〉

「菩提心を発す」という言葉は一つであるが、各々の宗旨に従ってその意味が同じでない。故に菩提心の一句は広く諸経にわたり、あまねく顕教・密教を兼納めて、その意味は広く深く、心や言葉では到底はかることができない。願わくは諸々の行者たちよ、その一つの解釈にこだわって、他の多くを遮ってはならない。往生を求める諸々の人々は、各々自宗の菩提心を起こさねばならない。たといその他の行はなくても、菩提心をもって往生の行業とするのである。

と、一口に菩提心といっても様々であるから求道者はそれぞれの宗に適した菩提心を起こすように勧めている。このような菩提心の解釈に対して、明恵は『摧邪輪』で「分位の不同ありと雖も、その心体、差別なきなり」と述べて、宗派によって形態が違っても菩提心は同一であるという見解を示している。これらの見解は、仏教の教えを重視する明恵と庶民の救いを重視する法然との相違と言えば簡単に片付くが、明恵の着眼点が上皇ではなく庶民の側に少しでも傾斜していれば、批判の内容は異なっていたであろう。

第二の群賊について、善導自身は「二河白道の譬えは浄土に往生しようとするすべての人に対して、信心の確立が理解しやすいように説くのである」と言っている。善導は、群賊・悪獣が身心を構成する要素の比喩であり、それは煩悩を生み出すものであると説いているように、『選択集』もその通りに引用して、決して聖道門を群賊・悪獣に例えているわけではない。しかし、明恵は『選択集』の構成内容から撰述者の意図を読み取れば、聖道門とこの群賊・悪獣を同一視していることは明白であるという。

また、善導にしても、仏教を二項対立的に浄土門と聖道門の二門に分けて捉えているが、『選択集』はそれをさらに展開して、多元化傾向の強い仏教を、二項対立的に解体して再構築している。明恵は、従来の念仏を熟知した上で、『選択集』は、本来の仏教が「念仏の道」を余行として扱っていると解釈しているが、これでは念仏そのものが間違っているという誤解につながるとの疑義を提示したのである。

明恵のいうように、法然は、阿弥陀一仏を信仰の対象とし、それを二元的に選択して証明していくあたり、選択的一神教と表現すべき手法である。一神教とは、唯一にして絶対なる創造主である神を中心とした宗教体系であり、他の神は否定されている。しかし、人の思考方法として、さまざまな体系がある中で、自ら唯一の道を選び取り、他の道を捨てるという形態を取るのも一神教的性格を有していることになる。この方法は当時の標準的な仏教とは、余りにもかけ離れた思想であって、既成教団としては受け入れ難いのも当然といえる。

ところで、弱者の宗教が一神教的になるのはやむを得ないとしても、明恵をはじめとした法然批判のすべては、法然が「自ら発心・修行して悟りを開くことができない者のための仏道」を説いたことに起因して、両者間に考え方の齟齬が生まれたといえる。ここに持たざる弱者の宗教と持てる強者の宗教の違いがある。宗教人類学的に見れば、弱者の宗教は「ただひとつを選び取り、他の要素を捨てる」という姿勢へと傾斜する傾向にあり、そこにこそ何も持たざる者が、念仏に一点集中することで、煩悩に満ちた苦悩の人生を歩み抜く道を押し開く糧を見出すことができるのである。

一・四　摧邪輪と新興教団

専修念仏の興隆期は、建久・正治〜建永年間と、後述する建保・嘉禄〜延応年間との二つのうねりがあった。特に前者の時期は、『選択集』以降の幸西・行空や住蓮・安楽などの過激分子の行動が、既成教団から警戒されていた。『摧邪輪』や『荘厳記』は、このような背景のもとで執筆されたもので、騒動の根源ともいえる『選択集』を教理面で批判する書とされている。一方、明恵の抱く危機感は、『選択集』を読む人やこの書が衆生に与える影響についても言及していて、この書を当時の庶民がどのように解釈しているかの議論も怠らない。明恵は、読む人すべてがよほど注意して『選択集』と対峙しないと、邪説に翻弄された生活を送ることになると、忠告しているようである。

一・四・一　別法の徒への批判

『摧邪輪』下巻では、二つの過失（菩提心と群賊の問題）に対する議論が終わった後、いくつかの問答が立てられ、そこでは「宗」の立て方や「専修」の普遍性に関する問題が論じられている。その争点は、『興福寺奏状』

が「国土を乱す」という現象面から批判しているのに対して、明恵はあくまで教理的な範疇に還元させようとする。

明恵の仏教観は、

それ、仏の正法は一味なり。ついに菩提に帰す。汝の邪法はこれ別法たり。菩提心を隔つるが故に。正道に相応せず。ついに菩提に到らず。

〈訳〉

仏の説く正しい教えは一つの味である。それは悟りに通じる。汝の邪な教えはこれとは異なった教えである。悟りを求めようとする心を捨てている。それ故、正しい道から外れている。だから悟りの境地には至らない。

というように、教理が「菩提」という厳密な一元的道理に基づいているにもかかわらず、そこから外れようとする者への批判は激しさを極めている。ここでの「一味」とは、如来が全ての人々に対して解脱や涅槃を等しく説き、各自の能力に応じてそれを享受し修行するという意味であるが、いずれにしても、この教義は菩提心に端を発しているのである。また「別法」とは、一味の道理から外れた法の意で、菩提心を離れた者は、一味の正法から逸脱している。「菩提」を「念仏」に、「別法」を「諸行」にそれぞれ置き換えると、法然の教えに結びつくことから、ここでの批判は互いの立ち位置を変えての議論といえる。

他の箇所では、

汝、別法を説きて別衆を起す。初心の比丘・比丘尼、多く和合衆を出で、汝の邪門に入る。経文に指す所の乱和合僧の過、実に顕然たるものなり。

〈訳〉

汝は、異なった教えを説いて衆生を別の道に導こうとする。新米の僧や尼僧の多くは、協調していた僧たちから離れて、汝の邪な仲間に引かれている。経典の中に説かれている協調した集団を乱す過ちを犯していることは、実に明白である。

と、初心の僧尼が既成教団のもつ協調性から離れて、法然の説く別法に別衆として入門している。この行為は経文が説くところの協調性を破戒していることは明らかである。ここでの「別衆」は乱和合僧の概念と重ね合わされていることがわかる。

明恵は、『選択集』の教義が非協調的である根拠として、「宗」の立て方に過ちのあることを指摘している。『選択集』が「浄土三部経」を「所依（拠り所）」、善導を「高祖」、称名を「宗義」として教えを説いているが、それは甚だ不当であり、正しくは「浄土三部経」を「本」、一切経を「所依」とすべきであるという。一切経を所依とする理由は、全仏教の法門の中で、浄土や念仏がどのように位置づけさられるかという筋道（教相）を明らかにすることが「宗」を立てるための条件になるからである。

明恵は、教相の中心に位置するのが菩提心であり、菩提心の棄捨と専修の徒の現実的な動向とは同じであるという前提のもとに、過激分子の次のような行動を指摘する。

近代愚童少女等、宗を立て群れをなし、口に専修の文を誦し心に専念の誠なく、上慢をもって心となし、真高をもって思となし、読誦大乗の行人を凌蔑し、秘密真言の持者を軽哢す。その過、いくばくぞや。

〔訳〕

最近の愚かな童子・童女たちは、教義を立てて群集化し、口に専修念仏を称えているが、その心には一心に集中するという誠の心がない。驕り高ぶる慢心でもって根本となし、大乗経典を唱える修行者を侮蔑し、真言・密教を支持する者を軽んずる。その過ちは計り知れない。

ここで注意すべきは、過激分子が上慢（悟っていないのに悟ったと思うこと）と真高（高ぶりの絶頂）の心で、持経持呪の行者を凌蔑（りょうべつ）・軽哢（けいろう）したという記述である。これまでは、『七箇条起請文』第二条で、無智の身でありながら、有智の人・別行の輩（聖道門の学者や行者）に諍論をいどむ者があったことに触れていた。また、『興福寺奏状』第四条には、行の妨害のみならず、「法花経を読む者は地獄に堕つ」「法花を受持して浄土の業因という者は大乗を謗る人」などと、脅迫めいたことをいう者がいたことが指摘されていた。明恵にしても過激分子の行動を強圧的・独善的とみていたことがわかる。

一・四・二・一向専修の救いの限定化

専修念仏に事寄せる道俗の強圧的態度を『選択集』に帰納させて受けとめようとする明恵は、『選択集』に隠れている上慢や真高が、乱和合僧を禁じる善導の「観念法門」にそむくものであることを指摘するとともに、人間の機根はまちまちで、あたかも病気に応じて薬が変わるように、救いの縁も一律化できない。そして、新興教団の余行を妨害する行為と念仏一行を強要する行為が、結果的には一人ひとりの人間の救いを阻害するものであるという。

> 自ら好む所は、これ一有縁の行なり。（中略）偏に好む所を抑うるは、必ずその当根を許るべし。もししからずば、すなわちこれ他人を損うなり。

〈訳〉

自身が好むものは、一つの縁による行いといえる。（中略）好みを自分のものとするときは、必ずその根拠を抑えるべきである。でないと、他人に害を与えることになる。

称名の行が勧められるのは、有縁の者に対してであり、それが十分に検討されることなくすべての人に強要されるなら、称名以外に縁のある者の救いを閉ざしてしまうことになる。そのことは、『選択集』第二（二行篇）に引用している善導の「百即百生」という語と矛盾している、と明恵はいう。この説の背景には、証果（趣）のもとにさまざまな立場や行（宗）が認められるべきであるとする明恵の修道論理が垣間見られる。

教理に徹する明恵が、ことさらこの点を意識したのは、少なからず上慢や真高に走る無智蒙昧な過激分子の行動を眼にしていたからであろう。

一・四・三・凡夫の解釈

明恵にとって、「凡夫」とは、最終的に超えるべき位置の中間に存する人に外ならなかったが、『選択集』でいう「凡夫」の語に、明恵は現実逃避的な意味合いを感じていた。この点から、種々の修行の段階にいるすべての人々を「劣機」と決めつけようとする『選択集』の考え方に対して、次のようにいう。

> 称名の一行は劣根の一類の為に授くる所なり。

汝、何ぞ天下の諸人をもってみな下劣根機となすや。無礼の至、称計すべからず。

〈訳〉

念仏称名の行は劣った能力の一部の輩のために授けられたものである。汝は、何故世間の諸々の人を指して、すべてが劣った能力の持ち主であるというのか。無礼千万である。熟慮に値しない。

『選択集』は、本来の称名が一類の劣機のための行であるにも関わらず、末法の世では、すべての人々が劣機であると決めつけているが、これは「凡夫」の言葉を口実にして、修道を放棄しようとする怠けものを増長する考えであるから、これを戒めなければならないとする明恵の意図がうかがえる。明恵には、『選択集』が修道の可能性のみならず人間そのものの価値をも否定していると映ったのであろう。

一・四・四・批判の分析

明恵が主張する修道観は、当時の仏教者に共有されるものでもあった。例えば、貞慶の『心要鈔』には次のように記されている。

末代は多く、仏は弥陀・弥勒という。経は法華・般若という。行は念仏・転経という。生は安養・知足という。十の八九は相応すべしといえども、余は必ずしも知らず。（中略）およそ発心の徳は猶し大地のごとし。万善万行、これによりて生ず。いまだ実心を発せずして、先に大行を起すは、足なくして大山に向かうがごとし、穢器に清水を盛るに似たり。総じて得べからず。

〈訳〉

末法のこの世では、仏は阿弥陀仏。弥勒菩薩というのが大勢で、経典は法華経・般若経といっている。行は口称の念仏・経文の転読という。生活は安養浄土・充実感という。十中八九は当たっているが、私は必ずしもそうとは思わない。（中略）大凡菩提心を起こすのはなお大地のようである。菩提心からあらゆる善行や一切の修行が生じる。未だに真実の心を起こさずに、先に優れた修行に取り掛かるのは、足がないのに大きな山に登るようなもので、穢れた器に清い水を組み入れるのに似ている。すべて得ることは難しい。

ここでは、当時の仏道修行が、仏は弥陀か弥勒、経は法華経か般若経、行は念仏か経文の転読かというように、概念化してしまっていたが、その概念に尽くされない機の存在が意識されていた。これらを鑑みた時、法門や行を中心とせずに「発心」を基本とし、そこからそれぞれの教えに応じた行が見出されるべきである。しかし、その逆に念仏などの行から菩提心に向うのは、効験を得ることが難しいというのである。

貞慶のことばに対して、法然の次の言葉は両者の違いを示唆するものであろう。

余宗の人、浄土宗にそのこころざしあらむものは、かならず本宗の意を棄べき也。そのゆへは、聖道・浄土の宗義各別なるゆへ也とのたまへり。

〈訳〉

諸宗の行者で、浄土の教えに志を抱く者は、必ず諸宗の教義を捨てるべきである。なぜならば、聖道・浄土の教えはそれぞれに異なったものであると言われた。

この文章は『西方指南抄』中本の「十七条御法語」の最後に記されたもので、ここでの「本宗の意」を、共有された仏教観の意に解すると、諸宗の教えには格段の差があると言い切っている。法然において、選択・専修とは、既成仏教との関係において、否定・排除するというより、むしろ深化・発展という位置づけをもつのが本来の考え方であった。したがって、「凡夫」や「浄土往生」とは、貶められた人間とその人間だけに限定された救いの道なのであり、広く大乗仏教の原点にさかのぼった普遍的立場から検討することが求められる。しかし、『選択集』の論述は、明恵の指摘するように、整合性に乏しい内容になっていて、法然が「壁の底に埋みて、窓の前に遺すことなかれ」と、『選択集』後述に命じたのも頷ける。

『摧邪輪』の特色は、菩提心を根本におきながら、理念に走らず実践的にこれを昇華した所にある。まず明恵の側から新興教団をみると、弥陀・極楽を別仏・別土とし、それによって衆生が凡夫に停留することを許す専修念仏の立場は、修道に対する「甘え」や「逃避」につながる。一方、専修念仏の側から明恵の立場をみると、弥陀・本願を一般性の中に解消させることで、凡夫の救いを閉ざすことになるので、専修念仏者にとっての本願の念仏は、他の行との取り替えのきかない唯一の道なのである。いずれにしても、法然が衆生に余行を捨てることを求めたのは、末世では余行が一般人に修習不可能であるという根本的な理由があったことを見逃してはならない。

一・五・明恵の忖度

明恵は、かつて法然に対して深く仰信し、聖人とまで尊び敬慕していたが、「近日この選択集を披閲するに、悲嘆甚だ深」きものがあった。このため、『選択集』のいう浄土の宗義に直接触れて敢然として批判の筆をとったという。それも、『選択集』の最後の言葉を尊重して、あたかも壁の底に埋め込まれた『選択集』を知らずに、公刊されるや否やはじめて『選択集』の存在を知って刊行に踏み切ったかの振る舞いを演じている。

『摧邪輪』を見ていると、明恵は『選択集』の文言を借りて、現実の既成仏教の考え方を批判しているようにも見える。というのも、明恵の『選択集』批判は、焦点を見失った言葉の戯言でもって高命の意に準じようとする忠誠心のような情念が随所に見て取れる。これは何事においても冷静沈着な清僧の言葉とは思えない、かなり感情的な高ぶりを強調して、『催邪輪』が書かれていることから理解できる。

上皇に媚びたようにして、『摧邪輪』や『荘厳記』の中で『選択集』の撰述者を罵った明恵の激しい口調は、理路整然とした『摧邪輪』の文言とは裏腹に、取って付けた様な余所余所しい軽薄な印象を与える。

『荘厳記』には、

近代法滅の主、まさにこれ汝をもって張本となす。

〈訳〉

近頃の仏法を消滅させている首謀者は、まさに撰述者が張本人である。

法滅というのは、教・行・証の内、教のみが残るといわれる末法よりも深刻な世のことで、教・行・証の仏法そのものがまったく消滅してしまった時代のことである。明恵は、近年になって仏法を損なう教えを広めて法滅を招いているのは、現世の仏教者の責任であることを認めた上で、尚且つ仏教の基本思想でもある菩提心を軽んじ、真面目な修行者を盗賊呼ばわりする『選択集』の撰述者は、地獄に堕ちてもまだ償えないほどの罪深き者なのであった。

また『摧邪輪』で明恵は、

汝は即ち畜生のごとし、また是れ業障深重の人なり。

〈訳〉

撰述者は畜生のようであり、悟りを著しく妨害する者である。

という。続けて、

汝は是れ諸仏の浄土を破損する大賊なり。

〈訳〉

撰述者は諸仏の浄土を壊してしまうという大罪人である。

ともいう。『選択集』の撰述は、インド仏教の理念に立ち返ろうとしていた明恵にとって、菩提心を無視して仏教の根本理念を破壊する冒涜行為に他ならなかった。このため、『選択集』に対して抱いていた期待の念が、失望の念に変わって容赦なく論破しなくてはならなかったのである。その言葉は、『選択集』の撰述者を「汝」と名指しして、畜生呼ばわりした挙句、仏国土の破壊者とまで、厳しい口調で誹謗する。

同じく、続けて次のようにいう。

法滅の化儀に執して菩提心を撥去すれば、今時に経道即ち滅すべし。

〈訳〉

仏法が廃れてしまったという仮説にこだわって、菩提心を抹消すれば、今の時代の仏の教えや道理は滅びてしまう。

明恵は、法滅という時代背景を根拠にした考えに信憑性がないとしつつ、法滅であればこそ菩提心を欠いてしまえば、絶望的な状況に陥ってしまうと警告している。

さらに、『華厳唯心義』においても、明恵は、

三世（過去・現在・未来）仏家の大怨敵、一切衆生の悪知識。

〈訳〉

過去・現在・未来にわたって仏教徒にとっての許しがたい怨敵であり、生きとし生けるものの邪悪な者。

まさに知るべし、（この世が）如来の在世なり、（正像末の）差別あることなし。

〈訳〉

この世には阿弥陀如来が活躍されている。正像末の区別などあろうはずがないと、知るべきである。

といっているが、ここには華厳の修学を通じて、末法思想を完全に克服したという明恵の自身があった。しかし、『選択集』を目にしてからは、末世であることを口実にして、仏教の根幹にある持戒すらも否定して、衆生を「邪教」へと煽る書が巷間に流布しているという事実に堪えられなかったのであろう。

『摧邪輪』では、法然や源空という諱や房号を用いずに、上人、聖人といった敬称、汝といった代名詞を使用しているところをみると、法然その人を非難しているのではなく、『選択集』を批判の対象にしているといえる。事実、『摧邪輪』の序文では、上人（聖人）は信奉しているものの『選択集』には失望したと述べ、『選択集』の撰述者を「汝」といって、見下したかたちで非難している。ここに明恵の法然に対する心遣いが見て取れる。貞慶が『興福寺奏上』で、法然を上人と呼んだように、明恵も激しい言葉の裏に法然その人と『選択集』の内容を峻別していた形跡がうかがえる。しかし、ここでは名指しはせずに人称代名詞に徹しているところをみると、『選択集』の撰述者はもちろん、既成教団に関わる僧俗を指し示して批判していると解釈できる。

『摧邪輪』に表れる明恵の感情的な言葉を省いて、学術的な記述のみを辿って読み進めていくと、明恵の本音ともとれる文言がよみがえってくる。

一・六・摧邪輪の意義

法然は、『選択集』の最後で壁の中に埋め込んで、窓際には置かないようにという言葉で締めくくっているにも関わらず、自らが門人たちに書写させている。この行為は、庶民にとって縁のなかった仏の教えを巷に流布する原因になったことは否めない。この書を読む人は、撰述者が数多ある仏典から専修念仏を取捨選択して導き出したように、『選択集』の中に自己の主張する文章を見つけては、これを金科玉条のごとく強調して、法然の教えとして巷に説いて回ったのである。

当然、明恵も書写された数編の『選択集』を入手して、上皇が気に入るような『摧邪輪』を編纂したと考えられる。冷静で賢明な明恵が、過激な発言を随所に繰り返す当たり、朝廷への贈り言葉とも受け取れる。一方で、『摧邪輪』は、当時の世情で大きな影響力をもっている法然門下の専修の徒を盾にして、既成教団の堕落ぶりを間接的に指弾するための批判書であるといっても大きな間違いではあるまい。明恵は、南都北嶺の堕落した窮状を、権門組織全体の最高権威でもある院に報告書のつもりで『摧邪輪』を著述していたが、『選択集』の公刊に及んで急遽『摧邪輪』の刊行に踏み切ったかのような態度をとっている。

明恵の主張は、浄土往生が、菩提心に裏づけされる修道の初歩的な一過程であり、念仏は一時的な行であり、根本となるのは菩提心の成熟である。この目的に則って、行は適宜能力や縁によって選ばれるべきである。従って、浄土往生のみが特別な実践とはなりえず、念仏は仏道に終始一貫した行とはなりえない。この点だけでも過失があるのに、『選択集』がそれ以外の仏道の要素（菩提心を含む）を廃捨するというのは、修道の本末を倒錯した邪説というほかないという。

法然教義の特質は、「東大寺講説」に見られるように、平凡な人間が自力で修行して悟りを開くことは不可能であると判断して、阿弥陀仏の救いを求めた点にある。旧来の聖道門の仏教を「悟りの仏教」とすれば、法然の教えは「救いの仏教」といえよう。この点に明恵と法然の仏教のとらえ方の根本的な相違があるのであって、この相違が「菩提心」論争となって顕れたといえる。法然が菩提心よりも阿弥陀仏の救済にあずかる方法としての念仏を重視していることは確かであるし、聖道門で説くような菩提心は一般の人には実践しえないものとして第二義的に考えていたことは事実である。その一方、浄土門で定義づける菩提心は、三心の一つである「廻向発願心」であり、「三部経釈」などに説かれる「浄土に往生したいと願う心」にほかならないというのも事実であろう。『選択集』を「邪書」と名づけ、この邪書を捨てるべきであるという痛烈な明恵の非難には、当時しだいに流行してきた法然の浄土教義に対して、とても伝統的な仏教の常識では認められない、という心の底からの悲憤があらわれている。『摧邪輪』で繰返される論破は、四〇歳という意気さかんな気魄にあふれていて、その内容は学問的な知識を傾けてかなり難解な教義上の議論を展開している。

しかし、『摧邪輪』から明恵の過激で感情的な文言を除くと、明恵は、法然の「無慚無愧のはなはだしきなり」の意向を汲んで、『選択集』を普遍的な撰述書に仕立て上げるべく、文章の不備や誤りを調べ正すという校閲者の立場で批判しているようにも受け取れる。このように考えると、明恵は、「破法の人」に対してではなく、門人の手によって撰述された『選択集』に対して、「無観称名義」に基づく法然の考え方を擁護するかたちで『摧邪輪』を執筆したのではなかろうか。明恵の学者としての真摯な態度は、『選択集』の文言を精査し、整合性を追求し、仏教との相違を問い質していることから、浄土門の法灯を継ぐ人々にも影響を与えたことは容易に察しがつく。彼らは『摧邪輪』を介して『選択集』を見直し、法然の教えを再確認し、その上で独自の解釈を施した法然門下が現れたといった方が的を得ているようだ。

また、明恵の老婆心を受け継いだか否かは不明であるが、『摧邪輪』以後の新興教団内から『選択集』を継承する通憲流の門人は現れず、むしろ『選択集』を自己の主張に利用した過激分子に引き継がれていったという方が正しいのかも知れない。

『摧邪輪』が著述されて世に出ると、当然、法然の教えに傾倒する人々の間から反論が起こった。『摧邪輪』を批判した最初の書として、法然面授の弟子と伝えられる朝日山信寂房の著した『慧命義』が、『行状絵図』第四三に紹介されている。また、覚性（かくしょう）が『扶選択論（ふせんちゃくろん）』七巻ならびに『護源報恩集（ごげんほうおんしゅう）』一巻を著作しているが、この二書も『慧命義』と同じように現存していない。覚性の伝記は不詳であるが、元亨（げんこう）二（一三二二）年の初冬上旬に著述された了慧（りょうえ）の『新扶選択報恩集（しんぷせんちゃくほうおんしゅう）』二巻の序文に、覚性の二書による『摧邪輪』批判が天台宗の教義によっていると述べているので、天台宗系の学僧であったことがわかる。了慧の書は、現存している『摧邪輪』批判の書として、もっとも早い時代のもので、他にも『扶選択正輪通義』一巻を著述している。それ以後の『摧邪輪』に対する反駁書は、袋中良定が元和五（一六一九）年七月十六日に作成した『評摧邪輪』一巻があり、寛永十七（一六四〇）年には、天台宗真盛派の真沼が著述した『念仏選摧評』一巻がある。

一人の人間のことばが不特定多数の人間に拡まる時、それは語った者すら想像もできないほどに変質するものである。その意味で、法然の説と過激分子の言動とは、ひとまず分けて考えるべきであって、明恵のいう「専修」と、現実の法然個人との相違はそこにある。こうしてみると、『選択集』と『摧邪輪』とは、仏教の正否の問題としてではなく、思索過程の構造上の違いとして解することもできる。

二・法灯を継ぐ者

法然が亡くなった時に、都にいた中心的な人物を年齢別に拾い上げて、彼らの行状を要約してみると、信空（一一四六〜一二二八）は齢六七、最長老として新興教団の中心的存在であったが、彼は教団内部を守ることに専念していた。隆寛（一一四八〜一二二七）は齢六五、彼は著作などを通じて無観称名を対他的に高揚していた。これに目をつけた並榎の定照が『弾選択』を隆寛に送りつけてきたのである。幸西（一一六三〜一二四七）は齢五〇歳、彼も対他的活動を行っていたが、既に法然在世中に一念義の異端を問われて、新興教団とは距離を置いていた。證空（一一七七〜一二四七）は齢三六歳、天台との妥協が過ぎてか、新興教団にとっては異色の存在となっていた。源智（一一八三〜一二三八）は齢三〇歳、上人随従の弟子であったが、年が若く、「隠遁を好み、ひとり念仏を称えることを励む」性格であったから、表立った活動に出ることはなかった。彼らの中には、『摧邪輪』に対する批判の書を発行する者や通憲流の教えを継承する者、新たに念仏宗を開く者など様々であるが、その他にも法然の遺志を継ぐという名目で、多くの者が巷に暗躍していた。

『摧邪輪』および新興教団を批判し弾圧する堂衆や既成教団に反抗する人々がいれば、それらに対抗することなく、通憲流の教義を守りつつ、法然の教えに従って、智者の振る舞いをすることなく、念仏に専念した人々もいた。彼らは、隆寛、聖覚と源智である。隆寛と聖覚については、『明義進行集』第七（安居院法印聖覚）に法然の言葉として、

常ニノタマイシケルハ、吾ガ後ニ念仏往生ノ義、スグニ言ワンズル人ハ聖覚ト隆寛トナリ。

〈訳〉
常に仰せの言葉に「私が往生した後に念仏・往生の道理について即座に応えられる人は、聖覚と隆寛である」。

とあるが、この件は聖覚と隆寛を弟子として見ているのではなく、自分の亡き後は通憲流の系統を引き継ぐ彼らから教義を学ぶように指示していたのである。聖覚は、早くから通憲流を継承する法然に心を寄せていて、自身の唱導師の立場を維持しつつ、新興教団に外部から援助の手を差し伸べていた。一方の隆寛は、救う側と救われる側を峻別し、救われる側のあるべき姿を明確に示したといえる。また、源智は、法然の晩年に給仕として身辺の世話をする立場で、新興教団の内部から法然の継承者としての地位を確立させていた。

ここでは、通憲流の立場で、法然の教義を守り抜いた、隆寛、聖覚、源智の三名を選び出し、彼らの特徴的な行状を追うことによって、通憲流が継承されていく経緯を検討することになる。

二．一．隆寛律師

隆寛については、法然に邂逅するまでの経緯が、『行状絵図』第四四に記されている。

長楽寺の律師隆寛（又無我と号し、皆空と称す）は、粟田の関白五代の後胤、少納言資隆の三男なり。範源法印の附法として、慈鎮和尚の門弟につらなりき。天台の法灯をかゝげ、叡山の領袖たりといへども、しかるべき宿善やもよをしけむ、浮生の名利をいとひ、安養の往生をねがひて、つねに上人の禅室に参じ、しきりに出離の要道をたづね申されき。はじめにはいとうちとけ給はざりけれども、往生の志ふかきよし、なむごろに述給け

れば、上人おほきにおどろきて、「当時聖道門の有識にて、大僧正御房（慈鎮和尚）に、貴重せられたまふ御身の、これほどに思いれ給ける事、返々もありがたくこそ思たまふれ」とて、浄土の法門ねむごろにさづけ給けり。毎日阿弥陀経四十八巻をよみ、念仏三万五千遍をとなふ。のちには六万遍なり。

〈訳〉

京都東山の長楽寺にいた律師の隆寛（また無我と号し、皆空とも称す）は、粟田の関白（藤原道兼）の五代の子孫で、少納言資隆の三男である。椙生流の範源法印から天台の教えを相承し、慈鎮和尚慈円の弟子ともなった。天台宗の法灯を受け継ぎ、比叡山を統率する立場にあったが、前世における善業が促したのであろうか、この世の名誉や利得を避けて、浄土に往生したいと望み、常に法然上人の草庵に参上し、しばしば迷いの世界を離れる道を尋ねておられた。初めの内、上人はあまり親しく交わられなかったが、隆寛が往生したい思いの深いことを、真心をもって話されたので、上人は大変驚いて、「現今、聖道門である天台宗の有識（僧綱に次ぐ地位の僧職）にあって、大僧正御房（慈鎮和尚）に重んじられている方が、これほどまで思い込まれているとは、本当に尊いことだと思われる」とおっしゃって、浄土の教えを詳しく教えられた。隆寛は毎日『阿弥陀経』を四八回読み、念仏三万五千遍を称え、後に六万遍に増した。

隆寛は、久安四（一一四八）年に従四位下少納言藤原資隆の第三子として京都で生まれ、安貞元（一二二七）年十二月十三日に相模国飯山で没している。法然没後に法灯を継ぐ有力者の一人となり、長楽寺流の祖とされている。彼は幼少のころに比叡山にのぼり、延暦寺で出家して戒心谷知見房に住いし、伯父の椙生流皇円に顕教を学び、皇円が没した嘉応元（一一六九）年六月十三日以後は同流の範源に師事する。慈円からも天台を学び、建久四（一一九三）年から五・六年にかけて最勝講（天下泰平・国家安穏を祈る法会）に、建久五年には法勝寺御八講（法華経八巻を八回に分けて講義し讃歎する法会）に、それぞれ聴衆として出仕した。これらの講は、朝廷主催の論義仏事で四大寺（東大寺、興福寺、延暦寺、園城寺）の学僧による格の高い論義で、ここへ出仕として参加した経験は、浄土宗の継承者では隆寛以外にいない。建永元（一二〇六）年には山を降りて、東山の長楽寺に住まいしている。

『明義進行集』第三（長楽寺律師隆寛）には、法然との関係について以下のように述べる。

律師法然上人ノ為ニハ、天台宗ニハ同法ナリ、トモニ皇円ニ伝受スルカユヘニ、浄土宗ニハ弟子ナリ、後ニ依附スルカユヘニ、聖道浄土一轍ナルコト、マコトニ累劫ノ宿善ナリ。

〈訳〉

隆寛律師は、法然上人にとって、共に皇円に教えを受けていることから、天台宗においては同法であり、浄土宗では弟子である。後には付き従って聖道・浄土を共に修めたことは、過去世からの善事の現われである。

法然と隆寛は共に皇円に師事していて、法然は久安三（一一四七）年から久安六（一一五〇）年までの三年間皇円の下にいたことから、両者が一時期皇円の弟子として同住していたことが予想できる。叡空の下で兄弟弟子であった法然と信空のことを考え合わせると、法然は比叡山時代に後の東山吉水で再会する多くの門人に出会っていたことになる。

隆寛と慈円の付き合いは、建久元（一一九〇）年四月八日の一日百首の競詠にはじまり、翌年にも歌の贈答を行っていて、慈円の『拾玉集』に隆寛の歌が収められている。慈円との縁で、最勝講や御八講に出仕していた隆寛ではあったが、慈円が天台座主を辞した建久七（一一九六）年の政変を境に出仕がなくなり、これ以後、慈円のもとで青蓮院の仏事を勤めながら浄土教信仰を深めることになる。この頃から法然と隆寛との交流がはじまり、元久元（一二〇四）年三月十四日に小松殿で法然から『選択集』を貸与され、これを書写している。建仁元（一二〇一）年までに已講（准已講）となり、元久二（一二〇五）年には、慈円の「大熾盛光法（だいしじょうこうほう）」の勧賞で権律師へ昇進する。「元久の法難」や「建永の法難」には関わることなく、承元二（一二〇八）年に大懺法院（だいせんぽういん）供養に参仕して以後、慈円との関係は希薄になり浄土宗の事績が増えていく。

とはいえ、新興教団での隆寛の存在は、元久元に『選択集』の附属が許されたものの、それ以外の事蹟を示す資料が見当たらない。『選択集』の附属にも関わらず、同年十一月七日付けの『七箇条起請文』にも署名がない。おそらく、隆寛は藤原北家を継ぐ公卿の出自であることから、聖覚と同じように妻帯僧として通憲流にも精通していて、天台系の僧侶を隠れ蓑にして、無観称名の行者に甘んじ、新興教団ではまったく表に出ることなく、盗人のような念仏生活を送っていたと考えられる。

青年期から壮年期にかけての隆寛は、天台宗の真摯な仏教者であったが、法然に出会ってからは浄土教にも傾倒するようになり、法然が実践している通憲流の教えを踏襲しつつ、自身の信念を公表することはなかった。しかし、念仏停止と様々な弾圧にあって離京していく弟子や門人、後に遺された数少ない入室の者たちの動向、さらに、身近に見た法然の流罪など、将来の新興教団の行く末を案じた時に、法然の教えが途絶えてしまうという思いが、強迫観念となって自身に降りかかってきた。

すなわち、法然生存中の隆寛は、「智者の振る舞いをせず、ただ念仏を称える」ことに徹していて、新興教団内でもそれほど注目されることもなかった。しかし、法然の流罪から滅後に掛けての隆寛は、法然の遺言に反して、著作でもって自身が解釈した法然の教えを世間に知らしめるという、小賢しい智者の振る舞いに転じ、長楽寺流という宗派を立ち上げた。これは、「集団を組まずに、ひっそりと念仏する」という、法然の教えにも反する行為となっていった。隆寛の行動は、東山長楽寺の来迎房を拠点として行動し、その門流は多念義、長楽寺流と呼ばれた。中でも長楽寺流は関東方面への進出もめざましく、弟子の智慶（ちけい）・憲静（けんじょう）・信瑞は当時の新興都市である鎌倉において活動し、関東方面に法然流浄土教を広めることに貢献した。他にも法然を慕う人々で構成された新興教団は、法然滅後に更に細かく分派して巷に広まっていった。

これらの新興教団の動きを概観してみると、まず、法然が『没後起請文』で、念を押して禁じていた没後法要が、入滅後の中陰として行われている。その導師は、『行状絵図』第三九を見ると、初七日が信蓮房（隆寛の弟子）、二七日が仁和寺の求仏房理覚（ぐぶつぼうりがく）、三七日が住心房、四七日が法蓮房信空、五七日が権律師隆寛、六七日が安居院聖覚、七七日が三井寺長吏公胤などと、この時は天台宗の僧侶が中心であった。

また、正嘉元（一二五七）年に作成された住信著の

『私聚百因縁集』には、幸西が成覚一念義、聖光が鎮西義、隆寛が長楽寺多念義、證空が善恵房西山義、長西が九品寺諸行本願義のそれぞれ五門流の元祖であることが記されている。法然滅後わずか四・五年にして新たな教団を名乗る派閥が既に存在していたのである。このことから、法然が配流されて不在の間に、彼ら開祖となる人々が、法然の継承者となるべく画策していて、「嘉禄の法難」後も生き続けていたことが容易に推察できる。法然滅後の念仏宗を含む新興宗派立宗に向う新たな動きは、比叡山の堂衆の感知するところとなり、堂衆にしてみれば、以前の「元久の法難」と同じ状況が再発したのである。この火種が燻る中で、定照の怒りが発火点となり、一挙に燃え上がって「嘉禄の法難」へと歴史が動くことになる。

二・一・一・著述家隆寛

　法然が流罪に処せられた頃からの隆寛は、様々な著書を公刊して、法然の教義を整理し広めることに貢献している。隆寛の著作活動に拍車をかけたのは、明恵の『催邪輪』や『荘厳記』などが影響していると考えられる。明恵の著作を真摯に読んでみると、『選択集』を貶めるというよりも校閲者の立場で考え直すことを促しているようにも解釈できることから、このことに気づいた隆寛は、天台系の教義に立ち返って法然の説く「無観称名義」を再考する決意を新たにしたのであろう。

　刊行された著書は、知られているものだけを年代別に並べると『弥陀本願義』、『極楽浄土宗義』、『滅罪劫数義』、『具三心義』、『散善義問答』、『知恩講私記』、『別時念仏講私記』の少なくとも七冊に上る。法然滅後の隆寛の消息は明かになっていないが、残された著書の中から隆寛の教義や考え方を拾い出してみることにする。なお、隆寛の著書の内容については、仏教用語に関わる専門的な記述に終始しているため、概要を説明することになるが、教義の内容は「隆寛の教義」以降に譲ることにする。

　『弥陀本願義』は、法然が讃岐に配流された翌年に当たる承元二（一二〇八）年、隆寛が六一歳のときに著された、『無量寿経』の「四十八願」を解釈した四巻からなる書である。この中で、隆寛は「第十八願を本とし、余の四十七願を末」として、念仏往生は第十八願に集約できるとしている。翌年には藤原隆衡の千日称名行に呼ばれて本書を講義している。

『滅罪劫数義』は、建暦元（一二一一）年、法然入滅の前年に成立したもので、『観経』に説かれる「一念滅罪」の問題に関して論じた一巻の書である。『弥陀本願義』と同じく、隆寛の浄土教関連の書物としては比較的初期の撰述で、高度で難解な教義に終始するのではなく、愚者が抱く疑問に率直に答えようとする意図が示されている。

『具三心義』は、建保四（一二一六）年二月に制作されたもので、『観経疏』（散善義）の「三心釈」について詳細に解釈し、阿弥陀仏に帰依する「信」を重視する教説が上下二巻で示されている。この中で、真実心は凡夫ではなく阿弥陀仏にのみ存するものとして、阿弥陀仏の真実に帰する心こそが凡夫の真実心であるとする。本書はそのような隆寛の他力説の根幹をなす三心釈が、善導の釈義に沿って詳細に説かれ、隆寛の安心論につながる重要な書物といえる。

『散善義問答』は、建保五（一二一七）年の撰述であり、他力を強調した教義が説かれ、第十八（念仏往生）、第十九（来迎引接）、第二十（係念往生）の「三願」、臨終時に往生が成就される「臨終業成」などについて述べている。また、他力廻向についての解釈を思択する最中に奇瑞が現れたという記述もある。

『知恩講私記』は、建保五（一二一七）年から嘉禄二（一二二六）年までの著作とされ、知恩講（法然の墓所である大谷廟堂の月忌・年忌に行われた法要）の式次第が記されている。その中で、法然の出自や登山受戒、遁世、諸宗修学の経緯、円頓戒伝受など前半生の経歴、あるいは本願念仏を興した善導・法然の特別な位置、三昧発得や霊異体験、多くの奇瑞が出現した臨終の様子、滅後も慕われて廟堂に多くの参詣者が訪れたことなどが記され、多くが法然の恩徳として讃えられている。伝記で『選択集』を引用するのも本書が最初である。

『極楽浄土宗義』は、承久二（一二二〇）年に成立した三巻からなる書である。上巻は国土（仏の住む世界）相、中巻は往生機として、報土往生機、辺地往生機と次第し、三心具足の念仏者は報土（阿弥陀仏の浄土）に、帯惑疑生（弥陀の本願に疑惑を帯して生きる）の人は辺地（浄土の片隅）に、それぞれ往生することを示す。下巻は浄土宗義として、国土の相、往生の機、一宗の名義と次第して、一宗の名義では声聞・菩薩、難行・易行等の七つの違いを簡単に示している。

『別時念仏講私記』は、貞応三（一二二四）年に別時念仏に対する考察をまとめたもので、三段に分けて説かれている。第一段では別時念仏の徳、第二段では順次往生、第三段では廻向を三つの意味から捉えた廻向発願について説いている。本書の撰述は法然滅後十二年にあたり、法然亡き後の教団で行われた別時念仏の内容が記されている。

他にも、隆寛は『顕選択』を嘉禄三（一二二七）年に著している。この書は元仁二（一二二五）年に専修念仏の弘通を妬んだ延暦寺の学僧定照が、『選択集』を非難した『弾選択』を書いて洛中に広めた。これに対して『選択集』を擁護する目的で著されたのが本書である。また、著作年代は不明であるが、多くの著書を残していて、『一念多念分別事』と『自力他力事』は、親鸞が書写したものとしてよく知られている。

『一念多念分別事』は、法然在世の頃より、彼の門下の間で往生の行業について、「一念義」と「多念往生義（多念義）」の二つの異説が生じ、両者の諍論が上人滅後にも及んだ。「一念義」とは、往生は一念の信心あるいは一声の称名によって決定するから、その後の称名は不必要であるとする。「多念義」とは、往生は臨終のときまで決定しないから、一生涯をかけて称名に励まなければならないとする。隆寛は「信を一念にむまるととりて、行をば一形にはげむべし」という法然の言葉に随って、両者の諍論に対して一念に偏執したり、多念に偏執したりしてはならないことを、経釈の要文を引用して教え諭すものである。

『自力他力事』は、自力の念仏と他力の念仏との相違を明らかにし、他力の念仏を勧めるものである。まず、自力の念仏とは、自らの行いを慎み、悪事をとどめて念仏しようとするが、実際には不可能であり、例えできたとしても、極楽のほとり（辺地）にしか往生できない。真実の浄土には、辺地で本願に背いた罪をつぐなった後で、往生するのであることを明かにする。次に、他力の念仏とは、自らの罪悪の深いことにつけても、ひとえに阿弥陀仏の本願力を仰ぎ、願力を頼めば、常に阿弥陀仏の光明に照らされ、いのち尽きたときには、極楽に必ず往生せしめられることを明かにする。最後に、迷いの世界を出て悟りの世界に至ることは、まったく阿弥陀仏の願力によるのであり、念仏しながら自力をたのむということは、はなはだしい心得違いであると誡めて全体を結んでいる。

法然の下では「無観称名義」に心血を注いでいた隆寛ではあったが、法然の流罪後は、糸が切れて主を失った凧のように、自身の思いのままに著述活動を続けて、「無観称名義」を忘却するという結果を招いていくのである。

二・一・二 定照との対論

隆寛などの法然門下が粛々と継承作業を続けた結果、法然滅後においても専修念仏の教えが広まり、このことに危機感を抱いた朝廷は、頻繁に念仏停止の宣旨を下している。『行状絵図』第四二には、

上人の没後、順徳院の御宇建保、後堀川院の御宇貞応・嘉禄、四条院の御宇天福・延応たびたび一向専修停止の勅をくださる、事ありしかども、厳制すたれやすく、興行とゞまりがたくして、遺弟の化導都鄙にあまねく、念仏のこゑ洋々として耳にみたり。

〈訳〉

法然上人の没後、順徳天皇の代の建保年間、後堀川天皇の代の貞応・嘉禄、四条天皇の代の天福・延応の頃に、しばしば専修念仏を停止する勅命を下されたことがあった。しかし、どんなに制止しても効果はなく、専修念仏がおこり盛んになることは止まりがたく、上人の弟子たちの教え導きが都にも地方にも広く行きわたり、念仏の声は満ち溢れ、何処でも耳にすることができた。

と記されている。ここでは、専修念仏停止の勅が、順徳帝の建保（一二一三～一二一九）の頃、後堀河帝の承応（一二二二～一二二四）の頃、嘉禄（一二二五～一二二七）の頃にしばしば下され、その度に念仏の教えが弾圧されてきたという。しかし、念仏停止の勅旨にも関わらず、念仏の教えを継承する遺弟は巷に溢れ、全国至る所に念仏の声が広まりを見せていた。このような時代背景にあって、『行状絵図』第四二では、延暦寺の学僧定照によって法然の教えが非難されたことを記している。

爰に上野国より登山し侍ける、並榎の堅者定照、ふかく上人念仏の弘通をそねみ申て、弾選択といふ破文をつくりて、隆寛律師の庵にをくるに、律師又顕選択といふ書をしるしてこれをこたふ。その詞には、汝が僻破のあたらざる事、たとへば暗天の飛礫のごとしとぞあざむかれて侍る。定照いよいよいきどをりて、ことを山門にふれ衆徒の蜂起をすすめ、貫首（浄土寺僧正円基）にうたへ、奏聞をへて、隆寛幸西等を、流刑せしめ、あまさへ上人の大谷の墳墓を破却して、死骸を鴨河にながすべきよし結構す。

〈訳〉

さて、上野国（群馬県）から比叡山に登り、修行していた並榎の堅者と呼ばれる定照が、法然上人の専修念仏が広まって行くことを深くねたみ、『弾選択』という『選択集』批判の書を著して、隆寛律師の草庵へ送りつけてきたので、隆寛律師は『顕選択』という書物を著して、定照の非難に応答した。その本の中に「汝の間違った非難が当たらないことは、たとえば暗夜に小石を飛ばすようなものだ」とあざけった。これを見た定照は、ますます腹を立てて、このことを比叡山中に触れ回り、僧たちに決起を促し、天台座主（円基）に訴えて、天皇に奏上して隆寛・幸西らを流罪に処せしめ、そればかりか上人の大谷の墓所を打ち壊し、遺骸を掘り出して鴨川に流そうということをたくらんだ。

定照は、法然の念仏の教えが広く行き渡っていることを嫉むかのように、『選択集』を批判する『弾選択』を作って隆寛のもとに送り届けた。定照については、『翼賛（よくさん）』巻四二に「定照ハ或云上野国沼田カ一門ナリ」とあるが、詳細は不明である。定照の『弾選択』に対して、隆寛は『顕選択』を作って『弾選択』を批判するとともに、法然の念仏の教えを顕彰した。この書の中で隆寛は、定照の批判に対して、「それは暗天に石を投げるようなものである」とあざけるような内容であった。

さらに、『顕選択』の反駁書として『顕選択難義鈔（けんせんちゃくなんぎしょう）』という書物があったといわれているが、明恵の『摧邪輪』と同じように、書き物による諍論の応酬は、相互の不信感を募らせるばかりか、周辺の人々を巻き込んで感情的な言葉の遣り取りに終始することになった。その結果が「嘉禄の法難」に繋がる一因になったと考えられる。

「山門にふれ衆徒の蜂起をすすめ、貫首（浄土寺僧正円基）にうたへ」た内容が、『金綱集』第五（浄土見聞集下）に以下のように記されている。

元仁二年正月、有る人の勧に依て、畧して此の書を製す、同年夏件の人、此の書を以て京中に披露す、隆寛が救を作る。顕選択と号す。嘉禄三年後三月、岡本迎蓮が顕選択を以て東国に披露す。無智の道俗、皆此の書に依て、謂く、弾者の誤と、仍て是非を決せんが為に、弾顕選択等を以て、同四月便に付して送進の処、三院の碩徳、一山の衆徒、即之を披閲して、大いに以て動揺せり、且は謗法の罪を止めんが為に、且は邪見の教を止めんが為に、六月十七日の内に、三度三塔会合して奏聞を経畢す。

〈訳〉

元仁二（一二二五）年一月にある人の勧めではかりごとをしてこの書（弾選択）が著された。この年の夏にこの人（定照）がこの書を都中に広めた。隆寛は救いのために顕選択を著した。嘉禄三（一二二八）年三月に岡本迎蓮が顕選択を東国に広めたところ、無智な出家・世俗がこの書によって、弾選択が誤りであると言った。このため両書の是非を決するために、これらを同年四月に山門に送り付けたところ、三院（奨学院、勧学院、学館院）の高徳の僧や全山の衆徒が即刻調べて、大いに動揺して非難に準じる罪や邪な教えを制止するために、六月十七日に三度にわたって三塔（東塔、西塔、横川）の僧侶が集まって天皇への奏上を書き上げた。

隆寛の弟子である迎蓮が『顕選択』を東国で披露したところ、多数の道俗が本書に賛同した。しかし、東国での評価に憤った定照は、是非を決するため両書を比叡山に送ったところ、比叡山の僧侶は『顕選択』に憤り、三塔の集会を開いて、仏教に反する行為を制止するべく全山一丸となって天皇に訴え出る決意を固めた。天台座主円基への奏状の内容は、隆寛や幸西らを流刑に処し、法然の墳墓を破壊して遺骸を鴨川に流すというものであった。これが、法然滅後十五年後に起った「嘉禄の法難」といわれるものである。この法難のそもそもの原因は隆寛の著わした『顕選択』にあるといわれているが、この書に絡む浄論は、念仏の隆盛に業を煮やしていた比叡山の堂衆にとって、法然に関係する集団を壊滅状態に陥れるきっかけとなり、朝廷としても比叡山からの度重なる強訴に恐れを為していただけに、山門の都合のよいように取り計らわれていった。

二．一．三．嘉禄の法難

山門の堂衆による強訴は、相も変わらず激しいもので、『明月記』嘉禄三（一二二七）年七月六日条には、

山門の訴へ強盛。神輿を振るべきの由、頻りに以て騒動する。（中略）張本隆寛（本山の僧、律師）・空阿弥陀仏・成覚等流罪と云々。

〈訳〉

比叡山の訴えは強く盛んで、神輿を担いで神霊を呼び覚まし、たびたび騒動に及ぶ。（中略）張本人の隆寛（天台本山の僧で律師）・空阿弥陀仏・成覚などが流罪にされた。

と記され、堂衆は朝廷が最も嫌う強訴に度々及び、天台座主からの訴えは、隆寛、幸西、空阿弥陀仏を流罪、その他の門弟たちは居所を探り当てて洛中から追却することで、決着がついたようである。流刑を受けた隆寛等の配所については、『百錬抄（ひゃくれんしょう）』嘉禄三年七月五日条によると、隆寛は山遠里という名で還俗させられて陸奥の国へ、空阿弥陀仏は原秋沢と改名されて薩摩の国へ、成覚房幸西は枝重と改名されて壱岐島へそれぞれ配流されることになった。ただ隆寛は、ここでは陸奥となっているが、その割註に後日、配流場所が変更になった（相模国飯山）ことを伝えている。

空阿弥陀仏は、法然の臨終に立ち会った「無観称名義」を継ぐ聖の一人であったが、法然の在世当時から念仏の広宣には積極的であったらしく、『行状絵図』第四八には、

延暦寺の住侶なりけるが、叡山を辞して、聚洛にいづ。上人にあひたてまつりて、一向専修の行者となりて、経をも読まず、礼讃をも行ぜず、称名のほかさらに他のつとめなく、在所をさだめず、別の寝所なし。沐浴便利のほか、衣をぬがず。行徳あらはれて、ひとこれをたうとむ。つねには四十八人の能声をと、のへて、一日七日の念仏を勤行す。所々の道場いたらざるところなし。（中略）上人のつねの仰には、「源空は智慧をもて人を化

する、なを不足なり。法性寺の空阿弥陀仏は、愚痴なれども、念仏の大先達として、あまねく化導ひろし。我もし人身をうけば、大愚痴の身となり、念仏勤行の人たらむ」とぞ仰られける。

〈訳〉

延暦寺の僧侶であったが、比叡山を辞去して京洛に出てきた。法然に会って専修念仏の行者となり、経も読まず、礼讃も行わず、称名の念仏以外の勤めをせず、住まいを定めず、決まった寝所もなかった。入浴や大小便のの時以外は衣服を脱がなかった。このような徳の高い行いが知られ、人々から貴ばれるようになった。何時も美声の人を四八人集めて、一日ないし七日の別時念仏を勤めた。また、諸寺の念仏道場で赴かないところはなかった。（中略）法然は常に「私は智慧でもって人々を教え導いてきたが、まだ十分ではない。法性寺の空阿弥陀仏は愚かではあるが、念仏の指導者として多くの人々を教え導いている。私が再び人間として生まれたならば、一層愚かな身となって念仏を広める人になりたいものだ」と言われた。

と記されている。空阿弥陀仏は、久寿二（一一五五）年に生まれ、安貞二（一二二八）年一月十五日に没した、延暦寺の住僧であったが、法然に帰依してからは称名念仏に励み、経や礼讃を好まず在所も定めず、極楽に吹く風の音を慕って、風鈴の妙音を愛玩した。彼の行動は愚痴に徹したもので、法然にも一目置かれていたが、常に所々の道場を渡り歩いて、そこに庶民を集散させて別時念仏を興業していたという。

『明義進行集』第四（空阿弥陀仏）では、信空が心服する所以が述べられている。

外カ闇ク、内照テ、無智の相ヲシメシ、無観ノ称名ヲ行シ給ヒケルナルヘシ、モシカ、ラスハ、ヨノヒト帰依ノ、ナムソカクノコトクサカリナラムヤ、例セハ空也上人ノ一切経ヲ披覧シテ、仏法ノ深義ヲ通達シ給ヘリトイヘトモ、父母ヲイハス、居処ヲサタメス、無智ノ相ヲシメシテ、只称名ヲ行セシカコトシ、信空上人ノタマハク、空阿弥陀仏ヲハ、世ニハ無智ノ人トオモヘレトモ、ハレニヲイテハシカラス、一定権者ノフルマヒトミルトコロアルユヘニ、フカク帰伏スルナリト云々。

〈訳〉

外は暗く内を照らして無智の姿を示し、無観称名を行じていた。でなければ、世間の帰依がこのように拡がるはずがない。例えば、空也の一切経を抜き観て、仏法の奥義を知り尽くしているが、出所を明らかにせず、居場所を定めず、無智の姿を示して、単に称名だけを行じているように見える。信空は「空阿弥陀仏は世間で無知と思われているが、私はそのように思わない。確かに仏の化身であるかの振舞いがあるので、深く心を寄せている」と言っている。

空阿弥陀仏の行状は、善導の再来を思わせるとともに、「無観称名義」そのものであったといえるが、住蓮・安楽のように「六時礼讃」の過激な行動はなかったものの、法然の門人であった頃から「多念念仏の根本」と謳われ、僧尼令第五条にいうところの「寺院以外に道場を建てて、そこに人々を集めて教化し、妄りに罪福を説いてはならない」という戒律に違背した行動に終始していた。空阿弥陀仏が、法然在住の時から居処を転々とし、原秋沢という俗称を使って密かに無観称名を勧めていたことから、山門の堂衆にとっては居処を捉え難く、度々強訴で洛外に追われるものの、逮捕が「嘉禄の法難」まで持ち越されることになったのであろう。

また、隆寛を含む三人以外の専修念仏者の追却については、広橋経光著『民経記』嘉禄三年八月二七日条に、「逮捕スベキ念仏者ノ夾名」として、敬仏以下四四人の名があげられているが、彼らの多くは、隆寛、空阿弥陀仏、幸西および證空につながる人々のようである。

流罪となった隆寛はすでに八〇歳の高齢に達していた。『行状絵図』第四四には、

先師上人すでに念仏の事によりて、遷謫(せんたく)にをよび給し上は、予その跡を、はむ事、尤も本意なり。

〈訳〉

亡き師の法然上人が念仏のことで流罪となられたからには、弟子である私もそれにならって流刑になることは最も本意である。

と、師である法然が専修念仏を広めたという理由で流罪に処された以上、法然の入滅と同じ年齢を迎えた自分も、その跡にならって配流されても本望であるという気持ちを述べている。この決意とともに長楽寺来迎坊において七日間の別時念仏を勧めたが、余命を無観称名のた

めにささげる情熱は終生尽きることはなかった。

一方、専修念仏の根源とみなされる法然の墳墓を破壊して遺骸を鴨川へ流すという一件であるが、これは『百錬抄』嘉禄三年六月二四日条にも、「彼の墳墓において興盛の故に」と書いていることから、法然の墓が念仏者の心の拠りどころとなっていたことは確かで、比叡山の堂衆が大谷にある法然の墓に目をつけて破却しようとしたのであろう。しかし、このことを漏れ聞いた六波羅の北条時氏は、家来の内藤盛政に命じて乱行の前に立ち塞がり制止させた。その結果、ひとまず事なきを得て収まったが、制止は一時的なものであったことから、その後に法然の門弟たちがこれを察知し、事前に掘り出して他所へ移したと伝えられている。

隆寛、幸西、空阿弥陀仏の三人が厳しい処分を受けたのは、特に法然滅後の専修念仏の教えの指導者として、彼らが大きな影響力をもっていたからであろう。彼ら以外にも、法然の教えを顕彰した有力者に證空がいたものの、流刑の対象とならなかった。

證空が流刑を免れた理由が『明月記』嘉禄三年七月六日条に記されている。

善恵上人（宇都宮随之師也）山門訴訟、其の数に入るの由之を聞。周章して誓状を書き、且つ公家に進む。妙香院又披き陳べ給ふと云々。吉水の前大僧正帰依。臨終善識と為す。之を以て証拠と為す云々。惣じて下知を蔵し、濫僧等見及ぶに随ひて陵礫すべく申し、示し含むと云々。

〈訳〉

善恵房證空は山門の訴訟の対象者であることを聞いて、慌てて誓約文を書いて朝廷に進上した。比叡山の妙香院でも支持を得るよう画策していたという。吉水の前大僧正である慈円に帰依し、臨終の善知識も勤めた。これらを根拠にしたという。結果的に命令として下され、乱行の僧などが知ることになっても強引に押し通すように告げ知らしめたという。

流刑の対象者であると聞いた證空は、あわてて誓状を朝廷に進言して陳謝し、やっとのことで許されたという。その理由として証空が慈円の臨終の善知識であったことや比叡山の有力な僧との関係を強くもっていたことから、特別に赦されたようである。慈円は嘉禄元（一二二五）年九月二五日に歿している。また「建永の法難」でも、證空は難を逃れているが、この時も巧みな裏面工作を弄していたことが考えられる。このような證空の行動を察知してか、新興教団内における證空の信頼度はそれ程大きなものではなかった。一方の隆寛に対する信頼度は、生涯を天台僧として送ったにもかかわらず、教団内ではよほど高かったといえる。

「嘉禄の法難」は、延暦寺が専修念仏の張本の処罰を朝廷に要求し、その結果、隆寛、幸西、空阿弥陀仏の三名の配流先が決まったものの、隆寛は、代官として実成房を陸奥に遣わし、自身は森蔵人入道西阿（毛利季光）に護送され、鎌倉を経て彼の所領である相模国飯山（現、神奈川県厚木市）へ至り、その地で没した。隆寛の一門は、東山長楽寺を拠点としたので長楽寺流とも、多念義派とも呼ばれていた。永和四（一三七八）年に編纂された静見著『法水分流記』には、隆寛の門流が一時栄えたことが示されており、信空は白川門徒、湛空は嵯峨門徒、源智は紫野門徒、親鸞は大谷門徒の元祖としてそれぞれ挙げられている。

「嘉禄の法難」以後も、専修念仏の輩の横暴は止むことなく、四条帝の代の天福（一二三三〜一二三四）、延応（一二三九〜一二四〇）にも、度々念仏禁止の動きがあって、念仏者に対する弾圧は終焉に結びつくことはなかった。

二．一．四．隆寛の教義

隆寛は、天台系の学僧だけあって、単に「無観称名義」の立場で法然を擁護したのではなく、『選択集』を撰述した感西と同様、天台宗の教義に準じて念仏を解釈するように努めている。しかし、『選択集』のように整理された一巻の書にまとめることはせずに、多くの書物を長期にわたって書き上げるという手法を使っている。それらの著作を概観すると、そこには『選択集』に見られる、二者択一・二項対立の手法が用いられ、大きくは阿弥陀仏の世界と凡夫の世界に二分して、すべてをそれに当てはめて解釈していこうという姿勢がうかがえる。

法然の目指したところが、平安時代の特権階級のものとされていた仏教を、称名念仏を用いて被差別階級の人々に解放したことにあるとするならば、その称名念仏を被差別階級の庶民の立場に鑑みて、彼らが理解しやすいように要約したのが隆寛であったといえる。彼の教えは、貴賤貧富・老若男女を問わず、衆生と仏の関係がどのような姿で立ち現れているのかを明らかにしているといえる。

隆寛のまとめた著作群の中から、衆生の立場で、（一）欣求浄土、（二）南無阿弥陀仏、（三）念仏行にそれぞれ分けて検討する。

（一）欣求浄土

往生浄土を願う凡夫に必要なのは、求めるべき浄土の世界観が明確になることである。しかし、朝廷や貴族とは異なる生活環境に生きる庶民にとって、描くべき浄土を見出せないのが実情であった。そのため、隆寛は、法然の用いた二項対立の手法を用いることで、仏の絶対的な世界と凡夫の相対的な世界を峻別して、庶民に身近な相対的な世界観から絶対的な世界を描こうとしている。

（イ）教義の根拠

法然は「浄土三部経」に世親の『往生論』を加えた「三経一論」を拠り所として、龍樹以来の浄土教の思想を確立したが、隆寛は、この思想に基づいて自らの教義を展開している。まず聖道・浄土の二門を分別して、善導の所説は、大乗・小乗を含んでいて、大小二乗および善人悪人を簡ばない教えであること、浄土門に菩薩蔵、浄土門、大乗、一乗、頓教、易行、他力のそれぞれ七項目の特色があること、道綽をはじめ、元暁（がんぎょう）、慈恩、迦才、慈覚、善導などの祖師方が、従来の真言宗、禅宗、天台宗などの諸宗と区別して、浄土一宗を立ててきたこと、などを述べて、聖道門の諸宗が偏に自力の行を修するのに対して、浄土門が他力の願に帰する教えとして特色づけている。しかも道綽のいう末法悪世にあっては、善導の説く浄土門のみが真実の教えとすることで、これを善導宗と名づけてもよいとまで述べている。

さらに浄土門の特色については、西方浄土の教えを、法然が用いてきた二者択一・二項対立的構造を踏襲して、①頓漸二教、②凡聖二機、③難易二道、④聖道浄土二門、⑤自他二力、⑥正雑二行または専雑二修、⑦正助二業、⑧称観二念などの八項目に大きく分けている。これら八項目を取捨選択した上で、浄土門は、聖道諸宗と異なり、凡夫を正機（しょうき）とし、頓教であり、易行道であり、浄土門であり、他力であり、正行専修であり、正定業を修する称名念仏の教えであることを述べて、これらを根拠として求めるのが浄土門の教えであると位置づけている。隆寛の教えの特徴は、法然があまり言及することのなかった自力と他力が強調されている。

（ロ）報土と辺地

隆寛は、阿弥陀仏の浄土には、報土と辺地の二土があり、報土については、弥陀の報土と諸仏の報土とがあり、共に報仏が住まいするものの弥陀の報土はより勝れている。その理由として『観経疏』（序分義）を引用して、法蔵菩薩の四十八誓願には一々に増上の勝因（この上ない勝れた原因）があり、これによって勝行を起し、勝行によって勝果を得、勝果によって勝報を感じ、勝報によって極楽で阿弥陀仏が成就した。阿弥陀仏は極楽において悲化（慈悲心に代わる）を顕わし、悲化によって智恵の門を開いたのである。弥陀の慈悲心は尽きることがないから慈悲智もまた尽きることがなく、慈悲智によって広く衆生が摂取されるから、諸経典にも阿弥陀仏が勧められているのである。

一方、辺地については、『無量寿経』で説かれている「疑心願生」の人が住む宮殿であり、『観無量寿経』の九品行者が生れる蓮胎（れんだい）（蓮華の台に化生する）を指し示している。しかも蓮台は「願力所変の辺地」あるいは「本願所成の国土の辺地」ともいわれていることから、辺地も報土ということになるが、報土の中にあっても中心部ではなく、中心部の周辺ということになる。

この辺地は阿弥陀仏の示した方便であるから、行者には存在するように見えても、辺地そのものは報土に含まれているため存在しない。辺地とは真剣に浄土往生を求めようとしない衆生に対して、これを見捨てずに大悲大慈をめぐらして説かれた教えである。したがって、浄土に九品を説くことも、自力の願生者を他力の願生者に導く方便であって、辺地から報土に導くための阿弥陀仏の大悲大慈のあらわれであって、九品の差別的浄土が存在するのではない。

このように浄土を報土と辺地に分け、主に辺地について多くを論じるのは、隆寛独自のものであって、法然も説かなかったところである。報土・辺地については、『往生要集』にも『選択集』にも論じていないが、源信や法然が論じていなくても報土・辺地の義は時運によって説示することになるという。

（二）南無阿弥陀仏

隆寛は、二項対立によって峻別された仏と凡夫の世界観に基づいて、阿弥陀仏の世界を明らかにしようとする。通常、南無阿弥陀仏という念仏は、凡夫が仏に帰依するという意味で「南無」が使われているが、隆寛は、新たに「南無」とは阿弥陀仏からの働きかけであるというように解釈して、この働きの源が弥陀の本願力であると定義づけている。阿弥陀仏は本願が成就して浄土に安座しているのではなく、衆生を救うための力を蓄えて働きかけるという行動力を供えた仏なのである。この南無という働きかけの力が他力へと展開されていく。

（イ）極楽の教主

隆寛の阿弥陀仏観は、善導や法然の報身報土（ほうしんほうど）説に基づいて、浄土観と同様の立場で報仏が説かれる。報仏は報土に居住する仏であるとともに、諸仏の報土に対して阿弥陀仏の浄土を特別視していることから、阿弥陀仏自身も、諸仏とは異なり特別視されていることになる。その理由については、『観経疏』（序分義）に示されている、阿弥陀仏の四十八願が勝れていることを根拠とし、さらに四十八願の一々の願が念仏往生（第十八願）を根本とするからである。この称名の行を特に勝因とするのは、阿弥陀仏の他力を勝れた縁となし、一声十声かならず来迎を得て、善人も悪人も共に本願の計り知れない力（本願力）によって報土に生ずることができるからである。

阿弥陀仏がこの世を超えた願（四十八願）を起こさなければ、重惑重罪の一切の凡夫を勝れた報土に入らしめることはできない。阿弥陀仏がまだ修行中の法蔵菩薩の時、この願を成就するために計り知れない永い間、行を積まれた。この行は勝行であるから、諸仏の行とは異なる。他力を施すために、この勝行を修した結果、勝報としての極楽を荘厳することができた。極楽において阿弥陀仏の名を立てるのも、輪廻する三界（欲界、色界、無色界）から凡夫を救い出すための悲化の姿であり、報土に導くための智恵の門を示すためである。この件は、前に示した報土が、阿弥陀仏の悲化に基づいてなされたのとは逆に、報土を起因として阿弥陀仏が説かれていて、阿弥陀仏の本願が凡夫に働きかけて報土を知らしめているといえる。

(ロ) 阿弥陀仏の聖意

阿弥陀仏の「本願」には、第一に、四十八願のそれぞれの願が本願である。第二に、四十八願の一々の願に第十八願を含むとする二つの意味がある。これは第十八願を本とし、その他の四十七願を末としたように、一つを論ずれば、四十八願の一々の願が本願と名づけられ、第十八願以外の四十七願はすべて第十八願に摂せられるから、結局、本願は第十八願に集約されていることになる。これは『観経疏』(玄義分)に四十八願を興すとき、一々の願に第十八願の念仏往生を誓っていることに根拠が置かれており、四十八願を第十八願に集約するという隆寛の基本的立場が示されている。

隆寛の解釈は、四十八願のそれぞれの願に第十八願の念仏往生の義を含むとしながらも、念仏による往生を説く願として、第十八、第十九、第二十の三願をあげている。すなわち、念仏往生の機として、『無量寿経』の三心と関連づければ、第十八願の機は、はじめから三心を具足している。しかし、第十九、第二十の二願の機は、三心に趣かず、他縁の往生を求めているが、縁あって三心を具する機会を得て、念仏による往生が叶うのである。

このように、第十八願の機は、余行余善を修することなく念仏に帰する人のことであり、無善の悪人であっても善知識に遇ってはじめて三心を発するならば、善人を含めて、念仏によって往生できるという。一方、第十九願の機は、余行を捨てて第十八願の機に同ずる人、および三心を発して後になお余善を論じる人の二種をあげる。第二十願については詳しく述べていない。

(三) 念仏行

隆寛は、阿弥陀仏の世界を提示した上で、阿弥陀仏の働きに対する衆生の心のもち方を、三心に基づいて説いていく。この三心についても阿弥陀仏の本願力によって呼び起こされているとするところが注目に値する。

(イ) 往生の機

「機」とは、素質という意味であって、往生の機は、往生できる素質を有する者とされ、これは報土往生の機と辺地往生の機に分けられている。

まず、報土往生の機については、『無量寿経』の第十八願、『観無量寿経』の三心具足、『阿弥陀経』の一心不乱の念仏者のことをいうが、この機は、凡夫に限るものではなく、大小乗の聖人も往生が得られることから、これを凡夫往生の機と聖人往生の機に分けている。凡夫往生の機は、すべての凡夫が善縁にあって阿弥陀仏の本願に帰し、称名念仏によって不退転の往生を得ることができる。聖人往生の機は、無数ともいえる大小乗の菩薩がすべて往生することを得て報土に生れるという。

次に、辺地往生の機については、『無量寿経』に示される疑惑不信の者、『観無量寿経』に示される九品の人、曇鸞著『略論安楽浄土義(りゃくろんあんらくじょうどぎ)』に示される疑惑の心をもって諸々の功徳を修して往生を願う者、『観経疏』に示される大乗に遇う凡夫、小乗に遇う凡夫、愚悪の凡夫など、これらはすべて辺地往生の機であるとする。これらの機は、仏智を了解することなく、本願の名号を信じることもなく、他力に帰すことなく、自力の行を修している。結局、仏智に迷い本願の名号を疑っているから、ともに辺地に往生することになる。

(ロ) 三心

浄土に往生しようとする者の心の有りようについて、『選択集』は、当時の仏教の常識と考えられていた発菩提心(ほつぼだいしん)(仏道を求める心)を必要とせず、ただちに至心の称名念仏を修すべきことを説いていた。ここでは「浄土ニ生レムト願ルヲ菩提心ト云ヘリ」といい、「善導の御意は、先ず浄土に生じて、菩薩の大悲願行を満じての後、還りて生死に入り、遍く衆生を度せんと欲す。この心を菩提心と名づく」ともいい、菩提心は悟りの要因ではなく、往生の後に得るものであるとする。

法然は、聖道門における菩提心と区別して、浄土門の人はただ三心を発し、阿弥陀仏の本願の聖意に随うべきことを示している。隆寛も菩提心を往生の正因とはなさず、称名念仏を正因、正行、正業とすることで、菩提心よりも三心を重視している。その上で、三心を具すか否かで報土往生か辺地往生かが確定するというのである。

隆寛の説く三心は、往生極楽には念仏が根本であるが、この念仏には三心が必要であり、この内の一心でも欠けると往生は叶わないという。三心の重要性について隆寛は、『無量寿経』に至心・信楽・欲生我国、『観無量寿経』に至誠心・深心・廻向発願心、『阿弥陀経』に一心不乱・当信是称讃・応当発願生彼国土というように、根本聖典である「浄土三部経」すべてに三心が説かれれているということ。すべての心は本願力によって発されるから他力の三心と呼ぶが、このことを『観無量寿経』の三心に沿って明らかにしようとしている。

隆寛は『観無量寿経』に説かれる三心の一々の義について、以下のように述べている。

第一の「至誠心」については、善導の釈を受けて、至とは真、誠とは実であって、阿弥陀仏の本願を指して真実といい、真実の願に帰する心を真実心という。隆寛は、凡夫の虚偽顚倒した妄想の心には真実心は一欠片もなく、本来の真実心は阿弥陀仏の願にあるとする、徹底した他力思想を主張している。換言すると、凡夫が真実心を起こすのではなく、他力によって真実心を立てれば、これが凡夫における真実心になることを、自利と利他の二種の真実で説明している。すなわち、利他真実は仏の真実であるが、自利真実は凡夫の真実であり、凡夫の真実は仏の真実と関わらなければ真実となり得ず、また逆に仏の真実もまた凡夫と関わってこそ真実となり得るとされる。したがって、真実心はどこまでも仏の側にあり、これに随順することによって、凡夫の真実心も成就するという相即不離の関係が、隆寛独自の説である。

第二の「深心」は、真実の本願を深く信じて、永く疑心を生じない心をいう。これは、至誠心と同じく、凡夫が深く信じるというのではなく、至誠心において示された阿弥陀仏の真実の本願を、凡夫が信じることによって深心となる。この立場から善導の説く「深信」も解釈され、生死に常没する凡夫が罪悪深重であることを信じる（機の深信）ことも、罪悪深重の凡夫であっても阿弥陀仏は救済すると信じる（法の深信）ことも、自力の行においてできるものではなく、他力の願を信じる以外にはない。これが「二種深信」といわれるもので、凡夫往生の要なのである。

第三の廻向発願心は、真実の本願を信じて、疑心なく浄土の聖衆の来迎を待って、次第に往生することを願う心であるという。この心には三種の義があって、第一義は、諸善根を修しているものが本願他力の念仏に帰すことであって、余行を修する者を導くためのものである。第二義は、最初から他力に帰している者が、真実心の中に往生の思いをもつことをいう。第三義は、往生して後、生死の世界に還って衆生を教化するというものである。

ここでの第一義と第二義は往相廻向であり、第三義は還相廻向である。第三義は往生後のことであるから、隆寛は、法然と同じようにほとんど言及していない。その理由は「往生の後に大悲を具足して、衆生を教化する儀は決して疑いなきか。この故に略したるなり」として、往生後については、往還の「二種廻向」が真実本願であるから、疑いようがないという。隆寛は、三義のうちの第二義が本願の三心の中の廻向とし、これを「本」とし「正」としている。

以上のように、隆寛の三心釈は、自力では起こすことのできない真実心にはじまり、真実心に基づく深心や廻向発願心へと説き進め、諸行から念仏へ、自力から他力への道を示すところに特色があるといえる。

（八）一念・多念の問題

隆寛の説く一念・多念は、彼の教学書ではほとんど触れられていないが、親鸞が建長七（一二五五）年八三歳のときに書写した『一念多念分別事』という著作が伝えられている。一念・多念については、法然在住の時からかなり問題になっていて、『一念多念分別事』には、以下のような見解が示されている。

念仏の行につきて、一念・多念のあらそひ、このごろさかりにきこゆ。これはきはめたる大事なり、よくよくつつしむべし。一念をたてて多念をきらひ、多念をたてて一念をそしる、ともに本願のむねにそむき、善導のをしへをわすれたり。多念はすなはち一念のつもりなり。

〈訳〉

念仏の行について、一念多念の争いがあると、この頃盛んに耳にする。これは極めて危うい事であるからよく慎むべきである。一念を主張して多念をさげすみ、多念を主張して一念を誇る。いずれも本願の趣旨に背き、善導の教えを忘れている。多念とは即ち一念と重なるのである。

一念を立てて多念を嫌い、多念を立てて一念を謗ることとは、いずれも阿弥陀仏の本願の聖意に反することで、一念・多念のいずれに偏ってもいけないと説いている。その理由として、

いのち延びゆくままには、この一念が二念、三

念となりゆく、この一念かやうにかさなりつもれば、一時にもなり二時にもなり、一日にも二日にも、一月にも二月にもなり、一年にも二年にもなり、十年、二十年にも八十年にもなりゆくことにてあれば、いかにして今日まで生きたるやらん、ただいまやこの世のをはりにてもあらんとおもふべきことわりが、一定したる身のありさまなるによりて、善導は、「恒願一切臨終時、勝縁勝境悉現前」（礼讃）とねがはしめて、念々にわすれず、念々に怠らず、まさしく往生せんずるときまで念仏すべきよしを、ねんごろにすすめさせたまひたるなり。

〈訳〉

寿命のある限り、一念は二念、三念となっていく。この一念が重なり積もれば、一時にも二時にもなり、一日にも二日にも、一月にも二月にもなる。一年にも二年にも、十年、二十年にも八十年にもなっていくから、どのようにして今日まで生きてきたのか、この瞬間がこの世の終わりであると思う判断が、正しい身の有りようであるから、善導は「つねに願わくは一切臨終のとき、よい因縁・環境が残らず現前したまへ」と願って、刹那刹那に忘れず、怠らず、実に往生するときまで念仏すべきことを子細に勧められた。

と述べているが、ここでは善導の言葉を引用して、この瞬間に命終わるとも弥陀の本願に救われ、極楽浄土へ迎えられると思って称名念仏することで、一念が広大の利益を得ることに繋がるというのである。一念は瞬間であるが、瞬間の一念が、次の瞬間の一念と積み重なって、合計二念、三念となり、順次の一念がいのちの延びゆくままに二念、三念となり、多念相続の念仏となっていくのである。すなわち、念仏を称えるときは、浄土往生することを信じ、臨終の身であることを思い描いて、一念に心を込めて本願に順じて称名念仏するとき、一念はいのちの続く限り多念となって、無上の功徳を得ることになるというのである。

結果として、

すでに一念をはなれたる多念もなく、多念をはなれたる一念もなきものを。

〈訳〉

既に一念を離れた多念もなく、多念を離れた一念もない。

あるいは、

多念すなはち一念なり、一念すなはち多念なり
といふことわりをみだるまじきなり。

〈訳〉

多念は即ち一念であり、一念は即ち多念であるという理を混乱させてはならない。

といい、多念や一念に囚われるべきではなく、一念のままが多念であり、多念のままが一念であるから、一念か多念かという二者択一ではなく、一念も多念も両方を擁護する立場を示している。これは法然の、「行は一念十念むなしからずと信じて、無間に修すべし。一念なをむまる、いかにいはんや多念をや」とあることを受けたものである。

(二) 自力・他力の問題

自力・他力の問題は、一念・多念と深い関連をもっていて、隆寛は著作の随所でこれについて触れているが、独立した著作は『自力他力事』のみである。この書は、親鸞が寛元四(一二四六)年七四歳の時に書写したものが唯一残っている。ここでは自力・他力のことについても特別な意識をもっていたことがわかる。まず自力の念仏について、

念仏の行につきて自力・他力といふことあり。
これは極楽をねかひて弥陀の名号をとなふる人の
なかに、自力のこころにて念仏する人あり。まづ
自力のこころといふは、身にもわろきことをバせ
ジ、口にもわろきことをばいはじ、心にもひがこ
とをばおもはじと、かやうにつつしみて念仏する
ものは、この念仏のちからにて、よろづの罪を除
き失ひて、極楽へかならずまゐるぞとおもひたる
人をば、自力の行といふなり。(中略)本願にそ
むきたる罪をつぐのひてのちに、まさしき極楽に
は生ずるなり。これを自力の念仏とは申すなり。

〈訳〉

念仏の行について、自力・他力ということがある。これは極楽を願って、阿弥陀仏の名号を称える人の中に、自力の心で念仏する人がいる。まず自力の心というのは、身体

にも悪い事をせず、口にも悪い事は言わず、心にも間違った事を思わずと、このように謹んで念仏する人は、この念仏の力によって、諸々の罪を除き失って、必ず極楽に参ると思う人を自力の行というのである。（中略）本願に背く罪を償った後で、まさに極楽に往生するのである。これを自力の念仏という。

といい、自身の意志でもって身をつくろい、念仏によって滅罪して極楽に往生しようと願うもので、阿弥陀仏の本願の聖意を信じることなく、阿弥陀仏を自分に都合のよい交換条件の対象として考えている人の念仏である。これに対して他力の念仏は、

されば罪の消きゆることも南無阿弥陀仏の願力なり、めでたき位をうることも南無阿弥陀仏の弘誓のちからなり、ながくとほく三界を出でんことも阿弥陀仏の本願のちからなり、極楽へまゐりてのりをききさとりをひらき、やがて仏にならんずることも阿弥陀仏の御ちからなりければ、ひとあゆみもわがちからにて極楽へまゐることなしとおもひて、余行をまじへずして一向に念仏するを他力の行とは申すなり。

〈訳〉

そうすれば、罪の消えることも、南無阿弥陀仏の願力によるのである。勝れた位を得ることも、南無阿弥陀仏の広大な誓いの力である。永く遠くの三界から逃れられるのも、阿弥陀仏の本願の力である。極楽に至って法を聴き、悟りを開いて、やがて仏になることも、阿弥陀仏の力であれば、一歩たりとも、自分の力で極楽に参ることはないと思って、余行と交わらずに、一向に念仏することを他力の行というのである。

とあるように、我が身のすべてを阿弥陀仏の本願の聖意にまかせて念仏することであると述べている。すると、さきに示した多念は一念を積んだものであるとすることや、法然がいうところの行を多念にはげむということは、いかにも自力的な念仏と思わせる表現である。しかし、たとえ一念であっても、自分の意志が働く念仏は自力の念仏であり、たとえ多念に励むような念仏でも、ひとえに阿弥陀仏の願力をたのむ念仏は声々念々に他力の念仏である。

自力・他力についての隆寛の解釈は、一念・多念とも関連づけて、以下のように説明する。

念仏のかすをおほく申すものを、自力をはげむといふ事、これ又ものもおほえずあさましきひが事也。たゞ一念二念をとなふとも、自力の心ならん人は、自力の念仏とすへし。千遍万遍をとなふとも、百日千日よるひるはげみつとむとも、ひとへに願力をたのみ、他力をあふきたらん人の念仏は、声々念々しかしなから他力の念仏にてあるへし。されは三心をおこしたる人の念仏は、日々夜々、時々剋々にとなふれとも、しかしなから願力をあふき、他力をたのみたる心にてとなへゐたれは、かけてもふれても、自力の念仏とはいふへからす。

〈訳〉

念仏の数を多く申す者を自力に励むという事、これまた物事を心得ないあさましくも間違った事である。ただ一念や二念を称えるとも、自力の心をもつ人は、自力の念仏とすべきである。千遍万遍を称えるとも、百日千日夜も昼も励み勤めるとも、一心に仏の願力を頼み、他力を仰ぐ人の念仏は、一声一声、一念一念そのままが他力の念仏である。したがって、三心を起こした人の念仏は、一日一日、一夜一夜、一時一時、一刻一刻に称えてもそのままが仏の願力を仰ぎ、他力を頼む心で称えれば、どのように考えても、自力の念仏とはいわない。

自力・他力は他人が外から見ていうのではなく、あくまで念仏する本人の心構えにあるといえるが、隆寛によれば、その心構えは凡夫の自力において発せられるのではなく、あくまで阿弥陀仏の願力において発せしめられる他力なのである。この他力の念仏については、「二種深信」の念がなければ生まれることはない。

二・一・五・隆寛の現世利益観

隆寛は、法然没後の後継者として新興教団の内外を問わず注目され、敬慕されていたが、彼の著作の中には、「現世利益」の問題について多くの示唆に富む教義が説かれている。この教義は、「現世往生」の説とも関係し、法然以前の「臨終往生」の説とは異なって、往生浄土が確約された衆生が、安心して現世を生きる術を明らかにするという、隆寛独自の教義となっている。以下に隆寛の現世利益に対する主張に焦点を絞って検討する。

(一) 基本的立場

隆寛の現世利益観は、『滅罪劫数義』の下三品において、衆生が最も深い関心を寄せている、世俗的な除災、除病、延寿などについて論述するのではなく、『観念法門』に説かれている、滅罪、護念、来迎などの宗教的な利益を教説の中心に据えている。その上で、法然の説く往生浄土の道を論ずるにしても、念仏、三心、来迎、往生などの論理的解明に終始し、その上で真実心なき煩悩の身が、阿弥陀仏の誓いをたのみ仰ぎ、これに疑う心がなければ、必ず報仏報土に往生すると思いとって、念仏すべきことを主張している。隆寛の説く往生浄土の道は、念仏往生の道を明かにすることで充分であり、世俗的な現世利益について説示する必要性を認めていない。

(二) 多念義と現世利益

隆寛は、『散善義問答』や『後世物語聞書』において、尋常の一念と、臨終の一念を区別して、尋常の一念をもって本願に乗ずる人は、善導、懐感(えかん)などの機根にすぐれた願生者であるが、煩悩に覆われる身は、臨終の一念においてはじめて、滅罪とともに正念を得て往生するという。また『極楽浄土宗義』では、凡夫が本願に乗じて報土に往生する時は、菩薩の位に登ることを明示し、その根拠として、韋提希が現生において往生を証得したことを証拠として、凡夫における臨終往生も階位でもって論証しようとする。すなわち、韋提希は現生往生の人、凡夫は臨終往生の人と見極めつつも、究極的にはどちらも同じ往生を得るとする。

『一念多念分別事』では、多念や一念に囚われるべきではなく、一念のままが多念であり、多念のままが一念であると説く。従って、この瞬間に命終わるとも弥陀の本願に救われ、極楽浄土へ迎えられると思って称名念仏すれば、無上の功徳利益が得られることから、多念相続を説きながらも「一念広大利益」が得られることを明かにしている。この点をより明確にするのが、『散善義問答』の以下の一文である。

本願に乗ぜずと雖も尚乗ずるに等し、真実心を発して他力に帰入するが故に。未だ罪障滅せずと雖も既に滅するが如し、他力滅罪の名号を称して無疑無慮なるがゆえに。

〈訳〉

本願に助けられなくても救われるに等しいというのは、真実心を起こして他力に帰するからである。まだ往生の妨げとなる悪行が消滅していなくても、既に消滅しているのと同じであるとは、他力による悪行が消滅する名号を称して疑いもなく思うこともなくなるからである。

ここの文言は、平生において本願に乗ずることのできる善導、懐感、韋提希等とは違って、煩悩をもつ身では、臨終一念の蓮台に乗ずる時に往生が決定すると説きつつも、真実の心で他力に帰し、疑いなく滅罪の働きを有する名号を称えるならば、まだ滅罪が成立してはいないが、本願に乗ずるに等しく、滅罪されたと等しい身になるという意味である。

隆寛の現世利益は、どこまでも煩悩の身であることを注視しながら、この身の平生における救いを「本願に乗ずるに等しく、既に滅罪が成立したと等しい」とみていくところに特色がある。すなわち、凡夫においては、臨終往生を論じつつも、本願に帰して念仏するとき、往生が決定したと等しい身になるのである。

（三）滅罪の利益

隆寛は、著述の各所で滅罪、護念、利益などを説いているものの、現世利益についてのまとまった論述はない。しかし、滅罪については『滅罪劫数義』を著して詳細に論じている。

『滅罪劫数義』によると、『観経』の下品上生には、臨終称名による五十億劫の滅罪を説き、下品下生には、八十億劫の滅罪を説いているが、これに天台の十界互具（じっかいごぐ）（地獄・餓鬼・畜生・修羅・人・天・声聞・縁覚・菩薩・仏の十種類の各界が互いに他の九界を備えた境界）の思想を取り入れて、臨終の一念滅罪を説こうとしている。十界互具とは、地獄の衆生も仏となり得るし、仏も迷界の衆生となり得るという説であって、これを臨終一念に展開すると、一念とあっても十念、百念、千念を具するのであり、「一念の信に依って速に往生を得るに無始以来の生死の罪一時に滅尽しぬ」というように臨終の一念滅罪を明らかにする。また、称名滅罪の利益は、五十億劫や、八十億劫の数量の相違も、帰するところは、念々に無量劫の罪を滅して浄土に往生することをあらわすのであり、その差はないという。

さらに、一念の利益は、自力とみるべきや、他力とみるべきかの問いを設けて、

西土の能化之を憐みて名字の中に万善を摂持して若男若女之を信じて以て因と為し、罪人愚人之を称すれば縁と為し、因縁和合して仏智観察したまふに十悪も十悪に非ず、五逆も五逆に非ず善悪不二にして迷悟一如なり。

〈訳〉

極楽浄土の仏・菩薩はこれを憐れんで、名号の中に全ての善を摂り入れて、老若男女がこれを信じることを因とし、悪人や愚か人がこれを称すれば縁となり、因と縁が溶け合ったところを仏の智慧で観察すると十悪も十悪でなくなり、善悪は異ならず、迷悟はただ一つである。

と述べている。ここでは、名号に万善を摂めるから、名号への信心と称名とによって因縁和合して滅罪が成立するというように、常に名号のはたらきにおいて滅罪を論じている。

一方、『後世物語聞書（ごせものがたりききがき）』では、

いまの凡夫みづから煩悩を断ずることかたければ妄念またとどめがたし、しかるを阿弥陀仏これをかんがみて、かねてかかる衆生のために他力本願をたて、名号の不思議にて衆生のつみをのぞかんとちかいたまへり。

〈訳〉

今の凡夫は自ら煩悩を断ち切ることができないから、妄念を留めることができない。したがって、阿弥陀仏がこれを鑑みて、曠劫以来このような衆生のために他力の本願を立てて、計り知れない名号をもって衆生の罪を除こうと誓われたのである。

とあるが、これは凡夫自らの手で煩悩を断ずることが、不可能であることを阿弥陀仏が見通されて、阿弥陀仏の

他力の本願に基づく名号滅罪を誓われたのである。このように隆寛の滅罪論は、なぜ滅罪が成立し得るかの起源を問い、その答えとして、既成仏教の教えの中から他力本願の名号による滅罪を導き出している。

（四）護念の利益

浄土教では、諸仏護念の利益が重視されるが、そこでは、衆生が弥陀諸仏に護念されていて、自ずと安らぎの境地に住することができるため、除災、治病の利益が得られると説かれている。しかし、隆寛は『自力他力事』において、衆生が怠りなく阿弥陀仏の願を仰ぎ念仏すれば、阿弥陀仏は遍照の光明を放ってこの身を護念される。従って、相続する念仏によって、阿弥陀仏のみならず、観音・勢至および一切の聖衆が昼夜を分かたず常に護念して、命終には罪を打ち消して衆生を極楽へ引接せしめるのである。

このことから、護念の利益は、臨終の来迎だけではなく、誓願を仰ぎ称名念仏する者の平生の護念にもつながり、この護念が、例え瞬時なりとも捨てたまわないことから、平生の相続を経て臨終の往生へと連ながることを説いている。さらに「つみのきゆることも南無阿弥陀仏の願力なり、めでたきくらゐをうることも南無阿弥陀仏の弘誓のちからなり」と、護念を南無阿弥陀仏に置き換えて、一向に称名念仏することで弥陀・諸仏の護念の利益にあずかるとする。また『弥陀本願義』において、弥陀・諸仏の護念とは、光明に遍く照らされることであり、具体的には名号の働きによるというように、諸仏・護念の利益を南無阿弥陀仏の念仏において受け止めている。

このように、念仏の人は、常に弥陀・諸仏の護念の利益にあずかるのであるが、これを言い換えると、光明に照らされることであり、名号に導かれることであるから、称名念仏するところには常に弥陀・諸仏とともにあるということになる。すると、隆寛は、諸仏護念の利益を抽象的に考えるのではなく、念仏生活が即ち諸仏護念の利益であると受け止めていたことがわかる。しかも従来は、弥陀・諸仏による護念の利益にあずかるものは、諸悪鬼神の介入を認めず、現世に世俗的な利益を受けることを強調してきたのであるが、隆寛は、このような世俗的な利益には言及せずに、ひたすら称名念仏の生活、あるいは名号による他力の救いを強調することで、護念の利益を具体的なかたちで明かにしているのである。

（五）来迎の利益

隆寛は、伝統の来迎観をそのまま継承して、臨終来迎の利益を論じている。例えば、『具三心義』では、三心具足の人は、他力に乗ずる機であり、他力に乗じたという証明は、「浄土三部経」に説かれる臨終来迎の文にあると指摘している。また『極楽浄土宗義』では、「行者正しく観音の蓮台に坐る之時、無明を断じて無生を得る」あるいは「浄土宗は偏に弥陀の願力に乗じて来迎を蒙之時、無生忍を得て、報土境に入る」などといい、臨終来迎の利益を得ることが、往生の決定に重要な意味をもつことを示している。来迎の内容については、光明の摂取、奇雲の来迎、天外の細楽、室内の異香、観音の蓮台、勢至の授手、化仏の来現、聖衆囲繞などをあげ、「皆是弥陀本願力の致す所なり」と、諸種の奇瑞をあげてこれらすべて弥陀の本願力に基づくことが説かれている。

ここに、隆寛が来迎の利益を説く意図を明確に示した文章があるので、これを以下に示す。

ひとすぢに阿弥陀仏のちかひをあふぎて念仏してうたがふこころだにもなければ、かならずかならずたゞいまひきいらんずる時、阿弥陀仏目の前にあらはれて、つみといふつみをば、すこしものこる事なく功徳と転じかへなして、無漏無生の報仏報土へゐてかへらせおはします。

〈訳〉

一途に阿弥陀仏の誓いを仰いで念仏を申して疑う心さえもなければ、必ず臨終のときに阿弥陀仏が目の前に現れて、罪という罪を少しも残すことなく、功徳に転換して心に穢れなく生死流転に戻ることのない阿弥陀仏の浄土に行って帰らしめられるのである。

隆寛は、臨終に生じる諸種の奇瑞が利益であることを説きつつも、この奇瑞による不思議を強調することもなく、現前した弥陀・諸仏の働きによって、諸罪を転じて無漏・無生の報土へ往生することに主眼をおいて説いている。奇瑞については、臨終間近の聖人君主ならば現れるであろうが、凡夫には縁遠いものであった。むしろ、奇瑞よりも悪戦苦闘している現世から逃れて、二度と現世に戻ることがないという確約を得ることが、凡夫にとっては実際の安心につながることを示しているといえる。

二・一・六・隆寛の立場

住信の『私聚百因縁集』や凝然の『浄土法門源流章』において、隆寛は多念義を唱導した人として位置づけられ、その後の評価においても多念義であるとみなされてきた。しかし、隆寛は、一念と多念のうちの多念義を強調したのではなく、一念と多念を区別しないでこれを一体のものと受け取り、むしろ法然の「一念なをむまる、いかにいはんや多念をや」を継承していた。したがって、隆寛は少なくとも法然の滅後、多念義を強調して、法然と異なった主張をしたのではなく、むしろ法然の立場を詳細に顕彰しようと努力していたのである。

この点について隆寛の生涯をみると、まず法然に入室する前の青年期は、皇円や慈円に就いて天台教観を学ぶことで、広く天台の教養を身につけていた時代である。ついで法然の室に入って以後、法然の入寂までの壮年期は、ひとえに「無観称名義」ともいえる法然の教えを受けていた。この時期に著わした書物は、知られているところでは『滅罪劫数義』と『弥陀本願義』だけである。

ところが法然の入滅後、自身の入滅に至るまでの老年期には相次いで著作を出し、積極的に法然の教えを伝承することに勤めている。そこには多少とも隆寛独自の表現はあるとしても、概ね「無観称名義」を正しく伝えようとする努力が感じられる。『具三心義』、『散善義問答』、『極楽浄土宗義』などにはその意気込みがみなぎっている。さらに、詳しい内容は不明であるが、定照が『選択集』を批判した時などは、体を張って立ち向かい、『選択集』を擁護した『顕選択』を著わして対抗する辺りはその極致といってもよい。隆寛の基本的立場は、どこまでも「無観称名義」を天台教義に照らし合わせて伝承しようとするものであって、一念多念問題にみられるような「一念義」を捨てて「多念義」を強調しようなどということはなかったといってよい。

隆寛の法然顕彰は、一念多念のみならず、自力他力、三心具足、往還廻向、二種深信、報土辺地、弥陀凡夫など、従来の仏教や法然の教えに基づいて、常に阿弥陀仏と凡夫における絶対と相対の立場で対等に比較し評価している。法然が、八百万の神仏の中から二者択一の手法で阿弥陀一仏を選び摂り、阿弥陀仏の編み出した称名念仏一つに絞って、これを仏教として庶民に提供することに成功したとするならば、隆寛は、浄土の世界と穢土の世界とを明確に峻別し、救済する側と救済される側の有りようを分析したのである。ここには源信の『往生要集』にみえる穢土と浄土の天台系の描写を借りて、浄土の教えを説くのであるが、浄土については思議することができないから、思議できる穢土を明確にして、穢土の対局にある浄土を理解するという手法でもって、凡夫が救われる方途を探り当てたといえる。この隆寛の手法は、『選択集』のように聖道門の教えを否定することはせずに、聖道門の教えを継承しつつ浄土・穢土の世界観を説いて、穢土の凡夫の立場で浄土の仏を捉えるという、まさに「東大寺講説」で法然が行った、凡夫の救われる道に焦点を絞った説法を彷彿とさせる。

この阿弥陀仏と凡夫という相容れない対象に峻別して、凡夫の立場で阿弥陀仏を理解して行こうとする考え方は親鸞に踏襲され、彼の主著である『教行信証』をまとめる上での礎になったことは確かである。親鸞の著書の中で凡夫のこの世での有りようが真剣に問われ、法然の教えが隆寛・親鸞を経て、今日に伝承されることになる。

隆寛が法然の教えを踏襲できなかったことが一つある。それは、法然が生涯にわたって、明恵のいうように「文章を善くせず、仍って自製の書記なし」の人であったが、隆寛は、凡夫に理解しやすいように法然の教えを翻訳して、さまざまな書物を著したことである。すなわち、隆寛は、法然の流罪を機にして、新興教団内部の不安定な状況を鑑みて書物でもって「無観称名義」を啓蒙しようとしていたのである。

しかし、この書物でもって自己主張するという驕慢の心が、日増しに沸々と滾(たぎ)ってきて、結果的に定照の『弾選択』という外部からの挑発行為に対して、感情的な気持が抑えられずに『顕選択』を著して、定照に送り付けてしまった。この書は法然の教えを顕彰するという責任感からの著作であったと思われるが、状況判断しながら行動するという「無観称名義」を無視したために、自身の感情が制御できないままに、定照の作戦に搦め捕られたといえる。

隆寛が定照に反論するという行為は、法然が門人に常々言い含めている「智者の振る舞いをせずに一向に念仏すべし」の言葉を無視しているかのようである。『摧邪輪』に対抗した僧侶と同じように、通憲流の教えに反する行為とともに、感情を露わにした諍論の応酬は、議論の内容を忘れて、「建永の法難」直前の公家と衆徒の揉め事のように互いの感情に深い亀裂を生じさせることになり、両者が相互に傷つけあうことに邁進するという方向に導くことになった。また、法然というよき善知識を失った後の隆寛は、法然の教義を顕彰しつつも堰を切ったように長楽寺派を開宗して、法然が最も嫌う派閥争いの真っ只中に身を置くようになり、自身を念仏弾圧の渦中へと追い詰めていくことになった。

しかし、法然にしても隆寛にしても、彼らの「無観称名義」に違背した著述や諍論の行為が、後世に名を残すことになり、結果的に「無観称名の系譜」が連綿と受け継がれていくことになる。これも人間の「業」がもたらす皮肉な因縁と言わざるを得ないが、隆寛の教義を自己の求めるところとして継承した親鸞は、『摧邪輪』の校閲を踏まえて『選択集』に言及することなく、教信沙弥のような無観称名義に満ちた生活に甘んじようと努力することになる。

二．二．聖覚法印

聖覚の名は、『行状絵図』、『明義進行集』第七（安居院法印聖覚）、『玉葉』、『明月記』など多くの史料からうかがうことができる。なお、『行状絵図』第十七の聖覚段に関しては、多くが『明義進行集』からの引用である。これらの史料からわかることは、聖覚が藤原北家の系列に属する葉室流と並ぶ通憲流を継承していて、常に法然と同宿していた信空とは違って、天台系に属しながら唱導師として名を馳せ、一方では法然と付かず離れずの関係を維持しながら、「無観称名義」を継承する通憲流聖であることを臆面も外にあらわすことはなかったことである。

ただし、過激分子の住蓮・安楽の行動には、聖覚も師の法然とともに辟易としていたであろうことは容易に察しが付く。度重なる念仏停止の勅旨、あるいは南都の衆徒が「専修の輩」といっていたのも、法然を批判したのではなく、住蓮・安楽や行空の制誡を逸脱した行為に対しての発言であった。
数少ない聖覚の素性については、『行状絵図』第十七に、以下のように記されている。

安居院の法印聖覚は、入道少納言通憲の孫子、法印大僧都澄憲の実弟なり。比叡竹林房の法印静厳を師とす、論説二道をかねて、智弁人にすぐれたりき。しかるに宿習のいたりにやありけむ、ふかく上人に化導に帰して、浄土往生の口決をうく。大和前司親盛入道、「ご往生の後は疑をたれの人にか決すべき」と、上人にとひたてまつりけるに、「聖覚法印、わが心をしれり」との給へり。浄土の法門にをきて所存をのこされざる事しりぬべし。されはかの法印一巻の書を制作して、ひろく念仏をすゝむ。世間に流布して唯信鈔と号するこれなり。

〈訳〉

安居院の法印である聖覚は、入道少納言通憲（信西）の孫で、法印大僧都澄憲の実の子で、弟子でもある。比叡山竹林房の静厳法印を師匠とし、論議と説法の二道を兼ね備え、智慧と弁説の才に秀でていた。ところが、前世からの行いの結果なのであろうか、深く法然上人の教化に帰依して、浄土往生の秘伝を直接口伝えに授けられた。前の大和守の親盛入道が、「上人がご往生なさった後は、疑いを誰に聞いて解決すればよいのでしょうか」とお尋ね申し上げたところ、「聖覚法印が私の考えをよく知っている」と仰った。浄土の教えについて、上人の思う所を残さず伝えられたことがわかる。それゆえ、聖覚法印は一巻の書物を制作して広く念仏を勧めた。世の中に行きわたっている『唯信鈔』と呼ばれているものがそれである。

聖覚は、安居院澄憲（通憲の子）を父として、仁安二（一一六七）年に生まれ、嘉禎元（一二三五）年三月五日に没している。藤原通憲（信西）（一一〇六〜一一五九）の孫にあたり、学問・修行ともに優れた権大僧都でもある。親子ともに安居院（現、京都市上京区大宮）に住んでいたので、安居院の法印とも呼ばれた。当初は比叡山の竹林房静厳に師事し、天台の恵心・檀那の二流を相承して安居院の教学を打ち立てた。特に父の澄憲と同じく唱導（説法・布教）が巧みなことから、藤原定家の『明月記』文暦元（一二三四）年二月二一日条では、釈尊の弟子で、説法第一といわれた富桜那に比して「濁世富桜那」と評され、『尊卑分脉』では「天下大導師、名人也」、『三長記』では「説法如富楼那、万人落涙」などと語られるほどの説教の名手であり、卓抜な唱導師であった。一方、『沙石集』巻第六ノ七の「聖覚の施主分の事」では、聖覚の説法の様子について「万人袖をしぼりたりけり」と、多くの者が涙を流して感動した様子が記されている。

聖覚が唱導の達人であるという証として、法然が彼の表白分を聴いて感激したという説話がある。法然は、流罪を赦免されて勝尾寺に滞在していたが、この寺には『一切経』がないということで、法然所蔵の『一切経』を勝尾寺に寄付している。その経の題目を披露するための供養に聖覚が唱導師として招請されたが、みごとな表白文を読んでいる。表白文は『行状絵図』第三六に記されているが、要約すると「阿弥陀崇拝は釈迦の仏教であり、聖徳太子の仏教であり、慈覚（円仁）、恵心（源信）、永観、空也、良忍などに受け継がれるが、凡夫往生の道は明らかにならなかった。しかし法然上人が出てはじめて、上は天皇・公卿から下は農夫・織女にいたるまで、日本中すべてが阿弥陀仏を崇め念仏をする国になった」というのであるが、この話を聴いて、

鼻をかみ声をむせび、舌をまきてとゞこほるあひだ、法主なみだをながし、聴衆そでをしぼらずといふことなし。

〈訳〉

鼻をかんでむせび泣き、感動して言葉も出なかったところ、法然は涙を流し、聴聞する人々も一人として泣かない者はなかった。

と結んでいる。表白文の内容は、仏教用語を避けて、庶民感覚にわかりやすい言葉で綴られていて、人々の感情に訴えつつ、心から仏教に浸潤していくという手法が取られている。法然の偉大な業績と念仏の功徳をたたえる簡潔な美文を聞いて、法然は涙を流し、聴衆はみな袖を絞らない人はなかったという。

聖覚は、最後まで天台宗の安居院流の僧侶として活動したが、浄土宗系統からは正当な評価がなされず、まとも な伝記資料もなく、天台宗からも庶民を相手にした唱

導の達人であったという程度の評価であったため、聖覚その人の「信仰」について触れる資料はほとんど見当たらない。しかし、法然や親鸞あるいは側近の人々に多大な影響を与えたこともあって、後々まで何らかのかたちで名前が残るようになった。その意味では、心を打つ説法の達人として、人に勝る能力を人のために使ったからこそ、歴史に名を残したといえる。法然の教学を的確に理解して、唱導でもって「無観称名義」を広めた功績は大きい。聖覚の唱導は、住蓮・安楽が行っていた「六時礼讃」とは大きな違いがある。

聖覚は、民衆受けする娯楽的要素を取り入れるために、比喩因縁談に重点を置いた説教を用いて語り掛け、身振り手振りを使って内容に沿った感情表現を加えた話法の大成者ともいわれている。彼は天台宗の高僧でありながら妻帯して十名の子供を設け、貴族でありながら僧籍をもち、遁世僧の立場で得意の説教で道俗を教化していた。彼の説教手法は、従来の表白体の説教を止めて、比喩因縁談を中心とした口演体説教に変えたことを特徴としている。後に安居院流唱導法談は「節付説教（ふしづけせっきょう）」の名で呼ばれ、話芸に多大な影響を与えている。この節付説教の方法は、俗受けのために有効で、声明・和讃・講式などが発展するにつれ、これらを取り入れて改良され、次第に芸能的要素が加わっていったともいわれている。

節付説教は、話し言葉を七五調に置き換え、これに節（抑揚）をつけて、洗練された美声と身振りをもって演技的表出をとりながら聴衆の感覚に訴える詩的・劇的な情念の説法である。仏教伝来のときから行われていたと推定されるが、中でも安居院流は浄土宗と浄土真宗に影響を及ぼし、特に浄土真宗で「節談説教（ふしだんせっきょう）」として興隆した。

法然と聖覚の関係については、『行状絵図』第十七で以下のように述べられている。

この法印ふかく上人の勧下を信敬のあひだ。処々にして説法のたびごとには、弥陀の本願を讃嘆し、念仏の功能をほめ申されけるを、上人き、給て、「これひとへに善導の御方便、機感純熟の折接也。然べき名僧専修念仏の義を信じて、所々にして講尺せば、念仏の弘通何事か加之哉」と悦仰られて、法印のもとへ申つかはされけるは、法花経の中には定まりて、阿弥陀経を副供養せらる、なれば、いかなる所にても、機嫌さまであしからざらん所にては、阿弥陀経につきて四十八願の様を尺しのべられ候べきよし、くはしく授られけるとなん。

〈訳〉

この聖覚法印は、深く法然上人の教化を信じ敬われたので、あちこちで説法の度毎に、阿弥陀仏の本願をたたえ、念仏の効能をほめ申された。これを上人がお聞きになって、「これは、まさに善導の巧妙な手立てであり、人々の受け止める力が熟した時であるといえる。それ相応の名僧が専修念仏の教えを信じて、あちこちで講説したならば、念仏を広める上で、何がこれに及ぶだろうか」と喜んでお話になった。そして、法印のもとへ申し伝えられて、『法華経』の中には、決まって『阿弥陀経』を添えて供養されていることから、どのような場所でも様子や雰囲気がそれほど悪くないところでは、『阿弥陀経』に従って四十八願の内容を講釈なさるのがよいであろう、という旨を詳しく授けられたということである。

この文面から、聖覚が、唱導の度に浄土系の教えを交えて説法し、それも強引に聴衆を引き付けるというのではなく、その場の雰囲気や聴聞者の心根が一つになったのを見計らって、法爾法然に念仏を説いている。その上で、天台系の教本である『法華経』を手立てとして『阿弥陀経』の四十八願に導くとともに念仏を勧めている。このことに共感した法然が、聖覚の唱導こそ善導の行ってきた方法であると称賛していることがわかる。聖覚の行為は、住蓮・安楽が「六時礼讃」を遊興の手段として用いるのとは反対に、人々の心が熟さない限りは「弥陀の本願を讃嘆し、念仏の功能」を説かないという「無観称名義」が示されている。この件は、法然が聖覚に対して通憲流の教えを十分に理解していると、認めている部分でもある。

聖覚は、父澄憲とともに公然と妻帯し、伝統の比叡山仏教に属しながら、民衆の中にあって法然の信仰思想にも共鳴していたが、『七箇条起請文』には署名していない。このことから、聖覚は法然門下というよりも、通憲流の立場で法然の同調者に徹していたようである。しかし、彼は法然の信仰の真髄に達していたらしく、『明義進行集』第七（安居院法印聖覚）には、法然の言葉として「吾が後に念仏往生の義すぐにいわんずる人は聖覚と隆覚なりと云々」という文章が伝えられている。

『明義進行集』によれば、法然が瘧病のときに、九条兼実が聖覚に命じて善導の影前において唱導を行わせたところ、病が治ったという。また、雅成親王からの下問に対して答申したり、後鳥羽上皇からの宗義の勅問を受けて答申したりしている。一方で、聖覚は、仏教が無縁なものと思っていた無智文盲の庶民に対して、安居院流の唱導を駆使して、法然の教えを分かりやすく説教することで、彼らに浄土教の教義を理解させることに成功し、民衆の絶大なる支持を得ている。弱冠十九歳という若さで「大原問答」に関係して以来、父の澄憲に安居院流を学ぶことで、自身でも様々な説教手法を創設して、「説教念仏義の祖」として尊敬されている。また、法然と無観称名を共にした聖覚にしてはじめて、念仏門の布教には欠かすことのできない存在となり得たのである。聖覚の著作は、法然に代わって書いた『登山状』は名文で名高い。他に『唯信鈔』、『四十八願釈』、『草案集』などを著わしている。

『行状絵図』第十七で紹介されている『唯信鈔』一巻は、法然没後九年目の承久三（一二二一）年八月十四日に、法然の教えを聖覚がまとめたもので、本文は前後二段にわかれ、前半部に聖浄二門、正雑二行など念仏義の大綱を述べ、後半部では臨終念仏、宿善の有無など四つの問答を展開して、信心決定の念仏を勧めている。法然没後の一念・多念論争の中で、往生は称名の遍数によるのでなく、弥陀の本願を信じて念仏することが肝要であるとして信心を強調した。聖覚直筆の書は見当たらず、親鸞が書写したものが残っているに過ぎない。この時期は隆寛が『極楽浄土宗義』を制作した頃である。

二．二．一．聖覚と嘉禄の法難

ところで、『唯信鈔』が執筆されてから六年後、嘉禄三（一二二七）年に専修念仏が禁止され、隆寛らが流罪に処せられた「嘉禄の法難」が勃発する。この専修念仏弾圧事件に、聖覚が加担したという衝撃的な記録が、日蓮の弟子である日向撰『金綱集』第五（浄土見聞集下、念仏者所追事）に、以下のように記されている。

永尊の状に云はく、去月十五日に聖覚、貞雲、宗源、朝晴、延真が説明に参ず、聖覚を以て云ロ

文聖となし、永く念仏宗を停廃すべき由を言上した。殿下の御返事に云う、実に尤も停廃すべし、此五人は皆探題なり。

〈訳〉

永尊の書状には、十月十五日に聖覚、貞雲、宗源、朝晴、延真らが説明に来て、聖覚を進上の責任者として、末永く念仏宗を廃止すべきことを申し上げた。関白近衛家実の返事は、実に道理に適ったことで廃止すべきとのことである。この五人はすべて法会での論題を選定する識者である。

探題とは、天台教学の中で座主に継ぐ地位で、僧侶の昇格試験などの問題作成や合否判定を行う役職であり、彼らが朝廷への要請の中心となったことで、念仏宗停廃の動きが加速されたことになる。

聖覚と連れ立って言上に参画した宗源は、房号を乗願房といい、仁安三（一一六八）年に生まれ、建長三（一二五一）年七月三日に没している。三条長方の子息で、三条長兼の弟でもあり、従兄弟に顕真、明禅、甥に信空、妻の兄に遊蓮房円照、明遍などがいる。はじめ仁和寺において真言宗を極め、悉曇（しったん）（梵語についての学問）を学び、天台宗にも通じていたが、法然に帰依した後は単身念仏につとめ、醍醐の樹下谷に隠居し、清水寺の東南の竹谷にも住んだ。法然に入門した時期は不明であるが、多年にわたって仕え、教えを受けている。

宗源は、名利を厭って隠遁を好み、求道の心を隠して医師と称し、音楽のことも語っていたという。浄土宗三祖の良忠は、法然に面授した門人として宗源を尊び、一方の宗源は、法然滅後に門下が分流して都に興盛する教えは、法然の教義ではなく、離京した鎮西義が正しいと良忠に語ったという。弟子には妙仏・専心がいたが、「無観称名義」を貫いた門流は大きく発展しなかった。

『金綱集』は、他宗派の人が「嘉禄の法難」を記録した貴重な書物とされていて、撰者である日向は、安房国の尾金に生まれ、十三歳で日蓮に入門して出家得度してからは、弘教のために全国各地を奔走した。彼は弁舌に優れ、日蓮門下の「論議第一」と称され、建治二（一二七六）年には、日蓮の師である道善房の墓前に赴き、道善追悼の『報恩抄』を朗読している。弘安三（一二八〇）年には日蓮より本尊を授与され、同年に日蓮による法華経講義の記録『御講聞書（おんこうききがき）』を著し、正和二（一三一三）年には、身延山別当の地位を日進に譲り、上総国の藻原に隠居したが、その翌年に六二歳で死去している。

ところで、法然に面授して、教えを生涯守り続けたといわれる五人の探題が、念仏宗の停廃を関白近衛家実に進上するという行為に出たというのであるが、このことに疑問を抱くのは誰しもであろう。法然の念仏宗弾圧に、法然の教えを受けた五人の探題が関わったというのであるから、彼らの矛盾に満ちた行動に時の流れを感じるか、若しくは心変わりを感じるのは誰しもであろう。

同じく、念仏宗に言及している史料があるので、二・三紹介する。

『愚管抄』第六には、

又建永ノ年。法然房ト云上人アリキ。マヂカク京中ヲスミカニテ。念仏宗ヲ立テ専宗念仏ト号シテ。タダアミダ仏トバカリ申ベキ也。ソレナラヌコト顕密ノツトメハナセソト云事ヲ云イダシテ。

〈訳〉

また建永年間に、法然房という上人がいた。今日の市中に住んで、近年になって念仏宗を立てて専修念仏と称して、「ただ阿弥陀仏とだけ称えるだけでよい。それ以外のこと、顕密の修行をしてはならない」ということを言い出したのである。

と述べ、法然が念仏宗を立てて専修念仏を広め、仏教のお勤めはする必要がないと説いて回っているというのである。法然が念仏宗を興したと解釈されてもおかしくはない文言である。この頃は、過激分子を中心として、大凡法然の教えとはいえない様々な念仏の虚言が広まり、それらを総称して慈円が念仏宗といったのであろう。

また、『明月記』建保元（一二一四）年七月十八日条では、

左中将伊時朝臣の妻（前内大臣の落胤と云々）、出家し尼となると云々。是れ、近代念仏宗の法師原のなす所か。天下の淫女、競ひて屋形を仮り、狂僧に扈従す。已に流例となすのみ。

〈訳〉

左近衛中将の伊時の妻（前内大臣の落し子と聞く）が、出家して尼になったらしい。これは、最近流行している念仏宗の法師原のなせる業か。世間の遊女が競って宿屋を借

りて、狂った僧に付き従う。既に慣例のようになっている。

と、伝え聞いた話だと前置きして、左大臣伊時(ただとき)の妻が尼になったという記事を載せ、おそらく世にいる念仏宗の法師原の勧めで出家したのではあるまいか、何時ものことであると述べている。ここでは、法然没後間もなくの頃で、念仏宗を名乗る原という法師が遊女を囲って狂乱に耽っていることを記しているが、この法師は、原秋沢という俗称を使って巷に跋扈している空阿弥陀仏であった。彼は、悪人の権化といわれる遊女の世界に入り込んで、最下層からの救済を試みることで「無観称名義」が拡大することを模索していたと考えられる。空阿弥陀仏は、法然の臨終に立ち会い、『明義進行集』にもその名が記録されているものの、この時以降も度々弾圧の対象になっている。聖覚は「無観称名義」の中でも、比較的過激な行動で無観称名を広めようとする、隆寛の長楽寺や空阿弥陀仏の念仏宗あるいは幸西の一念義を過激分子と見做して、自らの手で「念仏宗を停廃すべき由を言上した」のであろう。

これらの念仏宗に関わる史料は、法然が立宗したというよりも、過激分子や当時のいかがわしい悪僧侶・似非聖が、自己顕示のために起こした集団のことで、衆生を一ヶ所に集会させてはならないという、戒律に違反する行為を専修念仏に名を借りて実行していたのである。それほど庶民に対する専修念仏の影響は大きく、全国的な広がりの中で、「無観称名義」など微塵も感じさせない破戒行為が蔓延していたようである。破戒の元凶となる念仏宗は、一宗のみを指していうのではなく、庶民を集めて何らかの宗派を鼓舞して民衆に知らしめようとする集団のことである。法然亡き後、我こそは法然を継ぐ者として名乗りを上げ、そのような輩や集団が雨後の筍のように全国に根を張っていったと思われる。しかし、彼らの行動が法然の教えとは真逆の方向に進んでいることから、「無観称名義」に所縁のある五人の探題が、念仏宗の停廃を申し出て、これが取り上げられた結果、「嘉禄の法難」に発展していったとも考えられる。

念仏宗について言及している史料に『沙石集』巻第六ノ七があり、これには、念仏宗に関連する記事が「学と行」、「念仏宗批判」と題して記載されている。著者である無住の確かな観察力によって、法然の教えと過激分子

（念仏宗）の主張との相違が見事に表現されている。

先ず「学と行」では、

念仏宗も、学を本として余教を誹謗すれば、謗法の過積もり、念仏の功は疎かなる、僻事なり。西山の古人の説には、「双紙形を脇挟みて、浄土宗を学する程の者、臨終のよきを見ず」といへり。ただ念仏の、学を捨て、信を深く取りて、余法を謗ぜざれ。般舟讃の序の心の如く、「余ただ仰ぎて信じて、厭離穢土の思ひ、欣求浄土の志、深くして、行住坐臥念仏して、念々に捨てざる人のみぞ、本願に叶ふべし」と見えたる。

〈訳〉

念仏宗も学問を基本に置いて他の教えを誹謗したのでは、謗法の罪が重なり、念仏の功徳を積むのをいい加減にするのは誤りである。西山（證空）故人の説には、「書物片手に、浄土宗を学ぶような者は、まともな臨終を迎えた例がない」と言う。とにかく、念仏は学問を捨て、深く信心を保ち、念仏以外の仏法を誹謗してはならない。般舟讃の序が述べるように、「念仏以外の修行はひたすら仰ぎ信じるに留めて行わず、心から厭離穢土を思い、深く欣求浄土を心がけ、何をするにも念仏して、いつでも念仏を忘れない人だけが、阿弥陀の本願に適うだろう」とある。

と述べ、念仏宗が、学問に基づいて念仏以外の教えを誹謗しているが、誹謗の過ちが積もり積もって、結果的に念仏の功徳を損なうことになると忠告する。證空は、学問で固められた『選択集』にこだわって、他の教えや宗派を誹謗していては、念仏の目的でもある浄土往生は果たせなくなる、という。善導の『般舟讃』に説かれているように、他の宗派に対してはただ仰ぎ信じるだけにしておいて、厭離穢土の思いで欣求浄土を志し、寝ても覚めても忘れずに念仏する人だけが本願に叶うのである。

次いで「念仏宗批判」では、

近代の念仏宗の人は、多く、余行余善をば、雑行と下し、謗りて嘲り、世間の名利名聞、三毒十悪をば憚らず。これ大きなる愚痴なり。惣じては、仏教の大意に違ひ、別しては、祖師の本意に叶はず。仏教の大意は、「諸悪莫作、諸善奉行」と云へり。悪は力に随ひて留め、善は縁にあはばなすべし。

これ、諸仏通戒なり。

善導の御意は、余教を謗ずまじき事は、序にあり。殊に一行を勧め給ふ本意は、凡夫は散乱にして、専ら一行を執しがたし。かれこれ広く行ぜば、行業成じがたし。今、有縁の一行の本願にすがりて、往生の心に住して、余行余業を交へずして、一心に専念すべし。されば礼讃には、「貪瞋等を来らし交ふる事なかれ」と勧めて、余行余業、諸善雑行を留むる本意は、一心の為なり。法を謗れとにはあらず。また余行往生せぬとにもあらず。

〈訳〉

近ごろの念仏宗の人は多く、念仏以外の修行・善行が役に立たない行だと見下し、謗って嘲り、俗世の利益や名誉、三毒（貪・瞋・痴）、十悪（殺生・偸盗・邪淫・妄語・綺語・悪口・両舌・貪欲・瞋恚・邪見）を気にしない。これは理非の区別ができない大変愚かなことである。総じては、仏教の大きな意志に背き、さらに、祖師の本来の意思に適合しない。仏教の大きな意志は、「諸悪莫作、諸善奉行」という。悪は可能な限り犯さず、善は縁に会うときに行えばよい。このことは、どの仏の教えにも共通する戒めである。

善導の考えとして、念仏以外の教えを誹謗してはならないと、『般舟讃』の序に書いてある。善導がとくに念仏という一つの行をお勧めになる本来の意思は、凡夫は心が乱れやすく、一つの行に専心できない。あれこれと広く修行すれば、修行は成就できない。今、有縁の一行の本願を頼みとし、浄土往生を願い、念仏以外の修行・善行を交えず、一心に専念しなければならない。よって『往生礼讃』には、「貪・瞋などを生じ、交えてはならない」と念仏を勧め、念仏以外の修行やさまざまな善行を留める本来の意思は、一心に念仏に打ち込むためである。他の法を誹謗せよということではない。また念仏以外の修行で極楽往生しないわけでもない。

といい、当時の念仏宗の行動は、念仏以外の諸行諸善を役に立たないと見下し、理非を弁えない破戒行為を繰り返している。これは、法然の本来の教え（無観称名義）に適合せず、仏教の根本でもある「七仏通戒偈」にも反する行為であって、悪行は自身の力で止め、善行は縁に随って行うべきであるという。善導が念仏を勧めるのは、凡夫は心が乱れやすく集中できないから、いろいろと修行しても成就することはできない。このため、阿弥陀仏が編み出された念仏を頼りとして、他の諸行を交えることなく、一心に念仏しなければならない。他の行を留める目的は、愚痴無知の凡夫が、念仏に打ち込むためであり、決して他の行を誹謗中傷するものではない。

無住の言葉は、宗派が異なるといえども、「無観称名義」を極めた人の心根を表している。「嘉禄の法難」から五〇年ほど経過してから書かれた『沙石集』は、当時の状況を十分に調べて把握した上で書かれたと考えられる。当時の念仏宗の様子がよくわかる貴重な史料としての価値は十分にある。

『沙石集』を見る限り、念仏宗や過激分子の繁盛ぶりは、『七箇条起請文』や「建永の法難」などの停廃行為では解決ができないほどに強大化し、朝廷、貴族、衆徒、寺院、庶民、他宗派を含めて、全国的な識者の懸念事項として、時代を越えて排除の対象になっていたと思われる。聖覚は、法然が在世していた時から活動している過激分子が、法然滅後に我こそは師資相承の弟子である言い回して、彼方此方で夫々が思い思いの念仏宗を立ち上げて、これらの集団が世間を混沌に陥れる原因を作り上げていることに大いに憤り、仏法および「無観称名義」の崩壊を危惧して、書状の進上に踏み切ったのである。

藤原経光（つねみつ）の日記である『民経記（みんけいき）』嘉禄三年七月二五日条には、洛中洛外における念仏者が党類を結び、洛中では、嵯峨清涼寺付近、六波羅の総門向いの堂、八条大御堂、清水寺、祇園の辺、八条油小路、唐橋富小路、中山および大谷の法然墓堂付近などで専修念仏者が群衆していたとある。彼らを指して「念仏宗」といい、彼らの「礼讃の声、黒衣の色」によって象徴される過激分子の集まりが、既成教団による迫害の対象となった。念仏宗の立役者が、空阿弥陀仏、隆寛そして幸西と見做され、特に、隆寛は、念仏宗の信仰の中心となった大谷墓堂の近くに住み、専修念仏者の指導者として活動したことで、念仏宗の頭目と見做されていたのである。

表白文や起請文などから受ける聖覚の印象は、円照から法然を介して連綿と続く通憲流の教えそのものを真摯に実践しているといえるが、法然の教えを曲解して行動する輩に対しては、毅然とした態度を堅持していることがわかる。法然が生存していた時は、「無観称名義」に徹していた聖覚ではあるが、法然滅後の衆生の荒廃ぶりには、目をつぶっていることができなかったのである。法然に信頼されていた隆寛でさえ、著述に励み長楽寺派を立宗し、念仏を弾圧する側の定照の挑発に乗じて諍論に邁進してしまった。このことから、聖覚は、法然の教えに背いた隆寛を過激分子として流罪の対象とし、長楽寺派を含む念仏宗の停廃に動いたのである。ここに通憲流を新興教団の外部から断固守るという聖覚の意志の強さがうかがえる。

しかしながら、『沙石集』をみると、「嘉禄の法難」以後も念仏宗が連綿と生き続け、庶民を惑わしていたことが記されている。一方で、無住のように他宗派であっても、法然の教えと過激分子や念仏宗の違いを明確に判断できる人々が増えていったことも事実である。慈円が『愚管抄』第六で、「法然が立宗した念仏宗」というように、念仏を称える人々を十把一絡げにして批判するという者が少なくなったことは、聖覚を含む通憲流の人々が「無観称名義」を守り続けたという努力の賜物であろう。

二・二・二　聖覚の表白文

聖覚が法然および新興教団に尽した功績は、元久二(一二〇五)年八月の瘧病の治療のみではない。その翌年、聖覚は法然に頼まれて『登山状』を作っている。『登山状』は、聖覚の書いた数多い名文のうちでもとりわけ名文とされ、その言葉は流暢で美しく、人々に理解しやすい対句を使って歌い上げるように表現している。過激分子に対する厳しい批判を述べた中にも、庶民感覚をしっかりと捉えてやまない文章が連ねられている。隆寛もまた名文家として知られるが、聖覚のような人間の情念に直接訴えるような文章は書いていない。

『行状絵図』第三二に紹介されている『登山状』の中から親しみやすい名文を拾い出してみる。まず、『登山状』は以下の文章で始まる。

> それ流浪三界のうち、いづれのさかひにおもむきてか釈尊の出世にあはざりし、輪廻四生のあひだにいづれの生をうけてか如来の説法をきかざりし、華厳開講のむしろにもまじはらず、般若演説の座にもつらならず、鷲峰説法のにはにものぞまず、鶴林涅槃のみぎりにもいたらず。われ舎衛の三億の家にや、どりけむ。しらず地獄八熱のこそにやすみけむ。はづべしはづべしかなしむべし。

〈訳〉

迷いの三界をさすらう中で、何処かの境界に沈んで、釈尊がこの世に現れた時に生まれ合わなかった。輪廻する四生の何処かで生を受けていたがために、釈尊の説法を聞かなかったのか。釈尊が『華厳経』を説かれた場所にも居合わせず、『般若経』を説かれた集会にも列席せず、霊鷲山で『法華経』を説かれた場所にも臨まず、入滅された沙羅双樹林にも至ることができなかった。舎衛国の三億の家にでも住んでいたのであろうか。それとも、八熱地獄の底にでも住んでいたのであろうか。まことに恥ずかしく、悲しむべきことである。

残念ながら、現在に生きる我らは、釈迦の出生に会わず、『華厳経』、『般若経』、『法華経』、『涅槃経』などの説法の席にもいなかった。このような機会に恵まれなかったのは、何処かの在家で道草を食っていたのであろうか、地獄でサボっていたのであろうか。悲しいことだ。

『登山状』の始まりは、広大無辺である。当時としては思い測ることのできない、遠くインドから中国、釈尊の時代ばかりでなく、無始以来の境界にまで思いを馳せ、未だに迷いの世界から抜け出せない衆生の境遇をしっかりと認識させておいて、

しかるをいまあひがたくしてあふ事を得たり、いたづらにあかしくらしてやみなんこそかなしけれ。あるいは金谷の花をもてあそびて、遅々たる春をむなしくくらし、あるいは南楼に月をあざけりて、緩々たる秋の夜をいたづらにあかす。あるいは千里の雲にはせて、山のかせぎをとりてとしをゝくり。あるいは万里のなみにうかみて、うみのいろくづをとりて日をかさね、あるいは厳寒にこほりをしのぎて世路をわたり、あるいは炎天にあせをのごひて利養をもとめ、あるいは妻子眷属に纏はれて恩愛のきづなきりがたし。あるいは執敵怨類にあひて瞋恚のほむらやむ事なし。

〈訳〉

それなのに今、会い難い仏法に会うことができたが、無駄に日々を過ごしてしまうのは、悲しいことである。晋の石崇は、金谷園の花見で長い春を無駄に暮らし、あるいは、晋の庾亮は南楼で月見をして、長い秋の夜を無駄に過ごした。あるいは、遥か遠く山々を駆け巡って獲物を捕らえて年月を送る人もあり、あるいは、果てしない海に船を浮か

べて魚を捕らえて日を重ねる人もあり、あるいは、厳寒に凍えながらも働いて世をわたる人もあり、あるいは、炎天下に汗をぬぐいつつ収益を求める人もあり、あるいは、妻子や一族にまといつかれて、愛着の絆を断ち切れないこともあり、あるいは、仇や恨みを抱く人に出会って、怒りで燃え上がる炎が止め難いこともある。

というように、仏教に対して道草を食わざるを得ない人間の立場を的確にとらえて弁明する。すなわち、幸いにも生まれ難き人界に生まれて、会い難き仏教に会うことができた。それにもかかわらず、無駄に時間を過ごすとは、これも悲しいことであるが、それには様々な人生をおくる人の事情がある。人々には、花に遊び、月を愛でる風流人、あるいは山に鹿を追い、海に魚を獲る人、あるいは厳しい冬にも暑い夏にもめげず利益を求める人、あるいは家族のために妻子眷属の恩愛の絆に苦しむ人や、敵に対する恨みの心の収まらない人がいる。このような言葉を聞けば、聴衆はどこか自分のことと思い、自らの人生と照らし合わせて反省するに違いないと語り継ぐ。

聖覚が庶民の心を知って、それに語りかけるところに、稀代の雄弁家としての評判をほしいままにした所以をうかがい知ることができる。

それあしたにひらくる栄花はゆふべの風にちりやすく、ゆうべにむすぶ命露はあしたの日にきえやすし。これをしらずしてつねにさかえん事をおもひ、これをさとらずしてあらん事をおもふ。

〈訳〉

朝に開いて咲き誇った花も、夜の風に散りやすく、昨夜に結んだ露も、朝の日に消えやすい。このことを知らずに、常に栄えていようと思い、このことを理解せずに生き続けようと思う。

人々それぞれの生活が昨日も暮れ、今日も暮れる。聖覚は人間の無常を説いて、このような生活の虚しさを知らしめようとする。

しかるあいだ無常の風ひとたびふけば、有為のつゆながくきえぬれば、これを曠野にすて、これをとをき山にをくる。かばねはついにこけのしたにうづもれ、たましゐはひとりたびのそらにまよふ。妻子眷属は家にあれどもともなはず、七珍万宝はくらにみてれども益もなし、たゞ身にしたがふものは後悔の涙也。ついに閻魔の庁にいたりぬれば、つみの浅深をさだめ業の軽重をかんがへらる。法王罪人にとひていはく、「なんぢ仏法流布の世にむまれて、なんぞ修行せずしていたづらに帰りきたるや」。その時にはわれらいかゞこたえんとする、すみやかに出要をもとめて、むなしく帰る事なかれ。

〈訳〉

そうしている間に、無常の風がひとたび吹いて、肉体が露と消えれば、亡きがらは広野に捨てられるか、遠い山に葬られる。屍は苔の下にうずもれ、魂はひとり虚空にさまよう。妻子や一族の者は、家にいるが連れて行くこともできず、宝玉や財宝が蔵に満ちていても役に立たない。ただ身についているのは後悔の涙だけである。結局、閻魔王に会えば、罪の深浅を判定され、業の軽重を調べられる。閻魔法王が罪人に、「お前は仏法流布の時代に生まれて、なぜ修行せずにむなしく黄泉の世界に帰ってきたのか」と聞かれる。その時、我らはどのように答えればよいのか。速やかに迷いを離れる大事を求めて、むなしく浄土に帰ってはならない。

人がどのような生活を送っていようが、愛別離苦、盛者必衰の理は越えがたく、決して普遍的なものなど存在しない。変化の時期に臨んで、如何に後悔しても後悔は先立ってくれない。このような無常観に立って、日常生活の中でこの不条理ともいえる理に早く目覚めて、不退転の行動を起こすべきではなかろうか。

このように無常を説き、衆生に仏教への帰依を勧めた後で、聖覚は浄土教の説明をするが、ここで説かれる浄土の教えと『選択集』で説かれた浄土の教えとは、力点の置き方が若干異なる。『選択集』では、定散の二門および『無量寿経』に説かれた第十八願を弘願とする一門を立て、定散の二門を捨てて弘願の一門を選ぶという教義を立てる。しかし、『登山状』は、定散の二門および弘願の一門を認めるものの、それは行者の意によっていずれの門も可能であるが、我らのごとき悪人は弘願の一門によって往生するより仕方がないという立場をとる。ここでの聖覚は、東大寺で講説した時の法然のように、

「無観称名義」が聖道門の仏教を否定するわけではなく、弘願の一門でしか救われる道がないという凡夫の立場を強調している。また、聖覚は、『選択集』で用いられている二者択一から聖道門を選び捨てるという考えは微塵も感じられないほど、注意を払って『登山状』を書き上げている。

『登山状』では、『選択集』のように、学問でもって論理的に聖道門の仏教を誹謗中傷し、仏教を勝劣と難易に分けて、劣と難が聖道門であって、勝と易が浄土門であると強引に分別して、聖道門を捨て去り、浄土門を取り上げるという手法を排除している。その一方で、『選択集』の強引な手法を引き継いで、阿弥陀仏の慈悲によって往生がきまっている以上、いかなる悪行を犯してもかまわないという、一部の過激分子の考えを批判することを忘れていない。それと同時に、法然の教えが普及することによって、仏法が廃るといって法然を攻撃する南都北嶺の僧たちにも反省を促している。総合的に考えると、阿弥陀仏に救われる立場の悪人が、悪人としての無常を自覚する手立てを、隆寛とは異なった手法で懇切丁寧に説いているのである。

二・二・三・唯信鈔

『唯信鈔』は、法然より相承した念仏往生の要義を述べて、表題のごとくただ信心を念仏の肝要とすることを明らかにしたもので、章立ては示されていないが、様々な学術書を紐解いてみると、便宜上、浄土仏教、専修の念仏、信心、称名、疑問への解答、結語というように六つに分類整理されている。本書の前半には、まず仏道には聖道門と浄土門の二門があり、浄土門こそが末法の世の衆生にかなうものであると選び取り、その浄土門にまた諸行に励んで往生を願う諸行往生と、称名念仏して往生を願う念仏往生とがあるが、自力の諸行では往生を遂げ難い旨を示して他力の念仏往生こそ仏の本願にかなうことが述べられる。さらにこの念仏往生について専修と雑修とがあることを示して、阿弥陀仏の本願を信じ、ただ念仏一行を勤める三心具足の専修がすぐれていることを明らかにし、念仏には信心を要とすることが述べられる。

また、後半では①臨終念仏と尋常念仏、②弥陀願力と先世の罪業、③五逆と宿善、④一念と多念の四項についての不審をあげて、それに明確な回答を与えている。

『唯信鈔』は、『選択集』が総じて聖道門に対する敵対心を露わにしていたのとは違って、「東大寺講説」の時のように、自身の内面を実存的な表現を用いて表白することに主眼が置かれていて、戦闘的な表現は見受けられない。

(二) 唯信鈔の構成

親鸞の書写した『唯信鈔』は、主に平仮名文中心で詩情豊かに無智文盲の庶民でも分かり易いように書かれたもので、聖覚の得意とする唱導師の腕前を存分に発揮した内容となっている。聖覚による長編の述作から譬喩部分を削除して、教義としてまとまった部分のみを抜き書きして検討してみる。

(イ) 浄土仏教

出離生死の道には二門があり、一は聖道門、二は浄土門であることを示す。浄土門には第十九願（諸行往生）の立場と第十七・十八願（念仏往生）の立場とがあり、諸行往生を捨てて念仏往生を選ぶように勧める。

(ロ) 専修の念仏

念仏往生には専修と雑修（ざっしゅ）とがあり、雑修とは念仏を称えながらも、諸行をも兼ねて修することであり、いわば正行と雑行とを共に修するのである。この段で聖覚は、雑修を傍らにおいて、専修一向の念仏に帰すべしと説く。専修と雑修を二項対立で説いた後で、

いままたこれを案ずるに、なお専修をすぐれたりとす。そのゆゑは、もとより濁世の凡夫なり。ことにふれてさはりおほし。弥陀これをかがみて易行の道ををしえたまへり。終日にあそびたはぶるるは、散乱増のものなり。よもすがらねぶるるは、睡眠増のものなり。これみな煩悩の所為なり。たちがたく伏しがたし。あそびやまば念仏をとなへ、ねぶりさめば本願をおもひいずべし。専修の行にそむかず。

〈訳〉

専修と雑修の問題を考えてみると、やはり専修の方が優れている。なぜなら、生来腐敗した社会に生きる煩悩まみれの衆生である。何かにつけて支障が伴う。阿弥陀仏は衆生と仏教と照らし合わせて、易しい行法を教えてくださっ

た。一日中遊び呆けているのは、心の乱れた人である。夜通し眠りこけているのは、鈍重な心の持ち主である。これらはすべて煩悩のなせる業である。断とうとしても止められない。遊び心が消えれば念仏を称え、目が覚めれば本願を思い出せばよい。何れも専修の念仏に適っている。

というように、難しい仏教と煩悩まみれの凡夫を照らし合わせて、凡夫を救うために編み出された阿弥陀仏の念仏に対する衆生の心構えを説いている。ここには、法然が庶民との問答で用いた対機説法のように、往生のための強硬手段は微塵もなく、煩悩に輪廻する凡夫に対して、今のままの生活であっても、散善のままで浄土に至る道に気づく手掛かりを示しているように感じられる。

（ハ）信心

一向専修の念仏を修しながら往生が得られない理由は、『観経』に説かれる三心（至誠心・深心・廻向発願心）を具足しないからであるという。ここで聖覚は、善導の『往生礼讃』、『観経疏』（散善義）を引用して三心の意義を説き、「ただ信心のて（手）をのべて、誓願のつな（綱）をとるべし」と、解りやすい日常的な比喩でもって無観称名を勧める。これが『唯信鈔』の主題となっている。

（ニ）称名

『無量寿経』でいう第十八願の文には「十念」とあるが、この十念の念は、『法華経』などの非権非実（迷悟の十界は、真実や方便という隔てを超えて平等であること）の意味ではなく、『観経』（下品下生段）の十声の称名であるという。ここに念声是一（ねんしょうぜいつ）（念と声とは一つ）であることを示す。

（ホ）疑問への解答

僧侶による四つの疑問を設定して、これらに答えて異解を糺している。

（ヘ）結語

あらためて本講の述意を示し、「信謗ともに因として、みな、まさに浄土にうまるべし」と人々に勧めて筆を置いている。

『唯信鈔』の上記分類を『選択集』の各章と対比する

と、大きく前半と後半の二段に分かれる。前半の（イ）、（ロ）、（ハ）は、『選択集』の「教相章」・「二行章」・「本願章」・「三心章」によって専修念仏の正義を顕彰し、後半の（二）、（ホ）は、当時流布している専修念仏についての異義を批判している。

（二）信心を巡る議論

『唯信鈔』の中でも最も圧巻なのが、三心を解釈した件である。ここでは、善導の『観経疏』（散善義）で説かれている「不得外現賢善精進之相内懐虚仮」について、聖覚独自の考え方を披露しているが、聖覚の解釈を検証するためにも『観無量寿経釈』および『唯信鈔』について検討してみる。ここから、『唯信鈔』の最重要課題ともいえる「信」の問題を、聖覚がどのように捉えているのかを明らかにしてみたい。

（イ）観無量寿経釈

『観無量寿経釈』（九品と念仏）では、三心の一つである至誠心が真実心であるとして、以下のように説明している。

「外に賢善精進の相を現じ、内に虚假を懐く」とは、「外」とは「内」に封するの辞なり。謂く外相と内心と調のわざるの意、即ちこれ外智内凝なり。「賢」とは「愚」に封するの言なり。謂く外はこれ賢にして、内は愚なり。「善」とは「悪」に封するの辞なり。謂く外はこれ善にして、内は即ち悪なり。「精進」とは「懈怠」に封するの言なり。謂く外には精進の相を示し、内には即ち懈怠の心を懐く者なり。「若し夫れ外に翻じて内に蓄えば」とは祇に出要に備うべし。「内に虚假を懐く」等とは、「内」は「外」に封するの辞なり。謂く内心と外相と、調のわざるの心なり。即ちこれ内は虚にして、外は實なり。「虚」とは「實」に封するの言なり。謂く内は虚にして、外は實なる者なり。「仮」とは「眞」に封するの辞なり。謂く内は假にして、外は眞なり。「若し夫れ内を翻じて外に播さば」とは亦た出要に足るべし。

〈訳〉

「外には真面目で賢く振る舞い、内には嘘偽りの心を抱く」という一文について、「外」とは「内」に対する言葉である。つまり外面と内心が調っていない状況であり、このことが「外智内凝」である。「賢」とは「愚」に対する言葉である。つまり外面が賢であっても、内心では愚なる状況である。「善」とは「悪」に対する言葉である。つまり外面が善であっても、内心では悪なる状況である。「精進」とは「懈怠」に対する言葉である。つまり外面では精進の様子であっても、内心では懈怠なる心を抱く者である。「もし外面を翻して、内心にたくわえる」とは、特に出離に関しては重要であろう。「内には嘘偽りの心を抱く」などとは、「内」は「外」に対する言葉である。つまり内心と外面が調っていない状況である。これは内が虚であって、外が実なる状況である。「虚」とは「実」に対する言葉である。つまり内が虚であって、外が実なる者である。「仮」とは「真」に対する言葉である。つまり内が仮であって、外が真なる状況である。「もし内心を翻して、外面に移したならば」とは、これも特に出離に関連して重要であろう。

『観無量寿経釈』での法然は、「散善義」に述べられている言葉の解釈に終始していて、二項対立的に説明するに留めている。すなわち、内心の虚仮不実にも関わらす外相の賢善精進を装うという人間の不誠実心を、文字を対比させることで、内心の虚と外相の実との違いを明らかにし、内心の虚を翻して外相の実に置き換えても、真実心という意味では、往生すること間違いなしという。一方、『選択集』（三心章）の最後には、「至誠心とはこれ真実の心なり」と前置きしてから、この部分を引用している。

これらの文献では、虚と実を善と悪とに置き換えることで、善と悪とが相反して同一でないことを説明して、内心の悪を翻して外相の善に改心するならば、往生することは間違いないという。「虚」と「実」に「善」と「悪」を持ち込んだことで、内心の虚を翻して外相の実とするならば、往生するというように受け取ることができる。これらの言葉を混合させて解釈すると、悪のし放題でもその悪が事実であることを示せば、真実は善であるから救われるというのである。事実を露わにすることが善であると解釈されれば、「本願ぼこり」の発端となる文言と受け取られかねない。

（ロ）唯信鈔

『唯信鈔』（信心）では、『観無量寿経釈』や『選択集』の曖昧な表現から「本願ぼこり」が生まれ出たものと解釈して、以下のように説いている。

真実心といふは、不真実のこころをすて、真実のこころをあらはすべし。まことにふかく浄土をねがふこころなきを、人にあうてはふかくねがふよしをいひ、内心にはふかく今生の名利に着しながら、外相には世をいとふよしをもてなし、外には善心あり、たふときよしをあらはして、内には不善のこころもあり、放逸のこころもあるなり。これを虚仮のこころとなづけて、真実心にたがへる相とす。これをひるがへして真実心をばこころえつべし。このこころをあしくこころえたる人は、よろづのことありのままならずは、虚仮になりなんずとて、身にとりてはばかるべく、耻がましきことをも人にあらはししらせて、かへりて放逸無漸のとがをまねかんとす。いま真実心といふは、浄土をもとめ穢土をいとひ、仏の願を信ずること、真実のこころにてあるべしとなり。かならずしも、耻をあらはにし、とがを示せとにはあらず。ことにより、をりにしたがひてふかく斟酌すべし。善導の釈（散善義）にいはく、「不得外現賢善精進之相内懐虚仮」といへり。

〈訳〉

「真実心」というのは、不真実の心をすてて、真実の心を明らかにすることである。真実に深く浄土に生まれたいと願う心がないにも関わらず、他人の前では、深く浄土に生まれたいといいながら、内心では根強くこの世界の名誉や損得に目を奪われている。外相はこの世を厭うようなふりをし、他人に対しては善い心をもって、尊敬される人間であるかのように振る舞っているが、内心は善くない心をもち、欲望に満ちた心のままに振る舞っている。これを虚しくかりそめの心と名づけて、真実の心とは正反対の姿であるとする。この心を翻して、真実の心を大切にすべきである。この心を間違って受け取った人は、何事につけても、ありのままにしないと虚仮になるということで、自分のようなものには、遠慮すべき、恥さらしなことまでも、他人の前で披露してしまい、返って他人に迷惑を掛ける結果を招いてしまう。ここで「真実心」というのは、浄土を求めこの世を厭い、阿弥陀仏の願いを信じるのが、真実の心なのである。必ずしも、恥を露わにして、失敗を披露することではない。何かにつけて、折々に深く考えてほしい。善導の『観経疏』（散善義）では「あからさまに賢き善人の姿を現してはならない。心の内は虚しく仮のものだから」といっている。

『唯信鈔』は、当時問題視されていた、『選択集』(三心章)の誤解を招く解釈を糺そうとして、庶民にわかりやすく説くことに尽力している。すなわち、『観無量寿経釈』は『観経疏』(散善義)の「不得外現賢善精進之相内懐虚仮」を挙げて、その語句の解釈に終始しているが、『唯信鈔』では聞き慣れた語句の説明から散善義の言葉に導くという、全く逆の順序で説いている。ここでは、最初に庶民の感覚に合った言葉を使って、内心の不真実心と外相の真実心というように、「真実心」に集約して、真実心とは人の日常的な煩悩まみれの姿を描き出すことではないと注意している。その上で、人間の真実とはかくも移ろいやすく脆いもので、状況によって如何様にでも変化するが、衆生が浄土を求め、阿弥陀仏の本願を大切にするという心は真実の心なのである。人間を対象にした心や身の振りように真実心を求めるのではなく、阿弥陀仏に対する人間の心が真実心なのである。この心は揺るぎないもので、善導の『観経疏』(散善義)でも、「不得外現賢善精進之相内懐虚仮」といっているではないかという。

『唯信鈔』では「真実心」の次に、「深心(じんしん)」について述べる。深心は『観無量寿経』にでてくる言葉であり、善導の『往生礼讃』では「深心とは即ちこれ真実の信心なり」と信心を強調している。聖覚は、この「信心」を解釈して、よき人の言葉を大切にして疑わないことであるとする。

　二つに深心といふは、信心なり。まづ信心の相をしるべし。信心といふは、ふかく人のことばをたのみて疑はざるなり。たとえば、わがために、いかにも、はらぐろかるまじく、ふかくたのみたる人の、まのあたりよくよくみたらんところをおしえんに、「そのところには、やまあり、かしこには、かわあり」といいたらんを、ふかくたのみて、そのことばを信じてんのち、また人ありて、「それはひがごとなり、やまなし、かわなし」というとも、いかにも、そらごとすまじき人のいいてしことなれば、のちに百千人のいわんことをばもちいず、もとききしことをふかくたのむ、これを信心というなり。

〈訳〉

二つ目に深心というのは、「信心」のことである。まず「信心」とは何かを確認しよう。「信心」というのは、善知識の言葉を大切にして、疑わないことである。たとえば、私のことを思っていてくれて、どう見ても下心がなく、確かに信用できる人が、直接自分が見てきた場所を教えてくれて「そこには、山があり、ここには、川がある」と言ってくれた。彼を信頼しその言葉を信じた後で、他の人から、「それは間違っている、山はない、川もない」といわれたとしても、信用できる人は、どう見ても、嘘っぽくておかしなことを言う人ではないので、後に大多数の人に言われても受けつけず、最初に聞いたことを深く頼りにする。これを「信心」というのである。

『観無量寿経』でいうところの「深心」は、阿弥陀仏の本願の救いを深く信じ求める心であるとされているが、聖覚は、この深心は信じる心であるが、信じる心とは、人の言葉に委ねた限りは何としても疑わないことである。善きにつけ悪しきにつけ、自分が信用できると思った人から教えられたことを、信じ切って貫き通すことが信心であるとする。

(三)二種の信心

信じるといっても、その対象が真実であるかどうかが大きな問題となるが、これには自身に対する信心と仏に対する信心の二つの信心があるという。何れも「深心」という難解な言葉を「信心」という優しい言葉に言い替えて説明している。

いまこの信心につきて二つあり。一つには、わが身は罪悪生死の凡夫、曠劫よりこのかた、つねに沈みつねに流転して、出離の縁あることなしと信ず。二つには、決定してふかく、阿弥陀仏の四十八願、衆生を摂取したまふことを疑はざれば、かの願力に乗りて、さだめて往生することを得と信ずるなり。世の人つねにいはく、「仏の願を信ぜざるにはあらざれども、わが身のほどをはからふに、罪障のつもれることはおほく、善心のおこることはすくなし。こころつねに散乱して一心をうることかたし。身とこしなへに解怠にして精進なることなし。仏の願ふかしといふとも、いかでかこの身をむかへたまはん」と。このおもひまことにかしこきに似たり、驕慢をおこさず高貢のこころなし。しかはあれども、仏の不思議力を疑ふとがあり。仏いかばかりのちからましますとしりてか、罪悪の身なればすくはれがたしとおもふべき。五逆の罪人すら、なほ十念のゆゑにふかく刹那のあひだに往生をとぐ。いはんや罪五逆にいたらず、功十念にすぎたらんをや。罪ふかくはいよいよ極楽をねがふべし。「不簡破戒罪根深」（五会法事讃）といへり。善すくなくはますます弥陀を念ずべし。「三念五念仏来迎」（法事讃・下）とのべたり。むなしく身を卑下し、こころを怯弱にして、仏智不思議を疑ふことなかれ。

〈訳〉

さてこの信心には二種がある。一つには、私は罪深く悪重き迷いの人生を生きている。遠い過去から、絶えず迷いの底に沈み、常に苦しみの世界をさまよって、ここから逃れることはできないと信じる。二つには、阿弥陀仏の四十八願が必ず摂め取ってくださることを疑わなければ、阿弥陀仏の本願の力に乗じて、間違いなく往生できると信じることである。しかし、人は何時も「阿弥陀仏の本願を信じていないわけではないけれど、日頃の自分を省みると、教えに逆らってばかりで、善い心が起こることは少ない。心はいつも散り乱れ、一心に祈ることができない。基本的に怠け者であって、真摯であるということがない。阿弥陀仏の本願が如何に深いものであろうとも、どうして私のような者を迎え入れてくれるだろうか」という。こうした考え方は、まことに尊く、慢心がなく、おごる心がない。しかしながら、阿弥陀仏の測り知れない働きを疑うという過ちを犯している。阿弥陀仏の真実の力を凡夫の知識で見切ってか、自分は罪深く罪悪の身であるから救われないと思っているのか。究極の罪を犯した人ですら、臨終十念の念仏のおかげで瞬く間に往生を遂げる。ましてや究極の罪以上の罪はないので、念仏の働き以上の悪行などできるはずがない。罪が深いと思うのなら、いよいよ極楽に往生することを願いなさい。唐の法照が説いた『五会法事讃』に「戒を破った人や罪が深い人を簡ばない」と書いてある。自分を不善な人間だと思っているなら、いよいよ念仏を称えるべきである。善導の『法事讃』（下）にも「三回乃至五回の念仏する者も、弥陀は迎え来る」と書いてある。自分のことを卑下して、心弱く怯えて、弥陀の智慧の素晴らしさを疑ってはならない。

ここでいう二種の信心は、『観経疏』（散善義）からの引用であって、第一は、私自身はこの五濁悪世に住まいしていて、無始以来六道輪廻から逃れる術をもたないことを深く信じる心である。第二は、阿弥陀仏が四十八の願に従って必ず救い取っていくれると深く信じる心であること、この自身を救うために現れた超越的な存在がある。これは、自身が救いようのない絶望的な存在であることと、をそれぞれ等しく深く信じることが要求される。

しかし、聖覚は、善導のいう二種の信心が、衆生にとんでもない過ちを誘引することを指摘している。すなわち、善導は「わが身は罪悪生死の凡夫、曠劫よりこのかた、つねに沈みつねに流転して、出離の縁あることなしと信ず」ることを強調するが、このことは「無観称名義」を踏襲する念仏者であることの自覚にもつながることである。しかし、密かに行動することのみに浸り切るあまり、慎重になり過ぎて身動きが取れなくなることがある。本来の目的は、「決定してふかく、阿弥陀仏の四十八願、衆生を摂取したまふことを疑はざれば、かの願力に乗りて、さだめて往生することを得と信ずる」ことであって、盗人の物を盗むという目的を忘れてはならないと注意しているのである。阿弥陀仏の広大な本願に照らし合わせた場合、人間の行う悪などは極小の微塵も同然で無に等しく、何ら念仏の差し障りにはならないという。

この件は、信心が大切であることを強調する一方で、信じることの難しさも同時に訴えている。従来の仏教が衆生を救う立場で説かれているのに対して、隆寛が救う立場と救われる立場とを対等に批判して仏教を解説した。さらに、聖覚は完全に救われる立場の「信心」を主体にして『登山状』や『唯信鈔』を手掛けたが、その際、凡夫の陥りやすい誤りを指摘しているのである。

『唯信鈔』では、凡夫が救われるという不思議に対して、本願を前にして立ちすくむということがあってはならないというが、このことは、聖覚も法然の『往生大要鈔』を前にして重々承知していたのであろう。

『往生大要鈔』は、法然が『選択集』の反省を踏まえて著したもので、二種の信心の肝要が紹介されている。ここでの法然は、善導の信心（深心）を釈して、

二の信心と云は、はじめにわが身は煩悩罪悪の凡夫也、火宅をいでず、出離の縁なしと信ぜよといひ、つぎには決定往生すべき身なりと信じて一念もうたがふべからず、人にもいひさまたげらるべからずなんどいへる、前後のことば相違して、

心えがたきに、たれども、心をとゞめてこれを案ずるに、はじめにはわが身のほどを信じ、のちにはほとけの願を信ずる也。たゞしのちの信心を決定せしめんがために、はじめの信心をばあぐる也。そのゆへは（中略）弥陀の本願の念仏を修しながらも、なを心にもし貪欲瞋恚をもおこし、身におのづから十悪破戒等の罪業をもおかす事あらば、みだりに自身を怯弱して、返りて本願を疑惑しなまし。

〈訳〉

二つの信心というのは、始に我身は煩悩にまみれた罪深い凡夫であって、この不安から離れられず、離れる手立ても持ち合わせていないと信じよといい、次いで必ず往生する身であると信じて一時も疑わず、他人の虚言にも惑わされてはならないなどという。前後のことばが異なっていて理解し難いが、真剣に考えてみると、最初は我身の程を信じ、その後で仏の願を信じるのである。これは後の信心を獲得するために、最初の信心をあげたのである。何故なら（中略）弥陀の本願の念仏を称えながらも、心に執着や怒りを抱き、身に十悪や破戒などで作る罪を犯すことがあれば、妄りに自分自身に恐れおののいて、返って本願を疑うことになるからである。

という。法然は、衆生が生来取得している煩悩に照らし合わせて、衆生である限りは煩悩を取り払うことができない。煩悩を翻して悟りに至るなどは不可能である。ならば、煩悩を避けるよりも煩悩であることを重々自覚した上で、煩悩の対極にある往生を慮る以外に方法はない、という。これには順番があって、煩悩の十分すぎるほどの自覚があって、その上で弥陀の本願に出逢えば、往生の核心を得ることもできるが、往生が先にあると、往生と比較した自身の煩悩に失望してしまうのである。聖覚は、この辺りのことを、『唯信鈔』で例示したものと考えられる。

二種の信心は、法然が無智文盲の凡夫でないと阿弥陀仏の救済に与かれないといっているが、本当に無学であってよいのかという問いかけでもある。実は『一枚起請文』の最後に「智者の振る舞いをせずして、ただ一向に念仏すべし」という文言があるが、これは、智者であってはならないというのではなく、智者であれといっているのである。智者とは、様々な知識を得てこれを智慧でもって考え巡らして行動を行う人のことであるが、智者としての素養を十分に備えて、その上で智者であることを微塵も感じさせない行動をとりつつ、生活の中で密かに念仏だけを唱えるように勧めているのである。このような智恵のある「無観称名義」を具えた行動を、現代風に言うと「智慧者」ということになるのだろうか。

阿弥陀仏の本願を理解した智慧者ならば、本願を疑うという心は起こらないだろうし、自身が罪悪生死の凡夫であるという自覚も徹底することができる。聖覚も生涯にわたって天台系の知識をもち、通憲流の教えを守り、唱導でもって人々に仏教を浸透させた実績は、まさに「無観称名義」を身に付けた智慧者そのものの行動であったといえる。また、「嘉禄の法難」では、念仏宗の停廃に毅然とした態度で臨み、法然の教えを守ろうとしたあたりは、あらゆる状況を把握しつつ、時期を見計らって進上に踏み切ったものと考えられる。このことから聖覚は、法然の教えを理解し、法然と同じ信心を抱き、大局的な見地に立って自身の信念を貫き通した人なのであった。

二．三．勢観房源智

『行状絵図』第四五では、源智の素性や行状について、以下のように記している。

勢観房源智は、備中守師盛朝臣の子、小松内府（重盛公）の孫なり。平家逆乱の後、よのはゞかりありて、母儀これをかくしもてりけるを、建久六年生年十三歳のとき上人に進ず。上人これを慈鎮和尚に進ぜられけり。かの門室に参じて出家をとげおはりぬ。いく程なくて上人の禅室に帰参、常随給仕首尾十八箇年、上人憐愍覆護他にことにして、浄土の法門を教示し、円頓戒このひとをもちて附属とし給ふ。これによりて道具・本尊・房舎・聖教、のこる所なくこれを相承せられき。

〈訳〉

勢観房源智は、備中守平師盛の子で、小松の内大臣（重盛公）の孫である。平家反乱の後、世間の目を避けて、母親がこの子を人知れず育てていたが、建久六（一一九五）年十三歳の時、法然上人の弟子にした。上人はこの子をさらに慈鎮和尚慈円の弟子として預けられた。そこで慈鎮和尚の所に赴き、出家を遂げたのである。その後さほどの年月を経ずに上人の草庵に帰ってきて、常に付き従い使えること前後十八年に及び、上人が勢観房を憐れみかばうことは他の弟子と異なり、浄土の教えを説き示し、円頓戒はこの人を後継者として伝授された。これによって上人の仏具・

本尊・房舎・聖教などすべてを相続されたのである。

勢観房源智は、寿永二（一一八三）年に平師盛（たいらのもろもり）の子、重盛の孫として生まれたが、翌寿永三年の一の谷の戦いのときに父は戦死し、元暦二（一一八五）年三月に平家は壇ノ浦で滅亡した。母とともに源氏の探索から逃れ、十三歳の建久六（一一九五）年に法然のもとに入室したものの、法然は入室後間もない源智を慈円に預けてしまった。

『翼賛随聞記』には、「法然上人は、定めて思し召すところがあってなされたことであろう。ある人が言うには、源氏が、平家の末孫を厳重に詮議している時であるから、源智の身に後難がふりかからないようにするため、法然上人がすばらしい工夫を凝らして、兼実公の弟であり、しかも、山門の座主である慈円和尚にお預けになった」と、記されている。

法然は、源氏による「平孫狩り」が横行し、平家第六代の平高清が斬られるなど、鎌倉幕府治政下にあって、平家の遺児が生きていくことは極めて困難であると判断して、法然の英断でもって、源頼朝と懇意にしている兼実を頼って、源智を兼実の弟である慈円に預けたのである。慈円は建久三（一一九二）年十一月に第六二世天台座主に任じられ、建久六年にはまだ座主の地位にあり、兼実は関白であった。

しかし、源智は「いく程なくて上人の禅室に帰参」する羽目にあう。その原因は、源智が慈円のもとに入室した翌年、建久七（一一九六）年十一月になって、策士家の源通親と実力者丹後局との画策によって賢明な頼朝が日頃の平静さを失い、この二人を重用して、以前から友好関係にあった兼実、慈円との間を突如断絶してしまった。この政変によって、九条家が一瞬にして転落したため、兼実が関白を罷免され、慈円も天台座主の地位を追われることになった。もはや、源智が慈円の下に止まっていることは、源氏から見放された立場として危険が伴う。結局、源智が慈円のもとに滞在していたのは、政変絡みの緊迫した状況下での一年間であった。

二．三．一．法然門下

源智が法然の下に再入室してからの教導は、真観房感西が受け持つことになった。源智の房号である勢観房は真観にちなむとされている。入室後しばらくして、建久八年一月から法然が風邪を引いて、兼実や周辺の門人を悩ませ、翌年も風邪を拗らせて兼実から『選択集』の撰述を迫られた折、源智は撰述の中心に位置する感西の給仕を務めている。この頃の法然は、元久三（一二〇六）年までの八年間、三昧発得の境地にあり、もっとも研ぎ澄まされた心境にあったことから、その膝下で教えを受けることができた。『行状絵図』第四五には「常随給仕首尾十八箇年、上人憐愍覆護他にことにして」源智を可愛がったことが記されている。若き源智は、まさに乾いた砂地に染み入る水のように、法然の教えを吸収していったものと考えられる。法然も、小難しい理屈を捏ねて説得するよりも、要所を抑えた簡単な言葉を素直に受け入れる源智が事の外可愛く思えたようである。

ところが、源智が感西に師事して四年を経過した、正治二（一二〇〇）年に感西は四八歳で没してしまった。感西の臨終に際して形見の要文を請うたところ、源智は以下の『往生要集』の一節を得ている。

如来の本誓は、一毫もあやまり給ふ事なし。ねがはくはほとけ決定して、我を引接し給へ。南無阿弥陀仏。

〈訳〉

阿弥陀仏の本誓願には、ほんのわずかな誤りもない。願わくば仏が我の臨終に来迎して必ず浄土に導き給え。南無阿弥陀仏。

源智については、良天（〜一三六九）著の『授手印決答聞書』に、感西の臨終後、法然が「真観房をあわれに思う。真観房は勢観房を不欄に思っていたのであるから、私も勢観房をかわいそうに思う」といわれ、感西に代わって源智を常随給仕の弟子とされたことが記されている。源智十八歳、法然六八歳の時であった。本来、源智の母は法然を慕ってきたようであるが、出家のために慈円の下に行き、帰ってくると感西の下で勉強することとなり、直ぐには法然の膝下に入ることはできなかった。感西が入滅して初めて法然の下で直接円頓戒を学ぶことになったのである。

源智が法然の慈愛を深く受けるようになったのは、一つに感西の死がきっかけであったといえる。法然は、感西の将来を期待して『没後起請文』に多くの相続を記していたが、『選択集』撰述を悔いてか、感西は遺言が実現されるまでに、若くして世を去った。その大きな原因が、文筆・文才に優れた感西に目を奪われ、そこに将来を託したことに責任を感じていた法然は、源智に感西の二の前を踏ませないためにも、給仕として仕える傍らで「無観称名義」を叩き込んだものと思われる。そこには、『選択集』には一切触れることなく、『一枚起請文』にいうところの「智者の振る舞いをせずに一向に念仏を称える」ことが強調されていた。

その他にも『七箇条起請文』前後から行われていた、門人の離京作戦が影響しているといえる。この頃は、念仏禁止の弾圧が厳しくなり、法然は衆徒らに目をつけられそうな門人を選んで、都から離れて帰郷するように指示している。このことから多くの門人が新興教団から離れ、法然の周りには、通憲流に関係する遁世僧や源智のように密かに念仏を称える聖が、目立たないように独立して細々と生活していた。

当然のこととして、門人の離京と身体の衰弱で、心身ともに心細く感じられる法然の周りには、源智が片時も離れることなく、法然の手足となって給仕に専念していた。両者が小銭の表裏のように付かず離れずに接していたことから、彼らの心技体が一つになって行くのが感じられる。当然、法然の意識は、無垢で利発、孫のようにかわいい源智に向かうことになる。死を覚悟して三昧発得にある法然は、老人が孫に語るようにして、自身の境地を源智に懇々と諭したことであろう。源智の献身ぶりに対して、周りの人々は羨ましくも微笑ましく見守っていたと思われる。

それ以来、源智は、法然が流罪に遭う承元元(一二〇七)年まで、約八年間にわたたって法然に近侍した。法然の給仕として常に傍で仕え、教えを受けたことから、源智には法然の人柄そのものが、物の香が他のものに移り沁みるように薫習していった。法然が配流されて以後、源智の行住坐臥は、法然その人を彷彿とさせるところがあったと思われる。若輩ながら法然の生き写しのような源智に対して、庵室を守る数少ない門人や周辺の人々は、親しみをもって接していたであろうことが想像できる。法然の帰洛後も変わらず近侍していた源智は、法然が没する二日前に、法然最後の自筆文ともいえる『一枚起請文』を授けられ、これを生涯、首に懸けて秘蔵していたという。

法然が没した年の建暦二（一二一二）年十二月二四日に、源智は、法然の供養のために三尺の阿弥陀仏像を造立し、その胎内に結縁した人々四万六千余名の「結縁交名帳（けちえんきょうみょうちょう）」を納めることに成功している。署名は、法然が亡くなった建暦二年一月二五日のすぐ後に始められ、東北から九州の全国に及んでいる。そこには、官位が書かれたものや名字あるいは名前だけのもの、さらに「エソ（蝦夷）」という地名まである。上下貴賤すべての人を平等に極楽浄土へ往生させようとする法然の思いが、源智の交名帳に生きている。

交名帳の成功は、法然の遺言ともとれる『一枚起請文』が、源智に附属されたという噂が広まったことによるものか定かではないが、源智の呼びかけで多くの念仏者が動いたことは確かである。全国に広がった署名活動は、粛々とした趣の中で行われ、南都北嶺が気付かない内に終了した。この短期間の爆発的な原動力と内に秘めた静かな動きは、源智の人柄であり、思うところであり、「無観称名義」に徹した行為の現われでもあった。

阿弥陀立像は、滋賀県玉桂寺（真言宗）にあり、交名帳以外にも「建暦二年十二月二四日　沙門源智　敬白」と書かれた願文も発見され、これには「私が歩んでこられたのは、海よりも深く、山よりも高い法然上人の恩徳のおかげであり、さらに法然上人はお念仏によってあらゆる人を救ってくださった。ここにお納めする人々も同じようにお導きを願うものである」といった報恩謝徳の文章も入っていた。

なお、「結縁交名帳」には、源智の筆で「法然房源空　真観房感西　勢観房源智　比丘尼秘妙」と次第して書かれているが、源智が自分の名のすぐ前に真観房感西と記しているのは、感西が源智の師であったことを物語っている。最後の比丘尼秘妙とは、源智の妻である可能性が高い。彼女の母親は、石清水八幡宮の祠官の家系である紀成清の娘であり、葉室光親の側室である。

阿弥陀立像と「結縁交名帳」を完遂した後の源智の詳しい行動については、次の「源智の行状」で検討することにする。

二．三．二．一枚起請文

『行状絵図』第四五では、法然が源智に与えた『一枚起請文』を紹介した後、次の文章を添えて相伝の証としている。

まさしき御自筆の書なり。まことに末代の亀鏡にたれるものか。上人の一枚消息となづけて、世に流布するこれなり。

〈訳〉

これは間違いなく法然上人自筆の書であって、まさに後世の手本に値するであろう。上人の「一枚消息」と名づけて世に流布しているのがこれである。

源智が所有していた法然自筆の『一枚起請文』は、『行状絵図』第四五に記録されていた「本文」と、それ以外にも「奥書」と「源智の添状」とを添えた一巻の巻物として表装され、これを京都の黒谷金戒光明寺(こんかいこうみょうじ)が所蔵している。その本文の内容は、

一枚起請文　源空述

もろこし我かてうにもろもろの智者達のさたし申さる、観念の念ニモ非ス、又学文をして念の心を悟リテ申念仏ニモ非ス、た、往生極楽のためニハ、南無阿弥陀仏と申て、疑なく往生スルソト思とりテ、申外ニハ別ノ子さい候ハす、但三心四修と申事の候ハ、皆決定して南無阿弥陀仏にて往生スルソト、思フ内ニ籠リ候也、此外ニおくふかき事を存せハ、二尊ノあハれみニハツレ、本願ニもれ候へし、念仏ヲ信セン人ハ、たとひ一代ノ法ヲ能々学ストモ、一文不知ノ愚とんの身ニナシテ、尼入道ノ無ちノともから二同しテ、ちしやノふるまいヲせすして、只一かうに念仏すへし、為証以両手印

〈訳〉

一枚起請文　源空の述懐　中国や日本において、宗教家や在家者たちが理解している仏の姿や浄土の様子を思い浮かべる念仏（観想念仏）ではなく、また学問を重ねて念仏の意義や功徳を悟ったうえで申す念仏でもない。ただ極楽に往生するためには、南無阿弥陀仏と申して、疑いをはさむことなく、必ず往生できるという思いを懐いて念仏を申

す外には、別の方法があるわけではない。ただ、三心（至誠心・深心・廻向発願心）や四修（長時修・無間修・恭敬修・無余修）を説いているのは、すべて間違いなく南無阿弥陀仏によって往生すると思う心に集約される。この外に、真理があるとの思いに心が傾けば、釈尊や阿弥陀仏の慈悲心に遇うことなく、救いの誓い（本願）に漏れてしまう。念仏を信じる人は、たとえ釈尊が生涯をかけて説いた教えをよく学んだとしても、何も知らない愚か者であるとの自覚をもって、尼や在家者などの無知なる人々と一緒になって、知者ぶった行動をせずに、ただひたすら念仏を称えるべきである。証明のため両手で印とす。

と記されている。ここでの「もろこし」とは中国唐土、「我が朝」とは日本のことである。「智者」とは中国の慧遠・吉蔵、日本の源信など浄土系の僧侶のことである。「二尊」とは、阿弥陀仏と釈尊を指していう。文章は難しくないが、最後の「念仏ヲ信セン人ハ、たとひ一代ノ法ヲ能々学ストモ、一文不知ノ愚とんの身ニナシテ、尼入道ノ無ちノともから二同しテ、ちしやノふるまいヲせすして、只一かうに念仏すへし」は、まさに「無観称名義」を表している。この部分を意訳すると、念仏を信じる人は、

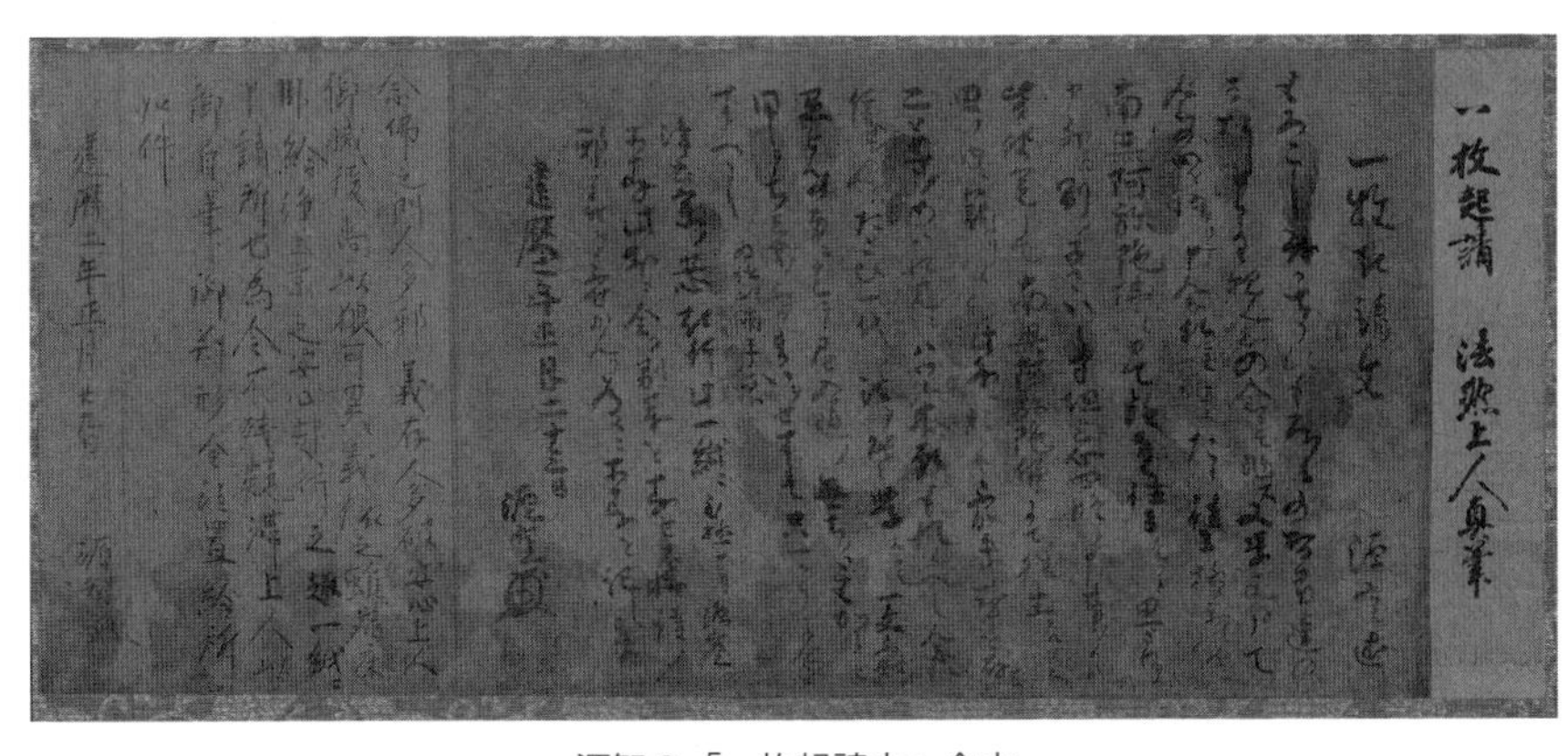

源智の「一枚起請文」全文
（写真提供：金戒光明寺）

大蔵経典（一切経）を十分に学んだとしても、何も知らない無智無学の者として、世俗の中に紛れて人目に付かずに、学識者あるいは智者として振る舞うことなく、一向に念仏だけを称えるべきである、というのである。如何なる衆生といえども、阿弥陀仏と対峙したときは、善人も智者もすべてが悪人であり愚者である以外には存在し得ないのであり、その悪人・愚者の自覚が阿弥陀仏の存在に気づくことになる。

この書が、法然の臨終間際に源智に託した自筆であることは、文章を見ているだけではわからないが、金戒光明寺の『一枚起請文』を拝見すると、法然真筆であることがわかる。通常、筆書きで文章を認める場合、巻紙を左手にとって、巻紙の上に筆を当ててから垂直に筆を運んでいく。一行を書き上げると巻紙から紙を送り出して、二行目を書いていく。この時の隣り合う文字の行は垂直で平行に並んでいる。しかし、この『一枚起請文』の文字は、左肩下がりで、書き進めるにつれて左に傾いていく。この文字の並び方は、例えば、扇子の要を最初の行の延長線上の手前側に持ってきて、扇子を広げた時の放射状に並んだ骨の形に似ている。文字にしても、正行房への消息文のように流暢な草書体ではなく、渾身の力を込めたかのような行書体で丁寧に書かれている。

ここから書き手の姿勢を想像してみると、身体が衰弱している法然にとって、通常の姿勢で文字を書くことはできない。このため、経机の上に用紙を広げ、源智が法然を後ろから支えつつ書いていくのであるが、腕を大きく振るって筆を運ぶわけにもいかず、不自由な姿勢で、肘を支点にして腕を回転させるように書かざるを得ない。いわば、肘が扇の要となって、真筆の『一枚起請文』が書き上げられたといえる。力がなくなり自分で身体を支えることのできない法然を扶けて、源智が支えるものの、源智の請いに応えて、渾身の力を振り絞りつつ書いていく姿は、まさに、命を懸けた無言の訓育であるといえる。源智は、法然のそのような後姿を目に焼き付け、法然との懐かしい思いに心を寄せ、自身に対する法然の期待感に今後の重責を感じて涙していたであろう。

本文のすぐ後にある「両手の印を以て証と為す」は、文字で表示するだけでなく、本文（一枚起請文）の文面に両手の手のひらが向かい合って手形として押し付けられている。この「為証以両手印」以降の「奥書」は、『行状絵図』第四五には記されることもなく、金戒光明寺所蔵独自のものである。まさに、源智だけに与えられたものといえる。そこには、

浄土宗ノ安心起行、此一紙ニ至極せり、源空カ所存此外ニ全ク別義を存せス、滅後ノ邪義ヲふせかんか為メニ所存を記し畢。

建暦二年正月二十三日　源空（花押）

〈訳〉

浄土宗の信心と実践の仕方は、この一枚の紙に記したことに極まります。源空の念仏に対する思いは、このほかにまったく別の意義はありません。私の亡きあとに誤った考えが出ることを防ぐために、思うところを記しました。

建暦二年正月二十三日 源空 花押

と追記され、源空の文字の後に、図案化した筆書きの自著が花押として記されている。「本文」は法然が一気に書いたものであるが、「奥書」は本文に比べて姿勢を整えて書いたようで、その内容は、自身の寿命が尽きることを覚悟して、源智に託した遺言のようでもある。このことがあってか、源智は門人仲間から法然の生れ替わりのように慕われ、感西に譲るはずであった遺品までも附属さることになるが、この遺品が後ほど弁長を洛中に呼び寄せるための大きな礎となる。その日まで源智は「無観称名義」を頑なに守り続けていくことになる。

実は、『一枚起請文』の本文は、源智だけに授けられたものではなかった。

『和語灯録』五「諸人伝説の詞（聖光上人伝説の詞）」および安貞二（一二二八）年に成立したといわれる弁長著『善導寺御消息』によると、弁長は法然から『一枚起請文』の本文を直接伝えられたと記されている。弁長が法然の下にいたのは、正治元（一一九九）年から元久元（一二〇四）年の五年間であるから、本文は法然入滅の十年ほど前には成立していたことになる。

また、隆寛作『法然上人伝（隆寛本）』では、源智、聖覚、花台房、同行衆六人など多数の人に『一枚起請文』の本文が与えられ、さらに信空も隆寛も角張入道にも伝授されたと記している。すると、『一枚起請文』は、法然の日頃の教えを末世道俗のために一枚の書き物にまとめたもので、念仏行者ならば、誰にでも与えられたものであ

るとして、特別な伝書扱いにはされていなかった。これら『一枚起請文』を伝授された者以外にも、法然帰洛後の数少ない門人の中で源智が伝授されており、彼が法然の没後を託して、門下の中で特別扱いされていたことは容易に察しが付く。

源智の『一枚起請文』に対する扱いは、『九巻伝』巻七下に、以下のように記されている。

勢観上人敢て披露せず、一期の間、頸にかけて秘蔵せられけるを、年来師祖の契浅からざりける、川合の法眼にかたり聞えけるを、懇切に望申ければ、授けられてより以来、世間に披露して、上人の一枚消息と云えるもの也。

〈訳〉

源智はあえて人には公表せず、一生の間、首に掛けて密かに所持していたが、これを長年付き添った川合の法眼に語り聞かせたところ、頼み込まれて授けてからは、法然の『一枚消息』として、世に広まった。

『一枚起請文』は、法然が健在な時から主だった門人たちに伝授されていたことから、源智に伝授した時も、何時ものつもりで本文を書き上げたのである。しかし、『選択集』の撰述以来、邪説が横行していることを鑑みて、本文が法然の真意であるから、自身の没後においてしっかりと本文を守り抜くように、奥書を追加して源智に託した。それ以来、それぞれの門人やその弟子たちの間で、密かに広まっていったものと思われる。そのためか、法然が門人に『一枚起請文』を伝授するたびに、大意は変わらないものの文章が微妙に違っていて、表題にしても、『一枚起請文』、『一枚起請』、『一枚消息』、『御誓言の書』、『黒谷上人御起請文』などとさまざまである。

奥書のすぐ後に続けて、以下に示す「源智の添状」がついている。

門人邪義を存する人多し。上人の滅後尚を以て猥に異義せん。之に依って病床に臥し給ふと雖も此の一紙申請する処也。凝滞を残さざらしめんが為に、上人御自筆御判形を注し置かしめ給う処、件の如し。正月二十八日源智（花押）

〈訳〉

門人の中に邪義を唱える者が多く、上人の滅後になれば、益々それはひどくなる。そこで上人は病床に臥せっておられるけれども、浄土宗の安心起行の趣を一枚の紙に書くように願ったところである。疑滞を残さないようにするために、このように上人の自筆と判形をもって書き記して証とされた。建暦二（一二一二）年正月二十八日　源智（花押）

源智は、法然から与えられた『一枚起請文』の経緯を明らかにするために、法然没の五日後に、法然直筆の書面に添状を認めて貼り付けたものと思われる。『行状絵図』第四五に記された「末代の亀鏡にたれる」の言葉は、源智の決意表明ともとれる添状の文面からも感じ取ることができる。この決意文を証明するかのように、源智は『一枚起請文』の中の「尼入道ノ無ちノともから二同しテ、ちしやノふるまいヲせすして、只一かうに念仏すへし」を実行に移していくことになる。その実践行為は、まさに信空が法然から受け継いだ「無観称名義」を継承するような振る舞いであった。

二．三．三．源智の行状

法然は、六六歳の建久九（一一九八）年四月八日に、今生の別れを覚悟して『没後起請文』という遺言書を作った。その時、源智はまだ入室していなかったが、遺言書があることは知っていたようである。『没後起請文』は、「遺産の分与」と「葬儀や追善」の二箇条からなっていて、後者の「葬儀や追善」について要約すると、次のようになる。

第一、法然の死後、念仏者は一か所に集まってはいけない。争いを起す原因は集会にあるからである。わが弟子・同胞等は、それぞれの草庵で、静かに、ねんごろに、私の新しく生まれる浄土を祈ってくださるよう。

第二、追善については、仏像を描いたり、経典を書写したりする善行をしてはならない。報恩の志あるものは、ただ一向に念仏せよ。私が亡くなったら、中陰の間、念仏を断たないように、およそ没後の次第、みな真実心を用いて虚仮の行を棄つべし。

第一の条については、『行状絵図』第四五に唯一記載されている、源智の行状が参考になる。

勢観房一期の行状は、たゞ隠遁をこのみ自行をもととす。をのずから法談などはじめられても、所化五六人よりおほくなれば、「魔縁きをひなむ、ことごとし」とて、とゞめられなどしける。

〈訳〉

勢観房の一生涯における行いは、専ら隠遁を好んで自分のための行を第一にしていた。たまたま仏法の話などを始められても、教えを受ける者が五・六人より多くなると、「人の心を惑わせ、妨げをなす魔物が勢いづくであろう」といって中止された。

これを読むと、まさしく『没後起請文』第一の条を守っての行動であると思われる。実際、源智は玉桂寺の造像に努力を傾けるのであるが、仏像も交名帳の入れ物として作られたのであろう。その場合も「一ヵ所に集まって集会を開」いたという形跡はみえない。源智は粛々と行動しながらも、『没後起請文』を堅く守り、それが源智の生涯を貫いた信条となっていたようである。この真摯な態度は、彼の青少年時代の師匠であった真観房感西の影響を受けたのであろう。特に、感西は、「無観称名義」を忘れたかのようにして撰述した『選択集』が原因して、新興教団が弾圧を受け、このことで生じた苦悶の末に死に至ったが、この経緯も、源智が身近で経験していて、感西の二の舞を演じないように注意していたことにもよる。

第二の条については、『興福寺奏状』が参考になる。その第一条に、既成教団の習わしとして、新宗を立てるには、一つには教義、二つには伝統、三つには勅許が必要であると記されている。法然は「東大寺講説」で、教義と伝統については言及しているが、三つ目の勅許になると、新興教団で得ることは至難の業である。源智は、このような仏教の制約を知りつつ、実質的に教団が成立するために必要な本尊、教義、信者を整えることを画策していた。

法然の遺産分与は、作成されてから歳月が経っているものの、基本的には『没後起請文』に従って執り行われたようである。しかし、作成当時は、源智が感西のもとで学んでいた頃であり、そこには源智の名はなかった。その後に感西が亡くなったことで状況は変わり、源智の法然に対する真摯な給仕や法然からの絶大な信頼が、衆目の認めるところとなり、法然から道具・本尊・房舎・聖教などを相承したのであろう。これは、『行状絵図』第四五に「道具・本尊・房舎・聖教、のこる所なくこれを相承せられき」と記されていることからわかる。本尊・聖教については、『没後起請文』では、信空に与えられるはずであったが、実際は、源智に附属されることになったようである。

その中の「本尊」とは、法然の念持仏であった阿弥陀仏像のことである。これは、京都南禅寺畔の西福寺に、源智が法然から相承したといわれる、高さ三尺一寸五分（約九五センチ）寄木造、玉眼入りの阿弥陀仏像が今なお現存している。その袖裏に銘が彫刻されていて、そこには、

上人ノ御安置ノ仏、則チ某ニ送リ給ハル。建保三乙亥秋、当寺ニ住ス。同四丙子正月十日ヨリ廿五日マデ、当院ニオイテ別時念仏ヲ執リ行フ。沙門　勢観源智

〈訳〉

法然が据え置いていた仏は、直ちに私に贈られた。建保三（一二一五）年秋に西福寺に居住する。建保四（一二一六）年一月十日から二五日まで、当院において特別の称名念仏を執り行う。出家者　勢観房源智。

と書かれている。建保三年といえば、法然が入滅して三年後である。源智はこの仏像の前で、建保四（一二一六）年一月十日から二五日までの日時を決めて別時念仏を執り行ったのである。

一方、教団成立に必要な「信者」については、玉桂寺の阿弥陀立像胎内の交名帳に見るように、全国から四万六千余名に上る署名を集めたことによって達成できたといえる。また、「聖教」については、法然の蔵書を譲り受け、「教義」については、『一期物語』に、『選択集』附属のあっとことが記されている。

或ル時云ハク。汝選択集ト云フ文有ト知ルヤ否ヤ。知ラザル由。（師曰ク）。此ノ文ハ我作レル文也、汝之ヲ見ルベシ。我存在ノ間ハ流布スベカラズノ由、之ヲ禁ム故ニ人々之ヲ秘す。

〈訳〉

ある時、あなたは選択集という書物があることを知って

いるか、といわれた。知らないと応えると、師がいうには、これは私の作ったもので、あなたに見せてあげる。私の存命中は公表しないとのことで、この書を留めて人々に秘密にした。

ここでは、『選択集』が法然の作であって、この書を源智に見るように促しはするものの、法然の生存中は門外不出にすべきことを指示している。このことから、源智は、法然の生存中、おそらく感西が亡くなった後、配流されるまでの間に『選択集』を附属され、教義の相承があったものと思われる。

後に残るは、既成教団において、最重要課題といわれている「勅許」であるが、これは立宗と共に源智の最後の仕事となる。

源智は、阿弥陀仏の造像と本尊の相承は短時間で滞りなく終えることができたが、それ以後新興教団や専修念仏者には、事あるごとに弾圧の手が延び、教団が壊滅に瀕するまでの痛手を被ることになる。

『明月記』建保五年三月二九日条には、弾圧の原因となる専修念仏者の行為が記されている。

近年天下に空阿弥陀仏と称する者あり、件の僧、党類を結び、多くの檀越を集む。天下の貴賤競って結縁す。殊に故宗通卿の後家の造る所の堂に占めて、その道場となす

〈訳〉

最近世間に空阿弥陀仏と名乗る者がいる。この僧は徒党を組んで多くの施主を集めた。世の中の貴賤が競って入門した。特に故藤原宗通の後家が建てた堂を独占して教導の場としていた。

空阿弥陀仏という僧が、藤原宗通の後家である二条姫宮の建てた堂に民衆を集めて、四九日の念仏会を行ったというのであるが、党類を組むことは「僧尼令」の禁止するところであって、彼らの破戒行為は『明月記』建保元（一二一三）年七月十八日条の記録を含めて、衰えることはなかったようである。一途に救いを求める純粋な徒党は、一致団結すれば過激な行動にでることが多々あったようである。

空阿弥陀仏は、「建永の法難」以後も度々念仏会を興業していて、嘉禄元（一二二五）年には、山門の強訴で洛外に追われるが、四天王寺の西門辺で念仏を弘め、戻ると中山で迎講を修した。嘉禄三年七月六日には、隆寛や幸西とともに天台の度縁を剥奪され、原秋沢の俗称で薩摩に配流された。彼の念仏会は、配流が赦免されるたびに興行され、彼が死ぬまで留まることがなかった。

空阿弥陀仏は、興行した建保五（一二一七）年の念仏会によって弾圧を受けることになるが、この時以降の主な弾圧を記録の中から拾ってみると、次のようになる。

建保五（一二一七）年に延暦寺の堂衆が蜂起するという噂があり、念仏の輩が逃散した（『仁和寺日記』）。

承久元（一二一九）年に専修念仏停止の宣旨が下った（『高祖遺文録』）。

承久三（一二二一）年に承久の乱が起り、後鳥羽・順徳・土御門の三上皇が配流された。

貞応元（一二二二）年に専修念仏停止の沙汰があった（『行状絵図』第四二）。

元仁元（一二二四）年に比叡山延暦寺の三綱が、念仏門六ヶ条の過失を挙げて、念仏停止を強訴する（『停止一向専修記』）。

嘉禄二（一二二六）年に惟宗忠義が「宗義不審十四ヶ条」を出し、信空がこれに答えている（『広疑瑞決集』）。

嘉禄三（一二二七）年に「嘉禄の法難」が起り、念仏宗、過激分子などの関係者は大打撃を受ける。

記録に残る事件は目立ったものが中心であるが、実際は毎年のように激しい弾圧があったものと考えられる。

最後に記した「嘉禄の法難」は、法然を慕う新興教団の息の根を止めてしまったといえる。この法難の原因を作ったといわれる隆寛は、流罪に処せられ、同年の安貞元（一二二七）年十二月十三日に相模の飯山で八〇歳の生涯を閉じた。信空は、翌年の安貞二（一二二八）年九月九日に八三歳を一期とし、「上人の遺骨を胸において、名号を唱え、眠るがごとく往生を遂げた」ことが『行状絵図』第四三に記されている。幸西は枝重と改名して壱岐に流された。このようにして、都には法然の臨終を見守った六人の門人（信空、隆寛、定生房感聖、證空、空阿弥陀仏、源智）の内、證空と源智だけが残されたことになる。安貞二（一二二八）年は源智四六歳であった。

源智は、専修念仏に対する度重なる弾圧を後方にして、「建永の法難」後の二〇年間、行方をくらましていたためか、記録が残っていない。想像するに、法然の意志を守りつつ、離京していった主だった門人、あるいは玉桂寺の阿弥陀立像に結縁のあった署名者と連絡を取りつつ、洛中を中心にして静かに暮らしていたのであろう。記録がないというのは、法然の教えを守って、智者の振る舞いをせず、人目につかず、盗人のように身を潜めて生活していたためと考えられる。源智の目的は、法然の意志を継いで、法然のような念仏者として、通憲流の教えを守り、人々を浄土往生へと導くに値する人材を求めての「無観称名義」を全うした生活であった。

一方、「嘉禄の法難」から七年経過した、文暦元(一二三四)年七月に、念仏者が洛外に追放されたことが『百錬抄』に記されている。また『吾妻鏡』には、それから一年後の文暦二年(一二三五)七月二四日条に、「念仏者といって黒衣を付けた輩が、近年都鄙に充満し、あちらこちら横行している。宣旨がたびたび出ているというのに未だに退治されない。重ねて宣旨をお下しくだされるよう京都に申しこまれたい。このことを六波羅に通達せよ、と幕府がいっている」という。これらを見ると、念仏者の弾圧は「嘉禄の法難」後も、依然として続いていることがわかる。

二・三・四・浄土宗立宗への動き

「嘉禄の法難」以後の事情は、『翼賛』巻五二「知恩院」の解説に、次のようなことが記されている。

当院ハ草創以来興廢度々ニ及シ中ニ大師ノ滅後十六年ヲ経テ嘉禄三年ノ違乱コソ前代ニモ比類希ナルヘシ、時ニ山徒ノ為ニ廟堂ヲ破却セラレ近隣閑居ノ僧房モ悉打壊タレテ居住ノ隠士等四方ニ追却セラル、カクテ七年ヲ経ケル程ニ世移リ時改テ人ノ心モ穏カナリケレハニヤ文暦年中ニ至テ勢観房上人鎮西ヨリ帰洛(騒動ニ依テ下向アリケルニヤ)シ給ヘリ、午寺ニ大谷ノ旧房再興ヲ営テ先師ノ厚恩ヲ報シ奉ラントテ奏聞ヲ遂給ヒテ終ニ其本意ヲ果シ給ケレハ主上叡成マシマシテ仏殿ニ始テ大谷寺廟堂ニ知恩院総門ニ華頂山トソ勅額ヲ下シ賜ハリキ。

〈訳〉

当院は、草創以来、興廃たびたびに及んでいる。中でも法然上人の没後十六年を経て起こった嘉禄三年の違乱は、前代未聞の希な出来事であった。その時、山門の僧徒によって廟堂は破却され、近くの閑静な僧房まで、ことごとく壊され、住んでいた立派な人たちは四方に追放されてしまった。こうして七年経った頃、世は移り、時改まって、人の心も穏やかになってきたことから、文暦になって、勢観房上人が鎮西から都に帰られた（騒動があって下向していたのであろう）。この時に、大谷の旧房を再興し、先師法然上人の厚恩に報いたいと奏上し、許しを得て、ついにその本意を遂げられた。主上（四条天皇）は誉められ、仏殿に初めて大谷寺、廟堂に知恩院、総門に華頂山と名づけるよう勅額を下賜せられた。

法然没後の源智は、円頓戒の道具、本尊（現、南禅寺畔の西福寺の本尊）、大谷の房舎（現、知恩院の地）、聖教などを譲り受け、法然の中陰法要においては、五七日の檀那となっている。大谷の房舎は、法然没後十五年の嘉禄三（一二二七）年に生じた「嘉禄の法難」によって、法然の廟所を含めて荒廃した。その七年後の文暦元（一二三四）年に、源智は奏聞を遂げ、四条天皇から仏殿に「大谷寺」、廟額に「知恩教院」、総門に「華頂山」の勅額を賜り、大谷の坊舎を「知恩院」として再興している。また、『知恩院旧記採要録』にも「文暦元年、源智上人は奏聞を遂げ、旧房を再興して法然上人の二十三回忌の追福を営んだ」ということが書かれている。

この中で「騒動ニ依テ下向アリケル」とは、離京後の弁長が、安貞元（一二二七）年頃に建立した筑前国の善導寺を発端にして、筑後や肥後に多くの寺院を増やし、これらを中心にして念仏結社ともいうべき組織を確立させていたことに起因して、この事実を知った鎌倉幕府が、辺鄙な土地柄とはいえ念仏宗の組織化を阻止すべく、念仏弾圧に踏み切ったため、源智は弁長を助けるべく天皇の勅願が得られるように画策したと考えられる。

源智は、「本尊、聖教、信者」に次いで、「嘉禄の法難」から七年目にして、開宗の「勅許」を得ることができたのである。これらの記録類を辿ってみると、世間的によく思われていない念仏者が巷に横行し、度重なる宣旨にも改善されることなく、過激分子や専修念仏者を名乗る不善の輩の横行は耐えることがなかった。その一方で、世間では、時節の移り変わりで、人々の心も穏やかになってきたという。源智は、二〇年という長い年月の間に、念仏者を見る世間の目が徐々に変化してきているのを感知していた。それは法然の無観称名の念仏と、それを取り違えて跳ね回っている念仏宗の専修念仏とは違うという、世間の理解が法難を重ねるごとに質の変化として顕れてきたのである。かつて『七箇条起請文』で戒めなければならなかったような行動を、依然として行っている過激分子ではあったが、世間はそれを法然の真意と見做すことがなくなったということである。

「七年経ち、世移り、時改まって、人の心も穏やかになってきた」というのは、この辺りの変化をいうのであろう。この変化が起こることを予測してか、源智は「嘉禄の法難」以後、痺れを切らす思いで七年も辛抱強く待っていたのである。

ところで、「勅許」によって、大谷の禅房は復興されたといえるが、法然の遺志を継ぐ者が決まらないことには、教団の将来はない。信空・隆寛亡き後、法然の遺志を遵守する源智には、後継の意志がない。洛外には随従の弟子の證空がいるものの、彼は天台と妥協する方向に舵を切っていて、この時点で既に教団の中心から離れていた。

こうした中で、長年諸国に目を配って後継の適任者を探していた源智の脳裏には、法然の意志を頑なに守り続けている、築後の聖光房弁長のうわさを聞きつけたことから、弁長の帰洛という夢が広がっていた。嘉禎三年（一二三七）九月二一日、源智は弁長に書状を送っている。

『行状絵図』第四六によると、

勢観房は、「先師念仏の義、道をたがへず申人は、鎮西の聖光房なり」とぞ申されける。かのひじり嘉禎三年九月二十一日、聖光房に送られける状云、「相互に見参せず候て、年月多く積り候。于今に存命す、今一度の見参は今生に有難く覚え候、哀しく候者歟、抑も先師念仏之義は末流に濁乱し、義道昔に似ず説くべからず候、御辺一人が正義を持伝之由を承り及び候、返々本懐候、喜悦極りなく覚え給い候、必ず往生の本望を遂げ、引導値遇の縁を期せらるべく候ものなり。便宜をもって愚札を捧ぐ。御報何れの日に拝見せん哉。他事は短筆で尽し難く候」云々。

〈訳〉

源智は「亡き師の念仏の教えを正しく申している人は、鎮西の聖光房である」と言っておられた。その源智が、嘉禎三（一二三七）年九月二一日付で聖光房に送られた手紙には、「お互いにお目にかからず年月が積もりました。私も未だに生きながらえています。今一度会うことは今生ではあり得ないでしょう。何とも切ないことです。そもそも亡き師の念仏の教えは、門流の間で濁り乱れて、説かれた教えの意味と内容は昔と違ってしまい、とても説くに値しません。貴僧一人が正しい教えを伝え保っておられると聞き及んでいます。貴僧の教えこそ、私の本意とするところで、この上なく喜ばしく存じます。貴僧は必ず本来の往生を果たされ、私と貴僧とがともに浄土で会える因縁を待ちたいものです。好い機会との思いで、拙い手紙を差し上げますが、返事をいつの日にかいただきたく思います。短い手紙では意を尽くせません」と云々。

というように記録されている。源智は、「無観称名義」の生活を送りつつも、法然の念仏を取り違えた輩が全国に蔓延して、好き勝手な行動に出ている現状を目の当たりにして、世の乱れを救う求心的な指導者なり組織の必要性を痛感していた。具体的には、『一枚起請文』を伝授された同士として、あるいは法然のように衆生を引き付ける超人間的な指導者、法然の正統を継承した組織を作り得る人材として、源智の頭に弁長が描かれていたことは、容易に察しがつく。

源智と弁長の関係は、源智が感西の給仕として仕えたのが、建久七（一一九六）年十一月のことで、弁長が法然の門下に入ったのが、翌年の建久八（一一九七）年である。また、源智が師匠ともいえる感西を亡くして、法然の給仕に就いたのが、正治二（一二〇〇）年二月であるから、実質的に源智が弁長と逢える機会は、弁長が離京する元久元（一二〇四）年八月までの四年余りの期間であった。弁長の離京後、源智は法然の給仕を務めながら、法然の流罪が執行される建永二（一二〇七）年二月まで、法然の身近で度々弁長の為人を見聞きしていたであろう。源智の目立たない日常生活は、法然の後継を期待されていた弁長の離京以後の消息を確認するための行動でもあった。

しかし、源智の書状が送られた翌年、目的を達成させることもなく、二人は共に浄土へ旅立ってしまった。弁長は嘉禎四年（一二三八）二月二九日、七七歳の生涯を閉じた。それから十ケ月ほど後の暦仁元年（一二三八）十二月十二日に、源智も跡を追うようにして功徳院（移転して現、百万遍知恩寺）において五六歳で亡くなった。暦はこの年の十一月二三日に改元して暦仁となっている。

それから三〇年ほど後のことになるが、『行状絵図』第四六は、このようなことを記している。

其の後文永の比、聖光房附法の弟子然阿弥陀仏と、勢観房の附弟蓮寂房と、東山築地にて、四十八日の談義をはじめし時、然阿弥陀仏をよみくちとして、両流を校合せられけるに、一として違するところなかりければ、蓮寂房の云く、「日比勢観房の申されしこと、いますでに符合しぬ。予が門弟にをきては、鎮西の相伝をもて、我義とすべし。さらに別流をたつべからず」と。これによりて、かの勢観房の門流は、みな鎮西の義に依附して、別流をたてずとぞうけたまはる。その外安居院の聖覚法印、二尊院の正信房なども、わが義のあやまらぬ証誠には、聖光房をこそ申されけれ。当世筑紫義と号するは、かの聖光房の流にて侍るとなむ。

〈訳〉

その後、文永（一二六四〜一二七五）の頃、聖光房の弟子の然阿弥陀仏良忠と、勢観房の弟子の蓮寂房とが、京都東山の赤築地（あかつじ）において、四十八日の間、浄土の教えに関する討論を始めた時、然阿が発議者となって、両流派の教えを比較してみると、一つとして相違する所がなかったので、蓮寂房は「日頃勢観房が申しておられたことと、聖光房の相伝がすっかり一致した。私の門弟にあっては、鎮西の聖光房の相伝をもって、わが流派の教えとなすがよい。決して別に流派を立ててはならない」と言われた。これによって、勢観房の門弟たちは、すべて聖光房の相伝した教えに帰依して、別派を立てることはなかったという。そのほか、安居院の聖覚法印や二尊院の正信房湛空なども、自分の教えが間違っていないことを証明するときには、聖光房にこそ依拠すべきだと申されていた。現在、筑紫義と称しているのは、その聖光房の流派のことである。

法然の教えを間違いなく受け継いだ、弁長と源智の両教義は、彼らの弟子にも継承され、弟子たちが集まってそれぞれの見解や『一枚起請文』などを照らし合わせても、それぞれに寸分の狂いもなかったというのであるから、ここにも法然の教えを過たず伝承する人々の姿を垣間見ることができる。ただし、源智の弟子たちは、通憲流の教えを頑なに守って、新たに教団を立てる意志を持ち合わせていなかったことから、法然教団の立宗に当たっては、既に九州で一派を築き上げた鎮西派が相承し、源智の派閥もこれに合流することに異論はなかった。鎮西派にしても、源智が法然の廟所を再建し、勅許も受けていることから、教団の成立には、教えを継承する祖師と信者とが、鎮西から洛中に移籍するだけでよかった。したがって、源智の流れを汲む人々は、この時点で消滅したことになる。『法水分流記』によれば、源智の法系は、源智―蓮寂―道意の三人のみである。源智および彼の遺志を継承する者が徹底して「無観称名義」を実践していた証でもある。

こうした時の流れを長い目で見ると、源智が法然から踏襲した「無観称名義」は、彼の生前から滅後に及んでいたといえる。法然教団の中心を確立するという、源智に残された最後の大事業は、彼の没後、奇しくも弟子に紫野門徒として受け継がれ、鎮西義と合流して、祖師法然、第二祖弁長、第三祖良忠という今日の浄土宗の礎を築いたのである。都に何らの地盤をもたなかった聖光房弁長の鎮西教団が、法然の正統を継ぐものとして進出し得たのは、勢観房源智の門流（紫野門徒）と結んだからである。『行状絵図』巻四五に「ただ隠遁をこのみ自行を本とす」と評せられた源智は、法然の在世・滅後を通じ、幸西や隆寛のように、専修念仏の張本とは見做されず、また「無観称名義」に、新たな展開を与えるような役割をも果たさなかった。焦らず、急がず、法爾法然のままに自然の流れに乗託して、徐々に進めていくという源智の手法は、その没後にまで及んだということであろう。

源智が実践していた個人的ともいえる「無観称名義」は、弁長の鎮西義門流に引き継がれて「無観称名義」を養成する組織的な教団へと発展していく。鎮西義は、「嘉禄の法難」で破却された法然の廟の跡に、源智が再建した知恩院を浄土宗として引き継ぎ、度重なる火災に遭うも今日まで存続している。

第十章　法然の門流

法然の興した新興教団の門流を継いだのが、法然没後五〇年にして京洛の地で鎮西派知恩院に住持した良忠であった。一方、法然の意志を継いだ門人が皆無に等しい状態となった「建永の法難」頃に、門人として洛外の地で「無観称名義」に甘んじようとしていたのが、法然と同じ時期に流罪の身となった親鸞であった。

親鸞は、『選択集』の教義にあまり触れることなく、『選択集』以前の『逆修説法』や法然の門人でもある隆寛や聖覚の教えに基づいて、自己の教義をまとめるという方法をとっている。親鸞が隆寛と聖覚の両者に心酔するのは、以下に示す『明義進行集』第七（安居院法印聖覚）の法然の言葉が影響していると考えられる。

常ニノタマイシケルハ、吾ガ後ニ念仏往生ノ義、スグニ言ワンズル人ハ聖覚ト隆寛トナリ。

〈訳〉

常に仰せの言葉に「私が往生した後に念仏・往生の教義について即座に応えられる人は、聖覚と隆寛である」。

ここでは、法然が聖覚と隆寛を弟子として見ているのではなく、自分の亡き後は「無観称名義」の系統を引き継ぐ彼らから教義を学ぶように指示していたのである。聖覚は、早くから通憲流を継承する法然に心を寄せていて、自身の唱導師の立場を維持しつつ、新興教団に外部から援助の手を差し伸べていた。一方の隆寛は、阿弥陀仏の本願によって救う側と救われる側を峻別し、新興教団内部から救われる側のあるべき姿を明確に示したといえる。

親鸞は、隆寛や聖覚の亡き後、彼らの残した著作類を参照しつつ、東国の地で自身の考え方を整理していたのである。隆寛の『一念多念分別事』、『自力他力事』および聖覚の『唯信鈔』を書写するとともに、これらの解説書ともいえる『一念多念文意（いちねんたねんもんい）』、『唯信鈔文意（ゆいしんしょうもんい）』などを著述して、常に門人に読むように勧めていた。また、法然から『選択集』を附属されたとはいうものの、流罪後の親鸞には『選択集』を引用したという史料はなく、『尊号真像銘文（そんごうしんぞうめいもん）』末に少し紹介されているだけである。おそらく、親鸞は法然の教義書といわれている『選択集』よりも法然の言動に重きを置いて、「無観称名義」を継承した隆寛や聖覚の教えに従いつつ、自身も「無観称名義」に憧れていたと考えられる。

一方、親鸞の教化活動から約一五〇年を経て法灯を継いだのが蓮如である。彼は、親鸞を開祖と位置づけ、独自の布教方法を用いて教線を広げたことから、現在では浄土真宗の中興の祖として崇められている。蓮如の説く在家仏教の教義が庶民階級に浸透して現在まで至っているが、そんな中で自然発生的に現れたのが「妙好人」であって、彼こそが法然の求めた「無観称名義」を実践している市井の一般庶民であった。通憲流の無観称名を僧侶のみならず、庶民にまで浸透させた蓮如の功績は大きいといえる。

親鸞の消息については、五天良空（一六六九～一七三三）著『高田開山親鸞聖人正統伝（正統伝）』および存覚（一二九〇～一三七三）著『親鸞聖人正明伝（正明伝）』を参照するが、これは前者が親鸞の年齢別にまとめられていて、年代が比較的はっきりしていること、後者が親鸞没後間もなく制作されていることから、史料的価値があるとの判断に基づいている。

一・親鸞

親鸞の誕生と両親については、『正明伝』巻一の上に、以下のように記されている。

釈親鸞聖人、姓ハ藤氏、大織冠鎌足ノ苗裔、勘解由相公有国五代ノ孫、皇大后宮大進有範卿ノ嫡男ナリ。母ハ源氏、八幡太郎義家ノ孫女貴光女ト申キ。常ニ意ヲ菩提ノ道ニ帰セリ。（中略）承安三年夏ノハジメ、誕生マシマス。御名ヲ十八公麿トマフシキ。

〈訳〉

釈尊の弟子である親鸞聖人の姓は藤原氏、藤原鎌足を遠い先祖として、藤原（日野）有国の五代の孫、皇太后宮大進有範の嫡男である。母は源氏の八幡太郎義家の子孫で、貴光女という。母の貴光女は仏教に深く帰依していた。（中略）承安三（一一七三）年の初夏（親鸞が）誕生した。幼名は十八公麿という。

『正明伝』によると、親鸞は承安三（一一七三）年四月一日に、父日野（藤原）有範と母八幡太郎（源）義家の孫娘吉光女（きっこうにょ）との嫡男として、日野の里（現、京都市山科区の南東）で誕生した。幼名を「十八公磨（まつまろ）」と呼ばれていた。この幼名は、十八で「木」偏（へん）を構成し、「公」を旁（つくり）として「松」の字が作られることに起因している。

有範の妻は、『正明伝』および『正統伝』によると、清和源氏の出であるという。また、『尊卑分脉』では、経尹（つねまさ）（親鸞の祖父）の妻が源義親の孫であるといい、慈円の『愚管抄』第五では、源義朝が藤原是憲を娘の聟に取ろうとして果たさなかったことが記されている。義朝は、吉光女こそ学匠是憲にふさわしいと思っていたらしいが、平治二（一一六〇）年一月三日に平治の乱の戦いに破れて、三八歳で獄門の刑に処せられた。その後、承安元（一一七〇）年頃に清和源氏に近しい家系の藤原有範が三〇歳に近くなった吉光女を娶ったのである。

十八公磨は、八歳の時に母の吉光女を亡くしたことから、治承五（一一八一）年三月十五日に、道快（後の慈円）の青蓮院に九歳で入室させられた。そのとき十八公磨は「少納言の公」と呼ばれたが、九歳の少年であった親鸞の周りには少納言という官職を持った人は見あたらないことから、当時の実務上の弁官であった日野（藤原）兼光（かねみつ）を親代わりにしたと考えられる。兼光は、藤原北家真夏流を継ぐ日野資長（ひのすけざね）を父として、久安元（一一四五）年に生まれ、建久七（一一九六）年四月二三日に没している。文治二（一一八六）年には権中納言となり、文章博士として九条兼実との親交も厚く、『玉葉』にも情報の提供者として頻繁に顔を出している。

慈円は、十八公磨が入室したときは、まだ天台座主にはなっていなかった。慈円が最初に座主に補されたのは、建久三（一一九二）年であるから、十八公磨が入室した頃の慈円は、青蓮院門跡に就く養和元（一一八一）年十一月六日以前の、善峯寺に住まいにして、道快と名乗っていた時期である。入室後の親鸞は、稚児（院家に入室し、僧に師事して修行する師弟少年）として扱われ、道快が、青蓮院門跡に就任して慈円と名乗る頃に範宴という法名（諱）を与えられたと思われる。この頃に法然も西山広谷の草庵を移設して、青蓮院近くの東山吉水の地に住まいするようになった。

十八公磨が青蓮院に入室させられたのは、治承五（一一八一）年に平清盛を失って「手負いの猪」となった平家が、京都にいる頼朝の縁者を逮捕する目的で家宅捜査していたことが原因と考えられる。すなわち、有範の兄宗業（従三位・右衛門権左）は以仁王の侍講であったが、治承四（一一八〇）年に以仁王と源頼政が平家追討の挙兵に失敗したこと、有範と父経尹の妻が源氏出身であったことなどから、日野一族は残党となった手負いの平家から逃れる手立てを画策していた。

結局、日野有範が源義朝の娘を妻としていたことを隠すために、嘉応元（一一七〇）年に弁官となった日野兼光を十八公麿の親代わりにしたのである。その兼光は後白河院の側近であった範綱（若狭守）らと相談し、清和源氏の血を引く有範の長男である十八公麿を出家させることによって、日野家は平家に敵対しないという誓約書を、新しく総領となった平宗盛に差し出したのである。つまり十八公麿は兼光を総領とする日野家の総意によって、生け贄として出家させられたといえる。出家後の十八公麿は、範宴と名乗っている。

範宴には、尋有、兼有、有意、行兼の四人の弟がいる。「日野一流系図」によると、彼らはいずれも出家していて、尋有と兼有は他の史料でもその活動が確認できるが、有意と行兼は「日野一流系図」に確認できるだけである。

「日野一流系図」では、範宴を「青蓮院慈鎮和尚門人・善信聖人是也」としている。尋有については、延暦寺の官僧として、東塔東谷の善法院の院主を勤め、権少僧都となり、善法院僧都と号した。根本中堂の執行と常行堂の検校も兼ねていたという。尋有の名前は、青蓮院門跡の記録である『門葉記』の勤行記録などに見え、青蓮院系の延暦寺僧であったことがわかる。晩年の範宴（親鸞）は尋有の「押小路南万里小路東」の善法院の住坊で亡くなっている。

また、兼有は、聖護院門跡の弟子となって、権律師まで上り詰め、父有範の住いした萱坊を相続して三室戸寺に入り、有範の中陰の時に、兼有律師が導師を務めたという。有意は延暦寺所属の官僧で法眼までなった。行兼は、園城寺の僧となり、聖護院門跡の門人となり、兄兼有の弟子になった、という。

以上のように、範宴を含む彼の弟はいずれも、出家して延暦寺や園城寺の官僧となったが、これは日野一族が有範の地位を安定させ、かつ年端もいかない幼子を平家の残党から身を守るためには、寺院が最も安全な場所であるとの思いがあったものと考えられる。一方で、日野家は、八幡太郎義家の頃から清和源氏と通婚し、鎌倉幕府初代将軍源頼朝とも関係が深く、兼光を含めて九条兼実とも密接な間柄にあったことがわかる。

一・一・三夢告

慈円に引き取られた範宴は、比叡山の堂僧として過ごすこととなるが、ここでの学問以外に聖徳太子の夢のお告げに出会って、自身の行く末を案じることになる。

今日でこそ、個人的な夢を心理学的に分析することは可能であるが、範宴の生きていた時代背景を考えると、仏教思想に名を借りた怨霊や祈祷などの迷信に基づく価値判断が主流であったためか、夢告のもつ意味合いは個人的にも公共的にも重要な位置づけがなされていたようである。当時の夢告は、夢の中に神仏などが現れ、直接言葉で意志を伝え、指示を与えることであって、今日でいう夢の内容を解釈して吉凶を判断する夢解きや占いとは一線を画していた。法然の『三昧発得記』や『法然上人御夢想記』および明恵の『夢記』は有名である。このような背景の下で、年若い範宴が経験した夢告は、彼に対して生死に関わる重要課題を提起し、生涯を賭してでも解決しなければならない破目に陥れてしまった。

従来、範宴が堂僧を勤めていた比叡山を降りて、法然の門下に入門したきっかけが、六角堂で受けた聖徳太子（救世菩薩（くせぼさつ））の夢告であったと伝えられている。しかし、夢告の内容は「女犯」を契機として往生は間違いない、このことを説いて民衆に聞かせなさい、というものである。この夢告を法然に告げたことが『恵信尼消息』に述べられているだけで、そこには法然に帰依することなど一言も記されていない。

実は、六角堂での夢告以前にも二回の夢告があり、これらの三夢告の関連から範宴が法然に帰依した経緯が明らかになる。範宴の夢告には、「磯長（しなが）の夢告」、「大乗院の夢告」、「女犯の夢告」の三つがあり、俗に『夢想記』といわれ、親鸞直筆の文章が残されている。

一・一・一・比叡山時代

第一の「磯長の夢告」は、範宴が十九歳の建久二（一一九一）年七月中旬頃に、法隆寺への参詣を慈円に申し出て許可された。直ちに、慈円の弟子の一人として法隆寺に向かい、西園院覚運僧都の房に七〇日ほど滞在して因明（仏教論理学）を学んだ。次いで九月十二日に河内国磯長の聖徳太子の御廟に参詣したついでに、十三日から十五日の間三日三夜参籠したが、十四日目の夜に聖徳太子が夢幻のように現れて、以下のようなお告げのあったことが『正明伝』巻一の上に記されている。

我三尊化塵沙界　日域大乗相応地　諦聴諦聴我教令　汝命根応十余歳　命終速入清浄土　善信善信真菩薩

〈訳〉

わが阿弥陀と観音、勢至の三尊は、この塵のような悪世を救おうと全力を尽くされている。日本は大乗の教えを広めるに適した土地である。耳をすまして私の教えをよく聞きなさい。お前の命は、あと十年余りで尽きるだろう。その命が終わるとき、速やかに浄土に入るだろう。本当の菩薩をよくよく信じなさい。

この意味は、阿弥陀仏と観音・勢至菩薩は、末法の世に生きる人々を救おうとされている。日本はその教えに相応しい国である。よく聞きなさい。あなたの命はあと十年余りで、命つきて速やかに悪業や煩悩を離れた国土に生まれるであろう。善く信じなさい、というものである。ここでは、範宴の寿命が十年で尽きるという、聖徳太子の夢告によって、二九歳で命が絶たれるという恐怖を感じたであろうことは、容易に察しがつく。それ以後の範宴は、限られた命の恐怖感に悩まされることになる。

第二の「大乗院の夢告」は、同じ『正明伝』巻一の下に、以下のように記されている。

二十八歳十月、三七日ノアヒダ根本中堂ト山王七社トニ毎日毎夜参詣シ、丹誠ノ御祈アリ。コレ末代有縁ノ法ト、真知識トヲ求ルトノ御祈誓ナリ。同冬、睿南無動寺大乗院ニ閉籠テ、密行ヲ修セラル。是モ三七日ナリシガ、結願ノ前夜、四更ニ及デ、室中ニ異香薫ジ、如意輪観自在菩薩現来シタマヒテ、汝所願マサニ満足セムトス、我願モ亦満足ス、トアル告ヲ得テ、歓喜ノ涙ニムセビタマフ。是ニヨリテ明年正月ヨリ六角堂精舎へ一百日ノ日参ヲオモヒタチタマヘリ。

〈訳〉

二八歳の十月、三七・二一日の間、根本中堂と山王七社とに毎日毎夜参詣して、心を込めて祈願した。これは末代有縁の法と、真の知識とを求める祈誓である。同じ年の冬に比叡山南谷の無動寺大乗院に籠って、密かに行法を修していた。これも三七・二一日であったが、結願の前夜、四更（午前一時から三時）の時刻に、妙なる香りが漂う中に如意輪観音が示現して、「汝の願いは今まさに成就しようとしている。我が願いもまた成就する」というお告げを得て、歓喜の涙にむせんだ。このお告げによって、翌年の正月から六角堂に百日の日参を思い立った。

『正明伝』では、範宴が二八歳の折、正治二（一二〇〇）年十月に、根本中堂と山王七社（さんのうしちしゃ）に二一日間毎夜参詣して、「有縁の法と善知識」を求めるために祈誓して、同じ冬に比叡山南谷の無動寺大乗院で「自身の願いと観音の願い」が成就するとのお告げを得たという。しかし、根本中堂での祈誓と大乗院での夢告との間に「同冬」という時間的なずれがある。

この部分は、『正統伝』巻之二に、磯長の夢告以来の後生の悩み事として、根本中堂と山王神社における「有縁の法と善知識」を求めるために祈誓した後のことが綴られている。

如比三七日、御祈願ありけれども、何の御験もましまさず、範宴も心弱くて終りたまふ。（中略）同年十二月上旬、叡南無動寺の大乗院に閉籠して、密行を修せらる。然れとも、何の行法にや、とかく人にも逢ひたまはず、室内をも見せられず、御給仕は正全坊侍従ばかりなり。正全あまり不審に思ひ、或夜よもすがら不寝、榻戸に耳をあて、、其様を窺ひけるに、弧燈かすかにして西南に向ひ、趺坐し、合掌を額にあて、、一心に、「我三尊化塵沙界、日域大乗相応地。諦聴諦聴我教令、汝命根応十餘歳。命終速入清浄土。善信善信眞菩薩」の偈文を唱へて、悲泣雨涙したまふ。其丹誠金鐵をも透徹すべく、御聲も哀に悲しかりけり。折ふし、師の僧正より聖光院の坊官、木幡民部を密行の御みまゐに登したまふ。民部、下山の時、正全門外まで送りて云やう、穴賢、僧正へは努々申たまうまじ。此度の密行の事、全く別意にあらず、唯今年は御遷化と思召きはみられたると見へたりと、泣々語る。門部忙然として其ゆへを問ふ。さればとよ、是までは深くつ、みて口外せざれども、今は申ぞかしとて、過ぎにし十九歳、九月、河州磯長御廟にて示現の事ども、又此度密行のありさま、御誦文等まで、委くかたりければ、民部も手を拍ち、このすゑはいかに成りゆく世ならんとぞ、歎きける。然ども、僧正へは唯何となく、御返事のみぞ申てやみぬ。別行は三七日にて結願也、其前夜、四更に及ぶころほひ、室内に異光みち、如意輪観自在の像影を現し、

善哉善哉汝願将満足　善哉善哉我願亦満足

と和訓に唱て、忽然として隠れたまふ。是由縁によりてこそ、明る歳六角精舎へ百日懇念を盡されける。

〈訳〉

このような三七日の祈願にもかかわらず、何の効験もなく、範宴は心弱く終わってしまった。（中略）同年十二月上旬、比叡山南谷無動寺の大乗院に閉じ籠って、密かに修行された。しかし、何の行法か、兎に角人にも逢わず、室内も見せず、給仕は正全坊という侍従だけである。正全はあまり不審に思って、一晩中寝ずに杉戸に耳をあてて、中の様子を窺うと、微かな明かりの中で西南に向って趺坐して、合掌した手を額にあてて一心に、「我三尊化塵沙界、日域大乗相応地、諦聴諦聴我教令、汝命根応十余歳、命終速入清浄土、善信善信真菩薩」の偈文を唱えて、悲しみ泣くこと雨涙のごとく。その真心は鉄をも通し、その声は哀れで悲しいものであった。時折、師の僧正より聖光院の坊官あるいは木幡の民部省が密行の見舞いに登山してくる。民部省が下山する時、正全が門外まで送って、恐れ多くも僧正には言わないように。この度の密かな修行は、別段他意はない。ただ今年で遷化する思い詰められた様子であると、泣く泣く言われた。民部省は忙然としてその理由を聞いた。案の定、これまでは謹んで口外しなかったが、今言ってしまいます、以前十九歳の時の九月に河内州磯長御廟にて示現があった。また、この度の密かな修行のありさま、誦文等まで、詳しく語ったところ、民部省も手を拍って、この先はどのようになるのかと歎いた。しかし、僧正はただ何となく、返事だけを言って帰った。特別の行は三七日で結願するが、その前夜の午前一時から三時頃に室内に怪しい光が差し込み、如意輪観自在菩薩が現れて、「素晴らしいことに、お前の願いは満足するであろうし、私の所願も満足する」と日本語で唱えて、忽然と姿を消してしまった。このことがあって、あくる年に六角精舎に百日の参籠に向われた。

範宴は、磯長で告げられた寿命の尽きる日が近づいて

いることに恐れおののき、根本中堂と山王七社で三七日間毎夜参詣して、「有縁の法と善知識」を求めたが、何の得るところもなく失望していた。失望の余り、同年の十二月上旬にも比叡山南谷無動寺の大乗院に密かに籠居して、涙して悲しげな声で悲嘆にくれつつ、三七日間の密行を修したのである。磯長の偈文以来、十年間に徐々に膨らんできた悩み事が、寿命の期限が近づくにつれて後生の問題として、範宴の身に重くのしかかり、死に対する苦悶の中での密行であった。

根本中堂での「有縁の法と善知識に会える」という願いは届かなかったが、大乗院では如意輪観音から「汝の願いは成就する」との夢告を得た範宴は、願いが適うであろう可能性に一縷の光を見出すことができた。範宴が抱いていた寿命十年という苦しみは解決しなかったものの、大乗院では、有縁の法と善知識に会うという願いが叶うことを告げられた。範宴は、救われる兆しに期待の心をもって即刻比叡山を下りる決意をした。

『正明伝』によると、範宴は、九歳から二九歳までの二〇年間を比叡山で過ごしていて、南都北嶺の多くの学生から様々な経釈類や詩歌を学んでいることが強調されている。その一方で、範宴の兄弟たちの行状が各史料から発見されているものの、範宴については一切の記録が見つかっていない。また、『恵信尼消息』では、

殿の比叡の山に堂僧つとめておはしましけるが、山を出でて、六角堂に百日籠らせたまひて後世の事いのりまうさせたまひける九十五日のあか月の御示現の文なり。

〈訳〉

殿（範宴）は比叡山で堂僧を勤めておられましたが、山を下りて六角堂に百日間籠られて、後世のことを祈られていたが、九五日目の明け方に神仏の霊験があった時の文である。

という文章が残されているが、ここでは、恵信尼が親鸞から聞かされていた言葉として、堂僧を務めていたことが示されている。堂僧とは、比叡山で昼夜間断なく念仏を称える不断念仏衆のことで、学生と大衆を分けた場合、出世の道を歩む学生の世話をする雑役係ともいえる僧のことである。範宴は、普段から時間の許す限り学問

することも可能であったが、所用の時には、都度必要な職に回され、僧兵にも加担していたと考えられる。

範宴は、青蓮院に入室してから稚児として、慈円の身近にいて世話役を務めていた。年を経るにつれて、聖道門の教義を学びながら、昇進が期待される学生としての立場でもなく、身分の低い大衆に甘んじた生活を送っていた。昇進を諦めた中には、山門内での下級僧としての根強い自覚があり、世間以上に俗化した山門に見切りをつけたい気持ちが滾っていたものと考えられる。一方、磯長における聖徳太子の示現は、範宴に生涯が残り十年という期限を決め、往生に関わる重大事を解決すべき課題として突き付けられることになった。おそらく、学問の府といわれている比叡山の諸経典を介しても解決の糸口をつかむことができない中で、二九歳という期限に近づいていく自身の寿命に焦りを感じていたことであろう。如何とも救われる方途がつかめないままに過ぎ去る時間の中で、絶望の深潭が大きな口を開けて待っていることを実感していた。その嘆きが、大乗院での悲泣雨涙に繋がっていくのである。『恵信尼消息』で「後世の事いのりまうさせ」という言葉は短いが、範宴の十年に及ぶ死を前にした苦悶の後を物語る証にもなっている。

一・一・二・法然との出会い

如意輪観音の示現によって、十年間の絶望から新たな希望へと心境が一変してしまった範宴は、奇しくも第三の夢告で善知識と出会うことになる。

第三の「女犯の夢告」は、建仁元（一二〇一）年一月十日から六角堂の如意輪観音に百日間の参詣を思い立ったときの出来事である。参詣は参籠のように昼夜社寺に籠もる修行とは異なって、比叡山と六角堂との間を毎日往復するというものである。

六角堂に参詣した甲斐あってか、計らずも赤山越の途中で範宴よりも六歳年上の安居院聖覚法印に逢い、法然の高徳を聞くに及んで、三月十四日に吉水に参じて、直ちに法然の弟子になった。この辺りの消息が『正明伝』巻一の下に以下のように記されている。

二十九歳、建仁元年辛酉正月十日睿南ノ大乗院ニカクレ大誓願ヲ発シ、京都六角精舎如意輪観音ニ一百日ノ参籠アリ。サシモケハシキ赤山越ヲ、毎日ユキカヘリ、イカナル風雨ニモ怠ナク、雪霜ヲモイトハセタマハズ、誠ニアリガタキ御懇情ナリ。是精誠シルシアリテ、計ザルニ安居院聖覚法印ニ逢テ、源空上人ノ高徳ヲ聞、ワタリニ船ヲ得タルコ、ロシテ、（中略）建仁辛酉範宴二十九歳三月十四日、吉水ニ尋参タマフ。

〈訳〉

二九歳、建仁元（一二〇一）年正月十日、比叡山南谷の大乗院で密かに大誓願を立てて、京の町中にある六角堂・如意輪観音のもとに百日の参詣を始めた。険しい赤山越を毎日行き帰りして、いかなる風雨の日にも怠りなく、雪霜の時も気にかけず、誠意をもって通っていた。ところが、偶然にも安居院聖覚法印に遭う縁に恵まれ、源空上人の徳の高い人柄を聞いて、「渡りに船」との思いで、（中略）範宴二九歳の建仁元年三月十四日に吉水の法然上人を尋ねた。

「赤山（せきざん）越え」は、赤山明神（現、京都市左京区修学院）を経由して、比叡山から洛中に至ることを意味している。また、『正統伝』では、範宴が聖覚に出会ったのは四条橋辺りであったという。すると、範宴は比叡山の南谷にある無動寺大乗院を下山して、修学院から鴨川の東岸を南下して四条橋を西に歩を進めて六角堂への路を往復していたものと考えられる。一月十日に始まった六角堂参詣から四月五日の霊夢までは、八五日が経過しているが、この件は、『恵信尼消息』にも同じ内容で記されている。

聖覚の紹介を受けて吉水に法然を訪ねた範宴は、法然が南都北嶺の僧侶十四・五人を前にして、出離生死の要路を真剣に説いているところに遭遇して、善知識に邂逅した思いに浸った。

その後、『正明伝』巻一の下では、

範宴サウケタマハリヌトテ、百界千如ノ深意六大無碍ノ密蔵モトヨリ会得ノ上ナレバ、舎那止観ノ奥賾ヲ揮テ、問答重々ニ及ベリ。厥後空師仰ラレテイハク、今マデノタマヘルハ、皆是聖道自力門ノ意ナリ。浄土他力ノ道ヲ聞セタテマツラム。範宴ノコ、ニ導入シタマフコト、発心ノ強盛ナルモアリガタク、亦宿縁ノ深厚モ想像タリトテ、他力易行ノミチ手ヲ採テコレヲサヅケ、安心起行ノムネ耳ヲ提テ宣誨ラル。

〈訳〉

　範宴は百界千如の深意と六大無碍の密蔵について会得しているので、舎那止観の奥義をもって了解を述べて、上人との問答は何度にも及んだ。法然上人は最後に「今まで貴方が言われたことは、すべて自力聖道門の教義である。いま他力浄土門の道を聞かせよう。範宴が今日、ここを訪ねたということから、その発心がいかに純粋で真剣であるかが分かる。宿縁が深いということである」と言って、他力易行の道を手を取って授け、安心起行の旨を上人自ら言葉を尽くして教えられた。

と記している。法然は、範宴が聖道門の教えを十分に理解していることを確認した後、範宴の真剣な求道心に動かされてか、法然自ら浄土門の教えを混淆と説いて聞かせた。範宴が浄土門の教えを会得する上での大切な教えを概観した後で、法然が範宴自身の心構えを問うている。

　是等ハミナ既ニ出離得脱ノ先達ナリ。実ニ生死ノ煩籠ヲ出ムトオモフ輩、誰カコノ引接ニ背テ、ミヅカラ三界ノ火宅ニ身ヲ留コトヲセム、ト最ネムゴロニ演説アリケレバ、範宴ハ御教化ノ間ハ、偏ニ孩児ノ母ニ逢ガ如ク、涙ニ伏沈テ人目モハヅカシキ許ニ亡キタマフ。サテナム、日来ノ畜懐コ、ニ満足シテ、立地ニ他力摂生ノ揆旨ヲ受得シ、飽マデ凡夫直入ノ真心ヲ決定シ、多年習浮タル自力難行ノ小路ヲ捨テ、ヒトヘニ他力易行ノ大道ニイリ、一向専修ノ行者トナリタマヘリ。

〈訳〉

　これらはすべて既に生死を解決された方々です。生死の迷いから出離しようと願う人々が、これらの教導に背を向けたまま、自ら三界の火宅の中に留まろうとするのか、と懇切に説かれている間、範宴は幼児が母親にあった時のように、顔を伏せて人目も恥ずかしいほど泣き続けていた。範宴は日頃抱いていた疑問が氷解して、瞬時に他力の深い意味を理解して、凡夫のままで救われる真実信心を会得して、長年学んできた自力難行の小道を捨てて、ただちに他力易行の大道に入って一向専修の行者となったのである。

　範宴は、法然から聖道と浄土の違いを諭され、浄土門の教えと念仏について懇切な説明を受けて、範宴の願いである「有縁の法（浄土門）と善知識（法然）」を目の当たりにして、人目もはばからず泣き続けた。感涙の中で他力易行の大道に帰入して一向専修の行者になったという。その時、法然からは「綽空（しゃっくう）」という名前を賜った。

平安時代後期にあって将来を占うという意味では、祖師や聖者による夢告が最も信頼するに値する未来予測とされ、太子信仰が浸透していた当時としては、聖徳太子の夢告となると、自己の運命を決する重大事として受け入れざるを得ないのが実情であった。範宴は、太子に関わる夢告を二度まで受け、その内容が、自身の死期を決定するというもので、死の恐怖におびえていたものと考えられる。しかし、法然に出会った範宴は、磯長での「命終速入清浄土」の偈文が、死して後に浄土へ行くという生死の問題ではなく、自己の心境と環境の変化を告げるものであったことがわかった。範宴が「涙に伏沈」したのは、十年来の悩みから解放されたことの安堵感によるものであろう。

比叡山で二〇年間を過ごした範宴は、天台系聖道門の教えを学び会得していた一方で、山門での身分制度ともいえる学生と堂衆の越えるに越えられない格差社会の実態を身にしみて感じていた。その結果、山を降りる頃の範宴には、自身の実直さと屈強な正義感に加えて権力に対する反骨精神が芽生え、権勢を嫌悪して排斥するという一徹な性格が身についたようである。おそらく、僧兵として寺社間の紛争に加担したり、都で神輿を担ぐなど、様々な経験を積んでいたと考えられる。権勢に対する嫌悪感と死に対する恐怖感の板挟みで絶望状態の範宴が、自身の学識や死の恐怖を理解し、その上で新しい方向性を示してくれた法然を信順するのは当然といえる。また、戒僧でありながら無智の尼入道に甘んじた「無観称名義」の生活を実践している法然に、範宴の頑なに閉ざされた心が解放されたのも事実であろう。ここにも法然が、対峙する人の器量に見合った対機説法を使って、相手との距離感を縮めてから救いの道を提示して、相手を心底から納得させたという好例を見る思いがする。

一・二・吉水時代

範宴が聖覚法印の紹介で法然に出会った建仁元（一二〇一）年は、『選択集』が撰述されてから三年目にあたる。この頃の法然の周りには新興教団の将来を左右する人々が入門するようになっていた。例えば、承安元（一一七一）年には感西、治承二（一一七八）年には甘糟太郎、建久元（一一九〇）年四月には證空、建久三（一一九二）年には隆寛、建久四（一一九三）年三月には熊谷直実、建久六（一一九五）年三月には津戸三郎為守、建久七（一一九六）年には源智、建久八（一一九七）年には弁長、建久九（一一九八）年には幸西などがそれぞれ法然門下に入門している。法然の身体も小康状態が続いていたものと考えられる。

一・二・一・夢告の成就

範宴の思いは実現したものの、六角堂の参詣はまだ満願には至っていなかった。『正明伝』巻二の上は続けて、

建仁辛酉三月十四日、即ニ空師ノ門下ニ入タマヘドモ、六角精舎ヘ百日ノ参籠イマダ満ザレバ、怠ナク毎日マイリタマフ。（中略）果シテ今年四月五日甲申ノ夜、五更ニ及デ、霊夢ヲ蒙タマヒキ。彼夢想ノ記文ヲ拝スルニ、六角堂ノ救世菩薩顔容端厳ノ聖僧ノ貌ヲ現ジタマヒ、白衲ノ袈裟ヲ著服セシメ、広大ノ白蓮華ニ端坐シテ、善信ニ告命シテ宣ハク。行者宿報設女犯　我成玉女身被犯　一生之間能荘厳　臨終引導生極楽。救世菩薩コノ文ヲ誦ジテ宣ハク、是我誓願ナリ、善信コノ文ノ意ヲ一切群生ニ説聞シムベシト云云。是時善信、告命ノ如ニ数千万ノ有情ニコレヲ説聞シムルト覚テ、夢サメオハリヌト云云。

此告命アリトイヘドモ、深カクシテ口外アルコトナシ。夢想記文トハ、親鸞聖人真筆ノ夢想記一巻コレアリ。

〈訳〉

建仁元（一二〇一）年三月十四日、ただちに法然上人の弟子となったが、六角堂への百日参籠はまだ日数が残っていたため、毎日休みなく通い続けた。（中略）はたして四月五日の夜五更（午前三時から五時）に霊夢を授かった。その夢想の記文を拝見したところ、「六角堂ノ救世観音菩薩顔容端厳ノ聖僧ノ貌ヲ現持タマヒ、白衲ノ袈裟ヲ着服セシメ、広大ノ白蓮華ニ端坐シテ、善信ニ告命シテ宣ハク。行者宿報ニシテ設ヒ女犯ストモ、我玉女ノ身トナリテ犯セラレン、一生ノ間ヨク荘厳シテ、臨終ニ引導シテ極楽ニ生ゼシメン。救世観音コノ文ヲ誦シテ宣ハク、是我誓願ナリ、善信コノ文ノ意ヲ一切郡生ニ説聞シムベシト云々。是時善信、告命

ノ如ニ数千万ノ有情ニコレヲ説聞シムルト覚テ、夢サメオハリヌ」という。この夢告については心中深く秘めて、口外したことはない。「夢想の記文」は、親鸞聖人御真筆の『夢想記』一巻のことである。

と記している。救世観音は聖徳太子の尊名でもあり、『夢想記』はすべて当時の聖徳太子信仰にまつわる夢としてまとめられている。この夢告の内容について範宴は、他言したことがないというが、恵信尼には話していたようで、比叡山の夢告から六角堂の夢告までの話が『恵信尼消息』に記されている。

山を出でて、六角堂に百日こもらせ給て、後世を祈らせ給けるに、九十五日のあか月、聖徳太子の文を結びて、示現にあづからせ給て候ければ、やがてそのあか月いでさせ給て、後世の助からんずる縁にあいまいらせんと、訪ねまいらせて、法然上人にあいまいらせて、又、六角堂に百日こもらせ給て候けるやうに、又、百か日、降るにも照るにも、いかなる大事にも参りてありしに、たゞ、後世の事は、善き人にも悪しきにも、同じやうに、生死いづべき道をば、たゞ一筋に仰せられ候しを、うけ給はり定めて候しかば、上人のわたらせ給はん所には、人はいかにも申せ、たとひ悪道にわたらせ給べしと申とも、世々生々にも迷いければこそありけめ、とまで思まいらする身なればと、やうやうに人の申候し時も仰せ候しなり。

〈訳〉

殿（範宴）は比叡山を出て、六角堂に百日参籠されて、後世を祈られたところ、九五日目の暁に、聖徳太子が偈文をつくって示現されたので、すぐにその明け方に六角堂を出て、往生後に助かる縁に出会いたいと訪ねて、法然上人に会うことができた。続けて六角堂に百日間籠ろうとして、百ヵ日、降る日も照る日も如何なる天候であろうと参っていたところ、往生後の事は、善人も悪人も同様に生死を超越できる道を聞き及んで、法然上人の指し示される所には、人がどのように言おうとも、悪道に落ちるといわれても、代々生れ変っても迷い続ける身であるからと、様々な人に対して仰せになった。

範宴が明け方の暗い内にそのまま六角堂を飛び出して

いるところに、範宴の止むに止まれぬ思いが伝わってくる。恵信尼の手紙では、範宴は最初から法然のもとに向かったのではなく、夢告の意味をきちんと説明してくれる師を捜し求めて、法然に出会ったことが記されているだけで、詳しい経緯は明らかにされていない。しかし、『正明伝』巻一の下には、その間の消息が詳しく記載されていて、範宴が比叡山と六角堂との間を行き来し始めたのは、建仁元（一二〇一）年の一月十日であって、百日詣も満たない内に安居院聖覚に出会い、法然の高徳を聞くに及んで、三月十四日に法然の住まう吉水を訪ねている。

これら三つの夢から範宴が六角堂の参詣に至った経緯を整理してみると、範宴は十九歳の折、磯長叡福寺で聖徳太子から余命十年という夢告を受けていた。太子信仰が民間に流布していた当時に受けた夢告は、年若い範宴にとって将来に対する不安は甚大なものであった。範宴が、比叡山大乗院で夢告を受けようとしたのも、二八歳となって寿命が尽きる十年の制限時間が迫ってきたこともあって、死を意識した切実な思いで自己の後世の有りようやよき善智識を求めて悩んでいたのであろう。死に対する恐怖の末、大乗院で如意輪観音の示現を得て、同じ如意輪観音（聖徳太子）を祀る六角堂を選んで参詣したと思われる。そこで法然と出会った範宴は、従来の経典解釈とはまったく異なった範疇から浄土門の教えを聞き、生死の問題を抱えたままで救われる道を諭されたのである。

範宴自身を絶望の深潭に追いやったのは、既成の概念であったといえるが、これ抜きにしては次なる救いは不可能であった。法然が見出したのは「範宴ノコヽニ導入シタマフコト、発心ノ強盛ナルモアリガタク、亦宿縁ノ深厚モ想像タリ」という範宴の真実心であった。菩提心を求める真実心があればこそ、絶望の方向とは異なった真逆の救済に触れることができたのである。

その後、聖徳太子の「女犯」の示現を得て、聖徳太子の十年来の夢告から開放された範宴は、その喜びを法然に正直に報告したのである。これは、聖覚の紹介で邂逅できた法然が、女人往生や弟子の妻帯を認めていたことを範宴は既に知っていたからの行為であると思われる。でなければ、持戒の僧で知れ渡っている法然に、未熟な範宴が例え夢告ではあってもふしだらともいえる女犯など報告するはずはない。範宴が六角堂参詣の途上で出逢った聖覚は、若くして法然に認められた門人であり、範宴と出逢ったときは三四歳であった。彼が、既に既婚者でありつつ法然の高弟と目された存在であったことから、ひと目で範宴の力量を見抜いたようである。

今までの研究では、範宴が法然の弟子になった理由付けとして、六角堂の夢告があげられていたが、これは実証できる史料が乏しいためであって、その他にも比叡山での不安定な堂僧の立場や学問や修行に限界を感じて山を降りたなどと説明されていた。しかし、三つの夢告から一連の経緯が明らかになったことから、範宴と法然の出会いは自己の命に関わる不安から発したものであることがわかった。

一・二・二・玉日姫との結婚

第三の夢告が原因してか、時期を同じくして、後述するように九条兼実の要請によって、綽空は、兼実の娘である玉日姫(たまひひめ)との結婚を経て、妻帯した破戒僧としての道を歩み始めるのである。

『正明伝』巻二の上には、

斯ニ、同年十月上旬、月輪殿下九条兼実公、吉水禅坊ニ入御アリテ、イツヨリモコマヤカニ御法譚マシマシケルニ、殿下仰ラレテイハク、御弟子アマタノ中ニ、余ハミナ浄行智徳ノ僧侶ニシテ、兼実バカリ在家ニテハベリ。聖ノ念仏ト、我在家ノ念仏ト、功徳ニツキテ替目ヤサブラフヤラムト。上人答テ宣ハク、出家在家ヒトシクシテ、功徳ニ就テ尠モ勝劣アルコト侍ズト。(中略)其時殿下マタ宣ハク、仰ノゴトク差別アルマジクサブラハゞ、御弟子ノ中ニ、一生不犯ノ僧ヲ一人賜テ、末代在家ノ輩、男女往生ノ亀鏡ニ備ハベラムト。上人聊モ痛タマハズ、子細サフラフマジ、綽空今日ヨリ殿下ノ仰ニ従申ルベシト。綽空ハ涙ニクレ、低頭シテ御返事ヲモ申タマハズ。

〈訳〉

同建仁元(一二〇一)年十月上旬、月輪殿下九条兼実公が吉水禅坊に来られて、いつもより熱心に仏法談義をされた。その折に、兼実公は「法然上人の大勢の弟子たちは、すべて行い清く知恵勝れた出家の僧侶ですが、私だけが在家です。出家の念仏と我ら在家の念仏とでは、その功徳に違いがあるのでしょうか」と尋ねた。法然は「出家と在家とは等しいから、功徳に少しの優劣もない」と答えられた。（中略）月輪殿下が言うには「仰る通り、念仏の功徳に差別がないならば、弟子の中から、一生不犯の僧を一人選んで、末世の在家者が、男女の差別なく往生できる模範にしたい」といわれた。法然は少しも驚くことなく、詳細を問うこともなく「綽空よ、今日から兼実公の仰せに従いなさい」と言われた。綽空は下を向いたまま、涙にくれて返事もできなかった。

というように、玉日姫との結婚に至る経緯が詳細に記されている。綽空は、法然の門下になったという喜びも束の間、戒僧として過ごす夢が断ち切られ、長年の夢告から解放された直後にまたもや失望感を抱くことになった。『正明伝』巻二の上では、さらに続けて以下のように記す。

現師ノ指授ナレバ、チカラ及タマハズ、信空聖覚等ノ智徳モイサメス、メ申サルホドニ、月輪殿モ喜ニ堪カネ、ヤガテ同車シテ還御シ、綽空ヲ五条西洞院ノ御所ニ移シ、御娘玉日姫ニ配嫁シタマフ。玉日ハ今年十八歳ナリ。哀哉月輪殿下ハ、凡夫往生ノ正信ヲ伝通セムト欲シテ、誠紅閨鍾愛ノ賢娘ヲヤツシ、イタハシクモ貧道黒衣ノ卑婦人トナシタマフ。（中略）斯テ玉日ト幸アリテ、五条西洞院ニ住タマフ。明建仁二壬戌年十月、男子誕生アリ。名ヲ範意ト申ス。後ニ印信ト改名セリ。聖人左遷ノ時、範意六歳也。

〈訳〉

法然上人の命令であるため反対もできず、また信空上人や聖覚法印などの智恵のある門人の勧めもあったことから、月輪殿は大いに喜んで、ただちに同じ車に乗せて帰り、綽空は五条西洞院の邸宅に引っ越して、玉日姫と結婚した。玉日姫は十八歳である。いたわしくも月輪殿下は、凡夫往生の正しい信仰の有りようを広く伝えようと思って、大切な愛娘を、貧しい黒衣の徒に嫁がせた。（中略）こうして玉日姫と結婚した綽空は、五条西洞院を新居にした。翌年の建仁二（一二〇二）年壬戌十月には男子が誕生して、範意と名づけられた。後に印信と改名した。聖人左遷の時には範意は六歳であった。

綽空が玉日姫と住まいすることになった九条兼実の御

所は、五条西洞院（現、松原通西洞院東入）にある月輪本庄花園殿（現、光圓寺）であるが、その一年後に範意（はんい）（法名は印信）が生まれている。

範意については、『尊卑分脈』によると、印信（いんしん）の注釈として、

> 寺、阿闍梨、大弐公、母月輪関白〔藤兼実〕女

〈訳〉

比叡山の阿闍梨、大弐公、母は関白藤原兼実の娘である。

と記している。これらの史料からも、綽空が兼実の娘である玉日と結婚したこと、その第一子が範意であることは明らかである。範意は、母である玉日が亡くなってから、慈円の許で出家して「大弐公」と呼ばれ、それ以来、天台宗寺門派の教義に触れ、後に阿闍梨となり、印信と号したことになる。当時の大弐公といえば、藤原兼光の子藤原資実であり、彼が範意の猶父を務めたと思われる。

玉日姫の消息は明かになっていないが、兼実の第七子であり、生母不明の子女とされる。『能荘厳院玉日姫君（のうそうごんいんたまひめぎみ）御自作御尊像略縁起（ごじさくごそんぞうりゃくえんぎ）』には、元暦二（一一八五）年三月十八日に生まれ、承元三（一二〇九）年九月十八日に没していることが記されている。しかし、『正明伝』では、玉日が十八歳の時に綽空と結婚したというから、結婚の年から逆算すると、生年は寿永二（一一八三）年ということになる。

玉日と結婚した四年後、親鸞が法然から『選択集』を附属されたことが『正明伝』巻二の下に記されている。

> 元久二年乙丑ノ春、綽空吉水ヘ参タマフニ、御前ニ人ナシ。上人竊ニ選択集ヲ授テ宣ハク、足下ニハ他力ノ法門ニ於テハ爽ノ法器ナリ。是ハ我選集ノ秘書ナリ。穴賢、ハヤク写取テ、他見スベカラズト。（中略）シカアレバ我祖善信ハ大師上人随自意ノ神足ナリ。因テ、随他方便ノ行相ヲ勧ズ、偏ニ一向専修ノ正信ヲ弘通シタマヘリ。

〈訳〉

元久二（一二〇五）年の春、綽空が吉水を訪ねると、法然上人の傍には誰もいなかった。法然上人はひそかに『選択集』を手渡して「お前は弟子の中でも、他力の信心がしっ

かりしている。この本は私が選集した、秘密の書である。早く書き写して決して他の人に見せないように」と言われた。（中略）そうであれば我祖の善信は、法然上人の心をそのまま頂いた上足の弟子である。したがって、相手の素質や状況に応じた説法ではなく、一向専修の念仏の大道を一筋に広められたのである。

綽空は『選択集』の書写を法然から許可されて、真影とともに綽空の名を改めたとあるが、これは善信という法名に改めたものと考えられる。その後の善信にこの書を引用したり活用したという記録は残っていないが、これは善信が法然の弟子であるという免許皆伝の証明にだけ利用したことをうかがわせる。その理由として、『選択集』は、法然の意にそぐわない内容であることと、明恵の『摧邪輪』にも一理あることから所依の教義とはしなかったと考えられる。また、「随他方便ノ行相ヲ勧ズ、偏ニ一向専修ノ正信ヲ弘通」というように、法然の待機説法を用いずに、幸西・行空の称える「一念義」に傾倒していったものと考えられる。特に、善信の諍論好きな性格は「一念義」を取り巻く過激分子の性格と一致したことも原因している。

一・二・三・得意な諍論

善信が諍論好きであることは、建永元（一二〇六）年頃の『正明伝』巻二の下にも、二例ほど記されている。

或時善信源空上人ニ申タマハク、数多ノ御弟子達ハ、トモニ一師ノ誨ヲ受テ、悉ク往生不退ヲ期スルモノナリ。然ドモ、報土得生ノ信一味ナリヤ、将異ナルヤラム、明ニ知ガタシ。面面ノ信心ノホドヲ試テ、全一ニ決定セシメタマハゞ、且ハ当来同生ノヨロコビ、且ハ生前朋友ノムツビ、コレニ過ベカラズト。上人宣ハク、誠ニ能モ申サレタリ。翌日スナハチ明日人人集会ノミギリ申出ベシト。門人集会ノトコロニ、執筆善信房申タマハク、今日ノ集会ハ、信不退・行不退ノ両座ヲ分テ、人人ノ解会ヲ試ラル、ナリ。何ノ座ニツキタマフベシト示サルベシト。コ、ニ三百有余ノ門人ミナ心得ザル気アリ。

〈訳〉

ある時善信は法然上人に「弟子は大勢るが、誰もが師の教えを受けて、往生不退の道を歩みたいと願っている。しかし、報土に生まれるという信心が同一なのか異なっているのか、はっきりと分かっていない。各々の信心の内容を吟味することで、全ての弟子が同一の信心と分かれば、来生を共にする喜びと今生の朋友の交わりは、これに勝るものはない」と申し上げた。法然上人は「よくぞ言った。さっそく明日、皆が集まる時に言ってみなさい」と言われた。翌日、門弟たちが集まっているところで、記録係となった善信は「今日の集まりは、信不退・行不退と座を二つに分けて、皆さんの了解したところを試しますので、どちらかの席に着いて下さい」と告げた。三百有余人の弟子たちはみな釈然としない様子であった。

この頃の法然は、門人を離京させたり、既成教団や衆徒による弾圧などで心労の収まることがなかった。また、この年の暮れに、住蓮・安楽の事件が起きた時期でもあり、門人が三百余人も集まったのかとの疑問も残る。それにも関わらず、法然は、善信が持ち出した「信心」を確信するために、あえて「行」を取り入れて、「信」と「行」の二者択一の中から、いずれかを選択するという案を採択した。まさに『選択集』で用いられた、諸法の中から選び取り選び捨てる手法が、この場でも利用されているといえる。問題提起した善信が、記録係を務めることで中心的な存在として、議論の場で自身を固辞するという態度は、「無観称名義」とかけ離れた行為である。その場にいた門人たちが、日頃とは違う行動に出た法然に、強烈な違和感を覚えたのは当然のことといえる。一方、「門人ミナ心得ザル気アリ」は、新興教団が近々の課題として対応に苦慮している既成教団の弾圧を無視して、内輪にも諍い事を持ち込んだかのような善信の破天荒な行動に違和感を抱いたと考えられる。

さらに、『正明伝』巻二の下に続けていう。

又或時善信房吉水ニ参タマフニ、聖信房湛空、勢観房源智、念仏房自余ノ人人始ヨリマイラレタリ。物語ノツイデニ、念仏房申サク、自他同ク心身トモニ往生ニ染タル人人ナリ。然ドモ凡夫ノ信心ハ誠スクナク、虚仮モ疑心モ打交レリ。イツカ上人ノ如ナル信ヲ得テ、慮ナク往生ヲ遂ヌベキト。聞ツル人人モ云云ト同意ニ申サレキ。爾中ニ善信ヒトリ肯タマハズ。否トヨ、自身ニハサハ思ハベラズ。上人ノ御信心モ、マタ我善信ガ信心モ、聊モ替トコロアルベカラズト思ナリト。聖信房以下ノ人等コレヲトガメテ云ク、善信房ノ申ル、コトイハレナシ。争カ上人ノ御信心ニ及ベキト。善信イハク、御智恵学問ニヒトシカラムト申サバコソ恐アル僻事ナラメ。他力ノ信心ニ於テハ、一タビ其コトハリヲウケタマハリシヨリ、全ワタクシノ心ナシ。上人ノ御信心モ仏ヨリ給ハラセタマフ信心ナリ。善信ガ信心モ仏ヨリ給ハリヌ。イカテカ替コトノアルベキト。諍テ互ニ止ズ。

〈訳〉

またある時、善信房が吉水にうかがうと、聖信房湛空、勢観房源智、念仏房などの人々が先に集まっていた。話のついでに念仏房が「誰も皆な往生の道を究めたい気持ちは同じである。しかし凡夫の信心は誠が少なく、虚仮や疑いの心が入り交じっている。いつかは法然上人のような信心を獲得して、疑心なく往生を遂げるべきだ」と言うと、聞いていた人たちも同意して頷きあっていた。その中で善信一人が同意せずに「いや、私はそうは思わない。法然上人の信心も、また善信の信心も、少しも違いはないと思う」と言うと、聖信房はじめ弟子たちがこれをとがめて「善信房の言うことは道理が通らない。どうして法然上人の信心に及ぶことができようか」と口々に反論した。善信は「智恵や学問について同じだと言えば、とんでもない嘘偽りになるが、他力の信心については、その道理を初めて聞いた時から、私心はまざっていない。上人の信心も善信の信心もともに仏からたまわった信心である。どうして違いがあろうか」と主張して、決着がつかなかった。

この件は、『歎異抄』後序にも紹介されている。善信が信心の非差別化について、門人たちを巻き込んで議論していたが、決着がつかないまま、法然が阿弥陀仏の前では、何れの信心も平等で変わりがないことを示され、もし、平等でないという人がいれば、法然と同じ浄土には往生できないといわれた。このように同じ信心を議論するにしても、師匠と弟子の信心を比較するという、まさに諍論の達人といえる善信の説得力は、今日でも通用する技術であるといえる。

これら二例の文章をみても、諍論の勝負に法然を祭り上げて、勝ったか負けたかの結論に結びつける内容になっていることから、『正明伝』は「無観称名義」が眉をひそめる表現に終始しているといえる。ここでの善信は、法然を慕いつつ、法然とは異なった行動に出てしまう自分の態度に辟易としていたと考えられる。伝記作者の存覚にしても、善信を人間世界に認めさせるためには、人間界における毀誉褒貶にこだわった事例を掲載せざるを得なかったのであろう。

本願寺三世覚如（かくにょ）の『口伝鈔（くでんしょう）』によると、土御門天皇が在位の頃、丁度『興福寺奏状』で専修念仏が厳しく糾弾されている最中、禁中（院の御所）で七日間の供養会があったが、その一日を割いて聖道門と浄土門との「宗論」があった。浄土門の代表として善信が選ばれ、付添人は西意である。判者は安居院聖覚がつとめ、聖覚はあらかじめ善信たちに以下のように念を押している。

このこと年来の御宿念たり、聖覚いかでか疎簡を存ぜん。たとひ勅定たりといふとも、師範の命をやぶるべからず。よりて、仰せをかうぶらざるさきに、聖道・浄土の二門を混乱せず、あまつさへ、浄土の宗義をたてはんべりき。これしかしながら王命よりも師孝をおもくするがゆゑなり、御こころやすかるべきよし申さしめたまふべし。

〈訳〉

この宗論は、長年の願いであり、私には疎かにすることはできない。たとえ天皇の指示であるにしろ、師匠の仰せに背いてはならない。よって、天皇の指示があるまでは聖道・浄土の二門を妄りに論じてはならない。ましてや、浄土の教義はなおさらである。これは天皇の命令よりも師の教えを重んじるからである。不安を拭い去るためにいっているのである。

聖覚が「たとえ勅定たりというとも、師範（法然）の命（令）を破るべからず」と念を押したのは、善信が諍論好きで西意と共に一念義を主張する傾向にあることから、宗論の最中に西意の横槍が入って、聖道門と浄土門の宗義争いに発展する恐れがあったため、法然の教えだけを念頭に置いてその場に臨むように注意したのである。これは「無観称名義」を貫いている法然の言動に泥を塗ることのないように諭したもので、聖覚の心遣いによって、善信はその場を無難にこなし、法然に満足のいく報告ができたというのである。善信は、抑制のきかない自身の積極的な行動力を憂いつつも、聖覚のもつ「無観称名義」にあこがれるところもあったようで、聖覚の言葉には素直に耳を傾けている。

一・二・四・配流

法然の憂いを他所にして、善信の増上慢な態度は衰えることはなかったが、その矢先に住蓮・安楽の事件が生じた。この事件をきっかけにして過激分子が捕らえられ、拷問にかけられた挙句、死罪や流罪の刑に処された「建永の法難」へと発展していく。善信も「一念義」の首謀者として、処罰の対象にされたことが『正明伝』巻二の下に、以下のように記されている。

承元元年丁卯仲春上旬、公卿僉議アテ、同月下旬、源空上人并ニ上足ノ弟子等、左遷ノ宣旨ヲ下サレタリ。善信房モ死罪流罪ノ中ニ議定イマダ決セズアリシニ、六角中納言オリフシ八座ニ列テアリシガ、𦊆ニ申宥ラレシカバ、遠流スベキニ定ラレキ。

〈訳〉

承元元（一二〇七）年二月、内裏での公卿僉議が行われ、同月下旬、法然上人並びに高弟たちに左遷の宣旨が下された。その中で善信房は、死罪か流罪の審議がなかなか決まらなかったが、その時に六角中納言が八座（参議）に列なっていて、何度もとりなしたため、遠流という処分に決定した。

六角中納言とは、日野一族の日野親経のことで、当時は従二位であった。善信は藤原有範の子で日野一族であったことから、たまたま連座していた親戚筋に命を救われたのである。

善信が越後に配流されたのは、承元元（一二〇七）年三五歳のときである。『正明伝』巻二の下には、法然が三月十六日の正午頃に配流先に向かっているが、その日の早朝に善信が配流先に赴いたことが記されている。

同十六日卯初刻、善信聖人出京ナリ。コレ空上人イマダ都ニマシマス内ニ、片時モ先立テ洛ヲ出ムトテ、兼テ送使ノ許ヘタノミタマヘバナリ。罪名藤井善信。謫所北陸道越後国頸城郡国府。法齢三十五歳。検非違使府生行連。送使府生秋兼トゾ聞ヘシ。

〈訳〉

同三月十六日卯初刻（午前五時から七時）に善信聖人は京都を出発した。これは法然上人が都におられる間に、少しでも先に出発したいと、かねてから送使役に頼んでいたのである。還俗名は藤井善信。流罪の地は越後国の頸城郡国府。歳は三五歳。検非違使は府生行連、送使役は府生秋兼と聞いている。

善信の配流先は国府になっているが、この地は現在の新潟県上越市五智国分辺りで、当時は善信の伯父である日野宗業が、建永二（一二〇二）年一月五日から建暦二（一二一二）年まで越後権介に任命されている。

配流先については、『正統伝』巻之四に、

越後国頸城郡司萩原民部小輔年景か許に遣はさる。九条殿下よりは、正月の御介錯朝倉伊賀守貞尚を添て送らせらる。行程十三日を経て、三月二十八日、小輔年景が許に御下着云々。

〈訳〉

越後国頸城の郡司萩原年景の許に遣わされた。九条兼実からは、正月の世話役の朝倉貞尚を付き従えて送られた。十三日の行程を経て、三月二八日に省の次官である年景の許に到着した。

と記されている。越後で善信を受け入れたのは荻原年景であるが、九条兼実からは、正月の世話人でもある朝倉貞尚（さだなお）が善信の流刑地まで同行するように指示されている。朝倉貞尚は、善信が配流された後、五条西洞院花園殿に住まいして、親鸞の家族を守っていることを考え合わせると、「正月」は意味不明である。しかし、光圓寺発行の『花園殿光圓寺略縁起』によると「兼実の家臣朝倉伊賀守貞尚は、玉日君の介錯（傅、補佐役、世話役、守り役、ぢいや）として、玉日・範意ともども花園の留守宅を守って親鸞の帰洛をまった」と記していることから、「正月」は「玉日」の写し間違えであろう。とすれば、貞尚は本来九条兼実の家臣で、貞尚が玉日の付き人である恵信尼を連れて、親鸞とともに越後国に送り届けてから帰洛して留守宅を任されたと考えるのが妥当である。

『正統伝』巻之四では、配流を機にして善信から親鸞に改名したことが記されている。

三十五歳配所に著き給ひて、御名を親鸞と改めらる。仍て善信を房号とし、愚禿親鸞と号す。

〈訳〉

配所に赴いた善信は、名前を親鸞と改めて善信房親鸞、あるいは愚禿親鸞と名乗った。

善信は自身にとって節目となる大きな出来事の度に名前を変えている。今回も流罪を期にして名前を変えるのであるが、『選択集』が附属されたときの名前を残して置くべく、善信を房号に変えて、新たに親鸞という名前を房号に付け加えて、善信房親鸞と名乗って配流先の越後に赴くとともにその地では愚禿親鸞(ぐとくしんらん)という名を用いることにした。恵信尼も『恵信尼消息』で度々「善信の御房」という言葉を使っている。

親鸞が配流された後に遺された、玉日と範意について検討してみたい。

先ず、玉日が親鸞と結婚したのは、十八歳の建仁元(一二〇一)年十月上旬のことで、親鸞と別れたのが、承元元(一二〇七)年三月十六日、親鸞三五歳、玉日二四歳の時である。親鸞が遠流された留守宅を引き受けたのは、玉日の介錯役である朝倉貞尚であるが、玉日は承元三(一二〇九)年九月十八日に二六歳で没している。

親鸞が配流されたときの範意は『正統伝』巻之四に、

三月十三日、善信房、左遷御いとまこひの為めに、竊に青蓮院に参りたまふ。慈円僧正も涙にくれたまひけるが、範意が事は心やすかるべし、我手に取て範宴の形見にすべしと宣へり。

〈訳〉

三月十三日に善信房が左遷の別れを告げに密かに青蓮院を訪れた。慈円も涙にくれていたが、範意の心を安心させるために、我が手元に置いて範宴を思い出すよすがにしよう、といわれた。

というように、慈円に預けられている。

一・三・越後時代

配流先の越後国については、詳しい情報が乏しいことから『正明伝』や『正統伝』あるいは『恵心尼消息』から多少とも拾い集めて史料としたい。

一・三・一・恵信尼

『正明伝』には、恵心尼に関連する記述はないが、『恵心尼消息』からその存在を確認することができる。

恵信尼は、三善為教を父として、寿永元（一一八二）年に生まれ、文永五（一二六八）年に八七歳で没している。三善家は、歴代算術を得意とする博士家で算博士を生業としていたが、その一方で、恵信尼の曽祖父に当たる三善為康は、『本朝新修往生伝』に「算博士三善為康」として伝記が出るほど、熱心な阿弥陀信仰者で、浄土往生については興味をもっていたものと考えられる。

為康は、単なる浄土信仰者というだけではなく、遁世した念仏者に対しても援助の手を差し伸べていて、保安五（一一二五）年には、比叡山黒谷の浄意や大原の朱鈸などと共に『拾遺往生伝』や『後拾遺往生伝』をまとめたということから、為教は法然との親交があったと考えられる。また、『三長記』元久三（一二〇六）年四月三日条には、兼実が越後を土佐に申し替えたり、伯父の日野宗業が越後権介であったり、『玉葉』治承二（一一七八）年一月二七日条には、三善為教が越後介を辞めたことが記されていることから、三善家と越後との間には深い関係のあったことがうかがえる。

三善家が念仏と浄土往生に関心をもっていたことは、恵信尼が当時の念仏聖として噂に上がっている法然の近くにいたことを想像するに難くない。このことを示す文章が『恵信尼消息』（一）に、以下のように記されている。

六角堂に百日籠らせたまひて候ひけるやうに、また百か日、降るにも照るにも、いかなる大事にもまゐりてありしに、ただ後世のことは、よき人にもあしきにも、おなじやうに生死出づべき道をば、ただ一すぢに仰せられ候ひしを、うけたまはりさだめて候ひしかば。

〈訳〉

六角堂に百日の予定で参詣された様子は、百か日の間、雨が降っても暑い日差しの下でも、どのような状態でも吉水の草庵に通われていたときに、来世については、善人であっても悪人であっても同じように極楽へ往生できる道に集中して説かれていたのをしっかりと承りました。

この文章を文法的に解釈すると、前半の「六角堂に百日籠らせたまひて候ひけるやうに」は、他人の経験を伝え聞いたこととして使われているが、それ以降は、恵信尼の体験として語られている。おそらく、前半の文章は親鸞から聞いたことで、後半の文章は親鸞と同時的に体験していたと考えると、恵信尼は法然の教えを直接聞いていたことが想像できる。従って、恵信尼は、少なくとも範宴が下山する建仁元（一二〇一）年以前から法然と近しい間柄にあったことから、範宴の下山後に彼の存在を知ったことになる。

一方、九条兼実は、建久五（一一九四）年に、鎌倉幕府問注所の執事・三善康信の従兄弟である越後権介三善為教の娘・恵信尼を後鳥羽天皇中宮・任子（宜秋門院）の女房に採用した。その後、恵信尼は源頼朝の異母弟である筑前守・八田知家の養女にされ、女房名を「筑前」と名乗った。兼実は自分の長女任子に仕える女房として三善氏の家系と恵信尼の素質を認めていたようであるが、任子は建仁元（一二〇一）年に法然を戒師として出家してしまう。これを機会に、恵信尼は十九歳にして玉日の女房に就くことになるが、その後も、法然の庵室に通っていたものと考えられる。

『恵信尼消息』にも差出人が、「恵心」、「ゑしん」、「ちくぜん」の三通りあるが、「ちくぜん」は「筑前」のことであるとするならば、恵信尼も筑前を名乗っていたことから、兼実や彼の家族との関係が説明できる。また、藤原定家の嵯峨の別荘を訪れた若き日の恵信尼（筑前）について、『明月記』正治二（一二〇〇）年七月二九日条では、以下のように記されている。

> 午終許りに、女房一車にて来臨す（九条殿ニ、丹州・越中。女院、濃・備・筑等の五人と云々）。広隆・栖霞寺に参詣と云々。小時ありて相伴ひ、法輪に参ず。舟を以て之を渡る。礼仏の後、又還り入る。

〈訳〉

暮れの頃に、女房が車で来た（九条殿には丹州・越中、宜秋門院の女房には美濃・備前・筑前などの五人）。広隆寺や釈迦堂に参詣したという。しばらくして一緒に船に乗って法輪寺に参った。拝仏後に帰った。

『明月記』に「築」と記された宜秋門院任子の女房が、恵信尼の若い時の身分であった。この頃に、法然の下に通っていた恵信尼は、浄土門の教義や『選択集』のことなどを知る由もなく、理屈よりもむしろ肌で感じることのできる聖覚の唱導や節付説教に接することで、法然の教えを純粋に吸収していたといえる。住蓮・安楽の「六時礼讃」に参加したこともあったであろう。

一・三・二・親鸞と恵信尼

恵信尼が親鸞とともに越後国に移住した理由を考えてみたい。

親鸞は、法然の下に入室して浄土の教えに接したとはいうものの、頭脳明晰であるが故に幼いころから身に付いた聖道門の教えから離れることができないばかりか、法然と接することはあまりなかった。したがって、教理を重んじて極端な思想に走る「一念義」は、親鸞の挑戦的で強い自己顕示欲の性格とよく一致することから、幸西・行空の活動に心を奪われることとなった。親鸞の一途な性格と破天荒な行動は、玉日の心配事でもあり、彼女の理解する範囲で、流罪後も範意に語り継がれることになる。

一方の恵信尼は、対機説法を得意とする法然の法話や理解しやすい「六時礼讃」などに心惹かれるとともに、愚者の立場で念仏生活を送る手立てを学び実践していたものと思われる。おそらく、念仏三昧の生活の中で日々の自分に与えられた仕事をこなし、周りの人からは、女の遁世僧ともいえる遁世尼として見られていたであろう。また、権門側に立つ女人に侍することで、ある程度の教養を身に付け、常に人に使える身分を心得て、どのような主人についても堪え忍び、「無観称名義」でもって、主人をも納得させるに十分な技量を持ち合わせていたと考えられる。恵信尼が親鸞に付き添ったのは、あくまで身の回りの世話をする給仕としての同伴なのであって、玉日と同じ待遇ではなかった。このような前提条件で、恵信尼が選ばれたのは、親鸞の一途さに伴う危うさを見込んだ上で、玉日が好意的な配慮を示したことによるのであろう。

洛中での親鸞には、「無観称名義」に配慮した行動など微塵もなく、「一念義」の思想の下で智者の振る舞いをして、多勢でもって愚者を強引に従わせるという手法を用いていた。しかし、越後国では、智者の振る舞いをしようにも、その言葉が理解できる人や教えに従う人は少なかった。やはり、「一度の念仏で、善人悪人を問わず誰でも救われる」という、単純で理解しやすい「一念義」の教えが、親鸞の孤独を紛らわせるのに十分であった。親鸞は、仏教と縁のない人々に、誤りなく仏教と縁を結ばせることの難しさを痛感していたが、この解決策を模索する上での共感者であり相談役を務めたのが恵信尼であった。もし、親鸞が同じ教養と考えをもっている人と同住すれば、言い争いは避けられず、単なる使用人ならば相談相手にもならなかった。そこには恵信尼のように信念をもちつつ、一歩引きさがって親鸞を表に立て、異なった観点から物事がみられる知識人が必要なのであった。その意味では、越後時代の恵信尼の信念は揺らぐことがなく、ガラスのように硬くて脆い親鸞の精神を支え続けたといえる。

越後国での親鸞は、恵信尼とともに「無観称名義」を実行しつつ、土地になじむように努力していたのであろう。一方で、親鸞を預かった国府代官の萩原民部小輔年景は、自分の娘を越後国府長の栄部蔵之助景貞の妻にし、自身は親鸞の感化を受けて弟子となり、覚善と称した。景貞は一年後に平岡という地所に新殿（現、安養寺）を立てて、親鸞を敬って朝夕の世話をしている。親鸞と恵信尼は、九条兼実の娘玉日の夫であり使用人であることから、都に関係のある人の伝手で、越後国における人脈を増やして行ったと考えられる。越後国での恵信尼は、一貫して親鸞の給仕に徹していて、親鸞に対する地元の信頼を得ることに尽力していた。

その一方で、法然が頭を悩ませていた「一念義」は、既に洛中のみならず全国規模で猛烈な勢いで拡散していて、親鸞が配流される以前から越後国に定着していたと考えられる。親鸞が配流される頃も、破門された行空や幸西の弟子等が「一念義」を説いて回っていたことから、法然の憂いとは裏腹に、親鸞の教えを受け入れる環境が越後国に整っていたのである。

中でも、人々の信頼を得るに十分な出来事は、法然から附属された『選択集』および真影に加えて法然直筆の法名の開示である。その内容は『正明伝』巻二の下に、

> 夢告ニヨテ綽空ノ字ヲ改、同日御筆ヲモテ名之字ヲ書シメ畢ヌ。乃至制作ヲ書写シ、真影ヲ図画ス。

〈訳〉

法然上人の夢告に基づいて綽空を改名し、その日に上人直筆で改名した字を書いていただいた。その折、『選択集』を書写し、真影も図画した。

という。『教行信証』では、『選択集』の内題である「選択本願念仏集」と「南無阿弥陀仏往生之業念仏為本」の字も、真筆してもらったことが記されている。親鸞はあらゆる手段を講じて、誰が見ても納得のいく正確無比の免許皆伝を作り上げていたといえる。

越後国では、「一念義」が流行っているとはいえ、多くは法然の弟子という者あるいは都からの噂話を信じているだけで、真実の弟子に遭ったことはなく、確たる信仰体験のないままに念仏信仰に甘んじていたところがある。ここに、親鸞が免許皆伝を土地の有力者に提示することで、彼らから絶大なる信頼を得ることができるようになり、自身は表に出ることなく、地元の有力者によって自身の宗教的立場を有利に位置づけることが可能になった。この体験は、関東下向の際にも活用されるのであるが、親鸞以外の法然門下とは一味違った「無観称名義」が、越後国における恵信尼との共同生活によって、徐々に開花することになる。

一・三・三　親鸞の一時帰洛

『正明伝』巻二の下の最後には、越後での生活は記載されないまま、突然五年後の流罪赦免の場面に大きく飛躍している。

五年ノ後、順徳院御宇建暦元年辛未十一月十七日、流罪赦免。勅使ハ岡崎中納言範光卿ナリ。是卿ハ聖人ノ猶父三位範綱ノ嫡子ナリ。河東岡崎ニ別業ヲ立テカヨヒ住レケルホドニ、岡崎黄門ト号セリ。十二月上旬、中納言越後ニ下著シテ、綸言ヲツタヘラル。然ドモ聖人日来ノ心痛シキリニマシマセバ、唯御礼ノ請文バカリアリテ、其歳ハ猶越後ニ止マリタマヘリ。

〈訳〉

五年後の順徳院治世の頃、建暦元（一二一一）年十一月十七日に流罪が赦免された。勅使は岡崎中納言範光卿である。この方は聖人の猶父・三位範綱卿の跡継ぎである。鴨川の東、岡崎に別荘を持ち、そこに通い住んでいるので岡崎黄門と号した。十二月の上旬、中納言が越後に到着して、赦免の言葉を伝えたが、聖人には心配事が度重なり、御礼の請文だけを奉じて、その年は越後に留まることになった。

藤原範光は、藤原南家貞嗣流を継ぐ藤原範兼の子で、仁平四（一一五四）年に生まれ、建暦二（一二一二）年四月五日に没している。後鳥羽天皇の乳母をつとめた卿局（兼子）の兄で、後鳥羽院政で近臣として権勢をふるった。建仁三（一二〇三）年に検非違使別当、権中納言。元久二（一二〇五）年に民部卿、従二位。元久三（一二〇六）年に東宮権大夫となる。『行状絵図』第十二には、日頃から「ひとへに上人に帰して称名のほか他事なかりけり」というから、法然が配流される前日の建永二（一二〇七）年三月十五日に法然を戒師として出家して静心と号している。

親鸞は、建暦元年十一月十七日に赦免されたというから、この時期は法然の帰洛と軌を一にする。範光が建暦元（一二一一）年十二月上旬に越後に着いたというが、これは範光の使いの者が越後国に着いて赦免を伝えたのであろう。しかし、親鸞には心にわだかまりがあって辞退したという。『正明伝』には「日来ノ心痛シキリニマシマセバ」の理由が明らかにされていないが、『正統伝』巻之四には、赦免の知らせを聞いた後、越後国府を建暦二（一二一二）年一月二八日に出発しようとしたが、

宿雪猶深ければ、北陸の嶮難御歩行かなひ難かるべきよし、供奉の人人申ければ、信濃路にか、り、上野へ越えて上洛を急ぎたまふ。上野国四辻と云ふ所に到りて、空師は正月上旬より御異例にて、同二十五日入滅の由たしかに聞き給ひ、今まで鐵石たる御心も忽ちに弱く悶絶胸痛し、道衢に仆れ伏して、血涙し給ふ。其所を今に血辻と名く。今は御上京を急ぎ給ひても詮なしとて、供奉の人々頻に留め申せしかば、血辻より越後へ帰り給へり。時に、上野、信濃両国の道俗聖人の帰行なりと聞きて、隣里遠卿を云はず、阡陌に遮り、教化に預からんことを請ふ。是に由て、四月中旬に至るまて、上州信州の間に御滞留ありける。

〈訳〉
残雪が深く、北陸路は歩行が困難なため、お伴の人々が信濃路を経て上野を経由すれば急いで上洛することができますよ、と申し上げた。上野の四辻という所で法然が一月上旬より具合が悪く、同月の二五日に入滅されたという知らせを聞いて、今までの確固とした意志はたちまち弱くなり悶え苦しんで胸を痛め、道端にひれ伏して、血の涙を流された。現在そこは血辻と名づけられている。この期に及んで上京を急いでも無意味であると、お伴の人々が頻りに止めたことから、血辻から越後に帰ることになった。その時、上野、信濃の出家・在家が親鸞の道行きを聞いて、近隣遠卿を問わず、遠路を苦にもせず、親鸞の教えに接したいと願いでた。そこで、四月中旬まで上州・信州に留まることになった。

と、心痛の原因が記されている。洛中までは北陸路を経由した方が最も短時間で行き着くことができるが、その路は残雪が深く通行が困難なため、遠回りをして利根川を下って上野を経由して、急いで上洛しようというのである。法然の入滅が親鸞に伝わったのは、法然入滅後半月ほど経った二月中旬の頃であろう。心痛の中で地元での教化を請われて、四月中旬まで、およそ二ヵ月間上野辺りに逗留してから、越後国に帰った。上野・信濃における教化の原因は、親鸞が元久二（一二〇五）年四月十四日に『選択集』を附属されるとともに法然の図画と真筆を賜ったことから、これらを肌身離さず保持していたことが、地元の人々の目に留まったことによると思われる。

もう一つの心痛が、『恵信尼消息』に記されている。

信蓮房は未の年三月三日の昼生まれて候ひしかば、今年は五十三やらんとぞおぼえ候ふ。
弘長三年二月十日　恵心

〈訳〉
信蓮房は未の年の三月三日の昼頃に生まれたから、今年は五三歳であろう。弘長三（一二六三）年二月十日　恵心

信蓮房は、恵信尼が産んだ親鸞三番目の子供といわれている。弘長三（一二六四）年二月十日の五二（数え年五三）年前といえば、建暦元（一二一一）年三月三日に生まれたことになる。親鸞が勅許を得て四ヶ月後に恵信

尼との間に子供ができたことを考慮すると、上野から越後へ帰ったことと帰洛の遅れは、信連房の誕生が影響しているとも考えられる。

親鸞は、自身の給仕として送り出してくれた、玉日の世話人である恵信尼に子供を産ませてしまった。本来ならば、恵信尼と共に帰洛して、五条西洞院花園殿を守っている朝倉貞尚のもとに戻りたいのであるが、玉日の夫とはいえ、玉日の亡き後、罪人親鸞と給仕恵信尼の間柄は、九条家を介しての間接的な関係に過ぎない。九条家の許しもなく関係を結んでしまった以上、恵信尼との永住の場所を洛中に求めることはできなくなった。両者にとって、最良の方法は、赦免後の報告に帰洛するものの、再度越後国に戻って密かに法然の教え通りに「無観称名義」の生活に専念することであった。

赦免後の親鸞は、挨拶回りと墓参を兼ねて帰洛したことが、『正明伝』巻三の上に記されている。

建暦二年壬申仲秋ノ中ゴロ御上京アリ。八月二十日アマリニ、岡崎中納言範光朝臣ニ就テ勅免ノ御礼ヲ申タマヒケル。御帰京ノ初ニハ、直ニ源空上人ノ墳墓ニ詣デヽ、シバシバ師弟芳契ノ薄コトヲナゲキ、参内ノ後ニハ、月輪禅定ノ御墓ナラビニ玉日前ノ芒家ニマイリタマヒテ、御誦経ト紅涙トコモゴモナリ。印信モ御供ナリシガ、玉日ノ御墓ニテハ今更終焉ノワカレノコヽチシテ、哀傷ノ涙ニ沈ツヽ、其オリフシノ事ドモマデ語出サレタリ。母公御井タハリノウチニモ、亦今限ノ時ニ至テモ、汝ガ父ハ科ナキ左遷トナリテ、北狄ノ中ニ身ヲ損タマフゾ。我身マカリナバ、越後ヘ莵申ヤレ、北国ヘ角申ヤレ、ト仰ラレシモノヲト、口説ツヾケテ、泣レケレバ、聖人モ御涙ニ咽タマヘリ。（中略）同年十月、聖人ハ辺鄙ノ群萌ヲ化益セムガタメニ、遥ニ東関ノ斗藪ヲオボシメシ立テ、下向アリ。

〈訳〉

建暦二（一二一二、四〇歳）年仲秋（八月）の中頃に上洛し、八月二十日過ぎに岡崎中納言範光卿に赦免の御礼を申し上げた。帰洛して直ぐに法然上人の墓に詣でて、繰り返し師弟の縁の薄かったことを嘆かれた。参内後、九条兼実公と玉日姫の墓に詣でて、涙ながらに読経した。印信もお供したが、玉日姫の墓前では別れた時の気持ちが蘇って、悲しみの涙にくれながら思い出などを語りあった。母君は休養や臨終の時も「貴方の父は罪なくして流され、遠い地で苦労しておられる。私が亡くなったら、越後へ、あれこれと詳しく伝えて下さい」と言い残したことを泣き泣き繰り返すので、聖人も涙にくれた。（中略）その年の十月、聖人は田舎の人々に教えを広めるために、草深い関東を目ざし下向した。

赦免後の親鸞は、十カ月を経て五条西洞院花園殿の朝倉貞尚を訪ね、その足で法然の墓に詣でて師弟の関係が希薄であったことを嘆き、次いで、八月二〇日過ぎに範光を訪れ、赦免の礼を兼ねて帰洛を報告してから、九条兼実と玉日姫の墓に参って涙ながらに読経した。その折、慈円の許から親鸞に会いに来た印信（範意）に、玉日の臨終の言葉を聞くに及んで、二人して共に涙に暮れた。その後、親鸞は、山科に興正寺（規模的には庵）を建立して、同じ年の十月に布教のために草深い関東を目指して下向した。朝倉貞尚は親鸞が帰洛した時に弟子となり、是仏坊宗綱（ぜぶつぼうむねつな）の法名を賜り、引き続き花園殿を管理して現在の光圓寺の開基となった。

一．四．東国時代

帰洛した親鸞は、洛中における念仏停止を訴える寺院や衆徒の活動が、法然配流後に益々盛んになり、法然の外護者でもあった貴族の社会は崩壊して武士社会に代わり、法然亡き後の新興教団もその存在をなくして邪な教えが広がっていることに、居場所がないことを実感していた。そのような折、東国での布教依頼が舞い込むことになる。

一．四．一．東国下向

『正明伝』巻三の上には、東国への下向の理由として以下の文章がある。

聖人、伊勢国桑名ヨリ東海道ヲ下タマフ。マヅ常陸国下妻ノ小嶋郡司武弘ガ館ニ下著アル。在京ノ時ハ先越後ヘト御志モアリシカドモ、武弘ソノカミ聖人ニ親昵ノ事アレバ、此ヨシミヲ忘レズ、京都マデ使ヲマイラセテ、連ニ招請シケルホドニ、マヅ小嶋ニ赴タマヘリ。暫アリテ其年ノ冬オリフシ、雪モ降ザリケレバトテ、越後ヘ立越タマフ。是ハ四十歳ノ時ナリ。四十一歳二歳ノウチハ越後ニマシマシナガラ、信濃上野ノ間ニ徘徊アリテ、教化ヒマナシ。其後横曾根ノ性信房、御迎ニマイラレケレハ、亦下妻ヘカヘラレヌ。

〈訳〉

親鸞聖人は伊勢の桑名から東海道を下り、常陸の下妻の小嶋郡司の武弘の館に到着した。洛中におられた時は、まず越後へとの思いもあったが、武弘は昔聖人と親しかったために、そのよしみを忘れずに、都まで度々使いを出して招聘していたので、小嶋に向かわれた。しばらく滞在したその年の冬、雪が降っていないので、四〇歳の時に越後へ立った。四一歳から四二歳の間は越後に居住しながら、信濃や上野の辺りを徘徊して教化に努め、その後は横曾根の性信房（しょうしんぼう）が迎えに行ったため下妻に帰ることになった。

親鸞は帰洛後、越後を目指そうとしたが、以前から昵懇であった常陸国下妻の小嶋郡司の武弘（たけひろ）から、在京中に度々招聘のあったことから、ついに二ケ月後の十月に常陸下妻に向かった。一応は武弘の体面を果したこともあって、その年の冬に越後に向かい、越後を起点にして信濃や上野に出かけて布教したという。ところが、小嶋郡司武弘が、横曾根（現、茨城県常総市）の性信房を使者に立てて越後に迎えに来たので、二年後に常陸下妻に再度向かったとある。

武弘が親鸞を知ったのは、親鸞が赦免を受けて帰京する際に上野・信濃国で足止めされていた頃のことで、武弘はこの地での親鸞の布教活動に心を奪われて、是非とも東国で教化してもらいたいと考え続けていたのであろう。また、親鸞の「在京ノ時ハ先越後ヘト御志モアリシカドモ」という気持ちは、越後の地で恵信尼とともに終生「無観称名義」の生活を夢見ていたことが考えられる。覚如の著した『改邪鈔』三には、親鸞の「無観称名義」への憧れともいえる記事が載せられている。

つねの御持言には、「われはこれ賀古の教信沙弥〈この沙弥のやう、禅林の永観の『十因』もみえたり〉の定なり」と云々。しかれば、ことを専修念仏停廃のときの左遷の勅宣によせましまして、御位署には愚禿の字をのせらる。これすなはち僧にあらず俗にあらざる儀を表して、教信沙弥のごとくなるべしと云々。これによりて、「たとひ牛盗人とはいはるとも、もしは善人、もしは後世者、もしは仏法者とみゆるやうに振舞ふべからず」と仰せあり。この条、かの裳無衣・黒袈裟をまなぶ輩の意功に、雲泥懸隔なるものをや。

〈訳〉

常に「私は賀古の教信沙弥〈この沙弥については永観の『往生拾因』に記載されている〉に他ならない」といわれていた。従って、専修念仏禁止の時の左遷の勅命に寄せて、身分を連ねて書いた公文には愚禿（愚昧な禿頭の者）の文字を記された。これは結局、僧に非ず俗に非ずの訳を示して、教信沙弥のようにあるべきと言われた。これによって、「たとえ牛泥棒といわれようとも、善人、後世者、仏法者と見紛うような振る舞いをしてはならない」と仰せられた。このことは、裳無衣や黒袈裟を身に着けた時宗を学ぶ人たちの意向とは、著しくかけ離れている。

裳無衣（もなしごろも）は衣の裾の裳の部分を略した丈の短い衣、黒袈裟は黒色に染めた袈裟をそれぞれ表し、これらの衣装は、僧侶の袈裟とは少し異なった似非袈裟といえるもので、世を捨て、仏法ばかりに専念する姿を誇示するために着用されていた。当時の世間に流布する一遍や他阿弥陀仏などの継承を誇示する時衆は、わざと世を捨てた仏法者の振る舞いをしていた。親鸞は愚禿と名乗るものの、世を捨てたところに仏法を求めたのではないことから、時衆と親鸞とは全く逆の立場にあるという。覚如は時衆と真宗の精神のあり方の違いを述べているのであって、そこから派生して、時衆の用いた裳無衣と黒袈裟を着用することを批判したものといえる。

親鸞は、永観の『往生拾因』に引用されている、教信沙弥の「無観称名義」の手本ともいえる生活態度に常々あこがれを抱いていた。このことは「僧にあらず俗にあらざる儀」として「愚禿」を名乗り、また「たとひ牛盗人とはいはるとも、もしは善人、もしは後世者、もしは仏法者とみゆるやうに振舞ふべからず」の言葉からも、十分に推し測ることができる。それにも関わらず、東国への下向を親鸞に決意させたのは、とにかく東国を見てから越後に向ってはどうかという、親鸞を軽い気持ちにさせる武弘の説得力以外の何ものでもない。武弘が親鸞を要請したのは、教化能力に加えて、免許皆伝の証である法然の真筆や真影を携えていることから、赦免後の親鸞に度々東国に来てもらうように使いを出していたのであろう。免許皆伝の類は、越後のみならず東国においても効力を発揮することになったのはいうまでもない。

一・四・二・東国での生活

親鸞が向かった東国の土地柄は、法然の時代に御家人である関東武者らが度々上洛して、法然に接したり弟子になったりする中で、地元に法然の教えを広め、寺院や草庵を建立したりして布教が行われていた。親鸞にしてみれば、平安期の貴族社会が作り上げた京洛での念仏の教えは、度重なる弾圧で衰退傾向にあり、一方で、鎌倉時代の黎明期を支える武士の時代が訪れるとともに、武士たちの支配する東国が、念仏の中心になることを予感していた。このことも東国下向の大きな要因であろうと考えられる。

ちなみに、京洛における念仏禁止の弾圧によって、法然の門人である多くの関東武者が帰郷していたことが『行状絵図』に紹介されている。その中で、大胡小四郎隆義・大胡太郎実秀・薗田太郎茂家らが上野国に、宇都宮頼綱入道蓮生が下野国に、千葉六郎胤頼（たねより）が下総国に、熊谷次郎直実入道蓮生・津戸三郎為守入道信生・那珂弥太郎入道らが武蔵国に、渋谷七郎入道道遍が相模国にそれぞれ帰郷している。

親鸞著『西方指南抄』「津戸の三郎へつかはす御返事」の最後に、法然の主だった弟子を以下のように紹介している。

ツノトノ三郎トイフハ、武蔵国ノ住人也。オホコ・シノヤ・ツノト、コノ三人ハ、聖人根本ノ弟子ナリ。

〈訳〉

津戸の三郎というのは、武蔵の国の住人である。大胡・渋谷・津戸の三人は、法然上人の本来の弟子である。

大胡は大胡太郎実秀（おおごのたろうさねひで）のことで、源頼朝の東大寺供養の折に御家人として随順して、法然との縁を結んだことから、帰郷後も法然と消息文を交わしている。しかし、消息文の中で法然の説く念仏は、念仏以外の諸行を余行として排斥する表現が多く、当時上野地方に根を下ろし活動していた天台系の諸行往生論と徐々に対立を深めることになる。この地域における天台系の代表的存在が並榎定照等であり、法然没後に勃発した「嘉禄の法難」の要因にもなった。

渋谷は渋谷七郎道遍のことで、建久四（一一九三）年に熊谷直実が入信したうわさを聞いて上洛し、法然門下に入門してから長く法然に近侍したとされる。「嘉禄の法難」では法然の遺骸を嵯峨に移すときに警護している。その後、石川（神奈川県藤沢市）に移住し、良忠とも度々交流している。

津戸は津戸三郎為守のことで、源頼朝の挙兵に参加して、建久六（一一九五）年に上洛し、法然を訪ねて念仏者となる。源実朝が暗殺されたときには、出家して尊願と称している。仁治四（一二四三）年、法然が入滅したのと同じ年齢の八〇歳をもって割腹自殺を図った。

『西方指南抄』が、法然の行状に加えて、彼ら関東武者の消息文を詳しく記録しているところをみると、当時の親鸞が東国に寄せる思いの尋常でないことが伝わってくる。すなわち、親鸞が東国を選んだ理由は、武弘の誘いに加えて、東国が法然に縁のある関東武者が多く、法然の教えを守り広めている地でもあるという環境、および世の中の動きが貴族社会から武家社会に移行していくという社会状況の両方を敏感に感じ取っていたことにある。

武弘の要請で東国に下向した頃の親鸞は、越後と下妻の間を徘徊しつつ武弘と恵信尼の思いを満足させていた。この期間が、建暦二（一二一二）年から建保二（一二一五）年の二年間だとすると、『恵信尼消息』の以下の文と一致するところがある。

三部経、げにげにしく千部よまんと候ひしことは、信連房の四つの歳、武蔵の国やらん、上野の国やらん、佐貫と申すところにてよみはじめて四五日ばかりありて、おもひかへしてよませたまはで、常陸へはおはしまして候ひしなり。

〈訳〉

三部経を納得して千部よむ決意をされたのは、信連房が四歳のときで、武蔵か上野かいずれかの佐貫という所で四五日ほど読んでから、思い返して読むのを止められて、常陸に向われた。

三部経読誦が、建暦元（一二一一）年三月三日に生まれた信連房が四歳の時というから、建保二（一二一五）年に、親鸞は妻子を連れ立って越後国から佐貫を経て下妻に向ったことがわかる。これも武弘の度重なる常陸在住要請の結果であろう。小さな子供を抱えての旅は、武弘の費用負担もあって十分な時間的余裕があった。

『正統伝』巻之四には、親鸞が四二歳の出来事として、

> **同月二十一日、武弘がこしらへにて真岡代官代兵部大輔三善為教が女子朝姫を納れて、聖人に給仕せしむ。是慈信房已下彌女等の母也。後に落髪して恵信と名づく。**

〈訳〉

二月二一日、武弘の計らいによって真岡（現、栃木県宇都宮市辺り）に代官三善為教の娘である朝姫を受け入れて、聖人の給仕とした。彼女は、慈信房善鸞以下女子弥女（覚信尼）どもの母であり、後に髪を切って恵信と名乗っている。

というように記している。親鸞が四二歳というと、建保二（一二一五）年であるから、この年の二月二一日に恵信尼を親鸞の給仕として、武弘が受け入れたのである。これは、恵信尼を越後において下妻との間を行き来している親鸞の生活に対する不便さを慮った武弘の好意といえる。ここでの注目点は、当時の恵信尼が三善為教の娘で朝姫と呼ばれ、親鸞の妻ではなく給仕であるとしている。親鸞の傍で雑用する有髪の朝姫は、赦免後も玉日の世話役の地位を堅持していて、恵信尼と呼ばれたのは出家後のことであった。

東国で過ごした時の親鸞の主な草庵は、常陸、下野、武蔵の国境辺りで、稲田（現、茨木県笠間市稲田）、小島（現、茨木県笠間市笠間）、大高山（現、茨木県常総市蔵持）、大山（現、茨木県東茨木郡城里町阿波山）、霞ケ浦（現、茨木県石岡市柿岡）、三谷（現、栃木県真岡市三谷）、佐貫（現、栃木県塩谷郡塩屋町佐貫）の七カ所にものぼる。

親鸞の布教活動は、空阿弥陀仏が実践していたように、自身の草庵で説教することなく、信者ともいえる人の家（主に武家屋敷）を説教所として借り、ここに近隣の人々を招き入れて念仏の教えを説くという方法が取り入れられた。そこは寺院や仏閣などといった特殊な建物ではな

く、生活者の住居あるいは納屋などをそのまま活用しての道場であった。これは、法然が日頃から唱えていた、念仏を称えつつ普段の生活を送るという教えを実践したもので、念仏を称えつつ無観称名を生活の中に埋没させることで、宗派を造らずに念仏を普及させるという「無観称名義」を制度として実践したといえる。この制度が組織化されて「在家仏教」として定着することになる。

武弘の援助によって下妻での生活が続く中で、『正明伝』巻三の上には、武弘の死を伝える記事が載っている。

聖人四十五歳、建保五年丁丑夏ノハジメ、同国笠間郷稲田ト云所ニ移テ草庵ヲ占タマフ。其由ヲタヅヌレバ、去年仲冬小嶋郡司スデニ往生ヲトゲヌ。聖人モ最アヂキナクオボシメシケル。爰ニ国中ニ教化ニアヅカル道俗、オノオノ小嶋ニ参テ聖人ニ申ヤウ、此所ハ当国ノクニバシト申ベシ、郡司殿モ既ニ御オシヘニ因テ往生ヲ遂ニキ、御心ニカ、ルコトモ侍ラジ、笠間ノ辺ハ信心ノ門徒多シ、今ハ彼地ニウツリカヘラレテ、教化ヲ専ニシタマフベシト。聖人モサスガニ其請モ黙ガタクシテ彼方ニ移タマヒキ。是ヲ稲田御坊ト申ナリ。此ニマシマスコト、十有余年ナリ。

〈訳〉

聖人四十五歳の建保五（一二一七）年の初夏、常陸国の笠間郷稲田という所の草庵に移り住んだ。その理由は、去年の冬に小嶋郡司が亡くなって、聖人もさびしく思っていたところ、常陸の国中で教えを聞いていた人々が小嶋を訪ねて「ここはこの国のはずれになる。郡司殿も教え通りすでに往生されたので、心にかかることもないはず。笠間の辺りは熱心な門徒が多いので、今度はそちらへ移って教化に専念してほしい」と申し上げたところ、聖人は断る理由もないので、笠間へ移られた。それが稲田御坊で、ここに十年余住まわれた。

親鸞が下向して四年目の建保四（一二一七）年十一月に武弘は死去した。武弘の死を機会に、笠間郷稲田に住まいを移して、ここに十余年間住んでいた。そしてここを拠点にして、

四十八歳ノ時ハ、鹿嶋、行方、奥郡、南庄、国府、柿岡、羽黒、小栗ナドヲ勧タマヘケル

〈訳〉

四十八歳の時には、鹿島・行方・奥郡・南庄・国府・柿岡・羽黒・小栗などを教化した。

という。これらの地域は、香取の海（現、霞ケ浦）を取り巻く、海運や漁業に従事する庶民が生活する港町を形成していて、当時の鎌倉との交易に必要な土地柄でもあった。親鸞は、御家人の土地から漁師町に移動したことで、教化の方法を智者から愚者へと移さなければならなかった。

一・四・三・東国の環境

親鸞が下向した頃の東国は、京洛からみると辺鄙な片田舎との揶揄は免れないが、都の貴族社会を代表する優美な華やかさはないものの、文化・産業・軍事の面では早くから開けた土地柄であり、桓武天皇の治世がはじまって以来、継続的な繁栄を続けていた。特に、下野・上野の両国は、当時の朝廷が推し進めていた蝦夷征討の兵站（へいたん）基地となっており、陸奥・出羽両国に向って、国司の課役を逃れる者の逃亡防止や朝廷による移住政策などによって多くの人々が移り住んでいた。中でも鹿島神宮・香取神宮は征討の成功を祈願する場所であり、寺院や神社が積極的に建立されるなどの文化的な協力体制が整っていた。

朝廷から天台宗の公認を得たばかりの最澄も東国における これらの動きに関心をもっていたことから、最澄の東国行きに随行した弟子の円仁（下野出身）は、陸奥から常陸にかけて立石寺など多数の天台宗寺院を建立したと伝えられており、最澄とその門人は下野・上野両国を足掛かりに奥羽の人々に対する教化を進めようとしていた。

最澄よりも以前に東国に赴いたのは道忠である。彼は、最澄が入唐する前の延暦十六（七九七）年以降にあらゆる経典の写経を行った際、東国からはるばる駆けつけて二千巻もの助写をしたことから、東国における最澄の盟友的存在であった。道忠自身は鑑真の弟子で、律宗の僧侶であったが、戒壇が設けられた下野薬師寺との関連で東国に住いして、多くの弟子を持つ僧侶であった。最澄が東国へ下った際には、すでに道忠は没した後で、教団は道忠の弟子広智（生没年不明）が率いていた。後に天台座主となった円澄（七七一～八三六）や円仁（七九四～八六四）・安慧（七九四～八六八）らは、道忠の弟子もしくは孫弟子（広智の弟子）であり、道忠との縁から最澄に入門している。このように道忠の存在は、初期の天台教団の中で、非常に重要な役割を果たしていた。

道忠や広智が活躍した頃の東国は、香取の海の周辺に散在する津（港）を中心にして栄え、農業生産以外に当時の最先端といえる各種手工業生産によって、高い人口密度が維持され、いわば古代の地方都市が芽生え始めていた。道忠・広智の登場は、そのような古代都市に宗教的・思想的な文化を移植したといえる。つまり、彼らに結集した人々は、単に苛酷な律令国家の収奪体制から逃れようとしたのではなく、僧侶の特権でもある様々な技術力を駆使して、手工業生産という付加価値の高い産業技術を育成して自立性を高めようとしていた。その中から『華厳経』や『梵網経』でいうところの福田（架橋、造寺、衆僧供養、病者治癒、飢者施食、寒者給衣などの菩薩行）の実践者とされる多くの菩薩僧を輩出した。また、彼らは東国に京洛の最高の学問を吸収させようとし、自らの助写の経験を活かして一切経を東国の地に根付かせようと努力していた。

一方、同じ頃に東国から奥州・陸奥辺りで活動したのが徳一である。彼は、藤原仲麻呂の子として、天平勝宝元（七四九）年に生まれ、天長元（八二四）年に没した法相宗の僧で、東大寺に住んで興福寺の修円に法相を学び、二〇歳頃に東国に移ってからは会津に住み、僧侶の奢侈を憎んで自ら粗衣粗食し、民衆教化にも力を尽くして大いに尊ばれた。徳一が弘仁八（八一七）年から弘仁一二年にかけて最澄との間で「三一権実論争」を行ったが、この時に『仏性抄』、『中辺義鏡』、『慧日羽足』、『遮異見章』などを著して天台宗の教学を批判した。「三一権実」とは、最澄の説く悉皆成仏の一乗思想と徳一の説く声聞・縁覚・菩薩の三乗思想との論争である。また、空海も徳一に手紙を送って密教経典の書写を依頼しており、東国の辺境にあって、徳一は平安仏教に対抗し得る学徳とともに優れた業績を残している。徳一の開創した寺院は数多く、陸奥国・会津の慧日寺や勝常寺、常陸国の筑波山・中禅寺、西光院をはじめ約三〇ヶ寺があるといわれている。

これらのことから、平城京から発した仏教は、時を同じくして平安京に匹敵する勢いで東国から陸奥国辺りへと伝播していったことがわかる。

時代は下って、法然の消息である『津戸三郎へつかはす御返事』九月二八日条には、東国で念仏が広まっていることが記されている。

さても専修念仏の人は、よにありかたき事にて候に、その一国に三十余人まて候らんこそ、まめやかにあはれに候へ。京辺なんとのつねにきゝならひ、かたはらをも見ならひ候ひぬへきところにて候たにも、おもひきりて専修念仏をする人は、ありかたき事にてこそ候に、道綽禅師の、平州と申候ところにこそ、一向念仏の地にては候に、専修念仏三十余人は、よにありかたくおほえ候。ひとへに御ちから、叉くまかやの入道なんとのはからひにてこそ候なれ。

〈訳〉

さて専修に念仏する人は、今の世では生き難いのに、一国で三十数人に及ぶとは実に尊いことである。京辺りで常に聞き慣れ傍でもみているところだが、今は心に決めて専修に念仏する人はそれほどいないからこそ、道綽が平州というところこそ一向念仏の地であるというように、専修の念仏者が三十数人というのは本当にありがたいことです。偏にあなたの力であり、熊谷入道などの計らいがあってのことである。

京洛の周辺では、念仏禁止や弾圧によって専修の念仏者が少なくってきた。しかし、念仏の機会に恵まれない地方で念仏を広め、武蔵一国で御家人層の専修の念仏者が三〇数人もいることは、貴方や熊谷直実の努力の賜物である、というのである。彼ら御家人は、専修の念仏者であるとともに東国の地で寺院や庵を創建し、名主を抱えていることもあって、傘下の名主層もそれになびいたとすれば、専修に念仏する者の数は相当数にのぼったであろう。法然の生存中でさえ、御家人の念仏層は増加の一途をたどっていたことから、親鸞の東国下向の時には、自身が法然の弟子であるという謳い文句を掲げれば、引く手数多の状態であったと考えられる。

親鸞の時代には、道忠の努力によって既に宗教的地盤が確立されていて、一切経を手に入れるのに適した環境でもあった。このことを証明するかのような記録が、『口伝鈔』（一切経御校合の事）に記されている。

最明寺の禅門の父修理亮時氏、政徳をもっぱらにせしころ、一切経を書写せられき。これを校合のために智者・学生たらん僧を屈請あるべしとて、武藤左衛門入道（実名を知らず）ならびに屋戸やの入道（実名を知らず）両大名に仰せつけてたづねあなぐられけるとき、ことの縁ありて聖人（親鸞）をたづねいだしたてまつりき。もし常陸の国笠間郡稲田郷に御経回のころか、聖人その請に応じましまして一切経御校合ありき。

〈訳〉

北条時頼の父である修理職の時氏が政務に就いていた頃に、一切経を書写された。写本を本文との異同を照らし合わせる作業に必要な智者や学者である僧侶を招くように武藤左衛門や宿屋太郎に仰せつけ、尋ね探し求めているときに何かの縁で親鸞を訪ねることがあった。常陸国の稲田郷で布教活動している頃であろう。聖人はその請いに応じて一切経を校合された。

北条時氏が修理亮（しゅりのすけ）（律令制で規定されていない官司・官職）であったのは、嘉禄三（一二二七）年以降のことで、彼は寛喜二（一二三〇）年に二七歳の若さで死去しているから、「一切経」の校合があったのは、親鸞が稲田に在住していた時であると考えられる。

一・四・四・教化活動

東国の地で既成教団や仏教から自由になった親鸞は、越後時代に経験した荒れ狂ったような日本海に比べて、香取の海は穏やかで教化活動に適した環境であることと、既に法然の教えの影響を受けている人たちが生活していたことを考え合わせて、この地で念仏を説く方法を模索していた。従来の仏教が、仏の教えを学び、説くことを目的としていて、衆生を救うことは二の次であったが、法然はこのような仏教を庶民の手の届くところまでに引き下ろしたといえる。

そして、法然の門流を相承した一人として位置づけられる親鸞は、法然の門人であった隆寛が説くところの救う側と救われる側の二項対立的な選択方法を用いて、救われる側を中心に据え、そのあるべき姿を示そうとしていた。例えば、法然によって女人往生が説かれ、救われようのなかった女人が救われる立場として選択し、救う立場は不可思議であるとして選捨した。また、聖覚が説く凡夫に与えられた、信じるという能力を駆使して、信じて念仏申すことが救われる中心課題であることを明らかにした。小難しい教義を云々するのではなく、偏に信じるという行為は、仏教に関わっている時間のない女人、あるいは香取の海を生活の場とする漁師や海運業者に適するところで、親鸞は稲田の草庵で、法然の対機説法に直接触れていた恵信尼と共に、彼女が納得できる説法の仕方を練習して、庶民の集う道場に臨んでいたと考えられる。

(二) 教化の覚書

東国の人々は、武士や漁師、運輸を担う商人などが多く、彼らが仏教の破戒行為ともいえる殺生や虚偽を生業とせざるを得ない生活に甘んじていた。ここに彼らと同じ悩みを露わにし、その疑問に答えてくれる愚禿を名乗る有髪の聖を身近に感じていたことから、親鸞を香取の海に招聘したのであった。下妻辺りは陸地で徒歩での行動範囲は限られていたが、稲田に移住してからは香取の海を船で航行できることから、親鸞の行動範囲は格段に広くなったものの、個々の道場に対する教化の密度は薄くなっていた。

親鸞と恵信尼には、説法を企画する上で、様々な葛藤があったものと思われる。その葛藤の内容は、従来の仏教の基本教義である教・行・証を参考にして、「教巻」、「行巻」、「証巻」を設けて、各巻ごとに関連する経典を添えた覚書として記録されている。親鸞はこれを『顕浄土真実教行証文類』と名づけて、この覚書をもって説法に供する参考資料として私設の道場に臨んでいたと考えられる。

『顕浄土真実教行証文類』の成立は、『正統伝』巻之五によると、

> 五十二歳、元仁元年甲申正月十五日より稲田に於て『教行信証』を書き揃へ給ふ。始め四十八歳夏の比より草按ありしかども、こゝかしこ抜書の躰なり。今年の初春より、巻を六部に分ち、前後

始終を書き調へられたり。然ども、清書は五十六歳の秋なり。

〈訳〉

　五二歳の元仁元（一二二四）年一月十五日から稲田において『教行信証』を書き揃え始めた。最初は四八歳の夏頃に草案はあったが、此処彼処の抜き書き程度であった。今年の初春から六巻に分けてまとめられたが、清書に及んだのは五六歳の秋であった。

という。親鸞が越後から常陸に移住してから約十年が経過して、常陸稲田での生活に慣れてきた頃のことである。覚書は、常陸下野に住んでいた頃に経典類から抜き書きした整理もままならない雑多なものであったが、五二歳になってから、経典類の教・行・証に、聖覚や隆寛の聖教類から導き出した「信」「真佛土」「化身土」を加えて『教行信証』として整理し直して、五六歳の安貞二（一二二八）年に完成させたのである。既に東国において『教行信証』の基本形は完成していたといえる。

　覚書には、隆寛の著書である聖教類の流れに従って整理するものの、経典類については常陸の寺院を巡って一切経を探し求めていた。その結果、説法会場の反応を把握しながら常に反省と修正が繰り返されて覚書が更新されることになるが、その行間には教義に対する愚禿の至らなさを懺悔するかの表現が垣間見られるようになった。『教行信証』の中に「海」に例えた仏教用語が頻出するのは、越後や東国での生活環境が海に関わっていたことが影響していると考えられる。

　稲田での覚書の執筆については、『教行信証』（化身土巻）にも年代が特定できる記述がある。

周の第五の主穆王五十三年壬申に当れり。その壬申よりわが元仁元年　元仁とは後堀川院諱茂仁の聖代なり　甲申に至るまで、二千一百七十三歳なり。

〈訳〉

　中国周時代の穆王在位五三（前九四九）年から元仁元（一二二四）年まで、元仁とは後堀川院（諱は茂仁）の代であるが、二一七三年を経ている。

『教行信証』の執筆時期は、家族で稲田に定住するようになった建保五（一二一七）年から元仁元（一二二四）

年まで七年を経ていることになるが、おそらく、定住後間もなく抜き書きの作業が始まり、元仁元年以後も抜き書きは続けら、安貞二年に完成してからも度々改訂作業が続けられていたであろう。現在に残る『教行信証』の原本には、修正に修正を重ねた跡がはっきりと見て取れる。

彼らが参考に供した聖覚や隆寛の聖教類は、建長八（一二五六）年五月二九日に性信房に遣わされた『親鸞聖人御消息』八に、

おほかたは、『唯信鈔』・『自力他力の文』・『後世物語の聞書』・『一念多念の証文』・『唯信鈔の文意』・『一念多念の文意』、これらを御覧じ。

〈訳〉

大体、『唯信鈔』、『自力他力の文』、『後世物語の聞書』、『一念多念の証文』、『唯信鈔の文意』、『一念多念の文意』などをご覧になり。

と記されているが、この手紙は善鸞の義絶宣言と同日に出されたもので、東国時代には『唯信鈔』、『唯信鈔文意』、『一念多念文意』などは、まだ著されていなかったので、おそらく隆寛の『自力他力事』、『後世物語聞書』、『一念多念分別事』の三つの聖教が覚書の内容を埋めていたのであろう。

結果的に、親鸞は「親鸞聖人御消息」（有念無念の事）において、

真実信心の行人は、摂取不捨のゆゑに正定聚の位に住す。このゆゑに臨終まつことなし、来迎たのむことなし。信心の定まるとき往生また定まるなり。来迎の儀則をまたず。

〈訳〉

真実の信心を得た念仏者は、必ず救い修め取って、浄土に往生させていただく故に、必ず浄土に往生できると定まった人々の位に入っている。だから臨終をまつ必要もなく、弥陀の来迎を頼む必要もない。信心が定まったとき、極楽往生も定まっているのである。来迎の儀式を待つまでもない。

と述べている。法然以前の念仏は、現実生活の散善を

そのままにしておいて、浄土往生を願って日常称えるものであったが、親鸞の場合は、信心が定まった時に往生することが決まるのであるから、信心決定後に称える念仏は報謝以外の何ものでもない。この考え方は、善導、法然、隆寛の説く「二種深信」に由来しているが、親鸞は、隆寛の説く現世利益観に基づいて、「法の深信」を説かずに「機の深信」に注力して、その功徳を説いているといえる。

（二）信仰の対象

浄土教の教化活動で、東国と洛中とで異なるところがある。洛中は貴族社会が長年続き、造像起塔や節付説教などの信仰に関わる環境が整い、多くの仏教芸術が庶民に解放され、日常的にそれらに触れる機会が多く、浄土思想にしても、整った信仰の環境を対象にしたものが多かった。しかし、東国の地は、きらびやかな貴族社会や荘厳な浄土を模した大寺院、阿弥陀仏などの身体で感じる信仰の対象はなきに等しい環境であった。そのため、親鸞は、従来の信仰対象である阿弥陀仏像を偶像と見立てて、信仰の対象が目で見たり耳で聞いたりする感覚で意識することができないものとした。その結果、「無観称名義」の説く、観想せずに称名だけを行う無観称名の教化に向けての活動を試みるようになる。

親鸞が比叡山以来、権力に対して抱く拒絶反応のような感情は、山門で堂衆として強訴に加担し、法然門下で「一念義」を訴える過激分子への参画など、被差別民の立場での反抗心が醸成され、これらの経験に加えて越後での生活に触れたことから、常陸では凡夫の自覚と自覚の故に救われる道を模索していたといえる。

親鸞の教化のもう一つの特徴は、すべての人が阿弥陀仏の前で平等であるという考えである。この考え方の一端が『歎異抄』後序に紹介されているが、この件は、『正明伝』巻下の二でも述べた「同一信心に対する争論」と同じ内容なので省略する。

親鸞は、阿弥陀仏と人間の関係は、親子の関係と同じで、絶対に覆すことはできない。人間同士の場合は、貴賤貧富や老若男女、賢愚などの相対的概念で比較することが多く、人間の置かれた状況次第ではどのようにでも立場を入れ替えることが可能である。しかし、絶対的存在と相対的存在のように入れ換えることのできない概念の下では、それぞれ次元の異なる世界内存在の中では平等であるといえる。まさに信じられる側と信じる側の意識の相違であるから、同じ信じるという意識内に存在する限りは共に等しく異なるところがない。親鸞は、師匠と弟子の関係を絶対的概念で比較していた弟子達の考えを否定して、師匠と弟子との関係は、阿弥陀仏という絶対的存在の前では相対的概念に過ぎないことを力説していたのである。

親鸞が説く所の師弟の関係を超越した同朋意識は、『歎異抄』第九条の唯円との対話の中に現れている。

念仏申し候へども、踊躍歓喜のこころおろそかに候ふこと、またいそぎ浄土へまゐりたきこころの候はぬは、いかにと候ふべきことにて候ふやらんと、申しいれて候ひしかば、

親鸞もこの不審ありつるに、唯円房おなじこころにてありけり。よくよく案じてみれば、天にをどり地にをどるほどによろこぶべきことを、よろこばぬにて、いよいよ往生は一定とおもひたまふなり。よろこぶべきこころをおさへて、よろこばざるは煩悩の所為なり。しかるに仏かねてしろしめして、煩悩具足の凡夫と仰せられたることなれば、他力の悲願はかくのごとし、われらがためなりけりとしられて、いよいよたのもしくおぼゆるなり。

〈訳〉

念仏していても、おどりあがるような喜びの心がそれほど湧いてこない。また少しでもはやく浄土に往生したいという心もおこってこないのは、どのように考えたらよいのでしょうかと尋ねたところ、次のように言われた。

この親鸞も疑問に思っていたのですが、唯円房よ、あなたも同じ心持ちだったのですね。よくよく考えてみると、おどりあがるほど大喜びするはずのことが喜べないから、ますます往生は間違いないと思うがよい。喜ぶはずの心が抑えられて喜べないのは、煩悩の仕業なのである。そうした私達であることを、阿弥陀仏ははじめから知っておられて、あらゆる煩悩を身にそなえた凡夫であると仰せになっているから、本願はこのような私達のために、大いなる慈悲の心を起こされたのであると気づかされ、ますますたのもしく思われる。

今風に考えると、いかにも軽薄な答え方である。威儀を正して慇懃に質問してきた者に対して「儂も同じだよ」では、答えになっていない。ここには、言葉の表面を捕らえて議論することを好む近代哲学（形式論理）と、人間の心を主体に行動する仏教（弁証法）との違いが現れている。親鸞は、状況を説明するために表面的な言葉を使うにしても、唯円の抱いている過去からの人生の積み重ねを十分に認識した上で、弁証法の得意とする、正反の考え方から脱した生成に通ずる止揚の行為でもって答えているのである。

唯円は、形式論理の考え方で今までの浄土教の教えを理解していたようであるが、それを弁証法的に覆したのがこの件である。親鸞は、唯円の疑問を言葉でもって説明するものの、唯円の疑問の真っただ中に下りてきて、お互いの理解を一つにして、肩と肩を組みながら行くべき方向を示しつつ共に歩むという手法をとっている。通常は否定的な言葉で叱咤激励して終わるところを、「私も同じである」という言葉に、唯円は大いなる安心感を抱くとともに、親鸞に対する信頼感も醸成されるのである。この安心感が得られるところに宗教の醍醐味が隠されている。親鸞は形式論理的な思惟形態から抜け出せないままに、実存的に開花しようとしている唯円の心の動きを的確に捉えているからこそ、一見無謀ともいえる「儂も同じだよ」という言葉が発せられたのである。

一・四・五・講組織

親鸞が教化のために道場として利用していたのは、平安時代中期ごろから地域社会で盛んに行われるようになった「講」という組織体である。本来ならば、畿内で行われていた教化活動のように、平安時代に培ってきた宗教的環境が盤石で、批判の対象とすべき教義が豊富に揃っていればよいのであるが、東国では、環境作りから始めて教化していく必要があった。親鸞は、活動の場を既に確立されている講に求め、この講を道場の拠点にして、庶民に法然の教えを伝えることを思いついた。

講とは、地域社会を対象として、信仰、経済、社会、職業上の問題解決や目的達成のために結ばれた社会集団であって、宗教的講と経済的講に大別できるが、その形態は、二つの機能が併合したり、総合するなどして複雑で多様化されているのが実情であった。

この内、宗教的講は信仰上の目的を達成するために組織され、その性格上、原始的民族宗教に立脚した山の神講、地神講、水神講、田の神講、海神講、船霊講、日待講、月待講など自然信仰や精霊信仰を強調するもの、あるいは地域共同体鎮護の鎮守神や氏神をまつる神社の氏子や崇敬集団が結成する氏神講や鎮守講があり、地域の住民に対して大きな影響力をもっている。このような講は、仏教諸宗の中で中世以後すさまじい勢いで一般民衆に浸透し、庶民仏教の特徴でもある組織づくりの手段として活用された。

特に、民俗信仰を基盤にした講は、村落内において営まれるのが普通で、村落などの一定地域全体が一つの単位となって形成されている。そこでは、講日が同時に村寄合の日となっていて、村落で行う作業の安全や五穀豊穣を願うのが主旨である。また、子安講や観音講、地蔵講さらには念仏講などもあるが、これらは特定の御利益を目的としていて、講員も自ずと限定されることになり、村落内でも主に婦人層で構成されている。

親鸞は、既に存在している講に着目して、南都北嶺で信仰の対象となっていた巨大寺院や仏像などの荘厳に頼ることなく、旧来の宗教的講の活動の中に入り込んで無観称名の念仏講を実施していたのであろう。講では、親鸞の「教・行・証」に関係する説教が行われ、親鸞が不在の時は、代参人が親鸞の草庵を訪ねて、説教の内容を講中に報告していたのであろう。老若男女を問わない村の住人が参画できる講は、まさに法然が求めていた庶民救済の教えを、講の行事に紛れつつ隠れて「無観称名義」を効果的に実践できる唯一の組織体であった。

ところが、本来の講組織は、庶民の生活が円滑に運用されることが目的で形成されたのであるが、そこに寺社信仰や民俗信仰以外の思想色豊かな「無観称名義」が持ち込まれると、倫理的な約束事では対応しきれない目に見えない心の内の心情に関わる揉め事が新たに加わることになる。講中では対処しきれない問題が多くなると、常に親鸞を介して解決策が練られ、親鸞なくしては念仏講が成り立たなくなっていくことは明白であった。一方、東国と雖も念仏禁止の動きは日増しに厳しくなり、表立っての教化活動は難しい状況であったことから、人々が抱く信仰心に対して正しい道を示してそこに導くことも困難な環境となっていた。

いる。

一・四・六・異端の徒

説法の方法は、指導者の個性が垣間見られるところで、親鸞の場合は法然の対機説法とは大きく異なっている。親鸞の教化活動の特徴が『歎異抄』第二条に紹介されている。

念仏は、まことに浄土に生るるたねにてやはんべらん、また地獄におつべき業にてやはんべるらん。総じてもって存知せざるなり。(中略) 詮ずるところ、愚身の信心におきてはかくのごとし。このうへは、念仏をとりて信じたてまつらんとも、またすてんとも、面々の御はからひなりと云々。

〈訳〉

念仏は本当に浄土に生れる因なのか、逆に地獄に堕ちる行いなのか、まったく私の知るところではない。(中略) つきつめていえば、愚かな私の信心はこの通りです。この上は、念仏して往生すると信じようとも、念仏を捨てようとも、それぞれの考え次第である。

親鸞は、念仏を称えることで浄土往生するのか地獄に行くのかは、私の知ったことではない。そのようなことは各個人が考えることだ、というのである。親鸞を訪ねて来た人に、何ら解答を与えようとせず、自ら考えるように指示するあたりは、自他あるいは問答の完全なる分断であり、話を続ける術がないも等しい。自分で考える能力がないから訪ねてきたのであるが、これでは問者の立ち入る隙がない。法然の場合は、相手の思いを把握して適切な答えを与えていて、問者はその場で満足して帰途につくが、親鸞の場合は、禅問答のように、問者自らが答を見出すことを要求している。その上、自身が学んできた学問を強調して、「一念義」による智者らしい振る舞いによって説法していたとも考えられる。

『歎異抄』後序には、親鸞の信仰態度を述べた言葉として、以下の述懐文が紹介されている。

「弥陀の五劫思惟の願をよくよく案ずれば、ひとへに親鸞一人がためなりけり。されば、それほどの業をもちける身にてありけるを、たすけんとおぼしめしたちける本願のかたじけなさよ」と御述懐候ひしこと。

〈訳〉

「阿弥陀仏の無始以来の長い間思惟された願いをよく考えてみれば、偏に親鸞一人のためであった。それ故、このような理性で如何ともしがたい身であるのに、助けようとお思いになる本願の尊いことか」と述べられていた。

東国の地は、畿内とは違って、信仰の対象となる寺院の荘厳やきらびやかな仏像などの浄土を思わせる可視的な創造物が見当たらない。そのことから、親鸞は、従来の厭離穢土、欣求浄土の教えによって、浄土の荘厳を信仰の対象とすることはできず、阿弥陀仏の因位時における法蔵菩薩の第十八願をもって本願とし、本願の力を信ずることを勧めている。この信仰対象を念仏から信心に変換することで、東国にも広がってきた念仏弾圧の対象から外れることになる。しかし、信仰の対象が抽象的な本願ということになると、庶民には、理解し難い教義となり、親鸞あるいは道場の提供者である世話役の技量に頼らざるを得なくなった。親鸞にしても、稲田を中心にして、各道場を駆け巡っていたことから、細かな指導を期待することはできない。このため、庶民にしてみれば、親鸞という生き仏が近くに存在していて、道場に行けば直接面授できることに歓びを感じるようになった。

このような親鸞の対応によって生じる信者間の戸惑い、あるいは「無観称名義」に反する門徒の行為が、『歎異抄』の第十条以降に記されている。順を追って異端の徒の行状を検討してみたい。

『歎異抄』第十一条では、余り知識のない人が理解できそうもない言葉で惑わす行為について説いている。

一文不通のともがらの念仏申すにあうて、「なんぢは誓願不思議を信じて念仏申すか、また名号不思議を信ずるか」と、いひおどろかして、ふたつの不思議を子細をも分明にいひひらかずして、ひとのこころをまどはすこと、この条、かへすがへすこころをとどめて、おもひわくべきことなり。

〈訳〉

文字の一つも知らずに念仏している人に向かって、「おまえは阿弥陀仏の誓願の不可思議なはたらきを信じて念仏しているのか、それとも、名号の不可思議なはたらきを信じて念仏しているのか」といって相手をおどし、この二つの不可思議について、その詳しい内容をはっきりと説き明かすこともなく、相手の心を迷わせる。このことは、よくよく気をつけて考えなければならない。

惑わす側の人は、わずかに知っている知識を振りかざして、言葉の詳細も説明しないままに、未熟な人に詰め寄って強制的に二者択一の答を引き出そうとする。時には、誘導尋問のように答を導いて行くこともあるだろうから、この行為そのものが問者の不安を煽るばかりで、納得のいく説法とはならない。これは、本来は一つであるべき本願と名号を別物のように分別して、誓願不思議を信ずる者は往生できるが、名号不思議を信じて念仏するものは往生できない。あるいはその逆を主張した異義を例示したものである。

『歎異抄』第十二条には、

> 経釈をよみ学せざるともがら、往生不定のよしのこと。この条、すこぶる不足言の義といひつべし。

〈訳〉

経典や経釈を読んだり学んだりすることのない人々は、浄土に往生できるかわからないという。このことは、論じるまでもない誤った考えといわなければならない。

というように、学問が往生の条件であるということは、法然や親鸞の教えである愚鈍の身で往生が叶うという教えとはまったく真逆のことで、話題に上ることさえおこがましいことである。ここでは、眼に見えず評価の難しい「信心」ではなく、眼に見えるかたちで表現できる学問を持ち出して往生できるか否かの議論をしている。

『歎異抄』第十三条では、法然の時代から問題視されている「本願ぼこり」について述べられている。

> 弥陀の本願不思議におはしませばとて、悪をおそれざるは、また本願ぼこりとて、往生かなふべからずといふこと。この条、本願を疑ふ、善悪の宿業をこころえざるなり。

〈訳〉

阿弥陀仏の本願のはたらきが不可思議であるからといって、自分の犯す悪を恐れないのは、すなわち「本願ぼこり」であって、これもまた浄土に往生できないという。このことは、本願を疑うことであって、この世における善も悪もすべて人の業によると心得ていない。

道徳的な悪を積極的に行って、悪人こそ弥陀の本願に救われるという人々は「本願ぼこり」といわれているが、このような人は往生できないと決めつけることが本願を疑うことになる。本願は、人間の判断する悪行であろうが善行であろうが無差別に救いの手を差し伸べてくれるのであって、人間が本来的にもっている業の本性を知らないから道徳的な計らいに終始するのである。

『歎異抄』第六条では、

専修念仏のともがらの、わが弟子、ひとの弟子といふ相論の候ふらんこと、もってのほかの子細なり。親鸞は弟子一人ももたず候ふ。

〈訳〉

同じ念仏の道を歩む人々の中で、自分の弟子だ、他の人の弟子だという言い争いがあるようだが、それはもってのほかのことである。この親鸞は、一人の弟子ももっていない。

という。親鸞の説法を聞くために、土地の有力者は自身の所領を道場として提供していた。そこに親鸞が説教に行くのであるが、親鸞が不在の時には有力者が聴聞者の世話をしていたのであろう。道場も一ヶ所ではなく、近隣に複数個所できてくると、それらを束ねる人もいないままに、道場の良し悪しは有力者の裁量に任される。すると、親鸞の説教内容を云々するのではなく、道場同士の弟子の数で優劣を決めるという争いごとに発展していく。そんな中で、親鸞は争いごとの種になる弟子など持ち合わせていない。聴聞者は、阿弥陀仏の弟子なのであるから、同じ立場の御同行・御同朋なのであるという。

『歎異抄』第十五条では、

煩悩具足の身をもって、すでにさとりをひらくといふこと。この条、もってのほかのことに候ふ。

〈訳〉

あらゆる煩悩をそなえた身でありながら、この世でさとりを開くという。このことは、もってのほかのことである。

という。この意味は、煩悩のままに悟りを開くことは、自力聖道門の教えであって、それも漸教である限りは「すでにさとりをひらく」とはいわない。浄土門は、この世で往生が確約されて、正定聚不退転の位置に住することができるものの、悟りについては、阿弥陀仏の導きによって浄土に往生し、そこで煩悩の苦悩から逃れて後、一切衆生を利益したときにはじめて悟りを開くのである。この文章の後、隆寛のいう、往相廻向と還相廻向の「二種廻向」を説明した言葉へと続く。

『歎異抄』第十六条は、自分の行為を反省しては破り、破っては反省するという止め処ない繰り返しを注意する。

> 信心の行者、自然にはらをもたて、あしざまなることをもをかし、同胞・同侶にもあひて口論をもしては、かならず回心すべしといふこと。この条、断悪修善のここちか。

〈訳〉

本願を信じて念仏する人は、ふとしたことで腹を立てたり、悪いことをしたり、同じ念仏の仲間と口論をしたりしながら、その度に悪い心をあらためなければならないという。このことは、悪を断ち切り、善を修めて浄土に往生しようという考えなのか。

信心を旨とする行者が、忿怒や造悪あるいは同胞と口論しては、悔い改めるというのは、悪を断ってから善を行うというのであろうか。善悪にこだわって悪を廃して善を造るというのでは、自力でもって何度も同じことを繰り返すことになる。他力に比べれば人間の善悪など、団栗の背比べの堂々巡りに陥ってしまって、信心の対象でもある阿弥陀仏の本願を見失うことになる。念仏を忘れて善悪の口論に終始することは「無観称名義」の嫌うところでもある。

『歎異抄』第十七条に、

> 辺地往生をつぐるひと、つひには地獄におつべしといふこと。この条、なにの証文にみえ候ふぞや。学生だつるひとのなかに、いひいださるることにて候ふなるこそ、あさましく候へ。経論・正教をば、いかやうにみなされて候ふらん。

〈訳〉

辺地の浄土に往生する人は、結局は地獄に堕ちることになるという。このことは、どこに証拠となる文があるのか。これは学者ぶった人の言いだしたことで、あきれた話だ。そのような人は経典や祖師方の書物をどのように読んでいるのか。

と、報土・辺地の誤った解釈を非難している。辺地にいる人は地獄に落ちると言っているが、隆寛のいう「辺地往生」の何処にそのようなことが説かれているのか。隆寛は、辺地は報土に至るまでの仮の浄土であって、ここで暫し修行して報土への往生が認められた時に辺地を離れるといっているのであって、ここには地獄に行くという話は微塵もない。

『歎異抄』第十八条に、物品でもって往生を図ろうとする輩を戒めている。

仏法の方に、施入物の多少にしたがって大小仏になるべしといふこと。この条、不可説なり。比興のことなり。

〈訳〉

寺や僧侶などに布施として寄進する金品が多いか少ないかで、大きな仏ともなり、小さな仏ともなるという。このことは、言語道断であり、筋の通らない話である。

法然の時代以前から行われていた、浄土往生を造像起塔あるいは布施の有る無し、あるいは多い少ないで測るという習慣が、何時の時代もなかなか抜けきらない。弥陀の本願には、人間社会の価値観など通用するものではなく、光陰矢の如しというように、そのようなことに関わっている時間がもったいない。

『歎異抄』後序には、取り留めもなく続く論戦の決着をつけるために偽りの言葉を用いて優位に立つことが憂慮されている。

念仏申すについて、信心の趣をもたがひに問答し、ひとにもいひきかするとき、ひとの口をふさぎ、相論をたたんがために、まったく仰せにてなきことをも仰せとのみ申すこと、あさましく歎き存じ候ふなり。

〈訳〉

念仏することについて、お互いに信心のあり方を論じあい、また他の人に説き聞かせるとき、相手にものをいわせず、議論をやめさせるために、親鸞聖人がまったく仰せになっていないことまで聖人の仰せであるといい張ることがある。まことに情なく、やりきれない思いである。

互いに議論し合う時に、相手の意見を聞かず、早く話し合いを終えるために、親鸞の言ってもいないことをでっち上げるということがあるが、このようなことはもっての外である。真実の話し合いの中で、その場の雰囲気で話しの内容にまで人の魂胆が及ぶこともあるが、あってはならない嘆かわしいことである。

唯円が『歎異抄』で語る異端の徒の行為は、親鸞が法然の教えを布教すればするほど、東国では信仰の対象が目に見えないだけに、身近な親鸞個人に向うようになった。すると、説教所間の揉め事は、当事者で解決することはなくなり、兄弟げんかの原因を相手の非に求めて個別に親に訴えるかのように、当事者個々に親鸞に訴えるという形式が出来上がっていった。仏に対する信仰心を親鸞に置き換えることは、人間同士の争いの種をまくだけで、決して彼らの救いにはならない。注意をしても改善されることなく、庶民の感情に押し流されていく自身の教えに限界を感じていたこともあって、親鸞は東国を離れる思いが日増しに積もっていった。

唯円は『歎異抄』後序において、擬議の生じたときは、

故聖人（親鸞）の御こころにあひかなひて御もちゐ候ふ御聖教どもを、よくよく御覧候ふべし。おほよそ聖教には、真実・権仮ともにあひまじはり候ふなり。権をすてて実をとり、仮をさしおきて真をもちゐるこそ、聖人の御本意にて候へ。かまへてかまへて、聖教をみ、まだらせたまふまじく候ふ。

〈訳〉

亡き親鸞聖人の御心に適って、常に使用されていた聖教などをよく見るように。だいたい聖教には、真実をそのまま説かれたものと、その真実に至らせるために過程として仮に説かれたものとがあって、それらがまじりあっているものである。だから、権をすてて実をとり、仮をあとにして真を用いるということが、教えを学び法を聞くことについての、聖人の本当の御心なのである。決して聖教を読み違えることのないようにしなければならない。

という。親鸞の亡き後、異議に惑わされた時は必ず、親鸞の心に適った聖教によって、その迷いを晴らすように、と語るのである。「聖教ども」とは、聖覚の『唯信鈔』、隆寛の『一念多念分別事』、『自力他力事』、『後世物語聞書』などを指す。しかも、ここで唯円は、これらの聖教を「よくよくご覧になるがよい」と注意し、それをよく読めば、聖人の本当の心がよくわかり、そこに説かれている真理を読み取って、自ら判断して親鸞の思いを汲んでほしいという。『歎異抄』の著者といわれる唯円は、晩年の親鸞に給仕していたことから、『唯信鈔』のことはよく知っているが、『教行信証』執筆当時の稲田では、隆寛の著作だけが引用されていたのであろう。

東国の人々に聖教を勧めたのは、唯円とともに洛中に住まいしていた親鸞も同じであった。帰洛以後、東国と手紙のやり取りをしていた親鸞の『親鸞聖人御消息』にも、『歎異抄』に登場する異端の徒の言行を糺す内容以外にも、度々聖覚や隆寛の聖教あるいは聖教を解説した自身の文意を読むように勧めている文言が見られる。親鸞は、先人の思想を正確に伝授することに勤め、信仰態度を云々することがあっても、決して自身の思想を押し付けようとはしなかった。

同じく『歎異抄』後序に、

古親鸞の仰せごと候ひし趣、百分が一つ、かたはしばかりをおもいひでまゐらせて、書きつけ候ふなり。かなしきかなや、さいはいに念仏しながら、直に報土に生れずして、辺地に宿をとらんこと。一室の行者のなかに、信心異なることなからんために、なくなく筆を染めてこれをしるす。なづけて『歎異抄』といふべし。外見あるべからず。

〈訳〉

今は亡き親鸞聖人が仰せになったことの百分の一ほどをわずかばかり思い出して、書き記した次第である。幸いにも念仏する身となりながら、ただちに真実の浄土へ往生することなく、方便の浄土に留まるのは悲しいことだ。同じ念仏行者の中で、信心の異なることがないように、涙にくれながら筆をとり、これを書いた。「歎異抄」と名づけておく。同じ教えを受けた人以外には見せないように。

と、法然と同じように、間違って解釈される恐れがあるから、門外不出にしておくことを約している。

『歎異抄』は、第一条から第十条までの前半部分が親鸞の言葉で、第十一条から第十八条、後序までの後半部分が唯円の言葉であるとされている。親鸞の言葉は、自身の信仰を語りさえすれ、他人の信仰については、それぞれの勝手であるというように、簡潔に表現しているが、聞く者との間に壁があるような表現が多い。しかし、唯円の言葉は、聖覚の表白文あるいは『登山状』や『唯信鈔』のように流暢で美しく、人々に理解しやすい内容で、人間の情念に直接訴えるような名文に仕上がっている。

一・四・七・恵信尼との子供

越後と東国における親鸞と恵信尼は、生活や環境、人々との関係など、すべてが既得権益や強硬な念仏弾圧から解放されて、比較的自由奔放な気分を増長させたといえる。その頃の彼らは五人の子供に恵まれたことが『正統伝』巻之三に記されている。

祖師流罪勅免ありて関東に坐す時は、真岡判官代部太輔三善為教の息女、朝姫給仕して、男子慈信房善鸞、男子明信、男子益方、男子有房、女子彌女等を生ず。聖人御帰洛の時は母と共に関東に止まれり。善鸞初めは御弟子なり、後に高田住持職の事に就て、聖人を恨み、種々の邪義を企つ。これに由て、一生御勘当也。彌女は、後に落髪し、覚信尼公と名く。

〈訳〉

親鸞が流罪の赦免を受けて関東にいた時は、真岡の判官三善為教の娘朝姫が給仕をして、男子の善鸞、明信、益方、有房、女子の弥女を産んでいる。親鸞が帰洛する時は、母とともに関東にとどまった。善鸞は最初は弟子であったが、後になって高田の住持職のことで、親鸞を恨み、種々の邪義を企てた。このため、一生涯勘当されることになった。弥女は後に髪を切って覚信尼と名乗った。

『正統伝』によると、親鸞の給仕である恵信尼の子供は、生まれた順に慈信房善鸞（じしんぼうぜんらん）、信連房明信、益方大夫入道、有房（ありふさ）、覚信尼（かくしんに）というように男子四人と女子一人に及ぶことが記録されている。

一方、『尊卑文脈』では、慈信（注記：宮内卿公　母兵衛卿　三善為教女　号善鸞）、明信（注記：栗澤、信

蓮房)、益方(注記:出家法名道性、号大夫入道、同母)、女子(注記:号小黒女房、同母)、女子(注記:左衛門佐信綱妾、宗恵法印母、同母、法名覚信、太政大臣通光公家女房、右兵衛督局)、女子(注記:号高野禅尼　同母)というように男子三人と女子三人の合計六人となっている。何れの史料も善鸞から益方までは、嫡子が善鸞、次男が明信、三男が益方という見解は変わらない。

善鸞の生まれ年は、『恵信尼消息』で、明信が建暦元(一二一一)年三月三日に生まれたとしているから、それ以前の承元四(一二一〇)年、親鸞の妻玉日が亡くなった翌年に越後で生まれて、正応五(一二九二)年に没していることになる。善鸞は恵信尼の子として生まれ、親鸞の直弟子として育てられていたが、親鸞は帰洛の際に恵信尼と五人すべての子供を東国に残していったという。この時に親鸞は朝姫に対して恵信尼という法名を与えたものと考えられる。その後、善鸞は「後に高田住持職の事に就て、聖人を恨み、種々の邪義を企つ」と、親鸞に対して怨みを懐き、様々な邪な教えを世間に広めた、と記されている。

善鸞の嫡子(親鸞の孫)である如信(にょしん)については、『尊卑分脈』の注記によると、「実慈信子　母同文暦元年生」とあるが、文暦元(一二三四)年といえば、親鸞が帰京する前年でもあり、善鸞共々東国に残していったのであろう。

善鸞が親鸞を恨む原因については、『正統伝』巻之六に詳しく述べられている。まず、「高田住持職の事」については以下のように述べられている。

六十歳、貞永元年壬辰正月中旬第五日、聖人高田住持職を真佛房に譲りたまふ。集會の門弟等は、顕智、専空、性信、乗然、専信、善鸞都合二十八人、御影堂の左右に列座す。祖師は右の中座。真佛上人は左の中座にましまし、今日より真佛を以て我身の代とす。各此人を以て師匠と仰ぐべし、いさゝかも師命に違する者は、永く我門人にあらずと仰せわたさる。

〈訳〉

六十歳の貞永元(一二三二)年一月中旬に親鸞は高田の住持職を真仏房に譲った。集まった門弟は、顕智、専空、性信、乗然、専信、善鸞など合計二十八人で、御影堂の左右に並んで座った。親鸞は右側の中程に、真佛房は左側の中程に座って、今日から諸弟子は真仏を私の代わりとして師匠と仰ぐようにせよ。わずかでも師の命に違背する者は、末永く親鸞の門人として扱わないと言われた。

この時に「高田専修寺住持職親鸞位譲真佛房畢。向後予門弟等以真佛可仰親鸞者也。親鸞御書判」の印信状が親鸞の自筆で記され、善鸞も真佛の弟子の一人として連判に加わったが、その序列は最後の二八番目であった。真佛は、承元三（一二〇九）年に生まれ、常陸国真壁出身の椎尾弥三郎という武士であったらしく、二五歳という若さで住持職になり、下野国高田を拠点として武蔵・奥州南部にも勢力を伸ばしたが、正嘉二（一二五八）年の善鸞異議事件直後に亡くなっている。

真佛が親鸞に帰依したのは、十七歳の嘉禄元（一二二五）年十一月四日であったが、それ以来、真佛の信仰態度を認めた親鸞は、寛喜二（一二三〇）年四月五日に、

下野国高田専修寺御自作之影前に於て、真佛上人へ唯授一人の口訣御相伝也。この時、聖人五十八歳。真佛二十二歳。

〈訳〉

下野国高田専修寺の聖人自作の御影の前で、真佛上人唯一人に代々受け継ぐ秘法を口伝に授けられた。この時、親鸞は五八歳、真佛は二二歳であった。

というように、真佛を後継者として指名している。

『正統伝』の善鸞に対する批判は、真佛は年若いが、親鸞からの信望は一方ならぬものがあり、これを善鸞が恨んでいた、というものであった。この時の善鸞も真佛と同じような年齢であったが、善鸞にしてみれば真弟子（実子であり弟子）として幼い時から父親鸞に仕えて行動を共にし、「無観称名義」を日課の如く学び、相承は確実であろうとの思惑があった。しかし、善鸞にとっては、父との付き合いが四年と半年という年若い真佛に口伝したこと、真佛を師匠にしたこと、印信状の連判が最下位であったことなど、善鸞にとって腑に落ちない事象が重なり、このことが原因となって「聖人を恨み、種々の邪義を企つ」という行為に出たというものであろう。

『正統伝』の説明では、世俗的な見解としてこのように解釈せざるを得ないが、善鸞の置かれた当時の環境と時代背景とを考慮すると、単純な解釈では済まされないところがあり、この辺りを精査しないことには、親鸞と善鸞の正確な関係を把握できないであろう。この件は「善鸞への期待」以降で検討することにする。

一方の明信は、栗沢信蓮房明信といい、建暦元（一二一一）年に越後で生まれて、常陸国に在住後は越後中頸城郡栗沢（現、新潟県中頸城郡板倉町）に住いした。

益方は、生没年未詳であるが、親鸞の第四子として常陸国で生まれ、有房益方大夫入道と号し、出家法名を道性としている。現在の新潟県上越市板倉区の下関田益方に住いした。親鸞の臨終には上洛して傍に侍している。『正統伝』では益方と有房は別人ではなく、同一人物であるとする。

小黒女房は、承久三（一二二一）年頃に常陸で生まれ、現在の新潟県上越市安塚区小黒辺りで、十四歳頃に女房奉公している。後に新潟県上越市板倉区の玄藤寺高野山に嫁いで高野禅尼になったという。この辺りの消息は、『尊卑文脈』では別人とみているが、小黒女房と高野禅尼は住所が変わったことによる改名と考えれば、『正統伝』のように同一人物であるといえる。また、生まれた年と小黒で奉公した年齢を考えると、常陸から越後に移住したのは、文暦二（一二三五）年に親鸞を送り出してから間もなくの頃であったことがわかる。

覚信尼は、元仁元（一二二四）年に常陸国で生まれ、弘安六（一二八三）年十一月二四日に洛中で没している。彼女は、俗名を王御前といい、十一歳のときに親鸞と共に上洛し、十八歳で日野広綱（ひろつな）の側室となって、暦仁二（一二三九）年に覚恵（かくえ）を生むが、広綱の死後は親鸞と同居して世話をすることになった。弘長二（一二六二）年に親鸞の死と葬送、拾骨を取り仕切った。その後、小野宮禅念（ぜんねん）に嫁いで唯善（ゆいぜん）を生み、京都の吉水北辺の大谷に住む。文永九（一二七二）年、この地に親鸞の遺骨と影像を安置して廟堂（影堂）とする。夫の禅念は文永十一（一二七四）年に敷地を覚信尼に譲って死没したが、建治三（一二七七）年にこの廟堂を親鸞の門弟に寄進し、所有権と引き替えに廟堂の留守職（管理権）となって、後の本願寺の基礎を築いた。六〇歳のときに息子の覚恵に譲って間もなく没した。

『恵信尼消息』には、明信、益方、小黒女房、覚信尼の名は出てくるが、善鸞の名が出てこないところをみると、当初親鸞は善鸞を自身の後継者として認め、幼い時から直弟子として膝元で「無観称名義」を教化していたのであろう。このため、善鸞はあらゆる面で恵信尼との交渉が少なかったと考えられる。また、親鸞が帰洛して間もなく、恵信尼は明信、益方、小黒女房を連れて越後に帰郷したが、三五歳の善鸞と彼の子如信は常陸に残っている。

一・五・京都時代

親鸞は、文暦二（一二三五）年に二〇年間生活した東国の教化を真佛に譲って帰洛した。親鸞に帰洛を決意させたのは、異端の徒の存在は言うに及ばず『唯信鈔』に影響されて、聖覚との再会を希求したこともあった。この頃は鎌倉幕府による念仏の禁制が発布された時期とも一致する。また、越後時代から憧れていた、教信沙弥のような「無観称名義」に則った生活も諦めきれないところがあった。これらの事情を考慮すると、全国的に拡がる念仏弾圧の下では、むしろ洛中にいた方が東国の異端の徒に煩わされることなく、「無観称名義」が継続できそうであるとの判断があったものと考えられる。

親鸞の帰京に臨んで『正統伝』巻之六では、

> 六十歳八月上旬都に赴んとて、相州足柄下郡江津と云ふ所まで登りたまふ。こゝに、近邊の道俗渇仰の首をかたふけ、荐りにとゝめ申せしかば、六十二歳八月まで、此所に滞留して、教勧を布きたまふ。

〈訳〉

六十歳の八月上旬に華洛に向おうと相模国足柄下郡江津という所までたどり着いた。そこでこの辺りの道俗が親鸞の高徳を慕って不審の思いを解決すべく、頻りに止まるように要請したところ、六二歳の八月までここに滞留して教えを広められた。

という。親鸞は、貞永二（一二三三）年に六〇歳で東国を立って、京洛に向かうが、途中で相模国に二年間逗留していた。この時に独り身での生活に不便を感じたのか、覚信尼を呼び寄せて身の回りの世話をさせ、二年後の帰洛に及んでも随行させたものと考えられる。
『正明伝』巻四においても、親鸞六〇歳頃の事として以下の記事が認められる。

聖人六十余歳、北国関東ノ教勧成就シテ都へ登タマフ。

〈訳〉
聖人は六十歳を過ぎた頃、東国の教化を終えて京洛に帰られた。

親鸞は帰洛できたものの「無観称名義」の生活は望むべくもなかった。原因は東国での様々な揉め事の相談や門徒の訪問、消息文の遣り取りなどの煩雑な事柄が日課のようになってしまって、親鸞を悩ますことになる。

一．五．一．帰洛の決意

鎌倉幕府は、文暦二（一二三五）年七月十四日付で、道心堅固ではない念仏者の取り締まりと鎌倉中からの追放を決めたことが、『中世法制史料集』第一巻の「鎌倉幕府法」に記されている。

念仏者事（文暦二　七　十四）
道心堅固の輩においては、異義に及ばず、しかるに或いは魚鳥を喰らい、女人を招き寄せ、或いは党類を結び、恣に酒宴を好むの由、あまねく聞こえあり、くだんの家においては、保々奉行人に仰せ、之を破却せしむべし、その身においては鎌倉中を追却せらるべき。

〈訳〉
念仏者について（文暦二年七月十四日）道心堅固の念仏者は、異義に及ばないが、魚鳥を食べ、女性を招き寄せ、あるいは党類を結び、ほしいままに酒宴を好むという者がいるとの風聞が広がっている。そうした輩の家は、地域ごとの奉行人に命じて破壊し、当事者は鎌倉中から追放すべし。

「一念義」を主張する過激分子が、念仏者に対する弾圧が厳しい京洛の地を逃れて、東国や新たに幕府を開いた鎌倉にも手を伸ばしてきたのであろう。当然、鎌倉幕府も彼らには手を焼いていて、念仏禁止令を出さざるを得なくなってきた。ここに紹介されている念仏者の行為は、まさに「本願ぼこり」そのものであり、時代が過ぎたとはいえ、京洛と全く同じ現象が東国に生じたのである。親鸞は、様々な条件で東国の地にいられなくなり、さらに七月十四日の念仏禁止令発布と同時にそそくさと鎌倉を立って、八月四日に帰洛した。

同年七月二四日にも、親鸞の帰京行為を追うようにして、次のような幕府法が出された。

念仏者と称し、黒衣を着る輩、近年都鄙に充満し、諸所に横行す、動きは不当な濫行を現ず。また停廃せらるべき候、関東に於ては、仰せ付けを被るに随い、沙汰致すべく候、この事宣旨度々に及ぶと雖も、いまだ退治を被らず、重ねて偏に宣下せられるべき由、二条中納言家に申し入れられるべきの状。

〈訳〉

念仏者と名乗って、黒衣を着る輩が近年都や田舎に充満し、諸所に横行して不当な乱行に及んでいるという。そうした行為を止めるべく、関東においては、仰せに従い処置することになった。この事は、宣旨が度々出されたにもかかわらず、いまだに退治されていないので、重ねて、広く宣下なさるべき旨を二条中納言殿に申し入れるように。

鎌倉幕府でも執権北条泰時（連署時房）が、文暦二（一二三五）年七月二四日付けで、道心堅固でない乱行の念仏者を、取り締まるという命令を朝廷の方でも出すように、京洛の六波羅探題に依頼している。東国や鎌倉における親鸞は、法然時代の住蓮・安楽や行空・幸西のように見なされていたのだろうか。

帰洛後の親鸞の消息については、『正明伝』巻四で、以下のように述べる。

嘉禎乙未年ノ秋、聖人華洛ニ還タマヒヌ。ツラツラ往事ヲオモフニ、年矢ノハヤキコト夢ノゴトク、白駒ノスグルコト幻ノゴトシ。ソノカミ断金ノムツビヲ問ヘバ、ムナシク東岱ノ雲ニカクレ、イニシエノ芝蘭ノ友ヲタヅヌレバ、遂ニ北芒ノ露ニ消ヌ。イトヾ昔ヲ思召イダシケル。御還洛ノ始ヨリ、毎月二十五日、源空上人ノ忌ヲムカヘ、人人ヲ集会シ、声明ノ宗匠ヲ屈請シテ、念仏勤行アリテ、ネムゴロニ師恩ヲ謝シタマヘリ。御消息ノ中ニ、二十五日ノ御念仏ト云ヘルハ是コトナリ。

同年冬ノハジメ、下妻ノ蓮位房、横曾根ノ性信房、聖人帰洛御ミマヒノタメニ上京ス。コノ二人ハ、ソノサキ聖人御帰京ノトキ、供奉セラレシヲ、箱根ノ東ヨリカヘサレケリ。因テコノタビ登リヌ。ソノ、チ南庄乗然房ヲ始トシテ、東国ノ御門弟、日ヲ追テタヅネ参ケリ。聖人跡ヲ認来モモノウシトテ、或時ハ二条富小路ニマシマシ、或時ハ一条柳原、又ハ三条坊門富小路、河東岡崎、アルイハ吉水辺ニモカクレ、清水ナムドニモ居タマヘリ。五条西洞院ノ禅坊ハ常ノ住居ナリ。

〈訳〉

嘉禎元（一二三五、六十三歳）年の秋、京洛に帰られた。昔のことを思い出すと、歳月が一瞬のうちに過ぎたことが、夢のごとくに思われ、白馬が駆けるごとく幻のようであった。洛中にいた親しい友の消息を訊ねると、すでに亡くなっており、昔の師匠や兄弟子の消息を訊ねても、露と消えていた。懐かしく往時を偲ばれた。帰洛してすぐに、毎月二十五日に法然上人の命日を勤めようと人々に声をかけて、声明の師匠を招いて念仏勤行を執り行い、師の恩に深く感謝を捧げた。聖人の消息の中に「二十五日の御念仏」とあるのはこのことである。

その年の冬の初め、下妻の蓮位房と横曾根の性信房が、聖人が無事に帰洛したお見舞いのために上洛した。この二人は帰洛のとき途中までお供をしたが、聖人は箱根の東で返された。それで聖人に会うために上洛したのである。その後、南庄の乗然房をはじめとして、東国の門弟は日増しに訪ねるようになった。聖人は頻繁に訪問を受けることを億劫に感じて、ある時は二条富小路、ある時は一条柳原、または三条坊門富小路、鴨川東の岡崎あるいは吉水近くにも身を隠して、清水などにも住まいした。五条西洞院の禅坊がいつもの住居である。

「嘉禄の法難」から七年経過した、文暦元（一二三四）年七月には、念仏者が洛外に追放され、翌年の文暦二年（一二三五）七月二四日にも、前述したように都鄙に充満している念仏者に対して、朝廷から全国に念仏を禁止するように宣旨が下されている。鎌倉の念仏禁止を含めて、念仏者の弾圧は法難以後も、依然として全国規模で続いていることがわかる。

東国での親鸞は、全国に広まっている念仏禁止令による弾圧の不安に駆られ、唯一頼りになる兄弟子の聖覚法印を訪ねるべく六二歳で京洛へと向かうが、嘉禎元（一二三五）年の秋に帰洛するも、その年の三月二五日に聖覚は既に亡くなっていた。帰洛後は、玉日姫と所縁のある花園殿を主な住居とし、関東からの浄財を頼りとしつつ、ひっそりと「無観称名義」に準じた生活を送ることができるはずであった。

しかし、当時の洛中は未だに念仏禁止令から解放されることがなく、親鸞にとっても危険な状況下で、東国の人々の請いに応じて、場所を転々と変えて弾圧から隠れるようにして彼らと逢い、東国の念仏者や異端の徒に対する調停に奔走しつつ頭を悩ませていた。親鸞にとっては「無観称名義」を維持するにも相当な努力が必要であったことだろう。

一・五・二・洛中での生活

『正統伝』巻之六にも「六四歳にて五条西洞院にお住まいになられましたが、日がたつにつれ、東国の門弟のおもだったものたちが尋ね来るようになったので、ある時は岡崎、二条冷泉富小路、ある時は吉水、一条柳原、三条坊門、富小路など所々に移り住んだ」と具体的な地名を記して、親鸞が洛中の諸所に移り住んだことを記している。『正統伝』を含むいずれの伝にも、五条西洞院の花園殿禅坊（現、下京区松原通西洞院の光圓寺）を定住地に、それ以外の場所を隠れ家として移り住んだと記されている。

親鸞の帰洛後の住まいは、おそらく、花園殿を拠点として、念仏の弾圧を避けるためにも、場所を変えて諸所に住まいしつつ、京洛に訪ねてきた関東の門弟たちの宿舎に同宿していたものと思われる。しかし、帰洛して約二〇年後の建長七（一二五五）年十二月一〇日の夜、八三歳にして花園殿が火災に遭い、弟である尋有僧都の善法坊に身を寄せている。正嘉二（一二五八）年に孫弟子ともいえる顕智（けんち）が、八六歳の親鸞と善法坊で会ったことが記録されている。

親鸞が帰洛した後も、東国の人々が代参人として訪れ、浄財を持ち込んだり、東国の人々の念仏に対する誤った考え方を正したり、と親鸞を悩ませているが、『唯信鈔文意』の最後に、親鸞は自身の嘆きを素直に吐露している。

ゐなかのひとびとの、文字のこころもしらず、あさましき愚痴きはまりなきゆゑに、やすくこころえさせんとて、おなじことをたびたびとりかへしとりかへし書きつけたり。こころあらんひとはをかしくおもふべし。あざけりをなすべし。しかれども、おほかたのそしりをかへりみず、ひとすぢに愚かなるものをこころえやすからんとてしるせるなり。

〈訳〉

田舎の人々は文字の意味を知らず、甚だしく理非をわきまえないから、簡単に説得しようとして、同じことを度々繰り返し繰り返して書き付けてきた。心ある人は滑稽に思って嘲るだろう。しかし、大勢の誹りを顧みず、偏に愚かな人に理解しやすいようにと思って記しているのである。

『唯信鈔文意』は、親鸞が八五歳の時に書き上げたもので、洛中にあっても、信仰の定まらない東国の人々を慮って書き上げたのである。東国から逃げ延びた親鸞ではあったが、それでもなお、念仏者の仲間で起こっている揉め事を解決するべく、東国の人々が親鸞の助言を求めて跡を追うようにして上洛するようになった。「親鸞聖人御消息」においても、親鸞が自己の信仰を語ることもなく、損得勘定に翻弄されている異端の徒たちの言動を慮って、自身で蒔いた種の根深さに辟易とした思いを綴っている。

また、『歎異抄』第二条においても、

おのおの十余箇国のさかひをこえて、身命をかへりみずして、たづねきたらしめたまふ御こころざし、ひとへに往生極楽のみちを問ひきかんがためなり。しかるに念仏よりほかに往生のみちをも存知し、また法文等をもしりたるらんと、こころにくくおぼしめしておはしましてはんべらんは、おほきなるあやまりなり。もししからば、南都北嶺にもゆゆしき学生たちおほく座せられて候ふなれば、かのひとにもあひたてまつりて、往生の要よくよくきかるべきなり。親鸞におきては、ただ念仏して弥陀にたすけられまゐらすべしと、よきひと（法然）の仰せをかぶりて信ずるほかに別の子細なきなり。

〈訳〉

あなた方がはるばる十余箇国もの国境を越えて、命懸けで訪ねてこられた御本心は、一途に浄土に生まれる方途を聞き糺すためであろう。しかし念仏以外に往生する方法を承知しているとか、経典なども知っているであろうと期待されているなら、それは大きな誤りである。それならば、奈良や比叡山にも多くの優れた学者がおられるので、その人たちに会われて往生の要点を得心するまで聞けばよい。親鸞においては、ただ念仏すれば阿弥陀仏が助けてくれると、法然の教えを受けて信じる以外に詳しいことはわからない。

と、「無観称名義」を彷彿とさせる内容ではあるが、東国での雑多な日常の揉め事でわざわざ上洛して親鸞に報告し、教えや意見を求めるのはいい加減にやめてほしいと言わんばかりの発言である。さらに、『歎異抄』第六条においては、

専修念仏のともがらの、わが弟子、ひとの弟子といふ相論の候ふらんこと、もってのほかの子細なり。親鸞は弟子一人ももたず候ふ。

〈訳〉

本願を信じて念仏行に勤しむ人たちのなかで、自分の弟子、人の弟子と言い争っているようだが、とんでもない思い違いである。親鸞は弟子など一人ももっていない。

という。東国では、親鸞の弟子という人々が横行していて、それらの人々が互いに他人の弟子を取り合っていたのであろう。親鸞は東国での住持職を既に真佛に譲っているので、自身の立場は非僧非俗の愚禿の身であり、弟子など持てる身分ではないので、一人にしてくれとばかり「無観称名義」に徹したい気持ちを表明している。

親鸞が帰洛してからの十年間は、東国の対応に忙殺された時期であったが、七〇歳代の後半から八八歳までの約十年間は、東国と消息文の遣り取りだけではなく、著述や経典の書写に専念している。これら執筆の内容は、東国の人々に念仏の正しい教えを理解させることを目的とするもので、和讃、文意、抄類など多くの執筆がなされている。

親鸞が晩年になって著した書物類は、帰洛後十年を経て、宝治二（一二四八）年に『浄土和讃』『高僧和讃』、

建長二（一二五〇）年に『唯信鈔文意』、建長四（一二五二）年に『浄土門類聚鈔』、建長六（一二五四）年に『後世物語聞書』、建長七（一二五五）年に『尊号真像銘文』『浄土三経往生文類』『愚禿鈔』『皇太子聖徳奉讃』、康元元（一二五六）年に『入出門偈』、康元二（一二五七）年に『往相廻向還相廻向文類』『如来二種廻向文』『一念多念文意』『大日本国粟散王聖徳太子奉讃』『西方指南抄』、正嘉二（一二五八）年に『正像末和讃』などと多くあり、精力的な著作活動に専念していることがわかる。

親鸞が、晩年に至っても加筆・訂正していたと思われる『教行信証』（行文類）の最後に掲載されている『正信念仏偈（正信偈）』は、浄土要義の大綱を七言六〇行一二〇句の偈文にまとめたもので、『三帖和讃』とともに、本願寺第八世の蓮如によって、節付けされて僧俗の間で朝暮の勤行として読誦するよう制定され、現在も続けられている。

一・五・三・善鸞への期待

親鸞が帰洛してから二〇年間が経過した東国では、第二祖ともいえる真佛の住持職としての活動が見えてこない。「親鸞聖人御消息」にしても、その多くが真佛の弟子である性信に宛てたものであることから、真佛は学問や信仰の面でこそ親鸞を継ぐ者といえるが、大勢の門徒を組織的に取りまとめるだけの人望や信頼感などは持ち合わせていなかったのであろう。そのことがあって、東国の人々は性信を中心とした代参人を立てて、親鸞が帰洛してから東国で異端の徒が起こす不祥事を訴えるために、親鸞を頼って遥々京洛の地まで訪ねてきたのである。

代参人の訴えるところは、『歎異抄』の内容と異なるところはないようであるが、東国は畿内とは異なって、視覚的に感じることのできる仏教の荘厳がないことから、親鸞の抽象的な教えが愚痴蒙昧な人々にとっては、信仰の対象となる目標が把握できていない。また、親鸞が凡夫の立場での信仰を強調していたことから、信仰の対象となるものにまで教化が至らなかったことも起因している。そのため、念仏者の向かう対象は、寺院信仰や民俗信仰など宗教講で扱うものなら何でもよいというように、阿弥陀仏以外のものが信仰の対象とされることもあったであろう。

東国の異端の徒から逃げてきた親鸞ではあるが、帰洛してからも彼らに対する悩み事は消えることなく、日増しに鬱陶しく思われてきた。東国からは、親鸞に再度下向してもらって、正しい教えを広めていただきたいとの要請もあったが、自身が下向できないことを理由にして、真弟子ともいえる善鸞を招いて事態の収拾を指示している。

『正統伝』巻之六に、その辺りの消息が記されている。

> 七十三歳より七十五歳に至る三年の中、東国の門人よりより参りける。就中で、鹿島の慈信房善鸞、両度まゐりて関東鎌倉等の事々、阿輪信願房があしきふるまひまで、偽を餝りて申されき。

〈訳〉

七三歳から七五歳に至る三年間に東国の門人が時々来ている。その中で、鹿島の慈信房善鸞が二度にわたって訪れて、関東や鎌倉の事や信願房のよくない振る舞いに至るまでの嘘偽りを大げさに報告された。

親鸞が七三歳から七五歳というと、寛元三（一二四五）年から宝治元（一二四七）年ということになる。善鸞は、性信とは違った目で異端の徒を見ていたのであろう。親鸞と性信や代参人との交流内容が腑に落ちないこともあって、「関東鎌倉等の事々、阿輪信願房」を引き合いに出して、親鸞と直談判して彼らの言い分とは異なった見方のあることを報告するために上洛してきたのである。異なった見解とは、当然のこととして、善鸞が東国で守り続けた「無観称名義」が中心になったことは容易に察しがつく。

『正統伝』を見る限りでは「偽を餝りて申されき」というように、善鸞の印象は虚偽に満ちた人間というように受け取られているが、文和元（一三五二）年十月十九日に乗専（じょうせん）が編纂した『最須敬重絵詞（さいしゅきょうじゅうえことば）』巻五には、『正統伝』巻之六の詳細ともいえる文章が記されている。

> （中略）聖人五条西洞院ノ禅坊ニワタラセ給シトキカノ大徳マイリ給タリケルニ常ノ御スマ井ヘ請シ申サレ冬ノ事ナレハ爐邊ニテ御対面アリ聖人ト大徳トヱニ御額ヲ合テヒソカニ言辞ヲ通シ給ケリ。（中略）話語ノムチシリカタシヨモ世間ノ塵

事ニハアラシ定テ仏法ノ密談ナルヘシイカサマニモ子細アル御事ニヤトソ顕智房ハノチニカタリ申サレケルオホヨソ人ノ権実ハ凡見ヲモテサタメカタク外相ヲモテハカリカタシ（中略）コノ慈信大徳モ今ノアリサマハ釈範ニ違シソノ行状ハ幻術ニ同スレトモシラス御子巫等ノ黨ニマシハリテカレヲミチヒカントスル大聖ノ善巧ニモヤアリケン。

〈訳〉

聖人（親鸞）が五条西洞院に住まわれていたとき、その大徳（善鸞）を常の住まいに招き入れて、冬の寒さから炉端で対面され、両人は互いに顔を突き合わせてひそひそ話をされていた。（中略）話の内容はわからないが、まさか世間的な戯言ではないだろう。恐らく信仰についての内密の相談事らしく、いかにも事情がありそうな様子であったと、顕智が後程言っていた。凡そ人が優れているかどうかは凡人の目や外見から判断できない。（中略）現在の善鸞の様相は釈尊の模範に反し、その行いは人を騙す妖術のようなものであるが、実は巫女たちに溶け込んで、彼らを正しい方向に導くという釈尊の巧みなはかりごとに匹敵する。

ここには日付が示されていないが、『正統伝』と同じ月日であるとすると、親鸞と善鸞はひそひそ話をするほどに親しかったことがわかる。冬のこともあって、親鸞は善鸞を自宅に招き入れて、温かい炉端を囲んでお互いの顔を見入るようにして法談と法悦に浸っていたのであろう。法談の内容は明らかではないが、その様子からすると一見、善鸞の行動は釈尊の教えとは異なって、言行が一致していないように見受けられる。しかし、人を救うとき、その人の懐に飛び込んで、その人と歩調を合わせて共に浄土を目指すという方法もある。この釈尊の巧みな技を「虎穴に入らずんば虎子を得ず」のことわざ通りに善鸞が実践していたとするならば、『最須敬重絵詞』は、『正統伝』の偏見に満ちた善鸞批判とは違って、善鸞の性格が「無観称名義」を身につけていたことを証明するかのように紹介されている。

親鸞にしても『歎異抄』第九条において、唯円の念仏してもうれしい気持ちが湧いてこないという問いに対して「親鸞もこの不審ありつるに、唯円房おなじこころにてありけり」というように、まず最初に唯円の心根に同調してから、親鸞の思いを諄々と説いて教えに導いていく。これらの教化法は法然が対機説法する姿と生き写しで、善鸞は常に親鸞と同伴しながら幼い時から学んだことでもあり、そのような性格が身についていればこそ、親鸞は善鸞を直弟子のままにしておいて、住持職を真佛に譲ったと考えられる。親鸞は東国で希求していた「無観称名義」の生活が送れなかった反省も踏まえて、善鸞には自身の二の舞を踏ませたくなかったのであろう。

しかし、親鸞の思惑は外れてしまった。真佛の東国での活動が期待したほどのものではなく、異端の徒による横暴も広がる一方であることに起因して、親鸞は善鸞を呼び寄せて、善鸞が今まで封印していた「無観称名義」を東国の門徒に説くように指示したのである。「無観称名義」の生活が続けられるように切望する善鸞に対して、親鸞は自身の希求する「無観称名義」を善鸞が体現していることを名目にして、異端の徒による騒ぎを鎮静化するという大役を善鸞に託したのが密談といわれるものである。密談の後、善鸞は東国で「無観称名義」の布教活動に勤しむことになったと考えられる。

さて、『最須敬重絵詞』の編者である乗専は、俗名を高橋盛永といい、弘安八（一二八五）年に丹波天田郡（現、京都府）で生まれ、延文二（一三五七）年六月五日に七三歳で没している。最初は禅と天台を修めていたが、後に覚如に帰依して『口伝鈔』、『改邪鈔』の口述筆記を行っている。覚如の第四子である善入を養子とし、京洛に浄土真宗出雲路派の本山毫摂寺を開き、丹波、但馬、大和で布教にあたっている。

一・五・四・東国の忍性

親鸞が異端の徒に懐く絶望感に加えて、東国・鎌倉における宗教的環境の変化が見受けられる。その一つが忍性の東国布教、もう一つが鎌倉での道元の行化や禅宗寺院の創建などが挙げられる。時代が平安から鎌倉に変わる過渡期に善鸞の生活環境も大きく変わることになった。

忍性は、良観房と号し、伴貞行を父とし、榎氏の女を母として、建保五（一二一七）年七月十六日に大和国で生まれ、嘉元元（一三〇三）年一月七日に没している。幼少より母の影響で文殊信仰を学び、十六歳に母の死を契機として出家を決意し、額安寺、安倍文殊院、生駒山竹林寺などで文殊信仰の修行をした。延応元(一二三九)

年に二三歳で西大寺叡尊と出会い、戒を受けて彼の弟子となった。忍性は亡母の供養のために、大和国の非人宿に文殊菩薩の図像を安置することを念願として、それ以後、鎌倉において療病施設・桑谷療病所などを建立して非人救済、殺生禁断などの慈善事業に努めた。

忍性は、建長四（一二五二）年に律宗の布教を目指して東国へ赴き、この年の九月十五日に、常陸鹿島社に詣で、三日の間参籠して法華経を鹿島神に献じている。同年の十二月四日には、忍性の活動の拠点となる筑波山麓の三村寺（清冷院極楽寺）に入った。三村寺は、御家人八田知家の知行所であり、ここを拠点にして香取の海の舟運を利用しつつ布教活動を行い、十年後の鎌倉進出の地歩を固めていった。忍性は常陸へ下向した翌年に、戒律を守るための区画制限ともいえる結界石を三村寺・東城寺・般若寺の三ヵ所をはじめ、生涯に七九もの寺院を立てて活動基盤を作り上げた。結界とは、教団に属する僧尼の秩序を保つために、寺地・伽藍の境界を区切る印（結界石）を立てることである。

忍性は、仏教信者が護持すべき釈尊伝来の規則を広めることに尽力していたことから、公然と肉食妻帯して「造悪無碍」を誇示する親鸞門流の破戒行為は、容認できるものではなかった。忍性が、「戒律護持」の立場で結界石を立てた地域は、まさに親鸞が教線を伸ばしていた上野・常陸に重なり、念仏者を奪い返すかの勢いであった。

忍性の布教活動は、宗派替えにも及んでいる。例えば、三村寺は宇都宮一族で、小田家の祖である八田知家が復興して、浄土系寺院としていたのであるが、小田時知の代になり、忍性の手によって浄土宗寺院から律宗寺院に改宗されたのである。このように御家人によって建立された浄土系の寺院という寺院は、忍性らによって悉く律寺化され、残ったのは、親鸞が道場として使用していた庶民の住まいや物置などでしかなかった。一方、鎌倉においても、念仏の指導者である道教房念空が叡尊に帰依したことで、忍性が鎌倉の律僧・念仏僧の中心的人物となっていった。その頃、北条時頼は、宋僧の蘭溪道隆を要請して、鎌倉に建仁寺を建築したことから、鎌倉が名実ともに幕府となる礎になったといえる。

このようにして、東国における親鸞の活動地域は、忍性と親鸞が直接見えることはなかったにせよ、善鸞が教化を固めようとしていた矢先、忍性に門徒を奪い取られるようにして律宗が広がり、叡尊教団と親鸞門徒との間で信者の獲得競争が展開されるようになった。その結果、東国における親鸞門徒内部の揉め事という内患と造悪無碍が問題視されるという外患によって、親鸞が東国にいた時代とは異なった環境になっていた。さらに、法然の弟子であった御家人たちが、鹿島神宮、香取神宮、善光寺などの信者を取り込んで、念仏を広めたこととも関連するが、東国の宗教的環境も大きく作用している。親鸞が救われる側の立場を強調して教えを説いていたことから、東国の人々は信仰の対象を彼ら土着の宗教に重ね合わせて念仏を称えていたことも考えられる。

一方、忍性の戒律重視の布教と軌を一にして道元が鎌倉行化を実行している。道元を越前に招き寄せた波多(はた)野義重(のよししげ)が当時鎌倉にいたことから、波多野義重を介して北条時頼が招いたと思われる。道元は、宝治元(一二四七)年八月三日に、越前(福井県)永平寺を発ち、翌宝治二(一二四八)年二月十三日に永平寺に帰るまでの半年間、鎌倉名越の白衣舎に滞在し、そこを中心にして人々の教化に勤めた。時頼が道元を招聘した目的は、鎌倉幕府にも権力を象徴する巨大寺院が必要なことから、まだ俗世間に知られていない道元に目をつけて、開山としたかったのであろう。しかし、名利を嫌う道元は、はっきりと断って、即刻永平寺に戻ったのである。その後の鎌倉は、武士政権の台頭とともに臨済宗などの禅宗寺院が乱立するようになった。

話は変わるが、親鸞が帰洛して花園殿(現、松原通西洞院東入)に住まいしていた頃、道元が親鸞に接近していた。道元は、曹洞宗の開祖であり、越前(現、福井県)の永平寺を創建しているが、永平寺で病気が悪化したことから波多野義重らの勧めによって、住持職を弟子の懐弉(えじょう)に譲って、建長五(一二五三)年七月十四日に永平寺を発った。懐弉らを伴って上京した道元が、弟子覚念の邸宅(現、高辻西洞院西入)に入ったのは八月五日のことである。到着当初は道元の容態に変化は見られなかったが、その後、病状が急変して同年八月二八日の夜半、上洛してわずか二〇日余りで入滅している。

ここで、親鸞が文暦二(一二三五)年の秋に帰洛して、建長七(一二五五)年十二月十日に花園殿が火災に見舞われるまで、この場所を拠点として活動していたことと、道元が入滅した場所とを考慮すると、西洞院通を挟んで南北に位置する松原通と高辻通の距離はわずか二百メートルである。もし、近所付き合いということを考えると、一介の遁世僧である親鸞は、面識のないままに宗祖として崇められていた道元の死を知っていたものと思われる。今日でこそ、有名人となって宗祖と崇められている両者ではあるが、当時は例え出会っていたとしても、全く気付くことのない無関係な間柄であった。

一・五・五・善鸞異議事件

善鸞が、東国で「無観称名義」を説いてから十年後の建長八（一二五六）年に、親鸞から師弟の縁を切るという命が下されている。『最須敬重絵詞』五には、

初ハ聖人ノ御使トシテ坂東ヘ下向シ浄土ノ教法ヲヒロメテ邊鄙の知識ニソナハリ給ケルカ後ニハ法文ノ義理ヲアラタメアマサヘ巫女ノ輩ニ交テ仏法修行ノ儀ニハツレ外道尼乾子ノ様ニテオハシケレハ聖人モ御余塵ノ一列ニオホシメサス所化ニツラナリシ人人モステ、ミナ直ニ聖人ヘソマイリケル。

〈訳〉

当初は親鸞の使いとして東国に下向し、浄土の教えを広めて地方の先達となった。しかし、後になって親鸞の教えにはずれ、あまつさえ巫女たちに交わって仏道修行に外れた邪説を説く者のようであった。このため、親鸞は一連の弟子から除外したことから、周りの門徒たちも善鸞を捨てて直接親鸞の教えを請うようになった。

というように、善鸞は、親鸞の期待に応えるために、東国で先達となって教化活動を続けていたのであるが、仏教の教えに反するような行動が明るみに出て、親鸞の弟子を解かれたことから、東国の門徒たちは直接親鸞を訪ねるようになったという。

しかし、親鸞が建長八（一二五六）年五月二九日付けで、真佛の弟子性信に宛てた書状には、弟子の縁ではなく親子の縁を切ることが明言されている。これは「善鸞義絶状」といわれるもので、ここには善鸞と親子の縁を切ることを性信に公表するように指示されている。この内容は少し長くなるが、重要なことが記されているので、『親鸞聖人御消息』八から引用してみる。

この御文どものやう、くはしくみ候ふ。また、さては慈信が法文のやうゆゑに、常陸、下野の人々、念仏申させたまひ候ふことの、としごろうけたまはりたるやうには、みなかはりあうておはしますときこえ候ふ。かへすがへすこころうくあさましくおぼえ候ふ。としごろ往生を一定と仰せられ候ふ人々、慈信とおなじやうに、そらごとをみな候ひけるを、としごろふかくたのみまゐらせて候ひけること、かへすがへすあさましう候ふ。（中略）慈信ほどのものの申すことに、常陸、下野の念仏者の、みな御こころどものうかれて、はては、さしもたしかなる証文を、ちからを尽して数あまた書きまゐらせて候へば、それをみなすてあうておはしまし候ふときこえ候へば、ともかくも申すにおよばず候ふ。

まず、慈信が申し候ふ法文のやう、名目もきかず、いはんやならいたることも候はねば、慈信にひそかにをしふべきやうも候はず。また夜も昼も慈信一人に、人にはかくして法文をしへたること候はず。もしこのこと、慈信に申しながら、そらごとをも申しかくして、人にもしらせずしてをしへたること候はば、三宝を本として三界の諸天善神・四海の竜神八部・閻魔王界の神祇冥道の罰を、親鸞が身にことごとくかぶり候ふべし。

自今以後は、慈信におきては、子の義おもひきりて候ふなり。世間のことにも、不可思議のそらごと、申すかぎりなきことどもを、申しひろめて候へば、出世のみにあらず、世間のことにおきても、おそろしき申しごとども数かぎりなく候ふなり。なかにも、この法文のやうきき候ふに、こころもおよばぬ申しごとにて候ふ。つやつや親鸞が身には、ききもせず、ならはぬことにて候ふ。かへすがへすあさましう、こころうく候ふ。弥陀の本願をすてまゐらせて候ふことに、人々のつきて、親鸞をもそらごと申したるものになして候ふ。こころうく、うたてきことに候ふ。

おほかたは、『唯信鈔』・『自力他力の文』・『後世物語の聞書』・『一念多念の証文』・『唯信鈔の文意』・『一念多念の文意』、これらを御覧じながら、慈信が法文によりて、おほくの念仏者達の、弥陀の本願をすてまゐらせあうて候ふらんこと、申すばかりなく候へば、かやうの御文ども、これよりのちには仰せらるべからず候ふ。

また、『真宗の聞書』、性信房の書かせたまひたるは、すこしもこれに申して候ふやうにたがはず候へば、うれしく候ふ。『真宗の聞書』一帖はこれにとどめおきて候ふ。

また哀愍房とかやの、いまだみもせず候ふ。まただ文一度、まゐらせたることもなし。くによりも文たびたることもなし。親鸞が文を得たると申し候ふなるは、おそろしきことなり。この『唯信鈔』かきたるやう、あさましう候へば、火にやき候ふべし。かへすがへすこころうく候ふ。この文を人々にもみせさせたまふばし。あなかしこ、あなかしこ。

五月二十九日　　親鸞　性信房御返事

なほなほよくよく念仏者達の信心は一定と候ひしことは、みな御そらごとどもにて候ひけり。これほどに第十八の願をすてまゐらせあうて候ふ人々の御ことばをたのみまゐらせて、としごろ候ひけること、あさましう候ふ。この文をかくさるべきことならねば、よくよく人々にみせまうしたまふべし。

〈訳〉

お手紙に書かれていることを詳しく読みました。どうやら慈信の教えのせいで、常陸や下野の人々の念仏されている様子が、これまでお聞きしていたものとはすっかり変ってしまったと聞いています。何とも情なくも嘆かわしく思います。これまで往生は間違いないといっていた人々が、慈信と同じようにみな嘘偽りをいっていたとは、これまで深く信頼しておりましたのに、何とも嘆かわしいことです。（中略）慈信のようなものがいうことに、常陸や下野の念仏者がみな動揺してしまい、ついには、あれほどまでに確かな証拠となる文を、力を尽くして数多く書き写してお送りしましたのに、それをすべてお捨てになっておられるとお聞きしましたが、何とも申しあげようがありません。

そもそも、慈信がいっている教えについて、わたしはそのような言葉さえ聞いたことがありません。ましてそのような教えは習ったこともないのですから、慈信にひそかに教えるようなことがあるはずもありません。また昼夜を問わず慈信一人に、人には隠して教えを伝えたこともありません。もしこのようなことを慈信に伝えながら、嘘までついて隠し、人には知らせずに密かに教えたことがあるのなら、仏・法・僧の三宝をはじめとして、三界の神々や四海の八部衆、閻魔王界などのすべての神々の罰を、親鸞はこの身にことごとく受けることになるでしょう。

これより以後は、慈信については親子の関係を断ち切ります。世間のことでも、考えられないような嘘いつわりやとても言葉にできないことなどをいいふらしていますので、仏法のことだけではなく、世間のことについても恐ろしいまでのうわさが数限りなくあります。特に、この慈信の教えを聞きましたところ、思いもよらない内容です。親鸞にとっては、まったく聞いたことも習ったこともないものです。何とも嘆かわしくも情ないことです。阿弥陀仏の本願を捨ててしまっていることに、人々が従って、親鸞まで嘘偽りを説いたことになっています。情なく嘆かわしいことです。

恐らく、『唯信鈔』・『自力他力事』・『後世物語聞書』・『一念多念分別事』・『唯信鈔文意』・『一念多念文意』などの書物をご覧になりながら、慈信の教えによって、多くの念仏者は阿弥陀仏の本願を捨てているようですが、何ともいいようがないので、これらの書物について、今後はお話になってはいけません。

また、性信房のお書きになった『真宗の聞書』は、わたしのいっていることと少しも異なってはいませんので、うれしく思います。この『真宗の聞書』一冊は、こちらに置いておきます。

また、哀愍房などという人には会ったこともありません。手紙を一度も差し出したこともありませんし、あちらからもらったこともありません。親鸞から手紙をもらったといっているそうですが、とんでもないことです、この『唯信鈔』に書いてあることは、ひどい内容ですから、燃やしてしまいます。何とも情ないことです。この手紙を他の人々にもお見せになってください。謹んで申しあげます。

五月二十九日　親鸞

性信房へのお返事

なお、そちらの念仏者が信心は間違いなく定まったといっていたのは、まったくもって嘘偽りでした。このように第十八願を捨てている人々の言葉を信頼して、これまで過してきたとは、情ないことです。この手紙は隠す必要のないものですから、どうぞ他の人々にもお見せになってください。

性信房は、文治三（一一八七）年に常陸国鹿島の神官である大中臣氏（おおなかとみうじ）の一族に生まれ、東国における親鸞の教化活動を助けたことから深く信頼されていた。「親鸞聖人御消息」には性信宛の手紙が多くみられる。

　ここには、善鸞の教えが起因して、門徒の信心に混乱を来した様子が描かれている。要約すると、親鸞が教えていた頃と今の念仏者の様子が異なり、多くの和讃や文類を送り付けていたが、ことごとく捨てている。善鸞が説いている内容は、親鸞が善鸞に密かに説いたとか、思いもよらない主張で満たされ、あまつさえ弥陀の本願を捨ててしまうなど、とんでもないことである。会ったこともない哀愍房が書いた『唯信鈔』にしても虚偽の書であるから捨てるようにと言い、また、念仏者が確かな信心を得たといっているが、実際は嘘であったことがわかり、今まで東国の人たちを信じてきた親鸞が愚かであったという。

　この内容からうかがえることは、善鸞が嘘偽りを公言しているのではなく、善鸞の行為に起因して、周辺の人々が親鸞の思いもよらない行動にでていたのである。親鸞は彼らの虚言を真実と永年信じていた自身の愚かさ加減を強烈に反省している。善鸞にしても、洛中に呼び出されて、親鸞から「無観称名義」の相承を確信して東国に戻ったのであるが、「無観称名義」を説くほどに念仏者は理解に苦しみ、多くの人が誤解することになった。また、その頃は忍性による律宗や禅宗が結界を広げ、それにつれて宗派替えをする念仏者が増加していった。彼らは善鸞の説く教えを宗旨替えの口実として都合のよいように曲解し、互いに寄り添って他宗に移り、親鸞や善鸞の言葉には耳を貸さなくなっていった。彼らの言動が親鸞の耳に入り、以前とは大きく変わった東国の状況に、親鸞は成す術をなくしていたのである。唯円が『歎異抄』第十条以降で異端の徒を批判していたが、それに加えて宗旨替えの理由に善鸞が利用されたことになる。

　ここでいうところの「たしかなる証文を、ちからを尽して数あまた書きまゐらせて候へば、それをみなすてあうておはしまし候ふ」や「弥陀の本願をすてまいらせ」などは、他宗派に鞍替えした念仏者の行為なのである。この中の「数あまた書きまゐらせて」とは、親鸞が洛中に居ながら善鸞を応援するかのようにして、庶民にわかりやすい和讃や文類などを著作することに専念していることを示している。その時期は、善鸞に東国の教化を要請してから義絶に至るまでの十年間であり、当初の親鸞には異端の徒から解放された安堵感もあるが、一方で煩わしさを善鸞に預けてしまった後ろめたさと、身体的にも遠出の利かなくなったこともあって、親らしくもあり師匠らしい慈しみに溢れた優しい行為でもって、陰ながら援助したいとの思いがあったのであろう。しかし、それらの証文類が捨てられたと聞いたときの親鸞の心持は、如何なるものかと察するに余りある。

義絶後の親鸞は、自身と善鸞に煩わしさがなくなったことに安堵したことと身体的な衰弱を理由にして著作活動を停止したのであろう。

また、同じ日付で親鸞が息子の善鸞に宛てた書状にも、親子の縁を切ることが明言されている。

『親鸞聖人御消息』九から引用してみる。

仰せられたること、くはしくききて候ふ。なによりは、哀愍房とかやと申すなる人の、京より文を得たるとかやと申され候ふなる、かへすがへす不思議に候ふ。いまだかたちをもみず、文一度もたまはり候はず、これよりも申すこともなきに、京より文を得たると申すなる、あさましきことなり。

また慈信房の法文のやう、名目をだにもきかず、しらぬことを、慈信一人に、夜親鸞がをしへたるなりと、人に慈信房申されて候ふとて、これにも常陸・下野の人々は、みな親鸞がそらごとを申したるよしを申しあはれて候へば、いまは父子の義はあるべからず候ふ。

また母の尼にも不思議のそらごとをいひつけられたること、申すかぎりなきこと、あさましう候ふ。みぶの女房の、これへきたりて申すこと、慈信房がたうたる文とてもちてきたれる文、これにおきて候ふめり。

慈信房が文とてこれにあり。その文、つやつやいろはぬことゆゑに、ままははにいひまどはされたるとかかれたること、ことにあさましきことなり。世にありけるを、ままははの尼のいひまどはせりといふこと、あさましきそらごとなり。またこの世にいかにしてありけりともしらぬことを、みぶの女房のもとへも文のあること、こころもおよばぬほどのそらごと、こころうきことなりとなげき候ふ。（後略）

〈訳〉

言われた事は、詳しく聞いている。なんといっても、哀慇房とかいう人が、京（親鸞）より手紙を得たとか言っているのは、返すがえすも不思議な事だ。いまだ形を見ていないし、手紙を一度もいただいていませんし、こちらからも申すことがないのに、京（親鸞）から手紙を得たと申すのは浅ましいことだ。また、慈信房（善鸞）の（説く）法文のことは、名目すらも聞かないことで知らないことを、慈信一人に夜に親鸞が教えたと、慈信房が他人に言ったというので、これにも常陸・下野の人々は、みな親鸞が空言を言ったと申し合わされたが、もはや父子の関係を解くことにする。

また、母の尼にも不思議の空言を言いつけられたとは言いつくせない浅ましい事だ。壬生の女房がこちらへ来て言うことに、慈信房がくれた文といって、持って来た文がここにある。

その文は、少しも手を加えていないので、継母に言い惑わされた、と書かれているのは殊に浅ましい事だ。生存しているのに継母の尼に言い惑わされたというのは、浅ましい空言である。また、この世でどのようにして生活しているかも知らずに壬生の女房に手紙を出して心にもない空言とは情けないことだ。（後略）

善鸞は、東国での異端の徒や他宗派の動向を親鸞に報告したのであろうが、親鸞は既に性信房などからも聞いていることであった。また、善鸞に「無観称名義」を教化の目的で説くことを許可したが、東国の人々は、親鸞があたかも虚言を発したかのように善鸞の言葉を曲解している。宗旨替えのために悪意をもって曲解しようとする門徒に対してはもはや改善の余地はない。したがって、善鸞に対しては、親子の関係を絶って真弟子を解除することで、善鸞と東国門徒との縁を切り、以前のように自由に「無観称名義」に専念できる環境を整えようとしたのである。

手紙に実の母を継母と言ったことが書かれている当たりは、善鸞が幼少の時から親鸞の真弟子として、恵心尼と距離をおいた生活に甘んじていたことから、あたかも「継母のようだ」と書いたものと考えられる。また「継母に言い惑わされた」とは、親鸞が恵心尼と共に門徒に分かり易い説法を工夫していたことから、「無観称名義」と逸脱するところもあったのであろう。このように事態が大事に至っていることから、壬生の女房が親鸞に手紙を届けたのである。親鸞は、母が健在なのに情けないことだ。しかもこのような浅ましい虚言を、親鸞に直接出すのではなく、壬生の女房宛に出したことは残念なことだ、と歎いている。

壬生の女房とは、花園殿から一キロメートル西にある壬生に嫁いだ覚信尼なのであろう。善鸞の妹である覚信尼が、帰洛後日野広綱に側室として仕え、壬生に住んでいたことから、親鸞の帰京以来、兄妹・親戚として常に親しく交流し、善鸞とも手紙のやり取りがあったものと考えられる。善鸞の子如信と覚信尼の子覚恵とは五歳違いの従兄弟であり、洛中と東国とで互いの親を通してよく知る間柄であった。おそらく、善鸞は、常々悩み事を壬生の女房に打ち明けていたのであるが、今回は女房の手に負えない内容であることから父親に持ちかけたところ、善鸞の苦悩が親鸞の目に留まることになり、門徒らの言い分も含めて義絶に及んだのであろう。

善鸞は、東国の信者の揉め事に対する親鸞の止むに止まれぬ思いを慮って、「無観称名義」の生活を諦めて東国の門徒に対峙したのである。その頃の親鸞の思いは、当時の東国が、念仏を称えさえすれば、どのような悪事を行おうとも浄土往生は間違いないと考え、また、そうした悪人こそ阿弥陀仏に救済されるといって、積極的に風紀を乱す者に対する悩み事であった。この「造悪無碍」の考えは、「無観称名義」を理解していた者から「本願ぼこり」に走る者までを巻き込んで、東国の門徒の間で解釈の違いによる様々な問題が生じていた。これを正すべく、寛元三（一二四五）年頃に、善鸞を指名したのが親鸞であった。

しかし、法然の弟子である御家人が東国で広めた浄土の教えは、弟子たちが亡くなるにつれて衰退し、門徒らが教義よりも法然の弟子である親鸞を敬慕するに至っては、浄土の教えはなきに等しいといえる。東国での無智蒙昧な人々による造悪無碍な振る舞いは、洛中での過激分子の行動と変わるところがなかった。このような状況で、東国の門徒が洛中で親鸞に訴える内容は、信憑性に欠けるところがあり、親鸞にしても適宜正しい判断が下されたとは言い難い。当事者間での解決を試みようともせずに、親鸞に訴える門徒らは、まさに兄弟げんかで互いの正統性を親に告げ口するような状況であったといえる。親鸞と門徒らの狭間に佇む善鸞は、自身の頭の上を飛び交う批判の応酬に、蚊帳の外であるかの扱いを受けつつも、何か事を起こした時には双方から非難の矢表に立たされていた。

いずれにしても、しっかりと方向性を示す人を失っていた異端の徒は、糸の切れた凧のように勝手気ままに自己主張して、『歎異抄』で唯円が歎異していたように、親鸞の意図に反する教説を個別に広めるに至った。親鸞が教化活動をしている時でさえ、教えに対する誤解の多かった東国は、門徒の立場に立って考えてみると、善鸞が親鸞の要請の下で説き出した「無観称名義」といえども、当時の乱立する宗派に加えて新しい宗派が増えただけで、善鸞の布教は煩わしい混乱の火種に過ぎないと考えられていたのかも知れない。

善鸞の悩み事は、門徒らの仲違いだけではなく、律宗や禅宗などの既成教団が浄土系の教化範囲に浸潤してきたことも挙げられる。特に、東国では忍性の教化活動が活発になり、念仏禁止が全国規模で行われるようになると、親鸞不在の中で宗派替えを試みる門徒も増加するようになり、善鸞の意志では門徒を説得し、念仏講を維持していくことは困難であった。このことが、浄土系の寺院や草庵が減少していく要因にもなっていた。そこで、善鸞は、戒律を重んじる教団や道心堅固を主張している念仏禁止の力を借りて、造悪無碍に走る異端の徒を取り締まることが早道であると判断して、あたかも聖覚法印が「嘉禄の法難」で念仏宗の停廃を言上したときのように、既成宗教や鎌倉幕府を利用したのである。このことを考えると、善鸞は、自己の信仰態度に一途な考えをもつ親鸞に比べて、取り巻く環境の状況を判断して、適宜対応していくという策士家であったと考えられる。一方の親鸞は、東国での教化活動が著しい変化を遂げているにも関わらず、当事者でないことから、一方的な門徒の善鸞批判に成す術をもたなかった。

善鸞は、東国門徒内の教学的動揺を抑えるためにも、忍性の布教活動に飲み込まれないためにも、今までの行動様式とは異なった方法を考える必要があった。また、親鸞の教えを信順するのではなく、親鸞その人を信仰の対象としている者に対しては、父から直接に教えを伝授された「無観称名義」に基づいて、親鸞の指し示す阿弥陀仏の本願を強調しようとした。しかし、「鰯の頭も信心から」のことわざを標榜するかのようにして、宗旨替えや他宗派の信心に傾いたりあるいは「本願ぼこり」など、公然と勝手気ままに振る舞う異端の徒にとっては「無観称名義」の教えが難しいためか、善鸞の行動を誤解する人々が増加していったのである。

一・五・六・無観称名奥郡へ

善鸞は、自身が希求する「無観称名義」を半分諦めて、東国門徒間の異議を糺すことに奔走していたが、その行為は東国の門徒にしてみれば、彼らの信心する宗派に反する異端の教えを広めていることに結びつく。相対的な主義主張の坩堝と化した東国は、時間の経過とともに益々混沌の状態に陥っていった。そのような状況下で、善鸞のとった行動は、有力な門徒集団が構成されていない奥郡（常陸北部）に教化基盤を作ることであった。真佛も奥郡に教線を広げることを模索していた。

『親鸞聖人御消息』十七には、

奥郡のひとびとの、慈信坊にすかされて、信心みなうかれあうておはしまし候ふなること、かへすがへすあはれにかなしうおぼえ候ふこと、かへすがへすあさましくおぼえ候ふ。それも日ごろひとびとの信の定まらず候ひけるころのあらはれてきこえ候ふ。かへすがへす不便に候ひけり。

〈訳〉

奥郡の人々が、慈信房に騙されて、みな信心が定まらず動揺しておられるということは、何とも情なく悲しいことです。私が人々を騙しているという噂が聞えてくるのも、本当に嘆かわしく思います。それも日頃から人々の信心が定まっていなかったことの顕われであると思います。何とも心の痛むことです。

とある。この文章は、文応二（一二六一）年一月九日のもので、善鸞が建長八（一二五六）年に義絶されてから五年を経過していても、なお、東国の代参人が親鸞を頼って上京していることを示している。善鸞が東国よりも北にある奥郡の人々に「無観称名義」を説いているが、東国門徒は善鸞の教えを異端の教えと見做して親鸞に訴えたことから、これらの揉め事は総じて当事者の信心が堅固でないことの現れであると、親鸞は歎いている。親鸞は、入滅する一年前までも東国と消息文を交わし続けていたが、善鸞に対する批判の芽を摘むことができないまま、東国に対する親鸞の悩み事は終生消えることはなかった。

一方、善鸞は、如信と共に陸奥国南部に移って「無観称名義」の生活を続けるも、正応五（一二九二）年に没している。如信が陸奥国南部において布教活動を行った時期と一致する。如信も正安二（一三〇〇）年一月四日に陸奥国（茨城県久慈郡大子町）金沢の地で六六年の生涯を終えるが、この地は今日の法龍寺のある場所で、如信に深く帰依した乗善坊が庵を結んだ所といわれている。

如信は、幼い時から父の善鸞に「無観称名義」を学んでいるが、この時の様子が『最須敬重絵詞』一に記されている。

奥州東山ノ如信上人ト申人オハシマシキアナカチニ修学ヲタシナマサレハヒロク経典ヲウカヽハストイヘトモ出要ヲモトムルコヽロサシアサカラサルコヘニ一スチニ聖人ノ教示ヲ信仰スル外ニ他事ナシコヽニヨリテ幼年ノ昔ヨリ長大ノ後ニイタルマテ禅林ノアタリヲハナレス学窗ノ中ニチカツキ給ケレハ自ノ望ニテ開示ニアツカリタマフ事モ時ヲエラハス他ノタメニ設化シ給トキモソノ座ニモレ給コトナカリケレハ聞法ノ功モオホクツモリ能持ノ徳モ人ニコエ給ケリカノ阿難尊者ノ常ニ仏後ニシタカヒ身座下ニ臨テ多聞廣識ノ名ヲホトコシ伝説流通ノ錯ナカリケルモカクヤトソオホユル。

〈訳〉

奥州東山の如信という人がいたが、特に既成教団の伝統的な教学を学ばなかったので、経典類を調べることもなかった。しかし、この世の迷いを離れたいとの気持ちが強く、偏に親鸞の教えを信じ仰ぐことだけに集中していた。これも幼少の昔から成長後に至るまで修行者の集まる所を離れず、学舎に近づいて自分から希望して教えを請うにしても時を選ばず、他人のために教えを説くときもその場にいないということはなかった。従って、教えを聞くときの効果が現れ能力の恩恵も人以上で、阿難尊者が常に釈尊の後ろに控えて、釈尊の多くの説法を聞いて博識となり、教えを伝えるのに誤りがなかったようなものである。

奥州東山は、奥州大網東山のことで、陸奥国最南端に当たり、如信はここを拠点にして水戸市から福島県松島辺りまでを教化して回ったようである。善鸞については、後年に宗祖となった親鸞に義絶を言い渡されたことから、宗派の恥ともいえる善鸞の記録類がなくなってしまったことは納得のいくことである。ただ、如信と共に教化活動を続けていたと考えると、如信の行動を辿って行けば、並行して善鸞の行動も見えてくる。

すなわち、親鸞の要請によって東国で教えを広めるようになった善鸞は、望んでいた「無観称名義」とはかけ離れた生活を営まざるを得なくなった。如信はといえば、幼い時に父から教わった「無観称名義」の生活に慣れ親しんでいたが、物心がつく頃から父親の生活が変り、門徒から非難を浴びるようになった。善鸞の苦悩を身近で感じ取っていた如信は、伝統的な経典から学ぶことがなくても、親鸞の説く「無観称名義」を理解するも、親鸞のように自己を語ることもなく、著述を遺すこともなく、政治的関心事を離れ、寡黙で万事控え目な人柄であった。このため、善鸞の義絶前後から、高田・横曽根・鹿島等の門徒集団の領域から北方へ一歩下がって、奥郡の地域を本拠として善鸞とともに慎ましやかに、有縁の人々を交えて「無観称名義」の念仏生活に勤しんでいた。

この奥郡への教化活動が、義絶後の善鸞の「無観称名義」生活を決定づけることになった。善鸞らは大綱に草庵を構えて、ここを拠点として奥州地方を教化して回った結果、宗教的に未開拓ともいえる奥郡で「大綱門徒（おおあみもんと）」と呼ばれる大きな集団を形成するに至った。奥郡では、農業中心の一次産業社会で、自然環境にも恵まれず、自ずから外に出るよりも内に籠る生活を余儀なくされることから、「無観称名義」の教えが浸透しやすく、村や家庭では在家仏教としての性格を維持しやすかった。法然の時代から待ち望まれていた「無観称名義」が、善鸞・如信親子によって、生活の中に浸透していったといえるが、当の彼らは聖覚や源智などのように「無観称名義」を称える人が辿る、法を残して自ら滅び去る道を歩むことになる。

その頃、京洛では覚信尼と覚恵が、親鸞の生存中は言うに及ばす没後においても、善鸞や如信と交流を深めていたことから、彼らは頻繁に会って「無観称名義」を学び合うようになり、親鸞の教えを間違いなく継承することに努力している。覚恵は、父を日野広綱、母を覚信尼として、暦仁二（一二三九）年頃に生まれ、徳治二

（一三〇七）年四月十二日に没している。妻は周防権守中原某の娘で、子は覚如である。覚恵は、幼少より京都青蓮院で天台宗の教えを学び、如信と同じように穏やかな性格の持ち主であったという。

一方の如信は、弘安三（一二八〇）年に覚信尼と覚恵の依頼により、親鸞の廟所である大谷廟堂（現、本願寺）の法灯を継ぐが、寺務は覚信尼と覚恵に委ね、陸奥国での教化活動を続けた。覚恵は、弘安六（一二八三）年に、母より大谷廟堂の留守職を譲り受けて、乾元元（一三〇二）年に後継を子覚如に譲って大谷廟堂二代目留守職となる。覚如三三歳の時であった。

後継となった覚如は、それ以前の東国へ下向した時、北条貞時（さだとき）に同道している善鸞の姿を見ていることが、『最須敬重絵詞』五に記されている。

騎馬ナルカ二三百騎モヤアルラントミエタリソノ中ニカノ大徳モクハゝラレケルカ聖人ヨリタマハラレケル無碍光如来ノ名号ノイツモ身ヲハナタレスヲ頸ニカケ馬上ニテモ他事ナク念佛セラレケリ又常陸国ヲトホリ給ケルニモソノ此小田ノ総領トキコエシハ筑後守知頼ノ事ニヤカノ人鹿島の社ヘ参詣ノ時ニモ同道セラレケルカソノトキモ本尊ノ随身トイヒ羇中ノ称名トイヒ関東ノ行儀ニスコシモタカハス

〈訳〉

二三百騎ほどの騎馬の中に善鸞大徳が加わって、親鸞聖人から賜って何時も身に付けていた無碍光如来の名号を頸に掛けて乗馬し、さり気なく念仏されていた。また常陸国を通る時にも、その頃小田の総領であった筑後守知頼が鹿島神宮に参詣される時も同道されたが、その時も本尊の警護といい旅中の称名といい、関東の作法に相応しい行動であった。

この件は、善鸞が正応五（一二九二）年に没していることと、覚如が二〇歳の頃であるとすれば、京洛に住む覚恵・覚如親子が奥郡に住む善鸞・如信親子に会いに行った時の一齣であろう。このことから、善鸞が彼と敵対していた東国で、北条家や小田家と行動を共にしていることがわかる。これは善鸞の奥郡における「無観称名義」の生活態度のみならず、彼の本来の教義自体が戦闘的でないことを、権力者に認められていた証ともいえる逸話である。

一．五．七．親鸞入滅

親鸞の花園殿における生活は、善法院から何時頃引っ越したかは不明であるが、暫し花園殿に滞在した後、九〇歳近くになって身体の不調を訴えるようになった。親鸞が不調を訴えてから入滅までの経緯が、『正明伝』巻四に詳細に述べられている。

聖人満九十歳、仲秋ヨリ門人ノコト問来モムツカシトテ、御舎弟善法房僧都ノ里坊善法院ニ移マシマス。今年十月イササカ御老疾アリシガ、亦痊ニケリ。十一月下旬ノ初ヨリ御イタハリニツキタマヒ、口ニ余事ヲ交ヘズ、専ハラ称名タフルコトナシ。折折ニ尊曠大ノ御慈悲、大師源空上人ノ勧化ニ逢タテマツルコトヲヨロコビタマフ。同二十八日午ノナカバニ至テ、頭北面西右脇ニ臥テ、念仏ノ息トトモニ遷化シタマヒヌ。終焉ニ逢門人、勧化ヲ受シ老若、仏日スデニ滅シ、法燈コ、ニ消ヌトテ、恋慕涕泣セズト云コトナシ。千時弘長第二壬戌ノ冬ニゾアリケル。禅坊ハ三条坊門ノ北ガワ、富小路ノ西ガワナレバ、遥ニ河東ノ路ヲ歴テ、鳥部野ノ南、延仁寺ニオクリテ火葬シタテマツル。遺骨ヲ拾テ、鳥部野ノ北、大谷ニ納ヲハリヌ。

〈訳〉

聖人は九〇歳になった八月から弟子の訪問を断わり、舎弟の善法房僧都の里坊である善法院に移った。この年の十月に、老衰の兆候が見えたが、すぐに回復した。十一月下旬の初め、病床についてからは何も言わずに、絶えず念仏を称えておられた。折々阿弥陀如来と釈迦如来の広大な慈悲について、また法然上人との出会いを喜んでおられた。十一月二八日の正午になって頭北面西、右を脇にして横たわり、念仏の息とともに往生された。臨終に同席した門人や教えを受けた老若たちは、仏の光は滅び法燈は消えたと、嘆き悲しんで涙にくれた。時に弘長二（一二六二）年の冬のことである。禅坊は三条坊門の北側、富小路の西側なので、賀茂川の東側（河東）の道をたどり、鳥部野の南、延仁寺に送って火葬に付した。遺骨を拾って鳥部野の北、大谷に納骨した。

親鸞は、弘長二年八月頃に花園殿から実弟の善法房尋有の里房である善法院に移った。この引越しは親鸞の体力が衰えて終焉に近いことから、尋有の房舎においての臨終を望んだからであろう。同年の十月には老衰の兆しが見えたものの、十一月には少し回復して念仏を称えたり、法然との出会いを思い出したりしていたが、十一月二八日に帰らぬ人となった。遺体は、賀茂川を東に渡って河東を南に下って、清水寺の近くの延仁寺で荼毘に付されて大谷に納骨された。親鸞の入滅した善法院は、三条富小路にあることが顕智の書写した『自然法爾の事』後跋に記されている。

親鸞の臨終に立ち会ったのは、尋有や顕智の他にも子供の有房（益方大夫入道）と覚信尼であったことが、『恵信尼消息』一に記されている。

去年の十二月一日の御文、同二十日あまりに、たしかにみ候ひぬ。なによりも殿の御往生、なかなかはじめて申すにおよばず候ふ。（中略）御りんずはいかにもわたらせたまへ、疑ひ思ひまゐらせぬうへ、おなじことながら、益方も御りんずにあひまゐらせて候ひける、親子の契りと申しながら、ふかくこそおぼえ候へば、うれしく候ふ、うれしく候ふ。

〈訳〉

去年の十二月一日付の手紙を同二〇日過ぎに確かに読みました。何よりも聖人が往生されたことにあらためて申すこともありません。（中略）臨終がどうであったにしても、往生の疑いないことは変ることはないが、益方も臨終に立ち会ったそうで、親子とはいえその縁がよほど深かったと思うにつけ、心からうれしく思います。

これは、娘の覚信尼が父親鸞の没後、直ぐに恵信尼宛に書状を送ったもので、日付から判断して約二〇日で手紙が届いたことになる。この書状で、親鸞の臨終時に奇瑞が現れなかったことを恵信尼に問いただしたものと思われるが、恵信尼はそれでよいのだというように諭している。有房は親鸞の臨終が近いことを知って越後から善法院を訪ねたのであろう。しかし、奥郡にいる善鸞に対しては、親鸞の命によって臨終の近いことを知らせなかったようである。

この件が『正統伝』巻之六に、

> 二三日は、東関の昔の物語どもをも仰らる、御機嫌よしと見えてければ、顕智御そば近く参て、御存命めでたきうちに、関東の善信房も登られさぶらふやうに申下したくこそ存しさふらへと、連りに申す。聖人、彼者にくしとて隔つるにあらず、面りに我法の讎なるを知りながら、由なき徒事をも申すものかなと、便なくのたまひしかば、顕智重て申出づことも得ずしてやみぬ。

〈訳〉

十一月二三日には、東国での昔話などを話され、機嫌よく見えたので、顕智が傍に行って生存中に関東の善鸞を上京させたいとの思いを頻りに訴えたが、聖人はこの者が憎いといって隔てるのではない。我が法のよさを知りながら、理由もなく空しいことを言うものだと、気の毒なほどに言われたので、顕智は重ねて言われることはなかった。

と記されている。顕智は、十一月二三日時点での親鸞の状態が好転していることから、善鸞を奥郡から呼び寄せることを提言したのである。しかし、親鸞は臨終になっても頑なに善鸞との再会を拒むことで、親子の徹底した義絶の本懐を表明している。これは、東国の門徒が、義絶後も親子の間柄を戦々恐々として見守っていることにも関係していて、少しでも隙を見せると異端の徒の物見高い性格上、善鸞の立場が不利になりかねないという懸念から下した判断であったと考えられる。

一・六・親鸞の教説

親鸞は、隆寛や聖覚の教義を大切にして、あまり自身の教義らしきものは表に出すことはなかった。しかし、親鸞が引用している従来の経典や釈義あるいは消息文は、自身の意思に基づいて収拾されていると考えれば、そこに彼の教義らしきものが浮かび上がってくる。例えば、親鸞は多くの著作類を残しているが、そこでは『選択集』をまったくといってよいほど引用せずに、隆寛や聖覚は勿論のこと、法然の消息文や言葉が多くを占めている。これらの引用文献から導き出された親鸞の教説を訊ねてみると、「経典解釈」、「慚愧」、「三帖和讃」などに特徴的な解釈がみられる。ここには親鸞の辿りついた「無観称名義」が、阿弥陀仏を前にした自己に寸分の偽りも挟まないという、実存的な自己批判のかたちで徹底的に追及されている。

一・六・一・隆寛の現世利益観

親鸞は、隆寛の主だった教義に焦点を当てて、自身の教義を構成している。その一つに現世利益観があるが、その内容を整理してみると、以下の五つの項目に分けることができる。

①凡夫が浄土に生まれる道を説くことに終始し、世俗的な除災、治病などの利益には言及していない。

②臨終の往生決定を論じながら、現実の救いを重視することで、現世に居ながらにして本願に乗じ、滅罪の身に等しくなることを強調している。

③滅罪の利益については、名号の働きによることを説き、真如法性（しんにょほっしょう）に基づく本願力が、名号滅罪（みょうごうめつざい）を成就させるとしている。

④弥陀諸仏の護念の利益についても、光明摂取を展開して名号による救いを論じ、具体性を帯びた称名念仏の生活でこれを受け止めようとしている。

⑤臨終の来迎についても、伝統の利益を強調しながらも、臨終を期したときに現れる、本願他力の救いの証明としての臨終来迎が説かれている。

これらはいずれも、法然や隆寛が提唱した、①頓漸二教、②凡聖二機、③難易二道、④聖道浄土二門、⑤自他二力、⑥正雑二行または専雑二修、⑦正助二業、⑧称観二念などに基づいて導き出されたものであるが、これら八項目を取捨選択した上で、浄土門は、聖道諸宗と異なり、頓教であり、凡夫を正機とし、易行道であり、浄土門であり、他力であり、正行専修であり、正定業を修し、称名念仏を中心的な教義としている。

親鸞は、これらの教義を根拠として往生浄土を求めるのが、真実の浄土門の教えであり、念仏者のあるべき姿であると位置づけている。

一・六・二・独自の経典解釈

親鸞が『唯信鈔』に出会ってから、今までまとめてきた『教行信証』に「信文類」を新たに設けて、独自の経典解釈を展開する。

（イ）絶対他力

親鸞は、自力と他力あるいは善と悪を捉えて、さらに誤りようのない経典の解釈に努めている。その部分は、『教行信証』（信文類）「大信釈」の書き出し文において、第十八願の解釈を巡って以下のように説明している。

至心信楽の本願（第十八願）の文、『大経』（上）にのたまはく、「たとひわれ仏を得たらんに、十方の衆生、心を至し信楽してわが国に生れんと欲ひて、乃至十念せん。もし生れざれば正覚を取らじと。ただ五逆と誹謗正法を除く」と。以上

『無量寿如来会』（上）にのたまはく、「もしわれ無上覚を証得せんとき、余仏の刹のうちのもろもろの有情類、わが名を聞き、おのれが所有の善根、心心に廻向せしむ。わが国に生ぜんと願じて、乃至十念せん。もし生ぜずは菩提を取らじと。ただ無間の悪業を造り、正法およびもろもろの聖人を誹謗せんをば除く」と。以上

本願成就の文、『経』（大経・下）にのたまはく、「あらゆる衆生、その名号を聞きて、信心歓喜せんこと、乃至一念せん。至心に廻向せしめたまへり。かの国に生ぜんと願ぜば、すなはち往生を得、不退転に住せん。ただ五逆と誹謗正法とをば除く」と。以上

『無量寿如来会』（下）にのたまはく、「菩提流志訳」「他方の仏国の所有の有情、無量寿如来の名号を聞きて、よく一念の浄信を発して歓喜せしめ、所有の善根廻向したまへるを愛楽して、無量寿国に生ぜんと願ぜば、願に随ひてみな生れ、不退転乃至無上正等菩提を得んと。五無間、正法を誹謗し、および聖者を謗らんをば除く」と。以上

〈訳〉

「至心信楽」を誓った第十八願の言葉は、『無量寿経』（上）に「もし私が仏になるとき、この世のすべての人が、真心から信じ喜び、私の国に生まれたいと望んで、たとえ十遍でも念仏するなら、浄土に迎えて救ってやりたい。もしそれで生まれることができないなら、わたしは仏にはならない。ただし、五逆の罪を犯したり、仏の教えを誹謗するものは、救いの対象から除く」と説かれている。これを『無量寿如来会（大宝積経）』では「もし私が最高至上の悟りを得たとき、他の仏国の様々な人たちが私の名を聞いた後、

私の身に備わる全ての善根をそれぞれの心に回らしさし向け、私の国に生まれたいと願わせ、十遍でも私を念じせしめて、それでももし生まれることができないならば、私は悟るまい。ただ、五逆の罪を犯したものと、仏の教えと様々な聖者を誹謗するものとは、救いの対象から除く」といっておられる。

『無量寿経』（下）に、「すべての人が阿弥陀仏の名を聞いて信心を起こし喜びに溢れて、僅か一念でもするときは、それは阿弥陀仏が真心から恵みを与えられたのであるから、浄土に生まれたいと願うときには、即座に生まれるものと決まって、不退の位に住することだろう。ただ、五逆の罪を犯したものと、仏の教えを誹謗するものとは、救いの対象から除く」といっておられる。

また、『無量寿如来会』（下）には「他の浄土にいる人たちすべてが、無量寿如来（阿弥陀仏の別名）の名を耳にし、よく一念の清浄の信心を起こして喜びをいだかせ、仏の功徳のすべてを与えて頂いたことを喜んで、無量寿国に生まれたいと願うときは、願い通りにみな生まれて、不退の位や、最高至上の仏の悟りさえも得るだろう。ただ、五逆の罪を犯したものと、仏の教えと聖者とを謗るものとは、救いの対象から省く」といっておられる。

ここでの主題である第十八願の漢文は、

設我得佛、十方衆生、至心信楽、欲生我國、乃至十念。若不生者、不取正覺。唯除五逆誹謗正法。

であるが、この書き下し文が、『教行信証』「大信釈」の文言そのものであって、この言葉の主語は「すべての人々」なのである。すべての人々が「真心から信じ喜び、仏の国に生まれたいと望んで、たとえ十遍でも念仏するなら」ば、仏は人々を浄土に迎えたいというのである。親鸞以前の浄土仏教は連綿としてその解釈の伝統を守ってきた。法然にしてもこの第十八願を選択本願としたが、新しい解釈を試みることはなかった。

しかし、親鸞は『無量寿如来会』（上）で「おのれが所有の善根、心心に廻向せしむ」あるいは『無量寿経』(下)の「本願成就の文」で「至心に廻向せしめたまへり」など、経典によってその解釈が少しづつ異なってきているのに注目して、その変化の過程をここに紹介しているのである。これは過去において衆生が、仏に対して廻向していたという能動的解釈から一変して、廻向するのは仏であるという、全く主客が転倒したような受動的解釈に至らしめ、さらに『無量寿如来会』（下）の「菩提流志訳」では「よく一念の浄信を発して歓喜せしめ、所有の善根廻向したまへるを愛楽して」と、仏が清らかな信心を発動して人々を歓喜せしめて、仏のもつ善根が人々に廻向されるのを人々が快く受け入れるというように、信心の一念までが如来から賜ったものとして、一切の人間の行為を否定した上で、徹底的な他力救済の考え方を展開している。結局、衆生は如来からの施しを受け入れるだけの存在なのである。

すなわち、第十八願は、親鸞教説の要ともいえるもので、この願は至心・信楽・欲生の三心と十念が仏の願いとして誓われていて、『無量寿如来会』（上）にしても同じ意味にとることができる。これらの中で本来は「心を至し信楽してわが国に生れんと欲ひて」と読んで、まさに「おのれが所有の善根、心心に廻向する」のであるが、自分はそのような真実心で廻向できるような存在ではない。実は如来の側から真実心を自分に向けて「至心に廻向せしめたまえ」るのである。だから我々衆生は「所有の善根廻向したまへるを愛楽して、無量寿国に生ぜんと願ぜば、願に随ひてみな生れ」ることができるのである。

要約すると、廻向するという自力の行いは、仏の領分に関わることであって、衆生は仏の自力作善を他力として授かって、他力の中での行いにおいてのみ一念歓喜が生まれるのである。

また、親鸞は『教行信証』（大信釈）で、善導の『観経疏』（散善義）をそのまま引用して、衆生がもつべき心構えについて述べている。

また廻向発願して生ずるものは、かならず決定して真実心のうちに廻向したまへる願を須ゐて得生の想をなせ。この心、深信せること金剛のごとくなるによりて、一切の異見・異学・別解・別行の人等のために動乱破壊せられず。ただこれ決定して、一心に捉つて正直に進んで、かの人の語を聞くことを得ざれ。すなはち進退の心ありて怯弱を生じて回顧すれば、道に落ちてすなはち往生の大益を失するなり。

〈訳〉

また廻向発願して彼の国に生ずる者は、彌陀が真実の内に廻向したまえる願を用いて往生決定の思いをもつのである。この心は金剛心のような信心であるため、一切の雑念をもつ人に惑わされることがない。只、一心に正直に進むことが肝要で、雑念の人の言葉に耳を傾けることがあってはならない。もし、信心に疑義する心が生じて雑念に負けでもするようなことがあれば、彌陀の本願から外れて往生もままならなくなってしまう。

ここでも親鸞が「廻向発願して生ずるものは、必ず決定して真実心のうちに廻向したまへる願を須ゐて得生の想をなせ」と読み下しているところは、原文で「廻向発願して生ぜんと願ずるものは、必ずすべからく決定真実心のうちに廻向し願じて、得生の想をなすべし」というように記されている。親鸞は原文を書き下し文にするときに、徹底した仏の絶対性を打ち出すことで、引用する経典のすべてが仏の意志として表わされている。

(ロ) 虚仮不実

同じく『教行信証』(信文類)「大信釈」で、善導の『観経疏』(散善義)を引用して、仏に対する衆生の心構えを明らかにしている。

『経』(観経)にのたまはく、〈一者至誠心〉。至とは真なり、誠とは実なり。一切衆生の身口意業の所修の解行、かならず真実心のうちになしたまへるを須ゐんことを明かさんと欲ふ。外に賢善精進の相を現ずることを得ざれ、内に虚仮を懐いて、貪瞋邪偽、奸詐百端にして悪性侵めがたし、事、蛇蝎に同じ。三業を起すといへども、名づけて雑毒の善とす、また虚仮の行と名づく、真実の業と名づけざるなり。もしかくのごとき安心起行をなすは、たとひ身心を苦励して日夜十二時に急に走め急に作して頭燃を灸ふがごとくするものは、すべて雑毒の善と名づく。この雑毒の行を回してかの仏の浄土に求生せんと欲するは、これかならず不可なり。なにをもつてのゆゑに、まさしくかの阿弥陀仏、因中に菩薩の行を行じたまひしとき、乃至一念一刹那も、三業の所修みなこれ真実心のうちになしたまひしに由(由の字、経なり、行なり、従なり、用なり）ってなり。おほよそ施したまふところ趣求をなす、またみな真実なり。また真実に二種あり。一つには自利真実、二つには利他真実なり。〔乃至〕不善の三業はかならず真実心のうちに捨てたまへるを須ゐよ。またもし善の三業を起さば、かならず真実心のうちになしたまひしを須ゐて、内外明闇を簡ばず、みな真実を須ゐるがゆゑに至誠心と名づく。

〈訳〉

『観経』に「一者至誠心」という。至とは真であり、誠とは実である。一切の衆生が身・口・意で行う修行は、如来の真実心によってなされたものであることを明らかにしたい。それは外見は賢明で善良であり努力をしているような相を現してはいけない。何故なら、我々衆生は内面に虚仮を懐いて、貪り、怒り、邪、偽り、謀るという煩悩が無数にあり、悪性を止めがたいのは蛇や蠍と同じだからである。身・口・意の三業は全て毒の混じった善であり虚偽の行である。こういうことで精進や修行をして身心を励まして朝晩気持ちを弛めず、頭に火がついたのを払いのけるように急いで努力しても、それは毒の混じった善である。そういう雑毒の行業を回し向けて浄土に生まれたいと願ったところで、適うはずがない。何故なら、阿弥陀仏が法蔵菩薩として修行されていたときには、一瞬といえども身・口・意の三業を真実心でなされないことはなかった。よって、如来の施されるところは全て衆生を浄土に生まれさせたいと願う心となるので、このこともまた真実である。換言すると、衆生の行わんとする善根は、既に法蔵菩薩の因位の時になされていて、願成就の今日にあっては今更衆生が云々することではないのである。『観経疏』では真実について、自利と利他の二種を説いているが、不善の三業は如来が真実心において捨てられたことを用い、善の三業は如来が真実心において為されたことを用い、出家と在家および聖人と凡人を選ばず、すべて如来の真実心を用いるから至誠心と名づける。

ここでの親鸞は利他真実についてのみ解説している。すなわち、一生懸命に努力することは善いとしても、方向性を見誤った自利の努力は、精進するほどに正しいところ（＋）から遠ざかり、間違ったところ（－）に近づく。しかし、正しい方向を指し示されて、その方向に向かって努力すれば、必ず正しいところ（＋）に速やかに行き着くことができる。我々凡夫は「無観称名義」に促されて、＋のところと一のところを熟知して、阿弥陀仏の利他真実心に導かれて正しい方向に舵をとるに越したことはない。

「不得外現賢善精進之相内懐虚仮」については、『観無量寿経釈』、『選択集』、『唯信鈔』などで取り扱われているが、これらの聖教の解釈は「外に賢善精進の相を現じて、内に虚仮を懐くことを得ざれ」というように読み下されていた。ここでの「不得」は、「懐く」の否定に使われているが、親鸞は「現じ」の否定に使うことで、「外に賢善精進の相を現ずることを得ざれ、内に虚仮を懐いて」と読み替えている。

すなわち、『観経疏』や従来の解釈では、外面は賢善精進の立派な相をして、内心に嘘偽りの醜い心を持っていてはいけないと、外面と内心を分離して、これらの不一致を戒めた道徳的な表現になっている。しかし、親鸞はこれを翻して、内心は嘘偽りばかり懐いているから、賢そうな善人らしい精進の姿を表さざるを得ないのであると、内面の心に潜む虚偽の心が、本来素直な行動を取るべき人に否定的な感情を植え付けているのであると、外面と内面を連続して捕らえることで、従来の意味を逆転してしまった。

同じく、親鸞が八五歳の康元二（一二五七）年一月二七日に著した『唯信鈔文意』の後半部分に以下の文言が記されている。

「不得外現賢善精進之相」（散善義）といふは、あらはに、かしこきすがた、善人のかたちをあらはすことなかれ、精進なるすがたをしめすことなかれとなり。そのゆゑは、「内懐虚仮」なればなり。「内」はうちといふ、こころのうちに煩悩を具せるゆゑに虚なり、仮なり。「虚」はむなしくして実ならぬなり、「仮」はかりにして真ならぬなり。

〈訳〉

「不得外現賢善精進之相」というのは、表立って賢い姿や善人のかたちを現すことなかれ、一生懸命に努力している姿を示してはいけないというのである。なぜならば「内懐虚仮」だからである。「内」は内面という心の内に煩悩を具えているから虚であり仮である。「虚」ははかなく実りのないことであり、「仮」は偽りの真実でないことである。

この文章の後には「不得外現賢善精進之相」の字句の解釈が続くのであるが、ここでの「内懐虚仮」は「内に虚仮を懐いているからである」という確信の経典解釈に変っている。すなわち、この部分の読み替えは、聖覚が『唯信鈔』で語った「心に嘘偽りをもったままで、他人に対しては賢ぶった努力家であるかの振る舞いをしてはいけない」という、自己に対する戒めの解釈を翻して、「他人に対して賢ぶった努力家であるかのごとく振る舞ってはいけないというのは、心に嘘偽りをもっているからである」という。煩悩具足の救われ難い凡夫に徹すれば、賢善精進の相など表しようがないという、実存的立場から的確に捉えた上での解釈である。換言すると、「無観称名義」に徹すれば、「無観称名義」を遵守していることを公言する人などいないというのである。

親鸞が解釈した「外に賢善精進の相を現ずることを得ざれ、内に虚仮を懐いて」をもっと徹底させた文章が『愚禿鈔』下に、以下のように記されている。

外に賢善精進の相を現ずることを得ざれ、内に虚仮を懐けばなり。

〈訳〉

内に虚仮を懐いているから、外に賢善精進の相を現ずることなかれという。

煩悩にまみれた人の内心が虚仮不実であるから、賢善精進の姿を外に現したがるのである。その姿は善人ぶっても悪人ぶっても如何様な行為に出ようとも、偽りの心である限りは、仏と照らし合わせた時には虚仮の行為に過ぎない。ここに極まった「内懐虚仮」は実存そのものであって、仏を媒介にして実存を見つめた時に、この世では悪を行わざるを得ない自分に自然に気づく。すると、自己主張の極みともいえる「本願ぼこり」など仏を前にして唱えられはずもなく、自身が悪人であることに慚愧の念が必然的に生まれてくる。

親鸞は、善導の提唱する「不得外現賢善精進之相内懐虚仮」に対する法然、隆寛、聖覚などの解釈を翻して、如何様にもしようのない凡夫根性を、凡夫自身にどのようにして理解させようかと、様々な著作の中で手を変え品を変えて苦労して表現しているようにもみえる。このことは、親鸞自身の課題でもあり、東国においても言葉足らずで多くの誤解を生んだ反省からの努力でもあった。

親鸞の経典解釈は、隆寛の提唱した他力本願の意味合いを明確にしたばかりでなく、凡夫の雑念から生じる自力と他力との間に横たわる曖昧さを払拭したといえる。いわば、従来の浄土教の思想である本願が仏の側からのものであることを確認するとともに、そこでなされる廻向そのものも仏の行為であったことが立証されたといえる。このことは授ける側と受ける側が確実に分離され、その間の交流など望むべくもなくなった。つまり、自力と他力に係わることは仏の領分であって、元来凡夫は力など備わっていない無力な存在なのである。念仏にしても仏から授かったものである以上は、すべてが阿弥陀仏の意志によって成り立っているという以外に真実はないといえる。この中で凡夫は阿弥陀仏の懐に抱かれて正定聚不退転の位に住していることを感得する以外の方法を持ち合わせていない存在である。

（八）凡夫の具体性

また、『唯信鈔』では、聖覚が善導の『五会法事讃（ごえほうじさん）』を引用して、

さてつぎに、第十八に念仏往生の願をおこして、十念のものをもみちびかんとのたまへり。まことにつらつらこれをおもふに、この願はなはだ弘深なり。名号はわづかに三字なれば、盤特がともがらなりともたもちやすく、これをとなふるに、行住座臥をえらばず、時処諸縁をきらはず、在家出家、若男若女、老少、善悪の人をもわかず、なに人かこれにもれん。

「彼仏因中立弘誓　聞名念我総迎来　不簡貧窮将富貴　不簡下智与高才　不簡多聞持浄戒　不簡破戒罪根深　但使回心多念仏　能令瓦礫変成金」

このこころか。これを念仏往生とす。

〈訳〉

さて次に、法蔵比丘が十八番目の誓いとして、念仏往生の願を発し、ほんの十回ほど念仏しただけの者でも浄土へ生まれさせせようと誓われた。この願いは、考えれば考えるほど深い意味を持っている。お名前はわずか三字（阿弥陀）であるから、周利盤特のような愚か者でも覚えることができ、行住坐臥、何時何処でも誰でも称えることができる。しかも、僧が称えても在家の人が称えても変わりがない。男女・老若、善人も悪人も、差別なく洩れなく平等に救わ

れるのである。

「彼の法蔵比丘は誓いを立てて、名を聞いて我を念ずれば総て迎え来たらしむ。貧しき人も富人も、浅智も有識者も、破戒者も罪人も、隔てることはない。ただ、回心し、ひたすら名を称すれば、石を黄金に変ぜしむ」というのは、これを言ったものであろう。これがすなわち念仏往生である。

と述べている。聖覚が愚か者の代名詞ともいえる周利（しゅり）盤特（はんどく）を引き合いに出して、彼のような愚鈍の人でも維持できて、すべての衆生に平等に行きわたり、洩れることなく浄土往生できるのが阿弥陀仏の名号なのである。このことは『五会法事讃』に記されているという。

親鸞は『唯信鈔文意』において、『五会法事讃』に詳細な釈義を述べ、最後の「能令瓦礫変成金」を釈して、

かはら・つぶてをこがねにかへなさしめんがごとしとたとへたまへるなり。れふし・あき人、さまざまのものは、みな、いし・かはら・つぶてのごとくなるわれらなり。如来の御ちかひをふたごころなく信楽すれば、摂取のひかりのなかにをさめとられまゐらせて、かならず大涅槃のさとりをひらかしめたまふは、すなはちれふし、あき人などは、いし・かはら・つぶてなんどを、よくこがねとなさしめんがごとしとたとへたまへるなり。摂取のひかりと申すは、阿弥陀仏の御こころにをさめとりたまふゆゑなり。文のこころはおもふほどは申しあらはし候はねども、あらあら申すなり。ふかきことはこれにておしはからせたまふべし。

〈訳〉

瓦や小石を金に変えてしまうようだとたとえれている。猟師・漁師や商人など、様々な者とは、いずれも石や瓦や小石のような我々自身のことである。如来の誓願を疑いなく一筋に信じれば、摂取の光明の中に摂め取られて、必ず大いなる仏のさとりを開かせてくださる。すなわち、漁師・猟師や商人などは、石や瓦や小石などを見事に金にしてしまうように救われていくのである、とたとえておられる。摂取の光明とは、阿弥陀仏のお心に摂め取ってくださるから、そのようにいうのである。この文の意味は、十分にいい表すことができていないが、大体のところを述べた。奥深い意味は、これらのことから推し量っていただきたい。

という。ここでは聖覚が経釈の文言を使用するとともに、法然在住の洛中の衆生に応じた抽象的な用語を使用していたのに対して、親鸞は東国の庶民の生活に密着した具体的な職業を例示して、彼らにより身近で見向きもされない存在であるとの自覚を促している。そして、人手によっていかに磨き上げても光るはずのない石や瓦、小石などを黄金に磨き上げようとしてくれるのが阿弥陀仏の御心なのである。『唯信鈔』の意味をうまく言い表せたかは分からないが、大凡はこのようなことである。詳しくは『唯信鈔』をご覧になって理解するようにという。

この件は、まさに「二種深信」を解釈した部分であると考えられる。親鸞は、何処までも庶民の生活の中に入り込んで、庶民と同じ感情にまで下りて行って、そこから御同胞として庶民感覚と共に浄土往生を遂げようとしている。ここには、隆寛の三心に対する解釈としての「すべての行為は阿弥陀仏が主体的に関わることで、人間は仏の慈悲に甘んじているだけである」という教義を、衆生の立場に立って言い換えたものといえる。しかし、親鸞が試みた庶民にわかりやすい説明は、信仰の教義と日常用語の隔絶が増すばかりで、用語から教義に導く手立てが示されないまま、様々な解釈の生まれたことが、異端の徒の餌食にされた。

一・六・三・懺悔

浄土教の中心的な教義は、『無量寿経』（四十八誓願）の中の「第十八願」であるが、この解釈については、既に述べられたところである。しかし、最後の「五逆と誹謗正法とをば除く」の解釈が残っている。「五逆と誹謗正法」を犯した人間は、阿弥陀仏の救済から外れて成仏できないというのである。「五逆」とは、故意に父を殺すこと、母を殺すこと、阿羅漢（聖者）を殺すこと、仏身から血を出す（仏の身体を損傷する）こと、和合僧を破る（教団を破壊する）ことの五つの大罪のことである。『無量寿経』では、すべての人を救うというが、但し書きで救われない人がいるようでは、仏の誓願に矛盾が生じる。この矛盾に着目して親鸞は、救いに例外が認められないように、経典解釈を工夫する。

『教行信証』（信文類）「逆謗摂取釈（ぎゃくほうせっしゅしゃく）」では、『涅槃経』の中の以下のような文言が突然現れる。

またのたまはく（涅槃経・梵行品）、「そのときに、王舎大城に阿闍世王あり。その性、弊悪にしてよく殺戮を行ず。口の四悪、貪・恚・愚痴を具してその心熾盛なり。しかるに眷属のために現世の五欲の楽に貪着するがゆゑに、父の王辜なきに、横に逆害を加す。父を害するによりて、おのれが心に悔熱を生ず。心悔熱するがゆゑに、遍体に瘡を生ず。その瘡臭穢にして付近すべからず。すなはちみづから念言すらく、〈われいまこの身にすでに華報を受けたり、地獄の果報、まさに近づきて遠からずとす〉と。そのときに、その母韋提希后、種々の薬をもつてためにこれを塗る。その瘡つひに増すれども降損あることなし。王すなはち母にまうさく、〈かくのごときの瘡は心よりして生ぜり。四大より起れるにあらず。もし衆生よく治することありといはば、この処あることなけん〉と。

〈訳〉

その時、王舎城に阿闍世という王がいた。その性格は凶悪で、好んで生きものを殺し、言葉遣いは乱暴で、よくウソをつき、きれいごとばかりを並べ、むさぼりと愚かさばかりが目立っていた。そして自らの感覚的欲望を満たすことに専念するあまり、ついには罪のない父王を非道にも殺してしまった。父の殺害で阿闍世は、後悔の念にさいなまれて熱を出し、その熱の苦しみはやがて阿闍世の全身に腫物を生ぜしめ、その腫物は膿みただれ、臭くて人が近づけないほどであった。そこで阿闍世は「これは自分が長年犯してきた罪の報いを受けたのである。地獄に堕ちて苦しみを受けるのも遠いことではないだろう」と自らつぶやいた。そのとき、彼の母の韋提希が種々の薬を手に入れて瘡に塗り付けたものの効果はなかった。阿闍世は韋提希に「このような瘡は心の病である。地水火風の四大が原因ではない。もし、誰か治療できる人があれば、心を診る人でないと駄目だ」と告げた。

「阿闍世」とは、『観無量寿経』に出てくる「王舎城の悲劇」で父の頻婆娑羅王を殺害し、母の韋提希をも殺そうと企てた悪の根源ともいえる王子のことであった。この経典では、韋提希が絶望のどん底から悟りの境地に至るまでの例示によって、凡夫が救われる過程とその意義について説いているが、『無量寿経』の第十八願の最後の「五逆と誹謗正法とをば除く」という限定条件については、何ら解答を与えていない。従来の仏教は、この限定条件を敢えて課題にあげようともせずに通り過ごしてきた。しかし、親鸞は、この限定条件を解決するために、阿闍世のような極悪深重の凡夫でさえも救われる道を求めて『涅槃経』に至ったのである。

『涅槃経』には、『観無量寿経』ではほとんど扱われなかった、阿闍世という強烈な欲望をもった人間の苦悩に焦点を当てて、五逆の罪をもつ悪人の苦悩の様子が見事に描写されている。救われる側を漏れなく徹底的に拾い上げてこそ、阿弥陀仏の本願が完全に成就されたことになるが、救われる側の凡夫が五逆を犯そうという意志をもつにしても、徹底した悪の実行は不可能である。ところが、阿闍世は「一切経」のすべてに照らし合わせても極悪中の極悪であることから、彼を題材にして真実の救いを追究してくというのが、親鸞の狙いでもあった。

親鸞が注目したであろう阿闍世の犯した「五逆」は、最も重い「故意の父殺し」であり、未遂に終わった「母殺し」であった。このような悪行の報いであろうか、阿闍世の全身にひどい腫物ができ、それが膿みでただれて、臭くて人が近づけないほどで、さすがの阿闍世も、「これは自分が長年犯してきた罪の報い」として認めざるを得なかった。自身の悪行の報いとしてできた腫物に苦しむ阿闍世は、罪を代表する腫物をなくすために、過去に犯した罪を告白して許しを請う「懺悔」の念をもって母の韋提希に訴える。その彼に対して、監禁され殺されようとした韋提希は、手ずから様々な薬を塗り、献身的に介抱するものの、阿闍世の腫物に母の思いは通じなかった。そこで阿闍世は、「この腫物は身体の不調ではなく、心から起こったものである。心の病を治すには心の医者が必要である」と母に告げた。

心の病を治すための医者を探す阿闍世であったが、その当てがないことから、王舎城にいた六人の大臣が、「よい医者がいる」といって、それぞれ心の医者を阿闍世に推薦することになる。しかし、これらの大臣に智恵を与えた「心の医者」の考え方は、釈尊の在世時代に実在した、「六師外道（ろくしげどう）」と称される思想家たちの説であって、いろいろ理屈をつけて阿闍世に父殺しの罪を是認させた上で、「そんなに悩む必要はことさらない」と気休めを言うだけであった。

六師外道とは、仏教とは異なる教えを説く六人の思想家という意味で、仏教側から見て異端視されていた。彼らは、釈尊の時代に中インドに出た、当時の非バラモン系の思想を代表する自由思想家で、無道徳論の富蘭那迦葉、宿命論自然論の末伽梨拘舎梨、懐疑論の刪闍耶毘羅胝子、快楽主義的唯物論の阿耆多翅舎欽婆羅、無因果論的感覚主義の迦羅鳩駄迦旃延、ジャイナ教の開祖尼乾陀若提子を指す。

その後、耆婆という大臣が現れて、阿闍世が苦悩する今までの姿を聞き及んで、以下のように答えていることが、『教行信証』(信文類)「逆謗摂取釈」に続けて記されている。

善いかな善いかな、王罪をなすといへども、心に重悔を生じて慚愧を懐けり。大王、諸仏世尊つねにこの言を説きたまはく、二つの白法あり、よく衆生を救く。一つには慚、二つには愧なり。慚はみづから罪を作らず、愧は他を教へてなさしめず。慚は内にみづから羞恥す、愧は発露して人に向かふ。慚は人に羞づ、愧は天に羞づ。これを慚愧と名づく。無慚愧は名づけて人とせず、名づけて畜生とす。慚愧あるがゆゑに、すなはちよく父母・師長を恭敬す。慚愧あるがゆゑに、父母・兄弟・姉妹あることを説く。善きかな大王、つぶさに慚愧あり。王ののたまふところのごとし。よく治するものなけん。大王まさに知るべし、迦毘羅城に浄飯王の子、姓は瞿曇氏、悉達多と字づく。師なくして自然に覚悟して阿耨多羅三藐三菩提を得たまへり。これ仏世尊なり。

〈訳〉

これでよい。これでよいのである。阿闍世が罪を犯したとしても、心に悔いを生じて慚愧を懐いた。大王よ、諸仏や釈尊は常に以下のように説いている。二つの清浄な善法があって、これに衆生が救われている。一つは慚、二つは愧である。慚は進んで罪を造らない。愧は人に教えて罪を造らせない。慚は心の中で自ら羞恥し、愧は表して人に向かう。慚は人に恥じ、愧は天に恥じる。これを慚愧と名づける。慚愧がないのは人ではなく、畜生という。慚愧があるからこそ、父母・兄弟・姉妹がある。よろしいかな大王よ、ことごとくに慚愧がある。王の述懐で病は完全に治る。大王は知るべきである、釈迦族の城主である浄飯王の子シッダルタは、師をもたないままに悟りを開いて涅槃を得た。彼が後の釈尊である。

耆婆は、阿闍世に「長年の悪行を懺悔するのは立派なことである。懺悔をしないのは畜生であり、懺悔によってはじめて人間は畜生とは違った存在になれる」と説き、心の病ゆえに腫物に苦しむ阿闍世に対して、「大良医」である釈尊のもとへ行くことを勧める。しかし、阿闍世は仏徳の気高さに畏れをなし、「自分のような極悪な者はとても仏のもとにはいけない」と気後れするばかりであった。阿闍世が悩んでいるところに、天国から「私は父の頻婆沙羅である。耆婆の言葉に従って、早く釈迦のところに行くがよい。六師外道の邪な言葉に耳を貸してはならない」という声が聞こえた。阿闍世は自分が殺したはずの父親の声に驚き、その場で悶絶し倒れてしまった。そして腫物はさらに増え、悪臭もさらにひどくなった。

そこに釈尊が現れて、身近に仕える弟子に向かって、

善男子、わがいふところのごとし、阿闍世王の為に涅槃に入らず。

〈訳〉

善男子よ、私のいうところは、阿闍世王の為に涅槃に入りません。

という。この文章以下で、親鸞は「阿闍世王の為に」を「阿闍世」と「為」とを分けて、阿闍世とは誰のことなのか、為とは誰の為なのか、というようにそれぞれについて独自の見解を説いていく。その内容は、「阿闍世」とは、広く五逆の罪を犯し、あらゆる煩悩をそなえ、無上菩提心を起こすことのないすべての者のことである。また、「為」とは、すべての凡夫のため、一切の煩悩多き衆生のため、仏性を悟っていない衆生のためにという意味である。結局、釈尊は「煩悩を離れて悟りを開いた衆生のために世に留まっているのではない。なぜなら、悟りを開いたものはもはや衆生ではないからである。また、仏性を悟った者のために世に留まっているのではない」という。

「阿闍世王のため涅槃に入らず」といって釈尊が救おうとするのは、一切凡夫の中でも「五逆」の罪を犯した阿闍世のような悪人であって、悟りを開いた人間は救う必要がない。悟りを開くことができずに、煩悩に浸り切って、悪行を犯してその悪業に悶絶する凡夫のために、釈尊は涅槃に入るのを遅らせるのである。

その後、釈尊は阿闍世を救うために、「月愛三昧（がつあいさんまい）」、つ

まり月の光のような悟りの中に入っていく。三昧の中に入った釈尊からは大光明が放たれ、その清浄な光が阿闍世の身を照らすと、その身の腫物はたちどころに癒えたという。こうして救われた阿闍世は、過去の悪行を心から懺悔するために釈尊のもとを訪れ、そこで思わぬ因縁話を聞かされることになる。

その内容は、阿闍世が生まれる以前の出来事として語られる。父である頻婆沙羅王が狩りに行った時のこと、獲物が何もなく落胆した王は、たまたま山中で出会った仙人を腹立ち紛れに殺してしまった。頻婆沙羅はすぐに悪行を後悔し、殺した仙人を篤く弔ったが、同じ頃に王子として生まれてきたのが、恨みのまだ晴れない男（未生怨）の異名をもつ、仙人の生まれ変わりともいえる阿闍世であった。釈尊は、阿闍世の犯した悪行は、必ずしも自らの意志によるものではなく、「父王の因果なのである」と説明し、改めて自己の罪を深く懺悔する阿闍世を慰めたのである。

この物語は「王舎城の悲劇」と同じくはなはだ劇的であり、「阿闍世のために、私はまだ涅槃に赴かない」という釈尊の言葉は、まさに大乗仏教思想の精髄を示すものである。阿弥陀仏が法蔵菩薩の因位に「たとひわれ仏を得たらんに、…至らずば、正覚を取らじ」との四十八の誓願を立てたが、その概念は同じである。仏にしてみれば、人間はすべてわが子のごとく愛しいものである。特に悪を犯し、父なる仏の心を悩ませる悪い子であればこそ、仏のもっとも慈しむものであると考える思想は、大乗仏教の理念そのものである。阿弥陀仏も、他の方法で成仏できる衆生ではなく、念仏でしか救われない悪人を、とりわけ慈しみ救おうとしている。

『教行信証』（信文類）「仮偽弁釈（けぎべんしゃく）」において、この阿闍世の話の前に、親鸞が自らの懺悔を赤裸々に吐露する件がある。

まことに知んぬ、悲しきかな愚禿鸞、愛欲の広海に沈没し、名利の太山に迷惑して、定聚の数に入ことを喜ばず、真証の証に近づくことを快しまざることを、恥づべし傷むべしと。

〈訳〉

つくづく思い知ることには、悲しいことに禿頭の親鸞は、愛欲の果てしのない広い海に沈み、名誉と利益の高山に迷い、浄土に生まれる人の数に入れられることを喜ぼうともせず、悟りの境地に近づくことも嬉しいとは思わない。まったく恥ずかしいことである。

日本において、このように自己の悪を痛切に懺悔する祖師はいたであろうか。日本天台宗の開祖である最澄の若かりし頃、あるいは源信の求道態度などにも激しい懺悔の心はあるが、自己と照らし合わせた「二種深信」に関わる慚愧の厳しさにおいては親鸞の右に出る者はいない。

『教行信証』(化身土文類)「真門釈」においても、慚愧の吐露が描写されている。

悲しきかな、垢障の凡愚、無際よりこのかた助正間雑し、定散心雑するがゆゑに、出離その期なし。みづから流転輪廻を度るに、微塵劫を超過すれども、仏願力に帰しがたく、大信海に入りがたし。まことに傷嗟すべし、深く悲歎すべし。おほよそ大小聖人、一切善人、本願の嘉号をもつておのれが善根とするがゆゑに、信を生ずることあたはず、仏智を了らず。かの因を建立せることを了知することあたはざるゆゑに、報土に入ることなきなり。

〈訳〉

悲しいことに、煩悩悪業の障りをもった凡愚、久遠の過去から今日まで助業と正業の間で迷い、定心と散心の間でも迷っているが故に、往生の時期を見逃した。自身でさ迷いを繰り返し、永い時間を過ぎても仏の本願力に会えず、信心の大海に入りがたい。まことに痛み、悲しみ嘆くべきである。押し並べて、大聖人・小聖人、すべての善人、本願という立派な呼び名でもって自身の手柄とするために、信心を発することがなく、仏の智慧が理解できず、阿弥陀仏が浄土往生の誓いを立てられたことも理解できないから、真の浄土に生まれることはできない。

このように痛切な懺悔の言葉を述べる親鸞は、『涅槃経』に語られる阿闍世懺悔の物語をことごとく我が身のこととして感じているのであろう。

親鸞の自戒の念が刻み込まれた『教行信証』は、『選択集』が阿弥陀一仏を主張するために各種経典を引用していたのに対して、各種経典を引用するも、それらの経典をそのまま解釈するのではなく、仏教の中心的課題でもある「教文類」、「行文類」、「信文類」、「証文類」、「真仏土文類」、「化身土文類」の六つに別けて整理したものであるといえる。その中で、経典の内容が少しも実行できていない自己であることを懺悔する二・三の言葉が見受けられる。これは親鸞が、『選択集』のような自己主張を表に出した撰述の方法を避けて、「大原問答」や「東大寺講説」のように、経典と自身の心情を対照しながら、実存的解釈のために経典を引用するという手法を取り入れたものと考えられる。

善導の説く機の深信と法の深信とを「二種深信」というだけでは、単に存在している静的な状態として個別に説明することになるが、これでは既成教団の教えと何ら変わるところがない。しかし親鸞は、機と法の深信が関わり合うための動的過程を「懺悔」という実存的概念で結びつけたといえる。親鸞が懺悔に思い至った要因は、平安時代後期に東国や鎌倉から御家人として上洛し、法然の門人となった武士たちが再び帰省して、法然の教えに従った生活を営み、人々にも布教していたところにある。彼らが法然の教えを布教するにしても、自身の心に残るのは、例え戦闘であったにしても、人を殺したという重罪である。この重罪に対する彼らの慚愧の念は生涯消えることなく、周辺の人々が、法然の弟子を自負する親鸞に、その苦しみを吐露し続けたであろうことは、容易に察しがつく。

親鸞の提唱する「懺悔」は、「二種深信」に起因する「悪人正機」を誤解して「本願ぼこり」に至らないための実存的要となる言葉であるといえる。

一・六・四・三帖和讃

六〇歳を過ぎて帰京した親鸞は、東国からの門徒が頻繁に訪れる中で、彼らに教義を説いたり、東国の人々に消息文を認めたり、あるいは念仏弾圧の手から逃れるために洛中を転々としていた。しかし、親鸞の思いは正しく東国に伝わることがなかったことから、聖覚の『唯信鈔』を書写して勧めるも効果はなく、結果的に浄土教に関連する経釈類を読誦しやすい和讃に仕立てて、善鸞の布教活動を援助するとともに東国の門徒を「無観称名義」に導くことを思いついた。

和讃とは、一般的に和語をもって讃歎するという意味であるが、親鸞は、さらに一歩進めて、難しい仏の教えを誰にでも口ずさめるように「やわらげて」仏を「ほめたたえる」という意味に解釈している。また、讃嘆は仏に対する帰依の表白でもあり、人を超えた仏の徳を褒め讃える行為でもある。親鸞が経典から独自の解釈を交えることなく撰述した和讃は、七五調の四句で一首になる今様（平安時代の流行歌）形式で整理されているが、中でも七六歳の作『浄土和讃』と『高僧和讃』および八六歳頃の作『正像末和讃』をまとめて「三帖和讃」と呼んでいる。

「三帖和讃」の他にも、八三歳の時にまとめられた『皇太子聖徳奉讃』七五首と八五歳の作と考えられる『大日本国粟散王聖徳太子奉讃』百十四首、また顕智などによって伝えられている『別和讃』など、総計五百五十首の和讃が確認されている。

ここでは、「三帖和讃」の中で、親鸞の考え方の特徴を表している部分を拾い出して検討する。

（一）浄土・高僧和讃

『浄土和讃』と『高僧和讃』は、宝治二（一二四八）年一月二一日の作といわれ、経釈に忠実な文言をそのまま使って和讃を組立てている。これらの和讃は、『教行信証』のように宝治二年の七六歳のときから八三歳の頃まで頻繁に推敲を重ねていたようである。

『浄土和讃』は、経典などを引用して阿弥陀仏とその浄土の徳を讃嘆したもので、合計百十八首からなっている。その最初に「冠頭讃」二首、次いで曇鸞大師の『讃阿弥陀仏偈』を和らげて和讃にした「讃阿弥陀仏偈和讃」四八首が続く。ここでは阿弥陀仏の功徳を十二の光明の徳をもって讃え、十方の衆生を救う還相の菩薩の功徳と、浄土の功徳とが讃嘆されている。次に『浄土三部経』を讃した「大経和讃」二二首、「観経和讃」九首、「弥陀経和讃」五首が説かれ、さらに『称讃浄土経』、『法華経』、『涅槃経』、『華厳経』などの諸経典から阿弥陀仏を讃嘆する「諸経和讃」九首、また『金光明経』や『十往生経』などによって「現世利益和讃」十五首が作られ、最後に『首楞厳三昧経』を引用して大勢至菩薩すなわち法然を讃仰する「勢至和讃」八首が置かれている。

『高僧和讃』は、『智度論』で空を説いた龍樹菩薩、『浄土論』で一心帰命を説いた天親菩薩、『浄土論注』で往還両廻向を説いた曇鸞大師、『安楽集』を著した道綽大師、法然の慕う善導大師、『往生要集』の著者である源信和尚、源空上人など、インド・中国・日本の三国にわたる七人の浄土教の先達の教えを、その事蹟や著作に即して分かりやすく讃嘆したものである。これらの構成は、「龍樹和讃」十首、「天親和讃」十首、「曇鸞和讃」三四首、「道綽和讃」七首、「善導和讃」二六首、「源信和讃」十首、「源空和讃」二〇首の一一七首からなる。

浄土・高僧和讃には、『浄土和讃』の最初に両和讃の「はしがき」、『高僧和讃』の最後に両和讃の「あとがき」に匹敵する和讃がそれぞれ配置されている。

最初の「はしがき」は、

弥陀の名号となえつつ
信心まことにうるひとは
憶念の心つねにして
仏恩報ずるおもひあり。
誓願不思議をうたがひて
御名を称する往生は
宮殿のうちに五百歳
むなしくすぐとぞときたまふ。

〈訳〉

阿弥陀仏の御名を称えながら真実信心を得ることのできた人は、末永く心に深く刻んで忘れることなく、仏の恩に対する感謝を思わざるを得ない。

衆生が救われるという弥陀の誓願を疑いつつ南無阿弥陀仏を称えて往生を願う人は、疑生胎宮の化土に生まれて五百年間は無益に過ごすと説かれている。

というもので、前半部分は、信心にもよおされて南無阿弥陀仏の生活をしている人の心は、私一人に向けられた弥陀の本願の広大なる恩を憶念する心が絶えない。親鸞はこのような信心を喜びつつ感謝の生活を送るように呼び掛けているといえる。後半部分は、前半部分の信心にもよおされて喜び感謝する心とは逆に、私自身が救われるという弥陀の誓願を疑って、浄土に居ながら心を閉じ込めているから、心が開けるまで浄土の片隅で待機している状態を指している。これは、自身の起こした煩悩に縛られて六道輪廻に浮き沈みしつつ自身で苦しんでいる衆生は、自身で悟らない限り仏は如何ともしがたい。

仏はそのような衆生に早く気づけとばかり常に願いをかけている存在なのである。

次いで「あとがき」は、

五濁悪世の衆生の
選択本願信ずれば
不可称不可説不可思議の
功徳は行者の身にみてり。

南無阿弥陀仏をとけるには
衆善海水のごとくなり
かの清浄の善身にえたり
ひとしく衆生に廻向せん。

〈訳〉

五濁（劫濁・衆生濁・煩悩濁・見濁・命濁）にまみれた悪世に生きる衆生が、選択本願の念仏を信じさえすれば、図ることも説くことも思議することもできない功徳が念仏者の身に溢れるのである。

南無阿弥陀仏を説くのは、多くの善事が集まる海水のようである。この功徳を得て清浄なる身になったからには、すべての衆生に施し共に往生したいものである。

という。ここでの前半は、『正像末和讃』にも出ているが、末法になって汚れと穢れに満ちた世の中に住む衆生は、すべての人を救い取りたいという仏の大慈悲心に目覚めれば、人知を超えた認識すらできない利益が、念仏者の気づかない内に身に満ち満ちている。不可称不可説不可思議の功徳とは、衆生が理解できなくても感じることのできる境涯であり、その境涯に満足することをいう。その満足した自分に気づくことが「身にみてり」なのである。後半は、南無阿弥陀仏という実践行は、様々に味付けされた川の水が大海に流れ入って一味になるように、清浄な称名が善き身に備われば、すべての縁ある衆生に平等に分かち合うことができる。

浄土・高僧和讃の結びともいえる言葉は、一人が選択本願を信じて南無阿弥陀仏と称えれば、本人のみならず自利・利他を超えたすべての人に円満な生活が約束されている。この衆生が念仏を称えるという実践行為は、万物に行き渡って、万物を救うことにもなるというのである。

(二) 正像末和讃

『正像末和讃』は、正嘉(しょうか)二(一二五八)年九月二四日、善鸞の義絶後二年を経て制作されていることから、その頃に親鸞が抱いていた心の中の機微が如実に現れているといえる。
この和讃は、「正像末浄土和讃」五八首、本願を疑うことを誡めた「誡疑讃」二三首、観世音菩薩の化身である聖徳太子を讃仰する「皇太子聖徳奉讃」十一首、荒廃した仏教界の現実を悲嘆する「愚禿悲歎述懐」十六首、聖徳太子和讃の残片と見られる「善光寺和讃」五首、それに「自然法爾」の法語と二首の和讃が最後に納められている。その内容は、釈尊を遠く離れるにつれ、仏法は正法・像法・末法と次第に衰退し、今日では最早自力の修行によって悟りを得ることができない末法濁乱の時代になっている。このような時代に生きる私ども凡夫が救われる道は、阿弥陀仏の本願の外にはない。その本願の救いに遇うことができたのは、ひとえに阿弥陀仏の大悲による恩徳であり、浄土の祖師のお陰であると讃仰している。

最初に、『摧邪輪』で明恵が指摘した「菩提心」に関連した和讃が、『選択集』撰述の反省とも明恵に対する回答とも取れる言葉で数首綴られている。親鸞は、釈尊が入滅して以来、正法も像法も滅亡した末法の世について説明した後で、

正法の時機とおもへども
底下の凡愚となれる身は
清浄真実のこころなし
発菩提心いかがせん。

自力聖道の菩提心
こころもことばもおよばれず
常没流転の凡愚は
いかでか発起せしむべき。

浄土の大菩提心は
願作仏心をすすめしむ
すなはち願作仏心を
度衆生心となづけたり。

十方無量の諸仏の
証誠護念のみことにて
自力の大菩提心の
かなはぬほどはしりぬべし。

報土の信者はおほからず
化土の行者はかずおほし
自力の菩提かなはねば
久遠劫より流転せり。

〈訳〉

正しい教えが行われている時代とはいうものの、愚かな身であると自覚されれば、清浄な心など全く認められず、悟りたいという心などどこ吹く風である。

戒律を守って自力で悟ろうとする心は、精神も言葉も及ばない。常に煩悩にまみれ六道輪廻を繰り返している凡夫が、どのようして菩提心を起こせばよいのだろう。

浄土の他力による菩提心とは、仏になろうと願う心を仏に勧められることであって、いわば仏になることを願う心は、すべての人に仏になってほしいと願う心と名づけることができる。

周りにいる無数の仏道を求める人々から真実の教えや救われる道を知らされても、自分の力では優れた菩提心など到底かなわない身であることが思い知らされる。

本来の浄土に生まれる人は少なく、疑いの心で念仏する人は多い。自力で悟りを開くのは難しいので、遠い昔から今日まで迷いを繰り返しているのである。

というように、末法の世における人々の心の不完全さと気高い菩提心との隔たりを嘆いている。まさに、法然が「東大寺講説」で説いていたように、凡夫の救われる限られた道筋を探し求めた過程を代弁したような和讃である。なお、「大菩提心」の「大」は、親鸞がよく使う言葉で、他にも「大悲」、「大願力」、「大経」など、多くの文献に大を付けた言葉がみられるが、この「大」は仏の側から賜る言葉あるいは重要な言葉を意味していて、凡夫の側からの言葉には「小」が付けられ、仏と凡夫の差別化が図られている。

ここでは、正しい教えを実践している人は見受けられるが、私などはそのような器ではない。修行して悟りを得ようとしても、そのことが理解できずに煩悩にまみれている。周りから悟りの道を勧められても、自身の至らなさを思い知るばかりである。浄土を願うものは少なく念仏を疑う人が多く、自力での悟りが難しいから未だに迷い続けているのである。結局、浄土に往生したいという心は、自分ではなく仏が慮ってくれていることで、この心を受け入れることで、すべての人に利益が行き渡るのである。

仏の導きによって自分自身が浄土に向かう心をもつことは、周りの人々に対する光となって、共に浄土へ向かう心を起こすことになる。浄土という悟りに至ることを願うという意味では、菩提心と同じといえる。このように解釈すると、浄土門から見た菩提心ということで、明恵のもつ『選択集』に対する菩提心の疑問に回答を与えたことになる。

次いで、自力の心を捨てて、仏の永遠なる慈悲心に目覚めて真実信心を得た人は、仏と同じように無限の功徳を享受できるので、仏の恩に報いる身となって、信心の智慧が備わった念仏生活を送ることができる。結局、親鸞が認識する阿弥陀仏は、

願力無窮にましませば
罪業深重もおもからず
仏智無辺にましませば
散乱放逸もすてられず。

弥陀大悲の誓願を
深く信ぜんひとはみな
ねてもさめてもへだてなく
南無阿弥陀仏をとなふべし。

他力の信心うるひとを
うやまひおほきによろこべば
すなはちわが親友ぞと
教主世尊はほめたまふ。

如来大悲の恩徳は
身を粉にしても報ずべし
師主知識の恩徳も
ほねをくだきても謝すべし。

〈訳〉

仏の願力は極まりないから、いかに凡夫の罪が重くても差障りとはならならない。仏の智慧の働きは限りがないからどんなに愚かで救われ難い凡夫でも捨てられることがない。

阿弥陀仏の大いなる慈悲の誓願を深く信じる人はすべて、寝ても覚めても変わることなく、南無阿弥陀仏を称えるべきである。

弥陀の本願を信じる人を敬って大いに喜べば、この人は我が親友であると、仏教を始めた釈尊がほめてくださる。

阿弥陀如来の大いなる慈悲による恩恵は、労苦を厭わず懸命に報いるべきである。釈尊をはじめ善知識の恩恵にしても身を削ってでも感謝すべきである。

というように、仏の願力は無限ともいえるもので、小賢しい凡夫の罪も愚かさや勝手気ままな行いも何ら影響を与えることはないので、無窮の仏願力を信じて喜び敬う心が起これば、仏教の祖師である釈尊が褒め称えてくれる。仏の称讃に対して、凡夫は仏の慈悲や先達の恩に心血を注いで報いなければならない。このように、仏の大誓願を心底信じる人は、行住坐臥に絶えることなく南無阿弥陀仏の名号を称えるべきである。願力とは、隆寛が阿弥陀仏の本願という静止した概念に「力」を付加して「本願力」としたもので、阿弥陀仏の具体的な働き掛けが念仏の功徳として、凡夫により近づいたといえる。

『正像末和讃』の最後部分は、浄土の教えの肝要（無観称名義）を示したもので、全ての人に報恩感謝に伴う南無阿弥陀仏の生活を実践してもらいたいとの念願が込められている。

（三）現世利益和讃

『浄土和讃』の後半に「現世利益和讃」十五首が添付されている。現世利益は隆寛の説くところで、彼は阿弥陀仏の願力によって、往生浄土を確約された衆生が、阿弥陀仏の擁護の下で安心して現世を生きることを明かしたが、その事実を和讃でもって直接衆生に語り掛けたのがこの和讃である。

ここでは、南無阿弥陀仏を称えることによって様々な仏や菩薩、善神・鬼神が、念仏の人を昼夜問わず守り抜くことを列挙している。

願力不思議の信心は
大菩提心なりければ
天地にみてる悪鬼神
みなことごとくおそるなり。

南無阿弥陀仏をとなふれば
観音・勢至はもろともに
恒沙塵数の菩薩と
かげのごとくに身にそへり。

無碍光仏のひかりには
無数の阿弥陀ましまして
化仏おのおのことごとく
真実信心をまもるなり。

南無阿弥陀仏をとなふれば
十方無量の諸仏は
百重千重囲繞して
よろこびまもりたまふなり。

〈訳〉

如来の不思議な力による信心は、仏から賜った悟りを得ようとする心に他ならないから、天地に満ち満ちている悪い霊魂や心霊もみな悉く恐れて近づけない。

南無阿弥陀仏と称えれば、観音・勢至は言うに及ばず数限りない菩薩たちが、形に影が添うように常に身に付き添って護ってくださる。

何ものにも妨げられない仏の光の中には、数限りない阿弥陀仏が姿を現し、凡夫救済の姿を現して真実の信心を得た行者を護ってくださる。

南無阿弥陀仏を称えれば、彼方此方に遍在する諸仏たちが、幾重にも取り囲んで喜んで護ってくださる。

隆寛が説いた現世利益は、はかり知ることのできる世俗的で物質的な有功徳ではなく、多分に目的のはっきりしない宗教的で精神的な無功徳であった。有功徳とは成果物として五感で理解できる結果（食物としての野菜や料理）を求めるが、これらの結果は、様々な努力の成果であっても消費してしまえばなくなってしまう。無功徳は意識的で成果を問わない因縁（種子や耕作地）に会うことでもあるが、この因縁は、様々な環境に適合した可能性を秘めた原因ともなり、種を維持している限りは尽きることがない。

精神的な意識に関わる無功徳は目に見えないが、同じ目に見えないものに鬼神をあげることができる。鬼神とは、死者の霊魂や天地の心霊あるいは恐ろしい化け物という意味で、これらが怨霊となって人に祟りや禍などの悪影響を及ぼすときに悪鬼神となるが、仏教では見えないものに恐れおののくことから煩悩の一つであると解釈されている。このような煩悩のままに、真実と迷信の違いを明らかにして、真実心に目覚めれば、悪鬼神という迷信は姿を消すのである。

もう一つの利益は、南無阿弥陀仏によって、観音・勢至を含む無数の菩薩、数限りない無量寿仏、数限りない諸仏が、今に生きる行者を取り囲んで護ってくれるのである。ここでは、仏と人の中間に位置する菩薩のみならず、浄土の阿弥陀仏までもが、喜び勇んで行者を護るという現世利益が説かれている。

(四) 愚禿悲歎述懐

『正像末和讃』の最後に「愚禿悲歎述懐」十六首が述べられている。これは、愚かな親鸞が心の中に懐く自身の悲しみ歎く思いを述べる、という意味である。『教行信証』(信文類)「逆謗摂取釈」では、『涅槃経』で阿闍世の懺悔する様子が紹介され、同じく「大信釈」には、我が身に引き受けた懺悔の気持ちが記されている。これらを合わせて、阿闍世の懺悔を親鸞自身のこととして、自身を阿弥陀仏に照らし合わせて心の底から懺悔した文が「愚禿悲歎述懐」なのである。

この述懐は以下の和讃で始まる。

浄土真宗に帰すれども
真実の心はありがたし
虚仮不実のわが身にて
清浄の心もさらになし。

外儀のすがたはひとごとに
賢善精進現ぜしむ
貪瞋邪偽おほきゆゑ
奸詐ももはし身にみてり。

悪性さらにやめがたし
こころは蛇蠍のごとくなり
修善も雑毒なるゆゑに
虚仮の行とぞなづけたる。

無慚無愧のこの身にて
まことのこころはなけれども
弥陀の廻向の御名なれば
功徳は十方にみちたまふ。

小慈小悲もなき身にて
有情利益はおもふまじ
如来の願船いまさずは
苦海をいかでかわたるべき。

蛇蠍奸詐のこころにて
自力修繕はかなふまじ
如来の廻向をたのまでは
無慚無愧にてはてぞせん。

〈訳〉

浄土の真実の教えに帰依したけれど、真実の心は少しもなく、嘘偽りに満ちた私では清浄な心など微塵もない。

人は誰しも外相を賢ぶり善人ぶって精進しているように見せかけているが、内心には貪欲と瞋恚と邪偽に満ちているから、人を欺き騙すことばかりがこの身に満ちている。

生まれつきの悪は簡単にやめることができず、こころは蛇や蠍のように恐ろしい。だから、善い行いも煩悩の毒から生じたものとなり、嘘偽りの行為といわれるのである。

心から恥じることもない我が身で、真実の心など持ち合わせていないが、阿弥陀仏の差し向けられる名号なればこそ、功徳は十方に行きわたるのである。

小さな慈悲さえ持ち合わせていない私など、衆生を利益しようなど思いもよらない。阿弥陀如来の本願という船がなければ、生死の荒波を渡ることなどできない。

蛇や蠍あるいは人を欺き騙す心で、自力の修行を励んでも叶うものではない。阿弥陀如来からの差し向けに頼らないでは、心から恥じることもないままに朽ち果てるであろう。

浄土の真実の教えに目覚めたけれども、その教えに照らし合わせた自身は、煩悩まみれで清浄な心など一欠片も見当たらない。人は誰も彼も賢者ぶったり、善人ぶったりして絶えず精進努力しているように見せかけているが、深く内省してみると、貪り・怒り・嘘偽りの心に満ちていて人目を欺いている。この行為は生まれつきのもので、簡単にやめられるものではなく、善い行いと思っていても恐ろしい心から発したものであるから清浄なはずはない。

このように恥じ入る心など持ち合わせていない底下の我が身ではあるが、無量無辺の阿弥陀仏から頂いた名号であればこそ、名号を自身が称えることで、欺瞞の蔓延している世の中に、仏の功徳が広まっていくのである。慈悲など微塵も持ち合わせていない我が身は、衆生済度など思いもよらない。阿弥陀仏の救いとるという願いがなければ、煩悩にまみれた娑婆世界を乗り越えることなどできない。嘘偽りの心でもって自力の修行を励んだとしても、阿弥陀仏からの光が感じられなければ、心から恥じることもなく終わってしまうであろう。

ここでは、『観経疏』（散善義）の「不得外現賢善精進之相内懐虚仮」が実存として受け止められた時に、阿弥陀仏の本願力によって懺悔の心が湧き上がってきて、阿弥陀仏を仰ぐようになる。すると、凡夫が五濁悪世に翻弄されていようとも、阿弥陀仏の功徳で悟りを実現することができると説いている。

（五）自然法爾

「正像末和讃」の後に『自然法爾章』が設けられている。「自然法爾」については、『末燈鈔』や「親鸞聖人御消息」にも収録され、その原本といえるものが親鸞の臨終に参列した顕智によって『自然法爾の事』として残されている。その後跋には、

正嘉二歳戊午十二月十四日善法坊僧都御坊三条富小路の御坊にて聖人にあひまゐらせての聞き書き、そのとき顕智これをかくなり。

〈訳〉

正嘉二（一二五九）年十二月十四日に三条富小路の善法坊で親鸞聖人に会って聞き及んだことを顕智が書き記す。

と書かれていることから、親鸞は、入滅した弘長二（一二六二）年十一月二八日の三年前に、三条富小路の

善法坊に住まいしていて、顕智に『自然法爾の事』を授けたことがわかる。

『正像末和讃』の『自然法爾章』では、最初に「親鸞八十八歳御筆」とあり、阿弥陀仏について以下のように述べている。

> 「自然」といふは、もとよりしからしむるといふことばなり。弥陀仏の御ちかひの、もとより行者のはからひにあらずして、南無阿弥陀仏とたのませたまひて、むかへんとはからはせたまひたるによりて、行者のよからんともあしからんともおもはぬを、自然とは申すぞとききて候ふ。ちかひのやうは、「無上仏にならしめん」と誓ひたまへるなり。無上仏と申すは、かたちもなくまします。かたちもましまさぬゆゑに、自然とは申すなり。かたちましますとしめすときは、無上涅槃とは申さず。かたちもましまさぬやうをしらせんとて、はじめに弥陀仏とぞききならひて候ふ。弥陀仏は自然のやうをしらせんれうなり。この道理をこころえつるのちには、この自然のことは、つねにさたすべきにはあらざるなり。つねに自然をさたせば、義なきを義とすといふことは、なほ義のあるべし。これは仏智の不思議にてあるなり。

〈訳〉

自然というのは、本来、然らしめるという言葉である。阿弥陀仏の誓いであり、行者が計らえるものではなく、南無阿弥陀仏と頼めば、必ず迎え取ると約束されたからには、行者が善いとも悪いとも思わないのを自然というのである。誓いの要は、無上仏にさせようというのである。無上仏とは形がない。形がないから自然という。形が現れる時には無上涅槃とは言わない。最初に形がないことを知らせようとしたのが阿弥陀仏である、と聞いている。阿弥陀仏とは自然の有りようを知らせる原始である。このことが理解できた後は、この自然の理非を論じてはならない。常に自然の理非を論じて、義なきが義であるといえば、元通りの義になってしまう。このことは思議できない仏の智慧なのである。

自然というのは、仏教語であって、物事の本性あるいは物が特別な原因もないのに自ら成生変化して「自ら然らしめる」という意味である。したがって、すべては阿弥陀仏の計らいによるもので、行者が云々することではない。その阿弥陀仏は、行者を無上仏に導くための擬人化された報身仏で、行者が目的とすべきは、阿弥陀仏の指し示す先にある無上仏なのである、と聞いている。だから、行者が最終的に求めるべきは、擬人化された阿弥陀仏ではなく、形のない無上仏なのである。無上仏が感得できたからには、一切の理屈は不要である。人間の場合は、理屈が避けることのできないものとして露になると、理屈を否定するにしても理屈でもって否定することになり、理屈が理屈を呼んで理屈に終始した挙句、本来あるべき無常仏を求めるという自然法爾の行為から遠く隔たってしまう。人間の意識から思議や言葉などの理屈がなくなって、一切が思議できないこととして仏に任されてこそ自然法爾というのである。

ここでは、阿弥陀仏は我々行者に対して、「指月の指」の譬えにあるように、指としての阿弥陀仏を見るのではなく、阿弥陀仏の指し示す方向にある真の浄土を目指すように導いているのである。親鸞は、法然が八百万の神仏の中から阿弥陀仏を選択したが、これを基に戻して八百万の神仏を信仰の対象として扱うことを提言している。親鸞が住まいしていた東国のように、荘厳としての信仰の環境が整っていない場所で信仰を語るには、見えない対象を如何に感じるかが主要な課題となる。

また、親鸞は、『自然法爾章』で阿弥陀仏の立場を明らかにしたが、『唯信鈔文意』では、聖覚の『唯信鈔』の中に引用されている法照著『五会法事讃』の「観音勢至自来迎」を引いて、阿弥陀仏と行者の関係を明らかにしている。

> 「自」はおのづからといふ、おのづからといふは自然といふ、自然といふはしからしむといふ、しからしむといふは、行者のはじめてともかくもはからはざるに、過去・今生・未来の一切の罪を転ず。転ずといふは、善とかへなすをいふなり。もとめざるに一切の功徳善根を仏のちかひを信ずる人に得しむるがゆゑにしからしむといふ。はじめてはからはざれば自然といふなり。誓願真実の信心をえたるひとは、摂取不捨の御ちかひにをさめとりてまもらせたまふによりて、行人のはからひにあらず。金剛の信心をうるゆゑに憶念自然な

るなり。この信心のおこることも釈迦の慈父・弥陀の慈母の方便によりておこるなり。これ自然の利益なりとしるべしとなり。

〈訳〉

「自」は「おのずから」ということである。「おのずから」とは「自然」ということである。「自然」とは「そのようにあらしめる」ということである。「そのようにあらしめる」とは、念仏の行者が改めてあれこれと思い計らわなくとも、過去・現在・未来のすべての罪を転じるのである。「転じる」とは、罪を善に変えてしまうことをいう。求めなくても、すべての善根功徳を、仏の誓願を信じる人に得させてくださるから、「そのようにあらしめる」という。改めて思い図らうのではないから「自然」という。本願に誓われた真実の信心を得た人は、摂取不捨と誓われたその本願のうちに摂さめ取って阿弥陀仏が護りくださるから、行者が思い計らうこともなく、決して壊れることのない信心を得ることにより、おのずと深く心中に明記して忘れることがなくなる。この信心が起こることも、慈しみ溢れる父である釈尊と哀れみ深い母である阿弥陀仏の手立てによる。これは本願の働きによって自ずから得る利益であると心得るようにというのである。

親鸞は、「自」について、「おのづから」と「しからしむ」の二つに分けて解釈する。これらの意味は、何らかのおのずからなる力によって、そのようにしからしめられることであるが、何らかとは阿弥陀仏であって、「そのように」とは行者のことである。したがって、阿弥陀仏の誓願を信じる念仏行者が思慮しなくても、阿弥陀仏が行者の三世の罪を善に変えしめられて、求めずとも安楽な果報に至る善行を差し向けられるのである。これを「をさめとりてまもらせたまふ」というが、すべては阿弥陀仏の行いで、行者の立ち入る隙もないから、堅固な信心が起これば、信心は行者の心中に深く刻まれて忘れることはなくなる。堅固な信心は、慈しみ深い釈迦や阿弥陀仏の成せる所業である。

親鸞は、自然法爾について「ききならひて候ふ」といっているが、おそらく法然または聖覚に聞いた言葉を『自然法爾章』で紹介したのであろう。法然はこれと似た言葉を「法爾法然」や「法爾道理」などと表現して、自然のあるべき筋道を説いている。例えば、『禅勝房伝説の詞』において、法爾道理といふ事あり。ほのをはそらにのぼり、みづはくだりさまにながる。菓子の中にすき物あり、あまき物あり、これらはみな法爾道理也。阿弥陀ほとけの本願は、名号をもて罪悪の衆生をみちびかんとちかひ給たれば、たゞ一向に念仏だにも申せば、仏の来迎は、法爾道理にてそなはるべきなり。

〈訳〉

法爾道理ということがある。炎は空に昇り、水は低いところに流れ込む。果物の中には、すっぱいものもあれば、甘いものもあるが、これらは皆、あるがままの正しい筋道である。阿弥陀仏の本願は、名号を称えるだけで罪人・悪人を浄土に導こうと誓われたのであるから、ただひたすらに念仏だけを称えれば、仏の来迎は、法爾道理に備わるものである。

といっているが、これは我々の周りにある環境そのものが、そのままの姿で正しい道筋をあるがままに現前せしめているのである。阿弥陀仏の本願が、罪人・悪人を浄土に導こうとされるのも、同じようにあるがままの正しい筋道が現前した姿なのである。法然も「自然法爾」に似た言葉を度々使って門人たちを導いていたものと考えられる。

一方、「義なきを義とす」という言葉については、『尊号真像銘文』末の最後および「親鸞聖人御消息」の六、十九、二〇などに、いずれも「大師聖人（源空）の仰せに候らいき」と断って説明を展開している。例えば、二〇の消息文には、

他力と申すことは、義なきを義とすと申すなり。義と申すことは、行者のおのおののはからふことを義とは申すなり。如来の誓願は不可思議にましますゆゑに、仏と仏との御はからひなり、凡夫のはからひにあらず。補処の弥勒菩薩をはじめとして、仏智の不思議をはからふべき人は候はず。しかれば、如来の誓願には義なきを義とすとは、大師聖人（源空）の仰せに候ひき。このこころのほかには、往生に要るべきこと候はずとこころえて、まかりすぎ候へば、人の仰せごとにはいらぬものにて候ふなり。諸事恐々謹言。

〈訳〉

他力というのは、「義のないことを根本の法義とする」ということである。「義」というのは、行者がそれぞれに思い計らうことをいう。阿弥陀仏の誓願は不可思議であるから、それは仏と仏の計らいによることである。凡夫が思い計らうことではない。この世で菩薩の身であっても次の世で仏の位を得る弥勒菩薩をはじめとして、不可思議な仏の智慧を思い計ることのできる人はいない。だから、阿弥陀仏の誓願においては、「義のないことを根本の法義とする」と、法然が仰せになった。この他に浄土の往生のために必要なことはないと心得てきたので、人があれこれといっているのはどうでもよいことである。謹んで申しあげます。

というように、行者の立場で浄土の世界観を云々することが無意味であることを説く中で、義のないことを根本の法義とするのであるが、行者の小賢しい知識に基づく浄土観はまったく無意味であって、議論の堂々巡りは避けられない。浄土に関わる義については、浄土に住まいする仏たちの領分であって、穢土にいる行者の立ち入るべきものではない。だから、行者の立場で法義の世界を仰ぎ見るとき、思義することができないから「不可思議」というのである。ここには、「三帖和讃」で仏と凡夫の有りようが凡夫に分かりやすい言葉で説かれていたが、そのことさえも「義」であるから、最後に「自然法爾章」を設けて、凡夫が思議することをも否定することを訴えている。

『自然法爾章』でいう「義なきを義とすといふことは、なほ義のあるになるべし」の「義」という抽象的な言葉を「怨み」に置き換えると、『法句経』の中の「世の中に怨みは怨みにて息むことはない。怨み無くして息む」というように、具体性のある箴言とすることができる。また、人間が義についての有無を議論することは、所詮義から離れることもできずに、それ以上の発展も望めない。人間は義を忘れるなり、義を超越することで、義のこだわりから容易に離れることができるのである。とはいうものの、容易に忘れることのできないのが、人間に備わっている業でもある。

平安時代は、目に見えない怨霊や地獄の概念に惑わされ、恐怖と絶望に人々の心が滅入っていた。しかし、自然法爾の教えは、目に見えない無上仏を感得することで、人々の心に妙なる安心感と希望が湧き上がってくる。これらの目に見えない抽象的な概念は、現実だけを直視する者にとっては、無きに等しいものであるが、想像するという心を持ち合わせている者には、創造するという稀にみる精神性を身につけることができる。凡夫が頭の中で思議するのではなく、行為に際して自然に体が動くことを理想とするのであれば、これは「無観称名義」の到達点でもあり、自然法爾の究極的立脚点ともいえる信仰の様相が示されているのではないだろうか。

（六）親鸞和讃の特徴

親鸞の和讃は、経典の漢字をそのまま使って、その左側に仮名文字で意味を説明（左訓）し、文字の四隅には必要に応じて朱色の記号を付して、読誦の時の発音の仕方が記されている。記号の意味は、音を伸ばしたり、言葉を濁らせたり、音程を上げたり下げたりして、唱導師が行っていた専門的な節付説教を衆生の誰にでも唱えられるように工夫した跡がうかがえる。また、和讃が、仮名交じりの和文で構成されていて、読む人に語り掛けるような言葉で満ち溢れていることから、和讃の内容が読者の心に直接浸透するように考えられている。

和讃の各句の最後には「べし」や「せよ」の言葉が散見されるが、この命令口調は、仏が自分自身に対する仰せであるとの姿勢を示すもので、仏の教えを聞く私自身が一身に受け止めるという実存的立場が強調されている。一方、「しむ」や「せしむ」にしても、仏の行為として解釈され、仏からの働き掛けがさまざまな因縁を媒介として私に届いている。あるいは、「ひと」、「みな」、「われら」の言葉にしても、私と私たち、大勢の人たちというように、仏の言葉を自分の事として聞かざるを得ないように導いている。

親鸞は、日本語では様々な意味に解釈できる漢語体の経典を、敢えて口語体の和讃に変換することで、難しい経典の文言を親しみやすい仏の言葉として聴く者の脳裏に刻み、言葉の意味よりも身体に響く旋律として覚え込むことができるように工夫している。親鸞自身も、和讃が自著ではあるものの、自身が引用した経釈類の教えに対して、常に耳を澄ませるという姿勢を崩していない。だから、難解な仏の言葉が優しく語り掛けるようにして聴く者の心に浸透するのである。

親鸞の和讃には、経典類の文言が引用されることはあっても、親鸞の考え方はほとんど使われていない。親鸞は、生涯において様々な困難に遭遇し、晩年になって自身の経験に基づいて経釈類を選択して『教行信証』や和讃をまとめたが、自身の感慨を述べることはなく、冷静沈着に和讃に対峙して、何度も推敲を重ねていたことを考えると、彼の公私をわきまえた強靭な意志と精神性は驚嘆に値する。このため、和讃を読むものは、声を出して読むことによって、自分の声をあたかも仏が呼びかける声であるかのようにして聴くことができる。まさに自己と仏とが相即して、今日なお「三帖和讃」が読み聴き継がれているのである。この和讃の節付説教は、中興の祖と言われる蓮如に受け継がれることになる。

「三帖和讃」は、「浄土三部経」と法然や先達の言葉とを併せもった膨大な文章から、凡夫に分かりやすくて和讃に仕立てやすい文言を選んで編集されている。ここには『選択集』を彷彿とさせる文章は見当たらず、隆寛や聖覚を思わせる言葉が頻出する。特に、『教行信証』の「信文類」や「化身土文類」で述べられている懺悔文は、読む人の心を打たずにはおかない、親鸞の心からの叫びでもある。また、『愚禿悲歎述懐』での「不得外現賢善精進之相内懐虚仮」という善導の言葉は、『教行信証』（信文類）「大信釈」や消息文でも度々引用され、歴代の祖師方の経典解釈を経て、如何にして実存の言葉に導いていくかの工夫の跡がうかがえる。

このため、晩年に制作された和讃は、親鸞が凡夫に理解しやすいように説明していることから、読む人は素直に自身の懺悔の心として受け取ることができる。この行為は、凡夫に分かりやすい仏の言葉を凡夫が唱えることで、仏の凡夫に語り掛ける言葉を凡夫が聴くという、唱えることと聴くことの両廻向が同時的に成就する。この境地が自身の中で感得されることを「機法一体」というが、この「機法一体」の概念があってこそ、『歎異抄』に言うところの「親鸞一人がためなりけり」あるいは「念仏をとりて信じたてまつらんとも、またすてんとも、面々の御はからひなり」の言葉が、誤解を招くことなく過たず実存の身である「無観称名義」に生きてくるのである。

二．蓮如

親鸞没後の文永九（一二七二）年に覚信尼は、親鸞の弟子や東国門徒の協力を得て、親鸞の墓所を大谷の地より「吉水の北辺り」に改葬して「大谷廟堂」を建立した。その後、親族による相続が繰り返され、親鸞の曾孫である覚如は、元亨元（一三二一）年に廟堂の寺院化を試みた際、十三世紀に亀山天皇より下賜された「久遠実成阿弥陀本願寺」に基づいて、「本願寺」と号した。これより後、本願寺教団は、移転時に「御真影」を安置している寺を本願寺と呼称するようになり、親鸞の門弟・門徒を「本願寺」のもとに統合する礎とした。一方、東国では門徒らによって道場が維持されていくことになるが、真仏・顕智の系統をひく高田門徒・荒木門徒・和田門徒、他にも鹿島門徒・伊達門徒・横曽根門徒が有力であった。特に高田門徒は隆盛を極め、荒木門徒の一員である了源の教団は、京都の佛光寺を中心にして発展を遂げる。

応永元（一三九四）年に巧如が本願寺を継承して第六世となり、北陸での教化に勤める。つづく存如の時代になると、近江（滋賀県）・加賀（石川県）・能登（石川県）・越前（福井県）などで本願寺教団の形成がみられるようになる。このようにして、本願寺は、念仏者の弾圧が厳しい、洛中や東国を避けるようにして、近江国や北陸地方を中心に徐々に教線を拡張していくことになる。

二・一・惣組織

平安時代後期から鎌倉時代中期までの荘園公領制は、郡司、郷司、保司などの資格を持つ公領領主（荘官）や一部の有力な名主百姓が管理する「名」が疎らに混在し、百姓や樵、漁師のような零細一次産業従事者らはそれぞれの領主、名主に家人、下人などとして従属していた。百姓らの生活・経済活動は名を中心としていたため、彼らの住居はまばらに散在しており、住居が密集する村落という形態は出現していなかった。

鎌倉時代中期以後になると、百姓を管理する名主は、水利配分や水路・道路の修築、境界紛争・戦乱や盗賊からの自衛などを契機として地縁的な結合を強めるようになった。まず畿内・近畿周辺において、耕地から住居が分離して住宅が集合する村落が次第に形成されていった。このような村落は、その範囲内に住むすべ（惣）ての構成員により形成されていたことから、「惣村」または「惣」と呼ばれるようになった。

惣は農民にとって、日常の生活や生産活動のうえで大きな意味をもつとともに、領主に対する闘争を行ううえでも重要な役割を果たしていた。惣は惣有田・惣山などの財産をもち、これを共同で管理し利用するとともに、それを惣の経済的基盤とした。そのために惣掟を制定していたが、その内容は多岐にわたり、山林・用水の管理のほか、犯罪の防止、他村との貸借や軍事援助などについても定められており、この掟に違反した場合には、追放や罰金などの制裁も決められていた。その運営のために、しばしば寄合が開かれたが、それは村の鎮守などで行われたために、宮座の組織とも深い関連があった。また、農繁期には労働力の共同利用なども行われ、農民の日常生活に不可欠の組織となっていた。

この時代には、荘園領主に対して年貢の減免を要求したり、用水の管理費給付を求める荘家の一揆とよばれる闘争が広範に展開されたが、これらは惣の組織に基づいていた。京都や奈良を中心に各地で頻発した徳政一揆も、惣を基盤に各地の農民が連絡をとって蜂起したもので、戦乱に際しては、村を守るために堀をつくり、砦を築くことなども行っている。しかし、惣の内部では大人（乙名）層を中心とする村落指導者の力が強く、この層が武士の被官や村役人に任命されるようになると、被差別民による抵抗組織としての性格が弱まっていった。

二．二．中興の祖蓮如

洛中での本願寺教団は、寺院の継承をめぐっての争い事が何代にもわたって絶えることはなかった。これら身内の揉め事を統一して、独自の教義を打ち立てたのが蓮如である。彼は、「無観称名義」の教線を拡大するためにも、惣を中心とした地域色を重んじて、全国に広がっている惣村を本願寺に集約させることを試みている。

蓮如は、親鸞没後百五十年を経た応永二二（一四一五）年二月二五日に、本願寺第七世存如（一三九六～一四五七）の長男として京都で生まれ、明応八（一四九九）年三月二五日に山科で没している。六歳のときに母と死別し、十五歳にして衰微した本願寺再興の志願を立てた。十七歳で青蓮院尊応の室に入って得度し、修学に励みつつ、中納言広橋兼郷の猶子となる。また父を助けて聖教書写などを行い、文安四（一四四七）年五月には、三三歳で父と共に東国を旅しているが、この旅は東大谷に籠っての研学に加えて世間の動向を知るための修行でもあり、ほぼ二人だけの質素なものであった。宝徳元（一四四九）年三五歳のときにも、父とともに北陸から関東・東北を巡り、前回の旅よりもさらに陸奥国中央部まで研鑽を深めている。存如が長禄元（一四五七）年に没すると、異母弟との争いを経て本願寺第八世を継職した。その後、五四歳の応仁二（一四六八）年五月から九月にかけて北国・東国における巡化を行っている。

蓮如と彼の父の二度にわたる旅は、善鸞・如信が「無観称名義」の教化活動した陸奥南部から中央部であったと考えられる。玄智景耀撰述の『大谷本願寺通記』によると、宝徳元年の二回目の旅は、南関東経由で奥州下郡辺りであった。一行は十八人で相模山善福寺が道案内を勤め、北陸路を下って上越から北関東を経由して奥州松島まで足を延ばしている。彼らの旅は「無観称名義」の旧跡顕彰が目的であったが、その頃の東国における親鸞の教え（無観称名義）はなきに等しく、奥州にのみ繁栄していたといえる。しかし、ここでも門流を主張する門徒が様々な異端の教えを広めていて、混乱の坩堝と化していた。蓮如は、これらの異端の徒と「無観称名義」とを峻別するべく、勉学と教化のために、全国的に奔走することになる。

蓮如は、継職の直後から宗学の要を日常語で説いて、精力的に門徒の教化に努めた。現実に順応できる蓮如の柔らかい頭脳と、人間的魅力によって教化活動は成功を収め、教団を拡大することに貢献した。近江（滋賀県）を中心に活発な布教を開始した時には、叡山の反感を受けて、寛正六（一四六五）年に本願寺は破却の憂き目にあった。その後、応仁二（一四六八）年五月から九月にかけて、親鸞が教化していた北陸や香取の海から東北各地に旅をしているが、この旅は興廃した東国の立て直しと奥州の異端の徒を教化するのが目的であったようだ。旅を終えた蓮如は、文明三（一四七一）年に越前（福井県）の吉崎に道場（吉崎坊舎）を開いた。そこでは、消息形式で教義を平易に説いた『御文章（御文）』とよばれる伝道文書や『正信偈和讃』の開板などの著作活動が功を奏して、一・二年の内に門徒が群集し、寺内町が形成された。

こうして吉崎房舎が大きな勢力になると、蓮如の教義は、加賀・越前や畿内において在地の武士・農民を信者として取り込み、本願寺を独立した教団としての地位を確立させたが、このことは周辺の守護大名・荘園領主や既存の宗派・寺院との摩擦を生むことになる。この時の蓮如は、平和主義や一揆の禁止などを説きながらも、教団を守るためには一向一揆を組織し、一方では守護などの世俗権力との連携を図るという難しい選択に迫られることになった。加賀（石川県）・越前の争乱も布教の一環として勃発したものである。

文明七（一四七五）年に、蓮如は吉崎を退去して畿内に戻り、文明十五（一四八三）年には、山科（京都府）に本願寺を造営し、北陸・東海・畿内に多くの門末を擁する本願寺教団の再興を成し遂げた。長享（ちょうきょう）二（一四八九）年の加賀一向一揆では宗徒の暴発をいさめた後、退隠して五男の実如（一四五八～一五二五）に本願寺住持職を譲った。その後、摂津（大阪府）石山に坊舎（後の石山本願寺）を造営して住いし、本尊などを下げ渡すことによって地方有力寺院を傘下に吸収して本願寺教団を統制していった。

二．三．蓮如の布教活動

本願寺教団を飛躍的に発展させた蓮如の布教方法は、親鸞の和讃や情緒性に富む和歌を、その時代の人々の機微に触れる節付説教に仕立て上げたことによるもので、蓮如の唱導が聴衆の琴線に響いて受け入れられたものと推察できる。また、親鸞の遺徳を偲ぶ報恩講の折には、親鸞の伝記に即した法談を行っていたようである。これは、宗祖の物語を引用しつつ、その中に展開される人物像を通じて、身近な所から具体的な救いに教え導くという、救われる側の立場を重視した因縁の系譜に連なる布教に他ならない。

蓮如は、宗祖からの継承を重視するあまり、教化活動を軽視している本願寺の権威主義や高慢な僧侶たちの態度を改める一方で、荘園・公領制が崩れて新しい自治村落「惣」が形成された地域を中心に「惣」ぐるみの布教を展開した。

特に、他派との違いを明瞭に示すために、日常使う平易な言葉を使って親鸞の教義に導くという手法、およびこれらの教義を簡単なうたい文句に集約して、それを繰り返して述べ続ける『御文』を作成して文書による伝道を行った。さらに、誰でも口ずさみやすい韻文の歌である親鸞の著作『正信偈』と七五調和語の讃歌「三帖和讃」を日々勤行することを決まりとした。御文書や和讃などの聖教は、大規模な「一切経」とは異なって、小冊子として各家庭でも残して置くことができる上、誰でも唱えやすい節付説教の様式を具えているので、これらの和讃を日課として唱えることで、律動的な聖教の調べに乗って念仏の教えが在家信者の日常生活の中に浸透していったといえる。

節付説教は、日本天台においても安居院流として継承され、澄憲（一一二六～一二〇三）や聖覚（一一六七～一二三五）父子によって大成され、華麗な表白とともに機知に富んだ譬喩因縁を駆使して唱導されていた。そして聖覚が法然門下に入り親鸞とも深い交流の縁を結んでいたことから、蓮如は、自身の『御文』や一般に難解な教義を平易に説明するために作られた「三帖和讃」に安居院流唱導を取り入れて、情感豊かな音楽性を持つ語りと共に教化活動することを思いついた。親鸞の和讃については、平易といっても庶民には難解な漢語をそのまま引用した箇所も多くあるが、このことは、教義をわかりやすく解説するというよりも、それを解らないままに口ずさみ、身に沁み込ませていく身体性を重視して和讃を製作したと考えられる。

また、教義的には、阿弥陀仏の本願を信ずることが浄土に往生する正しい因縁であり、名号を称えるのは弥陀の救済に対する報恩の念仏であるとする「信心正因（しんじんしょういん）、称名報恩（しょうみょうほうおん）」を説いて親鸞の教義との違いを明確にした。あわせて内心には深く他力の信心を蓄え、世間に処するには王法を守って国憲に従うべきとする「王法為本（おうほういほん）、信心内心」を強調して、新たに蓮如独自の真宗的倫理観を確立した。

これら聖教の教えは、自己をむなしくして聴聞することが肝要で、これを聞法というが、幼少の頃から家庭内の日課として聞くことで、知らず知らずの内に仏の教えを信じる第一段階を経験することになる。聖教の調べを構成する節には、言葉や意味が分からなくても音声の連なりとして記憶できるという効果があり、人生の中でその節が何かの縁に触れて、一瞬の内に意味をもって蘇ってくることがある。蓮如が選んだ聖教は、親鸞の著作の中から歌詞になるような韻文を選んで集めたものが多くある。

蓮如の教えは、凡夫が浄土に往生するという救いを求める念仏ではなく、隆寛の現世利益観を親鸞が言い換えた「正定聚不退転（しょうじょうじゅふたいてん）」の立場で、救われていることに感謝する念仏を強調している。この念仏は、救う側の恩徳に、救われる側が報謝することである。現実的に見えない対象に向かう報謝の念仏は、現今の生活を与えてくれた救う側への報恩であるが故に、自身に恩徳が感じられれば、救う側の存在を認めなくても、知らず知らずの内に口から出てくるものである。

さらに、蓮如は、『安心決定鈔(あんじんけつじょうしょう)』の影響を受けて、「南無阿弥陀仏」の六字の中に、「たのむ側の機」を顕す「南無」の二字と、「たすける側の法」を顕す「阿弥陀仏」の四字が一体となって成立するという「機法一体」の立場を闡明にしていく。これは、善導が説いた「二種深信」を再度一体化した考え方であって、衆生の信心と阿弥陀仏の救いの働きとは、本来別物ではないと捉えるもので、信心も「南無阿弥陀仏」の中から起る。そこには、衆生自身が起こす信心は成立しえない。つまり、「機の深信」においては、自らの凡夫性に気づく慚愧の心が芽生え、「法の深信」からは、救いの働きに出会って歓喜が湧き起ってくるのである。

慚愧と歓喜とを一体にしたのが「機法一体」であるといえるが、この考えは、聖覚著『登山状』の最後にある「われらが往生はほとけの正覚により、ほとけの正覚はわれらが往生による」に起因していて、凡夫と阿弥陀仏とが互いに救い・救われという相即不離の関係にあることを強調している。本来「機法一体」は、證空の『略安心抄』からの言葉といわれ、親鸞を経て蓮如に伝わったと考えられる。

これら、蓮如の教義を代表する文章が『御文』一帖三に記されている。

まづ当流の安心のおもむきは、あながちにわがこころのわろきをも、また妄念妄執のこころのおこるをも、とどめよといふにもあらず。ただあきなひをもし、奉公をもせよ、猟・すなどりをもせよ、かかるあさましき罪業にのみ、朝夕まどひぬるわれらごときのいたづらものを、たすけんと誓ひまします弥陀如来の本願にてましますぞとふかく信じて、一心にふたごころなく、弥陀一仏の悲願にすがりて、たすけましませとおもふこころの一念の信まことなれば、かならず如来の御たすけにあづかるものなり。このうへには、なにとこころえて念仏申すべきぞなれば、往生はいまの信力によりて御たすけありつるかたじけなき御恩報謝のためにわがいのちあらんかぎりは、報謝のためとおもひて念仏申すべきなり。これを当流の安心決定したる信心の行者とは申すべきなり。あなかしこ、あなかしこ。

文明三年十二月十八日

〈訳〉

浄土真宗で信心を確立するというのは、ことさらに自分の悪い心や迷いにとらわれた心が起こるのを止めよというのではない。商いや奉公、狩猟や漁労などの浅ましい罪深い行為だけに一日中迷い続ける我らのような取り柄のない者を救い取ろうと誓われた阿弥陀如来の本願があると深く信じて、余所見をせずに一心に阿弥陀仏の悲願だけにすがって、救け給へと思う心の一念が誠の信心ならば、必ず如来の救けが得られる。この上は、どのように心得て念仏すればよいかといえば、往生はこの世での信心の力によって、救けられるという恐れ多い恩に報謝するために、命のある限り、報謝のためと思って念仏を称えるべきである。この人を浄土真宗の信心を確立した人というのである。恐れ多いことです。文明三（一四七一）年十二月十八日。

ここでは、どのような仕事をして暮らしを立てていようとも、そのような日暮らしの我々を救おうという誓いを立てた阿弥陀如来の本願であることを深く信じて、一心に仏の本願におまかせする信心が誠であるなら、必ず阿弥陀仏の救いに預かることができる。それは、信心の働きによって浄土に往生するのであるから、その信心に恵まれた恩に報じるためと思って、命のあるかぎり念仏すべきである。従って、念仏とは、阿弥陀仏から授かった信心に報謝するために、我々に与えられた行為なのである。

このように凡夫に理解しやすい日常語で記された蓮如の『御文』と七五調の韻文で綴られた親鸞の「三帖和讃」は、二百年前とはいえ身近な人間親鸞の歩んだ道を辿ることができるので、難しい「一切経」などの仏典を知らなくても理解できる内容に昇華することができる。さらに、この聖教をもって唯一の教えとすることで、荘厳な寺院や仏像がなくても、場所と時を選ばず何時何処にでも持っていくことができるので、一般の家庭でも戸主の唱導を日課とすることも可能である。この場合、家族は幼い時から聞法の環境に置かれ、知らず知らずの内に南無阿弥陀仏の薫習を受けることになる。蓮如が編み出した布教方法は、身近な聖教と生活環境が相俟って、難解な仏教とは異なった観点から大乗仏教が感得できるという効果を生み出したといえる。

二．四．念仏者の養成組織

蓮如は、惣と講との制度を利用して、在家でも仏教に縁が持てるような組織体を考え出したのであるが、聖教を主体にした教化活動は、多くの危険性をはらんでいた。いわば、仏教の素人の集まりともいえる人々に継続的な布教が期待できるか否かが大きな課題となる。

すなわち、人を教化して教え諭すことの難しさは、『御文』三帖九に以下のように記されている。

すみやかに本願真実の他力信心をとりて、わが身の今度の報土往生を決定せしめんこそ、まことに聖人報恩謝徳の懇志にあひかなふべけれ。また自身の極楽往生の一途も治定しおはりぬべき道理なり。これすなはち、まことに「自身教人信　難中転更難　大悲伝普化　真成報仏恩」（礼讃）といふ釈門のこころにも符合せるものなり。

〈訳〉

すぐさま本願真実である他力の信心を得て、我が身のこの度の報土への往生を決定づけることこそ、真に親鸞聖人の恩に報い徳を謝するという行き届いた志に逢うことができる。また自身が極楽に往生することが偏に確定したことの証でもある。これは偏に『礼讃』の「自ら信じて人に教えて信じさせることは難しい中にもとりわけ難しい。仏の大悲を伝えて普く導くことが真の仏恩に報いることになる」という釈尊の教えを奉ずる門流の心にも合致している。

ここでは、自身の信心の内容を他人に知らしめ、自分と同じような信心をもつ人に導くのは奇跡ともいえる事態であるという。しかし、人間から人間に信心を伝えるのではなく、仏の大悲心を介して、仏の恩に報いるように心がければ、自ら信心は伝わるものである。これらを総合して仏の恩徳といえる。この恩徳に報謝していれば、感謝の念仏が自然に口から出てくる、という。

しかし、「恵信尼消息」三に記されていているように、東国における親鸞の教化は、「自身教人信」の難しさを嫌という程味わうことになり、それ以後の親鸞を終生悩ませることになった。実際、東国における親鸞は、自身を慕う人たちに遭遇して、彼らを教化すべく努力していたが、彼らを阿弥陀仏の恩徳に報謝するという心境に導くまでには至らなかったようである。親鸞が東国で体験したことは、唯円の『歎異抄』で記録されているように、阿弥陀仏の恩徳を忘れた人間同士の争い事だけが目立った布教活動であった。その反省もあって、親鸞は、帰京後に難しくとも口ずさみやすい七五調の和讃や『正信偈』を作成したり、消息文の遣り取りによって、東国の人々に報恩謝徳と懺悔の心が理解できるように努めたが、効果のなかったことが善鸞の義絶で大凡の察しは付く。

このような反省を踏まえて、蓮如は、聴聞に訪れる老若男女が、仏法を聞く場としての法座を重視するように仕向けた。法座では仏教を知識・情報として学習するのではなく、我が身のうえに聖教を幾度となく教え染みこませていくものであった。そして聴聞者は、苛烈な人間苦を抱える自分であるがゆえに、「救われがたいわが身なればこそ、如来による救いに摂取されていく」という「二種深信」や、それが南無阿弥陀仏の中に成就されていると説く「機法一体」を中心とした信心の世界を領解できるようになった。

蓮如が最初に手掛けたのは、当時の農村が、宮座（講）を中心とする自治が形成され、同様に地域の信仰は氏神信仰、田の神、自然神などが主体で、末寺にあたる地元の寺でさえも、惣村の手中にあったことから、寺の宗派がよく変わっていた。蓮如は、この惣の仕組みを利用して、宮座と寺の住職を本願寺派に引き入れることで、村ごと本願寺教団に取り込むための作戦を実行したのである。このことが、『栄玄記』に以下のように記されている。

蓮如上人つねづね仰られ候、三人まづ法義になしたきものがある、と仰られ候。その三人とは坊主と年老と長と、此三人さへ在所々々にして仏法に本付候はゞ、余のすえずえの人はみな法義になり、仏法繁昌であらうずるよ、と仰られ候。

〈訳〉

蓮如上人は常々「本願寺の信仰をもたせたい者が三人いる」と仰った。そして「その三人とは、坊主と年老と長であり、この三人さえ村々で本願寺の教えを信じたならば、三人に付き従う人は皆、本願寺の信仰をもち、本願寺教団は繁昌するであろう」といわれた。

この作戦は、寺の住職が惣村、年寄りが部族、長が家族と、それぞれ小集団の指導的立場にあること、および家族制度の中で世代ごとに同住し、順次受け継がれていくことを前提にしている。これは、彼らを具体的に名指しして教導することによって、本願寺教団の教線拡大につながることを意図したものであった。一方で、現状のみならず将来的にも惣内で本願寺が拡大し存続していくことをも意図していた。作戦はみごとに成功して、講単位つまり惣村単位で、信徒が獲得されたことで、それまで親鸞の弟子たちが開いた高田専修寺派や仏光寺派などの門徒は、大挙して本願寺派に宗旨替えをしていくことになる。ここでの「三人まづ法義になしたきもの」とは、他宗派の信者のことであるが、これを本願寺教団の信者であると解釈すると、長子相続の制度が行きわたっている当時は、時代を経るにつれて各自が順次繰り上げられて、如何なる時代であっても三人が存続していることになり、教団を後世まで継承させる礎となる。

蓮如が布教に尽力した結果、多くの門徒が吉崎に参集したことが、文明四（一四七二）年三月中旬頃の噂話として『御文』一帖七に記されている。

このごろ吉崎の山上に一宇の坊舎をたてられて、言語道断おもしろき在所かなと申し候ふ。なかにもことに、加賀・越中・能登・越後・信濃・出羽・奥州七箇国より、かの門下中、この当山へ道俗男女参詣をいたし、群集をせしむるよし、そのきこえかくれなし。

〈訳〉

この頃吉崎の山上に一軒の僧坊を建てられて、口では表せないほど素晴らしい住まいがあると言っている。中でも、加賀・越中・能登・越後・信濃・出羽・奥州七箇国などの門下の人々の中から、この僧坊に僧侶と俗人の男女が参詣のために群がり集っているとの噂が広く知れわたっている。

この『御文』から、蓮如の布教活動が実って、彼の教線は、善鸞や如信が教化した「大網門徒」は言うに及ばず北国、北関東、東北を含む東日本や北日本など日本の半分近くが本願寺に組み入れられたのである。蓮如が越前国吉崎（現、福井県あわら市吉崎）に、朝倉敏景の帰依により僧房を建立したのが、文明三（一四七一）年であったから、それ以来わずか一年足らずの内に、吉崎が僧坊を含めて本願寺教団の中心的存在になったことがわかる。

蓮如の活動は、教団の拡大だけでは終わらなかった。さらに、急速に門徒を増やしていく本願寺教団を嫉む者や集団が、存在することを鑑みて、教団を安穏な状態で維持するためにも「掟」を作って、北国の諸宗教や守護・地頭などの権力あるいは東国門徒から本願寺教団を護る必要があった。蓮如が作成した掟は、文明五年十一月の十一箇条に始まって、文明六年一月十一日に三箇条、文明七年五月七日に十箇条、文明七年七月十五日に六箇条と、およそ一年と半年ほどで何かに怯えるようにして、都合四回の掟を頻発している。それぞれの掟には、門徒の同心堅固を維持することで、周りの環境には迷惑をかけないという意志が表明されている。

一例として、加賀の土一揆が文明七年六月に勃発したが、その直後の七月十五日の『御文』三帖十に記載された掟を見てみると、

当流門徒中において、この六箇条の篇目のむねをよく存知して、仏法を内心にふかく信じて、外相にそのいろをみせぬやうにふるまふべし。しかればこのごろ当流念仏者において、わざと一流のすがたを他宗に対してこれをあらはすこと、もってのほかのあやまりなり。所詮向後この題目の次第をまもりて、仏法をば修行すべし。もしこのむねをそむかん輩は、ながく門徒中の一列たるべからざるものなり。

一　神社をかろしむることあるべからず。

一　諸仏・菩薩ならびに諸堂をかろしむべからず。

一　諸宗・諸法を誹謗すべからず。

一　守護・地頭を疎略にすべからず。

一　国の仏法の次第非義たるあひだ、正義におもむくべき事。

一　当流にたつるところの他力信心をば内心にふかく決定すべし。

〈訳〉

本願寺の門徒の中で、この六ヶ条の掟の趣意をよく知っておいて、仏法を内心に深く信じ、世間に対しては信仰の気配を見せないように振る舞うこと。ところが最近見られる門徒の念仏者の中に、わざと優れた信仰の姿を他宗に見

せつけているが、これはとんでもない過ちである。今後は以下の掟を守って仏法を修行すべきである。もし、この掟に背く者は永久に教団から追放する。

一つは、神社を侮ってはいけない。二つは、諸々の仏や菩薩および諸々の神仏を祭る建物を侮ってはいけない。三つは、他の宗派や諸々の教えを謗ってはならない。四つに、警護者や地主などを疎かにしてはならない。五つに、惣村での信心の内容が本願寺の宗義に背いている者は、正しい教えに従うこと。六つに、本願寺教団で定めた他力の信心を内心に深く刻み付けること。

というように、法然が定めた「七箇条起請文」を思い出させる内容に仕上がっている。但し、異なるところは、掟を守るべき対象が朝廷や既成教団という国家的規模ではなく、信者が住まいする惣村内という小さな地域に限られているのが特徴といえる。この後に各条を遵守すべき理由を詳しく述べて、政治的・宗教的勢力による本願寺教団への攻撃を誘発するような言動を避けるべきであると忠告している。この掟の全文には、まさに「無観称名義」を彷彿とさせる文章が綴られていて、蓮如の若き日の奥郡から奥州への修行の旅が、本願寺教団の心根に生きていることがわかる。しかし、蓮如の期待を裏切るかのようにして、北国門徒の世俗的な下剋上ともいえる言動は止まるところを知らず、結果的に御文を発行した翌月に、門徒ではなく蓮如自身が、同年八月二一日に坊主衆の目を盗むようにして吉崎を去り、布教の地を河内国に移すことになった。

その後、掟を無視した本願寺門徒が、諸宗教や守護・地頭あるいは東国門徒と頻繁に衝突して小競り合いを起こすようになる。蓮如は、文明十五年十一月二二日に三箇条、文明十六年に六箇条、文明十七年に八箇条、文明十八年に八箇条と毎年のようにして、加賀国能美郡の四講（しこう）宛に掟を発行しているが、それにも関わらず、長享二（一四八八）年六月九日に加賀の一向一揆が勃発し、その後百年に及んで政治勢力と本願寺教団の間で様々な形態の一揆が頻発するようになる。

一揆に至る原因は蓮如にあった。彼は、善鸞・性信や覚信尼・覚恵などが継承してきた「無観称名義」を広めるために、親鸞の「和讃」や「正信偈」あるいは自身の『御文』などを教本としつつ、惣組織を利用して短期間の内に教線を広げてきた。しかし、蓮如の強引ともいえる門徒拡大の方法が、今度は逆に惣村の権力者に利用されたのである。権力者は、蓮如の教えや掟に耳を傾けることなく、教化のために蓮如が行ってきた、敵を作ってこれを砕くという強硬手段を真似たのである。「子は親の背中を見て育つ」という諺があるが、まさに門徒は蓮如の教えや言葉に随ったのではなく、蓮如の行動様式に追随したのである。

一方で、蓮如の組織した本願寺教団は、政治的・宗教的勢力との表立った揉め事を余所事にして、底流ともいえる在家門徒が、惣村内の寺を中心にして各家庭単位の念仏講を密かに実践し続けていた。そこでは、坊主と年寄りと長とが蓮如の『御文』をしっかり受け継いで「無観称名義」を守り抜き、教えと掟は蓮如の時代と大きく変わることなく、生活の中に連綿と生き続けている。

ちなみに、堀一郎著『宗教・習俗の生活規制』(未来社刊)では、昭和二九年に行われた福島県相馬郡の真宗信者に関する調査研究の結果を以下のように報告している。

真宗門徒は、一家の中心は仏壇であり、オアサジ（御朝事）、オユウジ（御夕事）と称して朝夕家族一同が仏壇の前で正信偈などを唱え、来客もまず座敷に通って如来様を拝し、そのあとで家族のものと挨拶をかわす。いかに貧しくとも仏壇だけは特に立派にする。それに余裕ができると先ず第一に仏壇を立派にする。経済的をしないで、居間や台所、湯殿などを改造したりすると、他の門徒から非難されるという。仏壇には阿弥陀如来像または六字名号をかけるだけで、位牌は一切安置しない。そして彼らの年中行事は、ほとんどすべて寺院と結びついている。例えば旧暦正月に「お七昼夜」のお寺まいり、法座、春彼岸の寺まいり、法座、旧四月の親鸞聖人降誕会に寺まいり、法座、旧五月に家々の報恩講があり、菩提寺住職を招き法座、秋彼岸にも法座、旧十月に家々の報恩講、旧十一月に本報恩講の寺まいり、法座といった具合であり、そのほかに毎月の八日、二十八日の法座、月一回の部落単位の寺御講が催される。そしてこれらの寺まいりの日には早起きをして一通りの田畑の仕事をしてから寺へ出かけるのが普通であるという。(中略) 寺を「里親」といって、先にあげた年中行事に参詣に来るほか、婚姻その他、何かにつけて相談に来た。寺では分家が出るとき挨拶があると、これに小さな鉄鍋を贈るのが慣わしで、これで仏飯を焚いて仏壇に供えさせるのである。正西寺では旧正月七日から一週間、お七昼夜を催し、十四歳以上の青年男女を集めて修道会を催し、また十月の半にも、青年が米一升を持参して寺に止まりがけで修養の会を作っている。

この報告は、今日の浄土真宗の行事の内容を詳しく示していて、蓮如の構築した教化方法が、今もなお継承されていて、庶民生活の中心にある、手次寺（道場）のもつ重要性は廃れていないことがわかる。これらの法座や行事は寺ごとに行われ、地域間で盛んに門徒同士の交流があったものと思われる。その上、個々の門徒にとっては、本山の占める位置は大きく、講を組織して本山詣りするのが大きな夢でもあった。また本山からは度々説教師が彼らの手次寺へと足を運んでいる。このように本山、寺、門徒の間には同行（同朋）としての密接な結びつきがあり、縦横の関係が網の目のように張り巡らされているのである。

堀一郎が調査対象とした地域は、奇しくも善鸞が親鸞から義絶の通告を受けた後、如信とともに東国から奥郡に教線を広げるために辿り着いた福島であった。この報告から、善鸞や如信、覚信尼や覚恵が望んでいたであろう「無観称名義」が、蓮如によって組織化され、時代背景こそ異なるものの現在においてもなお大きく変化することなく、庶民生活の中で確実に息吹いているといえる。

二．五．念仏者の有りよう

蓮如が構築した庶民生活の中に根づく信仰は、救われる側の息遣いが露わにならないことには意味がない。蓮如に関わる史料の中で、救われる側ともいえる門徒の行状を扱ったものに「蓮如上人御一代記聞書」がある。この中で、門徒道宗（どうしゅう）の行状が二・三紹介されているが、彼は享徳元（一四五二）年に越中国五箇山赤尾谷（現、富山県東砺波郡上平村字赤尾）で生まれ、永正十三（一五一六）年に没している。彼の俗名は弥七といい、赤尾の出身であることから「赤尾の道宗」とも称され、蓮如の教化を受けてからは、行徳寺（南砺（なんと）市西赤尾）や道善寺（南砺市新屋）などの道場を開いて、自ら開基になって信仰の宣揚を図ったと伝えられている。道宗は、蓮如の『御文』を書写するとともに「道宗二十一箇条」を定めて、本願寺門徒としてのあるべき道を極めることに尽力している。

道宗の行状を「蓮如上人御一代記聞書」二七九から引用してみると、

道宗、前々住上人（蓮如）へ『御文』申され候へば、仰せられ候ふ。文はとりおとし候ふことも候ふほどに、ただ心に信をだにもとり候へば、おとし候はぬよし、仰せられ候ひし。またあくる年、あそばされて、下され候ふ。

〈訳〉

道宗が蓮如上人に『御文』を書いていただきたいとお願いしたところ、文書は取り落とすことがあるから、信心だけをもっていれば落とすこともないと仰せられた。しかし翌年来られた時に『御文』をいただいた。

という。道宗が『御文』を書いてほしいとの思いを蓮如に伝えたところ、教えは書き物にしてわたすと落として失うこともあるが、心の中に信心として納めておけば、命ある限り身体から離れないので、落とすことはないといわれた。この話は、法然や隆寛が書物を執筆したところ、書物が異端の徒の餌食にされて、教えそのものが否定される原因を作ってしまったことの反省とも取れる。

また「蓮如上人御一代記聞書」一三〇には、

ひとつことを聞きて、いつもめづらしく初めたるやうに、信のうへにはあるべきなり。ただ珍しきことをききたく思ふなり。ひとつことをいくたび聴聞申すとも、めづらしく初めたるやうにあるべきなり。

〈訳〉

信じるからには、同じことを聞いても、何時も目新しくはじめてのような境地になる。するとまた目新しいことを聞きたいと思う。同じことを何度聴聞しても、目新しくはじめてのように聞くべきである。

という。これは、『御文』や「和讃」、『正信偈』などを仏壇の前で朝夕毎日唱えることが習慣化している念仏者家族の心得でもある。そのときの聞き方が、毎日同じことを聞いていても、日々新たに聞こえるのが信心というものであるという。すなわち、同じことを繰り返すことが基準になって、生活の中で変化していく自身の姿を確認することができる。これを相対的に考えると、自身を基準とすれば、変化しない習慣が変化しているように感じられるが、『御文』を基準とした場合、自身の変化を「聖教」と照合したときに日々新たに感じられるのである。

同じことが「蓮如上人御一代記聞書」一三一に、

道宗は、ただ一つ御詞をいつも聴聞申すが初めたるやうにありがたきよし申され候ふ。

〈訳〉

道宗は、一つの言葉を何時聴聞してもはじめてのように恐れ多いことだと言われた。

と記されている。道宗が蓮如の言葉を鸚鵡返しのようにして、他の念仏者にも紹介しているのである。

一方、道宗は自戒のためとして、晩年に当たる文亀元（一五〇一）年十二月二四日に、二一個の「思立候条（おもいたちそうろうじょう）」を認めている。その二一ヶ条の最後に道宗は、

かへすかへす御おきて、はつとをそむかすして、しかもないしんには、一ねんのたのもしさ、ありかたさをたもち候て、けさうにふかくつゝしめ申てくれ候へ。わか心へ。

〈訳〉

返す返すも御掟は、法度に背かずして、しかも内心は一念の頼もしさ、有難さを保って、外相は深く慎むように申してください。我が心得として。

と述べ、世間の法律をよく守って、外面的には自身の信心の姿を見せびらかすことなく、内心に一念の安心を有難く留めておくように、と自身を戒めている。この件は、まさに「無観称名義」そのものであって、『一枚起請文』の「智者の振る舞いをせずして、ただ一向に念仏すべし」にも通じるところがある。ただし、本願ぼこりの横暴を防ぐためにも「法度に背くことのないように」と釘を刺しているところは、蓮如の強調したいところでもある。「思立候条」を見ると、蓮如の教えが道宗に薫習され

たことは理解できるが、若い頃の道宗は自己の信心の様子を他者の前でひけらかす行為が目立ち、蓮如のように目的達成のためには手段を選ばないという性格も持ち合わせていた。道宗には多くの逸話があり、彼の「無観称名義」に準ずる行状が認められると、早くから往生人の一人として数えられ、その後に編纂された「妙好人伝」の冒頭に「赤尾の道宗」として紹介されるようになった。

「妙好人伝」は、江戸時代後半に編纂され、ここには蓮如の組織した法座によって救われていく聴聞者の経緯が詳しく記されている。

三．妙好人

妙好人は、人間の中で最上至高の人を意味し、浄土真宗の篤信者を指していうことが多い。この言葉は、『教行信証』（信文類）「真仏弟子釈」に記された、善導の『観経疏』（散善義）の最後の文章から引用した、

> もしよく相続して念仏するひと、この人はなはだ希有なりとす、さらに物としてもつてこれを方ぶべきことなきことを明かす。ゆゑに芬陀利を引きて喩へとす。分陀利といふは、人中の好華と名づく、また希有華と名づく、また人中の上上華と名づく、また人中の妙好華と名づく。この華あひ伝へて蔡華と名づくるこれなり。もし念仏のひとはすなはちこれ人中の好人なり、人中の妙好人なり、人中の上上人なり、人中の希有人なり、人中の最勝人なり。

〈訳〉

もしよく引き続いて念仏する人は、極めて珍しい。さらに世間的にもこれに並ぶ人のいないことを明らかにする。ここで、分陀利を引き合いにして例えてみる。「分陀利」というのは、人中の好華と名づけ、また希有華と名づけ、また人中の上上華と名づけ、また人中の妙好華と名づける。この華が伝わってめでたい花と名づけるのである。あるいは、念仏する人を、人中の好人であり、人中の妙好人であり、人中の上上人であり、人中の希有人であり、人中の最勝人である。

という言葉に由来していて、石見国浄泉寺の仰誓（ごうせい）が文政元（一八一八）年に編集した『妙好人伝』に使わ

れたのが最初である。それ以来、「妙好人伝」は、美濃国専精寺の僧純が天保十四（一八四三）年から安政五（一八五八）年の間に二編から五編までを編纂し、さらに松前の象王は嘉永三（一八五〇）年に仰誓の初編に続く続編を編んだ。この江戸時代の六編の『妙好人伝』を皮切りにして、今日まで個人の伝記を含めて多くの「妙好人伝」が刊行されている。「妙好人伝」に収載されている人たちは、学問もなく社会的地位も低い農民や小商人が圧倒的多数を占め、彼らが高度な信仰を獲得した経緯や篤信者としての生活態度などが詳細に記録されている。中国唐の時代から日本に伝わって以来、平安時代初期から中期にかけて、あるべき浄土信仰者の姿として盛んに編纂された「往生伝」に対抗するかのようにして、浄土真宗の「妙好人伝」が刊行され、それが説教・教化に与えた影響は少なくない。

三．一．妙好人の環境

惣という組織から自発的に発生した浄土真宗の寺は、大部分が寺領を所有していないため、門徒からの懇志を唯一の財源としていたことから、より親密な形で門徒との交流に心を砕いたといえる。また、特別な修行や現世利益を目的とした祈祷を行うこともないので、口頭で教えを説き、門徒がそれを聴聞する場としての法座の重要性は極めて高かった。近世以降の法座は、寺での年中行事の際には必ず開かれるばかりでなく、家庭で営まれる在家報恩講や門徒個人の年忌法要などの縁に因んで開催されたり、寺に出講した布教使をそのまま自宅に招いて教えを聞くことも頻繁に行われた。

教えを聞くことこそが門徒の無上のたしなみとされた浄土真宗においては、法座が日常化しており、篤信な「同行」と呼ばれる在家念仏者にとっては、まさに聴聞三昧の日暮しとなり、念仏の教えを生活そのものの中で醸成させる行者たちが生まれる環境が自ずから備わっていたことになる。このように生活化した在家の仏道がしっかりと根をおろした環境の中で、生まれ育った妙好人は、学問や修行、持戒ができなくとも、在家生活を営みながら仏道を歩む行者となり、彼こそが、救済の正客として位置づけられるようになった。

浄土真宗が妙好人を生み出した原因として、惣組織以外にも、説教・法談・御示談および親鸞の「和讃」、蓮如の『御文』の普及があった。このように、妙好人を育んだ背景には、まず凡夫救済を説く教えとしての「和讃」を親しみやすい讃歌に作曲し、あるいは『御文』を法義として繰り返し読み聞かせることで、法座を情感豊かな場に仕立て上げるという環境があり、さらにそこには多くの法友間で安心を確認し温めあう示談という形式も伴っていた。そうした真宗伝道のあり方そのものが有機的に絡まり合いながら、妙好人輩出に深く関係していったといえる。

三．二．節談と妙好人

仰誓・克譲・僧純・象王によって編纂され続けた近世の「妙好人伝」に収められている人々の中には、武士や坊守寺族なども見受けられるが、大多数は市井に生きる庶民の念仏者であった。そうした人たちは、毎日聖教の『御文』を声に出して読誦し、法座で語られる教えを聴聞し続け、やがて類まれな「無観称名義」をもった念仏行者へと育てられていった。法座で欠かせないのが、澄憲や聖覚の時代に「節付説教」と呼ばれて、近年に至って浄土真宗で盛んに使われるようになった「節談説教（節談）」である。

大衆を聴聞の正客に据えた節談では、本願念仏の真理をいかにわかりやすく、かつ感動的に受け取ってもらうかが最も大切な課題とされていた。そのため、身ぶり手ぶりを駆使し、明解な譬喩や情感に訴える人間模様が組み込まれる一方で、往々にして難解になりがちな、客観的・合理的で冷静な論証の手順が切り捨てられて具象化される傾向にあったといえる。節談では、説教使が、絶えず身体を動かし、説教に節を付けることで、善男善女の皮膚の上に快い感じを与え、説教師の動きに連れて法座に一連の人間の動きが生まれる。まさに節談は、説教使や大衆を含めた身体性の高い布教技法であるといえる。

妙好人が法座で弁じられた教えを深く身体化し生活と一枚にできたのは、その語りが巧みな譬喩や感動的な人間の物語を、豊かな節に載せて魂の奥深くに染みとおるような節談であったからこその結果であった。その根底には、聴聞者が朝夕声に出して読誦する聖教の『御文』を暗唱するほどまでに身体化していたことも忘れてはならない。

しかし、妙好人たちの求法は、受け身一辺倒ではなかった。法談の後で仲間の同行たちと真剣に語り合うことがあれば、何人かの同行が集まり導師を囲んで信心の味わいを語り合うこともあり、また説教使のもとを訪ね自らの思いを吐露していく場面も多々見られるようである。そこには、蓮如以来の談合・示談の伝統が継承され、唱導・法談による節談という感動的な法座を媒介として、妙好人が生まれる。さらにその念仏行者のことばや生き方が、「妙好人伝」という新たな教義書として登場することによって、節談の因縁話として紹介される。その結果、新たなる共振共感が醸し出され、次なる妙好人が誕生する。いわば、情念の布教である節談と妙好人の間には、不可分の関係性があったといえる。時には妙好人が年若い住職に説教することもあった。

浄土真宗で開花した節談は、インド・中国以来の大衆布教の伝統を継承していた。そこには、豊かな節付けとともに、情念に訴える人間の物語を聞かせる力を包含していたといえる。高度な学識はおろか、文字の読み書きもままならない市井の人々は、そうした情念の布教を幾度となく繰り返し聴聞することによって、他力救済の教えを単なる知的理解の次元を超えて、全身で受け止めていったのである。

「妙好人伝」には、報恩講の晩に親鸞伝の一齣を追体験した逸話、同様に祖師や念仏者たちの苦労に思いを馳せたり、それを追体験しようとした話などが、数多く見られることから、妙好人は、法座で聴聞した祖師や高僧そして先輩念仏者たちの物語を、頭で理解するのではなく、我がこととして全身で身体化して受け止めていたのである。だからこそ、世間の常識から見れば奇行とされがちな報恩の行いをせざるをえなかった。

三．三．慚愧と歓喜

妙好人たちは、慚愧と歓喜をしばしば口にする。妙好人の多くは、身近な人の死や人間関係の悩みから出発して、救われがたい我が身の姿に気づき仏法の門に立ち入っていく。幼少期に両親を亡くしたり、早世した連れ合いを善知識と仰いだり、四人の我が子を悉く喪ったり、幼少期に「いじめ」にあったり、信頼していた夫の裏切りに動揺したり、父の遺言に導かれたり、と大部分の妙好人たちは、四苦八苦の現実を求法の第一歩としている。この耐えがたい現実の苦悩の中に身を置いた妙好人は、自分の力では何一つなしえない己の姿に気づかざるを得なかった。しかし、このような自己の上にこそ、いかなるときも見捨てることのない本願のはたらきが「南無阿弥陀仏」の呼び声となって、絶えることなく届いているのである。そのことに目覚めるとき、阿弥陀仏の前に佇む自己に慚愧の念と共に歓喜の念が同時的に湧き上がり、苦悩を抱えたままの喜びという「二種深信」の証ともいえる「機法一体」の感慨が身によぎる。これが妙好人の廻心なのである。

妙好人は、救われがたい我が身なればこそ、如来の救いに与かるという、理屈の上では味わうことのできない逆説的ともいえる信心の世界を聴聞した。その聞き方は、現実生活の果てしない苦悩を抱える人たちであったが故に、我が身の上に常に「はつごと」として受け止める真摯なものであった。「はつごと」とは、人の心情に関わるもので、蓮如のいうように同じ教えを何度聞いても、いつも目新しくはじめて耳にするかのように受け取ることをいう。

一方、善導以来の「二種深信」が、親鸞と蓮如によって、慚愧と歓喜という凡夫側の感情に置き換えられたこと、證空の「機法一体」が、仏と人は同じ行動様式として、我れが仏、仏が我れという一体観を凡夫に感じさせること、などを考え合わせると、浄土真宗の門流は浄土で感じる世界観を穢土でも感じられるように仕向けた「現世正定聚」の教義なのである。これらの教えが、妙好人たちに受容され、念仏ひとつの救いとしてしっかりと根をおろしたといえる。

親鸞が『自然法爾章』において述べたように、阿弥陀仏は無上仏のようを知らせん料であるとするならば、阿弥陀仏と凡夫の間に立って凡夫に阿弥陀仏のようを知らしめるのが妙好人ということになる。これら無上仏、阿弥陀仏、妙好人、凡夫の階層を「次元」と呼ぶことにすると、妙好人はより高次元の存在を感じることのできる能力を有し、この能力でもってより高次元の存在を我々凡夫に指し示してくれているのである。より高い次元から低次元を俯瞰したときは、低次元での右往左往が陳腐に映ることはあるとしても、妙好人は決して口外することはない。理解してもらえないから、密かに「無観称名義」で生活するしかない。法然の為人が知りたければ、それを妙好人に求めるのも一つの方法であろう。今の次元よりもより高い次元に思いを馳せるとき、高次元の想像が意識の中で現実となり、見えない世界を感得することができる。三次元世界で自由に飛び歩いている人間が、一次元から高次元へと次元の間を行き来する旅人として、自由闊達に活動する妙趣を味わいたいものである。

三．四．足利源左の言行

妙好人の為人を探る場合、柳宗悦（やなぎむねよし）著『妙好人因幡の源左』から源左の言行を辿ることが適切であろうと思われる。源左の本名は、足利喜三郎といい、父足利善助と母ちよとの間で長男として、天保十三（一八四二）年に生まれ、昭和五（一九三〇）年に八九歳で没している。生家は農業の傍ら和紙漉きを営んでいた。父が安政六（一八五九）年に流行り病で急死してから、一家の担い手として家族を支え、村内の小林くにと結婚して三男二女に恵まれるが、全ての子供に先立たれてしまう。さらに、二度の火災に遭遇したり、先祖伝来の田畑や山を人に騙されて手放すなど、波乱万丈の生涯を送っている。

柳宗悦は『妙好人因幡の源左』の中で、

> 妙好人は真宗の園生に咲くいとも美しい花なのである。だが花のみを見て、それを培ひ育てる力を見忘れてはなるまい。源左を見ると又してもここに一人の希有な天才が現れたと思ふかも知れない。だがその深さ浄さは彼一人にのみ帰してよいか。彼の大は、さること乍ら、その大を充分現はしめた雰囲気があることをも見過ごしてはなるまい。高座にかかる説教、悪人正機のその教へ、厚く法義を守り合ふ同行達、口々に出るその称名、この中に源左も幼な時から育ったのである。若し山根の村に篤信な善男善女がゐなかったら、よもや源左はその仏縁を結び得はしなかったであろう。

と妙好人を考える上で、周囲の環境が影響していることを、聖覚の節付説教を思わせる美文で説明している。このような雰囲気は、蓮如が組織化した教化方法が影響しているが、今日まで連綿と受け継がれてきた庶民の力も見逃せない。妙好人が生まれるには、彼の育つ環境が無意識的に働きかけ、救済に与かる機縁へと導いていくための大いなる要因となることは明白である。源左は生まれた時から妙好人であったわけではなく、これらの環境の中で一般庶民としての生活を送っていた。

源左が法座に顔を出す以前は、

親が生きとらんした時にゃ、さいさいにやかましゅうお寺まいりさんせえっていわんしたが、あすぶのが面白うて、親のいわんすこたあ聞かず、親不孝もんでござんしたいの。

と、親に反抗して寺へは行かなかったことを述べている。しかし反抗はしていても「さいさいにやかましゅう」に言われていたため、無意識の内に心の中に親の語る仏縁が浸透していたものと思われる。

日々平穏な生活を送っていた源左ではあったが、

おらが十八の歳の秋、舊の八月二十五日のこってやあ。親爺と一緒に晝まで稲刈りしとったら親爺はふいに気分が悪いちって家に戻って寝さんしたが、その日の晩げにや死なんしたいな。親爺は死なんす前に「おらが死んだら親様をたのめ」ちってなあ。その時から死ぬるちゅうなあ、どがんこったらあか。親様ちゅうなあ、どがなむんだらあか。おらあ不思議で、ごっついこの二つが苦になって、仕事がいっかな手につかいで、夜さも思案し晝も思案し、その年も暮れたいな。

と述懐しているごとく、親の死に目をきっかけとして、「死」とは何か、「親様」とは何かという疑問を起こすようになった。源左のいう親様とは、自分を産んでくれた親ではなく、この地方での阿弥陀仏の呼び名となっていた。源左はこの二つの疑念に対して、およそ半年間も悩み続けたのである。しかし、少し心が落ち着いたころに、源左の親が「さいさいにやかましゅうお寺まいりさんせえ」といっていた言葉を思い出して、日頃見向きもしなかったお寺さんに顔を出すようになった。

生まれて最初の仏縁が親であるなら、次の誕生の機縁となるのは、親が言っていた寺の存在を考えなければならない。源左の、

手次寺は願正寺であった。浄土真宗の本派本願寺に

属し、夙にその宗風はこの村に栄え、界隈は殆ど皆門徒であった。（中略）源左が法を求めて教へを乞ふたのは、その第十世にあたる芳瑞和上であった。（中略）この和上は中中優れた信仰の人であったと思はれる。源左の苦しみとその誠とを想ひ、彼の心を育てることに熱意を注いだ。

というように、源左の住む環境は寺の住職を中心として、妙好人を育てるに十分であったようである。願正寺の住所は、現在の鳥取県青谷町山根にあり、山陰線の青谷駅から南へ十キロ足らずの谷間にある、家屋数は百件に満たない日置川沿いの小さな村落である。

死んだ親や源左の悩み事に気づいた村の人たちの勧めがあって、源左は願正寺に日参するようになった。

お寺の御隠居さんにゃ、さいさい聞かして貰ひ、長いことうお世話になってやあ。いっつも御隠居さんは「源左、もう聞こえたなあ、有り難いなあ」って云ってごしなはっただけどやあ、どがしても聞えなんだいな。御隠居さんにやすまんし、しまいにゃしぶとい我が身がなさけなあになり、投げちゃあしまへず、じっとしちゃをられんで、どがぞして聞かして貰はあと思って、ご本山に上がったいな（中略）おらあ、ように困ってやあ。

寺の住職からは法座で節談を聞いていたが、いくら聞いても納得できずに、自身で如何なる手を打っても解決する術がなかった。自分の不甲斐なさに辟易として、困り果てていたという。住職にしても源左に関しては常に心を配っていて、安心の進展度合いを確かめていた。その一方で、本願寺（本山）に参詣しても源左の疑念は晴れることなく、

そこらぢゅう聞いてまはったいな。

という。源左は法座に回を重ねて参加しても、その甲斐もなく失望して帰るだけであった。読み書きのできない源左にとって、疑念を解決する唯一の方法は聞いて回るしかなく、彼の疑団と聞いた内容とが自己の内部ですっきりした形で現れ出なかった。このような暗中模索

の中で、源左が聴聞を重ねている内に、節談が少しずつ源左の中で身体化されて、死の疑念に対する慚愧と親様の恩徳との「二種深信」の妙味が少しづつ熟成していった。

そして遂に、「二種深信」の恵みに出会うことになった。

ところが或年の夏でやあ。城谷に牛を追うて朝草刈りに行って、いつものやあに六把刈って、牛の背の右と左とに一把づつ附けて、三把目を負はせうとしたら、ふいっと分からしてもらったいな。牛や、われが負ふてごせっだけ、これがお他力だわいやあ。ああ、お親さんのご縁はここかいなあ。おらあその時にゃ、うれしいてやあ。

源左は、自身の疑団と聴聞の渦に揉まれつつも、住職の導きによって次第にある方向性が無意識の内に芽生え出したことと、日常のことで何ともなく出会っていた牛とが、機を一にして彼の疑団を吹き飛ばしてしまった。

それ以後、源左は法悦三昧の生活を送ることになる。

妙好人となった源左のところへ、ある同行が自身の安心が確立されていないことについて聞きにきた。

お慈悲は容易なことでは聞こえてくれず、なんぼこそ源左さんと問答を重ねたことやらわかりません。時には夜通し寝ずにたづねたこともありました。源左さんは「おらも、おらがこしらえたことでないだけわからんだいの。凡夫にわかるっちあなこたあないだけのう。わからんまんまでまうけにするよりほかにゃあないだけのう」と教えてくれましたが、なかなか頂けませんでした。

法座に参加する同行は、老若男女に関わらず、安心をいただいた者が不安と戦っている者を導くという約束事が、暗黙の裡に整っているため、節談の後も同行が集まって話し合うことがあれば、生活の中で互いの家を訪れては法談に明け暮れていたものと思われる。また源左の死ぬ間近に記憶していることを聞くと、

憶えとるものがあるけ、書いときたけりゃあ、「南無阿弥陀仏」と書いてごしなはれ。

と、さらりと言ってのける。これは一見聞く者の期待を裏切った言葉のように受け取れる。一般には既に相対的概念の囲いを超えた人間の口から聞くにしては、あまりにも論理性に欠けた表現であるとして馬鹿者扱いで終わってしまいかねない。しかし、言葉による理屈というのは、究極に至るまでの説明であって、究極を手にすると説明は不要になるから、どうしても論理性に欠けた単純な言葉になってしまう。これは、「無観称名義」を代弁した言葉でもある。『歎異抄』第二条の「念仏をとりて信じたてまつらんとも、またすてんとも、面々の御はからひなり」の後に続く言葉として、「私にあるのは念仏だけです」というように聞くこともできる。また、『自然法爾の事』の中の「義なきを義とすといふことは、なほ義のあるになるべし」という、理屈で凝り固まった世界を完全に超越して、言語を不要とする無上仏の世界ともいえる宇宙の真理が、短い言葉の中に説明されているともとれる。

　一方、尊敬されるべき僧侶の卵が、日常生活を営む同行の中に入っていくと、妙好人からの、

　ボンちゃんにえゝお寺さんになって貰はにゃならんだけ、大きうなれ大きうなれって足を揉まして貰っとりますだがやあ。おらあにゃ構わずに眠られたがえゝ眠られたがえゝ。（中略）この世の用事はなんぼせれても後廻しにゃ出来んこたあないけど、ボンしゃん後生のこたあ急がにゃならんと思ひまして、（中略）一口聞いてつかはんせえ。他人より悪いこの源左を、一番先に助けるのご本願だけのう。まゐられん人はないだけなあ。

という理屈抜きの法話が待っているのである。ここに善導の説く「自身教人信　大悲伝普化　真成報仏恩」が現実となって、「難中転更難」に陥ることなく、「教人信」がいとも簡単に成し遂げられている姿を垣間見ることができる。まさに妙好人は妙好人によってのみ育て得るのである。それはただ人間対人間（同朋）以外のなにものでもなく、一般的には、妙好人の廻向は往相面ばかりで還相面が欠如しているとする見方もあるが、法座や節談という雰囲気の下では「二種廻向」が混在していて、還相廻向の欠如という批判は当を得ていないと思われる。

三．五．妙好人とは

妙好人の行動は様々な様相を呈している。例えば、源左は地域に積極的に関与して、教人信を実行していたといえるが、同じ妙好人でも石見国（現、島根県大田市温泉津町）の浅原才市（さいち）は、全く世間との交流もないままに、下駄職人として日々の仕事に勤しんでいた。才市は、石見国で代々刀鍛冶を営む要四郎を父とし、トメを母として寛永三（一八五〇）年に生まれ、昭和七（一九三二）年に八三歳で没している。十六歳の時に親戚の家で大工仕事の年季奉公に携わったが、素行が悪いことから、三〇歳頃に船大工として福岡県に移り住んだ。ここで、何らかの仏縁を得たらしく、回心して素行も改まって、五七歳で温泉津に戻り、この時から下駄の製造販売を生業とするようになった。

温泉津では下駄職人でもあったことから、日々の仕事の中で思い浮かんだ仏縁の記録を小まめに鉋屑に書き置いて、仕事を終えてから帳面に書き写して密かに留め置いていた。まさに「無観称名義」を会得して、日常の仕事の中に念仏を取り入れ、阿弥陀仏の恩徳とともに仕事に励み、報謝の中で法悦を感じた時に間髪を入れずに鉋屑に書き込んだのであろう。

しかし、才市は自身の制作した帳面を六四歳の頃に「決して人に見せるものではない」と言いつつ知人に手渡したことから、才市の名が世間に知れ渡ることになった。もし、知人が世間に知らしめなければ、才市は「無観称名義」を全うできたであろう。このように考えると、大半の妙好人が「無観称名義」を身に付けたままに、世間に知られることなく生涯を終えていたとしても不思議ではない。当の才市は、世間に知れ渡るようになっても、気にすることなく帳面に書き続け、生涯で一万首にも上る詩を残している。彼は世間でどのように扱われていようが、日々の生活は変わることがなかった。才市の「正直な、誠実の塊のような姿」に他の人が魅せられ、その人が才市の信心を多くの人に広めるという実情は、仏縁による間接的な教人信といえる。

ところで、妙好人の言行は源左と才市でみたように実に個性的である。しかもその人ごとに表現の仕方も千差万別といわざるを得ない。しかし、この個性的な表現は自分勝手な行動から現れるものではなく、蓮如の教義がしっかりと根付いた環境の下での洗練された言行なのである。すなわち、「妙好人伝」に出てくる妙好人の言葉は、『三帖和讃』や『御文』の鸚鵡返しのように聞こえるが、これは、生まれて以来の環境の中での共通語として、誰もが聴き口にしている、いわば常に「はつごと」としての生活に溶け込んだ規範に基づくものである。この生活規範が、自身の日常生活と照らし合わせた慚愧の念に伴うある出来事を境にして、個人の体内に入り込んでしまうと、規範に左右されていた個人が、規範を飲み込んで身体の中で一体化してしまうのである。一体化の心境は広大で、言葉で表すことができず、身体的表現や理解し難い言葉が他者を惑わす。

妙好人が日常的な生活環境の中で生まれ育つとすると、禅者は生活から隔絶された寺院という特殊環境の中で生まれるといえる。いずれも、よき指導者を得て、人間が第二、第三の誕生を迎えて真の人間らしくなるための欠かせない過程なのである。

妙好人の生成は、「個」としての妙好人像ではなく、環境としての社会像とでもいうべきものが、妙好人発生に関して根強く関わってくる。それは妙好人の行為を評価するという意味合いの社会体制ではなく、日常生活において制度化され、社会環境そのものが、日常生活において仏教を必要とし、仏教と関わり合いをもち、それを今日まで維持してきたところの体制であることは確かである。この体制が、崩れることなく連綿と受け継がれていくところに、蓮如の偉大さのみならず、体制を維持していこうとする民衆の強烈な意志表示があった。その現れが、法座にかかる節談、厚く法義を守り合う同行、口々に出る称名などとなって社会全体に行き渡り、現在まで伝統として守り育てられてきたのである。このような宗教的社会体制の中にあって聞信者は生み育てられ、厳しい歴史的現実の中で社会の一員として生きつつ、もがき苦しみ、その結果として妙好人になり得たのである。またその妙好人が繰り返し伝統を守り育てることになる。

柳宗悦はこの社会体制の伝統と妙好人との関わりについて、

信心の伝統が今更大事であることが分かる。若し宗風が衰えて、信心の伝統が消えるとすると、妙好人は容易に現れまい。（中略）妙好人を更に求めようとするなら、伝統を温めねばなるまい。源左の大を想ふ者は、伝統の大をも忘れてはならぬ。（中略）凡ての人間の心には、源左の心がゐる筈である。宗教の有難さはそれを呼び覚ましてくれることにある。真宗の有難さは、それを只の民衆にも目覚めさせてくれることにある。

と述べ、その著書である『妙好人因幡の源左』の最後を飾る言葉としている。

つまり、いつの時代にあっても仏教は、ややもすれば在家の大衆から離れた「学問のための学問」に走ってしまう危険性を孕んでいるが、そうした学解出家至上主義に対して、あくまで大衆の中に悟りと救済を貫徹したいという動きが起こってきたといえる。日本仏教史にあっては、後者の動きが成熟して妙好人の誕生につながったといえる。

また何人かの妙好人に現れる、言葉や身体による表現の背景には、長年の聴聞で身体化習慣化するほどに薫習されていた節談の影響が考えられる。妙好人たちは、仏法を「たしなむ」程に日常化させ、現世を過去世の報いとして甘受する一方で、絶えず自己を見なおす厳しさと同時に、他者への積極的関わりをめざす社会性もうかがえる。その社会性の基礎をなすものは、自ら手にした「無観称名義」を他者に盗ませるために、身をもって間接的に知らしめる「教人信」であり、様々な人が混在して、盗んだり（教えたり）、盗まれたり（教えられたり）、という往還両廻向の実現する場であったり、いずれも自ら出逢った如来の大悲を周辺の人々にも取次いでいくという法座の機能的な役割が関係している。

「妙好人伝」には、学問や知識のない人が多く紹介されているが、「無観称名義」を会得した人は、このように無智凡愚な人々だけではあるまい。学問知識に長けた有名人の中にも、智者の振る舞いをせずに「無観称名義」を自覚した念仏者は多くいると思われる。あまりにも世間受けする仕事で名を馳せたために、妙好人がその陰に隠れて、誰も気づかないことが往々にしてありそうな気がする。

このように妙好人において具現化された信仰生活の環境は、長い歴史を持つ在家仏教の精華であり、苦悩に満ち溢れた世俗の中で、その苦悩をよろこびに転じ替えて、力強く生き抜く道を我々に教えてくれる。それは、今後の日本仏教の将来像を展望する場合においても、歩むべき方向性を少なからず示唆してくれているのではないだろうか。

法然が希求していた「無観称名義」で生活することの意義は、長年にわたる釈義の紆余曲折を経て、日常生活に明け暮れる妙好人に開花したといえる。個々の妙好人は、法然の人格を細分化して、それぞれに振り分けられた分身であるかのようにして今日を生きている。法然を求める人は、妙好人の中に法然の一部なりとも発見するであろうから、妙好人が法然であるとすることも、法然が妙好人（当時の往生人）であったとすることも可能であろう。「無観称名義」は、今日的に評価した場合、法然から始まって妙好人で完成したといっても過言ではあるまい。

終章　無観称名義のあれこれ

本書において、法然および彼の周辺の人々の行状を検討してきたが、そこから見えてきたことは、法然の行状のみならず、当時の人々が法然の教えを信奉し、彼を慕い、彼の身を案じ、如何にして彼と彼の教えを守ろうとしていたか、またそのために、身命を惜しまず努力していたことなど、周辺の人々の心の動きが明らかになったことと思う。

法然が慕われる理由は、彼の行状は言うに及ばず、現在では確認することのできない法然の人柄にあったと考えられる。この人柄は、何人も無制限に受け入れる包容力ともいえるもので、そこには、様々な情報の知識からその情報を使いこなす智恵に至るまで余すところなく包含し尽くされているため、凡人が卑小な知識でもって探ろうとしても、これと言って確定するものを見つけ出すことができない。ただ、自身の至らなさに焦点を絞れた者だけが、法然の教えのわずか一部を覗き見ることができるに過ぎない。

親鸞にしても法然の教えを踏襲する人たちの中の一人であったが、教えの実践を生涯にわたって試みるも、脆くも露と消え去ってしまった。しかし、当時は異安心のように扱われていた善鸞が、法然の教えを細々と引継ぎ、今日の浄土真宗の礎を築くことになった。浄土宗にしても、無名ともいえる門人の源智が立宗を画策して成功している。

一方、法然の教えを無視して奔放に振る舞う過激分子や過激分子を阻止しようとする衆徒などの行動も明らかになってきた。彼らにしても、自身が信じる正義の道を選んで、実直に真剣に行動を起こしているのであるが、法然の教えとは異なる方向を目指して疾走する行為は、懸命になればなるほど教えから遠ざかるだけで、方向を見失った真面目さほど恐ろしいものはないことを示している。法然のいう「盗人行儀」とは、個人の思いが万民に通用することはまずないので、このことを考慮して一歩も二歩も下がって行動することに心掛ければ、その下がった隙間に十分に考える時間ができる。法然は、人間の業を見据えた上で、思考と行動の両輪が均衡したときに初めて、自己と他己を含めて穏当な結果を得ることができるのであって、決して闇に隠れて陰鬱な生活を送れと言っているのではない。

盗人行儀の実践者を集めて編纂したのが『明義進行集』

であるが、その中には当時の観想念仏とは異なった無観称名を称える人々が紹介されている。本書では無観称名を心根とした教えを「無観称名義」というように定義して論を進めてきたのであるが、このことによって、雲霧に包まれた法然の行動が露わになってきた。すなわち、従来の伝記類が善きにつけ悪しきにつけ、すべてが法然の実績と見做していたために混乱が生じたのであって、無観称名義の実践者か否かの判断基準を設ければ、法然の教えを守る者とそうでない者との区別が明確になる。すべてが法然の実績でないとすることで、逆に法然の行状が明らかになったといえる。

本章では、本書で得られた新たな知見に基づいて、無観称名の関わる事象とその経緯を整理して、現代における法然像と周辺の環境を概観する。

一・法然房源空

法然は、一般的に持戒と破戒の両方を具えた僧として認識されているが、これは「専修念仏」という言葉を一元的に解釈したところに原因がある。実は、専修念仏ではなく「無観称名」を区切りにして判断すると、無観称名の教えともいえる盗人行儀の「無観称名義」を断固として守り抜いたのが持戒僧の法然であって、無観称名義を無視して勝手な行動に出たのが破戒僧の過激分子であった。従って、法然は世俗の持戒僧として生涯を全うしたといえる。

法然が、善導の提唱する専修念仏に出会ったのは、自身が救われる道を求めて南都に遊行した時のことであり、南都所縁の永観著『往生拾因』を目にしてからのことであったが、専修念仏を法然自身のこととして実存的に導いたのは遊蓮房円照であった。円照は完璧な遁世僧として人里離れた山裾で生活し、盗人行儀の生活を送っていたが、法然の場合は、自身のみならず巷で苦しむ庶民を救済することが目的であった。円照は法然と出会って僅か二年で亡くなっているが、法然はその後も葉室流の所領でもある西山付近に留まり、庶民救済の方途を模索していた。そんな折、法然は、関白を目指す兼実や遁世僧を希求する慈円と出会うことになるが、慈円に自身が円照の後継であることを説明して、遁世僧の夢を諦めさせて天台座主を目指すことを了承させた。

その後の法然は、勝林院の顕真を主宰とする「大原問答」の試験に合格し、通憲流の一員として認められ、慈円に譲り受けた青蓮院の吉水に居を構えた。此処で通憲流盗人行儀を経釈類と照らし合わせてまとめ、その結果を大仏聖人俊乗房重源の依頼を受けて、東大寺で「三部経釈」を講説することになる。法然が、世間に認められるようになったのは「大原問答」以降のことで、様々な活動ができたのは、『選択集』撰述前までの約十年間であった。

『選択集』が兼実の命によって撰述されてからの法然は、衆徒による念仏禁止の強訴に悩まされることになり、身体の衰えと自身の没後を慮って遺言を認めた後、念仏の弾圧に抗して門人たちを離京させ、『選択集』を附属するなどして、教団組織よりも門人の行く末を案じての行動に専念する。この頃の法然は、『行状絵図』では明らかにされていない、寂しさや苦悩の心境を露わにしている。特に消息文では、法然が説く浄土の教えのみならず、側近の門人たちが法然をいたわる気持ちも痛いほど伝わってくる。また、通憲流に徹する法然と法然の外面だけを捉えている門人との心境の違いが露わになっていて、物心両面の孤独に身を置く法然の心の動きがありのままに描かれている。法然が自筆の人ではなかった理由は、「無観称名義」以外にも、『選択集』の撰述以前から病弱の身であったことも関係しているようである。

過激分子の行動を憂える衆徒と法然を慕う権門の人々との揉め事が収まらないまま、法然は「建永の法難」で流罪の身となり、即刻赦免されたものの帰洛は許されずに勝尾寺に五年間止まることになる。法然の流罪は、法然を過激分子の張本人と訴える衆徒の面子を意識してのことで、刑が執行されて面子を立てることができた限りは、衆徒も満足したことであろう。帰洛後の法然は体調を崩して一ケ月ほどで東山大谷の禅坊で臨終を迎えるが、流罪中に吉水の草庵を守り続けた数人の門人たちに見守られての寂しい往生であった。

二．九条兼実

兼実は、若い時から父忠通が信奉していた仏厳に帰依して毎年三十万遍の念仏行を実践していたことから、法然と出会う以前から念仏に接し、浄土の教えには精通していた。道快（慈円）が比叡山での千日修行を終えて遁世僧を志したときには、三鈷寺の観性や法然を交えて慈円に天台座主を目指すように説得して成功を収めている。ここでは、法然、兼実、慈円の進む道が決定され、法然を通憲流に招き入れる判定役に顕真を選び、「大原問答」を計画させ、無事に法然を貴族社会の一員に仕立てることができた。

その後、兼実と法然との付き合いがはじまり、兼実は、通憲流を普及させるために、重源などの官度僧に依頼して、法然に「東大寺講説」という発表の場を企画している。しかし、兼実は関白になったものの、長男良通の急死に会ったことから、従来の祈祷や造像起塔は気休めでしかないことに気づくとともに、政務をこなすも身体の不調を感じるようになり、精神的な安らぎを求めて法然に帰依するようになる。法然自身も明日をも知れない状況に陥った時、兼実は『選択集』の撰述を法然に依頼して制作に成功するも、「無観称名義」に反する内容であることから、門外不出を指示する。

『選択集』は、兼実の意に反して巷に拡散し、念仏弾圧の原因にもなった。兼実は、法然の流罪が確定した頃から法然の身を案じて、流刑地を難儀な旅程が強いられる土佐から、大半が船旅での移動が可能な讃岐に申し替えたり、住居を自宅の近くに移したり、様々な心遣いを施している。しかし、関白の座を降りてからの行動は限られ、法然の流罪後は、心痛からか二ケ月を経て亡くなっている。兼実は「無観称名義」の理解に最も近づき得た権門の第一人者であるといえる。

兼実の日記『玉葉』には、法然に出会ってからの記事は少ないものの、物質的な価値判断から精神的な充足感を得るまでの経緯あるいは法然に対する帰依が、身体の衰えに抗して日増しに強くなっていく様子が散見される。藤原定家による『明月記』には、兼実の寂しい姿が描き出されている部分も見受けられる。

三．選択本願念仏集

今日では、『選択集』が法然の思想を端的に表した代表作であると言われているが、この書は、法然の著作ではなく、法然が兼実の命によって、真観房感西を中心とした門人によって撰述させたもので、その内容は「無観称名義」とは若干異なるものであった。このことからこの書は、念仏弾圧の張本であるとの評価を受けるばかりでなく、「無観称名義」に反する行動に出た過激分子に利用されただけで、撰述以降に何らかのかたちで伝承されたという記録は残っていない。残っているとすれば、弟子というに相応しい門人に対して免許皆伝の代わりとして附属されただけで、思想書としての継承はなかったようである。

しかし、現代に至って『選択集』を法然の思想書とすることで、法然解釈に大きな混乱が生じているのは否めない。法然の教えは、『選択集』ではなく、東大寺での「三部経釈」が通憲流の心根を尽くしていて、「無観称名義」を彷彿とさせる内容にまとまっていることから、この釈義を法然の教えとして扱うべきではないだろうか。

撰述の中心的な役割を担った感西は、撰述の目的から大きく逸脱した世間の解釈に失望するとともに生真面目さからか心労の末に身体を壊し、撰述後二年にして世を去っている。一方、撰述を手伝った安楽房遵西は、『選択集』を自己の都合のよいように解釈して過激な行動を起こし、その後の法然や門人、念仏弾圧や法難などの歴史に名を残す出来事の原因を作っている。

法然の教えと『選択集』の違いを最初に見抜いたのが高山寺の明恵房高弁である。彼は上皇の命によって著した『摧邪輪』において、法然を擁護するものの『選択集』については、撰述者を含めて辛辣な批判を浴びせている。明恵の批判が、法然の法灯を継ぐ人たちに影響を与え、隆寛律師のように、誤解を招きやすい凡夫（機）中心の教え（浄土門）に聖人（法）の教え（聖道門）を加えて、機と法の両体を対等に思索する方向に進むようになった。

四．専修念仏の弾圧

衆徒による念仏弾圧は法然ではなく過激分子に対する強訴に端を発している。過激分子は、法然の「念仏為先」の教えを拡大解釈して、念仏以外は不要であると言いふらしていたが、これは庶民を巻き込んでの「造悪無碍」となり「本願ぼこり」へと曲解され、結果的には仏教で禁止している遊興や風紀紊乱の問題へと発展していくことになる。過激分子の六時礼讃や一念往生義は、娯楽をもたない庶民に受け入れられ、主催者を益々増長させることになった。仏教の存続に危機感を懐いた衆徒が、専修念仏を強訴するのは当然のことであるにしても、念仏は仏道修行にとって重要な位置を占めていることから、貴族や寺院にとっては強訴を受け入れることはできない。

このような事情から、衆徒の強訴は、法然を擁護する貴族側に抑止されて、念仏と新興教団を排除するという目的を忘れて、朝廷・貴族・寺院を巻き込んだ互いの面子にこだわった揉め事へと変貌していく。この事態は、寺院側は衆徒や堂衆が中心となって、新興教団の不祥事を朝廷に強訴するというかたちであるが、衆徒の動きを察知した貴族側は寺院の官度僧と結託して、衆徒の行動を穏便に封じ込めようと画策したのである。しかし、衆徒にも面子があって、振り上げた拳を下す機会を模索していたものの、事態は解決に向かうどころか、益々混沌の深みに陥っていった。

権門側の主要人物が一堂に会する場が、藤原定家の主宰する歌会であった。『明月記』には、衆徒の上奏から建永の法難に至るまでの主要人物が、頻繁に歌会に列席している記録が残っているが、出席者は席上で事を穏便に済ませる方法を模索していたのであろう。ところが、過激分子の行動は、法然の教えに背いた真逆の方向に奔走する性質をもっていることから、真剣に取り組むほどに益々「無観称名義」に反する過ちを庶民と共に繰り広げることになる。

五．法難

権門側が新興教団の扱いに苦慮している最中、過激分子の行動に起因する「建永の法難」が勃発している。この法難は、住蓮・安楽の風紀問題に端を発して上皇の怒りに触れた結果、彼らが断罪に処せられたというのであるが、実は上皇の警備役でもある検非違使別当の策略でもあった。過激分子を裁くには、庶民としての罪状を問うことが世俗の賛同を得やすいことから、彼らが風紀問題を起こしたという事実を作り上げて、僧籍をはく奪した上で謝罪を要求した。しかし、強固な姿勢を崩さない過激分子は、役人の意に反して処罰を要求してきたので、業を煮やした役人が彼らの断罪に踏み切ったのである。

住蓮・安楽の処分で「興福寺奏状」の揉め事が解決したかにみえたが、処罰に対する過激分子の憤懣はさらに沸騰して、騒ぎが大きくなったことから、多くの法然門下が処罰を受けるに至った。その後も、専修念仏に対する既成教団と新興教団との揉め事は、互いの立場を慮ることなく、自己主張の極みとも取れる行動に触発されるようにして増幅していった。結果的に「無観称名義」を忘れた行動の行く末は、後の世まで念仏の弾圧と擁護というかたちで影響を及ぼしていくことになる。

六．聖覚と隆寛

聖覚は、父の澄憲から引き継いだ安居院流唱導師で名を馳せ、頻繁に権門や庶民と交流しつつ、法然の門人として「無観称名義」を体現し、新興教団外部から法然を擁護する立場に身を置いている。特に、『選択集』の撰述以降は、法然に対する風当たりが強くなる中で、既成教団と「無観称名義」との両方の考え方を冷静に分析し、双方の行き過ぎた行動をたしなめる奏状や文書を作成している。過激分子の極端に偏執した行為に対しては、時の権力者の力を借りることも厭わない、いわば、世の中の動きを鳥瞰するような視野に立って、法然および「無観称名義」を守り抜いている。

隆寛は、新興教団内部に籍を置きつつ、門人の言行や世間の念仏弾圧を観察する中で、「無観称名義」を教義面から解釈し直そうとする動きが注目される。彼の考えは、『選択集』を引用することなく、法然の行状を浄土と穢土に峻別して、仏の世界と凡夫の世界が対等に理解できるように工夫した跡がうかがえる。それを示す文書が多く残されていて、後世に続く親鸞や蓮如に影響を与えることになる。しかし、「無観称名義」を文書でもって他者に示すということは、本来の「無観称名義」とは異なった自己主張につながる行為でもあり、このことが災いしてか、定照との争論の挙句「嘉禄の法難」で流罪の憂き目に会う。

聖覚と隆寛は流派が異なるものの「無観称名」を尊崇していたことは確かであり、その教えを踏襲する意思もあったが、両者の行動様式が相違していて、真に「無観称名義」を全うした聖覚は後継者を失い、その教えから外れた隆寛は長楽寺派や子息などの後継を残すことになった。

一方、法蓮房信空と勢観房源智の名も忘れてはならない。信空は、法然の比叡山時代から入滅に至るまで秘書のようにして付き添い、権門との関係を調整しつつ教団内部から法然を支えていたが、盗人行儀に徹していたことから表立った実績が記録されることなく、弟子の信瑞によって「無観称名」が後の世に伝えられたに過ぎない。また、源智にしても「無観称名義」を終生守り通して、立宗の準備に奔走こそすれ、彼の弟子によって鎮西派良忠に浄土宗を譲っている。それ以後、彼らの宗義が残っているという後世の記録はない。

七．善信房親鸞

法然の門流を継承しようとして「無観称名義」に憧れるものの、少し異なった方向に舵を取ったのが善信房親鸞である。彼は、比叡山で堂衆として過ごしたものの、聖徳太子の夢告に一〇年間悩み続け、結果的に法然と出会うことで夢告の真の意味を知り、「無観称名義」に救われることになる。同じ頃に兼実の娘玉日姫と結婚して、子供を設けるが、法然門下の中では過激分子のような行動に明け暮れ、「無観称名義」とは程遠い生活を送っていた。親鸞の奔放な行動が原因してか、流罪に処せられるが、その時、玉日や法然の傍にいたと思われる朝姫（後の恵信尼）が給仕として供に越後に移住する。越後での親鸞は、朝姫との共同生活の中で、「無観称名義」の本質を理解するようになり、赦免後も越後での生活を希求するものの東国への移住を余儀なくされる。

東国では、法然の時代から「本願ぼこり」が根を張っていて、親鸞の二〇年間にわたる布教活動も効果を上げることなく、長年望んでいた「無観称名義」の生活を考えると帰洛せざるを得なくなった。帰洛後も東国門徒の訪問は後を絶たず、業を煮やした親鸞は「無観称名義」の生活を続ける善鸞を自身の代理として指名するが、善鸞は東国での宗派争いの混乱の渦に巻き込まれていく。善鸞の苦境を知った親鸞は、義絶するというかたちで善鸞の「無観称名義」を擁護せざるを得なかった。

慈信房善鸞については、親鸞に義絶されるほどの悪人であるという汚名を着せられているが、義絶だけに注目して悪人と決めつけることは早計であるし、善鸞のすべての行動を義絶の理由付けに用いることは悪意が籠っていると思われても仕方がない。「無観称名義」の実践者が、世俗の常識とは逸脱するところもあって、誤解を招くことは重々承知のことである。このように考えると、善鸞が「無観称名義」の実践者であることから、法然のように身分に関係なく求道者の懐に飛び込んで共感を得てから救済に導き、聖覚のように異端の徒に対しては権力者に訴え出るという行為に出たことはうなずける。また、義絶後は速やかに奥郡に移動して如信とともに身を隠し、勢観房源智が聖光房弁長に宗義を譲ったように、京洛の覚信尼と覚恵に「無観称名義」を伝授して身を引いている。しかし、覚恵から覚如に継承された宗義は何代にもわたって相続争いが絶えず、結果的に蓮如が、奥郡・奥州に残っている「無観称名義」に注目して、全国的に本願寺派の教線を広げることになった。

八．無観称名義

「無観称名義」は、歴史の表舞台に出ることなく、黒子のように裏方に徹して、細々としかも着実に後世に伝えられている。その行動は、法然が『行状絵図』第二〇で天野四郎に述べた「盗人が人の財産に目をつけて、盗もうと思う心は奥底にあるけれども、顔つきは何気ない様子を見せかけて、決して不審な素振りを人に見せまいと思うようなものである。その盗み心は、他の人はまったくわからないので、少しも目立たない心といえる。間違いなく往生しようと思う心も、また同じことである。人が多く集まる中にあっても、念仏を称える様子を人に見せないように心得ておくように。その時の念仏は、仏の他に誰も知ることがない」の教えそのものであった。また、「一枚起請文」では「念仏を信じる人は、たとえ釈尊が説かれた教えを十分に極めていても、文字の一つも知らない愚かな身となって、尼入道のような無智の人々と共に、知者ぶらずに、ひたすら念仏するように」という。

『行状絵図』第二〇と『一枚起請文』の二つの教えは、盗人と知者とが同じ概念であると解釈すると、如何に素晴らしく正しい、人のためになる行動を起こしたとしても、それは行為の上での成果なのである。その実績を個人のものにしてしまうと、自己主張というしがらみに絡めとられて、そこで成果は止まってしまうから、微塵もそれらしい素振りを人前にさらしてはいけないという。自身を特徴づけるための目立った言行を他人に感じ取られれば、如何に優れた行為であっても無駄になってしまう。換言すると、周りの環境や集団の中で自己の存在をなくすことになるが、それは決して無になるのではなく、集団の中で目立たないということである。人は何らかの組織の中では、歯車の一つに過ぎないと言われるが、歯車一つが欠けると組織は機能しない。この一つの歯車を主張しようとするのが今日の世論であり、多くの歯車の一員であることに満足して、自己主張しないのが「無観称名義」なのである。

ところで、法然に関連する記録類を辿ると、念仏の定義は様々に変化している。善導や永観の専修念仏は、法然以前のものであり、当時の法然も使っていたが、法然以降は過激分子の念仏となり、専修念仏弾圧の対象となる。念仏宗についても同じ経緯を辿っている。このように用語の定義が時代とともに変化することも法然解釈の弊害となっている。従って、過激分子が横行するようになった頃から、法然は専修念仏あるいは称名念仏、一向念仏を称えているのではなく、無観称名を称えていたというように解釈した方が、念仏に対する誤りはなくなると考えられる。このような観点から、法然と信空の仲間を紹介した『明義進行集』を紐解くと、従来の宗派間で制作された伝記類とは異質の法然像が見えてくる。この書を紐解く内に、彼らの行状とともに生身の法然も少しずつ見えてきた。

藤原通憲（信西入道）から端を発した通憲流は、円照から法然に継がれ、「無観称名」として位置づけられたものの、この教義は表に出ることなく、これに反した行動が歴史を作っていったといえる。すなわち、法然の時代以降は、聖覚、隆寛、源智などの「無観称名義」に準拠した人びとが歴史の舞台から消え去り、それに逆らって奔放に自己主張して回った住蓮・安楽や行空・幸西などの過激分子が、歴史の表舞台に立って既成教団から弾圧を受けつつ専修念仏を広げていったといえる。

親鸞の時代になって、新たに東国で「無観称名義」の発展が期待されたものの、門人の曲解によって教えは破綻し、在家仏教の制度が細々と維持されている程度であった。親鸞の意志を継ぐはずの善鸞にしても、義絶されて奥郡に追いやられ、その地で「無観称名義」を細々と保っていた。後世になって、蓮如が、暫し途絶えていた本願寺教団を復活させたが、蓮如の教えを真摯に継承しようとする人たちは、蓮如の作成した『御文』や親鸞の「和讃」を各家庭内で日課として勤行し、寺僧や長老・長の役割分担を明確にして、地域内で継承できるように工夫した。このことで「無観称名の系譜」が、今日まで存続することができたといえる。

九．そして現代

現代もそうであるが、歴史上の如何なる時代であっても、日本人の特徴として、個人的にはニコニコ笑っているだけで何を考えているか分からず人前での発言が下手である、という負の印象が世界的な評価になっていた。一方で、日本人は真面目に働き礼儀正しく他人思いで、集団になると世界屈指の力を発揮して目的を成し遂げる国民であるといわれているが、集団的な力を分析して、個々の力を明らかにしようとしても闇に包まれたようで、個人を特定することは不可能に近い。しかし、最近の国際的な世論には、何か分からない不思議な日本人ではあるが、礼儀正しく他人を慮る所作の中に、何処か魅力のある国民性を有しているとの評価に変わってきている。このような日本人の心根は「無観称名義」にあり、これを完全に身につけているからこそ、長い歴史の中でぶれることなく、世界の片隅で生き延びてこられた。

日本人の国民性は、単に「無観称名義」だけかというと、そこには釈尊以来の「七仏通戒偈」という集団生活の基本ともいえる教えがしっかりと根付いていたことも事実である。ここでいう集団とは、人間にのみ通用するものではなく、万物を対象とした「悉有仏性」の考えが裏付けされていないと意味をなさない。釈尊の教えは未来永劫に通用することを念頭に置いて説かれているものが多いことから、人間は万物に対しても「無観称名義」でいられる存在であることが肝要である。釈尊の教えを守り盗人行儀を貫き通せば、精一杯で余裕のない無鉄砲な行動から一歩退いた観点で状況判断することが可能になり、この判断基準に基づいて人間を取り巻く自然と対峙すれば、環境に対する今日的課題は好転するのではないだろうか。

ところで、人間には「七仏通戒偈」の倫理や人間の理性では、如何ともしがたい心の動きともいえる「業」が存在していることを忘れてはならない。業とは、個人的には善を為そうと思って行動しても、その行為が集団の前では悪になることが往々にしてあることをいう。この業を十分に理解して業を操ることが先決問題となってくる。今日では、人間の力が自然のもつ環境負荷を超えるほどに肥大化しているため、人間が業の存在を無視し、自身の力を過信して、事物に対する好奇心と興味本位におもねって盲進するようになると、万物全てが業に多大な影響を受けて混沌に陥る危険性が露わになる。この辺りが現代人に不安の気持ちを起こさせる要因であるといえる。

このように考えると、盗人行儀という行動規範は、周辺の環境を熟慮した上で業を制御する術ともいえる。今日的には自己と他己との境界を認めて、両者に対等な利益が得られるように熟慮して、環境負荷を低減させれば、精神的に不安のない平穏な人間らしい生活を送ることができるであろう。「無観称名義」とは、名誉・財力・技能などの人間を覆う殻ともいえる欲望だけに生きるのではなく、先ずは人間がもつ心根を育むことに心血を注ぐことが求められ、その行為は人に見せるのではなく、お天道様に恥じないことが求められる。

結局、法然のいう「智者」とは得意分野をもつ人であって、「智者の振る舞い」とは、自身の得意とするところを表に出すことであるとすれば、智者の振る舞いをしないということは、業をもたざるを得ない人間本来の姿に立ち戻って、謙虚な気持ちで環境に対峙すること、というように解釈できる。釈尊の教えは、業をもたざるを得ない人間が末永く生き延びる術を、難解な思想としてではなく、日常生活で実践し易いように説いたものではなかろうか。

ところで、前章では「無観称名義」の実践者を妙好人に引き当てて検討したが、これは宗教的で特殊な環境に置かれた人の行状であるとの見解は否めない。このため、我々の身近に存在していて、一般的な生活を営む職人の行状について触れてみることにしたい。職人は人間の業を見据えた上で環境に対処する術を身につけた人のことであるが、彼の行状も「盗人行儀」を彷彿とさせるところがあり、当事者でないと容易に知り得るものではない。

この辺りの消息は、宮大工棟梁の西岡常一が、大工の徒弟制度について紹介した『木のいのち木のこころ』(草思社)に収録されている。

棟梁が弟子を育てるときにすることは、一緒に飯を食って一緒に生活し、見本を示すだけです。道具を見てやり、研ぎ方を教え、こないやるんやいうようなことは一切しませんのや。「こないふうに削れるように研いでみなさい」とやって見せるだけですな。弟子になるものには大工になろうという気持ちがありますのや。ただその上に何か教えてもらおうという衣みたいなもので覆われていますが、それが邪魔ですな。まず、生活しているうちに自分でこの衣を解かないけませんん。これは私が解いてやるんやなくて、弟子が自分で解くんです。また自分で解く心構えがないと、ものは伝わりませんな。ですから弟子に来たからというて手取り足取りして教えることはありませんのや。見本を見せた後はその人の能力です。いかにどんなにしたところで、その人の能力以上のことはできまへんからな。

この部分は、徒弟制度の一事例であるといえるが、棟梁は、弟子の手に仕事を覚えさせる前に、弟子の能力を呼び覚ますための「育む」という行為を取り入れている。棟梁は、弟子が小さい時から共に生活し、人として生きていくための躾から行儀作法の基本まで、有無を言わせずに徹底的に面倒を見る。面倒を見るとは、告げ知らせて教えるのではなくて、見守りながら気づくように育むのである。弟子にしても、自身で学ぼうとする意思がなければ、いくら教えても身に付くことはない。自ら棟梁の技を盗み取るという気概がないことには、時間が立つだけで技が自分のものにはならない。棟梁もそのようにして技を盗んだ盗人なのであるが、仕事以外では大工とは一線を画した普通の人間なのである。棟梁の西岡常一は、大工仕事のない時は世間と同じように生活のために百姓をしていたという。

よく使われている四字熟語に「不立文字」、「以心伝心」、「感応道交」、「拈華微笑」などの仏教語があるが、何れも文字や言葉を用いることなく、体験によって意思を伝えるという意味に使われている。これなどは意思疎通が十分に行われた上での話であるが、もう少し寛容になると、文字ではなく口頭だけで奥義などの秘密を教え授ける「口伝」が、仏教に限らず学問や技芸などの分野で、師匠から弟子に伝える方法として尊重されている。

このような意思疎通の基本となる精神性が、盗人行儀の目指す生活態度なのであろう。職人や芸人などの専門職をもつ者は日常生活の中で、専門の知ったかぶりを披露することなく、知者の振る舞いをせずに他人と交流しているが、いざ、専門職に赴くことになると、知識を存分に発揮する。この時も知者の振る舞いは不要で、体で覚えた技を駆使して与えられた仕事に専念するだけである。

法然は『昭法全』の「つねに仰られける御詞」において、

> 口伝なくして浄土の法門を見るは、往生の得分を見うしなふなり。其故は極楽の往生は上は天親龍樹をすゝめ、下は末世の凡夫十悪五逆の罪人まですすめ給へり。しかるをわが身は最下の罪人にて、善人をすゝめ給へる文を見て、卑下の心ををこして、往生を不定におもひて、順次の往生を得ざる也。しかれば善人をすゝめ給へるところをば善人の分と見、悪人をすゝめたまへるところをば我分とみて得分にする也。又云々。

〈訳〉

奥義を口頭で受けずに浄土の教えを得ようとしても、往生の手立てを見失うだけである。すなわち、極楽往生は上位の天親・龍樹が勧め、下位は末法の世の十悪五逆の凡夫にまで及ぶ。しかし、自身は最下位の罪人であるから、善人が勧める文章を見ては卑下の心を起こして往生できないと思い込むから、順序通りの往生が叶わない。従って、善人に勧められる事は善人の領分、悪人に勧められる事は我領分と見定めることで相応の利益が得られる。

と述べている。浄土の奥義は口伝によってのみ引き継がれていくが、その教えには天親・龍樹の善人から我ら凡夫の悪人にまで及んでいる。ところが、我のような悪人は、善人の勧める文章が理解できないと悲観する余り、往生は叶わないと思えば、思いの通りに終生往生することはできない。自身の悪と聖人の善とを横並びに比較するから及ばないことに執着するのである。しかし、善人と悪人の領分を明らかにして、悪人の進むべき方向として善人を順次手本としていくならば、悪人の往生が可能になるという。

法然がいうところの善人と悪人を師匠と弟子というように置き換えると、徒弟制度そのものを言い表しているといえる。このことを裏づける言葉が、最後の「又云々」に示されているのであるが、詳細は信空が信瑞に対して述べた言葉として『明義進行集』第五（白河上人信空）に残されている。

本願ノコトクハ、念仏申サムモノハ、一人モモルヘシトモミヘネトモ、往生スルモノ、スクナキハ、故実ヲシラサルユヱナリ、世間ノ一切ノ事ハ皆ナ故実ノ相伝カイミシキコトナリ、弓箭ヲ取ルモノモ重代ノ武者ヲハアナトラス事ナリ、ユヽシケニフルマヘトモ、家ヲヲコシタル非重代ノ武者ヲハ、ヒトコレヲユルサス、乃至アヤシノ加治番匠マテ、相伝不絶、故実ヲシレルヲ最トス。

〈訳〉

本願に適った念仏を申す者は、一人も漏らさないように見えるが、往生するものが少ないのは、しきたり（故実）を知らないからである。世間の一切の事はすべてしきたりとしての相伝に適っている。弓矢を取る者も先祖伝来の武者を軽んずることはない。立派に振舞っても、新規に家を興した武者に対して、世間はこれを認めない。また特技を持つ鍛冶屋や大工まで、相伝して絶えることがないのは、しきたりの認知が優先されるからである。

「口伝」は「故実」と言い換えられているが、この辺りは「無観称名の系譜」という念仏行の伝承を庶民の生活に引き当てて述べたものと考えれば、まさに西岡常一の言葉そのものであるといえる。

法然が盗人行儀を実行して今日まで伝承できたのも、書物に残すことなく口伝によって薫習するという方法に徹していたからであろう。記録を残すことも伝承に値するが、真の伝承とは、媒介を事物に頼るのではなく、人から人への薫習によるものでなければならない。浄土宗の立宗に尽力した源智にしても、法然からの薫習によって「無観称名の系譜」に関わることができたのである。

西岡常一は、続けて以下のように言う。

学校や今の教育は違いますな。まず手取り足取り教えますな。子供がわからな、教え方が悪いと言いますしな。それでそのときはこないする、こんなときはこうやったほうがいいと、こと細こう教えますな。そしてわからなかったら本を読めといいますわ。（中略）徒弟制度といいましたら古いもんといわれていますが、古いからすべてが悪いというもんやないやないですか。すべて同じ人間にしようという教育よりは、よっぽど人間的な育て方でっせ。

現在の教育では、教えることに重点が置かれ、一律にして強引に知識を詰め込む事であるとされているが、棟梁はこれでは生徒の個性が死んでしまうという。だから、棟梁は、大工が集めた木材の個性を知って、個性に合った場所に据えて組み上げると、強固な建造物を建てることができるが、人間が集まって何かを成し遂げるときも、建造物と同様に様々な個性をもつ人で構成されてはじめて強靭な組織にすることができる、という。個性を育てるには、弟子が何時いかなる状態にあるかを絶えず注視して、指導に適した時が来るまで辛抱強く待つという師匠の技量が必要になる。このような組織の中で個別の個性を強調しても歪が生じるだけで、何の利点も生まれずむしろ弊害が生じる。例えば、神輿を大勢の人で担ぐとき、背の高い人も低い人も、怪力であろうがひ弱であろうが、担ぎ手全員の協調性が問われる。自分以外の全員の力加減を慮って、同じように力を発揮してこそ神輿が支えられる。一人が力を発揮してもその人の腰を痛めるだけで役立たない。

次いで、

大工というのは仕事ですが、その前に人間なんです。大工という仕事をもった人間なんです。すべてにいいかげんではいかんのです。どこかがいいかげんなら、それが仕事にでますからな。

ともいう。人間社会に生きる人はそれぞれに役立つ技能をもっているが、その技量は使って初めて役立つのであって、それ以外では、普通の人間である。例え立派な職人であっても、社会の中にあっては社会に溶け込んで目立たないことが、社会のためになることである。熟練の職人であればあるほど、自分の仕事を他人にひけらかすようなことになれば、両者の隔たりは増すばかりで、誤解を招く要因にもなる。

徒弟制度において、躾や行儀作法という他者との微妙な精神的物理的な距離感を徹底的に覚え込んだ弟子は、職種は違えども人間同士のお付き合いに必要な基本概念を身につけることになるが、この行儀作法は、自己主張ではなく他己主張に通じるもので、人に不快な思いをさせないように、自身が身なりを整えたり、言葉に気をつけたり、様々な善行を相手に譲ったり、慮るということであるが、これは盗人行儀そのものであるといえる。換言すると、「盗人行儀」とは、あらゆる技術を駆使して自己と他己との違いを把握し、その上で、両者にとって最良の方策を見出すように努力する、聖覚法印や勢観房源智のような人間の「業」を知り尽くした、究極的ともいえる智慧が伴わないことには意味をなさない。

結局、専門職を手に付けた職人の仕事は、自身の関与した一部が成果物として残るだけで、完成以後は成果物の中に人間の存在は跡形もなくなる。

職人の小さな自己主張ともいえる事例がある。とある寺院の山門を修復する工事中に、屋根裏の梁の上にさりげなく墨壺が置かれていた。取り除くと、墨壺の下の木材には埃や日焼けがなく、創建当時に置かれたものであることが判明した。さも忘れたかのような墨壺であるが、物資のなかった時代背景を考え合わせると、大切な大工道具を忘れるはずがない。しかも、墨壺の底には名前が書かれている。当時の職人は自分が亡くなった後、数百年して誰かが修復した時に、昔このような名前の大工がいて、この建物の創建に関与したことを知って欲しいという、寡黙な職人の願いであろうか。墨壺の存在は、自己を滅却した職人の仕事に対する思い入れが、時空を超えてささやかに自己主張しているように感じられる。

古の職人が懐くささやかな自己主張には、心和む部分が見受けられるが、本来の職人とは、無口で石頭な頑固者といわれている。しかし、鍛え上げられた職人技に徹底するあまり、口よりも先に手が動くという、信頼できる仕事を成し遂げる人に冠せられた言葉でもある。古の大工の職人技は、いまだに学ぶところが多くあると、現在の宮大工に言わしめている。職人の外見は頑固一徹の負けん気ではあるが、その中身は純真さを併せもった人間味豊かな寡黙な人なのである。

穿った言い方をすれば、宮大工の心意気こそが、今日的「無観称名義」の代表といえるものではないだろうか。師匠の背中を見て育つ弟子は、次の弟子を育むことで、徒弟制度の連鎖の中で「無観称名の系譜」を維持していく。

おわりに

本書は、法然の伝記を再認識するに当たって、当時の史料を駆使して、法然のみならず周辺の人々の行状にも踏み込んで検討してきた。その際、盗人行儀ともいえる「無観称名義」に的を絞って論を進めてきたのであるが、余りの史料の多さに溺れて文章が饒舌になることが度々あった。今となっては主題から逸脱して煩雑な内容になっていないことを祈るのみである。

さて、法然の行状を「盗人行儀」というふしだらな文言で片付けてしまったことに反省の気持ち一入であるが、「無観称名義」という言葉で本論が進められたことは幸いである。そのお陰で、法然の為人や周辺の人々の息吹が露わになり、彼らが自身の役目を全うする上で懐いている心の葛藤も見えてきた。

平安時代と現代とでは時代背景は異なるものの、人間の営みは同じであるといえる。現代の感覚でもって過去の人々の生活を批判することは、歴史文化の比較としては可能であろうが、人の精神性を描こうとする場合、その時代の生活水準を持ち出して優劣を付けると、問題の所在を見失う恐れがある。当時の人々にしても、今日と同じように、その時代の最新技術でもって生活苦を解決しようと必死にもがいていたことを考えると、何らかの方法で現状の苦難を解消しようとする意識は、時代を問わず人間である限り同じ心境であると思われる。

例えば、怨霊や鎮魂を科学や医療というように置き換えると、平安時代と現代の人間の心情は大きく変わるところがないといえる。当時の技術的未熟さを笑う人は、時代を経て未来から現代の我々を判断した場合、未熟な状態に置かれていることを笑われるであろう。このような時代錯誤を払拭して、平安時代当時の彼らの精神性を眺めてみたとき、貴賤貧富を問わず、仏教の教えに従順であり、善きにつけ悪しきにつけ全ての衆生が共通の生活基準をもっていたと考えられる。いずれの時代も生活の営みに安心感が得られることを願って、人々は生活に勤しんできた。

このような観点に立って、「無観称名義」の現代的意義について検討してみると、「無観称名義」が最も嫌うのは、賢者ぶって自己主張することであるが、このような行為を嫌った人々が法然の周辺に集まったものの、自身の課題として生涯にわたって全うできた人は少なかった。特に何らかのかたちで自己主張に及んだ人に対する報いは過酷なもので、その人のみならず多くの人々に混乱を招いたことは既に承知のことである。すべては倫理や理性を超えた人の業によるものであり、業を熟慮しない人の行為が因果応報の理に基づいて、善きにつけ悪しきにつけ将来に影響を及ぼす。

このことは、歴史上の事実として現代人に大いなる教訓を与えているといえるが、現状の姿は、教訓の反省どころか、法然時代にも増して深刻な事態に陥っているといえる。中でも、人々のもつ不安の概念は、時代を経ても一向に安らぐことがない。古代の不安は、知識が不十分であったことから、人間の智慧を如何に発揮しても無知によって引き起こされる不確定要素が多分にあった。一方、現代は知識の発展によって無智の部分が比較的少なくなり、不確定要素は少なくなったものの、知識の先には新たな不安が口を開けてまっている。人間のもつ好奇心が知識を増加させたといえるが、一人が認識できる容量は限られていて、この部分は古代も現代も変わっていない。すると、好奇心や知識の数に比例して不安が増え、その上に科学や技術力が不安の実現可能性を裏づけるようになると、漠然とした不安ではなく強迫観念が人々を恐怖のどん底に引き込んでしまう。

特に日本の場合は、長年培ってきて国民的な心根として根付いた「無観称名義」ではあるが、近年になって「不立文字」の約束事を破って、すべてを文書化するようになった。あまつさえ口伝の継承者である専門を有する職人と目先の金融資産を選ぶに至っては、古代よりも現代が低劣な考えに固執しているように感じられる。さらに世の中が技術力の向上によって便利になってくると、便利さが善い事にも悪い事にも利用されるようになって、人間の意識が本来求めるべき豊かな人間生活とは懸け離れたところでの不安が増殖されていく。

例えば、日本では徒弟制度を大切にして技術の継承に勤め、明治以来の技術的・制度的遅れを取り戻し、世界の一流といわれる国々と肩を並べるようになった。また自己主張しないという国民性を生かして集団的な作業が得意とされてきた。しかし、近年になって国際化が叫ばれるようになると、各国が行っている文書管理が我国を席巻するようになり、本来の徒弟制度を悪者扱いにして、今まで口伝に頼っていたすべての情報を文書化するという動きに国全体が変化してきた。また、金融経済によって実体経済が支配されると、人間のための経済が忘れられ、富者が弱者を救済するという慈善事業も忘れ去られるようになった。人間不在の金融経済のみが正義であり善であるという概念が世界に蔓延すると、地球規模で国家の貧富差が露わになりだした。

技術的な便利さも手伝って、文書が思いも寄らないところで公開されたり、盗まれたりする羽目に陥り、加えて徒弟制度で培われてきた職人気質までも技術力でもって代用し、職人を組織から追い出そうとする愚行に及んだことから、人間に関わるすべての事象が滅びの道を歩むようになった。最早、人間が機械を使いこなすのではなく、機械の隙間を融通の利く人間が補足するという、主客顛倒が現実化しているのである。

一方、技術による利便性から不特定多数の情報が飛び交うようになると、価値の多様性に人々が困惑するようになり、最も大切な個人的価値基準をもたない人は、得るべき情報が雑音となって多様性という混沌の渦中に飲み込まれてしまう。情報が限られている平安時代ならば、人間の心の範囲で解決もできるが、混沌とした現在では、個人的な意志を貫くことが難しくなっている。人間性を考慮した場合、極限を追及して奔走するだけではなく、究極を知った上で一歩退いて、足ることを知って行動する勇気が必要な時代であるといえる。換言すると、便利さに翻弄されるよりも、不便さを楽しむという心のゆとりがこれから必要になってくる。

このような時代背景にあって、現代版の「無観称名義」を思わせる記事が、平成十八（二〇〇六）年頃の「京都新聞」に掲載されていた。

浄土宗の僧侶らで構成する浄土宗議会で七日「浄土真宗の宗祖親鸞の教えで有名な『悪人正機説』はもともと、浄土宗の宗祖法然の『悪人往生』の思想が源流なのに知名度が低い」として、宗派として積極的なアピールを求める声が相次いだ。（中略）これについて宗務総長は「親鸞さんが法然上人に全幅の信頼を置いていたのは確か。浄土宗はおおらかなのが長所で、真正面から対立するのは避けたい」と話した。

事の発端は、十分な検証を経ずして大きな声を取り入れがちな世の中を懸念して、間違いを糺して真実を語るべきではないかとの意見が生じたことによる。しかし、宗派の代表でもある宗務総長は、法然の教えが広まって人々の救いにつながることが大切なことで、教えの出処は何処でもいいではないか、というのである。ここには、仏教を知らない有名人による誤った発言が巷に広がったとしても、世間の挑発には動じない懐の広さを感じる。実績を残すという目的を達成させるには、自己の存在を主張してはならないとする盗人行儀が見え隠れする。この記事は「無観称名義」が法然という個人から発して、今日の組織として巨大な教団になってもなお、連綿と生き続けていることを証明している。

ところで、今日の不特定な組織の中で盗人のように活動するボランティアにしても、「無観称名義」が現われた別の姿であろう。古代においても法然以前から活動を続けていた遁世僧や念仏聖にしても、慈善事業のために心血を注いで民衆の支持を得ている。何れも報酬を望まず、自己主張することもなく、組織の中に混じって歯車の一つに成り切って、淡々と成果を成し遂げて世間や歴史から消え去っている。

「無観称名義」という人間の心根は、まだまだ捨てたものではない。

本書は、法然という巨大な人物像を追って論を進めてきたが、この行為が「群盲評象」の一盲になっていないかの懸念が払拭し切れていない。むしろ、法然を語る場合は、一盲であると認められるだけでもありがたいことといえる。本書を機会にして、他の一盲が現れてくることを期待するとともに、一盲が増えることで法然の全体像が見えてくることを祈りたい。

参考文献

義山良照講・皃阿素中記『圓光大師御傳随聞記』欣求庵刊、宝永3年
西村九郎右衛門『新修仮名聖教』京都書林、明治26年3月
佐々木月樵編纂『親鸞伝叢書』無我山房、明治42年7月24日
円智纂述・義山重修『圓光大師行状画図翼賛』浄土宗宗典刊行会、明治43年11月15日
江藤澂英編『一言芳談抄・祖師一口法語』中外出版、大正12年7月20日
江藤澂英『明義進行集』中外出版、大正13年3月10日
荻原雲来訳注『法句経』岩波文庫、昭和10年6月30日
慈円『愚管抄』三教書院、昭和10年12月30日
武宮禮一『往生拾因試論』安居事務所、昭和28年7月10日
石井教道編『昭和新修法然上人全集』平楽寺書店、昭和30年3月20日
黒板勝美編『尊卑分脉（第1篇）』吉川弘文館、昭和32年5月31日
多賀宗隼『慈円』吉川弘文館、昭和34年1月25日
黒板勝美編『尊卑分脉（第2篇）』吉川弘文館、昭和34年3月30日
田村圓澄『法然』吉川弘文館、昭和34年12月20日
柳宗悦・衣笠一省『妙好人因幡の源左』百華苑、昭和35年7月5日
増補史料大成刊行会編『増補史料大成―三長記・三長記補遺―』臨川書店、昭和40年9月30日
井川定慶編『法然上人伝全集』法然上人伝全集刊行会、昭和42年9月1日
鎌田茂雄、田中久夫『日本思想体系15―鎌倉旧仏教―』岩波書店、1971年11月25日

今川文雄『訓読明月記（全6巻）』河出書房新社、昭和52年9月20日
今川文雄『明月記』河出書房新社、昭和52年11月20日
浅井成海『隆寛の現世利益観』印度学仏教学研究、27巻、1978―1979年
國書双書刊行會『玉葉（全3巻）』名著刊行会、昭和54年3月8日
塚本善隆『法然』中央公論社、1983年7月20日
高橋貞一『訓読玉葉（全8巻）』高科書店、1988年7月25日
梶村昇、福原隆善『浄土仏教の思想　第10巻―弁長、隆寛―』講談社、1992年9月14日
大谷旭雄、坂上雅翁、吉田宏哲『浄土仏教の思想　第7巻―永観、珍海、覚鑁―』講談社、1993年7月15日
梶村昇『勢観房源智』東方出版、1993年3月25日
大野達之助『鎌倉新仏教成立論』吉川弘文館、昭和57年10月10日
平井正戒『隆寛律師の浄土教附遺文集』国書刊行会、昭和59年5月31日
仏教大学編『法然上人の思想と生涯』東方出版、1984年11月10日
藤井実応『法然上人と一枚起請文―法然上人のご遺訓―』大東出版社、昭和61年9月9日
浄土真宗聖典編集委員会『浄土真宗聖典』本願寺出版社、昭和63年1月16日
藤堂恭俊『法蓮房信空上人』黒谷金戒光明寺、平成元年9月9日
源了圓『浄土仏教の思想　第12巻―蓮如―』講談社、1993年2月15日
西岡常一『木のいのち木のこころ（天）』草思社、1993年12月3日
浄土真宗聖典編集委員会『浄土真宗聖典七祖篇』本願寺出版社、平成8年3月10日
佐々木正『親鸞始記』筑摩書房、1997年7月10日
金龍静『蓮如』吉川弘文館、1997年8月1日

坂東性純『NHKライブラリー63―親鸞和讃―』日本放送出版協会、1997年10月20日
大橋俊雄『法然』講談社学術文庫、1998年4月10日
町田宗鳳『法然対明恵』講談社選書メチエ、1998年10月10日
寺内大吉『法然讃歌』中央新書、2000年3月15日
吉田清『法然浄土教成立史の研究』岩田書院、平成13年3月20日
小島孝之『新編日本古典文学全集52「沙石集」』小学館、2001年8月20日
大橋俊雄『法然上人絵伝（上・下）』岩波文庫、2002年4月16日
梅原猛『法然の哀しみ（上・下）』小学館文庫、2004年7月1日
安冨信哉『唯信鈔講義』、大法輪閣、平成19年12月10日
内藤章『親鸞　越後の風景』考古堂書店、2011年5月15日
鴨長明『方丈記』ちくま学芸文庫、2011年11月10日
菊池大樹『鎌倉仏教への道―実践と修学・信心の系譜―』講談社、2011年11月10日
慈円『愚管抄』講談社、2012年5月10日
北村優季『歴史文化ライブラリー345―平安京の災害史―』吉川弘文館、平成24年6月1日
法輪山興善寺編『興禅寺文書』法輪山興善寺、平成24年11月20日
梶村昇『法然上人伝（上・下）』大東出版社、2013年3月10日
浄土宗総合研究所『現代語訳法然上人行状絵図』浄土宗、平成25年3月20日
高橋昌明『京都〈千年の都〉の歴史』岩波新書、2014年9月19日
浄土宗大辞典編纂委員会『WEB版新纂浄土宗大辞典』浄土宗、平成28年3月14日
新井俊一『親鸞「西方指南抄」現代語訳』春秋社、2017年2月10日
直林不退『構築された仏教思想　妙好人』俊成出版社、2019年4月15日